Dieter Kühn

Neidhart
aus dem Reuental

Insel Verlag

Erste Auflage 1988
© Insel Verlag Frankfurt am Main 1988
Alle Rechte vorbehalten
Druck: May & Co, Darmstadt
Printed in Germany

Neidhart
aus dem Reuental

1 Lilien, Bauernrosen, Pfingstrosen begießt der namenlose Mönch von Heisterbach im Kräutergarten des Klosters, bewässert Liebstöckel, Selleriekraut, Gartenkerbel, füllt den Bottich am Trog, beugt sich über Andorn, Zitronenmelisse, Eberraute an diesem frühen Sommermorgen, aber während er Lilie und Liebstöckel, Pfingstrose und Selleriekraut, Bauernrose und Zitronenmelisse Wasser gibt, hat er kein Auge für Blüten und Blätter, er denkt nach über die Frage, die ein Psalm, ja, die ein einziger Satz ausgelöst hat, dieser Satz zieht alle seine Gedanken an sich, von diesem Satz kommt er nicht los: Vor Gott sind tausend Jahre wie ein Tag. Während der Mönch den Holzbottich nachfüllt und Betonie, Muskateller-Salbei, Wermut begießt, wiederholen sich in seinem Kopf die Fragen, die ihn nachts für Stunden wachhalten, und früher als sonst ist er in den Kräutergarten gegangen: Was ist ein Jahrhundert? Was ist ein Jahrtausend? Was ist Zeit, das Vergehen von Zeit? Mit diesen Fragen ist seine Aufmerksamkeit so sehr nach innen gesogen, daß er nicht wahrnimmt, wie er den Klostergarten, den Klosterbereich verläßt, und er geht an der Außenmauer entlang, dann auf dem sacht bergauf führenden Pfad, und echohaft wiederholen sich in seinem Kopf die Fragen, weil er keine Antwort findet, nicht in Büchern, die er gelesen hat, nicht in Texten, die in Kirche und Refektorium vorgelesen wurden, nicht in eigenen Gedanken. Und als wolle er schneller ans Ziel seiner Überlegungen kommen, schreitet der Mönch rascher aus, obwohl der Weg bald steiler wird, ein Weg, den er schon oft gegangen ist, Verbindungsweg zwischen dem Kloster in der Senke und dem alten Kloster auf dem Berg, ein Weg, der keine Aufmerksamkeit von ihm fordert, und so können sich die Fragen wiederholen: Was ist ein Jahrhundert? Was ist ein Jahrtausend? Was ist Zeit, das Vergehen von Zeit? Und nach recht kurzer Zeit, die er als Zeit nicht wahrnimmt, erreicht er die Kuppe des Petersbergs, bleibt stehen, schaut hinunter auf den Rhein, der weite Mäander bildet, der sich in der Ebene begleiten läßt von Nebenläufen, der Sandbänke, Inseln, Auwälder umschließt; er sieht ein Boot mit Segel den Fluß hinabgleiten, sieht zwei Schiffe, die mit Pferden getreidelt werden, er hat scharfe Augen. Der Mönch setzt sich. Tausend Jahre sind vor Dir wie der Tag, der gestern vergangen ist. Jahrzehntelang, so denkt der Mönch, könnte er hier oben sitzen, auf die weitgeschwungene Mäanderlinie des Rheins blickend, und sie würde ihren Verlauf nicht ändern; zwar wird sich der Rhein zuweilen mächtig ausdehnen, wird seeweit in der Ebene nord-

wärts, aber er wird in sein Flußbett zurückkehren, wird sich darin schon mal zusammenziehen zu einer schmalen Fahrrinne, viel Sand, Kies, Fels wird man sehen, aber dann macht sich der Fluß wieder breit in seinem Bett, und er wird Eisschollen tragen, wird unsichtbar unter einem Eispanzer, aber der wird zerbrechen, Eisschollen, die sich am Ufer stauen, übereinanderschieben, und all die Eisschollen werden zerbröckeln, zerbröseln. Könnte er – dies sehend, dies bedenkend – erfahren, was Jahrhunderte sind, was ein Jahrtausend ist? Würde sich, was er hier in zehn Jahren sähe, in einem Jahrhundert nicht zehnfach wiederholen, würde sich, was er hier in einem Jahrhundert sähe, in einem Jahrtausend nicht ebenfalls zehnfach wiederholen? Wäre hier schon die Antwort auf die Fragen, die ihn auf diesen Berg geführt haben? Die Klosterruine hier oben, das Kloster unten in der Senke: eine Strecke Raum, eine Spanne Zeit. Aber was ist ein Jahrhundert, was ist Zeit? Es könnte durchaus ein Jahrzehnt geben, in dem sich nicht einmal die Ränder des Flusses verändern, zwischen denen er Sonnentag für Sonnentag eingeschmolzenem Silber gleicht, das stumpf wird in der Dämmerung. Oder: dieser Strom leuchtet auf wie ein Smaragd, und dieser Smaragd könnte eine solche Leuchtkraft entfalten, als wäre eine zweite Lichtquelle unter ihm, und dieses Grün wird in sich zusammensinken, um sich erneut zu entfalten. Und Tag für Tag gleiten Schiffe stromab, werden von Menschen und Pferden stromauf gezogen, gleiten Schiffe stromab, werden von Menschen und Pferden stromauf gezogen, gleiten Schiffe stromab, werden von Menschen und Pferden stromauf gezogen, und die Wiederholungen werden sich wiederholen, und das Bild wird erstarren, und er wird keine Antwort finden auf seine Fragen. Aber vielleicht, so überlegt er, bringt ihn das Nachdenken nicht weiter, vielleicht müßte er selbst einmal erfahren, wenigstens in kleinstem oder kürzestem Ansatz, was Gottes Erfahrung ist: Tausend Jahre wie ein Tag.

Und der Mönch steht auf mit der Ruhe der Selbstverständlichkeit, findet, ohne ihn zu suchen, einen schmalen Pfad, der hinunterführt ins Flußtal, schreitet fast beschwingt hinab, so, als hätte er bereits eine Antwort gefunden, zumindest auf eine der Fragen, in die sich seine große Frage aufteilt wie ein Kleeblatt. Bald erreicht der Mönch Königswinter, geht durch das Dorf, wieder ist seine Wahrnehmung nach innen gewandt, ist sein Kopf beherrscht von der Frage: Was ist ein Jahrhundert, was ein Jahrtausend? Vor der Ortschaft setzt sich der Mönch an den Fluß. Würde er sich von

einem der Boote, der Schiffe mitnehmen lassen, die an ihm vor-
beigleiten, so könnte er in wenigen Stunden in Köln sein. Könnte
er dort eher Antwort finden auf seine Fragen? Oder wären dort
zuviele Türme, zuviele Glocken, zuviele anlegende und ablegende
Schiffe, zuviele Menschen, zuviele Pferde, zuviele Waren und zuviel Gesang, Geschwätz, Geschrei – ein Brausen schließlich in den
Ohren, ein Flirren in den Augen, ein Vibrieren im Hirn? Aber
wiederum: dieses sehr gleichmäßige Rauschen, am Rand von hellem Gluckern begleitet – wäre dies die Antwort? Sind in diesem
gelegentlich anschwellenden, zuweilen in sich zurücksinkenden
Geräusch nicht die Wochen wie die Monate und die Monate wie
die Jahre und die Jahre wie die Jahrzehnte und die Jahrzehnte wie
die Jahrhunderte? Er starrt auf das Wasser: es fließt, fließt. Raum
gedacht und Zeit erfahren? Raum erfahren und Zeit gedacht? Zeit,
die ihm zuwächst aus diesem Raum? Und er läßt die Antwort auf
sich zukommen? Er schließt die Augen, zieht die Kapuze seiner
Kutte über Stirn und Brauen herab, legt die Unterarme auf die
hochgezogenen Knie, sitzt reglos, wie leblos, und als er sich selbst
nicht mehr wahrzunehmen glaubt, ist da ein leichtes, fast gewichtloses Berühren seiner Schulter, und weil sein Körper darauf nicht
reagiert, folgt ein Berühren seines Rückens, als würde sich jemand
hinsetzen, seinen Rücken an den Rücken des Mönchs lehnend.
Ehe er eine Frage stellen kann, beginnt es hinter ihm zu sprechen,
eine fast tonlos, damit alterslos klingende Stimme: vage Sprach-
klänge, in denen sich ein »bertus« zu fixieren scheint, das sich in
der Wiederholung komplettiert zu »Albertus«, dieser Name verbindet sich mit dem Namen Köln, zuweilen werde Albertus auch
Albertus Coloniensis genannt, er aber sei nicht dieser Albertus
Coloniensis, sei vielmehr dessen Schatten – ein Schatten allerdings, den Albertus vorauswerfe.
Und es entsteht eine Pause, aber die empfindet der Mönch nicht
als Leerstelle, Zeitlücke: zu gleichmäßig das Rauschen des Stro-
mes, beinah statischer Rauschklang, Raumklang. Die Stimme fordert den Mönch auf, die Augen geschlossen zu halten, nur so
könne er vor sich, in sich sehen, was er ihm vermitteln werde in
Bildern einer weite Zeiträume umschließenden Exposition. Und
der Mönch legt die Stirn auf die Unterarme, sitzt wie jemand, der
eine sehr, sehr lange Geschichte hören wird. All diese Bilder, sagt
die tonlose, scheinbar alterslose Stimme, hätten eines gemeinsam:
die Blickperspektive von Deutz über den Rhein zur Stadt Köln,
in die er, der Mönch, sich hinübergedacht habe, ohne sich ihr ei-

nen weiteren Schritt zu nähern. Das erste der Bilder dieser großen hier zu imaginierenden Exposition stamme – um gleich mit einem Sprung aus der scheinbaren Gegenwart des Mönchs in eine für ihn noch ferne Zeit zu beginnen – aus dem Jahre 1411, und der noch namenlose Maler stelle Köln dar als eine Versammlung von Kirchen in einer Stadtmauer mit Zinnen und Toren, und diese Kirchen werden in den folgenden Jahrhunderten auf allen Stadtansichten zu erkennen sein, Wahrzeichen der Stadt noch ohne Domtürme, und man sieht Groß St. Martin und St. Severin und Maria im Kapitol und St. Maria Lyskirchen und St. Kunibert, und vor dieser Stadt, auf befestigter Uferanlage, wandern zwei Pilger, steht ein offenbar reicher junger Mann in burgundischer Kleidung, er scheint den Blick auf zwei Fischer gerichtet zu haben, die von ihrem Kahn aus ein volles Netz aus dem grünen Rhein ziehen, in dem schwimmende Kornmühlen verankert sind mit riesigen Mühlrädern, und über diesem Bild ein Himmel mit goldenen Sternen in sehr gleichmäßiger Verteilung, obwohl am rechten Bildrand das Gemetzel stattfindet an den frommen Pilgern eines Rheinschiffs, auf dem ein Papst zu sehen ist mit einer Tiara und ein Kardinal mit dem Kardinalshut und ein Bischof mit der Mitra und die heiligen Jungfrauen im Gefolge der jungfräulichen Königstochter Ursula, und sie alle werden hingemordet von Hunnen, die Schwerter schwingen, Pfeile abschießen, aber dies, so sagt die fast tonlose Stimme, sei hier nicht so wichtig, es gelte, den Blick weiterhin auf die Stadt zu richten, wie sie dargestellt werde auf zahlreichen Stadtansichten, beispielsweise auf Eichenholz gemalt, und da ist im Vordergrund eines immerhin einsdreißig breiten Gemäldes die Ankunft der heiligen Ursula in Köln zu sehen, sie kommt mit ihrem frommen Gefolge auf einem Schiff an, das den Rheinkähnen dieses fünfzehnten Jahrhunderts gleicht, es wird von einem Pferdegespann flußaufwärts gezogen, ein Reitknecht sitzt auf dem Schimmel, treibt die Pferde an, das Schleppseil ist straff gespannt als Bilddiagonale, am Ufer stehen reich gekleidete Damen und Herren, vor der Stadtmauer, über deren Zinnen wiederum die für Köln charakteristischen Kirchen zu sehen sind, sehr deutlich der Ostchor des Doms mit der westlichen Abschlußwand, einem Provisorium, das für die folgenden Jahrhunderte endgültig bleibe, und vor dieser Chor-Kirche der riesige Stutzen des Südwestturms, auf dem ein Baukran zu sehen ist, der in den nächsten Jahrhunderten auf allen Stadtbildern zu sehen sein wird, so beispielsweise auf dem Holzschnitt der Kölner Bilderbibel von

1478, nur ist hier der schräge Arm des Baukrans zur Abwechslung nach Süden gerichtet, und rechts vom Domchor ein Kirchturm, der eher im Orient stehen könnte, denn auf seinem Kugeldach steht kein Kreuz, sondern liegt die waagrechte Mondsichel Arabiens, und vor dieser christlich-arabischen Stadt treffen sich der jüdische Priester und Gesetzeslehrer Esdras und der persische Herrscher Dareios, weil dies der Auftraggeber des Holzschneiders so wollte, aber wichtiger als diese Figuren im Vordergrund sei die Stadt im Hintergrund, das sei für ihn auch so auf dem Gemälde, auf das er jetzt zu sprechen komme, ein Gemälde ebenfalls dieses fünfzehnten Jahrhunderts, dessen Ende er sich freilich schon annähere; auf diesem beinah anderthalb Meter langen Gemälde sei im Vordergrund Anna Selbdritt zu sehen mit den Heiligen Christophorus, Gereon, Petrus, an denen er trotz ihrer prachtvollen Kleidung vorbeischaue, genauer: über die er hinwegschaue, um die breit hingelagerte Stadt Köln im Bildhintergrund zu sehen, der für ihn der Vordergrund sei: eine Stadt, die nicht mehr, fromm stilisiert, allein aus Kirchen bestehe, sondern aus zahlreichen Bürgerhäusern, über die sich noch immer und weiterhin sehr zahlreich die für Köln charakteristischen Kirchtürme erheben, und alle Gebäude mit größter Sorgfalt und Genauigkeit gemalt, auch die zahlreichen Personen vor der Stadtmauer flußentlang, die auf dem befestigten Uferstreifen hin und hergehen, die dort reiten oder müßig herumstehen oder beschäftigt sind mit dem Transport der Waren in Ballen, Körben, Kisten, von Rheinschiffen herab und Rheinschiffe hinauf, die Stadt Köln als eine der großen Handelsstädte des Hohen und des Späten Mittelalters, die größte Stadt des Römischen Reiches nördlich der Alpen, die auf diesem Bild freilich nicht zu sehen sind, dafür aber die Hügel und Hügelreihen jenseits der Felder jenseits der Stadt: die Eifelhöhen, das Siebengebirge mit seinen Burgen, aber er wolle den Blick – wie eigentlich alle Maler – folgerichtig auf die Stadt konzentrieren, und hier seien sämtliche bekannten, bereits aufgezählten Kirchenbauten zu sehen, topographisch richtig ins Bild gemalt, unter einem Blattgoldhimmel, auf den der Bildgestalter der Schedelschen Weltchronik verzichten mußte, dafür aber habe er eine Landschaft an Köln herangerückt, die Köln sehr fern sei, nämlich ein steiles Ufer, mit vorgelagerten Klippen, und eine Gruppierung bizarrer Felsen am rechten Bildrand, aber zu erkennen und zu identifizieren seien innerhalb der ummauerten, torturmreichen Stadt die für Köln weiterhin typischen Kirchtürme in ihrer großen Zahl, wobei hier dem Darsteller ein Fehler unterlaufen sei, denn er habe den Domturm als vollendet dargestellt und den Baukran, sogar mit einem riesigen Steinblock in der Greifklaue, auf den noch unfertigen Domchor gesetzt, solche Abweichungen aber seien bezeichnend für die Stadtbilder der Schedelschen Weltchronik, da werden, wurden Häuser, Türme, Mauern mitunter nach Belieben verteilt, was man jedoch dem Holzschneider am Ende dieses fünfzehnten Jahrhunderts nicht nachsagen könne, der habe dem Domchor den großen Dachreiter wiedergegeben, habe den Baukran mit dem weiten Ausleger auf den noch immer unfertigen, in den nächsten Jahrhunderten weiterhin unfertigen Südwestturm plaziert, und man sehe Kirchtürme, die man leicht benennen könne, die er freilich nicht wieder und immer wieder benennen wolle, es gehe ja darum, Zeit vergehen zu lassen mit Köln im Blick, beispielsweise nun und damals, am 23. August 1499, gesehen von Johannes Koelhoff (Sohn), und der habe auf dem Uferstreifen vor der Stadtmauer einen Mann mit Stock oder mit Krücke gehen lassen, habe einen weiteren Mann mit übereinandergeschlagenen Beinen auf eine Bank gesetzt, habe zwei Bottiche auf einen Ladentisch gestellt, und auf der weiten Rheinkrümmung vor Köln eine Floßmühle oder Flußmühle, wie die schwimmenden Mühlen anderer Bilder angetrieben von riesigen Schaufelrädern und im Bildvordergrund der Blick herab auf ein sehr kleines Deutz mit der achteckigen Kirche St. Urban, um diese Kirche scharen sich einige Häuser, und vorn sieht man zwei Getreidefelder mit hohen Halmen und einen Bauern mit Schubkarre; dieser Bauer oder: solch ein Bauer ist aber trotz der minutiösen Genauigkeit der Darstellung auf dem dreimeterfünfzig langen, aus mehreren Druckstöcken hergestellten Holzschnitt des Jahres 1531 nicht zu entdecken, obwohl auch hier die Stadt in der schon gewohnten Bildperspektive über den Rhein hinweg gezeigt wird, freilich nicht aus einer festen Deutzer Perspektive, sondern von einem an der Stadtmauer, Rheinmauer entlanggleitenden Blickpunkt aus, und dabei werden nicht nur die für die Stadt bezeichnenden architektonischen Formen genau erfaßt und dargestellt, sondern auch Details in einer Fülle, die er hier am Rheinufer höchstens andeuten könne, etwa, indem er hinweise auf die zahlreichen Schiffe, die der Holzstecher über das Rheinwasser verteilt habe, die Niederländer Boote und die Oberländer Boote, die Frachtkähne und Fischerboote und zahlreich – gleich reihenweise nebeneinander liegend – die Flußmühlen und auf der Insel vor der

Stadt, »Werthchen« genannt, einige Buden, und es wird an zwei Schiffen gebaut, und ein großer Trupp zieht eine Floßmühle zum Inselufer, und Deutz im Bildvordergrund besteht aus etlichen Fachwerkhäusern und Bäumen und Büschen und Zäunen, selbstverständlich auch der Kirche, und drei Personen und ein Hund nähern sich diesem Dorf, von wo aus eine Malergeneration nach der anderen hinüberblickte zum unvergleichlich großen und turmreichen Köln, das von der mächtigen Kirche Groß St. Martin beherrscht wird, optisch, noch breiter aber hingelagert die Baumasse des Domchors und des Südwestturms mit dem Baukran, und am befestigten Ufer sind viele Schiffe vertäut, jeweils mehrere parallel aneinander, und ebenso viele Schiffe werden auf dem Rhein gerudert bei der Darstellung der Ankunft der Braut des Herzogs Johann Wilhelm von Jülich-Berg, der Antonia von Lothringen, die, im Jahre 1599 von Düsseldorf kommend, einen festlichen Empfang erhielt, aber noch haben auf diesem Bild die Schiffe nicht angelegt, lange Ruder bewegen sie, Ruder wie von Galeeren, und auf den Schiffen sind riesige Fahnen gehißt, und Rauchwölkchen steigen von ihnen auf, weil Salut geschossen wird, sogar von den Rheinmühlen im Vordergrund wird Salut geschossen, aus allen Fensterlöchern Rauchwolkensignale, und auf einem der größten Schiffe ein erhöhter Pavillon für die fürstliche Braut, und unverändert, wenn auch wiederum in anderen Proportionen, die Stadt mit den bereits aufgezählten Kirchen, deren Namen er weitere Namen hinzufügen könnte, aber diese Namen seien abzulesen am Himmel dieses Bildes, hier werde auch besonders hingewiesen auf das Haus des Bürgermeisters, bei dem die fürstliche Braut zu residieren geruhte, ein großes Haus, das allerdings keine besondere Rolle mehr spiele auf dem Kupferstich des Matthäus Merian vom Jahre 1632, der Zeit des Dreißigjährigen Krieges, aus dem sich die Stadt Köln herauszuhalten versuchte, sicherheitshalber aber ließ man Deutz zur Stadtfestung ausbauen, was die Schweden jedoch nicht dulden wollten, und so wird auf diesem Bild aus vogelgleicher Perspektive die Eroberung von Deutz gezeigt, mit Truppenkarrees vor allem im Bildvordergrund und mit galoppierenden Reitern und mit aufgerichteten Lanzen und mit Fahnen, und in der Mitte des Bildes – mit Flammen und Rauchwolken – die soeben explodierende Kirche St. Urban, die Turmspitze fliegt schräg durch den Feuerball, und man sieht hier auch Balken und ein paar herumgewirbelte Menschen, es war viel Pulver gelagert worden in dieser Pfarrkirche, bei dieser Explosion des Pulvermagazins kamen etwa dreihundert Menschen um, und viele wurden zusätzlich getötet bei Angriff und Einmarsch der schwedischen Truppen, die aus Deutz freilich bald wieder vertrieben wurden durch Artilleriebeschuß von der Stadt herüber, die auf diesem Bild breit hingelagert ist, mit den Türmen, mit dem Baukran auf dem Turmstutzen, der selbstverständlich immer so hoch war wie der Domchor mit dem Dachreiter, das sei auch so auf dem unbeholfenen, aber wichtigen Kupferstich von 1784, auf dem der große Eisgang dargestellt werde, das höchste aller Hochwasser, das Köln und Deutz und Mülheim in diesen Jahrhunderten heimgesucht hätte, und dieses Hochwasser sei so entstanden: zehn Tage lang hat es geschneit, im Februar, und eine so große Kälte, daß der Rhein zufror, und Ende Februar lang anhaltender Regen, Hochwasser, und die Eisschicht brach, riesige Massen von Eisschollen wurden auf die Stadt zugeschoben, bildeten eine mächtige Barriere, die das Wasser staute, und so zeigt der Kupferstecher im Bildvordergrund das völlig überschwemmte Deutz, hier ist keine Straße, kein Weg, kein Steg mehr zu sehen, sämtliche Häuser und die beiden Kirchen stehen tief im Wasser, durch das ein Reiter sprengt, mit verzweifelt hochgerissenen Armen, denn der Rhein ist bedeckt mit fladenförmig oder reibekuchenähnlich aussehenden Eisschollen, auf denen zuweilen Menschen sitzen, beispielsweise die Mutter mit den beiden nackten Kinderlein, von denen berichtet wurde, und man sieht, wie ein Mensch zwischen Eisschollen zerquetscht wird, wie da schiefe Häuser schwimmen oder losgerissene Rheinmühlen, und drüben ist die gewohnte Stadtmauer nicht mehr zu sehen, sie ist völlig überschwemmt, mächtige Eisschollen sind in die Straßen und Gassen hineingepreßt, viele Häuser beschädigt oder zerstört, und besonders viele Häuser sind in Mülheim beschädigt und zerstört, 160 sollen es gewesen sein oder 300, und die wenigen Häuser, die stehenblieben, waren mit Eis vollgepreßt, und die Gassen waren bis an die oberen Stockwerke vom Eis gleichsam zugemauert, das zeigte sich den Überlebenden, als die mächtige Eisbarriere bei Mülheim endlich gebrochen, das aufgestaute Wasser abgeströmt war, das in den folgenden Jahrhunderten nie mehr solche Höhe erreichte, meistens floß der Rhein so ruhig und breit dahin wie auf dem Bild des Karl Friedrich Schinkel, und auf diesem Strom ein Rheinfloß, vielfach auch Holländerfloß genannt, diese Flöße konnten bis zu 70 Metern breit und bis zu 300 Metern lang sein; vor diesem Floß kreuzt ein Segelschiff den Fluß, die »fliegende

Brücke«, die Fähre zwischen den Ufern, die seit der Römerzeit noch nicht wieder durch eine Brücke verbunden wurden, darauf wird man in diesem Jahr 1817 noch fünf Jahre lang warten müssen; zahlreich sind die Schiffe, die vor allem bei St. Martin am Rheinufer liegen, aber mächtiger, weil von Schinkel betont hervorgehoben, die Baumasse des Domchors und des Turmstutzens, er wollte den Dom »vorzüglich hervorstechen« lassen auf diesem Blatt, das eine »große Ruhe ausstrahlt«, und noch größer, hört der Mönch, sei die Ruhe auf den Köln-Bildern des Joseph Mallord William Turner; auf dem Aquarell des Jahres 1820 werden der Fluß und die Stadt im Dunst eines offensichtlich heißen Sommertags gezeigt, im Bildvordergrund vergnügen sich drei Menschen im Wasser, auf einem Floß faulenzen Männer und Frauen, zwei Boote werden gerudert auf dem spiegelglatten Wasser, und mächtig der Bayenturm und schon im Dunst der Domchor und einige Türme, die nicht in das gewohnte Stadtbild passen, auch hat sich Deutz in eine italienische Uferstadt verwandelt, weil Turner kurz zuvor aus Italien zurückgekehrt ist, aber wichtiger als solche Details sei das Atmosphärische, sei die Abendstimmung in den Farben Blau und Ocker; diese Ocker- und Blautöne seien noch stärker betont auf dem Gemälde des Jahres 1826, das die Ankunft eines Postschiffs darstellte, einer sogenannten Wasserdiligence, eines Passagierseglers mit kleinen Kajüten, und dieses offensichtlich überfüllte Boot legt beischwenkend vor der Stadt an, im Abenddunst, und viele Menschen stehen am Ufer; er müsse nun zu einer Lithographie des Jahres 1862 übergehen, die ein bereits entschieden verändertes Köln zeige, nach Beginn der Industrialisierung: zwischen den Kirchtürmen zahlreiche Schornsteine und Schlote, denn es sind »Metallwerke, Mühlen, Spinnereien, Webereien und Brauereien« in der Stadt errichtet worden, und auf dem Rhein sieht man Dampfschiffe, die längst regelmäßig verkehren, obwohl auf dem Bild von Schinkel noch kein einziges Schiff mit Rauchfahne zu sehen war, und der Rhein wird überspannt von der mächtigen Brücke für Bahn- und Straßenverkehr, von der Bevölkerung »de Muusfall« genannt, die Mausefalle, und am Rhein entlang fahre eine Dampflokomotive, die einen langen Zug hinter sich herschleppe, aber trotz der vielen Dampf- und Rauchfahnen sieht man auf diesem Bild noch eins der langen Flöße, deren letztes erst 101 Jahre später auf dem Rhein gesichtet wird; zahlreich die Schiffe auch am begradigten, befestigten Ufer mit den neuen Anlegeplätzen, mit den Zollgebäuden, Lagerhallen; auch in diesem

Köln dominieren die Kirchtürme, obwohl man für die neuen Bahnhöfe insgesamt 27 Kirchen abgerissen habe, aber man sei stolz darauf gewesen, den Aufschwung dieser jahrhundertelang dahindämmernden, immer stärker verrottenden Stadt mitzuerleben, dafür habe man bereitwillig alte Gebäude geopfert, das sei auch so in Deutz drüben, in Deutz hüben am Betrachtungsufer gewesen, das zeige ein Aquarell mittlerweile des Jahres 1884, mit dem Bildtitel »Bauarbeiten zu den Eisenbahn-Anlagen am Rheinufer in Deutz«; hier werde ein Bahndamm, eine Bahntrasse angelegt, quer durch die Biergärten, Restaurantgärten hindurch, die sich am Rhein aufgereiht hatten: die in vielen Jahrzehnten beliebten Ausflugslokale, in denen Kölner bei Kaffee oder Bier den Blick hinüber auf ihre große, vor allem nach Norden hin wachsende Stadt genossen, aber als man diese Biergärten, diese Restaurants und kleinen, alten Hotels abriß, wurde auch die Klage laut, daß man »uns arme Deutzer durch einen garstigen Eisenbahndamm vom Rhein abtrennt«; dieser Damm sei allerdings nicht zu sehen auf der Farblithographie des Jahres 1909, auf der werde die Aufmerksamkeit des Betrachters freilich vor allem in den Luftraum gelenkt, in dem drei der insgesamt fünf Luftschiffe schweben, die am ersten deutschen Luftschiff-Manöver teilgenommen haben, eines dieser Luftschiffe mit der Bezeichnung LZ II, ein hundertsechsunddreißig Meter langer, von zwei Motorgondeln angetriebener Zeppelin und auf gleicher Bildhöhe ein »unstarrer« Typ des Luftschiffs, mit einem Volumen von sechstausendsechshundert Kubikmetern; was man bei den »dirigeables PARCEVAL et GROSS« noch bewundert habe, das habe man wenige Jahre später bereits fürchten gelernt: die Militär-Luftfahrt, denn Pfingsten 1918 erfolgte der erste Bombenangriff auf Köln, bei dem 35 Menschen getötet und 87 verletzt wurden, ein Ereignis, das auf keiner Lithographie, auf keinem Gemälde dargestellt worden sei, zumindest sei ihm solch eine Darstellung nicht vor Augen gekommen, und er könne hier auch nicht auf ein künstlerisch oder kunsthistorisch relevantes Gemälde hinweisen, das, von der gewohnten Deutzer Seite aus, die brennende Stadt Köln zeige, dafür könne er jedoch berichten, daß Ewald Mataré Ende der vierziger, Anfang der fünfziger Jahre für das Südportal des Kölner Doms stilisierend dargestellt habe, wie Köln ausbrannte: zu Häuserzeilen gereihte spitzgieblige, vielfenstrige Häuser, aus denen Flammen schlagen, die höher werden, je zahlreicher sich die Häuserzeilen reihen, deren gleichförmig gezackte Flammen sich zu immer größeren Flammenflächen zusammenschließen, bis in weitem, das Bild oben abschließendem Bogen eine Flammenmasse entsteht, in der ein Knochenmann schwebt; die Flammen sparen den Dom am gleichförmig gewellten Rhein aus, ja, sie scheinen gleichsam vor ihm zurückzuweichen, als würden sie nach rechts und links fortgeblasen, von den Häusern aber kann dieser Atem die Flammen nicht fernhalten, diese Flammenbündel, diese Flammenbüschel, diese Feuerflächen, diese Feuerwände des Feuersturms, dessen Feuerkern so hell, so stark, so dicht gewesen sei, als hätte eine neue Sonne geformt werden sollen, eine Sonne, die über ihre Form vernichtend hinauswachse.

Und die Stimme, die nun aufgerauht klang, als wäre heiße Flugasche auf die Stimmbänder gefallen, sie bricht ab. Der Mönch eingekrümmt, ein Bild der Erstarrung. Nach längerer Zeit, die er als Zeit nicht wahrnimmt, wird der fast körperlose Widerstand in seinem Rücken aufgehoben. Der Mönch hebt zeitlupenlangsam den Kopf, schiebt zeitlupenlangsam die Kapuze zurück, öffnet zeitlupenlangsam die Augen, als könnte er geblendet werden von Lichtgleißen, aber das Licht auf der Wasserfläche ist stumpf geworden in der Dämmerung. Da erhebt er sich mit einem Ruck, bleibt stehen, als sei ihm schwindlig, geht mit geschlossenen Augen, doch mit der Sicherheit eines Schlafwandlers zurück zum Kloster zwischen den grünen Hügeln, zögert am Eingang, der Bruder Pförtner aber scheint ein Nickerchen zu halten in dieser Abendstunde, also geht der Mönch weiter zum Hauptbau, ins Refektorium, in dem die Mönche versammelt sind, und er setzt sich; auf dem Tisch liegt vor ihm ein kleiner Strauß von Lilien, Bauernrosen, Pfingstrosen, von Liebstöckel, Selleriekraut und Gartenkerbel, von Andorn, Zitronenmelisse und Eberraute, von Betonie, Muskateller-Salbei und Wermut – einer der Mitbrüder hat diesen Strauß für ihn gepflückt, weil die Fratres nach seinem taglangen Ausbleiben befürchtet hatten, er sei unter die Siebenschläfer gegangen, tief im Wald. Der Mönch erkennt alles wieder im Refektorium, und zugleich sieht er alles mit fremden Augen, und er hat das Gefühl, als würden seine Mitbrüder auch ihn mit fremden Augen sehen, aber: was könnten sie an äußerlicher Veränderung erkennen nach diesem einen Tag? Er schaut auf den kleinen Strauß von Blumen und Kräutern, hört fern, sehr fern die Stimme des Vorlesers: die Geschichte von den Bienen, die im Korb eine Kirche aus Wachs bauen, mit Turm und Dach und Portal und Altar – er hört das, hört es wiederum nicht. Von diesem Tag an bleibt der Mönch von Heisterbach stumm. Bleibt so stumm, als würde er augenblicklich in Asche zerfallen, wenn er zum Reden den Mund öffnete.

2 Weder an Neidhart, noch an ein Reuental, schon gar nicht an »Neidhart von Reuental« denkend, sehe ich – auf der Bundesstraße 314 von Waldshut nach Geisingen fahrend – auf einem Hinweisschild den Namen Ofteringen-Reuental, will nicht so recht darauf reagieren, fahre weiter, lese an einem anscheinend alten Gebäude die Aufschrift Reuentaler Mühle, kann jetzt nicht weiterfahren, muß umkehren, und da ist wieder dieser Hinweis, ganz offiziell: Reuental. Ich überquere die Wutach, an der ich schon einige Zeit entlanggefahren bin durch dieses Tal, auf einer kurzen Lesereise im südwestlichen Bereich der Bundesrepublik, ein Termin in Waldshut, der nächste in Tübingen – das »Singen«, das »Tingeln«. Ich sehe Bretterstapel, Bretterhalden; ein Gabelstapler bringt aus dem Sägewerk weitere Bretter. Und schon ist vor mir die sichtlich alte, behäbig massiv wirkende Reuentaler Mühle, und ich sehe ein Straßenschild mit der Aufschrift Reuental. Nichts scheint hier selbstverständlicher zu sein als dieser Name! Ich fahre auf einem asphaltierten Wirtschaftsweg weiter, einem Holzschild folgend, ein gemächlich ansteigender Weg am Hang und rechts die Talsohle, sie scheint feucht zu sein, ein dichter Brennessel- und Sauerampferstreifen. Ich überquere einen schmalen Bach, komme an einem Teich vorbei, sehe Hangwiesen bis zum Talrand. Ich halte an einem geschotterten Holzstapelplatz, auf dem nur ein paar Stämme liegen, schlendre an einem Hochstand vorbei in die Talsohle, stehe in einem Tal namens Reuental. Kein Tal mit landschaftlicher Prunkentfaltung, ein eher bescheidenes Nebental im südlichen Schwarzwald. Junihimmel, wolkenlos, die rasch ansteigende Temperatur dieses Vormittags. Ein Bauer, neben ihm ein Kind, fährt mit einem Traktor hin und her auf der Wiese mit trockenem Heu, vorn ein Betonblock als Gegengewicht für Hangfahrten, hinten angekuppelt der Heusammler. In der Talmulde ist ein blumenreicher Grasstreifen nicht geschnitten worden: wie ein Haarstreifen auf einem sonst kahlgeschorenen Irokesenschädel oder ›Irokesenschädel‹. Sickerwasser, schmaler Streifen Feuchtbiotop, Traktoren würden sich hier festfahren. Moorflora: Sumpf-Schlangenwurz, Moorsteinbrech, Moorbinse, Rote Sumpfgladiole? Das

Heu, das in diesem Reuental durftet, wird radioaktiv sein, denn auch über Reuental wird radioaktiver Fallout herabgeregnet sein nach Verpuffung und Brand in einem Reaktor der Ukraine. Am Talende, etwas oberhalb, fährt ein Bauer auf dem Traktor zwischen Obstbäumen umher und versprüht eines der 1800 Pflanzenschutzmittel, die in meinem Land hergestellt werden.

Ich gehe zum Wagen zurück, fahre auf die Höhe: Ende und Beginn des Reuentals. Ein Hof: drei große Gebäude, der Vogelhof, und weit ist von hier der Blick nordwärts, über das kleine Reuental hinaus, in den Schwarzwald: Wiesenflächen, Waldhänge. Ein junger Mann kommt heran, ich frage ihn scheinheilig, was dies für ein komischer Name sei, »Reuental«, sowas hätte ich noch nie gehört. Und mit lässiger Artikulation in alemannischem Deutsch erzählt er mir eine kurze Geschichte, von der ich nur einige Stichwörter verstehe: Kloster da unten... Ofteringen... uneheliches Kind... in das Tal geschickt... bereut. Aha, Volksetymologie. Es ist nicht ganz sicher, ob's wirklich so war, aber er hat das in der Schule gehört. Ich spaziere weiter. Ein offenbar von einem Anwohner gefertigtes, nicht von der öffentlichen Hand erstelltes Sperrholzschild an einer Latte weist in das Tal hinunter, das ich heraufgekommen bin: Reuental. Und ein Kindskopf mit Schielaugen, Haarstruff, abstehenden Ohren, langer roter Zunge soll aufheitern: man wird diesen Weg nicht bereuen.

Schritt für Schritt wächst das Panorama südwärts, bald habe ich, auf dem Höhenrücken stehend, eine weite Region Schweiz vor mir. Etwas tiefer am sanft abfallenden Hang eine kleine Kirche. Wind in Getreidefeldern, Lerchen mit raschen Flügelschlägen und unablässigem Gezwitscher – als würde dieses hohe, helle Geräusch mit einer kleinen Kurbel aus ihnen herausgedreht oder als würden sie es aus sich herausflügeln. Weinstöcke, Weinhänge. Die Kapelle mit Vorbau, eine Aufschrift über der Kirchentüre: »Dem allgütigen Gott nach Angst und Not Schmerz Tod und Leid in Dankbarkeit die Pfarrgemeinde Erzingen 1945.« Im Weinfeld hinter der Kapelle eine alte Frau, sie bindet Reben hoch: ein Unwetter voriger Tage, eine halbe Stunde lang Hagel, enteneiergroß, so langen Hagelschlag hätten sie noch nie erlebt, alles war mit Eis bedeckt, im Juni, und sie zeigt mir, wie Triebe von Hagelkörnern geknickt, gekappt worden waren. Kopftuch, Kittelkleid, feste Schuhe. Der Wein dieser Lage Kapellenberg kommt in die Genossenschaft, nur noch wenige Bauern stellen eigenen Wein her, für sich selbst. Ich frage nach dem Namen Reuental. Das heiße eben so, und sagt sie nicht auch: das sei auch so? Sie versucht eine eigene Deutung: dort kann man bereuen, wenn man gesündigt hat. Und sie zeigt lachend ihre auf Lücke stehenden Zähne, bindet weitere Reben auf. Die Blüte war glücklicherweise schon vorbei; Andeutungen von Beeren in diesem wochenlang verspäteten Sommer. Ich schaue hinein in die Schweiz. Wind, der den Hang heraufzieht. Wolkenloser Himmel weiterhin, in der Ferne verschleiert. Und unablässig das Lerchengezwitscher.

Zum Vogelhof gehend, zum Reuental, schaue ich ein paarmal zurück. Ich werde so lange durchs Reuental spazieren, werde so lange im Reuental sitzen, bis das Reuental für mich selbstverständliche Realität geworden ist, denn: Reuental war auch mir bisher als fiktiver Name erschienen. »Riuwental«, das hatte im Mittelhochdeutschen nicht die Bedeutung »Reuental«, vielmehr war »riuwe« der Schmerz, das Leid, der Jammer, die Klage – im breiten Spektrum der damaligen Bedeutungen dieses Wortes; Neidhart also aus dem Jammertal, aus dem Tal der Klagen: das konnte bei diesem Dichter ja nur Fiktion sein! An diesem Punkt war auch ich stehengeblieben, in meinem ersten Neidhart-Buch, aber nun ist der Begriff »Reuental« eine Realität geworden: ich sitze, liege am Wiesenhang, drehe mich einmal um die Körperachse, rieche den Boden des Reuentals, eines Reuentals. Und ich schlendre über die gemähte Talwiese, inspiziere den feuchten Talgrund: dieses Tal muß früher einmal sehr viel stärker versumpft gewesen sein, bei der Melioration wird man vor allem für den Abfluß des Wassers gesorgt haben, ein Bett für den Bach, der an der Reuentaler Mühle in den Mühlbach mündet oder gleich in die Wutach. Ein Tal, das sicher viel Arbeit gemacht hat: die Rodungen, die Abflußgräben, Drainagen, aber es wird wohl nicht viel eingebracht haben in Zeiten ohne Subventionen für die Landwirtschaft. Ein Name also, der hier offenbar zutraf. Ein selbstverständlicher Name: ich esse einen Apfel im Reuental, ich sitze und sonne mich im Reuental, ich schlendre umher im Reuental. Reuental nicht nur als handgeschriebener und getippter und gedruckter Name in Erörterungen, Reuental als Realität, in der ich mich umsehen kann. Schritt für Schritt komme ich hier Neidhart zwar nicht näher, doch für die erneute Beschäftigung mit ihm gewinne ich Boden unter den Füßen: ich wandle nicht mehr auf einer Bedeutungsebene.

Ich sinniere noch ein wenig, fahre hinunter zur Reuentaler Mühle, speise am langsam fließenden Mühlbach; das Holz des Mühlrads morsch, verrottet. Vielleicht ist hier nach dem Krieg noch gemahlen worden, ehe die Mühle zum Restaurant umgewandelt wurde, von Mitgliedern einer Familie, die seit 1308 hier leben soll, wie ich im Vortext der Speisekarte lese und im Faltblatt-Prospekt. Reuental hat eine Postleitzahl, eine telefonische Vorwahlnummer. Östlich des Reuentals liegt Schaffhausen, südwestlich Waldshut, nördlich Donaueschingen, südlich die Schweiz. Ich war in Reuental, in einem Reuental: ein Aussagesatz. Auch ich war in Reuental, so werde ich erzählen können. Noch sitze, esse, trinke ich am Ausgang des Reuentals. Eine Katze hat sich unter meinen Stuhl gelegt; Wind läßt Pappelblätter flirren; lautlos der Mühlbach hinter dem niedrigen Holzzaun; Männer in abgeschnittenen Jeans erhöhen mit dem Gabelstapler die Bretterhalde. Ich sehe in einem Schuppen ein Leiterwägelchen, wie ich es als Kind gezogen habe, mit gehamsterten Kartoffeln, die hangaufwärts schwer wurden wie Blei. Hühott. Nun trugen mich siebzig Pferde in ein Reuental, in dem Neidhart wohl nie gewesen ist, obwohl es zu seiner Zeit höchstwahrscheinlich auch schon Reuental geheißen hat, riuwental, solche Namen ändern sich nicht. Ich kraule die Reuentaler Katze, die klein ist, mir deshalb jung erscheint, die aber, wie mir die junge Kellnerin erzählt, eine alte Katze ist.

Nach dem Kaffee fahre ich los: das Straßenschild Reuental, das Hinweisschild Ofteringen-Reuental. Ich fahre weiter Richtung Autobahn. Und nehme mir vor, nach dem Reuental zu suchen, aus dem Neidhart gekommen sein könnte. Hätte man mich in Waldshut noch befragt, so hätte ich erklärt, ich würde niemals aufbrechen, um das Reuental zu suchen, nach dem sich Neidhart benannt hat oder benannt haben soll.

3 Neidhart von Reuental, das hieß damals nichts anderes als: Neidhart aus dem Reuental. Oder: Neidhart vom Hof Reuental. Rufname: Neidhart. Beiname: Reuental.
Man bezeichnete mit dem Beinamen im Mittelalter den Ort, in dem man geboren war oder in dem man lebte oder in dem man ein Lehen hatte. Es wäre unwahrscheinlich, daß ein Dichter jener Zeit den Beinamen fingiert hätte. Es gab zwar Künstlernamen, aber die waren sofort erkennbar: Der Wilde Alexander ... Frauenlob ... Eine Kombination eines gebräuchlichen Namens mit einem fiktiven Beinamen kenne ich nicht. Neidhart war sehr erfindungsreich in seinen Texten, in der Namensfrage aber dürfte er sich den

Konventionen gefügt haben. Wäre nirgendwo ein Ortsname, Flurname, Hofname Reuental nachweisbar, wir hätten vielleicht Anlaß, die grundsätzlichen, oft allzu theoretischen Überlegungen fortzusetzen, an die sich Wissenschaftler gewöhnt haben.

Neidhart hatte aber das Glück oder Pech, mit einem Ortsnamen verbunden zu sein, mit dem sich spielen ließ. Und das hat er getan, systematisch. Ursprünglich konnte Reuental als Leidenstal, Jammertal ein bewußt gesetzter Name sein für einen »Ort büßender Zurückgezogenheit«, wie es Schumacher formuliert. Es konnte also im Frühen Mittelalter einen Mann gegeben haben, der sich in ein karges Tal zurückzog, um zu büßen, und er nannte das Tal sein Jammertal, sein irdisches Tal der Leiden. Und die Umgebung gewöhnte sich an diesen Namen, er überlebte den Büßer – oder es folgten weitere Büßer. Im Verlauf der Jahrhunderte jedenfalls wurde aus diesem bewußt gewählten Namen ein geläufiger Name, über den man nicht weiter nachdachte, der Name war »losgelöst aus seinem ursprünglichen Bedeutungsfeld«, war nun ein Name, der »bezeichnet, ohne zu bedeuten«. Und nun kommt ein Dichter, hört aus dem Namen die alte, fast vergessene Bedeutung heraus, nimmt ihn wieder beim Wort, lädt ihn erneut mit Bedeutung auf, macht diesen »sprechenden Namen« zu seinem privaten Mythos.

Zu Jammertal gibt es kein heutiges postalisches Pendant, aber wenn ich im Verzeichnis der Postleitzahlen blättre, unter »L«, so finde ich: Leidenborn bei Prüm in der Eifel, Postleitzahl 5541; Leideneck bei Kastellaun, Postleitzahl 5549; Leidenhofen bei Marburg, Postleitzahl 3551. Mit jedem dieser Namen könnte ein ortsansässiger Dichter spielen: Was kann Leidenborn für mich anderes sein als eine Quelle unablässiger Leiden...? Da sitze ich im Eck von Leideneck, aber so ist es Dichtern bekanntlich immer ergangen... Und in Leidenhofen, nomen est omen, was kann ich hier anderes ernten als Leiden?

In »Reuental« haben sich ein Dichter und ein Name gefunden, ohne sich zu suchen. Reuental als biographische Realität *und* als Angebot der Sprache zu literarischem Spiel?

4 Neidhart von Reuental: leider sagt uns dieser Name nicht, ob Neidhart in einem Reuental, auf einem Hof namens Reuental geboren wurde, aufwuchs. Ob also bereits sein Vater das Lehen Reuental besessen hatte. Selbst, wenn es so gewesen wäre: nur als Erstgeborener hätte Neidhart das Lehen übernehmen können – vorausgesetzt, der Lehnsherr war auch an den Diensten des Sohnes interessiert. Falls Neidhart aber, wie Bertau entwirft, ein »lehnloser, jüngerer Sohn« war, so hätte er, heranwachsend, erst einmal eine Einnahmequelle suchen müssen.

Es könnte also sein, daß der junge Mann nur Neidhart hieß. Und erst, als er das Lehen übernehmen durfte, oder: als ihm das Lehen offiziell übergeben wurde, konnte er seinen Namen mit dem Beinamen Reuental verbinden.

Ich skizziere den Lehnssitz Reuental nach Neidharts späteren Angaben: ein Bauernhof in einer hügeligen Region, also wohl im Voralpenland; das Haus oder der Hof liegt oberhalb eines Dorfes; ein Hangweg, ein Steig führt vorbei; in dieser Region spielt Viehwirtschaft eine große Rolle, denn wiederholt ist von Gras, Mahd, Heu die Rede und kaum von Getreide; doch selbst, wenn Neidhart in einem Gebiet von »Hörndlbauern« gelebt haben sollte, zeitweise: der Anbau von Getreide und Gemüse war selbstverständlich, für eigenen Gebrauch.

Mit dieser Skizze im Kopf frage ich: wo könnte das Lehnsgut Reuental gelegen haben? Zwei Möglichkeiten werden von Historikern angeboten.

Der erste, knappe Hinweis stammt von Friedrich Wilhelm, aus dem Jahre 1922: *Neidhart von Reuenthal ein Oberbayer.* Bei der Arbeit an einem Wörterbuch entdeckte Wilhelm in einem Urbar des Klosters Tegernsee den Namen »Rewental«, und zwar unter dem Stichwort »Goezzhilthusen«. Wenn »Riuwental« hier etwas anders geschrieben wird als in wissenschaftlichen Neidhart-Ausgaben, so ist das bedeutungslos: es gab im Mittelalter noch keine Schreibnormen einer Hochsprache, es dominierten regionale Schreibtraditionen, und so konnte es von einem Namen mehrere Varianten geben. Also: »Rewental« ist »Riuwental« ist »Reuental«.

Zwar stammt dieser Urbar, dieses Verzeichnis der Einkünfte, etwa aus der Mitte des dreizehnten Jahrhunderts, aber es könnte durchaus für den Beginn dieses Jahrhunderts gültig und verbindlich gewesen sein. Wie viele »denarios pro porco«, Denare für Schweine und wieviel dieser Hof, dieses Tal sonst noch abzuliefern hatte, das ist hier nicht weiter wichtig, nur: es ist eine Aufstellung mit wenigen Positionen; dieses Tal oder dieser Hof oder dieser Bauer »Rewental« brauchte also nicht viel abzuliefern, und das ist nicht weiter überraschend bei solch einem Namen.

In einem Urbar des vierzehnten Jahrhunderts taucht der Name Gesseltshausen noch einmal auf, diesmal kombiniert mit Etzenhousen, also dem heutigen Hetzenhausen, nur zwei, drei Kilometer von Gesseltshausen entfernt. Friedrich Wilhelm: »Beide Orte liegen ziemlich nah beieinander, und der Name Reuenthal ist also in ihrer Nähe zu lokalisieren.«

Ich mußte auf der Straßenkarte lange suchen, bis ich Gesseltshausen fand. Wer diese Neidhart-Reise auf der Karte verfolgen möchte, soll es leichter haben: das Dorf liegt westlich von Freising, ein paar Kilometer Luftlinie, direkt an der Autobahn München-Nürnberg. Ich fuhr allerdings auf Landstraßen nach Gesseltshausen. Meine Sorge war unterwegs: daß ich genarrt würde, und Gesseltshausen liegt in einer flachen Region, in der sich nicht einmal ansatzweise Täler bilden. Aber aufatmend sah ich: ein Gebiet mit weit geschwungenen Hügeln, sanften Tälern. In diesem Gebiet muß das Kloster Tegernsee Ländereien besessen haben. Das leuchtet zwar nicht unmittelbar ein, wenn man auf die Karte schaut, Streubesitz aber war damals üblich.

Den Streubesitz des Klosters Tegernsee bei Gesseltshausen kann ich nicht genauer eingrenzen. Er scheint in der Region Hetzenhausen-Gesseltshausen-Eisenbach gelegen zu haben; erst ab 1499 gehörten diese Ortschaften zum westlichen Besitz des Hochstifts Freising – es fand also ein Arrondieren statt. Allerdings hatte Freising schon vor Neidharts Zeit Streubesitz in dieser Region: eine erste Schenkung bereits im neunten Jahrhundert. So ist alles buntgescheckt und vertrackt. Doch wir können bei der magischen Drei von Gesseltshausen, Hetzenhausen, Eisenbach bleiben; hier irgendwo könnte es ein Reuental gegeben haben.

Ein erster Überblick über die potentielle Neidhart-Region von einem Hügelrücken aus, dem Ölberg: rechts unten Gesseltshausen, links unten Hetzenhausen, die Straße auf diesem Hügelrücken führt genau auf Eisenbach zu; hinter dem Ort die Autobahn; jenseits der Autobahn die Kirche von Weng, auf grünem Hügel.

Ich fahre hinunter nach Gesseltshausen. Ein sehr kleines Dorf, an dem Touristen auf der Autobahn drüben vorbeirauschen. Ich spaziere auf einen der Bauernhöfe, treffe einen älteren Mann in Arbeitsblau mit Lodenhut, der ein Starkstromkabel in sechs oder zehn Windungen um den Nacken, vor der Brust trägt: ihn frage ich nach Reuental, helfe gleich nach mit möglichen anderen Lautformen, Reiental oder Reintal, denn so ähnlich wird man Reuental auf Bayrisch aussprechen. Aber der Bauer, so gern er in der Sonne steht und spricht, er weiß nichts von einem Reuental oder Rewental oder Reintal oder Rübental zu berichten; sicherheitshalber nennt er die paar Namen der Höfe im Ort, hier ist auch nicht der entfernteste Anklang an »Reuental«. Er verweist mich an den Herr Pfarrer, der sei »Professor« in München, wohne drüben in Weng, den solle ich mal fragen, der würde das am ehesten wissen. Und wir stehen weiter in der Sonne, er mit seinem Starkstromkabel, der faustbreite Stecker baumelnd. Über Reue und Buße hat er nur eine wirre Story zu erzählen, eine der üblichen Ehebruchsgeschichten eines Regionalherrn, hier offenbar mit falscher Beschuldigung einer Frau, die daraufhin verbrannt wurde, zur Buße dafür wurde die Kirche drüben in Weng erbaut und die beiden anderen Kirchen, die man vom Kirchhügel aus sehen kann. Im weiteren Verlauf des Gesprächs ist von Reue und Buße nicht mehr die Rede – wir sprechen so lange miteinander, daß er zum Abschied sagt: Pfüat di.

Ich unterquere die Autobahn, fahre den Kirchhügel von Weng hinauf, stelle fest, daß man von dort aus tatsächlich zwei weitere Kirchtürme sieht, klingle am Pfarrhaus. Kurzgehaltener Rasen, aber ein bäurisches Blumen- und Gemüsegärtlein mit weihnachtsschmuckähnlichen Glanzkugeln auf Latten. Der Pfarrer, offenbar auch Studienrat in München, hat nie etwas von einem Reuental oder Reintal oder so ähnlich gehört in dieser Region, bestätigt aber, daß das Kloster Tegernsee hier früher Land besessen habe; die Kirche drunten in Eisenbach, der Seitenaltar mit dem heiligen Quirin verweise noch heute auf Tegernsee.

Also fahre ich nach Eisenbach hinunter. Die (geschlossene) Kirche ist eher eine große Kapelle, die nur auf den ersten Blick barock erscheint. An einer Seitenwand ist Stuck abgehauen, damit ist Mauerwerk sichtbar gemacht, in dem romanische (oder romanisch wirkende) Bögen zu sehen sind, stabilisierend, und die Barockfenster nachträglich eingemeißelt, eines dicht neben einer alten, fast schießschartenkleinen Fensteröffnung. Hier könnte also romanische Bausubstanz sichtbar sein. Schön, aber wo ist Reuental? Oder: wo könnte in diesem Gebiet von Gesseltshausen-Hetzenhausen-Eisenbach ein Hof mit dem Namen Reuental gewesen sein?

Ich spreche in Freising auf dem Grundbuchamt vor, doch an diesem warmen Sommernachmittag ist man nicht allzu motiviert für zusätzliche Arbeit, man versichert mir, so etwas wie ein Reuental gebe es im Kreise Freising nicht, verweist mich ans Vermessungsamt, aber nun habe *ich* keine Lust mehr. Ich sage mir: selbst, wenn ein Reuental lokalisiert werden könnte, westlich von Freising, damit wäre noch lange nicht geklärt, ob Neidhart in *diesem* Reuental lebte oder in einem *anderen* Reuental.

Was für ein Reuental bei Eisenbach sprechen könnte, dieser früheren Tegernseer Exklave: Neidhart hätte es nicht weit gehabt bis Freising, hätte dort in eine Klosterschule gehen können.

Freising als möglicher Ausgangspunkt? Einige Sätze also über Freising. Im fünften Buch seiner Weltchronik schreibt Bischof Otto von Freising: »Der Berg liegt in einer sehr schönen, lieblichen Gegend: in die Augen fallen zahlreiche Bäche klarsten Wassers und vor allem die reißende Isar; wie von einer Warte hat man einen weiten Ausblick auf die ganze Umgebung und nach Süden zu auf die weite Ebene. Er war zu jener Zeit noch ganz von Wäldern umgeben und soll gewissermaßen ein Hochsitz der Jäger gewesen sein. Von diesen Wäldern finden sich noch heute in den Mooren der Ebene Spuren, nämlich alte Baumstümpfe, und noch jetzt gibt es dort eine Menge Hirsche und Geißen. Auf der Nordseite aber ist noch heute ein ausgedehnter Wald übriggeblieben, im Volksmund ›Forst‹ geheißen, der der Stadt durch das Bau- und Brennholz von großem Nutzen ist.« Was Zeitgenossen Neidharts, was vielleicht Neidhart selbst von diesem Domberg aus gesehen hat, das war noch nicht so kultiviert wie heute – im agrartechnischen Sinne. Die Isar, auf der vor allem Flöße und flache Boote herabtrieben, fächerte weit aus ins flache Land, das häufig überschwemmt wurde. Noch heute gibt es dort viel Moor, nicht nur in Ortsnamen, Flurnamen, und zu Neidharts Zeit wird diese Ebene weithin Feuchtbiotop gewesen sein mit entsprechend vielen Mücken, also auch mit Sumpffieber. Nicht nur um die Übersicht zu wahren, um sichtbar zu herrschen, residierten die geistlich-weltlichen Herren hier oben: hier war die Luft besser.

Selbst, wenn Neidhart nicht aus dieser Region stammen sollte – mein Hinweis auf Freising wäre kaum überflüssig, denn auch in diese Region dürfte Neidhart als Fahrender Dichter gekommen sein, Auftrittsmöglichkeiten suchend bei geistlichen wie weltlichen Herren, in diesem Fall bei Bischof Otto II. von Freising, der von 1184 bis 1220 amtierte.

Der zweite Hinweis führt mich nach Wartenberg bei Erding. Als Anstoß auch hier: eine kleine Publikation an entlegener Stelle. Anno 1865 hielt C. Hofmann in der Königlich-bayerischen Akademie der Wissenschaften zu München einen Vortrag über das Lebermeer, der veröffentlicht wurde in den Sitzungsberichten der »Philosophisch-philologischen Classe« – samt einem Nachtrag *Ueber die Heimath des Neidhart von Reuenthal*. Hofmann berichtet, er habe Archivrat Muffat Nachforschungen anstellen lassen, »die zwar bisher zu keinem positiven, aber zu einem Resultate geführt haben, dessen Mittheilung ich nicht verzögern will«. Demnach sind im niederbayerischen Saalbuch des 14. Jahrhunderts unter Markt Wartenberg zwei Bürger mit Namen Rewental verzeichnet, und der eine Rewentaler heißt Ott mit Vornamen, der andere Friedrich.

Was für ein Reuental bei Wartenberg sprechen könnte: Neidhart hätte es nicht weit gehabt bis zur dortigen Burg. Sie war eine der drei wichtigsten Residenzen der frühen Wittelsbacher.

In der Wartenberger Chronik von 1878, zitiert in der *Festschrift aus Anlaß des Festjahres 1980 im Markt Wartenberg*, wird die Lage des Ortes so beschrieben: »Der Markt Wartenberg, zum k. Bezirksamte Landshut, Landgerichte und Rentamt Erding gehörig, liegt in einer weiten Ebene an dem sogenannten Strogenflüßchen. Vom Berge aus, welcher dem Markte seinen Namen gegeben hat, bietet sich dem Auge ein überraschender Anblick dar, da man im Umkreise von mehreren Meilen nicht weniger als 76 Dorfschaften und Städte liegen sieht.« Wartenberg ist heute eine Ortschaft mit etwas mehr als 1000 Einwohnern, am Fuße dieses »37 Klafter hohen Berges«.

Ich gehe vom Marktplatz aus den Kreuzweg hinauf. Eine waldgesäumte Wiese mit Kapelle. Auf die brettflache Ebene hinausblickend, sehe ich Mais, Mais, Mais, sehe auch Getreidefelder, sehe Baumreihen, Einzelbäume, sehe bleistiftspitzenförmige Kirchtürme. Nun bin ich schon ziemlich weitsichtig, aber so viele Ortschaften wie der wartenberger Chronist habe ich nicht entdecken können, bei weitem nicht. Zu Neidharts Zeit dürfte auch diese Ebene sehr feucht gewesen sein, mit vielen Mücken, also mit Sumpffieber.

An der Hügelkante eine Erinnerungssäule auf dreifach gestuftem Sockel. An einer Seite der vierkantigen Säule lese ich: »Hier stand die Burg Wartenberg.« An einer anderen Seite: »Ludwig der Kelheimer lebte in seiner Jugend auf dem Schlosse Wartenberg

1183-1192.« Dieser Gedenkstein ist 1855 bei einem »Patrioten-fest« enthüllt worden, in Anwesenheit sämtlicher Mitglieder der Rats- wie der Kirchenversammlung, der Landwehr Erding, von Deputationen und Honoratioren der benachbarten Städte und Orte, von Schulklassen, und es wurde eine »der Bedeutung des Fes-tes entsprechende Anrede des Ortspfarrers« gehalten, Böller wurden abgeschossen; Blasmusik. Doch der Stein gibt nicht die genaue Position der Burg an. 1979 wurden von der Nikolauska-pelle aus zwei »Suchschnitte« angelegt vom Bayerischen Denk-malamt, und mit diesen Grabungsschnitten konnte die Lage der früheren »Spornburg mit vorgelagerter Vorburg« genauer be-stimmt werden: die Kapelle macht sie sichtbar. Von der Burg aber ist nicht mal ein Ruinen-Rudiment geblieben, denn 1373 wurde die mittlerweile bedeutungslose, heruntergewirtschaftete Burg vom Herzog dem Ort geschenkt; die Bürger bedankten sich un-tertänigst und brachen die Ruine ab, verwendeten die Steine als Baumaterialien. Die Burg wurde also im Wortsinne: dem Erdbo-den gleichgemacht. Einige Bauelemente könnten zur Bausubstanz der Kapelle gehören: sichtbar vor allem das Tympanon aus dem 12. Jahrhundert.

Warum diese Zeilen über eine wie weggezauberte Burg? Falls Neidhart im Hinterland dieser zeitweiligen Residenz der Wittels-bacher aufwuchs, hatte sie zentrale Bedeutung für ihn: der Weg aus der ländlichen Anonymität könnte hier recht kurz gewesen sein. Falls er später erst in diese Region kam, hier ein Lehen Reu-ental erhielt, so wird diese Burg für ihn Sitz der Verwaltung gewe-sen sein. Und wenn auch dies nicht der Fall gewesen sein sollte: Neidhart dürfte als Sänger irgendwann einmal auf dieser Burg auf-getreten sein. Jetzt ist sie sang- und klanglos verschwunden.

Zurückblickend: es hat keine Spurensicherung stattgefunden, es ist bei der Suche nach Spuren geblieben. Oder, um es zu pointie-ren: es blieb beim Entwurf möglicher Spuren. Wahrhaftig, Neid-hart hätte wenigstens ein einziges Mal überlieferungswürdig sin-gen sollen: Mein Reuental bei Waldshut oder mein Reuental bei Eisenbach oder mein Reuental bei Wartenberg – aber er blieb bei »Reuental«. Neidhart in Reuental: ein Vexierbild!

Wo auch immer das Reuental oder der Reuentaler Hof gewesen sein mochte, dieses *eine* Ergebnis hat die Suche doch: Neidhart heißt für mich von jetzt an wieder *Neidhart von Reuental*.

28

5 Und wann könnte Neidhart geboren sein? In einer Liedstrophe, die ich in diesem Zusammenhang noch nirgendwo zitiert fand, singt Neidhart (oder, um das philologisch exakter zu formulieren: singt das lyrische Ich), er habe »bisher schon fünfzig Jahre lang« mit Gesang sein Seelenheil »verhagelt«. (Ich werde den Strophen-Ausschnitt im vorletzten Kapitel präsentieren.)

Die Zahl 50 mag aufgerundet sein – aber wie hoch dürfen wir den Renommier-Quotienten ansetzen? Wenn Neidhart singt, daß er fünfzig Jahre lang Lieder vorgetragen habe, so sehe ich keinen überzeugenden Anlaß, ihm das nicht zu glauben oder diese Liedstelle als unecht zu bezeichnen. Ich sehe auch keinen Grund, ihn herunterzuhandeln. Ich halte mich an diese 50 – die einzige Zahl, die überliefert ist. Sie ist sicher nicht bloß numerisch zu verstehen, sie könnte bedeuten: mein ganzes Leben lang, ungefähr ein halbes Jahrhundert, habe ich mit dem Singen frecher Lieder meinem Seelenheil geschadet.

Nun wird er diese Liedzeile kaum im letzten Lebensjahr gedichtet haben, es wird noch ein Spielraum bestehen zwischen dieser Bekundung christlicher Reue und dem Tod. Neidharts letzte literarische Anspielungen könnten in den Zeitraum 1240-42 verweisen. Also bleibe ich abrundend bei der Zahl 1240, als Schätzwert, Richtzahl – man hat sich inzwischen an sie gewöhnt.

Und das Geburtsjahr? Neidhart wird nicht schon in der Kindheit Lieder gedichtet, komponiert und vorgetragen haben, als ein Amadeus Nithardus, und so rechne ich zu den 50 Jahren noch zwei Jahrzehnte hinzu. Neidhart könnte demnach um 1170 geboren worden sein. Oder etwas später.

6 Auch Neidhart war einmal ein Wickelkind. Ich lege diesem Wickelkind ein paar Sätze in die Wiege.

Bei der Arbeit auch an diesem Buch stellte ich wiederholt fest, was zwar allgemein bekannt ist oder als allgemein bekannt gilt, was mich in konkreten Fällen jedoch überraschte: wie konservativ, also bewahrend, Sprache ist. Was Menschen einmal gedacht, getan, geformt haben, das mögen Individuen und Generationen zwar wieder vergessen, doch die Sprache vergißt es so rasch nicht. Seit Generationen werden Babies, Kleinstkinder nicht mehr gewickelt, also sanft gefesselt, doch das Wort »Wickelkind« hat immer noch Präsenz. Zwar heißt es heute, modifiziert, ein Baby werde in Windeln gewickelt, aber diese Kompromiß-Formulierung ist ungenau: Windeln werden heute nur noch angelegt oder eingelegt, und damit basta. Was mit dem Wickeln des Wickelkindes aber ursprünglich gemeint war: das Baby, das Kleinstkind wurde von unten bis oben mit zartem Nachdruck bewegungsunfähig gemacht. Es dauerte Jahrhunderte, ehe dieses wohlmeinende Fesseln kritisiert wurde, aber das Wickeln hat solche Kritik noch lange überlebt. Abraham a Santa Clara: »Die Kinder kommen kaum aus der Wiege, so werden sie schon geschmiert, geschnürt, geschmückt, gedrückt, und die Seel hat in ihrem zarten Leib ein gar hartes Quartier, indem die Kinder gleich von Jugend auf mit Brusteisen und Halseisen derart zusammengepreßt werden, daß sie fast keinen Atem schöpfen können. Das alles geschieht, damit man sie gewöhnt, einen geraden Leib zu bekommen – und sollte man ihnen auch einen Bratspieß durchziehen, so ist es eben der Brauch der Welt.«

Ein Wickelkind: die konkrete Vorstellung, wie früher gewickelt worden ist, sie bleibt heute in der Realienkunde isoliert; »Wickelkind« ist ein beinah inhaltsleeres Wort geworden, das höchstens noch assoziiert: ganz kleines Kind, und vielleicht noch: hilfloses Kindchen. In diesem Wort ist die Erinnerung verpuppt, daß Dutzende, Hunderte, wohl Tausende von Millionen Kindern umwickelt wurden wie Mumien und daß ihre ersten, noch unbewußten Erfahrungen die der Einengung, ja Einschnürung waren, der angelegten Fesseln.

7 Im ungefähr chronologischen Ablauf dieses Buches entwerfe ich Auftritte der jeweils regierenden Könige und Kaiser des mittelalterlichen römischen Reiches: Sichtzeichen, Zeitmarkierungen, mehr nicht. Als Bühne dieser Auftritte: die Kaiserpfalz Gelnhausen, östlich von Frankfurt. Man betrat den repräsentativen Wohntrakt, den Palas der Wasserburg durch das zentrale Tor, das heute wie ein großes Fenster wirkt, weil die Treppe fehlt. Diese Treppe ergänze ich, ziehe die immer noch eindrucksvolle Frontmauer des Palastes hoch, komplettiere das zweite Stockwerk, setze ein Dach auf. Und nun denke ich mir aus, daß in einem Fachwerkhaus innerhalb der Burgmauer ein Mann wohnt, der sich nicht mehr bewegen kann: eine Krankheit oder eine schwere Kampfverletzung, vielleicht Querschnittlähmung. Er wird von

seiner in dieser Kaiserpfalz beschäftigten Familie täglich an die Fensteröffnung gesetzt, ein zunächst recht junger Mann.
Erster Auftritt: der Erbauer dieser Burg, Kaiser Friedrich I., genannt Barbarossa. Sechs seiner Besuche in Gelnhausen sind bezeugt. Gegen 1180 hatten die Bauarbeiten begonnen, fünfzehn Jahre wird man gebraucht haben bis zur Fertigstellung. Ich gehe davon aus, daß Friedrich vor seinem Tod den (fast vollendeten) Palas sehen kann.
Der Kaiser wird vom Verwalter dieser Burg und wohl auch gleich vom Baumeister begrüßt. Er wendet dem Betrachter den Rücken zu, schaut an der Fassade hinauf, nickend. Es kommen einige Kinder auf ihn zu, bleiben in seiner Nähe stehen, stellvertretend für die zahlreichen Kinder, deren Namen überliefert sind, Kinder aus insgesamt vier Ehen und mehreren Liaisons. Friedrich Barbarossa sei etwas mehr als mittelgroß, lese ich bei Rahewin, dem Sekretär des Bischofs Otto von Freising, das Haar des Kaisers sei blond und oberhalb der Stirn etwas gekräuselt, Haupthaar und rötlicher Backenbart wurden vom Barbier ständig kurzgehalten, seine Lippen seien »schmal und nicht durch breite Mundwinkel erweitert«; etwas hochstehende Schultern, kurze »Weichen«, feste Waden. Der über Sechzigjährige scheint temperamentvoll, sehr entschieden zu sein. Er schreitet mit der Begleitung auf die Treppe zu, die von zwei Seiten zum Eingang in den Palas hinaufführt, bleibt auf dem Treppenpodest stehen, dreht sich aber nicht um, nicht bei diesem Besuch: Herren, Frauen, Kinder, Diener folgen ihm, die Eingangstüre wird wieder geschlossen. Die Pferde dieses Reisetrupps, der nur zum Teil in den Innenhof ritt, werden hinausgeführt, die Fläche vor dem Palas ist leer.

8 Neidhart wuchs auf im Bayern der ersten Wittelsbacher Herzöge.
Im Jahre 1180 wurde Heinrich der Löwe durch Kaiser Friedrich Barbarossa abgesetzt; er übergab das herzogliche Lehen seinem Gefolgsmann und Freund, dem Pfalzgrafen Otto von Wittelsbach – er nannte sich auch Pfalzgraf von »Wartperch«, also von Wartenberg. Otto war damals bereits 63. Der alte Herr nahm mit Entschiedenheit den Kampf gegen geistliche und weltliche Herren auf, die auch in Bayern ihre Hausmacht zu vergrößern suchten. Otto konnte nur drei Jahre regieren, dann starb er. Zu den Privile-

gien, die Kaiser Barbarossa dem Pfalzgrafen, dem Reichsfürsten, verliehen hatte, gehörte offenbar auch die Erblichkeit des Herzogtums. So war Ottos Sohn zum Nachfolger bestimmt: Ludwig I. Der war, am 23. September 1174 in Kelheim geboren, zu diesem Zeitpunkt erst neun Jahre alt. Das Herzogtum wurde also für ihn regiert: die Vormundschaft übernahmen drei Onkel und seine Mutter Agnes.

Über diese Frau einige Sätze; sie könnte auch für Neidhart wichtig werden. Ihre Mutter hieß ebenfalls Agnes. »Van Loon, die edle Agnes« wurde vom Dichter Heinrich von Veldeke als Gönnerin gerühmt. Ihrer Tochter gab sie nicht nur ihren Namen, auch ihr Interesse für Literatur weiter: wahrscheinlich hat sie, wie Pörnbacher nachweist, die bayrische Version der Servatius-Legende des Heinrich von Veldeke initiiert. Herzogin Agnes als literarische Vermittlerin. Es ist anzunehmen, daß sie auch bei ihrem Sohn Ludwig Interesse für Literatur weckte. Und Ludwig könnte später Gönner und Förderer von Neidhart werden.

Noch sind wir im Jahre 1183. Ein Chronist: »Und als der erste Fürst verschieden war, zog Agnes, seine hinterbliebene Fürstin, mit Ludwig, ihrem Sohn, nach Kelheim, das ihre Morgengabe war.« Dort blieb sie nicht, sie nahm den kleinen Ludwig mit zu verschiedenen Burgen.

Mit vierzehn Jahren wurde Ludwig für volljährig erklärt. Einer der Titel, die ihm verliehen wurden, war »dux totius bavariae«, Fürst des gesamten Bayern. Aber dieser Titel erscheint in einigen der Dokumente, die in Kloster-Skriptorien gefälscht oder verfälscht wurden. Mit diesem Titel wurde ein Anspruch formuliert, keine Realität benannt. Das Herzogtum Bayern war alles andere als ein zusammenhängendes, homogenes, vom Herzog unangefochten regiertes Territorium; kartographisch glich es einem Flikkerlteppich. Überall gab es Städte, Landstriche, deren Herren sich vom Herzog nicht dreinreden lassen wollten, ja, die dem Landesherrn so viel Macht und Besitz abringen wollten wie irgend möglich. Dieses Gerangel wird typisch bleiben bis in die Zeit eines Oswald von Wolkenstein, auch er wird zu den Adligen gehören, die ihren Landesherrn bekämpfen. Hier zeigt sich eine Grundkonstellation.

Die acht Bischöfe von Bayern waren besonders hartnäckige und entschiedene Gegner des Herzogs. Auch die hohen weltlichen Herren wollten sich dem Herzog nicht unterstellen. Für mehrere Namen nur zwei: die von Bogen, die von Andechs. Mit den Andechsern hatte Ludwig am härtesten zu kämpfen, vierzig Jahre lang.

Als Ludwig 17 war, starb Friedrich Barbarossa: der oft besungene, oft gemalte Tod im kleinasiatischen Flüßchen Saleph, beim Heerzug ins Heilige Land. Sofort verschärften sich die Auseinandersetzungen in Bayern, es gab Krieg im Lande.

Die militärischen Auseinandersetzungen blieben regional und zeitlich begrenzt, aber: Neidhart wuchs auf in einem politisch instabilen Gebilde, in einem allgemeinen Gerangel um Macht, in einer Zeit der Fehden und Kriege.

9 Bevor ich hier ein Modell des möglichen sozialen Status von Neidhart entwickle, rekapituliere ich kurz, was ich bereits im Wolfram-Buch dargestellt habe: in einer Zeit noch vorherrschender Naturalwirtschaft (und entsprechend geringer Geldwirtschaft) wurden Dienste von Gefolgsleuten nicht direkt bezahlt, sondern indirekt honoriert: durch ein Lehen, ein feudum; es bestand durchweg aus landwirtschaftlich genutztem Gebiet, das dem Lehnsträger regelmäßige Abgaben einbrachte; leistete man dem Dienstherrn keine Dienste mehr, in der Verwaltung oder mit der Waffe, so konnte er das Lehen wieder einziehen, konnte es dem nächsten Dienstleistenden übergeben, beziehungsweise verleihen. Das war im Prinzip so auf allen Stufen der Lehns-Hierarchie: ein Herzog erhielt von einem König oder Kaiser ein Lehen; der Herzog vergab seinerseits Lehen, beispielsweise an Grafen; Grafen vergaben Lehen an nichtadlige Dienstleistende, an ihre Ministerialen oder Ritter; sie wiederum konnten die Ländereien an Bauern verpachten. So entstanden in der feudalen Lehns-Pyramide abgestufte Grade der Selbständigkeit, der Eigenmacht und der Eigenmächtigkeit, auch der Selbstherrlichkeit; ein System von Privilegien, Sonderrechten, Rücksichtnahmen, Eitelkeiten – ein langsam agierendes und reagierendes System, in dem Neidhart sein Auskommen suchte bei zugleich abhängigen und selbständigen Herren.

Ich entwerfe: vielleicht ist Reuental schon Neidharts Vater als Lehen übergeben worden – dafür mußte er in der Verwaltung seines Lehnsherrn mitarbeiten, oder er mußte ihm Waffendienst leisten. Als Ministeriale oder als Ritter brauchte er nicht Angehöriger des Adels zu sein, auch nicht des niederen Adels: der Adel war dringend auf Helfer angewiesen. Denn viele Männer der Adelsfamilien wurden zu Invaliden oder kamen um auf Turnieren, bei Fehden, in Kriegen, auf Kreuzzügen, bei Epidemien. Zahlreiche Familien starben sogar aus; allein in Niederbayern waren es 78 von 100 in den Jahren 1100 bis 1250. Also mehr als dreiviertel! Man war auf Ausgleich angewiesen: die große Chance für Aufsteiger.

So könnte Neidhart einer Familie entstammen, in der Waffen- oder Verwaltungsdienst für den Regionalherrn geleistet wurde; Neidharts Vater wäre somit »Dienstmann« gewesen, die offizielle Bezeichnung. Wenn er für solche Dienste einen Bauernhof Reuental erhielt und wenn sein Sohn diesen Hof behalten will (das heißt: wenn er vom Bauern oder Verwalter, der Reuental bewirtschaftet, weiterhin Abgaben einziehen will), so muß auch dieser Sohn Dienste leisten. Daß dieser Dienst von Anfang an darin bestanden hätte, Liedtexte zu verfassen, zu vertonen, vorzutragen, das ist äußerst unwahrscheinlich – selbst, wenn sein Dienstherr der Landesherr persönlich wäre. Erst einmal dürfte (in diesem Modell-Entwurf) das damals Selbstverständliche, das Übliche geschehen sein: der junge Neidhart als Dienstmann.

Dies könnte sich auch anders ergeben haben. Beispielsweise so: Neidharts Vater hatte zwar ein Lehen, aber Neidhart war nicht der Erstgeborene, es wurde nicht an ihn weitergegeben. Eine andere Möglichkeit: Neidharts Vater besaß noch nicht dieses Lehen, Reuental wurde erstmalig Neidhart übergeben.

Wie auch immer: Neidhart mußte einem Herrn Dienst leisten. Der bestand meist darin, daß man in der Verwaltung mitarbeitete, und das hieß vor allem: bei der Kontrolle der Einkünfte des Dienstherrn. Daß er solchen Dienst geleistet hätte, und sei es nur zeitweise, so etwas hat Neidhart in seinen Liedern nie angedeutet. Dagegen hat er sich mehrfach als Ritter bezeichnet – wenn auch vorwiegend im Kontext stilisierter Situationen. So ist das bisher nicht sonderlich ernst genommen worden in der Wissenschaft, man ist darüber hinweggegangen: Neidhart ein Ritter, das kann ja nur einer der zahlreichen Witze dieses Unterhaltungskünstlers sein, eine der Stilisierungen des lyrischen Ich, eine Maske…

Ich zeigte schon im Wolfram-Buch: auch in den ersten Jahrzehnten des 13. Jahrhunderts wurde das Bild des Ritters hochstilisiert, fast idealisiert, zumindest in höfischer erzählender Literatur; dieses Idealbild aber hatte fast überhaupt nichts mit damaligen Realitäten zu tun; gerade deshalb war der höfischen Gesellschaft dieser Entwurf des erhabenen Gegenbildes wichtig; so wie es heute geschützte Warenzeichen gibt, so war auch »Ritter« ein geschützter Begriff. Wie wäre da die Reaktion gewesen, wenn ein fahrender Unterhaltungskünstler von sich behauptet hätte, er sei Ritter? So etwas hätte er sich höchstens ein paarmal leisten können, nicht aber ständig. Gewiß: Neidhart hat sich nur als Neidhart oder als Herr Neidhart bezeichnet, nie als Ritter Neidhart, aber Herr Neidhart sang so oft und so selbstverständlich und so konsequent vom Ritter im Reuental oder von Reuental (»dessen Lieder überall bekannt sind«), daß die Identifikation des singenden Herrn Neidhart mit dem singenden Ritter aus dem Reuental für das Publikum zumindest nahegelegen haben dürfte. Kurz, ich halte es für ziemlich unwahrscheinlich, daß man als Liedersänger das völlige Gegenbild, ja die Karikatur eines Ritters war und mehrfach von einem Ritter gleichen Namens sang – das hätte die damalige höfische Gesellschaft kaum zugelassen.

Die Idealisierung des Ritters hat sich fortgesetzt bis in unsere Zeit. Das leuchtende, allzu leuchtende Bild von Rittern wurde im vorigen Jahrhundert von zahlreichen Ritterromanen und Ritterdramen geschaffen: lauter Bamberger Reiter! Heute wird die Idealisierung auf anderer Ebene fortgesetzt: im Film. Schon im Aussehen heben sich Ritter von der Statisterie ab; alles, was sie tun, hat herausragende Bedeutung. Wenn Ritter miteinander kämpfen (meist paarweise, selten in Pulks), so sind das festliche Ereignisse, präsentiert in schöner Choreographie, und es blinkt Metall, es flattert Seide. Zwar geht es auch grausam zu, aber alles spielt sich ab auf gehobenem Niveau.

An Idealisierungen gewöhnt, konnte und wollte man sich nicht vorstellen, daß Neidhart vielleicht doch ein Ritter war. Man überlas, überhörte deshalb seine wiederholten Hinweise. Im Wolfram-Buch habe ich ausführlich beschrieben, was ein Ritter war: ein Mann, der Dienst leistete als speziell ausgebildeter und ausgerüsteter Kämpfer zu Pferd. Ein Panzerreiter: dies, und nicht mehr war gemeint, wenn man im Mittelalter vom »rîter« sprach. Schwere Kavallerie – kein direkter Vergleich, selbstverständlich nicht, doch es gibt Entsprechungen, wenn nicht in der Bewaffnung, so im (kollektiven) Kampfeinsatz – und im Prestige. Dieses Prestige wurde zu Neidharts und Wolframs Zeit mit Nachdruck geschaffen, vor allem von höfischen Dichtern, aber: die Erzeugung eines Nimbus, einer Aura veränderte nicht die Realitäten. Die waren so hart, zuweilen abschreckend, daß Nimbus und Aura notwendig wurden: Lockbilder für dienstwillige Aufsteiger.

Wollen wir uns damaliger gesellschaftlicher Realität annähern, so müssen wir Aura und Nimbus, Legende und Mythos des Rittertums abbauen. Vor allem muß die Assoziationskette Ritter-Adel-Burg durchbrochen werden. Ein Ritter konnte in äußerst bescheidenen Verhältnissen leben, in bäuerlicher, in bäurischer Umgebung. So gibt es in Österreich schon für das zwölfte Jahrhundert dokumentarische Hinweise, nach denen in einem Dorf Ministerialen, Ritter und Edelknappen lebten, hier begütert waren, und diese Edelknappen seien, so lese ich bei Lechner, aus bäuerlichen Verhältnissen hervorgegangen. Ritter und Ministerialen (als Dienstleute in der Verwaltung) waren gleichrangige Begriffe, und so hieß es in einem Dokument: »ministerialis vel miles«. Viele solcher Ritter oder Ministerialen besaßen keine eigenen heraldischen Zeichen, als Wappen auf dem Schild, als Emblem auf dem Siegelring, und so hatten sie auch nicht das Recht, Urkunden zu besiegeln.

Neidhart als Ritter: er war höchstwahrscheinlich kein Adliger; er hatte mit Sicherheit keine eigene Burg, nicht mal ein Festes Haus oder einen Ansitz; er wohnte eher in einem Hof, der ihm Naturalien einbrachte. Wenn wir die Vorstellungen, Erwartungen so weit herunterschrauben, und das müssen wir, läßt sich entwerfen: Neidhart könnte durchaus Panzerreiter gewesen sein. Aktiv war man als Ritter meist nur in jungen Jahren – etwa im Alter heutiger Leistungssportler, die schon ab Mitte Zwanzig zu den Senioren zählen. Aber man konnte wohl – solange man gesundheitlich dazu in der Lage war – vom Lehnsherren ›reaktiviert‹ werden. Stehende Heere, das muß ich auch hier betonen, gab es noch nicht: jeder Trupp, jede Truppe, jedes Heer wurde bei Bedarf kurzfristig zusammengestellt, das heißt zusammengekauft: die Sold-Panzerreiter und Sold-Fußsoldaten.

Wenn Neidhart also von einem Herrn Neidhart sang oder von einem Ritter aus dem Reuental, so wird das die höfische Gesellschaft (trotz aller Hochstilisierungen höfischer Literatur) nüchtern gesehen haben: dieser Neidhart, von dem gesungen wird, dieser Neidhart vielleicht auch, der dort singt, er ist als Panzerreiter ausgebildet worden.

10 Gelnhausen: der Mann, der sich nicht mehr bewegen kann, wird von seiner Familie täglich an die Fensteröffnung gesetzt, er sieht Könige und Kaiser bei ihren Auftritten drüben am Palas.

Der zweite Auftritt: König und Kaiser Heinrich VI., der älteste Sohn Friedrichs. Er springt vom Pferd, scheint kleiner, hagerer zu sein als Barbarossa, geht rasch, ohne mit einem der ebenfalls abgesprungenen Herren zu sprechen, auf die Treppe zu und die Treppe hinauf und ins Tor hinein, ist schon verschwunden.

Sein Vater hatte ihm entschieden nahegelegt, die Pfalz Gelnhausen fertigzustellen; er hielt hier achtmal Hof; im elsässischen Hagenau war er ebenso oft, in Würzburg einmal mehr und in Worms insgesamt elfmal. Und zum weiteren Vergleich: fünf Hoftage in Piacenza, vier in Palermo.

Der finster-entschlossene Staufer hatte, im Namen seiner normannischen Gemahlin, das Königreich Sizilien erobert, hatte sich in Palermo zum König der »Monarchia sicula« krönen lassen. Dieses Königreich war weitaus größer als die Insel Sizilien: es reichte von der nordafrikanischen Küste bis in die Höhe von Neapel. Lange konnte Heinrich das Imperium und die Monarchie nicht regieren: der 31jährige starb in Messina an Dysenterie, an der Ruhr. Das war 1197.

11 Vom Leben und von den Taten eines einzelnen Ritters wird in keiner deutschsprachigen Chronik des Mittelalters berichtet, auch nicht in einer lateinischen Chronik, die nördlich der Alpen verfaßt wurde und diesseits des Rheins. Hier ist ein Umweg nötig zur Annäherung an damalige Realität: ich berichte von kriegerischen Aktionen, an denen ein Beispiels-Ritter teilnimmt. Ein Modell nach Vorlagen: die *Gesta Frederici*, die Taten Friedrichs, die Bischof Otto von Freising etwa zur Hälfte diktiert hat, die nach seinem Tod von Rahewin fortgesetzt wurden. Hier finde ich Details zu einem der Italienfeldzüge, die Kaiser Friedrich Barbarossa durchführen mußte, glaubte durchführen zu müssen, und die sich in Neidharts Zeit wiederholten. So zog Herzog Ludwig von Bayern 1193/94 mit Kaiser Heinrich nach Apulien und Sizilien, und drei Jahre später noch einmal nach Sizilien. Ich will damit nicht suggerieren, daß auch Neidhart an einem Italienfeldzug teilgenommen hätte, teilgenommen haben könnte, ich will nur skizzieren, wie Kämpfe verliefen, an denen Panzerreiter beteiligt waren, und: was einen Panzerreiter erwartete, wenn er an einem Feldzug teilnehmen mußte, gleichgültig wo. Also: keine Ortsnamen.

Ich lasse den Modell-Feldzug damit beginnen, daß ein als zuverlässig geltender Einheimischer die Truppen in einer Gegend hin- und herführt, in der man »Nahrungsmittel weder finden noch kaufen« kann. Die Stimmung im Heer wird immer mieser, es kommt anhaltend schlechtes Wetter hinzu. Der Heerführer läßt den einheimischen Führer exemplarisch als Verräter bestrafen, übernimmt wieder die Führung der Truppen, man erreicht nach tagelangen Märschen, Ritten ein Gebiet, das fruchtbar ist. Endlich wieder Proviant, das Wetter aber bleibt schlecht, tagelange »Regengüsse«. Erst war man hungrig und erschöpft, jetzt ist man erschöpft und triefnaß. Als das Wetter besser wird, dürfen sich die Truppen ein paar Tage erholen. Aufbruch, es geht weiter. Eine Brücke, die von hölzerner Schutzwehr gesichert ist, wird erobert, überquert, abgebrannt. Eine kleine Stadt am Weg leistet Widerstand, wird von Truppen rasch gestürmt, ausgeplündert, »eingeäschert«. Nach diesem kleinen Sieg wird es notwendig, für Disziplin in der Truppe zu sorgen: in den Wochen des Hin- und Hermarschierens, des Wartens, Lagerns ist es zu zahlreichen Schlägereien gekommen, es wurden Messer gezückt, Schwerter gezogen. Es wird vom Heerführer ein Gesetz erlassen, das alle beschwören müssen, die Panzerreiter wie die Fußsoldaten und der Troß: keiner darf den Lagerfrieden verletzen; wer das tut und einen anderen Soldaten dabei verwundet, dem soll eine Hand oder gleich der Kopf abgeschlagen werden. Diese Drohung tut ihre Wirkung, fürs erste. Das Heer zieht weiter.

Wieder einmal ein Fluß. Ein Teil der Truppen überquert ihn; Erkundungsritte in der Umgebung der Stadt – eine Aufgabe für ausgesuchte Panzerreiter. Der Heerführer kann mit dem größeren Teil der Truppen vorerst nicht folgen, wieder mal ein Unwetter, der Fluß kann in der Furt nicht mehr durchquert werden: am Ufer lagern. Warten auf beiden Seiten. Drei Tage später erst läßt sich der Fluß »mit einiger Mühe durchwaten«. Man rückt auf die Stadt vor. Ein erster Sturmangriff mißlingt. Weil versucht wird, mit Leitern die Mauern zu erstürmen, kann unser Panzerreiter nicht auf dem Pferd kämpfen. Die Sturmleitern braucht er wohl nicht mitzuschleppen, aber er gehört zum Trupp, der versuchen soll, auf diesen Leitern die Mauerkrone zu erreichen. Man holt sich nur blutige Köpfe, denn von der Mauerkrone werden derart viele bereitgelegte Steine und Steinbrocken, ja Felsbrocken auf die Anstürmenden geworfen, daß sie sich zurückziehen müssen.

Es beginnt die Belagerung und damit: die Wartezeit für einen Panzerreiter. Die wichtigsten Leute sind nun die Ingenieure und ihre Schreiner, Schmiede. Wurfmaschinen werden gebaut, die möglichst große Steinbrocken gegen die Stadtbefestigungen schleudern sollen. Es dauert Wochen, bis sie stehen, Tage, bis sie einigermaßen justiert sind. Ein Treffer, bei dem auf der Mauerkrone drei feindliche Soldaten, womöglich Ritter, getötet werden, ist erwähnenswert in einer Chronik. In der fortdauernden Wartezeit müssen die Streifzüge nach Proviant weiter und weiter ausgedehnt werden – die Umgebung der Stadt ist längst kahlgefressen. Ritter werden sich für solche Fouragier-Ritte kaum zu fein dünken: endlich etwas unternehmen! Auch bleibt man so in Übung. Vielleicht muß man bei einem dieser Streifzüge schon mal einen Bauern totschlagen. Die Disziplin unter den Belagerern läßt wieder nach. Der Heerführer befiehlt, demonstrativ einen Galgen zu errichten. An diesem Galgen werden aber als erstes Gefangene aufgeknüpft, in Sichtnähe der Stadtmauer.

Man hat diese Gefangenen gemacht, als ein Trupp einen Ausfall wagte, um eine Brunnenanlage außerhalb der Stadtmauer zu sichern. Diese Quelle vor allem wird in der nächsten Zeit umkämpft. Zwar wird man auch in der Stadt Brunnen haben, aber die reichen bei der zunehmenden Hitze nicht aus.

Die Belagerung zieht sich hin. Die Wurfmaschinen können keine Breschen schießen. So versucht man, an günstiger oder günstig erscheinender Stelle die Stadtmauer zu unterminieren – auch dies ist keine Tätigkeit für einen Panzerreiter, er muß das Ergebnis abwarten. Der Tunnel wird ständig weitergetrieben, wird mit Holzstempeln abgestützt. Kommt man unterhalb der Stadtmauer an, so wird auch hier der Tunnel mit Holzstempeln abgesichert, und es wird rechts und links ausgehöhlt. Ist die Mauer genügend unterwühlt, sollen die Holzstützen angezündet werden, das Mauerwerk soll einsacken. Die Belagerer haben freilich schnell herausbekommen, was vorbereitet wird, auch sie treiben unterirdische Gänge vor, unterminieren die Unterminierer. Einige der Belagerer werden verschüttet, man gibt das Unternehmen auf.

Was mit Werkzeug und Waffen nicht erreicht werden kann, das sollen Hunger und vor allem Durst erreichen: man wirft »faulende und stinkende Leichen von Menschen und Tieren« in den Brunnen. Das Wasser wird offenbar dennoch benutzt in der Stadt: es ist sehr heiß. Da stellt man Fackeln aus Schwefel und Pech her, zündet sie an, wirft sie in den Brunnen, von dem aus ein Bach in die Stadt fließt: eher eine eingefaßte Quelle als ein Brunnen? Das wird in der Chronik nicht ganz klar. Jedenfalls, das Wasser wird verseucht. Warten auf Wirkung. Futter für die Pferde, Proviant muß beschafft werden. Warten. Warten. Warten. Weil er das Warten nicht länger aushält, macht ein Reitknecht einen Alleingang: mit Schwert, Schild und Beil ausgerüstet, besteigt er den dicht bewachsenen Burgberg der Stadt; er wird mit Steinen beworfen, erreicht dennoch einen beschädigten Turm; ein Ritter wird ihm entgegengeschickt, den er mit Schwert und Beil besiegt; der Reitknecht kehrt zurück. Der Heerführer ruft ihn zu sich und will ihn »wegen seiner ruhmvollen Tat durch Verleihen des Rittergürtels ehren«.

Weil dies ein Zitat ist, aus dem sich Schlüsse ziehen lassen, betone ich: dies schreibt Otto von Freising. Der Heerführer, der König, in diesem Fall Friedrich Barbarossa, wußte, wen er da befördern wollte, er wird sich nach dem Mann erkundigt haben, konnte nicht davon überrascht werden, daß es ein Reitknecht war. Ein Reitknecht konnte also den Schwertgürtel eines Ritters erhalten, konnte »militari cingulo« geehrt werden. Auch hier wieder bestätigt sich: man mußte nicht adelig sein, um Ritter werden zu können. Hier ist nun das Interessante: der Reitknecht will gar nicht Ritter werden. Otto von Freising: »Der König ließ ihn zu sich rufen und wollte ihn wegen seiner ruhmvollen Tat durch Verleihung des Rittergürtels ehren. Doch da jener erklärte, er sei ein Mann niederen Standes und wolle in diesem bleiben, er sei mit diesem Los zufrieden, beschenkte er ihn reich und ließ ihn zu seinen Zeltgenossen zurückkehren.« Da hätte er zwar die Ehre gehabt, beim Reiten das Schwert an den Gürtel hängen zu dürfen, statt wie üblich an den Sattelknauf, aber als Panzerreiter brauchte er die teure Rüstung, und wie an die kommen? Nein danke, sagte der Reitknecht sinngemäß, ich möchte lieber nicht Ritter werden...

Die Belagerung ist, in diesem Fall, erfolgreich: die Bevölkerung kapituliert vor dem Durst. Unser Panzerreiter, der vom langen Warten und von der Hitze und vom schlechten Essen wohl auch mal krank geworden ist (darmkrank, wie üblich, fieberkrank, wie üblich), er wird nun teilnehmen an der Plünderung der Stadt: Beute machen, damit sich die elende Warterei auszahlt, und vielleicht auch die Quetschwunde oder Prellung, der Bluterguß oder

die Stauchung, die er sich am Fuß der Stadtmauer geholt hat, trotz Helm und Kettenhemd. Vielleicht sieht der Panzerreiter mit einem Seitenblick einige der Belagerten, die kellerbleich aus der Burg am oberen Ende des Städtchens herausgeführt werden. Die Stadt wird nach dem Ausplündern angezündet, »eingeäschert«. Weitermarschieren, weiterreiten. Es wird immer heißer, die Hundstage kommen. Ausgerechnet jetzt eine feuchte, ja sumpfige Region: »Nebel«... »trübe Ausdünstungen«... »verdickte Luft«... »schwere Widrigkeiten«... Viele werden krank. Der Heerführer muß mit seinen Truppen einen Umweg machen: in die Berge hinauf. Dort ist die Luft besser, die Kranken können sich zum Teil erholen. Der Marsch durch die Ebene wird fortgesetzt. Eine weitere Stadt, die nicht Abgaben leisten will, zu der sie verpflichtet ist. Zwar hat sie einen Teil ausgezahlt, aber in »falschen Münzen«. Und sie hat sich auch sonst als widersetzlich erwiesen, sie muß bestraft werden. – Ich folge von hier an dem Chronisten Rahewin, der Otto von Freising die Augen zugedrückt hat.
Die Truppen ziehen in die Ebene vor der Stadt. Eine Region, in der die Ernte schlecht war, in der also nicht viel zu holen ist für die vielen hungrigen Fußsoldaten und Reiter. Streifzüge. Warten. Streifzüge. »Da erfüllte sich auch hier das Wort: Was die geflügelte Heuschrecke übrigläßt, das frißt die hüpfende, und was die hüpfende übrigläßt, das frißt die Raupe.« Aus der Stadt, die noch nicht recht belagert, eher belauert wird, greift ein Trupp an, es kommt zum Gefecht. Hier endlich kann unser Panzerreiter aktiv werden. Mit Beginn der Dunkelheit wird das Gefecht abgebrochen; weder Sieg noch Niederlage. Tote, Verwundete auf beiden Seiten. Ein weiterer Ausfall ist zu erwarten. Der Heerführer bereitet einen Hinterhalt vor: ein Trupp soll den Gegner auf sich ziehen, soll Flucht vortäuschen, und zwar in Richtung Falle: ein Trupp von Rittern, Fußsoldaten wird im Gelände versteckt. Wie zu erwarten, bricht ein Trupp aus der Stadt hervor, greift mit Vehemenz an; unser Panzerreiter könnte zum Trupp gehören, der sich angreifen läßt und scheinbar die Flucht ergreift, auf Pferden; die Belagerer setzen so heftig nach, daß aus der vorgetäuschten Flucht eine echte Flucht zu werden droht, dabei läßt sich die vorgeschriebene Richtung nicht mehr genau einhalten – die Flucht führt am Hinterhalt vorbei. Dennoch bricht der Trupp aus dem Versteck hervor, überfällt den Feind an der Flanke, im Rücken. Mit einem Sprung in die Vergangenheitsform zitiere ich wieder Rahewin: als die Feinde »rings umzingelt waren und ihnen keine

Flucht mehr möglich war, da wurden sie, wehrlos gegen alle Angriffe, niedergemacht oder gefangengenommen; Pferde und Reiter lagen am Boden. Da bot sich auf dem offenen Felde ein grausiges Schauspiel, als die eingeschlossenen Feinde, die weder kämpfen noch fliehen konnten, mitleidlos niedergehauen wurden. Schließlich war, so weit man sehen konnte, alles mit Geschossen, Waffen und Körpern von Toten oder auf den Tod Verwundeter bedeckt.« An diesem Niedermachen der eingekesselten Feinde war auch unser Panzerreiter beteiligt; Metzelarbeit.

Auf beiden Seiten nimmt die Erbitterung zu. Gelegentliche Scharmützel vor den Toren. Gefangene werden gemacht, wechselweise. Einige der Belagerer schlagen nach Scharmützeln toten Gegnern die Köpfe ab, werfen sie sich – in Sichtnähe der Stadtmauer – als Bälle zu; Spott, Hohn, Prahlereien. Und prompte Reaktion: »Die Leute in der Stadt hielten es für ehrenrührig, wenn sie weniger wagten, zerstückelten ohne Erbarmen die Gefangenen unseres Heeres auf den Mauern Glied für Glied und boten damit ein jammervolles Schauspiel.« Dafür muß wiederum Rache genommen werden: Gefangene werden vor der Stadt aufgeknüpft, an Galgen. Daraufhin werden wiederum auf den Mauerkronen Gefangene ans Kreuz gehängt. Unser Panzerreiter hat noch immer keine Gelegenheit, sich in strahlenden, vorbildhaft ritterlichen Waffengängen auszuzeichnen. Die Techniker arbeiten weiterhin, möglichst rasch, aber auch diesmal dauert es wochenlang, ehe die Wurfmaschinen stehen und zum Teil treffen. Und ehe die Belagerungstürme errichtet sind, die auf Kufen an die Mauern herangeschoben werden sollen, über Stämme hinweg auf möglichst planem Boden. Die Belagerten stören diese Vorbereitungen durch Ausfälle, durch Beschuß mit Steinen und Griechischem Feuer – Belagerungsgeräte werden, kaum erbaut, beschädigt oder brennen ab. Der Heerführer ist das bald leid, er befiehlt, Gefangene und Geiseln vorn an den Wurfmaschinen und Belagerungstürmen festzubinden, auch Kinder, die man gefangen hat. Die Belagerten setzen trotz der schreienden Bitten der Gefangenen und Geiseln den Beschuß der Belagerungsmaschinen fort – all dies geschieht in Sicht- und Hörweite, die Wurfweite der Schleudern liegt zwischen fünfzig und hundert Metern. Aus Rache dafür, daß die Belagerer gezwungen sind, auf eigene Leute, auf Kinder zu schießen, werden zur Abschreckung auf der Mauerkrone Gefangene zerstückelt. Kämpfe im Hochmittelalter, in der Blütezeit europäischen Rittertums…

Warten. Beschuß, wechselweise, mit Schleudern. Es wird vor allem mit Steinen und Steinbrocken gekämpft, nicht mit Schwertern und Lanzen. Die Ingenieure, die Bastler und Tüftler sind weiterhin die wichtigsten Akteure. Die kämpfende Truppe hat fast keine Gelegenheit mehr zu kämpfen, die Streifzüge in das Hinterland werden ausgedehnt, zeitweise ist das Areal vor der Stadt verlassen. Die Belagerten bauen modifizierte Mausefallen, »aber der Beschaffenheit des menschlichen Körpers entsprechend stärker«; sie werden im Gelände vor den Mauern versteckt. Werden die disziplinlosen Truppen der Belagerer wieder zusammengetrommelt, zum Angriff vorgeschickt, so laufen sie in solche Menschenfallen, stürzen in verdeckte Gruben, in denen zugespitzte Pflöcke eingegraben sind. Racheaktionen wiederum. Es wird kalt und regnerisch. Die Stimmung im Heer wird immer gereizter. Erneut Schlägereien unter den Soldaten. Diebstähle. Eifersuchts-Szenen unter Soldaten, die schwul sind oder schwul geworden sind, monatelang schon ist man unter sich. Messerstechereien, Schwerter werden gezogen. Endlich der Generalangriff, von allen Seiten gleichzeitig mit sämtlichen verfügbaren Soldaten, Rittern. Pferde sind dabei nicht zu gebrauchen. Die Belagerungstürme werden an die Mauern herangerückt, einer erreicht auch die Mauer. Die Brücke oben wird auf die Mauerkrone hinübergeklappt, Ritter dringen vor. Die ersten werden sofort von Feinden umzingelt; einer von ihnen wehrt sich verzweifelt, läuft in eine der Straßen hinein, wird »von hinten mit einem langen Beil erschlagen«. Er wird sofort gefleddert. Einer schneidet ihm mit dem Kampfmesser den Skalp vom Schädel, kämmt den Skalp unter dem Gelächter der Umstehenden, bindet den blutigen Skalp an den Helm. Einem anderen Ritter, der zu weit vorgedrungen war, werden Hände und Füße abgehackt, man zwingt ihn mit Tritten, so weiterzukriechen, durch die Straßen, »ein böses Spiel«.

Der Generalangriff ist fehlgeschlagen. Der Heerführer beschließt den Rückmarsch des ausgehungerten und demoralisierten Heeres. Aber er will wiederkommen, die Stadt noch einmal belagern. Mit Rahewins Worten: der Heerführer »hielt es für nützlich, wenn das Land einige Zeit Ruhe habe und sich erhole, bis es nach der Feldbestellung im kommenden Jahre neue Heimsuchungen ertragen und ein neues Heer aufnehmen und ernähren könne«.

12 Otto von Freising hat in Vorworten und Schlußworten verschiedener Kapitel seiner Weltchronik Sätze formuliert, denen das Lebensgefühl auch vieler Zeitgenossen Neidharts entsprach oder: entsprochen haben dürfte. So schreibt er am Schluß des sechsten Buchs: »Kurz, so viel Unheil, so viele Spaltungen, so viele Gefahren für Leib und Seele bringt der Sturmwind dieser Zeit mit sich, daß er allein ausreichen würde, durch die Unmenschlichkeit der Verfolgung und deren lange Dauer den ganzen Jammer des menschlichen Elends zu enthüllen.«

Solche Sätze lassen mich einhalten vor dem Denkmal dieses Bischofs im weiten Domhof zu Freising. Eine Statue des neunzehnten Jahrhunderts: der Biograph und Chronist lebensgroß, aber bestimmt nicht lebensecht, ein schlanker Mann mit nazarenisch edlem Gesicht, und er hat den Kopf etwas gesenkt, schaut hinab zum aufgeschlagenen steinernen Buch: auf die schräge Seite lege ich, hinter geschlossenen Augen, drei Blumen: ein Zweiglein Zitronenmelisse, eine Bauernrose, eine Lilie. Denn Otto von Freising schrieb auch dies, im siebten Buch: »Die Erinnerung an die überstandenen, der Ansturm der gegenwärtigen und die Furcht vor den kommenden Schicksalsschlägen macht uns so beklommen, daß wir ›uns vorkommen, als hätten wir das Todesurteil empfangen‹ und ›des Lebens überdrüssig werden‹, zumal wir wegen der Menge unserer Sünden und wegen der stinkenden Sündhaftigkeit dieser höchst unruhevollen Zeit glauben, daß die Welt nicht mehr lange Bestand haben kann.«

Helles, föhnhelles Licht im Hof zu Freising, flirrend über der Kiesfläche am Denkmalssockel, grell reflektiert von den weißen Wänden der klassizistischen Gebäude ringsum, das Licht so intensiv, daß die Steinstatue zu schwingen scheint. Ich stehe reglos im menschenleeren Hof. Mit einer kleinen Verbeugung danke ich dem steinernen, dem lichtschwingenden Bischof für einen Satz, den ich fast als Motto genommen hätte für dieses Buch: »Wir aber, die wir ja am Ende der Zeiten stehen, lesen von den Kümmernissen der Sterblichen nicht nur in ihren Schriften, sondern spüren sie infolge der Erfahrungen aus unserer Zeit im eigenen Herzen.«

13 Neidhart sang fröhlich in finsterer Zeit. Und wie kam er zum Singen, zum Komponieren, zum Verfassen von Liedtexten? Durch eine Art Urzeugung ging das nicht! Neidhart als ein Naturgenie, das wäre rückwirkende Übertragung eines Klischees. Sein Beruf hatte technische Voraussetzungen: daß er richtig singen konnte; daß er zumindest *ein* Instrument spielen konnte; daß er übernommene Melodien adaptieren oder eigene Melodien komponieren konnte; daß er wohl auch mit musikalischen Notationen umgehen konnte; daß er vielleicht sogar (ein wenig) lesen, womöglich Notizen machen konnte. Wie ließen sich solche Kenntnisse, Fertigkeiten erwerben? Denkbar ist dies: Neidhart hat seine Liedtexte im Kopf formuliert, hat sie auf Melodien zurechtgesungen, hat sie auswendig vorgetragen, hat sie im Gedächtnis behalten, und spät erst, vielleicht gegen Ende seines Lebens, wurden Texte und Melodien durch Schreiber aufgezeichnet. Neidhart wäre damit ein vollendeter Repräsentant der mündlichen Kultur des Mittelalters – in einer Zeit freilich, in der das Schreiben, das Bewahren von Schriftlichem, zunehmend wichtig wurde.

Neidhart, der das Musizieren nach dem Gehör lernt, der im Kopf dichtet und nicht an einem Schreibpult: dieses Modell hätte den Vorteil, daß ich nicht weiter nach Voraussetzungen fragen müßte. Der Entwurf könnte simpel bleiben: Neidhart, beispielsweise als junger Diener eines Panzerreiters, hat irgendwo einen Sänger kennengelernt, bei einem Auftritt, es sprang der Funke über. Und er hat sich umgehört, umgetan, hat ein Instrument erlernt, vielleicht bei seinem Lehrherrn oder bei einem Musiker, hat seine ersten Liedtexte entwickelt, hat sie vorgetragen. Ein Vergleich: es gibt hervorragende Jazzmusiker, die Noten nicht schreiben, nicht einmal lesen können, die dennoch eigene Nummern komponieren – die singen und spielen sie Kollegen vor.

Jetzt frage ich mich aber: wenn Neidhart später einmal ein altes Lied wieder in sein Repertoire aufnehmen wollte – hat er Texte auswendig behalten, die er viele Jahre, die er womöglich Jahrzehnte früher konzipiert und präsentiert hatte? Hat sie auswendig behalten trotz seines Wanderlebens? Daß die Fähigkeit, etwas nicht-schriftlich auszuarbeiten und nicht-schriftlich im Gedächtnis zu bewahren, in Neidharts und Wolframs Zeit erheblich stärker entwickelt war als heute, das hatte ich schon beschrieben. Aber trotz des gut trainierten Gedächtnisses in einer Zeit noch ohne ›Reizüberflutung‹: kann man solche Gedächtnisleistungen

als selbstverständlich voraussetzen? Konnten nicht Lücken entstehen, Strophen verschwinden?

Wäre also undenkbar, daß Neidhart zumindest Notizen machen
konnte? Beispielsweise auf den damals üblichen Wachstäfelchen,
in die man mit metallenen Griffeln einritzte, was man bewahren
oder was man noch einmal überprüfen wollte? Oder wurden
Texte niedergeschrieben in einem Vortragsheftchen oder in einer
kleinen Schriftrolle, wie sie oft abgebildet ist in Buchilluminationen des Hohen Mittelalters? Oder gab es schon erste Niederschriften auf Pergament, in die Neidhart Einblick nehmen
konnte? Wenn ihm das nicht vorgelesen wurde, wenn er Notizen
oder erste Niederschriften selber lesen konnte, so mußte er das
Lesen gelernt haben. Und vielleicht auch das Schreiben – es war
keine Selbstverständlichkeit damals, daß man auch Schreiben
lernte, wenn man im Lesen unterrichtet wurde. Aber angenommen, er konnte Entwürfe notieren, konnte Liedtexte aufschreiben, für den eigenen Gebrauch – wo und wie hätte er das Lesen
und das Schreiben lernen können?

Neidharts Voraussetzungen könnten geringer, sehr viel geringer
gewesen sein als bei einem Wolfram von Eschenbach. Es finden
sich auch kaum Bildungs-Reminiszenzen in den überlieferten
Neidhart-Texten. Dies könnte ein bewußter Entschluß gewesen
sein: Mit der lateinischen Klerikertradition will ich, Neidhart,
nichts zu tun haben. Die wenigen lateinischen Wörter, die in
Neidhart-Texten auftauchen, sie könnte er aufgeschnappt haben.
Sehr selbstbewußt hat er sich für die volkssprachliche Dichtung
entschieden. Dennoch, er könnte mehr gelernt haben, als er gezeigt hat.

Ein erstes mögliches Modell habe ich bereits angedeutet: Neidhart
könnte in einer Klosterschule gewesen sein, beispielsweise in Tegernsee oder Freising. Klosterschule: das klingt nach offizieller
Institution – sie war es nicht. Selbstverständlich gab es zahlreiche
Klöster ohne eine angeschlossene Schule zur Ausbildung von
Nachwuchs. Der wurde damals noch nicht gesucht, Nachwuchs
gab es mehr als genug. Klöster waren vielfach Stiftungen weltlicher Herren; sie wollten in der Kirche ihres Hausklosters beerdigt
werden, sie wollten in dieses Kloster auch Söhne schicken, für die
sie kein Erbe und keine Aufgaben hatten; solche Klöster versuchten nicht, Schüler anzulocken. Also: die Begriffe Kloster und
Schule lassen sich nur in einzelnen Fällen kombinieren. Und wenn
es an einem Kloster eine Schule gab, so war sie wohl kaum nach

festgeschriebenen Durchführungsbestimmungen organisiert. Diese Schule bestand vielleicht nur aus einem Mönch, der als Lehrer bekannt wurde, der Schüler für sich gewann, und wenn er nicht mehr unterrichtete, löste sich diese ›Schule‹ wieder auf. So werde ich von jetzt an nicht mehr Klosterschule schreiben, sondern: Schule in einem Kloster. Und das wäre in erster Linie eine Schule für Jungen oder eine Schule für Mädchen, die in das Mönchs- oder Nonnenkloster geschickt wurden. Man lernte das Singen, das notationsgenaue Singen, und dies als erstes wohl in der Gregorianik. Man lernte das Lesen und vielfach auch das Schreiben – des Lateinischen, selbstverständlich. Eine weiterführende Schule wäre beispielsweise eine Domschule gewesen – sie hätte in etwa einem Gymnasium entsprechen können. Studieren konnte man zu Neidharts Zeit nur im Ausland, beispielsweise in Paris. Dort gab es bereits ein Haus für deutsche klerikale Studenten. Im ersten Stock die Unterrichtsräume, im Erdgeschoß ein Bordell.

Neidhart, wenigstens für einige Jahre, in der Schule eines Klosters? Ein Teil der vagierenden Spielleute bestand aus Scholaren, die nie zu einem Abschluß des Studiums kamen, aus entflohenen Mönchen, gescheiterten Klerikern: die clerici vagi. Neidhart wird nicht zu ihnen gehört haben. Und daß er in der Schule eines Klosters war, scheint mir nicht sehr wahrscheinlich. Also versuche ich, ein anderes Modell zu entwerfen.

Ich muß hier erst einmal Bewußtseinsraster durchbrechen, um der möglichen Realität näherzukommen. Lese ich eine Biographie über einen Menschen dieses oder des vorigen oder vorvorigen Jahrhunderts, so wird hier (fast immer) die Schulbildung, der Bildungsweg beschrieben: eine Grundschule, eine Höhere Schule, eventuell eine Hochschule... In Neidharts Zeit gab es ähnliche Abstufungen nur für junge Kleriker, die durch besondere Begabung auffielen oder für spezielle Aufgaben vorgesehen waren innerhalb der Kirche. Die bereits entworfene Möglichkeit würde bedeuten, daß Neidhart das erste Stadium dieser geistlichen Ausbildung durchlaufen hätte und dann absprang. Oder daß er zeitweise externer Schüler eines Klosters war. Gab es dazu Angebote in der Umgebung seines Herkunftsortes?

Bevor ich das zweite Modell entwerfe, muß ich noch eine falsche Alternative aufheben: lernen oder nichtlernen. Die Alternativen fächerten sich weiter auf: in lateinischer Sprache lernen; in der Volkssprache lernen; nicht lernen. Für den Lateiner, für den Kleriker waren volkssprachliche Schüler ganz einfach ungebildet, und wenn sie es grob formulierten, waren es Analphabeten. Denn die Sprache aller Sprachen war denen fremd: das Latein. Über die Lernmöglichkeiten im volkssprachlichen Bereich weiß ich nur sehr wenig. Aber es muß hier Möglichkeiten gegeben haben. Ich weise noch einmal hin auf Funde von Schreibgriffeln in Werkstattresten des Mittelalters, die vor wenigen Jahren am Kölner Rheinufer freigelegt wurden, in Not-Ausgrabungen beim Bau des Rheinufertunnels. Waren Handwerker oder ihre Frauen in einer städtischen oder städtisch konzessionierten Lese- und Schreibschule? Das wäre freiwillig gewesen, denn Schulpflicht bestand noch lange nicht. Aber: gab es zu Neidharts Zeit schon Lese- und Schreibschulen in den Städten? Auch hier: eine Möglichkeit für Neidhart, doch mit geringer Wahrscheinlichkeit.

Also ein drittes Modell – und hier muß ich mich noch entschiedener lösen vom Leitbild des institutionalisierten und formalisierten Unterrichts. Wäre nicht – ganz einfach – denkbar, daß Neidhart einen Lehrer fand?

Versuchsweise könnte im dritten Modell ein Vater eingeführt werden, der mit seinem Sohn etwas vorhat: der soll mal ein guter Ministeriale werden, womöglich in einer Kanzlei, soll lernen, was er dazu braucht. Und der Vater sucht und findet einen Lehrer, der Neidhart auf diesen Weg leiten könnte: einen Kleriker selbstverständlich. Der könnte auch andere Jungen unterrichten.

Und ein viertes Modell: der Junge wird zur Ausbildung einem Ritter anvertraut, als Schildknappe, und mit diesem Ritter hat Neidhart Glück: der interessiert sich für Musik, für Dichtung. Und er gibt dem Jungen Kenntnisse weiter, lehrt ihn das Singen oder das Musizieren auf einem Instrument. Aber selbst in diesem optimalen Fall: der Weg Neidharts zum Dichter und Komponisten und Sänger konnte noch lang sein.

Sicher ist: Neidhart muß eine Ausbildung gehabt haben, die ihn zum professionellen Sänger, zum cantor, machte. Wenn er sich gegen die starke Konkurrenz durchsetzen und in seiner Position halten wollte, so mußte man auch seiner Stimme nachsagen können, was bei Walther von der Vogelweide gerühmt wurde: daß seine Stimme kräftig ist, daß er »spaehe organieret«, also kunstreich vorträgt, daß er seinen »sanc wandelieret«, daß er variationsreich, variantenreich singt. Dazu das Beherrschen mindestens eines Instruments! Und das Bearbeiten oder Erfinden von Melodien! Und das Verfassen von Liedtexten!

Irgendwo, irgendwie muß Neidhart das notationsgenaue Singen

gelernt haben, das Spielen eines Instruments, den Umgang mit Sprache. Für ein Lehen mußte er allerdings wie üblich Dienst leisten, sehr wahrscheinlich Waffendienst, sonst hätte er keinen Anspruch mehr gehabt auf das Lehen. Die festen Einkünfte eines ländlichen Lehens, etwa eines Bauernhofs, reichten freilich nicht aus – er blieb zusätzlich angewiesen auf Honorare für Auftritte als Sänger.

14 Es ist wiederholt versucht worden, Neidharts Liedtexte zu datieren, nach Schätzziffern, und damit eine Werkchronologie zu erstellen, aber diese Versuche fanden wenig Resonanz, mit Recht. Es ist nur grobes Sortieren möglich: Liedtexte, in denen Neidhart auf Reuental anspielt, die er also im Herzogtum Bayern verfaßt haben wird, und Liedtexte, in denen er österreichische Orte nennt, die also im Herzogtum Österreich entstanden sein müssen, nachdem er Bayern verlassen hat, etwa um 1230. Aber selbst dieses Aufteilen wäre zu rigide: daß Neidhart schon in früheren und mittleren Jahren Gastspiele in Österreich gegeben haben könnte, das ist zumindest wahrscheinlich. Es ist also fast unmöglich, Neidharts Liedtexte (oder die unter seinem Namen überlieferten Liedtexte) in Zeitgruppen aufzuteilen. Nur bei einigen Liedtexten lassen Anspielungen auf aktuelle Ereignisse ein Datieren zu – sie stammen meist aus Neidharts letzten Jahren.
In diesem Kapitel (und in zwei weiteren) bringe ich eine kleine Anthologie von Neidhart-Texten. Im Hintergrund der Liedtexte dieses ersten und des späteren zweiten Lieder-Kapitels taucht vielfach der Ritter von Reuental auf, wird auf das Reuental angespielt. Weiter gehe ich nicht beim Anordnen der Texte. So sind die ersten Liedtexte dieses Kapitels auch nicht die frühesten: ohne Vorstufen, ohne Entwicklung wird Neidhart als Dichter sofort in charakteristischen Texten präsent.
Als Dichter: und hier muß ich (wie bei Wolframs und Oswalds Liedtexten) betonen, daß nicht Gedichte übertragen werden, sondern Texte, die gesungen wurden. Ohne Noten jedoch werden die Liedtexte im Druck zu Gedichten.
Ich stelle als erstes ein Frühlingslied vor. Und zugleich: eine Streitszene zwischen Mutter und Tochter – eins der beliebtesten Textmuster des Dichters Neidhart aus dem Reuental.

Nun ist der kalte Winter ganz vergangen,
die Nacht ist kurz, der Tag wird wieder länger,
die wonnevolle Zeit beginnt,
die allen Menschen Freude schenkt.
Die Vögel sangen nie so schön wie jetzt.

Die reinste Augenweide kam zu uns:
im offnen Lande sieht man Rosenwunder,
Blumen sprießen aus dem Gras.
Wie frisch betaut die Wiese war,
auf der mein Freund mir für den Kranz gepflückt.

Der Wald hat seine Fahlheit ganz vergessen,
auf grünen Zweig hat sich der Mai gesetzt;
er hat viel Laub herbeigeschafft.
»Freundin, rasch den Kopfputz auf!
Du weißt, ich will mit einem Ritter gehn!«

Das hörte ihre Mutter heimlich mit,
sie rief: »Nun mache mir doch nichts mehr vor,
man weiß, wie flatterhaft du bist!
So binde dir ein Kopftuch um!
Dein Kleid bleibt hier, wenn du zum Tanzen willst!«

»Mutter, wer gibt dir das Recht,
daß ich Euch um mein Tanzkleid bitten muß?!
Habt keinen Faden für gesponnen!
So hört schon auf mit dem Geschrei!
Den Schlüssel her! Sofort die Kammer auf!«

Das Kleid, es war in einer Truhe eingeschlossen,
die ward mit einem Stuhlbein aufgebrochen –
Schlimmres sah die Alte nie!
Als das Kind die Truhe sprengte,
verschlug es ihr die Sprache, war sie stumm.

Sie nahm sogleich das Kleid heraus –
gut gefaltet war es aufbewahrt.
Ihr Gürtel war ein schmaler Riemen.
Zur Hand des aus dem Reuental
warf die Schöne ihren buntgefleckten Ball.

Die Alte packte einen großen Rocken,
stieß die Tochter und verbläute sie.
»Das ist für den vom Reuental!
Speckig ist sein Mantelkragen!
Und jetzt hau ab! Der Teufel steckt in dir!«

Der folgende Text: ein erotisches Lied. Bei erotischen Liedtexten
ist Neidharts Spektrum (oder: ist das Spektrum der Neidhart-
Überlieferung) besonders breit; ich habe mehrere dieser Texte
übertragen, denn ich halte Neidhart (auch) für einen der besten
erotischen Dichter unserer Sprache.

Die hellen, schönen, klaren Sommertage,
sie sind vorbei;
ach, leider, denn die Zeit ist trüb.
So wär ich ohne Lebensfreude,
gäb es nicht
Hoffnung, die mir lieb ist und vertraut:
all mein Denken richtet sich
auf ein Mädchen. Liebt sie mich,
so bin ich froh –
ich hab das schönste Stück der Welt!

Ja, dieser Frau bin ich mein Leben lang
schon zugeneigt –
für mich ist sie im Wesen ganz die junge Dame.
Mein Herz hat mich schon lang für sie bestimmt,
doch bringt das nichts
an Gegenliebe. So ist es heute noch!
Würde sie mich lieben, wie ichs gerne hätte,
sie wär die Frau, die allen Liebeskummer
von mir nähme.
Sie tut es nicht. Und dennoch singe ich.

Sie ist so sanft und dazu auch noch klug –
das stimmt genau!
Höfisch fein ist ihr Benehmen.
Sie macht sich nur beliebt, tut keinem weh,
so ist es stets.
Nur das Beste sagte ich ihr nach.
Drum liegt mir sehr an ihrer Liebe.

Mir gings mal gut! Sie war so froh gestimmt:
ich war bei ihr –
ich hielt das Hemd, bis es gefältet war.

Da bat mich die Geliebte, ich sollt singen –
ein eignes Lied.
Das hat mich wirklich sehr gefreut.
Man brachte ihr die Schnüre. Sie zog
die Falten eng.
Ich kriegte keinen Ton heraus,
genierte mich... Doch die Edle zeigte hier
nobles Verständnis. Schenkte aus dem Krug mir nach,
damit die Stimme
wieder hell und klar erklang.

Gierig trank ich ihren Birnenmost –
sie sah das gern.
So sang ich reichlich Lieder für uns beide.
Freundlich sagte sie zur Dienerin
mit Feingefühl:
»Hol uns wieder einen vollen Krug.
Wir wollen diesen Tag mit Lust beschließen –
wir beißen miteinander braune Nüsse auf...«
Darauf die Magd:
»Ich biete hierzu meine reifen Birnen an.«

Es zeigte sich schon an diesen beiden Übertragungen: ich halte
mich an das metrische, das rhythmische Schema der Liedtexte,
wenn auch nicht pedantisch. Die Reime habe ich allerdings auch
bei diesem Dichter nicht nachgebildet: die oft konstatierten Ver-
formungen früherer Gedichtübertragungen durch den Reim-
zwang, seine sichtbare, hörbare Einengung des sprachlichen Spiel-
raums...
Als Kontrast zum Frühlingslied, zum erotischen Lied nun ein
Winterlied. (Die genauen Angaben zu den Liedtexten im Anhang,
in der Reihenfolge der Texte.) Das Winterlied ist das wohl berühmteste, langlebigste Muster, das Neidhart entwickelt hat – es
wurde jahrhundertelang nachgeahmt. Charakteristisch für die
Winterlieder ist die gestaffelte Klage: über den Winteranfang;
über Schwierigkeiten mit einer angebeteten Dame; über Ärger mit
Bauernburschen.

Ganz besonders schmerzt es mich,
daß den Winter niemand daran hindern kann
uns die Blumen,
auch den Klee zu rauben,
und dazu noch manchen hellen Jubeltag –
traurig stimmt mich das.
Leider werden sie jetzt immer trüber,
es beginnt ihr Abschiednehmen.
Würfelspiel
ist nun in der Stube wieder dran.

Künzel will dabei die Aufsicht führen,
er verbietet Lachen, Sprechen, Augenzeichen,
setzt sich damit durch.
Doch da grinst das Jeutelein –
aua, kriegt gleich tüchtig einen auf die Hand!
Bin deshalb betrübt:
hat sich heuer schon verletzt, am Finger,
als sie für die Tante Gerste schnitt.
Tut mir leid...
Künzel, lieber Herr, schlagt nicht gar so hart!

Reden wir nicht weiter drüber,
sprechen wir nun von den Mädchen, eingeladen
zu dem Ringelpiez.
Jeute sage ihnen allen,
daß sie dort mit Hilde nach der Fiedel springen –
wird ein toller Tanz!
Diemut, Gisel tun sich da zusammen
und die Wendel schließt sich an.
Engelmut:
ruf uns Chünze übern Zaun herbei!

Richt ihr aus: der Mann sei hier.
Soll ein kurzes Kleidchen, ihren Mantel nehmen,
wenn sie zu ihm will.
Hats doch immer schon gewollt –
also kommt er ihr an diesem Feiertag gerade recht!
Alles nehme seinen Lauf...
Bitte sie, das Liebeskräutchen einzustecken.

Mir ist lieber, sie kommt her
als daß er
sie daheim in Sack und Asche sieht.

Chünze wartete nicht länger,
ging, wohin die Engelmut sie schickte.
Ja, sie wollte gleich dorthin,
hat sich schnellstens angezogen!
Außen, innen war ihr Kleid von roter Seide,
ihre Schleppe war nur kurz.
Wer landein, landaus nach Frauen sucht:
keine gönnte ich so sehr,
glaub es mir,
meinem Mütterlein als Schwiegertochter...

Gleich ein weiteres Frühlingslied – in diesem ersten Kapitel mit
Liedtexten sollen sie in festlicher Überzahl sein, als Frühlings-
Ouvertüre! Auch hier wieder: eine Auseinandersetzung zwischen
Mutter und Tochter.

»Der Sommer kommt zu uns«
rief ein Mädchen, »ja, ich habe
            den vom Reuental gehört!
Ha, den will ich preisen!
Mein Herz schlägt freudig ihm entgegen,
            wie verrückt –
ich höre ihn dort singen, vor den jungen Leuten.
Ah, ich halte es nicht länger aus,
zur Linde tanze ich an seiner Hand.

Die Mutter rief ihr nach
wie folgt: »Tochter, nicht so hastig,
            höre doch auf mich!
Denk an deine Freundin Jeute –
vorges Jahr geschah mit der,
            was ihre Mutter kommen sah!
Nach dem Tanz mit ihm schwoll ihr der Bauch,
sie hat ein Kind geboren, das sie Lämmchen nannte –
Pimmel-Polka hat er sie gelehrt!«

»Mutter, hört schon auf!
Ein Rosenkränzchen hat er mir geschenkt,
        das schimmert hell
auf meinem Kopf.
Auch hat er mir zwei rote Strümpfe mitgebracht,
        von überm Rhein,
die werd ich anziehn, heuer noch!
Worum er mich gebeten, weiß nur ich allein.
Nein, ich geb auf Euren Ratschlag nichts.«

Die Mutter war vergrätzt,
weil die Tochter in den Wind schlug,
        was sie ihr gesagt.
Das stolze Mädchen sprach:
»Ich bin ihm fest versprochen,
        er hat mein Pfand darauf;
mein Ansehn setzt das nicht aufs Spiel.
Nein, ich kehr auf keinen Fall zurück.
Er soll mich seine scharfen Sprünge lehren.«

Die Mutter rief: »Dann geh!
Obs dir gut geht oder schlecht,
        das ist deine Sache.
Du bist nicht recht gescheit.
Willst du mit ihm ins Reuental,
        dort bringt er dich auch hin!
Wirfst dich für sein Tanzlied weg…
Er wird dich knuffen, schlagen, prügeln –
und du mußt zwei Wiegen schaukeln.«

Und gleich ein drittes Frühlingslied. Diesmal vertauscht Neidhart
in souveränem Stil die Positionen: die Mutter will tanzen gehen,
die Tochter warnt vor dem Reuentaler im Hintergrund.

Eine Alte machte Sprünge
wie ein Zicklein, hoch hinaus.
Sie war sehr auf ›Blumen‹ aus.
»Tochter, reich mir mein Gewand!
Will zu einem Knappen hin,
ist von Reuental genannt.
Dideldum, dideldum, dideldumbumbum.«

»Mutter, dreht nicht völlig durch!
Dieser Knappe denkt nicht dran,
in der Liebe treu zu sein.«
»Tochter, laßt mich bloß in Ruh –
weiß am besten, was er will.
Ich bin ganz verrückt nach ihm.
Dideldum, dideldum, dideldumbumbum.«

In raschem Wechsel der beiden (für Neidhart) wichtigsten Jahreszeiten nun wieder ein Winterlied, und gleich eins seiner bekanntesten: »Der Schlitten«.

Leutchen, setzt die Schlitten auf das Eis,
der böse, kalte Winter kommt.
So manche schöne Blume hat er uns geraubt,
hat viele grüne Lindenwipfel grau gemacht.
Kein Gesang erklingt im Wald.
Dies alles hat der Frost getan,
  der keine Gnade kennt.
Wollt ihr sehen, was er mit der Wiese angestellt?
Sie ist durch seine Schuld ganz fahl!
Und so sind die Nachtigallen
alle weggeflogen.

Dringend bräucht ich meiner Freunde Rat,
es geht um diesen Punkt, ich nenne ihn:
den Vorschlag, was die jungen Leute unternehmen.
Megenbart hat eine große Stube:
seid ihr alle einverstanden,
findet unser Festtags-Ringelpiez dort statt.
Seine Tochter will es, daß wir uns dort treffen.
Ihr da: sagts den andren weiter!
Einen Tanz um Kopf und Kragen
plant für uns der Engelmar.

Einigt euch nun, wer zur Kunigunde geht –
sie war schon stets aufs Tanzen scharf!
Sie wär uns böse, wenn man ihr nichts davon sagt.
Gisel, geh zur Jeute, richts den beiden aus,
bitt, daß Ella auch mitkommt.
Dies ist zwischen mir und ihnen ganz fest ausgemacht.

Und vergiß dabei auch Hedwig nicht –
bitt sie alle, daß sie mit dir kommen.
Nur das eine solln sie lassen:
den Kopfputz brauentief zu binden.

Allen edlen Frauen geb ich diesen Rat:
(falls ihnen daran liegt, daß sie
frohe Männer herzlich lieben)
schiebt ihn vorne hoch und hinten runter –
das schützt die zarten Nacken besser.
Was hilft ein Helm schon ohne
            Hals- und Nackenpanzer?
Frauenköpfe waren nie gefährdet,
noch keiner riß sie ihnen ab;
was Frauen sonstwo zugestoßen –
damit kamen sie zurecht!

Friedlieb wollte mit der Gotelinde gehen,
gleiches wollte Engelmar!
Ich will euch nicht lang quälen
            und erzähl euch, wie es ausging:
Eberhard, er mußte schlichten,
war als Schiedsmann eingesetzt –
sie lägen sich sonst in den Haaren!
Wie zwei eitle Ganter gingen sie
ständig aufeinander los.
Der dort vorgesungen hat,
das war Friederich.

Eppe zerrte Goppe Gumpe von der Hand,
half mit seinem Dreschholz nach.
Mit dem Knüppel klärte Bauer Mugdelger.
Schuld an allem war ein Ei, das Ruprecht fand –
ja, der Teufel gabs ihm wohl!
Er drohte, daß er es von drüben auf ihn schmeiße.
Eppe war cholerisch und noch kahl dazu,
rief übermütig: »Traust dich nicht!«
Ruprecht schmiß ihms an die Glatze,
daß es runterlief.

Früher stand mein Haar in voller Pracht,
rundherum war es gelockt –
längst vergessen, seit man mich
    ein Haus versorgen ließ.
Ich kaufe Salz und Korn – das ganze Jahr!
Ach, was hab ich dem getan,
    der mich Dummkopf in dies Elend stieß?
Meine Schuld vor ihm war klein.
Dennoch: meine Flüche sind nicht schlecht,
wenn ich dort im Reuental
    Not erleiden muß.

In dieser kleinen Anthologie, sprich: Blütenlese nun – abschließend, abrundend – eine vierte Frühlingsblüte. Auch hier das bekannte Muster: Tochter und Mutter streiten sich. Aber mit welcher Vielfalt variiert Neidhart diese Situation!

»Hör nur, wie die Vögel jubilieren
und den Mai mit ihren Liedern krönen!
Ja, ich glaub, der Winter ist vorbei.
Weirat:
tanz so schön, daß ich dich rühmen muß.
Die Linde steht in dichtem Laub.

Heuer bilden wir dort wieder Paare.
Vor dem Walde blühen viele Rosen,
von denen möcht ich hübsche Kränze
tragen,
wenn ich diesen Sommer in dem Reien
mit einem edlen Ritter tanze.«

»Töchterlein, das schlag dir aus dem Kopf!
Drängst du dich beim Tanz den Rittern auf,
die zu dir doch überhaupt nicht passen –
Töchterlein,
du allein hast dann den Schaden!
Der junge, reiche Bauer freit um dich…«

»Huckt mir bloß nicht diesen Bauern auf!
Ha, ich schaffe auch den starken Ritter!
Wozu da ein Bauer mir als Mann?!

Schafft es nicht,
mich so zu lieben, wie ichs haben will.
Der lebt wohl besser ohne mich.«

»Töchterlein, nun mache ihn nicht schlecht!
Du bist zu dumm – und hinter Rittern her!
Alle deine Freunde stößt das ab.
Du hast schon oft
abgeschworen – leugne das jetzt nicht!
Dein Benehmen trennt uns noch.«

»Mutter, hört doch auf mit dem Gezänk.
Für diesen Mann riskier ich alle meine Freunde –
daraus hab ich nie ein Hehl gemacht.
Überall
soll ein jeder dies zur Kenntnis nehmen:
ich möchte gern nach Reuental.«

15 Viele der Neidhart-Liedtexte führen in eine Männerwelt des vorwiegend rüden Umgangs; Frauen sind hier meist Objekte männlicher Übergriffe; sie werden als abhängig, ja hörig dargestellt. Zum Ausgleich skizziere ich Frauen in Situationen, die für Neidharts Zeit charakteristisch sein dürften.
Eine Frau zuerst, die als Hebamme arbeitet. Einen größeren Teil ihrer Arbeitszeit verbringt sie wartend; in der Wartezeit, bei kleineren Vorbereitungen unterhält sie sich mit der Gebärenden, mit Frauen des Haushalts oder der Nachbarschaft. Auch in dieser Skizze hat sie Zeit, auf einem dreibeinigen Hocker am Bett sitzend oder neben dem Gebärstuhl. Um die Wehen zu fördern, hat sie der jungen Frau ein bewährtes Mittel gegeben: dreimal Mutterkorn, auch Kornzapfen genannt – braunviolette, vergrößerte Roggenkörner. Dieses Wehenmittel wird heute noch modifiziert benutzt: es wirkt kontrahierend auf die Gebärmutter ein. Mutterkorn kann auch als blutstillendes Mittel und bei Kreislaufstörungen verwendet werden, auch hilft es bei Migräne. Verzweifelte Frauen versuchten damals, mit Mutterkorn abzutreiben, indem sie mehr als jeweils drei Körner aßen – das endete durchweg tödlich, denn durch Mutterkorn wird das sogenannte Antoniusfieber ausgelöst, ein Kapitel für sich (47).

Dosiert die Hebamme das Mutterkorngift immer genau genug? Gibt sie, wenn die Wehen zu lange auf sich warten lassen, wenn sie zu häufig nachlassen, schon mal ein Körnchen mehr? Wie oft hat es diese Hebamme überhaupt schon erlebt, daß Frauen bei der Geburt ihres Kindes starben? Oder am Kindbettfieber? Die Hebamme wird genauer als andere Frauen wissen, wie hoch die Kindersterblichkeit ist: 15 bis 20 Prozent sterben im ersten, etwa 40 Prozent bis zum dreizehnten Jahr. Wird in solch einem Zimmer, wird in einem Kreis wartender Frauen auch über Gerüchte gesprochen, nach denen Kinder getötet werden? Vor allem schwächliche Kleinkinder und mißgebildete? Und speziell Mädchen, wie immer wieder geraunt wird? Auch die Frau in diesem Zimmer wird hoffen, daß sie einen Sohn gebären wird, das hebt ihr Ansehen bei Mann, Familie, Nachbarschaft, da wird sie vielleicht sogar beschenkt. Würde diese Frau ein Mädchen aussetzen, würde sie ein Mädchen töten? Daß Neugeborene, daß Kleinstkinder getötet wurden, ließ sich damals kaum nachweisen, denn die häufigste Todesart war das Erdrücken. Neugeborene, Kleinstkinder wurden von Müttern oder Ammen oft mit ins Bett genommen, vor allem, wenn es kalt war oder wenn sie Angst vor Ratten oder Schlangen hatten. Immer wieder kam es vor, daß sich eine Frau im Schlaf auf das Baby wälzte, es erstickte. Das mußte gebeichtet werden, die Buße aber war gering. Bei schwergewichtigen oder als grob geltenden Frauen war man schon strenger, ganz besonders, wenn bekannt war, bekannt wurde, daß sie tranken.

Gesprächsthema in einem Zimmer, in dem eine Geburt bevorsteht? Oder redet man über völlig andere Fragen? Und man gibt dieser Hebamme, die eine vielleicht schon ältere Frau ist, ein gutes Essen, damit sie bei Laune und bei Kräften bleibt? Füllt man ihr einen Holznapf mit Wein? Das könnte ihre Gesprächigkeit fördern, vielleicht sogar ihre Bereitschaft, erste Hinweise zu geben zur Pflege des Neugeborenen.

Als selbstverständlich wird es auch diese Hebamme voraussetzen, daß das Kind gestillt wird – und zwar bei Jungen länger als bei Mädchen. Im Durchschnitt waren es fast zwei Jahre. Damit wurde die zeitliche Distanz zwischen Schwangerschaften vergrößert. Auch deshalb war die durchschnittliche Kinderzahl einer Familie kaum größer als heute – eine Auswirkung besonders aber der hohen Kindersterblichkeit. Familien mit ein bis drei Kindern waren fast die Norm. Es gab selbstverständlich auch kinderreiche Familien.

Stunden des Wartens vor einer Geburt. Wenn das Kind geboren wird – wie behandelt man es zuerst? Das Neugeborene muß gesäubert, gebadet werden, dazu wird die Hebamme warmes Wasser mit Kräutern verwenden. Vielleicht stippt sie anschließend einen Finger in Honig und führt ihn in den Mund des Neugeborenen, um seinen Appetit zu wecken. Vielleicht massiert sie die Glieder: das weiche, zarte Fleisch muß gestärkt werden. Wahrscheinlich schlägt sie auch vor, das Neugeborene die ersten drei Wochen in einem halbdunklen Zimmer schlafen zu lassen, damit sich die Augen langsam ans Licht gewöhnen. Ganz sicher wird sie darauf hinweisen, daß Neugeborene in den ersten Monaten gewickelt werden müssen: weil die Glieder des Kindchens so schwach sind, können sie leicht verformt werden. Die Hebamme könnte hier einen beliebten Vergleich bringen: so wie der Gärtner zarte Pflänzchen an Stöcken aufbindet, bis sie aufrecht stehen mit Stengel und Blättern, mit Stamm und Ästen, so muß das Kindchen »aufgebunden« werden.

16 Eine junge Frau, die bei nächtlichem Unwetter Angst hat: sie öffnet eine Truhe, nimmt im Licht eines Kienspans Schlupfkleider und Rupfenlaken heraus, zuletzt eine kleine Spanschachtel, die sie in der Mitte des Zimmers auf den Dielenboden legt, und zusammengekauert öffnet sie den Deckel, hebt etwas heraus – ungefähr mohrrübenlang, in ein Seidentüchlein gewickelt – legt es auf den Boden, schlägt die Seide zurück: ein Wurzelmännchen, »Galgenmännlein«, ein Alraun. Die Figur scheint eine lange Nase zu haben, Augen in tiefen Höhlen, einen klagend geöffneten Mund, langes Wurzelfaserhaar und eine hochgezogene rechte Schulter.
Gerade weil die Wurzel des Alraun dem Menschen etwas ähnlich sei, schreibt Hildegard von Bingen, sei diese Pflanze mehr als alle anderen den Einflüsterungen und Nachstellungen des Teufels ausgesetzt; wenn man sie ausgegraben habe, müsse man sie sofort einen Tag und eine Nacht lang in Quellwasser legen, dann werde das Böse und Widerwärtige herausgesogen, »herausgebissen«, sie verliere ihre magische Kraft. Weiter: wenn ein Mann unter allzu großer Geilheit leidet, durch Temperament oder magische Einflüsse, soll er sich einen abgewaschenen Alraun vors Brustbein binden, soll ihn dort drei Tage und drei Nächte tragen, soll ihn

danach der Länge nach durchschneiden und sich die beiden Hälften auf die Lenden binden, sie dort ebenfalls drei Tage und drei Nächte lassen. Weiter: »Gegen Leiden einzelner Körperteile verzehre man die entsprechenden Gliedmaßen der Figur, gegen Kopfleiden den Kopf, gegen Halsschmerzen den Hals und so weiter.«

In einem kurzen, magischen Ritual, das ich nicht skizzieren kann, weil ich keine Details dazu gefunden habe, bittet die junge Frau nun das Alraun-Männchen, sie vor dem Unwetter zu beschützen. Dabei weiß sie, daß ihre Bitte eigentlich nicht notwendig ist, ebensowenig das beiseite gesprochene Gebet zum heiligen Christophorus, denn: solange ein Alraun in einem Zimmer ist, kann es nicht brennen. Außerdem beweisen der jungen Frau die Kleider und Laken, daß dieser Hausgeist tatsächlich die ihm nachgesagte Macht hat, Glück und Reichtum zu vermitteln: sie hat von einer Tante all dies geerbt, und so wird sie auch einen Ehegatten finden, selbst, wenn die Nachbarin versucht, den Freund von ihr fernzuhalten. Wie dieser jungen Frau vertraulich mitgeteilt wurde, hat besagte Nachbarin die Schwelle des Hauses mit Spinnen- und Krötenasche bestreut, und als das nicht half, soll sie Schweinegalle auf die Schwelle geträufelt haben; nicht einmal das hat den jungen Mann umkehren und sich in die Arme der Nachbarin stürzen lassen: die Kraft des Alraun-Männleins hat den Gegenzauber überwunden.

Durch die Ritzen der in der Fensteröffnung gereihten Bretter sieht die junge Frau das kaltblaue Licht der Blitze. Eine Kirchenglocke läutet. Sie stellt die geweihte Kerze noch näher ans Wurzelmännlein: die Blitze sollen sehen, daß es hier liegt, dann werden sie sich über dem Haus einkrümmen, vielleicht sogar zu Kugeln, und die rollen sprühend weg, hoch in der Luft.

17 Eine Frau, Jüdin; ihr Mann arbeitet bei einem jüdischen Pfandleiher: sie hat Angst vor erneuten Übergriffen, trifft Vorsorge.

Zur allgemeinen Situation: Juden durften die meisten Handwerksberufe nicht ausüben, darauf achteten christliche Handwerker streng. Wo sich Judengemeinden bildeten in Judenstraßen, durften sie als Metzger oder Schuster oder Bäcker oder Zimmermann arbeiten, nicht aber im Bereich, in dem Christen lebten.

Hier waren Juden jedoch vielfach als Ärzte, Händler, Pfandleiher tätig.

Christen durften nicht Geld gegen Zinsen verleihen; sie kamen indirekt dennoch an Zinsen, indem sie beispielsweise Grundstücke, Häuser als Pfänder übernahmen und bis zur Rückzahlung des Kredits sämtliche Erträge einzogen – damit kam man auf einen guten Zinssatz. Aber: Gelder arbeiten lassen, Zinsen eintreiben, das war Christen verboten – das zweite und dritte Laterankonzil hatte dies noch einmal bestätigt. Man brauchte aber Geld in jener Zeit, in der die Naturalwirtschaft in Geldwirtschaft überging, und so wurde das notwendige und zugleich verachtete Kreditgeschäft Juden überlassen.

Die Usancen waren folgendermaßen: der jüdische Geldverleiher gab Darlehen nur gegen Pfänder; für diese Pfänder zahlte er jeweils die Hälfte des Wertes aus, in bar; er behielt das Pfand bis zum vereinbarten Auslösetermin; wurde das Darlehen mit Zinsen termingerecht ausgezahlt, erhielt der Gläubiger das Pfand zurück; konnte der Kreditnehmer Darlehen und Zinsen nicht pünktlich erstatten, behielt der Geldleiher das Pfand, konnte es verkaufen, zum vollen Wert.

Die Zinsen waren im Mittelalter außerordentlich hoch – bis zu 30, ja gelegentlich sogar 60 Prozent. Juden waren allerdings gezwungen, hohe Zinsen anzusetzen, denn das Geschäft lief immer nur einige Zeit: wiederholt Edikte, nach denen die Schulden von Christen bei Juden annulliert wurden; immer höher die Steuern, die Juden zahlen mußten; zahlreich die Möglichkeiten, Juden zu erpressen – es mußte also Geld zurückgelegt werden. Freilich, die hohen Zinsen wurden nicht in erster Linie kritisiert (die zogen ja, indirekt, auch christliche Kreditgeber ein), man nahm es jüdischen Pfandleihern übel, daß Christen vielfach die Pfänder nicht auslösen konnten.

Mit den eingezogenen, zurückbehaltenen Pfändern entstand rasch ein Warenlager: liturgische Geräte, Kreuze aus Edelmetallen, kostbare Handschriften, sogar Meßgewänder; Helme, Kettenhemden, Schwerter, Schilde – vor allem Knappen und Ritter brauchten Geld; Werkzeuge von Handwerkern; Waren: Felle, Leder, Tuche; selbst Tiere wurde verpfändet, beispielsweise Pferde.

Bei solch einem Pfandlager brauchte ein Geldverleiher einen Mitarbeiter, einen Gesellen, der Ordnung schuf und hielt, der vor allem Pfänder für den Verkauf vorbereitete – beispielsweise, indem er Silber putzte, Kleidungsstücke ausbesserte. All dies tut der junge Ehemann der Jüdin, die im Haus nach einem Versteck sucht, unterm Dach. Sie weiß, ein Stichwort genügt, und Scharen dringen in die Häuser von Juden ein. Die Vorwände zu Übergriffen wiederholen sich: ein Jude hat durch einen Wachsbild-Zauber einen Menschen getötet; ein Jude hat einen Stall verhext; ein Jude hat durch Fernzauber Blut aus einem Körper gesogen; ein Jude hat ein Wachsbild gekreuzigt; Juden haben Hostien geschändet; Juden sind an einer Seuche schuld.

Solche Stichworte lösen zumeist einzelne Übergriffe aus. Nun aber hat diese Frau gehört, es werde erneut ein Kreuzzug geplant – nach den ersten beiden Kreuzzügen war es zu Pogromen gekommen, davon ist ihr erzählt worden; in der Umgebung ihres Ortes sind drei Juden, die in einem Weinberg arbeiteten, von heimkehrenden Kreuzfahrern totgeschlagen worden.

Sie weiß: sobald Fäuste geballt, Waffen geschwenkt werden, muß ihr Mann sofort ins Versteck oben im Speicher. Wenn es nach einigen Tagen wieder ruhig ist, kann er herunterkommen. Und wenn das Lager des Pfandleihers nicht bis auf den letzten Kelch, das letzte Handwerksgerät geplündert ist, kann er seine Arbeit wieder aufnehmen.

18 Eine Frau als Handwerkerin: diese Skizze kann ich nur anlegen, nicht aber ausführen. Es werden wiederholt Listen der handwerklichen Tätigkeiten aufgestellt, die von Frauen ausgeübt wurden im Hohen Mittelalter, aber in welchen sozialen Positionen, das bleibt unklar: war es möglich, daß eine Frau völlig oder ziemlich selbständig einen handwerklichen Betrieb führte, war sie hier einem Mann untergeordnet und wie weit ging diese Unterordnung? Waren Frauen letztlich nur Handlangerdienste erlaubt? Mit einer Skizze würde ich hier gern eine Teil-Antwort geben für einen der damaligen Arbeitsbereiche einer Frau, aber: ich habe mehrere Bücher gelesen über die Frau im Mittelalter, habe vor allem in der zweibändigen Dokumentation *Frau im Mittelalter* von Peter Ketsch nach Materialien gesucht – vergeblich. Die rechtliche Stellung von Handwerkerinnen läßt sich erst für das Spätmittelalter ausreichend dokumentieren: es sind hier zahlreiche Zunftordnungen überliefert, auch Stellungnahmen, Entscheidungen von Obrigkeiten.

Ich sichte einige der Möglichkeiten, die solche Dokumente für diese Skizze anbieten. So haben Frauen vielfach Bier gebraut. Das taten sie schon seit langem für den Hausgebrauch, nun aber wurde Brauen zum Gewerbe. Einer der frühesten Hinweise stammt aus dem Jahre 1445: die Witwe Osterhilde Mengelrode erhält vom Rat zu Duderstadt die Erlaubnis zu brauen. Und: 1487 erlaubt Hildesheim einer Witwe und ihrem Sohn, »in ihrem kleinen Haus persönlich brauen zu dürfen«. In ihrem kleinen Haus – es war also auch ein kleines Unternehmen. Es zeigt sich an diesen Beispielen: es waren Witwen, die solche Genehmigungen erhielten; nach dem Witwenrecht führten sie den Betrieb des verstorbenen Mannes weiter.

Interessant ist in diesem Zusammenhang auch ein Kölner Dokument von 1420: eine Frau erhält von der Stadt die Erlaubnis, zwei Männer im Lauf von acht Jahren zu Brauern auszubilden. Freilich, ihr Mann muß eine Art Bürgschaft übernehmen – damit wird dieser Fall zum Sonderfall.

Generell aber: in Köln haben Frauen mehr Rechte, größeres öffentliches Ansehen als in anderen Städten. Bei Edith Ennen finde ich ein charakteristisches Beispiel: Ende des 15. Jahrhunderts wurden bei einem Prozeß vier Seidmacherinnen und drei Seidspinnerinnen als Gutachter herangezogen. Aber hieraus lassen sich keine Schlüsse ziehen auf die rechtliche Situation von Frauen in anderen Städten. Edith Ennen: »Die Rechtsfähigkeit der Frau war in Köln ungewöhnlich hoch.« Und: »Die Selbständigkeit, der geschäftliche Erfolg der Kölner Frauen in Handel und Gewerbe dürfte in diesem Umfang fast ohne Parallele sein.« Kölner Errungenschaften lassen sich also nicht einmal für das Späte Mittelalter verallgemeinern. Hier läßt sich schon gar nicht rückdatieren, um ein viertel Jahrtausend. Erst recht nicht wird das möglich sein für den Donauraum.

Ich muß also neu ansetzen. Welche Rechte und damit: welche Möglichkeiten hatte eine Handwerkerin zu Neidharts Zeit? In vielen Städten (und ich setze voraus, daß die Handwerkerin in einer Stadt lebt), gelten Mann und Frau als frei. Weiter, so lese ich bei Ennen: in vielen Städten »leisten Frauen den Bürgereid, werden in die Bürgerbücher eingetragen. Die volle genossenschaftliche Teilhabe der Ehefrau am Bürgerrecht des Mannes besteht nach dessen Tod weiter; Bürgerswitwe und Bürgerstochter vermitteln einem einheiratenden Ehemann im allgemeinen einen erleichterten Zugang zum Bürgerrecht.« Auch in der Erbfolge werden

Mann und Frau in einigen Städten gleichgestellt. Aber hat eine Handwerkerin damit zu Neidharts Zeit schon das Recht, selbständig einen Handwerksbetrieb zu führen, dabei auch Nachwuchs auszubilden?

Handwerker begannen sich seit dem 12. Jahrhundert in Zünften zusammenzuschließen. Schon zu Neidharts Zeit war Köln hier den meisten Städten im Reich weit voraus. Zur Zunft der Drechsler beispielsweise gehörten auch die Ehefrauen der Meister. Bei Totenehrungen wurden keine Unterschiede gemacht: starb eine Frau der Zunft, so hielten wie üblich sechs Männer die Totenwache, und alle Männer und Frauen der Zunft mußten an der Beerdigung teilnehmen. Offenbar aber gab es im 13. Jahrhundert noch nicht das Witwenrecht, nach dem eine Frau den Betrieb ihres verstorbenen Mannes übernehmen und weiterführen konnte. Zu jener Zeit war die Frau weitgehend noch »Gefährtin und Gehilfin des Mannes«.

Dennoch: ich prüfe einige Möglichkeiten für eine Handwerkerin, einen gewissen Grad an Selbständigkeit zu erringen. Im Brauereigewerbe war dies offensichtlich erst im Späten Mittelalter möglich. Und sonst? In der Viehhaltung war die Domäne der Frau bezeichnenderweise das Kleinvieh, Federvieh – das brächte uns kaum Neues. Auch das Kochen war ihr selbstverständlich erlaubt, nicht nur im privaten Bereich – gelegentlich stellten Frauen Pasteten her und verkauften sie. Aber ich finde keine Belege dafür, daß sich daraus im Hohen Mittelalter ein selbständiger Gewerbebetrieb entwickeln konnte, geleitet von einer Frau. Im Baugewerbe wurden Frauen noch im Spätmittelalter als Handlangerinnen eingesetzt; zwar wurde schon mal verboten, daß sie Mörtel mischten, aber sie mußten Steine schleppen. Am ehesten durften Frauen mit Ansätzen von Selbständigkeit tätig werden im Bereich der Textilherstellung und -verarbeitung. Aber schon das Färben war offenbar Männersache, Männervorrecht.

Und das Bäckereigewerbe? Ich hätte gern eine Frau skizziert, die in einer Bäckerei arbeitet, ja, die womöglich eine Bäckerei führt. Sie hat, so läßt sich denken, ihrem (inzwischen verstorbenen) Mann geholfen, etwa bei der Herstellung des Teigs, beim Heizen des Ofens, beim Verkauf, aber hat sie je am Backofen gestanden, stehen dürfen? Dort stand, wie ich das auf einer Abbildung sehe, der Bäcker mit bloßem Oberkörper, nackten Beinen, nur mit einer Art Lendenschurz bekleidet (vielleicht auch nur für die Abbildung) und er hantierte mit dem langen Brotlöffel. Wenn eine

Witwe solch einen Betrieb weiterführte, mit stillschweigender Duldung oder offizieller Erlaubnis der Obrigkeit des Ortes – welche Arbeiten durfte sie übernehmen, welche Arbeiten mußte sie Männern überlassen? Caesarius von Heisterbach erzählt in einer seiner Wundergeschichten von einer Bäckerin, die Brote formt und mit ihrem Lehrling in den Backofen schiebt – hat Caesarius sich das ausgedacht oder setzte er Selbstverständliches voraus? Wenn eine Witwe im Hohen Mittelalter als Bäckerin gearbeitet haben sollte, wird sie wohl jede anfallende Arbeit erledigt haben. Nur: wie war ihr Status? Auf den Status legte die mittelalterliche Gesellschaft Wert! Konnte sie einen Lehrling oder Gesellen ausbilden? Welche Anordnungen durfte sie ihm erteilen?

Ansätze zu einer Skizze: eine Frau übernimmt Anfang des 13. Jahrhunderts die Bäckerei ihres verstorbenen Mannes. Als Möglichkeit sei hinzugedacht: wenn ihr dabei ein Schwager oder Bruder hilft – wie wäre dann ihre Stellung in diesem Gewerbebetrieb? Ich möchte sie nicht einfach hinter den Ladentisch stellen, ich möchte sehen lernen, was ich mir bisher nicht genau genug vorstellen konnte, aber in diesem Fall sind mir zu wenige Materialien überliefert. Also: adieu, Frau Bäckerin.

19 Zwei Zeitmarkierungen, zu denen ich zuweilen zurückkehrte, zurückkehre, um mir wieder die Distanz, die Zeit-Entfernung bewußt zu machen, um zugleich einen neuen Ansatz der Annäherung zu finden.

Die erste dieser Zeitmarkierungen ist die sogenannte Königshalle von Lorsch. Ein Bau, der von Architekturformen verschiedener Regionen geprägt ist. Da ist die römische Triumphbogen-Konstruktion des Erdgeschosses, mit den drei Durchgängen in den damaligen Klosterbereich; da sind griechische Säulenkapitelle; da sind (an den Schauseiten) des ersten Stockwerks weiß-rote Großmosaike, die, so lese ich, arabische Vorbilder haben. Ein griechisch-römisch-arabisch-germanischer Bau, erratisch in meiner Gegenwart.

Ich ging beim ersten Besuch sehr langsam durch den mittleren Bogen dieses Torgebäudes, das auch als Ehrenpforte bezeichnet wurde: hier soll bereits Karl der Große in die Reichsabtei eingezogen sein. So weist mich dieser Torbau über Neidhart hinaus noch weiter zurück in die Vergangenheit: der Zeitraum des Mittelalters.

Als Neidhart lebte, dichtete, sang, stand dieser Bau bereits vier Jahrhunderte. Vergangenheit zwischen mir und Neidhart; Vergangenheit zwischen Neidhart und Karl dem Großen; was für mich Vergangenheit ist, das war für Neidhart Zukunft; was für ihn Vergangenheit war, das ist für mich über ihn hinaus verlängerte Vergangenheit. Dieses Kloster wurde (ich stilisiere hier nicht) ein Jahrtausend und zwei Jahrhunderte und zwei Jahrzehnte und ein Jahr vor meinem ersten Besuch gegründet. »Was ist ein Jahrhundert? Was ist ein Jahrtausend?«
Ich ging durch die Ehrenpforte in den damaligen Klosterbereich, zum Rudiment der Basilika, auf der alten via sacra. Ich kehrte durch die Ehrenpforte zurück in die kleine Stadt; als ich durch die Ehrenpforte wieder zur Basilika ging, schlenkerte ich eine Papiertüte mit einem Sammelband von Aufsätzen zur Geschichte des Klosters; ich ging mit der Schlenkertüte wieder zur Fußgängerzone von Lorsch, sie heißt Nibelungenstraße, hier am Tor. Ich vergegenwärtigte mir Zeiträume der Vergangenheit, und blieb zugleich in der Gegenwart einer bundesdeutschen Kleinstadt in Hessen. Ich setzte mich, auf einem Umweg in den ehemaligen Klosterbereich zurückkehrend, auf eine Bank, ließ mich von der Sonne wärmen, blätterte im Sammelband. Ich schlenderte zur via sacra: eine Zeitachse. Ein Jahrtausend, zwei Jahrhunderte, zwei Jahrzehnte, ein Jahr. Über Neidhart hinausreichende Vergangenheit. Ist Neidhart dieser Zeitraum zwischen dem dreizehnten und dem neunten Jahrhundert bewußt geworden? Schließlich war Karl der Große in vielen Erzählungen des Mittelalters präsent geblieben. Ja, präsent geblieben: man machte Figuren der Vergangenheit zu Figuren seiner Gegenwart, kleidete sie wie Zeitgenossen, ließ sie auch so denken und sprechen. Hier schrumpften Zeitdistanzen. Ich dagegen versuche, Zeitdistanzen bewußt zu machen. Zeitdistanzen zu einem Dichtersänger, der vielleicht kaum Zeitdistanzen zur Vergangenheit kannte. Wie groß oder klein waren überhaupt die Zeiträume, in denen man in jenem Zeitraum dachte? Wir rechnen mit Jahrmilliarden, in denen sich der Kosmos ausdehnte, rechnen mit Jahrmillionen, in denen sich der homo sapiens entwickelte, für Neidhart und seine Zeitgenossen aber gab es solche unvorstellbar weiten Zeiträume nicht. Wer in weiten Zeiträumen zu denken versuchte, der kam mit seiner Vorstellungskraft und mit Hilfe der Bibel nur ein paar Jahrtausende weit. Zeit als Präsenz in den zyklischen Wiederholungen des Kirchenjahres. Ich vergegenwärtige mir Zeiträume von Vergangenheit, damit sich das je-

weils plane Bild der Aktualität perspektivenreich in die Tiefe staffelt und zugleich: um aus imaginierten Positionen der Vergangenheit heraus meine Gegenwart neu zu sehen. In Syrakus habe ich einmal minutenlang durch eine normannische Fensteröffnung in der Cella-Wand des Athena-Tempels hinausgeblickt auf den Bug eines Frachters.

Als ich zum zweiten Man nach Lorsch fuhr, sah ich diesen erratischen Bau, dieses staunenswerte Bau-Konglomerat von griechischen und römischen und arabischen und germanischen Elementen hineingestellt in einen sehr viel weiteren Zeitraum. Denn inzwischen hatte ich, einen Ausstellungskatalog heraussuchend, gelesen, daß in den Jahren, in denen dieser Torbau, diese Königshalle, errichtet wurde, Mayas bereits die Tempel von Tikal erbaut hatten, nach 700: in Welten, die nichts voneinander wußten, zwei ungefähr zeitgleiche Markierungen. Die lateinamerikanische Zeitmarkierung (die ich nur aus Beschreibungen und von Abbildungen her kenne) macht mir bewußt, in welch eng begrenzten Zeiträumen ein Neidhart und seine (gebildeten) Zeitgenossen lebten. Zwar reichen hieroglyphische Aufzeichnungen der Mayas über Vergangenheit nur etwa 4000 Jahre zurück, von ihrer Zeitebene aus geschätzt, und so weit dachten ungefähr auch Mönche in die Vergangenheit zurück, wenn sie Chroniken verfaßten oder die Bibel auslegten. Das Zeitsystem der Mayas führte jedoch abstrakt sehr viel tiefer in die Vergangenheit zurück und vor allem: sehr viel weiter in die Zukunft. Ich werde dieses System verschiedener ineinandergreifender Zeitzyklen nicht beschreiben, das führte hier entschieden zu weit, ich hebe (nach Barthel) nur hervor: die größte Zeit-Einheit, der größte Zeitzyklus des Ritualkalenders war »eine Periode von über drei Millionen Jahren«. Und es gibt Steleninschriften mit Daten, die 90 Millionen Jahre zurückführen, und die berühmte Stele D von Quirigua öffnet einen Zeitraum von 400 Millionen Jahren. Das sind wahrhaft astronomische Zahlen, erdacht in einer Zeit, in der die Tempel von Tikal und das Torgebäude von Lorsch errichtet worden waren, erdacht mehrere Jahrhunderte vor Neidhart, für den Vergangenheit keine schwindelerregende Tiefe und Weite hatte, sondern eher ein vertrautes Nebenan war.

Lorsch, die sogenannten Königshalle: die griechischen Säulenkapitelle, die römische Triumphbogen-Konstruktion des Erdgeschosses, die Großmosaike nach arabischen Vorbildern, der germanische Hallenbau des ersten Stocks: ich werde bestimmt noch einmal, vor der Drucklegung dieses Buches, dorthin fahren, werde langsam durch die mittlere Toröffnung gehen, werde weitergehen auf der alten via sacra, um Zeitdimensionen auszuschreiten, im Bewußtsein, um die Distanz zu Neidhart gleichzeitig zu vergrößern und zu verkürzen.

20 Gelnhausen: der Mann, der sich nicht mehr bewegen kann, wird von seiner Familie täglich an die Fensteröffnung gesetzt, er sieht Könige und Kaiser bei ihren Auftritten drüben am Palas.

Der dritte Auftritt: König Philipp, der jüngere Bruder des verstorbenen Heinrich. Philipp scheint etwas größer zu sein als Heinrich, er geht nicht so rasch und zielstrebig in den Palast, er steht noch ein wenig in der Sonne, die ich auf ihn scheinen lasse, er plaudert, mit dem Rücken zum Betrachter, mit einigen Herren des Hofs, während die Pferde zum Stall geführt werden. Auch bei Philipp das Rotblond der Staufer, aber es ist entschieden mehr Blond als Rot im Haupthaar. Er wirkt entspannt, scheint liebenswürdig zu sein; die Herren, mit denen er plaudert, lachen auf, sprechen mit ihm, und wenn er sich wieder äußert, zeigen sich gelassene Handbewegungen. Langsam, das Gespräch nicht unterbrechend, steigt er die Stufen hinauf zum geöffneten Tor. Nur zweimal war er offiziell in Gelnhausen, und siebenmal in Hagenau, sechsmal in Straßburg und neun Hoftage in Speyer, sieben in Nürnberg, und ein Aufenthalt ist auch für Düren bezeugt, wo ich dies schreibe, mit einer Itinerarkarte neben mir auf dem Tisch.

Über Philipp habe ich im Wolfram-Buch schon berichtet, hier nur Stichworte zur Erinnerung, einige Hinweise: nicht alle wahlberechtigten weltlichen und geistlichen Fürsten des Reiches stimmten für Philipp von Schwaben; es bildete sich eine kleine, aber entschiedene Gegenfraktion, angeführt vom Kölner Erzbischof; sie schlug den Welfen Otto vor, Schützling des Königs Richard Löwenherz, Sohn Heinrichs des Löwen; dieser Welfe wurde von der Kölner Fraktion gewählt. So begann 1198 der lange Thronstreit, Thronkrieg zwischen dem jungen Staufer und dem noch jüngeren Welfen.

21 Neidharts Zeitgenosse und Kollege Walther von der Vogelweide plädierte in Gedichten für die Wahl des jungen
Staufers, feierte dessen Krönung.
Ich stelle hier drei Spruchtexte Walthers vor, um zu zeigen, wie
ein Dichter zu Neidharts Zeit auf öffentliches Geschehen reagieren konnte. Allerdings: hier war die eigene Meinung wohl nicht
so wichtig wie die Meinung der Herrschaften, vor denen man auftrat und von denen man Geld erwartete. Einen dieser Herren
werde ich im folgenden Kapitel vorstellen; hier wird also auch
präludiert. Ich weise noch darauf hin, daß sich in Neidharts Liedtexten selten solch ein Reflex auf öffentliches Geschehen zeigt.

> Ich hörte die Gewässer rauschen
> und ich sah die Fische schwimmen,
> sah, was sonst noch in der Welt war:
> Feld, Wald, Laub und Schilf und Gras,
> sah alles, was da kreucht und fleucht,
> die Füße auf den Boden setzt –
> all dies sah ich, und ich sag euch:
> keines lebt hier ohne Feindschaft.
> Die wilden Tiere, die Reptilien
> tragen harte Kämpfe aus –
> das ist auch unter Vögeln so.
> Doch zeigen sie hier noch Vernunft:
> sie kämen sich verloren vor,
> hätten sie nicht Recht und Ordnung,
> Königswahlen und Gesetze,
> Trennung zwischen Herrn und Knecht.
> Bedauernswertes deutsches Volk –
> wie stehts um deine Hierarchie?
> Den König gibt es selbst bei Fliegen –
> bei dir ist Herrschaft aufgelöst.
> Komm schon zu dir, komm zu dir!
> Die fremden Kronen herrschen vor,
> dich bedrängen Königlein –
> weise sie in ihre Schranken,
> krön Philipp mit dem Stein der Kaiser.

Etwa ein halbes Jahr später, im Herbst 1198, wird Walther das folgende Gedicht verfaßt haben, in dem er noch entschiedener auf
das Vor-Recht des Staufers hinwies.

Älter als der König Philipp ist die Krone.
Und alle können hier ein wahres Wunder sehn:
das Werk des Goldschmieds paßt ihm haargenau!
Sein kaiserliches Haupt ist ihr so angemessen,
daß kein Wohlgesinnter beide trennen darf.
Wechselweise steigern sie die Macht.
Die Edelsteine und der junge edle Mann:
all dies lacht und strahlt sich an.
Die Fürsten sehen solche Augenweide gern.
Wer im Reich noch in die Irre geht, der sehe,
wie das Kronjuwel auf seinem Haupte glänzt –
der Stein ist Leitstern aller Fürsten.

Auch nach der Krönung des Gegenkönigs pries Walther den Staufer, ließ aber unmißverständlich erkennen, mit welchen Gedanken, aus welchen Motiven.

Philippus, edler König –
alles wünscht dir Heil und Segen,
hofft nach Unglück auf das Glück.
Hast Reichtum und hast hohen Rang
in Fülle, für zwei Könige –
so sei mit beidem generös!
Der Lohn der Generosität
ist wie die Saat: je mehr man streut,
desto reicher wird die Ernte.
So wirf die Saat mit vollen Händen!
Generosität: wer ihr
Tribut zollt, findet bei ihr Lohn.
Wie richtig dachte Alexander:
er gab und gab – sie gab ihm eine Welt.

22 In den wirren Jahren der Thronkämpfe dürfte Neidhart zum bekannten Sänger werden. Ich halte Ausschau nach ersten Auftrittsmöglichkeiten. Beispielsweise in Passau. Ich entwerfe hier ein Planspiel, anhand überlieferter Daten.
In Passau amtierte bis 1204 Bischof Wolfger. Zeitweise war er militärischer Verbündeter des Herzogs von Bayern, beispielsweise im Kampf gegen die Grafen von Bogen.

Wolfger stammte aus der Nähe von Vilshofen, aus einer bayrischen Adelsfamilie. Er wurde Probst in Zell am See, das heißt: Schirmherr und Verwalter. Erst vier Monate nach seiner Wahl zum Bischof wurde er zum Priester geweiht – ich verlasse mich hier auf die Angaben der *Allgemeinen Deutschen Biographie:* am 11. März 1191 zum Bischof gewählt, am 2. Juni zum Priester geweiht. Mich stört das nicht, ich bin mittlerweile daran gewöhnt, daß unser Abgrenzungs-Denken dem Mittelalter fremd ist. Wolfger war zum Zeitpunkt der Amtsübergabe ein Mann von fünfzig oder Mitte fünfzig. (Er wird, um das in dieser Skizze gleich vorwegzunehmen, im Jahre 1204 Patriarch von Aquileja, wird 1218 sterben.)

Im Jahr nach seiner Amtsübernahme wurde viel Seelsorge notwendig in seiner Diözese, der Krieg wurde auch auf Passauer Boden ausgetragen – weitflächige Verwüstungen. Wie fast alle Bischöfe seiner Zeit war Wolfger auch politisch tätig (wie wir heute sagen würden): entschiedene Stellungnahmen für König Philipp.

Wolfkerus dei gratia Patauiensis episcopus: er förderte offenbar die Literatur. Um 1200, so scheint festzustehen, ist das Nibelungenlied verfaßt worden, und zwar mit aller Wahrscheinlichkeit von einem Dichter, der zum Passauer Bischofshof gehörte: naheliegend, anzunehmen, daß Wolfger diese Arbeit unterstützte.

September 1203 bis Januar 1204 machte Wolfger eine Dienstreise, und hier wurde, in seiner Aufstellung der Reise-Auslagen, am 12. November die berühmte Eintragung gemacht: »apud Zei Walthero cantori de Vogelweide pro pellico V. sol. longos«. Also: bei Zeiselmauer an den Sänger von der Vogelweide fünf lange (oder große) Schillinge für einen Pelzrock. (Der Schilling war eine der Recheneinheiten des Mittelalters: ein Zwanzigstel der Silbermark. Fünf Zwanzigstel sind ein Viertel: demnach erhielt Walther Silbermünzen im Gesamtgewicht von etwa 60 Gramm.) Wohl kaum eine Honorargabe eines hohen Herrn hat so viel Beachtung und Beifall gefunden, denn endlich wurde mit dieser Zahlung einer der Dichter des 13. Jahrhunderts in einem Dokument genannt: die Zahlung wurde verbucht (einen Tag nach dem Fest des barmherzigen hl. Martin, der seinen Mantel mit einem Bettler teilt!), diese Buchung blieb erhalten. Hätte Bischof Wolfger nur auch Neidhart honoriert und dies so aufschreiben lassen, daß es von der Nachwelt aufgespürt werden konnte! Aber der Bischof hat es versäumt, in der Neidhart-Forschung eine wichtige Rolle zu spielen. Dennoch: ein Neidhart, der zu dieser Zeit als Dichter und Sänger unterwegs war, er dürfte bestimmt versucht haben, auch in der Bischofsresidenz Passau aufzutreten. In der ›Branche‹ wird bekannt gewesen sein, daß dieser hohe Herr ein offenes Ohr für Literatur und Musik hatte, daß er generös war.

Die Notiz über eine Zahlung an cantor Walther ist nicht der einzige überlieferte Beleg. Auf einer Italienreise hat Wolfger ebenfalls die Auslagen notieren lassen, auch die Sonderausgaben für Arme und für Künstler. Ich will hier nicht auf Details der Buchführung eingehen, ich fasse pauschal zusammen, was spezifiziert überliefert und detailliert untersucht ist. An Almosen gab er auf seiner Reise etwa zwei Mark aus – also etwa ein Pfund Feinsilber-Münzen. Für Arme und Alte war es knapp eine Mark, für Pilger eine drittel Mark, für arme Kleriker und »Luderpfaffen« mehr als eine Mark, für Vaganten und Scholaren fast vier Mark, für fahrende Künstler etwa drei Mark, also Silbermünzen im Gesamtgewicht von etwa anderthalb Pfund. Vielleicht war auch ein Teil des Geldes, das er für Vaganten und Scholaren ausgab, Honorierung künstlerischer Darbietungen – dann würde der Anteil dieser Ausgaben noch größer.

Solch ein Bischof war für Neidhart bestimmt eine der wichtigsten Adressen. Ob er beim ersten Mal ohne Einladung nach Passau reiste, um hier eine Auftrittsmöglichkeit zu finden? Um für diesen Auftritt das übliche Honorar-Geschenk zu erhalten?

Nach Lücken im Reiseprogramm des Passauer Bischofs suchend, kann ich (mit allem Vorbehalt und auf jederzeitigen Widerruf!) beispielsweise folgende Angebote machen: der Dichter und Sänger Neidhart könnte im Sommer 1203 am Passauer Bischofshof auftreten oder im Februar, März 1204. Dies sind Hypothesen, das muß ich betonen; in diesem Kapitel werden Möglichkeiten entworfen, keine biographischen Realitäten vorgetäuscht: kombinatorischer Umgang mit überlieferten Daten. Wir sehen auf diese Weise, wie es gewesen sein könnte, und das relativ deutlich.

Neidharts möglicher Auftritt in Passau – wo genau hätte der stattfinden können? Im Amts- und Wohnbau der Bischöfe. Schäffer: »Der Amtssitz der Passauer Bischöfe ging wohl im 10. Jahrhundert aus dem südlich des Domes gelegenen ›Königshof‹ hervor; 1188 wird die bischöfliche Residenz erstmals als ›palatium pataviense‹ erwähnt. Diese ›Bischofspfalz‹ liegt auf dem schmalen, steilabfallenden Geländestreifen zwischen Domhügel und Innufer; sie war befestigt.«

Wolfkerus dei gratia Patauiensis episcopus: er war mit seinem aktiven Interesse an Literatur keine Ausnahme, auch nicht in seiner Generosität gegenüber (guten) Spielleuten. Der Bischof von Würzburg soll sich sogar eigene Spielleute gehalten haben. Das wurde auch den Erzbischöfen von Mainz und von Köln nachgesagt. Akrobaten, Feuerschlucker, Messerwerfer am Hof eines hohen Geistlichen?

Ein gedrucktes Grußwort des heutigen Passauer Bischofs »an die Feriengäste in der Region Passau« lesend (»Welcher Bischof grüßt Sie hier, und warum tut er es?«), mache ich mir bewußt, wie sehr groß der Unterschied zwischen einem Bischof des 13. und einem Bischof des 20. Jahrhunderts ist. Hier ziehe ich nicht nur Rückschlüsse aus dem »Gruß des Bischofs« – ich habe einmal als Zuhörer an einem Symposion teilgenommen, auf dem ein Bischof mit Kirchenkünstlern diskutiert, nein: wohlwollend herablassend gesprochen hat. Heutige Bischöfe, so scheint mir, sind eher korrekte, unauffällige Herren, über die sich kaum etwas erzählen läßt. Hätten diese Bischöfe einen ihrer Vorgänger aus der Blütezeit christlicher Kultur agieren sehen, sie hätten sich wohl dreimal bekreuzigt. Diese Herren reisten mit großem und wohl auch buntem Troß; diese Herren legten sich, sobald es nötig wurde, sofort die Rüstung an und führten Krieg an der Spitze eigener Sold-Truppen; von diesen Herren wurde Sexualität nicht sorgsam kaschiert oder geschult sublimiert, sondern ausgelebt. Gewiß, es waren Geistliche, die das Treiben von Spielleuten anprangerten (dazu waren sie von ihrer Position aus verpflichtet), es waren aber auch geistliche Herren, die Spielleute in den Residenzen auftreten ließen (und damit ihren Herrenstatus betonten).

Nach diesen Zeilen habe ich mich fast an die Vorstellung gewöhnt, daß Neidhart vor diesem Bischof aufgetreten sein könnte. Und ich entwickle dieses Planspiel weiter: wenn dem Bischof der Auftritt des Sängers und Dichters gefallen hat, konnte er ihn weiterempfehlen. Bischof Wolfger ist auch unter diesem Aspekt ergiebig für das Planspiel, denn er verfügte über zahlreiche Beziehungen zu Herren in Österreich. Naheliegend beispielsweise diese Möglichkeit: daß Wolfger den cantor weiterempfahl an seinen Bruder, den Erzpriester von St. Pölten, dem Verwaltungssitz der Passauer Diözese in Niederösterreich. Und nicht weit hergeholt diese Möglichkeit: daß Wolfger den Dichter an prominente österreichische Teilnehmer des (bisher) letzten Kreuzzugs empfahl. Der Name des Passauer Bischofs wird vor allem kombiniert mit dem Namen des Herzogs Friedrich (I.) – ebenfalls ein Förderer von Literatur und Musik. Zwar ist Friedrich im Heiligen Land gestorben, offenbar mit dem Segen Wolfgers, die Beziehungen zu den Babenbergern aber werden lebendig geblieben sein. Lechner bezeichnet Wolfger denn auch als »Babenbergerfreund«. Nicht außerhalb des Denkbaren, daß Neidhart sogar dem österreichischen Landesherrn Leopold VI. empfohlen wurde, der vor allem in Klosterneuburg residierte – das ebenfalls zur Passauer Diözese gehörte, wie beinah das gesamte Österreich. Denn: Österreich war erst ab 1156 Herzogtum – vorher war es Teil von Bayern. Die Babenberger (und ihre Nachfolger, die Habsburger) werden versuchen, freizukommen von Passau, man möchte einen eigenen Bischof haben, in Wien, aber dagegen werden sich die Passauer Bischöfe der Reihe nach wehren, und so wird Österreich noch lange zur Passauer Diözese gehören.

Rückblickend und ausblickend: es war für einen Sänger mehr als wahrscheinlich, daß er sich an Bischof Wolfger zu Passau wendete, der nachweislich viel für Darbietungen reisender Künstler ausgegeben hat, und es war naheliegend, daß Neidhart von Passau aus donauabwärts reiste, zum Beispiel nach Klosterneuburg.

Wenn Neidhart meinem nachträglichen Vorschlag folgte, wird er auf dem Wasserweg gereist sein. Legte er vorher in einer Passauer Kirche ein Gelübde ab? Wie oft wurde berichtet von zerschellenden Flößen, von kenternden Schiffen! Katalogangaben zu Votivbildern resümieren hier sachlich: »Im Fluß zehn ertrinkende Frauen. Am Ufer ein Mann und drei Frauen.« Oder: »74 Personen ertranken im Inn, als sie sich auf einer Wallfahrt nach Passau befanden.« Ein Gebet also des Neidhart, ein Stoßgebet zumindest? Die Stromschnellen, die Sandbänke, die Flußfelsen, die Unwetter, die immer zu rasch hereinbrechende Finsternis...

Neidhart hätte bei Klosterneuburg die weit ausgefächerte, zahlreiche Inseln umschließende Donau gesehen, und sie floß, in ihrem schiffbaren Hauptarm, direkt an der kleinen Stadt vorbei; erst im 19. Jahrhundert wird die Fahrrinne weiter nach Osten verlegt, wird die Stadt durch den rund einen Kilometer breiten Streifen Auwald von der Donau getrennt: Augenschein führt nicht immer an damalige Realität heran...

Auf den beiden Hügeln die Niederstadt, die Oberstadt, und hier, im Stiftsareal, die Herzogs-Pfalz mit dem noch frischen Mauerwerk: Leopold machte ja, wie schon sein Urgroßvater, Klosterneuburg zu seiner Residenz, »baute den für die gesteigerten

Ansprüche zu bescheiden gewordenen Komplex prächtig aus«, schreibt Röhrig. Konnte hier der Saal sein für einen Auftritt des Sängers Neidhart?

Herzog Leopold VI., später der Glorreiche genannt, ist vor allem für die Walther-Forschung wichtig: der Herzog, um dessen Gunst, Neigung, Förderung sich Walther von der Vogelweide vergeblich bemühte. Offenbar mochte der Herzog Texte und Musik dieses Fahrenden nicht, da halfen keine Appelle, half auch nicht die (spätere) Attacke auf das Publikum eines Neidhart. Vielleicht fanden Neidharts Lieder beim jungen Herzog Leopold mehr Resonanz. Dieser Leopold war nicht nur passiver Zuhörer, er sang selber, an seinem Hof. Jedenfalls heißt es später, in der Totenklage des *Fürstenbuchs:*

> Wer singt uns künftig vor
> in Wien, in einem Chor,
> wie es dieser wackre Mann
> oft genug für uns getan?
> Wer führt den Reien künftig an
> im Frühling und im Herbst?

(Der »Reien« war eine der Spezialitäten Neidharts: ein Lied, zu dem im Kreis herum getanzt wurde. Dabei ging es offenbar nicht so niedlich zu wie im kindlichen Reigen; deshalb bleibe ich bei der alten Bezeichnung.)

Neidhart in Klosterneuburg und in Wien, vor Herzog Leopold und seinem Hofstaat: war er erfolgreich? Das hätte bedeuten können: er wurde in das Hofgefolge aufgenommen, für einige Zeit, erhielt Unterkunft, Verpflegung, bekam Honorar-Geschenke für weitere Aufritte. Oder: er wurde weiterempfohlen. Auch hier habe ich eine Möglichkeit für ihn aufgespürt: Herzog Leopold konnte Neidhart weiterempfehlen an seinen Onkel, Herzog Heinrich von Mödling (den Walther als Gastgeber, als Förderer, preisen wird). Diesen Herzog und seine Hofhaltung in der mächtigen Burg bei Mödling werde ich in einem späteren Kapitel skizzieren (132).

23 Neidhart, heute oft als Dichter des Donauraums bezeichnet, Neidhart, der wiederholt die Donau befahren haben wird, Neidhart, in dessen Bewußtsein die Donau eine wohl zentrale Bedeutung hatte – was wußte er, was wußte man zu seiner Zeit über die Donau? Dieser Fluß ist für uns Realität, die sich mit exakten Angaben beschreiben läßt: Quelle; Länge in Kilometern; Fließgeschwindigkeiten; Zustand des Wassers; Mündungsgebiet. Doch wenn ich versuchen würde, die Donau mit unseren Daten zu beschreiben, so gäbe ich ihr damit ein anderes Flußbett, weit entfernt von Neidharts Ufern. Gewiß, er sah, auf der Donau fahrend oder an der Donau entlangreitend, dieselben Hangkonturen, wie ich sie sehe auf einer Donaufahrt, aber damit nehmen Neidhart und ich nicht dasselbe wahr. So könnte dieses kleine Kapitel folgende Überschrift haben: Die Donau oder Zwei Realitäten eines Flusses.

Bei Hildegard von Bingen entdeckte ich in einer ihrer naturwissenschaftlichen Schriften folgende Charakterisierung: »Die Donau hat helles, rauhes Wasser und schönen, gesunden Sand.« Ein Satz, der sich von späteren Reisebeschreibungen übernehmen ließe, hätte übernehmen lassen, aber dann schreibt Hildegard, das Donauwasser tauge wegen seiner »Rauheit« nicht für Speise und Trank; die Fische der Donau seien gesund und »wegen des rauhen Wassers« auch haltbar, aber: das Donauwasser zerfresse die Därme, schwärze die Haut, ohne ihr damit zu schaden.

Hildegard von Bingen war eine der Leuchten der Wissenschaft im 12. Jahrhundert, das Wissen ihrer Zeit über Natur und Naturerscheinungen kompilierend, summierend, systematisierend. Damit schrieb sie fest, was auch zu Neidharts Zeit noch gültig war, als gültig angesehen wurde, vor allem, weil Hildegardis Bingensis als Autorität galt. Waren solche Aussagen über die Donau auch in Neidharts Bewußtsein gedrungen? Entsprachen sie allgemein verbreiteten Vorstellungen über die Donau? Und Neidhart wusch sich auf Reisen nur ungern mit Donauwasser, trank es nicht oder nur wenig oder nur in kleinen Schlucken, damit die Därme nicht zerfressen würden?

Hildegard von Bingen am Rhein – was hat sie über ihren Fluß geschrieben, den sie vom Kloster Rupertsberg herab täglich sah? Der Rhein, so lese ich, verläßt das Meer, und dies mit Ungestüm, deshalb »ist er scharf wie eine Lauge«. Wenn man ungekochtes Rheinwasser trinkt, so zehrt es die schädlichen Säfte im Menschen auf; findet dieses Wasser nichts vor, was es reinigen kann, so zehrt es »am gesunden Menschen selbst«. »Wenn man es sich beim Baden oder Waschen über das Gesicht gießt, bläht es das Fleisch auf, läßt es anschwellen, schwärzt und entstellt es. Auch Fleisch, das in ihm gekocht wird, schwärzt es und bläht es auf.« Mittelalterliche Science-fiction?

24 Vom Rhein zur Isar… In einem der Liedtexte, die unter Neidharts Namen überliefert sind, wird Landshut genannt: bei der Rückkehr von einem Kreuzzug wird ein Bote vorausgeschickt, er soll die baldige Ankunft melden, soll Grüße überbringen.

> Bote, sag der liebenswerten Frau:
> das Glücksrad dreht sich mir nach Wunsch!
> Richte du in Landshut aus:
> wir sind alle hochgestimmt
> und gesund.

Dankbar für die kleinsten Hinweise, nehme ich das Stichwort Landshut auf, versuche es einzuordnen in damalige Konstellationen, versuche – mit gebührender Vorsicht – Schlüsse zu ziehen. Landshut: ich werde diese Stadt im übernächsten Buchabschnitt skizzieren. Sie wird, so nehme ich voraus, zu einer der wichtigsten Residenzen des Herzogs. Zur Hauptstadt wird Landshut nicht, der Herzog wird weiterhin Hof halten in vielen Städten und Burgen seines Landes, aber Landshut gewinnt fast zentrale Bedeutung.
Wenn Neidhart seine Grüße in Landshut ausrichten läßt, so wird fingiert, daß sie einer oder seiner Frau gelten, denn: auch dieses Lied wird vor höfischem Publikum gesungen, vor höfischen Mitreisenden und nach der Rückkehr vielleicht noch einmal am Hof zu Landshut. So ist es nur scheinadressiert an die Frau – die wahre Anschrift der Botschaft ist der Hof. Hier ist die Anschrift seines potentiellen Dienstherrn, die Anschrift vielleicht auch seines Lehnsherrn. Ein Dienstmann, Lehnsmann Neidhart hingegen muß nicht unbedingt in Landshut wohnen. Es wäre aber zumindest praktisch, wenn er nicht allzu fern von dieser Residenz seines (potentiellen) Dienstherrn wohnte.
Von Landshut aus gesehen scheint es mir wahrhaft naheliegend,

daß Neidharts Reuental bei Wartenberg lag. Man schaue sich das mal auf einer Karte an! Wartenberg, südlich von Moosburg an der Isar, ist nur ungefähr zwei Dutzend Kilometer Luftlinie von Landshut entfernt. Selbst bei den damals krummen Wegen: ein routinierter Reiter konnte leicht an einem Tag von Landshut zu einem Reuental bei Wartenberg reiten und von diesem Reuental nach Landshut. Selbst für damalige Verhältnisse: Wartenberg lag ›vor der Türe‹ der neuen Residenz des Landesherrn.

Juristisch gesprochen ist dies freilich nicht einmal ein hauchdünner Beweis – es ist eine hauchdünne Hypothese. Aber es kommt noch ein Argument hinzu. Anspielungen auf Personen und Orte haben nur Sinn, wenn die Zuhörer amüsiert abschätzen können, was Realität ist und was Spiel. Nur so kann der Witz zünden. Das höfische bayrische Publikum, das ich hier voraussetze, das Hofgefolge des Herzogs kannte selbstverständlich Wartenberg. Hielt der Herzog dort Hof, so blieb man auch in dieser Burg für einige Zeit. Also kannte man auch ihr Umland, vor allem von Jagden her, mit und ohne Falken. So hatte man zumindest vage Vorstellungen vom Lehen Reuental auf Wittelsbacher Boden, im damaligen Streubesitz. Die (gut doppelt so weit entfernte) Region von Gesseltshausen dagegen gehörte zum Streubesitz des Klosters Tegernsee – dort hätte man Witze über ein Reuental bei Gesseltshausen eher verstanden als über ein Reuental bei Wartenberg. Vielleicht ist Neidhart auch mal im Kloster Tegernsee aufgetreten, aber am Hof des Landesfürsten könnten sich (zeitlich begrenzte?) Engagements ergeben haben.

25 Später, wenn Neidhart vorwiegend in Österreich lebt, wird er sich in seinen Liedern wiederholt an Herzog Friedrich von Babenberg wenden. Warum aber wird in der Neidhart-Überlieferung kein einziges Mal Herzog Ludwig erwähnt? Wollte der Herzog mit diesem Sänger aus dem Reuental eventuell doch nichts zu tun haben? Oder wollte er als Gastgeber, als Gönner, nicht genannt werden? Dies wäre höchst unwahrscheinlich.

Ich wage diese These: Herzog Ludwig könnte es seiner Gemahlin überlassen haben, Neidhart an den Hof zu rufen, ihn für seine Auftritte zu honorieren. Zumindest in Schwänken des Spätmittelalters wird Neidhart mit der Herzogin von Bayern zusammengeführt.

Beispielsweise im Hosen-Schwank. Der Sänger, der mit Neidhart identifiziert wird, kommt nach Nürnberg, staffiert sich mit neuen Beinlingen, also einer Hose aus, deren Preis er trickreich herunterhandelt; er wird danach von einem hohen Repräsentanten zur Burg des Landesherrn eingeladen.

> Ich ging hinauf zum Fürstensaal,
> der war ringsumher geschmückt.
> Ich stand und wartete ein wenig.
> Man lud die Damen dorthin ein –
>   sie sollten sich beeilen!
> Ich legte mir schon mal zurecht,
> wie ich vor den edlen Damen
> aufträt, höfisch im Betragen.
> Viele drängten sich heran,
>   wollten wissen, wer ich sei.
> Und schon kam die Herzogin
> mit ihren Damen, edlen Fräuleins,
> ihren vielen jungen Mädchen –
> alle wollten sie mich sehen.
> Es hieß: »Er weiß die Form zu wahren,
> so bleibe er bei uns am Hof!«
> Was ich selbst erbitten müßte,
> das erbaten sie von mir...

Am Ende des elf Strophen langen Liedtextes singt das lyrische Ich:

> Und Gott belohnte mich dafür,
> daß ich in meinem Herzen nie
> einen braven Mann gehaßt,
> bloß Tölpel, die es übertrieben,
> die mich schmählich angeschwärzt
> bei der Herzogin von Bayern
>   und die nur mein Schlimmstes wollten.

Im Veilchen-Schwank wird genauer erzählt, wie ein Bauer den Sänger anschmierte – ich werde diese Ballade später vorstellen. Hier nur drei Zeilen:

> Und die Herzogin von Bayern
> führte ich an meiner Hand;
> Pfeifen, Fiedeln, Flöten folgten.

Neidhart und die Herzogin von Bayern: ist diese Konstellation vom blauweißen Himmel heruntergeflunkert, oder ist dies über einen längeren Zeitraum hinweg mündlich überliefert worden: Neidharts Gönnerin war die Herzogin von Bayern?

Ludmilla von Böhmen wäre nicht die erste Frau am Wittelsbacher Hof, die Literatur förderte. Ich habe schon berichtet, daß Agnes, die Mutter des Herzogs, an Literatur interessiert war, und dies aktiv. Und wie sie damit wiederum dem Vorbild ihrer Mutter folgte. Warum sollte sich nicht auch die Gemahlin des Herzogs Ludwig für Literatur und Musik interessieren, und sie förderte Künstler? Joachim Bumke hat die Rolle der fürstlichen Gönnerin beschrieben in seinen Büchern *Mäzene im Mittelalter* und *Höfisches Leben*. Ich brauche hier im einzelnen nicht zu rekapitulieren, ich hebe nur eins der Beispiele hervor: die Nachfolgerin unserer Herzogin (Agnes von Braunschweig), Gemahlin des Fürsten Otto II. von Wittelsbach (des Sohnes also von Ludwig), sie wird, gemeinsam mit ihrem Mann, dem Dichter Reinbot von Durne den Auftrag erteilen, einen Heiligen Georg zu verfassen.

> Er und seine edle Gattin,
> Fürstin aus dem hohen Adel,
> beide sagten sie zu mir:
> »Reinbot, dichte nun ein Buch!«

Mäzene und Gönnerinnen werden eher bei epischen als bei lyrischen Werken genannt: bei höfischen Epen und Romanen der Volkssprache war kontinuierliche oder zumindest längerfristige Unterstützung notwendig, vor allem mußte ein Schreiber gestellt, mußte das teure Pergament gestiftet werden. Bei einem Liederdichter, Liederkomponisten, war der Aufwand geringer, punktueller, mußte vielleicht auch nicht so hervorgehoben werden. Vor allem: es könnte gegen höfische Gebote verstoßen haben, wenn ein Liedersänger eine Fürstin anbettelte, öffentlich.

»Und die Herzogin von Bayern«: ja, vielleicht war sie es, die Neidhart einlud in Burgen, Residenzen, in denen ihr Mann jeweils Hof hielt, durch sein Land ziehend in einer sehr unruhigen Zeit oft kriegerischer Auseinandersetzungen. In Landshut hielt er öfter Hof als in anderen Orten. Und so setze ich mit dieser Stadt einen topographischen Fixpunkt auch in der Rekonstruktion der Biographie des Neidhart von Reuental.

26 Im Jahre 1204, so berichtet Abt Hermann von Niederaltaich, gründete »Ludwicus dux Bawariae« Burg und Stadt Landshut, »castrum et oppidum in Lantshut«. Freilich, eine Neugründung war dies nicht, sondern eine Wiedergründung. In Schenkungsbüchern des Hochstiftes Freising werden bereits im 12. Jahrhundert Männer und Frauen »de Landeshute« genannt. Dieses Landshut (oder wie der bayrische Chronist Johannes Aventinus schreibt: »Wehr, Schutz und Hut des Landes«) war damals schon eine Siedlung mit einer Burg auf dem heutigen Stadtberg. Aber es war, wie im 12. Jahrhundert vielfach noch üblich, eine Burg aus Holz, mit Balken-Palisaden statt einer Umfassungsmauer. Herzog Ludwig ersetzte sie durch eine gemauerte Burg, machte aus dem Burgflecken eine befestigte Stadt.

Interessant ist in diesem Zusammenhang Aventins Hinweis: »Es pautens im die Juden auf.« Das heißt: vor allem Juden finanzierten den Bau von Burg und Stadt; dafür werden sie Wohnprivilegien erhalten haben: »die setzt er auch da drein«.

Die neue Burg des Herzogs Ludwig hieß damals Landshut wie die Stadt; erst viel später wurde der Name allein auf die Stadt bezogen, und die Burg nannte man Trausnitz.

Die Stadtfestung sollte vor allem den Isar-Übergang sichern; hier trafen sich drei Straßen, die Römerstraßen folgten: eine Nord-Süd-Strecke, eine Ost-West-Strecke und eine Nordwest-Südost-Verbindung. Die Bedeutung dieses Flußübergangs sollte noch verstärkt werden: dazu mußte Ludwig einen anderen Übergang, der Regensburg gehörte, durch eine Militäraktion sperren. Die »neue Straßenführung« brachte der Stadt vor allem Zolleinnahmen, dies besonders im Salzhandel – die Nord-Süd-Verbindung wird als »Salzstraße« bezeichnet.

Es ist nicht mehr zu klären, wie schnell Ludwig mit dem Bau von Burg und Stadt vorankam, aber das Tempo muß groß gewesen sein, denn schon ab 1205 sind für Landshut Ministeriale dokumentiert – die Verwaltung funktionierte also bereits. Und das wiederum hieß: hier war Publikum für Neidhart. Zu dieser Zeit standen mit Sicherheit der Bergfried, der Palas, die Kapelle und der Trakt für das Gefolge; dies alles »unter einem von Westen nach Osten verlaufenden Satteldach«. Unter diesem Satteldach wird auch Neidhart aufgetreten sein, mehrfach.

27 Ich besteige den Burgberg, beschaue mir Landshut vom »Schanzl« aus, mache mir das Bild dieser Stadt deutlicher auf dem »zerlernten« Stadtplan, den ich im Hotel auslieh, weil die Geschäfte geschlossen sind: die Strömungsform, Fischform der Insel zwischen der Großen und der Kleinen Isar, Ritterwöhr; draußen die Stadtwucherungen des Industriegebiets Nord, der Bayerwaldsiedlung, der St.-Wolfgang-Siedlung, des Gewerbegebietes West, aber von diesen Neubauflächen kann ich absehen in meiner Rekonstruktion, die Stadt des Herzogs Ludwig und, wahrscheinlich, des Sängers Neidhart hat sich am Fuß des Burgbergs zusammengedrängt, von Mauern umgeben, die auch vor Hochwasser schützen sollten. So war die Insel zu jener Zeit wohl kaum bebaut, und sie hatte bestimmt noch nicht so klare, weil befestigte Konturen, war weithin von Auwald, Gestrüpp bewachsen. Die Diagonalachse dieser Stadt wird es zu Neidharts Zeit schon gegeben haben, der heutige Verlauf des Straßenzuges »Altstadt«; vielleicht gab es auch schon den parallelen Straßenzug, der heute »Neustadt« heißt, aber sichtlich Altstadt ist. Durch die Stadtachse ritten und gingen alle Reisenden, wurden die Waren transportiert, auch die Salzsäcke. Und die Burg, das sehe ich jetzt, liegt über der Enge zwischen Berg und Fluß, kann von hier aus behüten und bedrohen.

Die Burg Trausnitz: ich suche hier nach Markierungen aus der Zeit, in der Ludwig die Burg erbaute, in der Neidhart in dieser Burg aufgetreten sein könnte. Unübersehbare Zeichen: der mächtige Turm des Bergfrieds, heute Wittelsbacher Turm genannt: das Mauerwerk noch aus der Gründungszeit, die Dachhaube und andere Zutaten später. In der Burg muß ich freilich angestrengt Ausschau halten nach Bausubstanz, nach Bauformen aus Neidharts Zeit. Beispielsweise in der Neuen Dürnitz, im Saal also, der im 15. Jahrhundert für größere Versammlungen gebaut wurde: »drei der Umfassungswände gehören dem 13. Jahrhundert«, lese ich, höre ich, das glaube ich auch zu sehen. Und nebenan die Burgkapelle St. Georg: »errichtet in der ersten Hälfte des 13. Jahrhunderts, als zweigeschossiger, flach gedeckter Raumkubus«. Viele Veränderungen in späteren Jahrhunderten, aber: diese Mauern könnten Neidhart umgeben haben.

Auch in der Stadt halte ich Ausschau nach Zeitmarkierungen. Fast alle Bausubstanz aus Neidharts Zeit ist ummauert, überputzt, übermalt. Die Kirche St. Martin: sie hat so deutlich in Neidharts Landshut noch nicht dominiert. Zu seiner Zeit stand an dieser

Stelle eine erheblich kleinere Kirche. Bei der Sanierung der Fundamente von St. Martin wurden 1980 Teile dieser früheren Kirche
freigelegt: die sogenannte Unterkirche. Auf eiserner Wendeltreppe steige ich hinunter zur Bau-Ebene, Zeit-Ebene dieser romanischen Kirche, sehe, von einem Gitter zurückgehalten, in
dämmrigem Kellerraum das Westportal des romanischen Früh-
baus, sehe damit ein Portal, das vielleicht auch Neidhart durch-
schritten hat. Ich mache die Pupillen so weit auf wie möglich, doch
das Licht hier unten reicht nicht aus, um Details sichtbar zu machen. Zwar sehe ich Spotlights, finde aber keinen Schalter. Drei
Meter über mir die Ebene der Martinskirche: Zeitdistanz wird
sichtbar.

28 Wissen wollen, wie es gewesen ist, sogar wissen wollen,
wie es ›wirklich‹ gewesen ist: hier erhalte ich in Landshut
eine Lektion.
In den nachgebauten Räumen der Trausnitz, die beim großen
Brand von 1961 Decken wie Böden verloren, sind als Leihgaben
elf große Gobelins aufgehängt, 1618 in Paris vollendet. Auf jedem
Gobelin die lateinische (abgekürzte) Überschrift: Otto der
Große, Pfalzgraf, Wittelsbacher, Herzog der Bayern. Riesige Hi-
storiengemälde in Stoff. Und auf den zahlreichen Quadratmetern
nicht der geringste Ansatz, den Vater des Herzogs Ludwig so darzustellen, wie er ausgesehen haben könnte, und vor allem: wie er
und seine Zeitgenossen im zwölften Jahrhundert wahrscheinlich
gekleidet waren. Völlig selbstverständlich tragen alle Personen der
historisch-dramatischen Szenenfolge des Gobelintheaters Kostüme des 17. Jahrhunderts. Die gleiche Selbstverständlichkeit,
mit der zu Neidharts Zeit Figuren der Römerzeit Kleider und Rüstungen des 13. Jahrhunderts auf den Leib gemalt wurden. Und
auf meine Zeit übertragen: als wäre es selbstverständlich, Herzog
Otto im grauen oder graublauen oder blauen Anzug des Politik-
Managements darzustellen, mit eleganter Krawatte, mit der Bril-
lenform der Saison, mit dem Haarschnitt, der in der Zeit des Malers bei Mitgliedern der Führungsschicht üblich ist.
Personen der Vergangenheit als Zeitgenossen?! Würde ich den
Stiftern, den Auftraggebern der Wirkteppiche nachträglich diese
Frage stellen, sie könnten mich nicht verstehen. Maximilian und
seine Gemahlin Elisabeth würden mich vielleicht nur fragen, ob

mir die Gobelins denn nicht gefielen?! Und sie würden mich auf
die sehr schön wiedergegebenen Kostüme hinweisen. Ich müßte
hartnäckig einwenden, dies seien nicht Kostüme des ausgehenden
zwölften und beginnenden dreizehnten Jahrhunderts, und das
heiße: man versuche, mit solcher Kostümierung aus Personen der
Vergangenheit Personen der Gegenwart zu machen, der Gegenwart hier des 17. Jahrhunderts. Damit werde Betrachtern der
Wirkteppiche die Schlußfolgerung suggeriert: dies, auch dies seien
›Menschen wie wir‹. Und das hohe Paar? Es könnte mich fragen:
Ja, sind die Menschen der Vergangenheit nicht tatsächlich so gewesen wie wir? Haben nicht auch sie gezittert, wenn sie Angst hatten? Haben nicht auch sie geschwitzt, wenn ihnen heiß war?
Haben nicht auch sie gelacht, wenn sie fröhlich waren? Haben
nicht auch sie zugegriffen, wenn sie hungrig waren? Haben nicht
auch sie sich vergnügt, beispielsweise beim Tanzen? Hatten nicht
auch sie Freude an der Musik? Äußerstenfalls könnte mir Maximilian huldvoll zugestehen: diese Menschen haben andere Speisen
gegessen, andere Getränke getrunken, andere Lieder gesungen,
andere Schrittfolgen getanzt, aber die Entsprechungen überwie-
gen – warum für die Vorfahren also nicht Kostüme weben, wie wir
sie tragen? Und wenn ich insistierte: Euer Gnaden, diese Menschen haben ganz anders gedacht, haben ganz anders gefühlt, so
wird er mit weiter Geste auf die elf Teppiche dieser Bildfolge über
das Leben des Herzogs Otto hinweisen.

29 Chorruine Heisterbach: sie sieht aus wie eine riesige, ins
Grün gesteckte, verkrustete Muschelhälfte, dem Besucher,
der vom Kloster her auf sie zuschreitet, die Innenhöhlung zei-
gend: sieben Maueröffnungen mit romanischen Säulen; der Chorumgang mit Außennischen; sieben Fenster im Gewölbe. Vor
dieser Chorruine stehend, schließe ich die Augen und sehe in einer
der Nischen, die für andere Besucher, Betrachter hinter der inneren Chormauer verborgen sind, einen Beichtstuhl, schrankför-
mig, aus dunklem Eichenholz – als wäre er dorthin gezaubert
worden, beispielsweise von Albertus Magnus, den Mitwelt und
Nachwelt zum Magier stilisierten. Ich gehe auf diesen Beichtstuhl
zu mit weiterhin geschlossenen Augen, weil ich mein Ziel sonst
nicht finde, und ich knie, die Augen öffnend, am Beichtstuhl nieder, habe ein Quadrat gekreuzter Holzleisten vor mir, ohne in die-

sem fast völlig finsteren Gehäuse die mögliche Präsenz eines Mannes, und ich weiß: das könnte nur er sein, Caesarius von Heisterbach. Ich begrüße den Mönch, den Novizenmeister – im Beichtstuhl Totenstille. Ich wiederhole den Gruß, aber die Antwort läßt auf sich warten. Soll ich Albertus Magnus als Nothelfer anrufen? Minuten vergehen, viele Minuten, aber für ihn, der im Gehäuse sein könnte, wäre diese Zeit nur ein Lidschlag. Ja, Zeit wäre für ihn vielleicht nicht einmal mehr Bewegung, Zeit könnte sich in seinem Bewußtsein bereits kristallisiert haben, der große Zeitkristall schließt ihn womöglich ein. Ich überlege, ob ich zur Eröffnung des Gesprächs die Frage stellen soll, die in diesem Kloster formuliert und aus ihm herausgetragen worden ist, in der Überlieferung der Sage vom Heisterbacher Mönch, eine Frage, die ich neu formuliert habe und nun in den Klosterbereich zurückbringe, eine Frage, die mich geleitet hat, die mich begleitet, die mich begleiten wird: »Was ist ein Jahrhundert, was ist ein Jahrtausend, was ist Zeit, das Vergehen von Zeit?« Soll ich diese Frage aussprechen, in diesem Chorumgang, flüsterleise? Aber könnte sich der Zeitabstand zwischen Frage und Antwort nicht ins Unermeßliche ausdehnen? Und seinem Zeitkristall wachsen weitere Kristalle hinzu, konzentrisch-polygonal? Und meine Zeit ein immer nervöseres Schwingen, ja Vibrieren?

Ich setze mich auf das Kniebrett des Beichtstuhls, lehne mich ans Holz. Nein, ich stelle hier diese Frage nicht, sie würde zuviel Zeit verschlingen in einer Antwort, mit der er sich Zeit ließe, ich möchte viel lieber gleich über Neidhart mit ihm sprechen, denn: Caesarius ist nicht nur sein Zeitgenosse gewesen, sondern, um 1180 geboren, auch ein Altersgenosse. Und so mache ich gleich meinen Vorschlag: Caesarius möge, zusätzlich zu den 36 in seiner Epistola catalogica registrierten Werken, ein weiteres, siebenunddreißigstes schreiben, eine Vita, eine Biographie des Dichters, Komponisten, Sängers Neidhart, der aus einem konkreten Reuental, zugleich aus einem symbolischen Jammertal stammt – und sei das nicht eine für das Denken und Empfinden seiner, Caesarii, Zeit bezeichnende Überlagerung der Bedeutungsebenen? Flüsternd, dabei etwas heiser, füge ich hinzu: es gebe wahrhaftig genug Gründe, Motive, auch einmal den Weg eines Dichters und Komponisten zu beschreiben, der am Schluß seines Lebens eine große, noch immer ergreifende Abschiedsklage an Frau Welt angestimmt und damit eine für seine, für jene Zeit typische Entwicklung genommen habe. Diese Entwicklung würde am besten aus

seiner – Caesarii vel Nithardi – Zeit heraus beschrieben, mit der
für den gemeinsamen Zeitraum typischen Auswahl von Daten
und Fakten, mit den für seine Zeit typischen Akzentuierungen, in
der für seine Zeit typischen Chronistensprache. Und ich
schweige. Nach vielen angestrengt verlangsamten Atemzügen
höre ich, mein linkes Ohr ans Eichenholz legend, ein leises Knak-
ken, und es scheinen sich erste Sprechgeräusche zu entwickeln,
Wortklänge, ferne, fremde Wortklänge, aber die Lautgebilde gewinnen rasch an Konturen, und Caesarius spricht in einer fast tonlosen, somit alterslos klingenden Stimme ein »Absolvo te« zu
meinen Verstößen gegen Logik und Chronologie, fragt darauf,
wer dieser Neidhart gewesen sei, hier in Heisterbach habe man nie
von ihm gehört. Ich flüstere die paar Sätze, auf die sich meine Ver-
mutungen, Rückschlüsse, Analogieschlüsse unter dem Druck der
übergroßen Zeitsäule komprimieren. Und schweige.
Die Vita eines Dichters, Musikers, Sängers?! fragt er nach einigen
Minuten, die für ihn wohl nur Sekunden, Bruchteile von Sekunden sind – da sei er gewiß nicht der rechte! Er habe beispielsweise
in einem Brief an den Kölner Erzbischof Heinrich darauf hingewiesen, daß sich mit seinem geistlichen Stand nicht das Streben
vereinbaren lasse, nach Wortschmuck zu suchen oder Sätze mit
rhetorischen Stilfiguren zu verbrämen – dies sei etwas für Gelehrte, die nur reden würden, um ihr Wissen zur Schau zu stellen,
statt sittlich zu erbauen. Ja, wörtlich habe er dem Erzbischof das
so geschrieben im Geleitbrief seiner Engelbert-Vita. Und im Prolog seiner Vita der heiligen Elisabeth von Thüringen habe er kon-
statiert, es würde diese Heilige sicherlich mehr erfreuen, wenn ihr
Leben in schlichtem Stil dargestellt würde, als wenn man die Schil-
derung mit rhetorischen Blumen ausschmücke. Ihm habe stets
vorgeschwebt, und das lasse sich an seinen Büchern und Schriften
gewiß ablesen, eine Vita in einfachem, schmucklosem Stil darzustellen und den Text eher mit Zeugnissen der Heiligen Schrift als
mit philosophischen Aussprüchen anzureichern. Unter diesen
Prämissen sei er gewiß der falscheste, weil unfähigste aller in Frage
kommenden Biographen eines Dichters und Musikers.
Non consentio, sage ich, und weiß, daß ich ihn mit dieser Formel
zu geschärfter Aufmerksamkeit zwinge, denn nun könnte eine
disputatio entstehen. Da ist ein unüberhörbares Knacken im
Holz, als rücke er sich zurecht oder beuge sich vor. Niemand er-
warte, sage ich, daß der Biograph eines Dichters im gleichen Stile
schreibe wie der Dichter, daß sich hier eine Art nachträglicher

Wettbewerb entwickle in poetischen Formulierungen, vielmehr sei ich der Auffassung, die Sprache des Biographen und die Sprache des Dichters (oder der Texte des Dichters, die er in seine Biographie aufnehme) müßten sich deutlich unterscheiden, denn schließlich gehe es nicht um ein Anverwandeln, um ein sprachliches Identifizieren, als teile man Gedanken und Gefühle, als trage man die gleichen Kleider, als sei der andere letztlich wie man selber – vielmehr, betone ich, müsse sich die auch kritische Distanz am unterschiedlichen Sprachduktus ablesen lassen. Selbstverständlich, so füge ich hinzu, hätte ich seinen biographischen Bericht über den Kölner Erzbischof Engelbert gelesen; verschiedene Kapitel hätten mich, um das offen zu sagen, völlig kalt gelassen, beispielsweise das über die 76 Wunder des späteren heiligen Engelbert (unter anderem an einer Frau aus Nideggen, meinem jetzigen zweiten Wohnort), aber: seine genaue, konkrete, dichte, ja intensive Beschreibung der Ermordung des Erzbischofs im Hohlweg bei Grevensberg habe mich davon überzeugt, daß er, Caesarius, auch der rechte Biograph sei für einen Neidhart von Reuental. Er zeige den notwendigen Sinn für das Detail, versuche aber auch, größere Koordinaten anzudeuten, beispielsweise am Ende des 16. Kapitels. Und ich ziehe unauffällig einen Merkzettel aus der Hosentasche, lese vor: »Gestorben ist der heilige Märtyrer im Jahr der Gnade 1225, im zehnten Jahr seines Pontifikats, unter der Regierung des Papstes Honorius III. und Kaiser Friedrichs II., als unser Herr Jesus Christus über Himmel und Erde regierte, der mit dem Vater und dem Heiligen Geist lebt und bis in alle Ewigkeit herrscht. Amen.«

Dieses Amen zitiere ich, als wäre damit beschlossen und verkündet, daß er posthum auch die Vita eines Mannes schreibt, der gewiß nicht zu den Heiligen gezählt werden kann, nicht einmal zu den Seligen, aber: sieht Caesarius als Mann der Kirche nicht alle und alles, omnes et omnia, eingeschlossen in die göttliche Ordnung der Welt? Caesarius schweigt, minutenlang. Was sind Minuten für ihn, was Stunden, Tage, Wochen, Monate, Jahre? Was ist für ihn Zeit, Vergehen von Zeit? Denkt auch er darüber nach? Wächst mit solchen Gedanken die Distanz zu meinem Vorschlag?

Caesarius bittet mich schließlich, ihm eins der Lieder Neidharts vorzustellen. Ich knie mich wieder aufs Brett, singe zu den gekreuzten Holzleisten halblaut ein Frühlingslied, an diesem Nachmittag des beginnenden Juni, der ein verspäteter Frühling ist: eine

Mutter und eine Tochter streiten sich eifersüchtig, und im Hintergrund er, der Ritter von Reuental.

Wieder langes Schweigen im Holzgehäuse. Angenommen, sagt Caesarius, solch eine Neidhart-Vita werde von ihm geschrieben, gegen alle Gesetze der Logik und Chronologie – wie stellte ich mir denn die Übermittlung der Handschrift vor?

Dazu kann ich ihm einen Vorschlag machen: er müsse die Handschrift hier im Chor verstecken, und zwar so, daß ich sie ein dreiviertel Jahrtausend später finden und der erstaunten Fachwelt, der literarisch und historisch interessierten Öffentlichkeit präsentieren kann. Es wäre für mich ein leichtes, ein völlig sicheres Versteck für seine Handschrift zu finden, weil ich ja wisse, durch Augenschein, was von dieser Klosteranlage in der Zwischenzeit vernichtet sein werde und welche Bausubstanz erhalten bleibe. Quid? fragt Caesarius, und scheint sich wieder vorzubeugen. Aber da muß ich ihn enttäuschen: die Geschichte, auch Baugeschichte, beziehungsweise Abbruchgeschichte dieses Klosters könne, beziehungsweise wolle ich hier nicht einmal in kurzgefaßtem Überblick wiedergeben, ich könne nur pauschal bemerken, daß das Klostergebäude, in dem er, umgeben von diesen immer noch grünen Hügeln, geschrieben habe, nicht erhalten geblieben sei, daß dort nun andere Gebäude ständen und daß die Kirche verfallen werde, zerstört, abgerissen, abgetragen bis auf diesen Chorraum: der bleibe als Baumasse erhalten. Insofern sei hier Verstecken möglich.

Ich hätte mir, sage ich, auch schon eine Stelle ausgesucht, hier im Chorumgang, und zwar in einer der mittleren Nischen, in einer Höhe, in der niemand während der Jahrhunderte im Vorbeigehen das Gemäuer abklopfe in der Hoffnung auf einen Klosterschatz. Um ihm zu bestätigen, daß er nicht umsonst arbeiten wird, gearbeitet haben wird oder gearbeitet haben würde, mache ich gleich meinen Vorschlag zu den Modalitäten der Übernahme seiner Biographie: Ende Mai 1986, sage ich, wird dieser Chor von einem Bauzaun, beziehungsweise durch eine Drahtgitter-Absperrung getrennt werden vom Klosterbereich, und es wird in diesem Chorumgang ein Stahlgerüst stehen: im Rahmen einer ABM (Arbeitsbeschaffungsmaßnahme) wird, im Auftrag der Genossenschaft der Cellitinnen, denen zu diesem Zeitpunkt das Kloster mit dem Altersheim gehört, eine »Sicherung und Instandsetzung« der Chorruine stattfinden, und ich werde mir eine Lücke in dieser Absperrung verschaffen, werde, geschützt durch diesen Bauzaun, vielleicht auch zusätzlich durch einen Regenvorhang, in den

Chorumgang gehen, in dem ich mit ihm spreche, werde auf das Stahlrohrgerüst steigen, werde den verabredeten Stein lösen, den Packen herausholen.

Ich lausche mit angehaltenem Atem, beschleunigtem Herzschlag, höre endlich einen Seufzer, dann ein Geräusch, das sich als halblautes Auflachen deuten läßt. Mein Sohn, sagte er schließlich, schweigt wieder, setzt neu an: Ach, mein linksrheinischer Sohn, und er sagt das mit einem nur für Linksrheinische, für Kölner faßbaren Hintergedanken, fügt dann gleichsam offiziell im Vokativ hinzu: Amice Coloniae Agrippinensis, scheint sich damit in Positur zu rücken, braucht noch kurze Zeit, um diesen für ihn wohl überraschenden, befremdlichen Vorschlag zu überdenken, erteilt mir seine Antwort: Wenn ich eine auch nur vage Vorstellung von seinem Werk hätte, so müßte mir eigentlich bewußt sein, zumindest als ferne Ahnung, daß er meine Bitte nicht erfüllen könne. Im äußeren Ablauf sei sie gewiß erfüllbar; als rheinischer Mönch, wie auch ich in Köln geboren, hätte er Verständnis für die von mir vorgeschlagene Methode der materiellen translatio oder translocatio oder eher: transtemporatio, und in concreto sei es durchaus denkbar, solch eine Vita zu verfassen: er, der er schon seit längerem keine Reise mehr gemacht habe – nach den verschiedenen Visitationsreisen, auf denen er die Äbte Gevard und Heinrich begleitet hatte, in die Eifel und ins Moselland, selbst, wie er sich zu erinnern glaube, in die Niederlande – nach einer längeren Zeit also, in der er ausschließlich hier im Kloster geblieben sei, könnte er von seinem Prior gewiß die Erlaubnis erhalten für eine Reise ins Bayerische und Österreichische, eine Reise, auf der er vorwiegend in Klöstern übernachten würde, um bei diesen Gelegenheiten jeweils die Bibliotheken und Skriptorien zu besuchen, bis er dann schließlich in den Bereichen von Landshut und Wien Nachrichten sammle über Neidhart, wobei sich auch eine Begegnung mit ihm ergeben könnte, bei der er ihm direkte Fragen stellen würde zu Zeit und Ort der Geburt, zur Schulbildung, zur Frage ministerialis vel miles, zur ersten Begegnung mit Literatur, zu ersten Kontakten mit geistlichen und weltlichen Herren, die ihn förderten, et cetera, et cetera, jedoch, fügt er nach einem weiteren Seufzer hinzu, so scheinbar nah dieser Vorschlag bei seiner Realisierung liege, so fern liege eben diese Realisierung, wenn man das Problem aus übergeordneter Perspektive betrachte, ja, um gleich diese entscheidende Dimension einzubeziehen: sub specie aeternitatis.

Und wieder ein leises Knacken im Holz. Caesarius fordert mich auf, ich solle mir bewußt machen, daß eine Biographie über einen Dichter und Musiker a priori nicht möglich sei, ja eine contradictio in adjecto darstelle. Denn Biographien würden in dieser Zeit allein über Heilige und Helden geschrieben, über Helden im Rang von Königen und Kaisern, oder eben, wie im Falle Engelbert, über bedeutende Männer der Kirche, über Märtyrer, denn, so fügt er hinzu, eine Biographie werde in der Regel nur dann verfaßt, wenn ein Leben der Verehrung und Nachahmung würdig sei, und dies sei bei jenem Neidhart aus dem sprichwörtlichen Jammertal wohl kaum der Fall, trotz seiner späten Einsicht in die Nichtigkeit dessen, was er getan habe, in die vanitas der Welt überhaupt. Dieser Neidhart gehöre letztlich zu den Fahrenden, deren Treiben von der Kirche mit begründeter Sorge, mit berechtigten Anlässen zur Kritik beobachtet werde. Biographien aber seien, um das noch deutlicher herauszustellen, zugleich Hagiographien, und zu einer Hagiographie gebe Neidhart, nach dem, was ich ihm angedeutet und vorgesungen hätte, nicht ein einziges Stichwort, es sei denn, er werde ermordet, lege mit diesem Tod christliches Zeugnis ab. Dies könne und dürfe aber wohl kaum der Preis für die von mir gewünschte Biographie sein. Und er schweigt kurz, ich höre Vögel tschilpen, für die ich jetzt nur ein halbes Ohr habe. Er und ich, so sagt er nun, hätten offenbar völlig verschiedene Vorstellungen von der Welt und ihrer Ordnung. Da ich mich an ihn als den Chronisten, Biographen, Wissenschaftler wende, dürfe er mir auch einen Hinweis geben auf eine wissenschaftliche Publikation: ich sollte, nach meiner reuevollen Rückkehr, das Stichwort »Biographie« aufschlagen im *Lexikon des Mittelalters,* sollte diesen Artikel aufmerksam lesen. Demnach, und das könne er nur vorbehaltlos aufgreifen, gehe es in einer Biographie, wie sie im dritten Jahrzehnt des dreizehnten Jahrhunderts beispielsweise hier in Heisterbach geschrieben werden könnte, einerseits darum, den Ablauf eines Lebens in vielen Einzelheiten zu schildern, etwa nach dem Vorbild der großen Biographie, die Einhart über Karl den Großen geschrieben habe, und in der, um nur ein Beispiel zu nennen, selbst die große Zahl der Frauen aufgeführt wurde, die Karl nacheinander, in oft rascher Folge, geheiratet und verstoßen habe, wozu noch eine große Zahl von Konkubinaten gekommen sei – es gehe also, wie gesagt, darum, ein Leben in seinen Einzelheiten zu schildern; wichtiger, wesentlicher sei es jedoch, die eigentliche Wirklichkeit hinter diesem Geschehen zu schildern, das heiße: die metaphysischen, die theologischen Sinnfiguren in der geschilderten Figur aufleuchten, gleichsam durchscheinen zu lassen, und das bedeute wiederum: das Biographische und das Theologische zu verschmelzen, denn erst in diesem Fall entstehe eine Vita, wie sie den überlieferten Vorbildern entspreche, wie sie ihrerseits Vorbild für Chronisten werden könne. Es sei dies ein Vorgang, der sich in etwa mit dem Verschmelzen verschiedener Materialien zum Email vergleichen ließe. Dazu würden bei Neidhart aber die materiellen Voraussetzungen fehlen, denn Neidhart habe bisher – und gedenke das bis zu seinem Tode sicherlich weiter so zu halten – ein Leben geführt, in dem keine metaphysische Sinnfigur aufleuchte.

Ich seufze. Caesarius schweigt minutenlang, lidschlagkurz. Fragt dann, und das klingt schon ein wenig entgegenkommender, ob ich nicht wenigstens eine Möglichkeit sähe, Neidhart in Beziehung, in relatio, zu setzen zu einem lateinischen Dichter? Ob man aus seinen Liedtexten nicht Resonanzen heraushören könne von Gedichten, die ein poeta mehrere Jahrhunderte, ja vielleicht sogar ein Jahrtausend vor ihm verfaßt habe? Nur, wenn man Neidhart ein römisches Kostüm anlegen könnte, wäre es sinnvoll, über ihn zu schreiben. Ähnlich sei es ja bei Königen und Kaisern: sie stellten sich dar, würden deshalb auch dargestellt als neue Caesaren; ein Kaiser Friedrich, zum Beispiel, sei zugleich Fredericus augustus oder Fredericus imperator, und was er tue, entspreche damit den Taten eines römischen Herrschers, und die Taten, die gesta eines römischen Herrschers seien damit wiederum gegenwärtig in den Taten eines Friedrich, der den Lorbeerkranz und die Strahlenkrone trage und einen Caesarenmantel, der mit Feinden kämpfe, die sich auf den ersten Blick mit den Feinden eines römischen Imperators vergleichen ließen, der prächtige Gebäude errichte, wie sie bereits römische Imperatoren errichteten, beide mit den gleichen Materialien bauend in einer Simultaneität des Vergangenen und des Gegenwärtigen. Wenn es also eine Entsprechung gäbe zu solchen Entsprechungen, wenn er mit Neidhart zugleich einen römischen Dichter Scilicet darstellen könnte, wenn er damit aus der Darstellung eines glanzlosen Neidhart die Präsentation eines glanzvollen Nithardus machen könnte, so wäre unter zahlreichen Umständen ein Interesse in ihm zu wecken für eine Nithardus-Vita, in der er dem Dichter die römische Toga umlege, den römischen Lorbeer aufs Haupt setze, ihn auf einen römischen Sockel stelle. Voraussetzung dazu sei aber, daß seine volkssprachlichen Liedtexte zumindest einen lateinischen Kern besäßen, nucleum latinum. Oder, anders formuliert: so wie bei manchem Instrument, etwa der Drehleier, ständig eine Baßseite mitschwinge, als Grundklang, als Bordun, so müßte bei diesem Dichter echohaft lateinische Dichtung mitschwingen, in jeder Zeile, jeder Strophe. Dagegen könne er nicht über einen gleichsam voraussetzungslosen Dichter schreiben, einen Nithardum nudum vel barbaricum. So, wie das jetzige Römische Reich eine Fortführung des antiken Römischen Reiches sei, freilich unter dem Zeichen des Kreuzes, so müsse auch die Dichtung eine Fortführung der alten römischen Dichtung sein – dann erst sei für ihn der archimedische Punkt gegeben oder der Springende Punkt, der punctus saliens.

Weil ich anhaltend schweige, fragt er, beinah ungeduldig, ob es nicht wenigstens einen bescheidenen Ansatz zu einer Latinität dieses Dichters gäbe – er müsse ja nicht unbedingt poeta doctus sein. Kleinlaut gebe ich zu, daß sich hier auch nicht der geringste Ansatz zeige. Da erklärt er, quasi ex cathedra: De Nithardo vitam scribere non est possibile. Und schweigt.

Ich seufze wieder, ausdrucksvoll. Er scheint sich zu mir herüberzuneigen, denn seine Stimme ist plötzlich näher: »Jungen Här, dat hät doch kene Zweck.« Weil er mir jetzt zum Greifen nahe erscheint, öffne ich die Augen.

Und stehe an diesem Juni-Nachmittag vor der Chorruine von Heisterbach; sie sieht aus wie eine riesige, ins Grün gesteckte, verkrustete Muschelhälfte.

30 Ohne spirituelle Hilfe des Caesarius von Heisterbach versuche ich denn weiterhin, Neidhart auf die Spur zu kommen, knüpfe an bei den Stichworten »Landshut« und »Residenz«, beginne hier mit einer allgemeinen Feststellung: wenn ein Liederdichter einen Gönner gefunden hat, der ihn an seinem Hof auftreten, vielleicht sogar arbeiten ließ, so bedeute das nicht, daß der Dichter und Musiker ortsfest wurde: die Kaiser, die Könige, die Herzöge, die Grafen – sie alle hatten keine festen, zentralen Residenzen, sie zogen umher in ihren Herrschaftsgebieten, solange das Wetter es zuließ. Nur im Winter blieben sie in einer Pfalz, in einer Burg; mit Beginn der Reisezeit aber brach man wieder auf, mit dem Gefolge, zu dem auch ein Liederdichter, ein Sänger gehören konnte.

Wie Itinerare, die Aufzeichnungen von Reisen und Aufenthalts-

orten, zeigen, ritten die Könige und Kaiser des mittelalterlichen römischen Reiches durch weite Bereiche des »Imperiums« nördlich und südlich der Alpen, setzten Hoftage an, hielten Hof. Am liebsten residierten Könige und Kaiser bei solchen »Umritten« in ihren Pfalzen, die in »Königslandschaften« entstanden, also in Regionen mit überwiegendem Reichsbesitz. Diese Pfalzen dienten mehr der Verwaltung, der Repräsentation als militärischen Zwekken; wichtiger als der Burgturm und die Burgmauern war hier ein großer Wohntrakt mit einem Festsaal im oberen Geschoß: der Palas. Drei Namen für etliche: Gelnhausen, Hagenau, Wimpfen. Der Herrscher und sein Gefolge blieben in der jeweiligen Pfalz, bis alle anstehenden Aufgaben erledigt waren, dann zog man weiter. Die Abstände der Pfalzen untereinander waren groß, und so residierte ein König oder Kaiser vielfach auch in Reichsklöstern – wie früher in Lorsch – oder auf Bischofssitzen. Oder bei Lehnsmännern. Dieses Umherziehen von Pfalz zu Burg zu Kloster zu Burg zu Pfalz wird definiert als »Reisekaisertum« oder »Reisekönigtum«. Pointiert wurde auch schon gesagt, ein Kaiser oder König habe mehr vom Sattel als vom Thron aus regiert. Zumindest hatte er seine Füße häufiger in den Steigbügeln als auf Thronstufen.
Dieses Königtum auf Reisen fand Entsprechungen bei Herzögen. Auch sie mochten zwar jeweils ihre Lieblingsburg(en) haben, doch wurde – soweit ich weiß – kein größeres Territorium zu Neidharts Zeit nur von *einer* Burg aus regiert. Die hohen Herren zogen von zeitweiliger Residenz zu zeitweiliger Residenz: das »Wanderherzogtum«. Diese zeitweiligen Residenzen waren zugleich die ständigen Verwaltungszentren der jeweiligen Regionen.
Neidhart im Gefolge des Herzogspaares – da hätte er, zumindest zeitweise, zu den Hofleuten gehört, die von Burg zu Burg folgen mußten. So kannten nicht nur Kaiser, Könige, Herzöge, Grafen ihre Herrschaftsgebiete weithin aus eigener Anschauung, auch die Dichter und Komponisten in ihrem Gefolge. Als Gefolgsmann, als Mitreisender war man freilich kein Fahrender mehr. Selbst wenn in heutigem Sinne noch keine Dienstverträge geschlossen wurden: der Unterhaltungskünstler rechnete nun damit, daß er zu Auftritten gerufen und jeweils honoriert wurde, im Rahmen des Üblichen; je besser den Damen und Herren die Darbietung gefiel, desto höher konnte (Freigebigkeit vorausgesetzt!) das Honorar-Geschenk werden. Ein Fahrender dagegen zog von Stadt zu Stadt,

von Burg zu Burg, ließ sich weiterempfehlen oder bot sich an. Das taten neben den reisenden Dichtern, Musikern, Sängern auch die vielen anderen Spielleute zwischen A wie Akrobat und Z wie Zauberer.

Die Kirche beobachtete die Spielleute eifersüchtig-wachsam. Der gehobene Klerus war ja, mit den weltlichen Herren, das beste Publikum; zugleich mußten sich die geistlich-weltlichen Herren vom bunten fahrenden Volk auf Distanz halten. Eifersüchtig-wachsam: zum Teil waren, wie schon berichtet, die Spielleute ehemalige Kleriker, abgesprungene Geistliche oder geflohene Mönche, die sich auf diese Weise durchschlugen, es waren auch Töchter und Söhne aus niederem Adel, bei dem (wie im hohen Adel) nur der Erstgeborene das Erbe erhielt, das Erblehen; die anderen mußten zusehen, daß sie ein Amt, eine Aufgabe fanden bei einem weltlichen oder geistlichen Herrn; gelang es ihnen nicht, Dienstmann, Ministeriale zu werden, so gerieten sie rasch an den Rand der damaligen, trotz aller Reiseregierungen weithin statischen, stationären Gesellschaft. Aus einem kirchlichen Katalog dieser »Unbehausten«: »Arme, Bedürftige, Blinde, Lahme, Verstümmelte, Humpelnde oder in anderer Weise Deformierte, Troßknechte, Spaßmacher, Tänzer, Lautenspieler, Pfeifer, Lyraspieler, Hornbläser, Spielleute, Pantomimen, Taugenichtse, Parasiten, Schmarotzer, Possenreißer, Strolche, Spaßmacher, Dirnen.« Hinzu kamen beispielsweise noch Tierbändiger, Instrumentalisten, Gaukler, Zauberer, Liederdichter, Liedersänger.

Allerdings, ein Bärenführer und ein (guter!) fahrender Dichter wurden sozial nicht gleichgesetzt; es wurden durchaus Unterschiede registriert, realisiert zwischen akrobatischen Kunststükken und literarischen Kunstwerken – auch wenn man diese Unterschiede damals wohl anders definiert hätte. So ist von Klerikern mehrfach versucht worden, die fahrenden Unterhaltungskünstler aufzugliedern in verschiedene Klassen. Die unterste Stufe waren beispielsweise die Gaukler, die Akrobaten – sie unterhielten vor allem mit ihrem Körper, den die Kirche nicht gern betont sah; es folgten »histriones« mit spezifisch verbalen Darbietungen: freche und zotige Lieder, Hohn- und Spottreden – hier gab es offenbar großen Bedarf; die dritte Gruppe: die Musiker. Man machte auch hier wieder Unterschiede: Musiker, die höfische Instrumente spielten (beispielsweise die Laute) und Musiker mit bäuerlichen Instrumenten (beispielsweise dem Dudelsack). Hoch eingeschätzt waren Musiker, die an weltlichen und geistlichen Höfen bei Festlichkeiten auftraten. Am höchsten eingeschätzt wurden offenbar Dichter, die Lieder vortrugen oder aus Epen rezitierten.

Natürlich waren solche Aufgliederungen keine Ausgrenzungen. Das Vermischen fing schon damit an, daß ein Liederdichter weitere Instrumentalisten heranziehen konnte zur improvisierenden Begleitung. Außerdem machten Liederdichter, Liederkomponisten, Liedersänger auch Tanzmusik: zu ihrer Musik, auch zu ihren gesungenen Texten, wurde getanzt, zum Teil wenigstens. So sind in Liedtexten des Tanhuser Rufe von Tänzern, Anfeuerungsrufe aufgenommen. Und Musiker, die Neidhart-Musik einstudierten, bezeichneten sie mir einmal spaßhaft als mittelalterliche Rockmusik – das stark rhythmische Element, das sich zwar nicht aus der Notation erschließen läßt, aber aus dem Verhältnis von Text und Musik. Neidhart-Musik, und auch das wird den großen Erfolg dieses Mannes (und seiner Nachfolger) ausgemacht haben, ging nicht nur ins Ohr, sie fuhr auch in die Beine. Daß zum Tanz aufgespielt wurde, dies mußte ein Kleriker prinzipiell kritisch sehen, denn wozu führt Tanz? Zur Steigerung der körperlichen Anziehung zwischen Mann und Frau.

Was die Abgrenzung weiter verwischte: bei einem großen Turnier, bei einem Hoftag womöglich, konnten sehr unterschiedliche Spielleute auftreten: Jongleure und Akrobaten, Tierbändiger und Sottisen-Sänger, Herold-Trompeter und Liederkomponisten. Sie waren für einige Zeit gemeinsam an einem Hof, reisten vielleicht auch gemeinsam weiter – mit dem Hof, oder sie zogen in Gruppen, in Grüppchen zu einem anderen Ort, an dem sich bei einem geistlichen oder weltlichen Herrn ein kurzes Engagement ergeben konnte. Neidhart – wenn er Auftrittsmöglichkeiten suchte – wird zuweilen in einer wahrhaft buntgemischten Gesellschaft gewesen sein. Wir sollten nachträglich nicht mehr Berührungsängste entwickeln, als Neidhart sie entwickelt haben könnte. Allein reiste man nach Möglichkeit nicht, schon gar nicht in Bayern, das den Ruf hatte, ein Gebiet mit besonders vielen Räubern zu sein. Außerdem gab es gefährliche Tiere, die wir heute nur noch hinter Zoogittern sehen. Also: immer wieder traf man sich, immer wieder ergaben sich Arbeitskontakte, zumindest mit Instrumentalisten. Und wahrscheinlich schaute sich Neidhart mit Vergnügen die Darbietungen der Kollegen anderer Unterhaltungsbranchen an, hatte Spaß an Seiltänzern, Jongleuren, Zauberern, Gauklern, Artisten, Tierstimmenimitatoren. In solchem Ambiente trat dann auch er auf – ich werde das später genauer entwerfen (146).

Damit nicht der Eindruck entsteht, hier gehe der Erzähler mit mir durch, verweise ich auf Joachim Bumkes zweibändiges Werk *Höfisches Leben*. Dieses Buch hat meinen Blick geschärft für die Lebens- und Arbeitsbedingungen eines Neidhart von Reuental. Er wird, wie Walther von der Vogelweide, von Bumke zu den »fahrenden Dichtern«, zu den »berufsmäßigen Hofsängern« gezählt; ebenso der etwas spätere Tannhäuser. Damit unterschieden sich diese drei Repräsentanten in Herkunft und Status erheblich von den vorwiegend adligen Herren, die zum eigenen Ergötzen und dem ihrer persönlichen Umgebung Minnelieder produzierten – wenigstens offiziell, denn es ist ja wohl kaum auszuschließen, daß sie sich von Klerikern helfen ließen: mittelhochdeutsche ghost-writer. Dennoch, literaturhistorisch läßt sich pauschal so aufteilen: Minnesang stammt meist von Adligen, Spruchdichtung (die auch gesungen werden konnte) von Berufsdichtern; es gibt auch Minnelieder, die von professionellen Dichtern geschrieben und komponiert wurden, und das sind die interessantesten. Joachim Bumke zusammenfassend: »Die fahrenden Spruchdichter sind in ihrer sozialen Erscheinungsform nicht von den Spielleuten zu unterscheiden, die an den Höfen und bei festlichen Versammlungen in großer Zahl auftraten. In der germanistischen Forschung ist dieser Zusammenhang allerdings mit Vehemenz bestritten worden, weil man nicht wahrhaben wollte, daß ein Dichter wie Walther von der Vogelweide dem ›armseligen Musikantengesindel‹ (Hans Naumann) der Spielleute gleichzustellen sei. Solche Werturteile werden jedoch der Hochschätzung, der sich gerade Instrumentalmusiker in der Laiengesellschaft erfreuten, nicht gerecht. Es ist gut bezeugt, daß die Spielleute ein breites Unterhaltungsprogramm bereithielten, das von akrobatischen Vorführungen und Zauberkunststücken bis zum Vortrag anspruchsvoller Dichtung reichte.«

Im Kurzzeilen-Epos *Morant und Galie,* das im 13. Jahrhundert in Köln geschrieben wurde (ein Text mit vielfach stereotypen Formulierungen), wird ein buntes Bild vermittelt von Menestrels, von Spielleuten. Zum Kontext: Karl der Große hat, nach Einflüsterungen, Unterstellungen und Verleumdungen dreier machtgieriger Herren, seine junge Frau Galie verdächtigt, Ehebruch begangen zu haben mit Morant; nach langen Gerichtsverhandlungen, nach einem gerichtlichen Zweikampf, wird Karl von der Unschuld seiner Gemahlin überzeugt; es findet auf einem Feld vor Paris ein großes Versöhnungsfest statt.

Und es kamen mehr als vier
mal hundert Menestrels:
Spielmann nennt man ihn bei uns,
auch als Herold tritt er auf.
Unter ihnen waren welche,
die von Abenteuern, Kämpfen
sangen aus der alten Zeit;
andre wiederum erzählten
von der Liebe, Hohen Liebe
ohne jede Niederschrift;
und es ließen andere
ihre Fiedeln hell erklingen;
andre bliesen schön das Horn;
als Narren traten andre auf;
andre spielten hübsch die Flöten,
die von Holz und die aus Knochen;
andre spielten sehr gekonnt
musique auf ihrem Dudelsack;
andre harften, andre geigten,
daß man gerne dabei schwieg;
andre, cum psalterio,
stimmten die Betrübten froh;
andre spielten Griffbrettzither
nach der Schule von Paris;
andre zauberten aus Hüten,
waren darin meisterhaft;
andre ließen sehr gekonnt
jonglierend ihre Scheiben kreisen;
andre warfen Becken hoch,
fingen sie auf Stöcken auf;
andre sangen, und sie tanzten;
andre konnten sehr gut ringen;
andre ließen nach Belieben
Böcke mit den Pferden kämpfen,
und sie ließen Affen reiten;
andre tanzten mit den Hunden,
zeigten dabei wahres Können;
andre nahmen sehr gewagt
ihren Mund mit Feuer voll,
das sie wieder von sich spuckten;
und es gab dabei auch Narren,

die mit wirklich großer Kunst
sangen wie die Nachtigallen,
die auch viele andre Vögel
ausgezeichnet imitierten;
andre fiepten wie die Rehe,
andre schrieen wie die Pfauen –
was soll ich dazu noch sagen?

31 Zuweilen, wenn ich spazierenging, sagte ich mir: ungefähr wie dieser Waldweg wird eine Fernstraße zu Neidharts Zeit ausgesehen haben: sie wird kaum breiter gewesen sein, und sie war nur in wenigen Abschnitten befestigt; bei schlechtem Wetter war solch eine Wegstraße, solch ein Straßenweg also tief ausgefahren, Hufe sanken ein in den weichen Grund; im Sommer viel Staub. Das führte ich mir so vor Augen, stellte ich mir so vor, malte ich mir so aus. Aber hier hatte ich zu direkt übersetzt: »Weg« heute und »wec« damals, es waren ganz verschiedene Phänomene. Ich lese einen Aufsatz von Dietrich Denecke und sehe alles mit anderen Augen.
Beispielsweise im Wehebachtal spazierend, auf festem Weg, der am Bach entlangführt, muß ich den »wec« oder »Weg« als erstes höherrücken: an den Fuß des jeweiligen Hangs oder gleich auf den Hangrücken. Denn Wege, Straßen führten zu Neidharts (und Oswalds) Zeit so gut wie niemals durch Täler, die Talsohlen waren meist sumpfig – das wird auch für die Region des Wolkensteiners so beschrieben. Also erwähne ich hier nur: Wege am Hangfuß, Wege auf den Höhen.
Weiter: der Verlauf einer Straße ist heute unveränderlich – für die Verkehrsteilnehmer; in meinem Land sind die Straßen zudem auf weiten Strecken von Leitplanken flankiert. Und Feldwege sind vielfach asphaltiert oder plattiert; Waldwege haben oft einen geschotterten Untergrund. Dagegen war ein Weg im Mittelalter, war auch eine Fernstraße in der Regel nicht befestigt – vom Chausseen-Vorbild muß ich wegkommen, wenn ich ein genaues Bild gewinnen will von Neidharts »Wegen und Stegen«. Selbst wenn ich genau wüßte, von welchem Ort zu welchem Ort er geritten ist, und wie dort damals die Trasse verlaufen war – ich könnte mich nicht auf seinen ›Spuren‹ bewegen. Allenfalls im Hochgebirge: dort waren Wege an gefährlichen Abschnitten von Mauern ge-

stützt, dort waren zuweilen sogar Radrinnen in den Fels gemeißelt. Neidhart auf solch einem Weg, beispielsweise unterwegs nach Italien, und ich auf solch einem Weg: unsere Bewegungslinien könnten dicht parallel laufen, könnten schrittweise sogar identisch sein. Aber Neidhart ging und ritt selten im Gebirge – nur, wenn es sich überhaupt nicht vermeiden ließ. Und schon in Mittelgebirgen führen meine Wege und seine Wege oft weit auseinander, und dies erst recht in Ebenen.

Und wie sahen Neidharts Wege und Straßen aus? Etwa so: tiefe Radrinnen, Radfurchen; zwischen den Radrinnen und Radfurchen der Boden aufgerissen von den Hufen der Zugochsen und Zugpferde. Hier ritt man nicht gern zu Neidharts Zeit, man wich seitlich aus: Reitpfade neben den Wegen für Frachtfuhrwerke. Nun gab es auf den Fernstraßen auch Gegenverkehr, und da fuhr man nicht in Ausweichbuchten von chausseeähnlichen Straßen, sondern: entgegenkommende Fuhrwerke mußten aneinander vorbeifahren. Also: zweifach die Radspuren, Radrinnen, Radfurchen. Wenn es länger regnete, wurde der Boden weich, wurde grundlos, die Fuhrleute mußten festen Grund suchen, also fuhren sie dort, wo noch nicht viele Fuhrwerke gefahren waren, vielleicht sogar dort, wo zuvor überhaupt kein Fuhrwerk gefahren war – vorausgesetzt, das Gelände ließ das zu. Am einfachsten war oder schien das Ausweichen in Gebieten, die wir heute als Kulturlandschaften bezeichnen: dort fuhr man über Weiden, über Felder. Wenn das schlechte Wetter anhielt, waren bald auch die neuen Spuren tief ausgefahren, und man wich noch weiter aus. So entstand, was man im vorigen Weltkrieg, vor allem in Rußland, als Rollbahn bezeichnet hat: eine Piste mit mehreren parallelen Wagenspuren, Fahrspuren. Zitat Denecke: »Die Wegetrassen waren im Mittelalter allgemein als Spurenstränge ausgebildet, das heißt, sie bestanden aus mehreren parallel verlaufenden Geleisen und Pfaden. Bei Gefällstrecken erweiterten sich die Stränge zu Spurenbündeln und Spurenfeldern, da hier die Erosion stärker zerstörend wirkte und deshalb immer wieder neue Spuren eingeschlagen wurden.«

Reiter, Fuhrleute hatten nicht nur mit Schwierigkeiten des Geländes zu kämpfen – auch mit Schwierigkeiten, die ihnen Anwohner bereiteten. Wieder Denecke: »Die Anrainer versuchten, die ständig ausufernden Trassen durch parallel gezogene Gräben und Wälle einzuengen oder die Bildung weiterer Fahrspuren durch quer verlaufende Wälle (Wegesperren) zu verhindern. Diese Maßnahmen waren jedoch nicht immer erfolgreich, suchten sich doch die Fuhrleute und Reisenden immer wieder festen und auch ebenen Untergrund, der in den zerfurchten Hohlwegen sehr oft nicht gegeben war.«

Die Interessen der Reisenden und die Interessen der Ortsansässigen ließen sich hier nicht vereinbaren. Und weil es im Mittelalter wenig Regelung von oben herab gab, bekämpfte man sich ständig. Der wütende Bauer, der die befahrenen Felder retten wollte und der wütende Fuhrmann, der Einengungen nicht hinnehmen konnte und wollte, der solche Hindernisse wieder zerstörte, sie waren nicht zu versöhnen. Und weil man Affekten sofort nachgab, wird Neidhart am Rand der Wege, Straßen, Rollbahnen wohl mehr als einmal eine Schlägerei erlebt haben zwischen Bauern und Fuhrleuten. Wahrscheinlich wird er mit Achselzucken auf diesen Anblick reagiert haben; Schlägereien waren üblich.

Auf einem Weg fahren oder reiten hieß damals oft auch: man suchte sich einen Weg. Bewegungslinien fächerten aus, Bewegungslinien sollten gebündelt werden. Gelang es Herren und Bauern durch Längsgräben und Längswälle, durch Quergräben und Querwälle die Rollbahn wieder auf eine Trasse einzuzengen, so wurde die Piste bei Regen oft so tief ausgefahren, daß sie bald nicht mehr benutzt werden konnte – es sei denn, man befestigte sie. »Der Ausbau von Straßen im Mittelalter bestand in einer Festlegung der Trasse in einer möglichst günstigen Linienführung, in einer teilweisen Befestigung mit Holz, Schotter oder einer Pflasterung, in der Anlage von Abzugsgräben.« Aber das geschah immer nur regional, lokal. Übergreifende Planung und Ausführung gab es nicht (mehr), es gab keinen Staat im Sinne der Römer und im heutigen Sinn, Aktivität wurde selten organisiert – am ehesten geschah das in Kriegen. Es lag aber im Interesse der Anrainer, daß Wege und Pisten befahrbar blieben – sonst uferte alles wieder aus. Zuweilen wurden die Anrainer auch von ihren Herren zum Straßenbau gezwungen. Solche Arbeiten wurden wohl lustlos ausgeführt: Plackerei, von der man selbst nichts hatte. So wollte man letztlich nur verhindern, daß Hufe und Räder zu tief einsanken – wochenlanger Regen war auch zu Neidharts und Wolframs Zeit keine Seltenheit, in Chroniken wird mehrfach von verregneten Sommern berichtet. Wenn ich Neidhart als Reiter vor mir sehe, dann auf Trassen, wie sie Soldaten im Rußlandfeldzug erlebten. Glitsch, Matsch, Glitsch, Matsch, plitsch, platsch, Glitsch, Matsch – so ähnlich war oft der basso ostinato seiner Reisebewegungen. Aber es gab ja auch Wegstrecken, die befestigt waren, mit Steinen und mit Holz. Dort ging es »über Stock und Stein«. Auch hier muß ich übersetzen, denn »Stock« und »stock« sind nicht mehr identisch. Der »stock« war im Mittelalter der Baumstamm, vielfach auch der gekappte Baumstamm. Man schnitt Bäume sehr häufig auf den Stock, weil Äste für Flechtwerk, für Faschinen, für die Fachwerkbauten gebraucht wurden. Solch ein auf den Stock gehackter oder gesägter Baum war etwa anderthalb bis zwei Meter hoch, trieb aus mit möglichst zahlreichen Ästen. Viele der Baumstämme, die Neidhart unterwegs gesehen hat, waren auf den Stock geschnitten. Und vielleicht kam es auch vor, daß man solch einen auf den Stock geschnittenen Stamm umhackte oder absägte und in den grundlos gewordenen Wegabschnitt warf. Ein vorbildlich befestigter Wegabschnitt dürfte ausgesehen haben wie die »Knüppeldämme«, die im Rußlandfeldzug oft fotografiert und gefilmt wurden.

Unsere Vorstellungen über vergangene Epochen werden oft auch mitgeprägt von Filmbildern, in denen das Geschehen vergangener Epochen nachgestellt, nachgespielt wird. Bei Außenaufnahmen bevorzugt man selbstverständlich das trockene, das schöne Wetter. Vergangenheit im Film ist also vielfach besonnte Vergangenheit: hier haben sich fast schon Bild-Normen entwickelt. Würde ich einen Film über Neidhart drehen, so würde ich beispielsweise in einem Manövergelände filmen oder auf einem weichgefahrenen Truppenübungsplatz – dort führen Reifen- und Kettenspuren um Büsche, um Bäume, um Busch- und Baumgruppen herum, vereinen sich wieder, führen erneut auseinander, Parallelen finden weitere Parallelen, und in solcher Matschlandschaft reitet der Mann mit dem ledernen Harfenfutteral auf dem Rücken, und seine Beine sind bis an die Knie mit Dreck bespritzt, und die Kleidung saugt sichtlich Wasser und als basso ostinato in langen, quälend langen Bildeinstellungen: Glitsch, Matsch, Glitsch, Matsch, plitsch, platsch, Glitsch, Matsch... Und bei trockenem, schönem Wetter wird vom weichgetretenen, weichgefahrenen Boden Staub aufgewirbelt, und Wind zieht Staubschleppen mit sich, entfaltet Staubfahnen, läßt Staub kreiseln. Wehe, wenn diese äußerst unregelmäßige Oberfläche wieder naß wird und dann gefriert! Oder wenn Schnee fällt, und der Reiter sieht die Löcher und Rinnen nicht mehr genau genug! Nur ja nicht im Winter reisen: das war wohl auch Neidharts Devise.

»Straßen und Wege im Mittelalter« – ich werde hier mit einer

These konfrontiert, die mir nur schwer in den Kopf will: daß sich die oft weit ausfächernden Wege und Straßen nicht wieder bündelten vor einem Dorf, einer Siedlung, einer Stadt, um mitten durch sie hindurchzuführen, sondern: daß Wege, Pisten, Straßen häufig an Siedlungen vorbeiführten, in vorweggenommenen Umgehungsstraßen. »Ländliche Siedlung und Fernverkehr haben sich offensichtlich gegenseitig gemieden. Die ansässige Bevölkerung hatte kein Interesse daran, den Fernverkehr in den Ort hineinzuziehen, und der Jäger, Fernhändler und Pilger zog es vor, möglichst wenig Kontakt mit den Siedlungen zu bekommen. Auch hinderten die durch Wege kaum erschlossenen Acker- und Nutzflächen einen durchgehenden Verkehr.« Denecke betont selbst, dies sei eine Hypothese, vieles aber scheint dafür zu sprechen, daß sie damaliger Realität nicht allzu fern ist. Man hielt also Distanz zueinander, die Seßhaften und die Reisenden, sie belauerten sich argwöhnisch? Die Reiter, die Fuhrleute vor allem machen uns, den Seßhaften, nichts als Arbeit? Und womöglich auch noch die Vorstellung, die würden mitnehmen, was ihnen nicht gehört, und sie würden mitbringen, was man nicht wünscht: Diebstähle einerseits, Krankheiten andererseits? Wenn Neidhart durch ein Dorf ritt (und nicht alle Wege, Pisten, Trassen werden ja an Dörfern vorbeigeführt haben!), holten dann Mütter ihre halbwüchsigen Töchter herein? Und es wurden die Hühner im Auge behalten? Und wenn der unbekannte Reisende einen Holzbecher voll Wasser haben oder etwas Proviant kaufen wollte, so wurde der Vorgang möglichst rasch abgewickelt?

Wie arbeite ich Deneckes Hypothese ein in das Bild, das ich mir mache? Wie modifiziert sie dieses Bild? Ich gehe davon aus: Fernstraßen haben Städte verbunden. Städte sind ja auch meist an Fernstraßen entstanden, vor allem an Knotenpunkten von Fernstraßen, also führte der Verkehr selbstverständlich durch die Städte hindurch. Vor den Stadttoren wurden die vielfach weit ausufernden Trassen zusammengefaßt. Neidhart auf einer Fernstraße: er reitet selbstverständlich durch die Städte hindurch. Auch durch kleine (selbst nach damaligen Maßständen kleine) Städte. Und sicher führten die Pisten auch durch Dörfer – vor allem dort, wo die Topographie keine andere Möglichkeit zuließ. Zwei Fachwörter: Straßen waren damals vorwiegend »reliefsorientiert«, nicht in erster Linie »siedlungsorientiert«. Also konnte ein Landschaftsrelief auch erzwingen, unabhängig von Animositäten der Dorfbewohner, daß eine Trasse an einem Dorf vorbeiführte. Und da war es den Ansässigen wohl am liebsten, wenn dieser Abstand ein sicherer Abstand war. Andererseits: Seßhafte waren interessiert an Nachrichten, und die kamen nur mit Reisenden ins Dorf. Und: die Dörfler wollten verkaufen und verdienen; sie wollten sehen, wie Menschen außerhalb des Dorfs gekleidet waren, wie ihre Pferde aussahen und ihre Waffen; sie wollten bestimmt auch mal einen der reitenden Boten sehen, die fünfzig bis sechzig Kilometer am Tag schafften – umgerechnet in damalige Wegeinheiten; sie wollten von umherziehenden Söldnern hören, was ›draußen‹ geschah; sie wollten geheimnisvolle, womöglich aus dem märchenhaften Orient kommende Waren sehen; sie wollten von reisenden Feuerspuckern, Bärenführern, Tierstimmenimitatoren Proben ihres Könnens hören und sehen; sie wollten mit Pilgern reden oder schwätzen, mit Mönchen, die von Kloster zu Kloster reisten, vielleicht sogar mit wichtigen Aufträgen, sie wollten einen Herzog, womöglich einen König durch das Dorf reiten sehen; sie wollten etwas erfahren, und sie wollten etwas zu erzählen haben. Von Schemen aber, die fern, fern vorbeiziehen, läßt sich nicht viel erzählen.

32 Es gab viel Reisebewegung im Mittelalter – Wissenschaftler schreiben hier vom Phänomen der »Migration«. Panzerreiter zogen umher und suchten militärische Engagements oder Verdienstmöglichkeiten auf Turnieren; Studenten, Scholaren wanderten zu (ausländischen) Universitäten; alte Kleriker, »Luderpfaffen«, Bettler tippelten dahin; Kaufleute begleiteten vielfach noch persönlich ihre Waren; immer wieder wurden Trupps, Truppen, Heere in Marsch gesetzt; und in allen Richtungen wurde Europa durchzogen von Pilgergruppen, Pilgerscharen, Pilgerkolonnen.

Auch wenn Neidhart keine große Pilgerreise gemacht haben sollte: auf seinen Ritten wird er oft genug Pilgern begegnet sein. Und wenn sie in die gleiche Richtung zogen wie er, so wird man sich für die eine oder andere Tagesreise zusammengetan haben, um sich erzählend und singend den Weg zu verkürzen.

Wie viele Kilometer im mittelalterlichen Deutschland ein rüstiger Fußgänger am Tage schaffte, darüber gibt es unterschiedliche Angaben. Als Minimum etwa 15 Kilometer – da waren wohl auch Hindernisse, Zwischenfälle mit einberechnet. Ging alles gut, so wurden etwa 25 bis 30 Kilometer am Tag geschafft; Reiter legten selbstverständlich größere Strecken zurück. Auf weiten Pilgerreisen wurde ein schärferes Gehtempo angeschlagen, da sollen Pilger etwa 40, ja bis zu 60 Kilometer am Tag geschafft haben, beispielsweise auf dem Camino de Santiago.

Pilger waren schon von weitem an ihrer Kleidung, ihrer Ausrüstung zu erkennen. Wichtig wäre festes Schuhwerk, aber das gab es im Mittelalter noch nicht – die Sohlen so dünn wie das Oberleder, da wird man viele Schuhe verschlissen haben auf einer langen Pilgerreise, oder man lief barfuß. Über dem »Rock« (der sich kaum vom Schlupfkleid der Frauen unterschied) der Pilgermantel, die Pelerine: Schutz vor Regen, Decke für die Nacht. Manchmal war es auch nur ein grobes Schultertuch. Am Gürtel angehängt der Beutel mit dem Begleitdokument, ausgestellt vom örtlichen Pfarrer oder vom nächsten schreibkundigen Kleriker. In diesem Beutel auch das Geld, das man für die Reise brauchte, für den Kauf von Ablässen, für die Spenden – auf diese Beutel waren Diebe und Räuber scharf, die Beutelschneider. Auf dem Kopf der Pilgerhut, hier wurden Pilgerzeichen befestigt. In der Hand ein langer Stock, vielfach mit einer Eisenspitze. An diesem Stock konnte das Reisebündel aufgehängt sein, dann trug man ihn auf der Schulter, oder man hängte sich das Bündel um, schwang den Stock als »drittes Bein« und obendran die bekannte Kürbisflasche.

So oder so ähnlich war eine große Zahl von Zeitgenossen Neidharts auf fast allen Straßen und Wegen Europas ständig unterwegs. Die Motivationen für Pilgerreisen waren nicht nur religiös, das zeigen kritische Äußerungen von Männern der Kirche. Die Pilgerreise war die einzige von der Kirche sanktionierte Möglichkeit, in Friedenszeiten etwas anderes als das Gewohnte zu sehen, zu erleben: endlich einmal raus aus dem kleinen Dorf, aus der engen Stadt – es muß ein starker Impuls gewesen sein. Einmal im Leben wollte eigentlich jeder seine große Pilgerreise machen. Und mehrfach Wallfahrten – es gab Tausende von Wallfahrtsorten in Neidharts Europa. Wer zu einer Pilgerreise oder zumindest zu einer Wallfahrt aufbrach, der kam für längere (oder kürzere) Zeit los, der löste sich aus dem Familienverbund, der konnte sogar seine Schulden vergessen, der war für einige Monate beinah frei. Auch zu erotischen Abenteuern – es zogen Pilgerinnen mit, da ergaben sich Liebschaften, und in den Wallfahrtsorten blühte die Prostitution. Was man auf einer Pilgerreise erlebte, darüber konnte sich die Nachbarschaft nicht das Maul zerreißen. Und man war nach der Rückkehr angesehen: einer, der draußen gewesen war, einer, der etwas zu erzählen hatte. Die von Fabeln durchmischten Reiseberichte. Wie wir uns im Gebirge verirrten... Wie wir beinah verdursteten... Wie wir eine Horde von Räubern zurückschlugen... Wie wir völlig ausgeplündert wurden... Wie ein Kranker im Wallfahrtsort plötzlich gesund wurde, ein Wunder...

Man pilgerte, um teilzuhaben am Gnadenschatz der Kirche. Eine Wallfahrt, eine Pilgerreise bedeutete: Nachlaß der Sünden, damit ein Verkürzen der Zeit, die man voraussichtlich im Fegefeuer zu verbringen hatte. Zusätzlich ließ sich diese Frist verkürzen durch den Kauf von Ablässen. Deren Kauf aber war am wirkungsvollsten an Pilgerstätten bei Heiligtümern. Kern eines Heiligtums für Wallfahrer, für Pilger war die Reliquie, besser: die wundertätige Reliquie.

Es gab zu Neidharts Zeit eine Reliquien-Schwemme, vor allem nach dem Kreuzzug von 1204, den die Handelsstadt Venedig aufgekauft und umgeleitet hatte nach Konstantinopel: mit der Plünderung des märchenhaften weltlichen Guts wurde auch der Besitz der Kirche an heiligem Gut vermehrt. Und es zeigt sich im »Umgang mit Reliquien« besonders deutlich, daß es so etwas wie kritisches Bewußtsein im Mittelalter noch nicht gab: zwar wurde Kritik geübt von Männern der Kirche, es war eine Kritik an Übertreibungen, an allzu skrupelloser kirchlicher Geschäftemacherei, an allzu vorschnellem, wohlfeilem Wunderglauben, aber: Glaube und Wunderglaube ließen sich kaum auseinanderhalten. Wir können unsere Einstellung, unsere skeptische Haltung nicht schon bei Menschen des Hohen Mittelalters voraussetzen; man war bereit, an Wunder zu glauben, denn man brauchte Wunder in jener Zeit der meist unheilbaren Krankheiten, der Epidemien, der Hungersnöte, der Fehden, der Kriege, man klammerte sich wortwörtlich an den berühmten Strohhalm, der beispielsweise aus der Krippe von Bethlehem stammen sollte.

Der Strohhalm als Stichwort: ich will hier nicht bloß in allgemeinen Formulierungen über Reliquien schreiben, denn für Neidharts Zeitgenossen (und sicherlich auch für Neidhart selbst) hatten sie sehr konkrete Bedeutung. Hier »ist von einer Grundvoraussetzung auszugehen, die weder nur religiös, noch gar katholisch oder mittelalterlich ist: Man will einem geliebten und verehrten Menschen (oder Objekt) so nahe kommen wie nur möglich. Sehen ist besser als nur wissen, ohne Hülle sehen ist besser als durch Glas oder Kristall, berühren und küssen ist besser als nur sehen. Dazu kommt die Möglichkeit, zwar nicht die Reliquie selbst, aber mit ihr in Kontakt gekommene Dinge sich einzuverleiben, als Medizin zu brauchen: Trinken von Reliquienwasser, Anlegen von Heiligengewändern, Salben mit Graberde.« So schreibt Renate Kroos, und ich folge ihr nun im Benennen von Reliquien, vermeide auf diese Weise Pointierungen. So wurden im Mittelalter beispielsweise als Reliquien Stoffstücke verehrt vom Gewand, das Maria während ihrer Schwangerschaft und vom Gewand, das sie während der Geburt getragen hat, und Reliquien von der Krippe und vom Heu in der Krippe und: Nabelschnur, Vorhaut und Milchzahn vom Jesuskind und Splitter vom Stein, mit dem der Teufel den Herrn versuchte, Bruchstücke von Kana-Krügen, Brocken vom Brot der Speisung der Fünftausend, Fragmente vom Stadttor, durch das Christus in Jerusalem einzog, Ästchen vom Ölzweig, den er in der Hand hielt, Stücke vom Tisch des Abendmahls, vom Kelch und von den Bechern, vom Brot und von der Lampe auf diesem Tisch, und man verehrte Reliquien vom Schurztuch und vom Becken der Fußwaschung, vom Ölbaum, unter dem Jesus betete, vom Baum, unter dem er gefangengenommen wurde, von der Stiege, auf der Jesus in das Haus des Pilatus ging, von der Geißelsäule, von den Stricken, mit denen Jesus daran gefesselt war, vom roten Hemdgewand, das er am Kreuz trug, vom Schwamm und vom Rohrstab, mit denen er am Kreuz getränkt wurde, vom Schleier, mit dem Maria unter dem Kreuz die Tränen abwischte.

Solche Reliquien – vor allem, wenn man ihnen wundersame Heilungen nachsagen konnte – hatten eine gleichsam magnetische Ausstrahlung. Und so zogen die großen, die berühmten Heiligtümer auch im 13. Jahrhundert riesige Pilgerzüge an, wahrhaft Pilgerströme! Chronisten des Mittelalters haben nicht gerade ein nüchternes Verhältnis zu Zahlen, aber hier ließ sich kaum übertreiben.

Die berühmtesten Wallfahrtsorte: an erster Stelle wurde Jerusalem genannt, an zweiter Rom und spätestens an dritter Stelle Santiago de Compostela. Ja, eine Pilgerreise nach Compostela und nach Rom hatte gleichen Rang, gleiche Bedeutung wie eine Pilgerreise nach Jerusalem. Eine Reise ins Heilige Land war teuer: man mußte die Schiffspassage von Venedig oder Genua oder Brindisi nach Akkon bezahlen; der Landweg nach Rom und nach Santiago dagegen stand allen offen – die Fußreise nach Compostela wurde später auch »Wallfahrt des kleinen Mannes« genannt. Aber Könige, Fürsten, hohe Herren zogen ebenfalls nach Santiago de

Compostela: »Das Grab des Apostels Jacobus ist das glorreichste unter allen Gräbern der Heiligen«, schrieb Bonaventura.

Für einen Mann, der wie Neidhart im Donauraum lebte und hier umherzog, gab es hinreichend äußere Impulse zu einer großen Pilgerreise in den Nordwesten Spaniens: mehr als hundert Jakobskirchen und Jakobskapellen allein in Bayern (eine von ihnen hatte Bischof Otto von Freising geweiht), und in Österreich waren es noch einige mehr. Der heilige Jakob als Patron der Pilger und: als Patron der Ritter.

Wenn ich in diesem Buch eine Pilgerfahrt beschreiben würde, so wäre das eine Reise auf dem Camino de Santiago. Es gibt zwei Fernziele, die in Gesprächen immer mal wieder erörtert werden, unter dem Motto: Man müßte unbedingt... Das eine: die Fahrt mit der Transsibirischen Eisenbahn nach Wladiwostok oder, als Variante: ab Irkutsk mit der Transmongolischen Bahn nach Peking. Das andere Fernziel: von der französisch-spanischen Grenze auf dem alten Pilgerweg nach Compostela wandern – das könnte in drei Wochen zu schaffen sein, wenn man gut zu Fuß ist. Gruppen heutiger französischer Pilger rechnen so: bricht man Anfang Juni an der Tour St. Jacques in Paris auf, so ist man rechtzeitig zum 25. Juli in Compostela, am Tag des Apostels Jakob.

Man pilgerte auch im Mittelalter in Gruppen, ja in Scharen. Sammelpunkte im deutschsprachigen Raum waren Aachen und Einsiedeln. Für schwierige Abschnitte der Reise konnten sich größere Gruppen Führer mieten. Sonst hielt man sich vielfach an die Pilgerbüchlein, die es vor allem in Frankreich zu kaufen gab; sie beschrieben die Route, nannten Übernachtungsmöglichkeiten: die Klöster, die Spitäler, die Gasthäuser. Warnten sie auch vor Gefahren? Betrügerische Wirte... Gegenden mit besonders vielen Räubern... Flußübergänge, die vor allem bei Hochwasser riskant waren... Daß einem Pilger auf einer so langen Reise etwas zustieß, diese Wahrscheinlichkeit war groß. In Kirchenbüchern wurde fast stereotyp vermerkt: »blib uf Sant Jakobs Strass«.

Ich bin mit dem Auto diese Strecke gefahren; Roncesvalles, Pamplona, Puente la Reina, Estella, Nájera, Burgos, Sahagún, León, Villafranca, Triacastela – zum Teil Nebenstrecken der heutigen Nationalstraße, die ungefähr der alten Pilgerstraße folgt. Auf den weiten Hochebenen, lichtüberschüttet, vom Licht ausgebrannt, wurde mir zuweilen selbst das Fahren zu lang. Und so konnte ich einen ungefähren Eindruck davon gewinnen, wie unermeßlich weit dieses Land den Pilgern des Mittelalters und noch der Jahrhunderte danach erschienen sein muß. Und ich lernte verstehen, warum die Pilgerlieder, die auf dem Camino de Santiago gesungen wurden, so viele Strophen hatten: Lieder, in denen von wunderbaren Heilungen und Errettungen gesungen wurde, Lieder, die ein Dutzend Strophen lang sein konnten, sogar Dutzende von Strophen, bis zu hundert Strophen; da brauchte man mitziehende Spielleute als Vorsänger, und die Pilgerschar sang die sich dutzendfach, vieldutzendfach wiederholenden Refrains, denn lang, lang, lang war der Weg. De grad' à Santa Maria... Staub, Schritte, Schritte, Staub... De grad' à Santa Maria... Felder, die karg, Weiden, die trocken sind... De grad' à Santa Maria... Berghänge rechts vom Camino, sie flirren im Licht... De grad' à Santa Maria... Landschaften sehen, Landschaften sehen, die sich im Kopf bald wieder auflösen... De grad' à Santa Maria... Nur die außerordentlichen, die überraschenden Erfahrungen prägen sich der Erinnerung ein... De grad' à Santa Maria... Die Trance der unablässigen, der fast schon selbständigen Bewegung... De grad' à Santa Maria... In der Kürbisflasche schwappen ein paar Schluck, wann kommt der nächste Brunnen... De grad' à Santa Maria... Lippen gesplissen, Augen kratzig, schmerzende Füße und Beine... De grad' à Santa Maria... Das Hirn ausgebrannt vom Licht, der Sehpurpur verbraucht... De grad' à Santa Maria... Ein Pilger blieb im Klosterspital zurück... De grad' à Santa Maria... Eine Gegend voraus, die besonders gefährlich ist, brutale Räuber... De grad' à Santa Maria... Berghänge rechts vom Camino, sie flirren im Licht... De grad' à Santa Maria... Felder, die karg, Weiden, die trocken sind... De grad' à Santa Maria... Staub, Schritte, Schritte, Staub... De grad' à Santa Maria...

33 Neidhart unterwegs, oder, wie es heute heißen würde: on the road... Wie die Könige und Herzöge, wie die Bischöfe und Kaufleute waren die Fahrenden fast dauernd auf Reise. Dieses lebenslange Reisen wurde zuweilen hochstilisiert: das Leben als Reise, als Pilgerreise, die vita peregrina, die in unserer Zeit definiert wird als »Grundmuster menschlicher Existenz«. In unserem Rückblick wird Neidharts Lebenslauf zur Lebensreise. Also ist dieses Buch weithin Beschreibung von Reisen: was für Neidhart wichtig war, muß auch für uns wichtig werden, sonst verlieren wir ihn aus den Augen.

Neidhart unterwegs: hat er immer das sprichwörtliche Dach über dem Kopf? Als ich mir zum ersten Mal diese Frage stellte, war die Antwort rasch zur Hand: Höchstwahrscheinlich! Und ich zählte mir auf: Die Burgen, die Klöster, die Spitäler, die Gasthäuser... Ich wollte es mir in diesem Punkt einmal einfach machen, und so sagte ich mir resümierend: Ich kann es mir mittlerweile ja wohl denken... Ich konnte es nicht! Ich habe mir nach etlichem Zögern ein Buch beschafft, das Vorträge eines Symposions sammelt unter dem Titel *Gastfreundschaft, Taverne und Gasthaus im Mittelalter.*

Was als erstes meine allzu pauschalen Vorstellungen revidierte: für das Mittelalter kann nach Hans Conrad Peyer »das Übernachten in Zelten und unter freiem Himmel an Bedeutung gar nicht überschätzt werden«. Rückschluß auf Neidhart: auch er dürfte wiederholt unter freiem Himmel genächtigt haben. Als glücklich pries man sich bereits, wenn man in einer kleinen Stadt, in der man kein Bett fand, unter Tischen von Händlern oder Wechslern schlafen konnte. Und sehr glücklich, wer bei naßkaltem Wetter in einen Backofen kriechen konnte, der womöglich noch etwas Wärme gespeichert hatte: das wäre ein Lied wert gewesen! Zwar wird in einem Schwank fingiert, daß Neidhart kurzfristig in einem Faß gesteckt hat, bei einer Verfolgungsjagd, von einem Neidhart im Backofen hingegen wird nirgendwo berichtet. Aber wahrscheinlich hatte Neidhart als professioneller Reisender ein Zelt dabei, für den Notfall. Es gab noch keine imprägnierten Zeltplanen, man wurde naß, wenn es länger regnete. Auch dies also müssen wir sehen, als wahrscheinliche Möglichkeit: Neidhart naß in winzigem Zelt, Neidhart frierend.

Und die Gasthäuser? Im Späten Mittelalter, zur Zeit des Oswald von Wolkenstein, sind Gasthäuser weit verbreitet, aber daraus lassen sich keine Rückschlüsse ziehen auf Neidharts Zeit – trotz der oft langsamen Veränderungen im Mittelalter. Ich lese, daß sich »kommerzielle Gastlichkeit« erst an der Wende vom 12. zum 13. Jahrhundert zu entwickeln begann, dies aber nur langsam, und besonders langsam nördlich der Alpen. Was es dort zu Neidharts Zeit offenbar nicht gab: Gasthäuser, in denen man übernachten *und* essen konnte. Das wurde erst später kombiniert. Es gab Gasthäuser, in denen es Speisen und Getränke gab: die Tavernen, aber es gab nur selten Gastwirtshäuser, in denen man nächtigen konnte. Ich betrachte eine Landkarte mit der Überschrift: »Tavernen des Hochmittelalters im bayerischen Altsiedelland«. Viele

Markierungen an Flüssen (über das Reisen auf Wasserläufen wird das nächste Kapitel berichten), viele Tavernen-Zeichen aber auch zwischen Flüssen. Die Tavernen von Winkelhausen und Pfaffenhofen, von Dünzlau und Vohburg, von Altdorf und Altheim, von Perkam und Pilling, von Atting und Öbling, von Reith und Hals – vielleicht war Neidhart zumindest in einer dieser Tavernen eingekehrt, und in einigen der weiteren Tavernen, die ich nicht aufgezählt habe, ich wollte keine Tavernen-Litanei anstimmen, wollte nur Weiträumigkeit suggerieren mit einigen Namen.

Nachweisbare Tavernen im Bayern des Hochmittelalters. Aber, noch einmal: sie hatten keine Gästezimmer. Gastwirtshäuser gab es zahlreich in Italien, an der großen Pilgerroute der Via Francigena und in Nordspanien, am Camino de Santiago; in Bayern und Österreich waren sie noch selten: die »Ausbildung der Gastwirtshäuser seit 1300«. Vereinzelt dürfte es aber Gasthäuser schon zu Neidharts Zeit gegeben haben, gleichsam als Prototypen. Diese Gasthäuser unterschieden sich äußerlich von anderen Häusern nur durch ihr Schild. In diesen Gasthäusern: zwei bis sechs Betten. Ein Bett war noch nicht, was heute als »Schlafeinheit« bezeichnet wird: in einem Bett schliefen zwei, drei, vier Gäste, und das nackt, wie damals üblich.

Zweite Folgerung also: Neidhart gelegentlich in einem der (frühen) Gasthäuser Bayerns und Österreichs, nackt zwischen nackten Fremden. Bettwäsche, die täglich gewechselt wurde – das wäre damals utopisch erschienen. Im Späten Mittelalter wurde das Bettzeug wochenlang, zuweilen monatelang benutzt, das wird zu Neidharts Zeit kaum anders gewesen sein. Flöhe, Läuse, Wanzen. Infektionen mit Hautkrankheiten. Na, was soll's – wenigstens warm in einem Bett geschlafen! So ähnlich könnte auch Neidhart reagiert haben.

Nächstes Stichwort: Hospize. Hier wurden Arme versorgt und Kranke gepflegt, hier verbrachten alte Leute ohne Familie ihren Lebensabend, hier konnten, in begrenzter Zahl, auch Reisende übernachten, vor allem Pilger. Solche Spitäler gab es in wachsender Zahl in Frankreich, sie waren aber noch vergleichsweise selten im deutschen Bereich. Zum Stichwort »mildtätige Gastlichkeit der neu gegründeten Hospize« brauche ich keine Details zu sammeln. Sie brächten sowieso kaum Varianten: mehrere Reisende nackt in einem Bett.

Weiteres Stichwort: Übernachten in Burgen. Dies bot sich Fahrenden in Sachen höfischer Literatur am ehesten an – theoretisch.

Ob und wie man hier untergebracht wurde, hing davon ab, wie Burgherr oder Verwalter die Fahrenden einschätzten. Mußten sie weiterziehen? Kamen sie in eine Scheune? Durften sie in der Burg übernachten? Dies konnte so aussehen: in einem Raum lagen mehrere Bewohner und Gäste auf Matratzen und Matten. Ein Vorrecht konnte es hier sein, an der Wand zu liegen.

Letztes Stichwort: »Klostergastlichkeit«. Sie war in Ordensstatuten festgelegt, beispielsweise bei den Benediktinern, schon zur karolingischen Zeit, und hier dürfte sich bis in Neidharts Jahrzehnte wenig geändert haben. Nach dem Referat von Thomas Schuler lasse ich Neidhart in einem gleichsam idealtypischen Kloster übernachten.

Er kommt zur Pforte geritten, sie ist verschlossen. Klopft er oder ruft er? Rufen galt als Signal der Armut; wer ritt, gehörte nicht zu den Armen. Weil Neidhart selbst einmal erwähnt, er reite dorthin, wo Hof gehalten wird (ze hove rîten), schreibe ich ihm auch in diesem Entwurf ein Pferd zu. Also: Neidhart klopft, pocht oder schlägt ans Klostertor. Der Pförtner öffnet, grüßt, fragt nach dem Begehr. Will ein Fußreisender übernachten, wird er gleich zur Herberge geschickt, zum hospitale pauperum. Wer beritten ist, wird nicht abgefertigt, sondern empfangen – es sei denn, der Abt hat eine rigorose Anweisung erlassen betr. Spielleute. Ich setze voraus: Neidhart hebt sich durch Selbstdarstellung, Selbstpräsentation ab vom gewöhnlichen Volk der Spielleute, die höchstens in der Herberge der Armen untergebracht werden, gehört also zu den Gästen, die dem Abt gemeldet werden müssen. Wenn gerade gegessen oder gebetet wird, muß der Pförtner mit der Anmeldung warten. Wahrscheinlich wird er sich solange mit dem Fremden unterhalten, will von ihm Neues hören – Nachrichten auf Hufen sind schneller als Nachrichten auf Füßen. Schließlich kann der neue Gast dem Abt gemeldet werden. Der entscheidet, wie dieser berittene Laie, dieser miles vel ministerialis, aufgenommen, behandelt wird.

Wahrscheinlich wird der Gast von einem Mönch begrüßt. Sie sprechen ein Gebet. Neidhart wird zum Gästehaus geführt, das außerhalb des »Klaustralbereiches« liegt, zwischen der äußeren und inneren Klosterpforte. In einem kleinen Kloster sähe es einfacher aus: ein Raum für bessere, ein Raum für arme Gäste. Noch stärker vereinfacht: ein Raum für Reiter, ein Raum für Fußwanderer. Auch in größeren Klöstern ist die Zahl der »Schlafplätze« insgesamt gering: ein, zwei oder drei Dutzend.

Das Gästehaus als Holzhaus. Es dürfte so aufgeteilt sein: ein »Speiseraum mit Feuerstelle«; an den Stirnseiten Schlafzimmer; an den Längsseiten »Räume für Knechte und Pferde«; eine angebaute Latrine. Dieses Gästehaus in einiger Distanz zum Schlaftrakt, zum Dormitorium des Konvents, denn, so heißt es in einem Tractatus: »Die Laien bleiben bis Mitternacht auf und reden und machen Spaß.«

Die Gäste bekommen zum Abendessen Brot, auch weitere Lebensmittel, sie machen sich das Essen selbst. Vielleicht hilft ein Mönch – zum Beispiel, wenn ein höherer Geistlicher unter den Gästen weilt. Der kann aber auch zum Tisch des Abtes eingeladen werden – ein Laie nicht. Selbstverständlich erhalten die Gäste zum Essen Bier oder Wein. Man wird ins Erzählen kommen, wird vielleicht auch zu singen beginnen. Und wenn Neidhart nun aufgefordert würde, ein paar Lieder zum Besten zu geben, so könnte er nicht ausweichen: In Literaturgeschichten werde ich als höfischer Sänger bezeichnet, drum darf ich nicht überall singen... Also: das Instrument ausgepackt! Gestimmt. Diensttuende oder vielleicht auch dienstfreie Mönche hören seinen Liedern zu. Schließlich kriecht man ins Bett: auch im Kloster-Gästehaus sind es jeweils mehrere Gäste, nackt wie gewohnt. Nachtvögel. Glockenläuten. Morgengebet. Messe. Frühstück. Zum Aufbruch Wegzehrung: Mischbrot; ein oder zwei »pensae« Käse oder Speck; eventuell ein Stück Aal. Und ein Abschiedstrunk, bevor es weitergeht auf der Lebensreise.

34 Neidhart auf Reisen: vorwiegend sehe ich ihn reiten, ich ließ ihn aber auch schon auf der Donau gleiten, zwischen Passau und Klosterneuburg – diese Bewegung muß noch einmal aufgenommen werden. Wer sich Neidharts Reisewege in Bayern, im Donauraum vor Augen führen möchte, muß sich eine der »Römerstraßenkarten« beschaffen, die rekonstruiert und publiziert worden sind und eine Karte mit dem damaligen System von Wasserwegen, Wasserstraßen. Denn selbst kleine Flüsse wurden als Reisewege benutzt, beispielsweise die Fränkische Saale, und selbstverständlich waren eine Isar oder eine Loisach stark frequentierte Wasserwege, »talwärts«. Neidhart wird also vielfach auf dem Wasser gereist sein, auch in Bayern, im »Flößbetrieb«. Ungefährlich war dies nicht: Strudel, querliegende Bäume, Fel-

senriffs – es wird viel Gischt gestoben sein auf solch einer Fluß-
fahrt. Es gab auch Mäanderbewegungen von Flüssen durch
Sumpfgebiete, dort glitt man langsam, dort mußte auch gestakt,
gerudert werden, und in solchen Abschnitten könnte man sich die
Zeit verkürzt haben durch Erzählen. Ich lasse einen (der wohl gedrängt) sitzenden Reisenden auf einem Beispiels-Floß von einer
eigenen Reise erzählen, von einer Reise, die über Meerwasser
führte, nach England, nach London, und dieser Mann, der beispielsweise auch Neidhart von der Reise erzählt, könnte ein Kleriker sein im Dienst eines weltlichen Herrn, ein notarius oder
protonotarius etwa eines Grafen. Während die Flößer sich mittelhochdeutsche Flößerworte in urbayrischem Lautstand zurufen,
könnte Neidharts Mitreisender erzählen, was selbstverständlich
dokumentiert ist, unter anderem bei Arno Borst, was ich also
nicht erfinde, nicht zu erfinden brauche: die Plätze, Straßen und
Gassen der Stadt London seien von einem unvorstellbar dichten
Gewimmel erfüllt, und man sehe sehr Reiche und ganz Arme, sehe
Fremde, die mit ihren Schiffen ankämen, aus dem Königreich Sizilien, von Afrika, aus dem Land der Mauren in Spanien, vom
Schwarzen Meer, sogar von Indien, und es würden kostbare Stoffe
entladen und Spezereien und Waffen und Heilmittel und Gerät-
schaften – dreimal war er mit seinem Herrn am Hafen: Menschen
liefen hin und her, mit Lasten, ohne Lasten, Packpferde wurden
beladen, wurden von ihren Lasten befreit, man trug Stapel von
Schafsfellen auf ein Schiff, und von einem anderen schleppte man
Tuchballen an Land, und sie hörten ringsum Sprachen aus den
fernsten Ländern. Als sie hungrig und durstig geworden waren
nach all dem Zuschauen, kehrten sie nicht ins Stadthaus der Ver-
wandten des Grafen zurück, sie kauften am Hafen, worauf sie
Lust hatten: hier wurde gekocht und gesotten, gebacken und gebraten; ob Fisch oder Schwein, Rind oder Geflügel oder Wildbret
– alles war zu haben an den Ständen, auch an Getränken, es gab
vor allem einen wundervoll schmeckenden Wein aus dem Mau-
renland. Nach dem Essen stand er mit seinem Herrn wieder am
Hafen, es war auch ein englischer Graf anwesend, sogar ein Baron,
sie bildeten eine Gruppe, und die Britannen erklärten ihnen alles,
was sie wissen wollten – man verständigte sich in der Sprache der
Normannen, die sein Graf, der ja einen normannischen Schwager
habe, recht gut verstehe. Und der Mitreisende könnte weiter erzählen: nicht nur am Hafen ist viel zu sehen – jeden Freitag findet
auf einem Feld vor der Stadt, es heißt Schmusfeld oder Sußfeld

oder so ähnlich, also jeden Freitag findet dort ein großer Markt statt, auch für Zuchtpferde, und er hielt sich hier mit dem Grafen am längsten auf, wiederum mit einigen englischen Herren, und sie ließen sich Zelter vorführen mir ihrem bekannten Paßgang, das sei ja das eleganteste, was man sich als Pferdegangart überhaupt vorstellen könne, die Pferde würde ja beinah gleiten, so weich, so sanft sei ihr Gang. Selbstverständlich gab es dort auch Turnierpferde, die auf das rasche, schwungvolle Attackieren dressiert waren – sie standen mit »zuckenden Ohren«, »steifem Hals«. Und es gab Fohlen, Stuten, Ochsen, Schweine, und es waren Pflüge ausgestellt, sehr gut geschmiedet. Ja, und die Spazierritte durch die Stadt, überall Waren ausgestellt, Purpurgewebe, Zobelpelze, Spezereien, Waffen…

Während der Kleriker dies erzählte, sind die Reisenden eine Meile oder zwei Meilen weitergeglitten auf einem der Wasserwege, die wohl auch Neidhart willkommen waren.

35 Neidhart als fahrender Dichter und Sänger – noch einmal will ich eins seiner möglichen Reiseziele in Bayern benennen: Kelheim. Ich sage mir: wenn (ich betone: *wenn*) die Herzogin (oder vielleicht doch der Herzog) den Sänger einlud, so dürfte, müßte Neidhart auch einmal nach Kelheim gekommen sein, beispielsweise von Landshut aus. Oder: er ritt, nachdem er (wieder) vor geistlichen, weltlichen Herren Bayerns aufgetreten war, nach Kelheim, weil er hörte, Herzog Ludwig und Herzogin Ludmilla residierten dort. Neben Landshut und Wartenberg war und blieb Kelheim eine der wichtigen Residenzen.

Ich reise nach Kelheim, denn diese Möglichkeit soll nicht abstrakt bleiben. Wie Neidhart überquere ich vor Kelheim die Donau auf einer Brücke, aber dies ist selbstverständlich eine neue Brücke an anderer Stelle: die alte Donaubrücke, auf der Herzog Ludwig später ermordet wird, sie war eine Schiffsbrücke, Pontonbrücke und wird direkt zum Donautor der kleinen Stadt geführt haben; die heutige Brücke liegt ein paar hundert Meter flußabwärts, geht über in eine Umgehungsstraße, deren Böschungen so neu sind, daß Bewuchs noch nicht recht Wurzeln fassen konnte. Die unter den Autos, die unter meinen Füßen leicht schwingende Brücke. Es riecht nach Melasse. Einen Steinwurf flußaufwärts quillt, etwa zehn Meter vor dem Ufer, rostbraune, kakaobraune Flüssigkeit aus einem (unsichtbaren) Abwasserstutzen, zieht eine Spur unter der Brücke durch, das Braun fächert auf, scheint sich zu beschäumen.

Neidhart, auch Neidhart auf der Donaubrücke, einer Donaubrücke vor Kelheim: kostete er den Luxus aus, über eine Brücke zu reiten, während man Flüsse sonst in Furten durchquerte, auf Fähren überquerte?

Neidharts Ziel lag schon vor dieser Stadt: die Burg des Herzogs. Diese Burg, in der Ludwig vielleicht geboren worden war, lag zwischen Stadtmauer und Flußufer. Von dieser Burg haben sich, laut Stadtführer, »bis heute nur der massige Stumpf des Burgfrieds und einige Mauerfundamente erhalten«. Eine Burg, die wohl oft von Hochwasser umgeben, wiederholt von Eisschollen belagert wurde. Das Gebäude an der Stelle dieser Burg (zum Teil noch auf ihren Fundamenten, ihren Sockeln) ist heute Behördenhaus: »Landratsamt Kelheim« steht auf einem der Schilder, und: »Staatl. Veterinäramt Kelheim« und »P für erheblich geh- und stehbehinderte Amtsangehörige«.

Der Weg von der Burg zum Donautor war kurz: heute muß ich eine Straße überqueren. Kelheim zeigt – und daran hat Herzog Ludwig bei der Wiedergründung entschieden mitgewirkt – einen fast reißbrettartigen Grundriß: ein Stadtquadrat, auf der einen Seite von der Donau, auf der Gegenseite von der Altmühl eingefaßt, auf den beiden anderen Seiten von Verbindungskanälen, und hinter diesen Wassergräben, Wasserläufen die Stadtmauer: das Städtchen als große Wasserburg. Dieses Stadtquadrat aufgeteilt durch ein Straßenkreuz, das sich heute noch abschreiten läßt: von der Donauseite bis zur Stadtmitte die Donaustraße, von der Stadtmitte bis zur Gegenmauer die Altmühlstraße, und außerhalb der früheren Stadtmauer findet das große Betonieren statt für die Rhein-Main-Donau-Wasserstraße der Rhein-Main-Donau AG, Neubauamt Donauausbau. Ein neues Flußbett aus Beton, ein Betonfestival der Verschwender.

Ich muß sehr viel Beton verdrängen in meinem Bewußtsein, um mir das Kelheim zu vergegenwärtigen, durch das auch ein Neidhart gestreift sein könnte. Zu diesem Städtchen gehörte beispielsweise das Leprosenheim, seit 1176 nachgewiesen. Stand es im Stadtgeviert? Das lese ich so, das kann ich aber nicht recht glauben, denn: Spitäler für Leprakranke lagen stets außerhalb der Stadtmauern. Wo aber hätte es hier im Überschwemmungsgebiet gebaut werden können? Die Lage im Ort bleibt für mich sekundär: es gab hier ein Leprosenheim, punktum. Und das hieß auch für diesen Ort eines möglichen Auftritts oder möglicher Auftritte von Neidhart: der damals selbstverständliche Anblick von bettelnden Menschen mit entstellten Gesichtern, verkrüppelten Gliedern. Die Lepra. Die Lieder. Lepra und Lieder.

36 Ich werde später entwerfen, wie Neidhart nach einem Festbankett auftritt, in einem Saal mit hundert oder zweihundert Zuhörern: eine große Veranstaltung, bei der er seine Tanzlieder singt. Hier entwerfe ich ein Gegenmodell: eine literarisch-musikalische Veranstaltung in kleinem Kreis, beispielsweise in einem der mit Fresken ausgemalten Räume, die für uns heute große Zimmer sind, die damals kleine Säle waren. Und in diesem Raum (der vielleicht auch einen Kamin hat) singt ein Dichter vor dem Burgherrn und dessen »familia«, also vor Mitgliedern seiner Familie, vor Rittern und Ministerialen, vor standesgemäßen Besuchern, vor dem Burgkaplan – ein Kreis von zwanzig, dreißig Zuhörern. Also eine Art kammermusikalischer Veranstaltung.

Das höfische Publikum muß, zumindest an einigen der Höfe, ein kennerhaftes, also ein gebildetes Publikum gewesen sein. Sonst wären – beispielsweise – literarische Anspielungen ohne Resonanz geblieben. Daß ein Dichterkomponist auf einen anderen Dichterkomponisten anspielte, daß ein Dichterkomponist sogar auf Anspielungen eines Dichterkomponisten auf einen anderen Dichterkomponisten anspielte (wie Wolfram auf Walther auf Reinmar), das setzte voraus: zumindest ein Teil des Publikums war literarisch gebildet.

Es kann in einigen Kapiteln dieses Buches der Eindruck entstehen, Neidharts Publikum wäre naiv gewesen. Aber: wie das Publikum sich verhielt, das hing auch von der Form der Veranstaltung ab. Und hier erfinde ich eine literarisch-musikalische Veranstaltung der ›leisen Töne‹, eine Veranstaltung für literarische und musikalische Connaisseurs.

Wir müssen uns hier bewußt machen, bei allen harten, finsteren Konturen jener Zeit, bei allem jähen, auf uns exzentrisch wirkenden Verhalten: in Neidharts Zeit war längst schon das Leitbild des höfischen Menschen entwickelt worden, der sich auf Grund seiner Bildung vernünftig moderat verhält. Dieses Leitbild soll hier in Erinnerung gerufen werden, und zwar durch Gottfried von Straßburg. Wie er die Erziehung und Ausbildung des Tristan schildert, das ist Entwurf einer idealen Lebensform(ung), das wurde von der Realität höchstens in rühmenswerten Einzelfällen eingeholt, aber vielleicht bestimmte dieses Leitbild des höfischen Menschen zumindest schon Formen der Rezeption von Literatur und Musik, etwa bei Anlässen, wie ich sie in diesem Kapitel zu skizzieren versuche.

> Sein Vater, Marschall, brachte ihn   2060
> zu einem Mann, erfahren, klug,
> und er schickte sie ins Ausland,
> damit er fremde Sprachen lerne.
> Und er sollte auch sogleich
> beginnen mit dem Bücherstudium,
> sollte sich ihm erst mal widmen,
> auf Kosten andrer Studiengänge.
> Dieses war sein erster Abschied
> von der Ungebundenheit;
> die Disziplin des Bücherstudiums
> wurde für ihn zur Belastung.
> Und doch: er hatte dies begonnen,
> und er gab sich seinen Studien
> so völlig hin, mit Geist und Fleiß,
> daß er in sehr kurzer Frist
> mehr an Büchern durchstudierte
> als je ein Bub davor, danach.
> Zu diesem doppelten Studieren
> von Büchern und von Sprachen kam:
> er verbrachte viele Stunden
> mit Saitenspiel, in jeder Art.
> Er übte hier von früh bis spät
> mit einem solchen steten Fleiß,
> bis er es meisterhaft beherrschte.
> Er lernte wahrlich unentwegt,
> heute dies, morgen das,
> heuer gut, im Jahr drauf: besser.
> Und zu all dem übte er,
> mit dem Schild und mit der Lanze
> gewandt und schnell zu reiten,
> das Streitroß an den beiden Flanken
> mit den Sporen anzutreiben;

beherzt ließ er es galoppieren,
voltierte und lâchierte es,
jambelierte mit den Schenkeln
sehr gekonnt: ein wahrer Ritter!
Oft mouvierten sich die beiden.
Raschen Schwertkampf, starkes Ringen,
schnelles Laufen, weites Springen
und dazu den Wurf des Speeres –
alles dies nach seinen Kräften.
Auch berichtet uns die Quelle,
daß er einzeln und in Gruppen
jagen lernte, und dies besser
als ein jeder andre Mann.
Hofesspiele aller Art
kannte und beherrschte er.
Und dazu kam noch sein Aussehn!
Noch niemals hatte eine Frau
solch ein Kind des Glücks geboren.

Die Musik, die von solch einer höfischen Idealfigur gespielt wird,
muß so vielseitig sein wie ihre Bildung. Und so läßt Gottfried seinen Helden berichten (freilich als Vorspiel zu einer Lügenge-
schichte):

Ich war einmal ein Hofspielmann   7560
und beherrschte ausgezeichnet
die Kunst, den Lebensstil des Hofes:
das Plaudern, ebenso das Schweigen,
die Leier und die Fiedel spielen,
die Harfe und die Harfenzither,
das Scherzen und das Spotten –
all dies konnte ich so gut,
wie man es braucht, in diesem Stand.

Vielseitigkeit und, so nehme ich an, Virtuosität allein zeichnen den
höfischen Spielmann aber nicht aus, es muß Gefühl, muß Emotion
hörbar werden. Erst in Verbindung von großem musikalischem
Können und von emotionaler Intensität ist wahre Musik möglich
– dies läßt sich ablesen am Bericht über Tristan, der vor der iri-
schen Küste, vor Dublin in einem Boot treibt, musizierend, und
die Männer, die zu ihm hinausrudern, werden von der Musik so
in Bann geschlagen, daß sie erst einmal ihren Auftrag vergessen.

Nun hörten sie von drüben her 7515
so schön, so ganz nach Herzenswunsch
eine Harfe zart erklingen,
und zu dieser Harfe sang
ein Mann so unvergleichlich schön,
daß ihnen schien, es gelte ihnen;
es war für sie ein echtes Wunder.
Solang er Harfe spielte, sang,
blieben sie dort auf der Stelle.
Doch hielt ihr Glücksgefühl nicht vor,
das sie dort durch ihn empfanden,
denn was er vor ihnen spielte,
mit der Harfe, was er sang,
das kam nicht aus dem Herzensgrund,
das machte er nicht mit Gefühl.
Es ist beim Musizieren so:
ist man nicht darauf eingestimmt,
so geht es nicht sehr lange gut.
Wenn dies auch beinah üblich ist,
so ist doch die Musik nicht echt,
spielt man sie nur obenhin,
nicht mit Herz, nicht mit Gefühl.

Ich bringe diese Ausschnitte zur Einstimmung, mache hier zugleich Voraussetzungen bewußt. Und damit kann in diesem Kapitel Neidhart auftreten, beispielsweise mit seiner Harfe, und er bringt auch die Fiedel mit. Er wird sich wohl erst auf der Harfe einspielen, präludierend, improvisierend, wie das in einem späteren Kapitel Gottfried von Straßburg beschreiben wird. Neidhart wird dann zunächst Liedtexte vortragen von Dichterkomponisten, die zu seiner Zeit hohes Ansehen besaßen. Daß ein Dichterkomponist nicht nur eigene Liedtexte sang, läßt sich nachweisen am Phänomen der »Strophenfluktuation«. So könnte Neidhart als erstes vor dem kundigen Publikum eine Liedstrophe, ein strophenkurzes Lied eines Dichterkomponisten singen, der von Gottfried wie von Wolfram sehr bewundert wurde: Heinrich von Veldeke, aus dem Gebiet von Maastricht. Freilich wird Neidhart nicht das dortige Idiom übernehmen, und so lege ich auch diese Übertragung im Hochdeutschen vor. Inhaltlich knüpfe ich mit diesem Lied an den Tristan-Ausschnitt an; freilich hat Heinrich

oder Heinric oder Hendric diese Strophe Jahrzehnte vor Gottfried verfaßt.

> Tristan wollte nicht, er *mußte*
> der Königin die Treue halten –
> ihn zwang dazu der Liebestrank
> weit mehr als die Gewalt der Liebe.
> Die Edle sei mir dafür dankbar:
> ich habe solch »arome« noch nie
> getrunken, und ich liebe sie
> womöglich mehr als jener Mann.
> Du Schöne ohne Lug und Trug:
> nimm mich an und sei du mein!

Weil das Publikum nun applaudieren dürfte, könnte Neidhart
gleich ein weiteres Lied des Limburgers vortragen, ebenfalls aus
einer Strophe bestehend. Und auch hier wieder: Ironie!

> Lieber hätte ich mit ihr
> fünf mal hundert Pfund in Silber
> und noch eine Truhe Gold
> als von ihr getrennt zu sein,
> ganz allein und arm und krank.
> Sie glaube mir in diesem Punkt:
> dies ist die Wahrheit über mich!

Auch dieser knappe Liedtext, so setze ich voraus, findet Beifall,
und so könnte Neidhart gleich ein weiteres Lied vortragen, das
nur aus einer Strophe besteht. Hier wird die Ironie über die Hohe
Liebe, die Minne noch weiter getrieben, hier werden Stereotypien
des Rituals herausgestellt durch Stereotypien der Formulierung,
in einer witzigen Akkumulation. Ein Liedtext von Reinmar dem
Alten – ein Dichterkomponist, den Zeitgenossen Neidharts be-
wunderten, ja verehrten.

> Liebe liebt den treuen Mann;
> liebt er um der Liebe willen,
> soll er Liebeslohn erhalten;
> seit Anbeginn lieb ich die Liebe,
> ich lieb die Liebe ungemein;
> der Liebe schwor ich Liebe zu,

der Liebe schenke ich die Liebe,
daß ich aus Liebe Liebe liebe;
ich denk an eine Frau, aus Liebe;
ich liebe, weil ich ganz in Liebe
    die Liebesschöne lieben muß.

Eine Veranstaltung mit knappen Liedtexten, und: mit Liedtexten, in denen Ironie als »Sauerteig« wirksam wurde, wie das Wolfram von Eschenbach gesagt hätte. Wenn Neidhart nun einen eigenen Liedtext vorträgt, so könnte er ebenfalls ironisch subtil und knapp sein – eine Strophensequenz, die er aus einem Strophen-Konvolut herauslöst. Hier treibt Neidhart ausnahmsweise ein eher verhüllendes als enthüllendes literarisch-erotisches Spiel. Während er es präludiert, könnte dies geschehen: Damen und Herren erheben sich, stellen sich paarweise auf, sie tanzen, wenn Neidhart zu singen beginnt, sich beispielsweise auf einer Fiedel begleitend.

Wie schade, daß ich nicht ein Seidenschleier bin,
der vor ihren Wänglein hängt,
vor den so roten Lippen –
das wär für mich ein Hauptgewinn an Glück!
Wo fühlte ich mich derart wohl?
Nirgends fand ich das bisher.
Wär ich dort, so wüßt ich, was ich täte,
stünd der Wind ein wenig gegen uns,
so daß sie bäte, daß ich näherkäme...

Wär ich nur der Gürtel, den die Liebste trug,
als sie ausging, um zu tanzen.
Der Gürtel war nicht lang,
doch dafür reich beschlagen und sehr kunstvoll,
der sich um die Allerliebste
legte und sie sanft umschloß.
Heißa, hei, wär ich nur am Ziel der Wünsche,
wo die Schnalle sitzt, was wollt ich mehr?!
Nein, lieber nicht – das stiege mir zu Kopf...

Oder wär ich eine Decke (dies aus Hermelin)
auf einem schönen Mädchen,
oder wäre ich
der Umhang (aus Damast) für eine Herrin,

wie ihn Damen gerne tragen
bei der Männerschau von Rittern.
Pfleglich würd man mich behandeln,
manchmal falten, an den Leib gelegt.
Bei solchen Freuden würd ich gerne alt...

Daß Damen und Herren zu solchen Strophen tanzen – erfinde ich
das? Joachim Bumke: »Minnelieder konnten gesungen, getanzt
und gelesen werden.« Und noch einmal: »Minnelieder wurden
auch getanzt.« Nun könnte man sich bei Neidharts Frühlingsliedern und Winterliedern weitaus eher vorstellen, daß Neidhart eine
Musik für sie adaptiert oder komponiert hat, die dem Publikum
in die Beine fuhr. Aber es wurde auch zu vergleichsweise ätheri-
schen Texten getanzt – an diesen Gedanken gewöhne ich mich
zwar langsam, aber gern. Einer der wichtigen Dichterkomponisten für Tanzlyrik war Neidharts jüngerer Zeitgenosse Ulrich von
Lichtenstein. Er selbst äußerte sich zu unserem Thema.

Die Strophen waren meisterhaft,
ihre Reime äußerst kunstvoll,
drum sangen viele sie sehr gern.
Die Melodie war nicht zu lang –
so ließ sich gut zu ihnen tanzen.

Ulrich von Lichtenstein hat so etwas wie ein Roman-Poem verfaßt, den »frouwendienst«. In den teils fiktiven, teils biographischen Ablauf sind zahlreiche Liedtexte eingebaut. Sie sind in den
Überschriften entweder ausgewiesen als »sincwîse« (die Wissenschaft benutzt als Pendant den Begriff Vortragslyrik) und als
»tanzwîse« (in der Wissenschaft: Tanzlyrik). Ich übertrage die
vierte »tanzwîse«, denn ich möchte konkret wissen, zu welcher
Art von Texten man auch getanzt hat.

Hübsche Melodien singen
kleine Vöglein in dem Walde:
in den Wiesen blühen Blumen
voller Schönheit auf den Mai zu,
und so blüht mein Hochgefühl
denkend auf die Edle zu,
die mich reich macht im Gemüte
wie der Traum die armen Leute.

Es ist große Zuversicht,
die ich auf die Edle setze:
daß ich sie dazu bewege,
mir das große Glück zu schenken.
Diese Hoffnung stimmt mich froh.
Gebe Gott, ich möcht verhüten,
daß sie meinen Traum zerstöre,
der mein ganzes Glück bedeutet.

Diese Schöne ohne Makel,
die nicht untreu werden kann,
lasse mir den lieben Traum,
wenn es gar nicht anders geht:
daß die Freude lange währt,
daß mich nicht das Weinen weckt,
daß ich lache, weil ich Liebe
haben will von Ihro Gnaden.

Wünschen, in Gedanken schwelgen:
dieses ist mein höchstes Glück,
und das soll mir ihre Liebe
nicht entziehen; sie gestatte,
daß ich ihr ganz nahe bin
mit den beiden; sie gewähre
mir von selbst das hohe Glück.
Mög sie immer glücklich sein!

Mai des Glückes, du alleine
tröstest die gesamte Welt.
Du, die Welt, sie können mich
überhaupt nicht glücklich machen –
wie könntet ihr mir Freude schenken
ohne meine Allerliebste?
Nur von ihr erwart ich Liebe,
denn ich lebe von der Liebe.

Ein wahrhaft schwebendes Gebilde, in einer equilibristischen
Dialektik der Ironie. Ich könnte mir dazu höchstens einen Schwe-
betanz von Astralleibern vorstellen, aber die Überschrift sagt klar:
zu diesem Lied wurde getanzt. Ulrich von Lichtenstein trieb die
Diskrepanz noch weiter.

Ich übersetze die erste Strophe des Tanzliedes Nummer eins.

> Frauengüte: keiner wird
> ihr mit seinem Lob gerecht.
> Lange schon erblüht mein Herz:
> allen Kummer nimmt sie mir,
> seh ich sie in ihrem Kleid,
> und sie schreitet vor mir her
> mit der Schönheit eines Engels.

Schwer genug, sich vorzustellen, daß man zu Liedern mit solchen Texten getanzt hat? Dann will ich es noch schwerer machen: ich übersetze die erste Strophe des Tanzliedes Nummer siebzehn – hier erreichen wir die Sphäre gesungener Abstraktion.

> Allen, die das Hochgefühl erleben wollen,
> gebe ich entschieden meinen Rat,
> daß sie edle Frauen lieben
> wie sich selbst: von ganzem Herzen, treu.

Nach den wahrscheinlich langsam geschrittenen Tänzen könnte sich das Publikum jetzt wünschen, daß die Musik im Tempo etwas anzieht: nach ironischer Subtilität damit eher eine Akzentuierung des sprachlich Virtuosen. Und so lasse ich Neidhart ein literarisches Bravourstück des Walther von der Vogelweide singen, das alle Zuhörer sprachlos machen soll: jeweils sieben Reime in einer Strophe. Ein Liedtext, den ich mit besonderem Vergnügen ausgesucht habe – und diesmal übersetze ich mit Reimen, weil sie hier konstituierend sind: Sprachmusik!

> Die Welt war gelb, war rot und blau,
> war grün im Wald und in der Au.
> Die Vögel sangen hübsch genau –
> die Nebelkrähe macht Radau.
> Die Welt sieht anders aus jetzt, jau!
> Sie ist nun fahl und grau in grau.
> So mancher senkt hier seine Brau.

> Auf grünem Hügel saß ich eh:
> es wuchsen Blumen und der Klee
> von hier bis unten an den See.

Wo wir gepflückt so manch Bouquet,
dort liegt nun Reif, dazu noch Schnee.
Den kleinen Vöglein tut das weh.

Die Deppen rufen: schnei doch, schnei!
Die armen Leut: Oweh, owei!
Ich fühle mich so schwer wie Blei.
Der Winterkummer zählt für drei.
Bezüglich dieser Jammerei:
sie wäre sicher rasch vorbei,
käm nur der Sommer mal herbei.

Und lebe ich noch lange so,
dann fresse ich noch Krebse – roh!
Sommer, mach mich wieder froh.
Begrünst die Täler, das Plateau.
Blumenspiele mit Niveau,
Sonnenlichtekstasen – oh,
das jagt den Winter in das Stroh!

Ich suhle mich hier wie ein Schwein,
meine Haare: nicht sehr fein.
Sommer, sag, wo magst du sein?
Bauern, spannt die Pflüge ein!
Winter bringt nur arge Pein,
engt und klemmt mich hier so ein:
lieber Mönch in Lausitz sein!

37 Neidhart als Fahrender, Neidhart als Spielmann: die Begriffe sagen uns gar nichts darüber, wie man an einem Adelshof, Herzogshof mit einem Fahrenden umging, wie man einen Spielmann behandelte. Aber auch Atmosphärisches ist mir wichtig.
Ein Blick über die Grenze des deutschen Sprachbereichs kann uns die gesellschaftliche Position eines Spielmanns deutlich machen. Jean Renart verfaßte einen kleinen höfischen Versroman mit dem Doppeltitel *Le roman de la rose ou de Guillaume de Dole.* Zwei Datierungsversuche von Romanisten: 1211 oder 1227/28. In beiden Fällen: dieser Versroman ist zu Neidharts Lebzeiten verfaßt worden.

In diesem Roman taucht mehrfach ein Spielmann auf, und es läßt sich an etlichen Details ablesen, wie man ihn behandelte. Weil man im deutschen Bereich gerne aufgriff und verarbeitete, was aus Frankreich kam, läßt sich vorstellen, daß es auch in solchen Punkten Entsprechungen gab oder geben konnte zu damaliger donauländischer Realität.

Der Spielmann, um den es hier geht, heißt Jouglet, und das ist (wie der Übersetzer Helmut Birkhan herausstellt), ein »sprechender Name für einen fahrenden ›Spielmann‹ (jouglëor).« Also die Spielfigur eines Spielmanns, und doch: was Jean Renart über sie erzählt, dürfte in Sichtkontakt stehen zu damaligen Fakten.

Dieser Spielmann gehört zum Hofgefolge des Kaisers, gilt als klug und berühmt, »und hatte viele Lieder und viele schöne Geschichten gehört und gelernt«. Sein erster Auftritt in diesem Buch sieht so aus: der Kaiser läßt ihn durch einen Knappen rufen, er soll ihm eine Geschichte erzählen, die ihn wachhält, denn er ist sehr müde. Er nennt den Spielmann seinen »lieben Freund«, legt ihm einen Arm auf die Schulter. Da erzählt Jouglet gern. Er wird freilich auch schon mal als Bote losgeschickt, beispielsweise, um einen Kleriker zu holen, der einen Brief schreiben soll, oder Jouglet springt als Kammerdiener ein. Aber solche Tätigkeiten schmälern nicht sein Ansehen, setzen ihn in seinem Rang nicht herab. Als ihn Wilhelm von Dole, die Hauptfigur des Romans, wiedersieht, da ruft er: »Ah, Jouglet! Was gibt's? Woher kommt Ihr, lieber guter Freund?« Er umarmt den Spielmann sofort, vor lauter Freude, und gleich darauf umarmt der Spielmann den hohen Herrn. Also: nicht bloß nüchterne dienstliche Beziehung, nicht nur ein ›Beschäftigungsverhältnis‹. Als Graf Wilhelm losreitet, ruft er dem Spielmann zu: »Sitz hinter mir auf, Bruder, wenn du mir Freude machen willst!« Und während sie auf einem Pferd durch eine Stadt reiten, singt Jouglet dem Herrn ein Lied ins Ohr. Dann wieder ein Auftritt vor mehreren Herren, vor dem Kaiser und vor Wilhelm mit Gefolgsleuten, und Jouglet trägt »drei oder vier Geschichten und Lieder vor«. Bei anderer Gelegenheit wünscht sich der Kaiser ein bestimmtes Lied von ihm. Und dem Spielmann wird ein hermelindrapierter Rock geschenkt, aus der Garderobe des Wilhelm von Dole. Sogleich singt Jouglet wieder, gemeinsam mit einer jungen Dame, und er spielt dabei die Fiedel. Und der Kaiser ruft den Spielmann zu sich auf einen Balkon, läßt ihn ein Lied singen. Und bei einem Ritt singt ein junger Mann aus der Normandie ein Lied, und Jouglet begleitet ihn auf der Fiedel. Und bei einem Aufmarsch von Knappen vor einem Turnier singt er gemeinsam mit einem Aigret de Grame. Und er singt einem hohen Herrn abends am Bett etwas vor. Bei einem Tanzfest wechselt er sich ab mit einer fahrenden Sängerin, der schönen Duete von Troyes, und mit einem weiteren Spielmann, »der ein schönes, grünes Gewand« trägt.

Es zeigt sich: das Spektrum der Tätigkeiten, der Darbietungen eines Spielmanns war breit. Und: dieser angesehene Spielmann wurde von den hohen Herren mit Achtung, ja mit Herzlichkeit behandelt, man bezeichnete ihn als Freund, man umarmte ihn, ließ seine Umarmungen zu, und ich bin hier fast fixiert auf diese Szene: wie er sich hinter Wilhelm von Dole aufs Pferd schwang, und er sang ihm, reitend, ein Lied ins Ohr.

38 Neidhart war, das will ich in diesem Zusammenhang noch einmal betonen, nicht nur Dichter, er war auch Komponist, Sänger, Instrumentalist. Wie seine Musik geklungen haben könnte, das läßt sich, in Annäherungswerten, rekonstruieren nach den zahlreichen Melodien, die unter seinem Namen überliefert sind.

Musik des Mittelalters, von Ensembles auf »Originalinstrumenten« (früher) zelebriert, (heute) musikantisch präsentiert, ist letztlich musikalische Phantasie über Musik des Mittelalters. Denn: aus Neidharts Zeit ist kein einziges Instrument überliefert, das noch spielbar wäre; sämtliche Instrumente, mit denen Musik des Mittelalters aufgeführt wird, sind Kopien, Nachbauten. Und das zum großen Teil nicht einmal nach inzwischen unspielbar gewordenen, aber doch vermeßbaren Instrumenten – etliche Instrumente sind nach Abbildungen aus Büchern, nach Darstellungen auf Gemälden, nach Andeutungen von Steinmetzarbeiten gebaut worden. Daß sich auf diese Weise ein »originales Klangbild« nicht erreichen läßt, dies zu erkennen, muß man kein Instrumentenbauer sein. Streng genommen wird hier synthetische Musik erzeugt: nach den vielfach nur rudimentären Hinweisen jener Zeit zur Spielpraxis, nach ihrer (für unser Verständnis nicht ausreichenden) Notation, nach unseren Vorstellungen, nach unseren Wünschen.

Aber selbst wenn die mittelalterliche Musik, wie wir sie heute hören, weithin nachempfunden, ja nacherfunden ist (auf der Grundlage der überlieferten Melodielinien, die sich sehr verschieden phrasieren lassen) – ich möchte auf Platteneinspielungen, auf Funkaufnahmen mittelalterlicher Musik nicht verzichten; so ungefähr, sage ich mir, könnte es geklungen haben. Und wenn ich Liedtexte von Neidhart lese, sie übertrage, so höre ich echohaft einen Sänger Neidhart, der sich auf einem Instrument begleitet, der vielleicht auch von weiteren Instrumenten begleitet wird, von einer Flöte oder einem Scheitholt, von einer Fiedel oder einem Krummhorn, von einer Pommer oder einem Rankett, heute auch Wurstfagott genannt, in dessen zylindrischem Schallkörper sich neunmal das Klangrohr windet.

Nun muß ich allerdings zugeben, daß ich noch nie eine Illustration gesehen habe, auf der ein Instrumentalist zugleich singt – und dazu gab es sicherlich ikonographische Möglichkeiten; ich habe auch keine Beschreibung solch einer Szene gelesen; andererseits habe ich nie gesehen oder gelesen, daß ein cantor nur sang, und er ließ sich von Instrumentalisten begleiten. Ich gehe aus von Erfahrungen, die ich mit Musikern gemacht habe, wenn wir gemeinsam bei Wolkenstein-Veranstaltungen aufgetreten sind: es ist völlig selbstverständlich, daß hier die Sänger auch Instrumente spielen, sich selbst begleitend. Die beliebtesten Instrumente, zur Zeit: die Schoßharfe, die Laute, die Drehleier, auch die Fiedel. Und die Instrumentalisten einer Gruppe singen meist auch, zumindest in Refrains, gelegentlich in Duetten, manchmal sogar in mehrstimmigen Liedsätzen. Und sie wechseln ihre Instrumente im Verlauf eines Abends, und das nicht nur innerhalb der jeweiligen Instrumentenfamilie – gerade die Musiker, die sich auf mittelalterliche Musik konzentrieren, sind alles andere als eng spezialisiert. Zum Teil bauen sie ihre Instrumente sogar selber oder bauen sie zumindest um – die notwendigen Basteleien etwa an einer Drehleier. Was ich für Oswald von Wolkenstein hervorhebe, gilt auch für Neidhart: ich sehe ihn in fachmännischem Umgang mit seinem Instrument, mit seinen Instrumenten. Und welche könnten das sein?

»Ich was ein höfscher spilman«, behauptet Tristan in einer glaubhaft erzählten Lüge, aber die Instrumente, die er hier nennt, sie dürften für einen höfischen Spielmann typisch sein: er konnte »lîren unde gîgen, harpfen und rotten« (7564). Um dies richtig zu verstehen, zu übersetzen, informierte ich mich bei Martin van Schaik über mittelalterliche Instrumente.

Stichwort »lîren«. Hier ist die Zupfleier gemeint, und die sieht etwa so aus: der Schallkörper, das corpus; darauf zwei symmetrische Arme, die in der Mitte gleichsam tailliert sind, und sich oben wieder verbinden – so sehen sie in etwa aus wie eine 8. Die Leier wird gezupft wie die Harfe, mit der rechten Hand; die Linke kann sie gleichfalls bespielen, und sei es dämpfend.

Stichwort »gîgen«. Die Geige in der heutigen Form gibt es im Mittelalter noch nicht, »die Verben videl(e)n und gîgen meinen beide das Bespielen der videl und sind in diesem Gebrauch austauschbar«. Es gibt die (seltene) Baßfiedel, der etwa die Gambe entsprechen könnte, es gibt die Tenorfiedel, die Altfiedel. Und diese Instrumente werden entweder auf den Oberschenkel gestützt oder hängen an einem Nackenband und werden so bespielt. Die Fiedel wie eine Violine, eine Viola an der linken Schulter aufzulegen, das wäre mittelalterlichen Musikern verkrampft und unnatürlich erschienen...

Stichwort »harpfen«. Die Harfen haben im Mittelalter noch längst nicht das Format der heutigen Konzertharfen, es sind Schoßharfen. Diese kleine Rahmenharfe hat bereits »Schallkasten, Hals und geschwungene Säule«; die Zahl der Saiten ist unterschiedlich, im Durchschnitt ist es ein Dutzend; die Harfe wird vor allem als Soloinstrument gespielt; mit einer Harfe begleiten sich singende Damen und Herren vielfach selbst.

Und das letzte Stichwort: »rotten«. Die rotte ist »eine (dreieckige) Brettzither mit einer variablen Anzahl Saiten, die über einen flachen Schallkasten gespannt sind«. Dieses Instrument wird auch Harfenzither genannt. Und so habe ich die beiden Zeilen folgendermaßen übersetzt, ich zitiere sie noch einmal:

Die Leier und die Fiedel spielen,
die Harfe und die Harfenzither.

Drei Saiteninstrumente, die gezupft werden, eins, das gestrichen wird. Es ist wohl keine allzu kühne These, wenn ich voraussetze, daß der »höfische Spielmann« Neidhart das eine oder andere, das eine und andere dieser Instrumente spielte. Sein wichtigstes Instrument war freilich seine Stimme. Ob er Baß, Bariton oder Tenor sang, werden wir nie mehr erfahren können. Aber dieser Schlußsatz läßt sich doch riskieren: Neidhart war ein professioneller Sänger, der wohl mehr als nur *eines* der höfischen Instrumente spielte.

39 Wie auch immer Neidharts Musik geklungen haben mochte: es läßt sich mit Sicherheit sagen, daß er seine Liedtexte bayrisch eingetönt sang. Ein standardisiertes Hochdeutsch wurde im Mittelalter nicht gesprochen. Sogar noch im vorigen Jahrhundert hörte man Gebildeten an, aus welcher Region sie kamen. Prominentestes Beispiel: Goethe und sein Hessisch, das sogar Reime prägte. Freilich: das Hessisch eines Goethe unterschied sich hörbar vom Hessisch, das auf Straßen und Plätzen in Sachsenhausen oder Niederdorffelden gesprochen wurde. In Köln nannte man die gehobene Regionalsprache »Patrizierkölsch«; auf dem Buttermarkt oder am Eigelstein dagegen sprach man ungefiltertes, ungebrochenes Kölsch: Mer bubbele Kölsch.

Patrizierkölsch/Platt: ein Modell, das sich ins Mittelalter rückübertragen läßt. Oswald von Wolkenstein zum Beispiel sprach Innsbrucker oder Wiener Idiom, aber im Hofton. Seine Kastelruther Bauern dagegen redeten urigen Dialekt. Den wird Oswald verstanden, wohl auch gesprochen haben, aber er hat in diesem Dialekt nicht gedichtet, nicht gesungen. Auch Neidhart wird bei seinen Auftritten Bayrisch im Hofton gesungen haben. In den Aufzeichnungen von Liedtexten Neidharts ist das nicht wiedergegeben; hier zeigen sich gelegentlich nur Lautformen regionaler Schreibtraditionen. Nachträglich wurden die Neidhart-Überlieferungen auch noch von Philologen purifiziert und normiert. Und es scheint selbstverständlich (auch beim Übersetzen nach Textquellen), daß ich die Hochsprache meiner Zeit benutze. Aber: damit setze ich eine Stilisierung fort!

Zum Ausgleich gebe ich zwei Zeilen eines bereits vorgestellten Liedtextes in einer bayrisch angehauchten Version wieder – ohne mich dabei an die metrische Form zu halten. Ich will nur ein (mögliches) Klangmodell entwickeln für den bayrischen Hofton eines Neidhart und seiner Zuhörer.

> A Alte is g'sprungen
> wie a Geißkitz, so hoch.

Hätte Neidhart gesungen, wie man auf den Straßen, in den Gassen von Landshut, Passau oder Regensburg sprach, so hätte dem mittelhochdeutschen Klangbild eher das folgende (Münchener) Sprachmodell entsprochen:

An Oide is gschprunga
wiar a Goaßkitz, so houch.

Vielleicht hat Neidhart gelegentlich (vor nicht-höfischem Publikum oder in alkoholisiertem Zustand) in entsprechenden Klangformen gesungen, zumindest gesprochen. In Burgen, in Residenzen aber dürfte er beim bayrischen Hofton geblieben sein. Ich werde die beiden bajuwarisierten Zeilen nicht ausdehnen, denn: würde ich Neidhart-Strophen, Neidhart-Liedtexte in blauweiß gemustertem Sprachkleid vorführen, sähe es so aus, als wollte ich Neidhart im nachhinein zu einem bayrischen Mundartdichter stilisieren. Das war er nicht. Aber daran können wir festhalten: er sprach und sang nicht im stilisierten und sterilisierten Mittelhochdeutsch unserer Universitätsseminare. Man hörte ihm ganz selbstverständlich an, daß er Bayer war. Gelegentlich erinnere ich in einer Übertragung daran mit einem bayrischen Wortecho.

40 Dies ist kein Buch für die Fachwelt, dennoch ist es geschrieben auf der Grundlage dessen, was wissenschaftlich erarbeitet, was wissenschaftlich verifizierbar ist. Philologische Erörterungen werden freilich in den Hintergrund gerückt, kommen in den Anhang.
Auch in diesem Workshop findet philologische Erörterung kaum statt. Es werden Neidhart-Liedtexte abgeklopft, auf Zäsuren untersucht, und es werden ablesbare Konsequenzen gezogen.
Viele der Liedtexte Neidharts (vor allem die »Wechsel«, also gesungene Dialoge zwischen Müttern und Töchtern) sind konsequent aufgebaut, es gibt in der Überlieferung aber auch Liedtexte, die phasenweise wie Ansammlungen von Strophen wirken. Ich stelle solch einen Bandwurm-Liedtext vor. Schon beim ersten Lesen zeigen sich Einschnürungen, ja Zäsuren. Ich mache sie deutlich, indem ich die Textblöcke auseinanderrücke, mit kurzen Zwischentexten. Jeder dieser Textblöcke könnte als in sich geschlossenes Gedicht bewertet werden.
Ich nehme als Beispiel ein Winterlied. Es wird eingeleitet von einem knappen Natureingang: was sich sonst zuweilen auf zwei oder drei Strophen ausdehnt, ist hier in einer Strophe komprimiert, ein bemerkenswert kurzer Anlauf. Ungeduld? Lustvolle Verdichtung? Zur Chiffre geronnene Verständigung?

Der Gesang der kleinen Vögelchen
und die Pracht der schönen Blüten müssen nun vergehn.
Wenn mir eine Frau Erfüllung schenkte,
wär es mir, als gäb es noch Gesang und Blüten.
Diese Edle bitte ich, mir Liebe, Treue zu erweisen.
Denke nur an meine Herzenskönigin...

Und nun setzt der eigentliche Liedtext ein: die kleine Ballade vom
vergeblich geraubten Liebespfand.

Keiner übereile sich bei Frauen!
Kriegte das zu spüren: meine ist mir gram.
Trat ihr allzu nah wie folgt:
riß ihr aus der Hand das Griffelchen aus Glas.
Jemand hat es ihr gekauft – ein Budenangebot.
Hat mir sehr geschadet, brachte mir nur großes Unglück,
als sie mit den Mädchen schaukelte.

Hätten meine Leute mich nicht unterstützt,
hätt sie mich verhöhnt, nur wegen ihrem roten Glas!
Wütend fing sie die Befragung an,
sagte: »Werter Herr, war ich denn Luft für Euch,
als Ihr – mir nichts, dir nichts – meinen Griffel nahmt?
Werde deshalb nie mehr Euer Tanzlied singen,
nie mehr tanze ich in Eurem Reien mit.«

Meine Dame, keine Übertreibung!
Schlagt in Eurem Zorn nicht über alle Stränge!
Unsre Wege kommen noch zusammen...
Also sorgt dafür, daß ich ein Pfand behalten kann.
»Wie, ein Liebespfand von einem Mann für eine Frau?
Wenn ich will, so komme ich auch ohne das ans Ziel!«
Und so mußte ich das Griffelchen rasch holen lassen...

Das Pfand ist ausgeliefert, die Ballade zu Ende. Es beginnt ein
neuer Textteil, in neuem sprachlichen ›sound‹, mit neuer weiblicher Hauptfigur, neuer Szenerie, neuem Ablauf: Liebesarbeit im
Heu.

Nie sah ich ein derart keckes Weibchen –
raffiniert entzog sie sich den Männern, doch:
schaden tat sie sich dabei auf keine Weise!

Heißa, könnt ich Heu mit ihr nach hinten tragen,
wie wir das schon früher taten, voller Überschwang!
Kräftig stießen wir es mit den Füßen an den Zaun,
manchen frühen und auch späten Morgen...

Rühmenswert ist sie in jedem Punkt,
keine hier im Kreise reicht an sie heran.
Kleine Schleier schmücken ihren Kopf,
hübsch genähte Hütchen trug sie vorges Jahr.
Krieg ich sie, so ist mein Kummer glücklich überstanden.
Ich bin sicher: niemand fand je eine Bessere.
Wären ihre Füßchen nicht so sehr zerschunden...

Es zeigt sich: die Liedtexte sind (vielfach) aus Bauteilen zusammengesetzt, aus Textblöcken, aus »Sinnabschnitten« (Birkhan).
Indem ich solche »Sinnabschnitte« isoliere, präpariere ich Gedichte heraus, für uns.
Literaturwissenschaftler und Literaten müssen hier nach unterschiedlichen Kriterien urteilen. Für einen Literaturwissenschaftler stellt sich die Frage der kritischen Bewertung eines Textes
kaum: alles ist Substrat der Textdeutung. Literaturwissenschaftler
sind vielfach Textverwalter, denen an der Wahrung eines kataster-
amtsmäßig erfaßten Bestandes liegt. Und jede Verwaltung lehnt
›eigenmächtiges‹ Verhalten streng ab. Das Element des Spieleri-
schen, damit der Faktor Lust werden zurückgedrängt, werden
aufgehoben, man nimmt distanziert-interessiert wahr; so zählen
in den Augen eines Textverwalters alle überlieferten Strophen eines Liedes gleich, und wehe, wenn jemand daherkommt und den
Bestand gefährdet, indem er beispielsweise kürzt, da finden oft ve-
hemente Abwehrreaktionen statt, denn die gewohnten eigenen
Praktiken werden damit in Frage gestellt.
Aber dies hat nichts mit der Aufführungspraxis eines Sängers zu
tun – und alle diese Texte sind ja gesungen worden! Schon ein Autor, der eigene Texte vorliest, spürt (bei einiger Erfahrung, bei ge-
schulter Wahrnehmung) sofort, wie ›sein‹ Publikum reagiert:
offen, rasch, spontan oder gehemmt, lethargisch, humorlos. Ich
habe bei identischen Textabschnitten unterschiedlichste Erfahrungen gemacht: das Publikum ging derart mit, lachte so häufig,
daß ich mich anstrengen mußte, nicht auch zu lachen, und wiederum: ich hatte das Gefühl, mir friert der Steiß auf der Stuhlflä-
che an. Aber ich habe gelernt, auf Reaktionen zu reagieren. So

habe ich mir in Vorlesetexten Übergänge markiert, gleichsam Abkürzungswege – bei einem Publikum, das partout nicht mitspielen will, überspringe ich gelegentlich Sätze, Absätze. Und ich habe mir Stellen markiert, an denen ich früher aus dem Text ›aussteigen‹ kann, so etwas wie Notausgänge. Zieht das Publikum mit, so belebt das den Vortrag, und ich verzichte auf Abkürzungswege, Notausgänge, lese sogar Zusätzliches, das ich vormarkiert habe. Kurz: Lesung, Rezitation als ein Akt der Kommunikation – ein rückwirkender Prozeß, bei dem Flexibilität selbstverständlich ist.

Neidhart, darauf schließe ich ungeniert zurück, hat als Sänger sehr rasch, hat spontan auf Reaktionen reagiert: zog das Publikum nicht mit, entfiel die eine oder andere Strophe; entstand lebendige und belebende »response«, so wurden ein paar Strophen mehr gesungen. Er hatte also verschiedene Vortragsversionen. Die autorisierte, für alle Zukunft verbindliche Textfassung letzter Hand war im 13. Jahrhundert noch siriusfern.

Ich schaue mir prüfend einen weiteren Liedtext an, isoliere hier, einen Schritt weitergehend, einen Textblock oder »Sinnabschnitt« als Gedicht.

Vier Strophen einer recht konventionellen Einleitung, hochstilisiert. Es geht darum, den Sommer angemessen zu empfangen, die Lehre des Sänger-Ichs nicht zu verschmähen, man solle mit Anstand fröhlich sein, die Schandrute fürchten; der Wald ist nicht mehr fahl, die Vögelchen singen das Lob des Maien wie nie zuvor; der Winter hat sich verabschiedet, als die Blumen auf den Wiesen wunderschön bunt wurden, und eine Dame wünscht sich ein Kränzlein, sagt das einem Freund; der Mai läßt aufblühen, was gegen Traurigkeit und Unwohlsein gut ist, er heilt, was der Winter verwundet hat, mit seiner süßen Kraft hat er viele Kranke gesund gemacht.

Und nun: von einer Dame, die sich an ihren Freund wendet, zur Tochter, die mit ihrer Mutter spricht – und im ersten Satz des Mädchens ein Hinweis auf die Jahreszeit: als solle die Autonomie dieser drei Strophen bestätigt werden!

> »Jeder darf sich freuen,
>   weil der Mai nun kommt –
> weh mir«, rief ein Mädchen,
>   »alle Lust ist mir geraubt,
> und so hab ich reichlich vielen Kummer.

Könnte ihn in dieser Sommerszeit
wohl mit Recht entbehren.«

Die Mutter fragte ihre Tochter:
        »Steckt ein Mann dahinter?«
»Mutter, ja, die Männer sinds –
        ich bin in einem Zauberbann.
Mich hat ein Ritter fest an sich gezogen.«
»Nun sage mir, mein liebes Kind,
ist da weiter nichts passiert?«

»Nein doch, meine liebe Mutter –
        nichts, das ich berichten könnte.
Er küßte mich. Da war in seinem Munde
        eine Zauberwurzel.
Und so vergingen mir die Sinne.«
Die Alte sprach: »Bist keine Jungfrau mehr,
Was du verspürst, ist Mannesliebe.«

Es folgen zwei weitere Strophen: Die Tochter beklagt sich bei der
Mutter, sie habe sich beschönigend ausgedrückt, vom »Mannes-
liebe-Verspüren« weiß sie nichts. Darauf die Mutter: sie wolle
nicht mit Märchen an der Nase herumgeführt werden, und wenn
sie die Sache auf sich beruhen lassen solle, müsse die Tochter den
Kontakt mit der alten Chünze aufgeben, deren Ratschläge seien
schlecht, die wärme gern alte Geschichten auf.
Als ob es in diesen Dialog-Strophen darum gegangen wäre! Oder
läßt sich die Aufforderung der Mutter so deuten: sie will nicht,
daß die Affäre bekannt wird, die alte Chünze als Großklatsch-
maul? Aber dann müßte sie konsequent ihre Tochter auffordern,
auch einer Freundin nichts zu erzählen – nur dann ließe sich diese
Affäre erfolgreich vertuschen. Also: keine Revision der Kürzung
dieses neunstrophigen Liedes auf einen dreistrophigen Liedkern,
der für uns ein Gedicht ist.
Es zeigt sich: Neidhart hat verschiedene Liedtexte verfaßt (oder:
es sind verschiedene Neidhart-Liedtexte überliefert) von denen
man letztlich nur sagen kann: das Einzige, was diese Strophen miteinander verbindet, ist die gemeinsame Melodie. Die Folgerung:
je nach Situation und Stimmung stellte ein Sänger Strophen zusammen – wie eine Speisenfolge nach den Angeboten einer Speisekarte. Aus einem Konvolut von zwanzig Strophen konnte man,

für ein schier unersättliches Publikum, einen Bandwurm von einem Dutzend, von anderthalb Dutzend Strophen zusammenstellen, oder man kürzte entschieden ab, präsentierte eine Strophenfolge, die nur einen Aspekt des Strophenangebots betont. Dies konnte geplant sein, konnte sich, je nach Stimmung im Saal, aber auch spontan ergeben; wenn ein Musiker, ein Sänger merkt, daß er mit einem Lied nicht ankommt, begeht er nicht das künstlerische Harakiri, die vornotierte oder vorgegebene Strophenfolge dennoch komplett herunterzusingen, er kürzt vielmehr ab, oder das Lied wird »abgestochen« – ein rabiater Musikerausdruck, den ich aufgeschnappt habe.

Noch einmal: der Liedtext ist für Musiker und Sänger des Mittelalters ein variables Gebilde und nicht ein unantastbares Werk der Dichtung. Zu dieser pragmatischen Haltung gibt es spätere Entsprechungen. Beispielsweise Händel: aus den zuletzt ingesamt zwanzig Orchesterstücken seiner *Water Musick* wählte er bei einer Aufführung die Sequenzen aus, die ihm passend schienen.

Zum Abschluß dieses ersten Workshops ein weiteres Gedicht, das durch entschiedenes Kürzen gewonnen wurde, ein – in meinen Augen – sehr knapper, pointierter, in sich geschlossener Text.

Dieser Liedtext beginnt mit einer konventionellen, etwas müden Einleitung: Begrüßung des Sommers, die Trauer zog ab mit dem Winter, und nun die beiden Strophen mit Zubiß, danach wieder ein Tonwechsel: ein Mädchen zieht den Schluß, daß die Minne, diese Königin, so manchen aller Sinne beraubt, sie will sich eine Arznei dagegen verschaffen, die Liebe habe sie mit ihrem Pfeil verletzt, sie leide große Qualen, der Pfeil sei aus rotem Gold und nicht aus Stahl, und sie wird gefragt, wie es gekommen sei, daß die Liebe sie getroffen habe, und die Antwort ist allgemein: die Liebe macht das Leben schwer, sie läßt verkümmern unter (aufgesetztem) Lachen, raubt den Schlaf; so zeigt die Junge Verständnis für die Alte, und der Liedsänger bringt sich ebenfalls zur Sprache, das Leid der Sehnsucht... Ein konventionelles Ambiente der beiden Strophen, die ich herauslöse, heraushebe.

> Wald hat seine Krämerbuden
> für den Mai schon aufgeschlagen.
> Man erzählt mir: Samen,
> der viel Freude macht,
> gibt es dort in reicher Auswahl –
> wer sich groß fühlt, greife zu!

Gegen Trauer offeriert man
buntgemischten Vogelsang.
Diesen schönen Klang
werde ich, was mich betrifft,
kaufen: soll die Wunden heilen.«
So sprach ne Alte, liebestoll.

41 Nun lade ich Neidhart ein zu einer Veranstaltung in Regensburg. Dies freilich nicht bloß, weil er die Stadt in einem seiner Lieder genannt hat: »Passau, Regensburg und Wien«...
Regensburg war im Jahrhundert vor Neidhart die wohl bedeutendste Residenz des bayrischen Herzogs, war auch wichtige königliche Residenz, war damit fast so etwas wie eine Landeshauptstadt – dies im Zeitalter des Wanderkönigtums, Wanderherzogtums. Auch zu Neidharts Zeit hat Regensburg noch eine Sonderposition: der dort residierende, amtierende Bischof Konrad ist einer der zähesten, härtesten Gegner von Herzog Ludwig. Dieser Fürst, der bei militärischen Unternehmungen wenig Fortüne hat, konnte Regensburg nicht erobern. Er konnte die Stadt aber auch nicht besiegen, indem er das Umland besetzte oder zerstörte: Besitz war auch in dieser Region vorwiegend Streubesitz, es gab »keine geschlossene Grundherrschaft« des Bischofs, also hätte Ludwig höchstens Einzelhöfe, Weiler, kleinere Dörfer zerstören können, wie sie für die Rodungsgebiete der Regensburger Bucht typisch waren. Ludwig konnte gegen Konrad also nicht viel ausrichten – um so stärker vielleicht sein Haß auf den Bischof, der sich nicht unterwerfen will. Ein Fahrender nun, der auf das besondere Wohlwollen des Landesherrn angewiesen ist – wird er einen Abstecher nach Regensburg machen?
Dies könnte sich folgendermaßen ergeben: Neidhart ist wieder einmal in Passau, tritt auf am Hof des Bischofs Manegold, unter den Zuhörern ein Gast aus Regensburg, ein Kleriker von höherem Rang, und der gibt Neidhart den Rat, sein Glück einmal in Regensburg zu versuchen, dieser stolzen und schönen Stadt an Donau und Regen. Brächte er Neidhart damit in Verlegenheit, gar in eine Konfliktsituation? Wir sind es heute gewöhnt, in politischen »Lagern« und »Blöcken« zu denken, es wird (selbst für mindere Tätigkeiten im kommunalen Bereich) Parteizugehörigkeit erwar-

tet – ich muß das nicht weiter ausführen. Auch für heutige Dichter, Schriftsteller bestehen einige (wenn auch vage) Abgrenzungen. Ein Autor, der als »links« gilt, wird kaum von einer der Institutionen der Rechtskonservativen eingeladen; ein Autor, der als »rechts« gilt, wird kaum bei einer Veranstaltung auftreten, die von Sozialdemokraten oder von einer Gewerkschaft organisiert wird. Noch deutlicher sind Abgrenzungen und Ausgrenzungen in Zeiten inneren Krieges, in einer Diktatur.

Gab es im Hochmittelalter ähnliche Verhaltensmuster? Galt ein Neidhart als »Parteigänger« des Herzogs Ludwig und kam damit für einen Bischof Konrad a priori nicht in Frage? Hatte ein Konrad vielleicht sogar abschätzige Formulierungen parat für diesen Herzogsdichter, Herzogsmusiker, Herzogssänger? Dieser Mann kommt nicht in unsere Stadt, schon gar nicht in meine Residenz, so wahr ich Konrad heiße? Oder war man auch in dieser Hinsicht an Grenzziehungen kaum interessiert? Ja, ein Bischof Konrad will sehen und hören, was dem Herzog oder der Herzogin gefällt? Oder spielt das Herzogspaar bei solchen Erwägungen überhaupt keine Rolle? Und ein Bischof Konrad sagt nur: Aus Passau (oder Bamberg oder Freising) höre ich so Gutes über diesen Dichter und Sänger, der sollte mal herkommen?

Und gleich ein Gegen-Entwurf: wenn Herzog Ludwig erfährt, daß Neidhart bei seinem Erzfeind, dem Bischof Konrad aufgetreten ist – will er dann nichts mehr mit diesem Sänger zu tun haben? Oder wird dieser Abstecher höchstens mal erwähnt – Regensburg als Reisestation unter vielen?

Auf die persönliche politische Einstellung eines fahrenden Dichters und Musikers wird man nicht allzu viel gegeben haben in Residenzen und an Höfen: Dieser Mann hat irgendwo seine Lehen-Klitsche, von der er nicht leben kann, der zieht umher, der singt, was die jeweiligen Herrschaften hören wollten, der wird für öffentliche Stellungnahmen extra bezahlt...

Neidhart also in Regensburg – wahrscheinlich würde sich niemand darüber wundern oder aufregen, er selbst wohl auch nicht. Ich schlage Regensburg vor, weil sich hier auch ein wichtiger Kontakt ergeben könnte: zum Domvogt von Regensburg. Diese Schirmherrschaft hatte Hartwig von Lengenbach übernommen. Neidhart wird später nach Lengbach kommen, zum Sitz der Herren von Lengenbach.

Aber noch sind wir in Regensburg – hypothetisch! Die ummauerte Stadt an der Donau, die Stadtfestung – Städte waren eigentlich

große Burganlagen. Der kleine, ebenfalls befestigte Vorort Stadt-
amhof, am Nordufer der Donau: ein Brückenkopf. Die 1146 voll-
endete steinerne Brücke: der »bedeutendste süddeutsche Donau-
übergang«. Also auch Neidhart auf dieser steinernen Brücke – und
sei es nur aus der Neugier eines Reisenden, der Flüsse auf so
leichte Art nur äußerst selten überquert. Zahlreiche Brückenpfei-
ler auf künstlichen kleinen Inseln, die flußaufwärts Ansätze zur
Strömungsform zeigen, und hinter der Brücke, flußabwärts,
wachsen Bäume auf diesen Plattformen, auf einigen von ihnen stehen auch Häuser, noch schmaler als üblich. Neidhart wird wahrscheinlich auch die Baustelle des Domes sehen: seit etwa 1200
wird hier gearbeitet. Und selbst, wenn er sich die Stadt nicht systematisch beschaut, er wird die Klöster innerhalb der Stadt sehen
und die frühere königliche Pfalz und das Katharinenspital und das
Hochstift. Dort könnte er – in diesem Planspiel – vor Bischof
Konrad, vor dem Domvogt Otto von Lengenbach und vor einer
corona von clerici auftreten. Vielleicht will Neidhart diesem Publikum einen besonderen Leckerbissen bieten: ein Lied, das
scheinbar Antwort gibt auf eine Frage, die unter Klerikern scherzhaft, ernsthaft erörtert wird, wie literarische Reflexe zeigen: Ist
der Kleriker oder ist der Laie (beispielsweise ein militärischer
Dienstmann) der bessere Liebhaber? In lateinischen Liedern, etwa
in der Sammlung der Carmina Burana, ist die Antwort klar: Der
Kleriker kann es besser! Neidhart könnte nun ein Lied singen, das
die Herren weidlich amüsieren wird, ein knappes Lied, in dem
sich ein Ritter nicht nur als schlechterer Liebhaber erweist, sondern als Versager.

> Es verlor ein Ritter seine Scheide.
> Bei einer Dame weckte das ihr Mitleid,
> sie sagte: »Herr, ich werd Euch eine leihen,
> auf die mein böser Mann verzichtet hat –
> noch kürzlich stieß er sie zurück.
> Kommt nun einer, der sie braucht
> (ich werde ihn hier gut behandeln!)
> dem gebe ich sie, wie sie ist.«

> Er fragte: »Herrin, laßt mich eines wissen –
> ist sie am Ende gar verschlissen?!«
> »Nein, bei allem, was mir lieb ist!
> Sie war neu, als sie mein böser Mann erhielt.

Sie ist so weit wies Brett so dick,
ausgenommen an der Stelle
mit dem Häkchen für den Riemen.
Das stört Euch nicht und andre auch nicht.«

Sein Messer wollte er in diese Scheide schieben,
da bog sich seine Klinge ab,
bis an ihren Griff zurück.
Doch er preßte sie mit Wucht hinein.
Und er zog sie gleich heraus.
Daß die schwarze Krähe log –
wer möchte sowas glauben?
Sie sagte: »Geht! Der Pfeffer fehlt hier noch!«

Mit solch einem Lied könnte Neidhart vor einem klerikalen Publikum, beispielsweise in Regensburg, große Resonanz finden. Ein guter Regensburger Wein könnte ihm angeboten werden. Ein Geschenk (Regensburger Tuch?) könnte ihm sicher sein. Und: im Auftrag des Bischofs könnte ein Schreibmönch einige der Lieder aufzeichnen, die Neidhart gesungen hat – es muß ja irgendwo, irgendwann einmal begonnen werden, mit Einzelaufzeichnungen für eine Zukunft vorzuarbeiten, in der Neidhart-Liedsammlungen angelegt werden!

42 Neidhart sang in seinen bayrischen Jahren vor allem über bayrische Bauern, so, wie er sie in seinem bayrischen Schädel stilisierte. Neidhart und die Bauern: ein wichtiges Kapitel in einem Buch über Neidhart. Einleitend, vorbereitend stelle ich eins der Winterlieder vor, wie sie Neidhart in Bayern gedichtet (und komponiert) haben wird.

»Sing, du Goldhuhn, und ich geb dir Weizen!«
(und sogleich
ward ich froh)
sagte sie, um deren Gunst ich singe.
Ach, so fällt der Simpel auf Versprechen rein,
immerdar.
Würd es wahr,
hätte sich noch nie zuvor ein Mann

derart hochgemut wie ich gefühlt.
Kann sie denn, mit ihrer Fröhlichkeit,
meinen Schmerz
von mir nehmen? Ach, mein Leid ist groß…

Räumt die Hocker und die Stühle raus!
Tischgestelle
rausgetragen!
Heute werden wir uns müdetanzen.
Reißt die Stube auf, dann wird es kühl,
und der Wind
weht ganz sanft
um die Mädchen, über Leibchen.
Wenn die Reienführer nicht mehr singen,
seid ihr alle eingeladen
(und wir auch)
nach der Fiedel hofgerecht zu tanzen.

Horcht nur – in der Stube hör ich Tanz!
Junge Männer,
nichts wie hin!
Bauernmaderln gibts in Scharen!
Viele Kehrreim-Tänze sah man dort.
Zweie geigten.
Als sie schwiegen
(was die lustgen Buam nur freute!),
ward im Wettstreit vorgesungen.
Es schallte durch die Fensterlöcher.
Adelhalm
tanzt nur zwischen jungen Mädchen.

Saht ihr einen Bauern je so aufgedreht
wie ihn dort?
Großer Gott!
Der ist vorneweg in meinem Reien.
Einen Gürtel, gut zwei Hände breit,
braucht sein Schwert.
Würdevoll
kommt er sich in seiner neuen Jacke vor.
Sie besteht aus vierundzwanzig Stücklein Stoff,
und die Ärmel reichen an die Finger.

Seine Kleidung
sieht man nur an dummen Gecken!

Äußerst bäurisch ist die Kostümierung,
die er trägt.
Wie ich höre,
spitzt er sich auf Ave, Tochter Engelbolds.
Bin ganz sicher: dabei fällt er rein.
Diese Frau
wäre es wert,
daß ein Graf sich mal in sie verliebt.
Geb ihm deshalb ganz diskret den Rat,
daß er sich von hier verdrückt.
Andernfalls
käme er in Mainz mit blauen Augen an.

Seine Jacke ist nicht schön genug geschlitzt,
sein Gesang
trägt nicht weit –
also soll er sie in Ruhe lassen.
Diesen Sommer sah er sie
wie täglich Brot.
Rot vor Scham
wurd ich, wenn sie beieinander saßen.
Der ich gerne diente – würd sie mein,
hätt sie freie Auswahl an Besitz:
Reuental
ganz für sie! Ich hab ein weites Herz...

Ist dies nur literarisches Spiel? Oder gibt es Entsprechungen zwischen solch einem Liedtext und damaliger gesellschaftlicher Realität?

43 Ein Kapitel über die Lage der Mehrheit der Bauern zu Neidharts Zeit: wie war ihre soziale Position, wie ihre ökonomische Situation?
Um es gleich zu sagen: es lassen sich nur wenige pauschale Aussagen machen – zu groß waren die regionalen Unterschiede! Riskieren lassen sich höchstens die folgenden Sätze.
Aus dem System der Zweifelderwirtschaft entwickelte sich die Dreifelderwirtschaft, die Brachflächen waren also kleiner, die Erträge größer. Es gab technische Verbesserungen, etwa beim Pflug, und man arbeitete auf den Feldern immer weniger mit den langsamen Ochsen, man spannte Pferde ein. Hier – wie le Goff – von einer »Revolution in der Landwirtschaft« zu schreiben, ist freilich plakativ: Kennzeichen einer Revolution ist die rasche Veränderung, die fand aber keineswegs statt, die Verbesserungen setzten sich äußerst langsam durch. Und insgesamt blieben die Ernten, verglichen mit unseren Maßstäben, kümmerlich. Im Mittelalter erntete man meist nur das Doppelte und Dreifache des Saatguts; im achtzehnten, im neunzehnten Jahrhundert war es etwa das Zehnfache; heute ist es das Vierzehnfache oder mittlerweile schon mehr.
Als vorsichtiges Resümee: die Mehrheit der Bauern war zu Neidharts Zeit zwar etwas weniger arm als ihre Vorfahren, aber sie waren immer noch recht arm. Reiche Bauern waren in der Minderheit. Laut Rösener gehörte ungefähr die Hälfte der Bauern im deutschen Bereich zur Unterschicht: »die Kleinbauern, Kleinstellenbesitzer und Lohnarbeiter«; rund 25 bis 30 Prozent der Bauern verfügte über eine »bescheidene, aber ausreichende Besitzbasis«; nur etwa 10 Prozent der Bauern kam zu Wohlstand: die »Meier«. Sie werden auch aktiv in der Selbstverwaltung: »sie stehen an der Spitze der Gemeindeverwaltung, sind Vertreter der Dorfobrigkeit, Mitglieder des Ortsgerichts und zugleich Inhaber der größten Höfe.«
Solche Aussagen reichen als Kontext zu Neidharts Bauernliedern nicht aus. Es muß gefragt werden: wie geht es Bauern in Oberbayern und in Niederbayern?
Schauen wir uns mit Friedrich Lütge im alten Bayern um. Das Hochgebirge Oberbayerns mit seinen Wäldern, Wiesen, Weiden läßt fast nur Viehwirtschaft zu, vielfach als Almwirtschaft – sie dominiert in Neidharts Zeit. Im Alpenvorland ist das Klima »rauh«, sind die Niederschläge »reich«, ist der Boden »wenig fruchtbar«, und: »ausgedehnte Moore durchsetzen das für den Landwirt

nutzbare Land« – dies galt noch für das 18. Jahrhundert! In diesem Gebiet (aus dem Neidhart stammen könnte) spielt die Weidewirtschaft eine große, der Ackerbau eine geringe Rolle. Dann Niederbayern: im Norden, im Bayerischen Wald, dominieren die Wälder, Wiesen, Weiden, also auch hier: Viehwirtschaft; südlich der Donau jedoch, vor allem im Gebiet zwischen Pfarrkirchen und Vilshofen, »verbindet sich ein günstiges Klima mit außerordentlich fruchtbarem Boden«: die »Kornkammer« Bayerns. Während im Alpenvorland oder im Gebiet des Bayerischen Waldes der Roggen kaum mehr als das »vierte Korn« einbringt, kann in der Donauniederung das Acht-, ja Zehnfache der Aussaat geerntet werden – zwischen dem 16. und 18. Jahrhundert. Für das Mittelalter wird man beide Werte reduzieren müssen, die Relationen jedoch könnten ähnlich sein. »So ist denn auch der Wohlstand sehr unterschiedlich.« Damit wiederum dürften sich Formen sozialen Verhaltens unterscheiden.

Arme Bauern werden kaum auffällig in Erscheinung treten; Bauern und Bauernburschen der reichen Oberschicht aber zeigen ihr wachsendes Selbstbewußtsein in der Kleidung: darauf lassen Hinweise von Chronisten, Predigern, Dichtern schließen; die Kleiderordnung wird nicht eingehalten.

Bauern, so lese ich in solch einer Kleiderordnung, dürfen das Haar nur bis an die Ohren wachsen lassen, sie dürfen, wenn sie zur Kirche gehen, Helm und Kettenhemd tragen, und Hofbesitzern ist ein Schwert gestattet, den anderen Bauern ein langes Messer, aber an Werktagen muß das Messer wieder kurz sein und die Kleidung bescheiden. Die überwiegende Mehrheit bleibt sowieso einfach gekleidet: nicht, weil sie brav die Kleiderordnung befolgen will, sondern weil ihr das Geld fehlt, sie zu übertreten. So tragen die meisten Bauern des Mittelalters nach Rösener nur »kurze, aus Grobzeug gefertigte Kittel, gewöhnlich ohne Unterhemd«, mit »groben Beinkleidern und bestenfalls rindsledernem Schuhwerk, ferner, als Schutz gegen Wetterunbilden, je nach Jahreszeit Fäustlinge, Mantel, Gugel, Strohhut, Wollhaube usw.«

Die Aufsteiger unter den Bauern wollten aber nicht grau und bieder erscheinen, sie kleideten sich bei festlichen Gelegenheiten auffällig, ja extravagant. Zu Neidharts Zeit rügte der Prediger Heinrich von Melk die Schleppen an den Kleidern von Bauersfrauen, den Kopfputz à la mode, das Schminken, den offenbar gezierten Gang, mit dem sie Damen imitierten.

Hier bestätigt sich: es gab sie, die reichen Bäuerinnen und Bauern, die auffallen wollten durch ihre Kleidung. Aber: die aufgeputzten, ja aufgemotzten Bauern, die Neidhart antanzen ließ, sie dürften eher Ausnahmen gewesen sein im Donauraum.

44 Die Realität der überwiegenden Mehrheit armer Bauern scheint Neidhart nicht weiter interessiert zu haben – zumindest nicht in seinen Liedern. Er war fixiert auf die reichen Bauern. Daß er aber, insgesamt, kein realistisches (oder komisch realistisches) Bild der Bauern seiner jeweiligen Umgebung präsentiert hat, wird schon klar, wenn man die Texte einiger Winterlieder en suite liest: Situationen wiederholen sich, Abläufe erscheinen vorgegeben.

Neidhart hat zwar die Bauern, die in höfischer Epik und Lyrik bisher nur gelegentlich erwähnte Randfiguren waren, ins Zentrum seiner Dichtung gerückt, weiterhin aber blieb er Dichter der höfischen Gesellschaft. Mit seinen Bauernliedern hat er also ein nur scheinbares Gegenbild zur hochstilisierten höfischen Lyrik und Epik geschaffen. So wie in höfischer Lyrik, im Minnesang, das Verhältnis zwischen Damen und Herren ins fast Abstrakte hochstilisiert wurde, so stilisierte es Neidhart bei Frauen und Männern ins Dralle und Pralle; so wie in höfischen Epen die Ritterhelden hochstilisiert, ja idealisiert wurden, so wurden in seinen Liedtexten die Bauern ins Komische stilisiert, ins Groteske, auch ins Grobianische. Stilisierung aber auf jeden Fall – hier blieb Neidhart im Rahmen, im Spielraum dessen, was zu seiner Zeit vorgegeben war; auch er hat, zwischen Stilisierern, stilisiert.

Das Bild des Bauern war von literarischen Formen, von Mustern vorgeprägt. Im Lob der Schöpfung wurde der Bauer positiv dargestellt: er dient mit seiner Arbeit am vorgegebenen Platz in der göttlichen Weltordnung. Im Schwank dagegen wurde der Bauer zum Gegenbild des idealisierten Adligen: er frißt und säuft, kleidet sich gockelhaft, benimmt sich unhöfisch, ist geil, ist anmaßend, will über seinen Stand hinaus, muß eins drüber kriegen… Die Konturen von Bauern werden also mitgezeichnet von Topoi, von »tradierten und festgefügten Denk- und Darstellungsschemata« (Schüppert). Anders gesagt: Neidhart baute Kulissen auf – die kräftig kolorierten Kulissen einer Bauernwelt, in der sich schöne Mädchen und reiche Bauernburschen tummeln; das Sänger-Ich, das sich in die Mitte dieses bunten Treibens stellt, das mit jungen Frauen teils gute, teils schlechte Erfahrungen macht und mit Bauern nur schlechte, es ist ebenfalls eine Rolle auf dieser Liederbühne. Und wiederum: die reichen Bauern und der arme Ritter sind nicht nur Kunstprodukte, sie sind (wenn auch übersteigerte) Abbilder damaliger Realität.

Trotz vieler sinnlicher, konreter Details: Neidhart war kein Realist. Es läßt sich höchstens sagen: im bunten Granulat seiner Texte sind mehr Realitätspartikel eingeschmolzen als bei vielen seiner Zeitgenossen. Oder: was er entwarf, das blieb im Sichtkontakt zu Realitäten seiner Zeit.

45 Wie war diese Realität beispielsweise in der Viehwirtschaft, die in Neidharts Umgebung eine sehr wichtige Rolle spielte? Wie waren hier die Voraussetzungen?

In meinem Land, in dem Butter aus der Milch geschleudert, zwei Jahre lang tiefgefroren, dann wieder aufgetaut und der entfetteten Milch zur Mast von Kälbern zugebuttert wird, sehe ich, gleich am Eröffnungstag, die Wanderausstellung *Dünnbeinig mit krummem Horn*. Vor vergrößerten Fotografien, vor alten landwirtschaftlichen Geräten drängeln sich Besucher, unter ihnen Bauern, meist ältere; einer von ihnen beginnt neben mir zu sprechen, und weil ich darauf eingehe, gibt er wieder, faßt zusammen, was er bisher gesehen, was er abgelesen hat, was ihm früher erzählt worden ist: da war hinten nichts und vorne nichts und mittendrin auch nichts, die Weiden noch nicht gedüngt, also zu wenig Futter für das Rind, und dieses Futter wurde völlig ausgelaugt, also gab es nur wenig Mist, also konnte man die Wiesen nicht düngen, also blieb kaum Futter für den Winter, und es gab noch keine Silage, also: das bißchen Heu reichte, obwohl mit Stroh oder mit Laub gestreckt, in ärmeren Gegenden nicht aus, und so waren zu Anfang des Jahres die Rinder im Stall oft so entkräftet, daß sie sich nicht mehr auf den Beinen halten konnten, sie kippten um, blieben liegen, also mußten von Zeit zu Zeit Bauernburschen das Vieh »wenden«, die »Viehlüftkommandos«, wie es noch zur Zeit seiner Eltern hieß; die Kühe wurden auf die jeweils andere Seite gewälzt, damit sie nicht durchlagen, wie Kranke; im Frühjahr mußte man diese Kühe auf die Weide tragen, dazu benutzte man auch Leitern. Aber diese Last war nicht allzu schwer – wir stehen vor der aus Holz gesägten Silhouette einer durchschnittlich kleinen Kuh eines durchschnittlich armen Bauern: sie hatte die Schulterhöhe von etwa einem Meter, war also kaum größer als eine Dogge, während ein heutiges »Mehrzweckrind« oder »Hochleistungsrind« einen Widerrist von etwa einsfünfzig hat, so informiert uns ein Erläuterungstext, und: die kleine Kuh eines armen Bauern wog früher zwischen hundertfünfzig und zweihundert Pfund, während heute die Kuh oft ein Gewicht von 600 bis 800 Kilo erreicht, also bis zum Zehnfachen.

Ich will mehr erfahren über diese Kühe, denn: so klein, so mager werden auch Kühe der armen Bauern zu Neidharts Zeit gewesen sein. Ich kaufe mir den Katalog dieser Ausstellung.

Und hier lese ich, wie ein Tierarzt des vorigen Jahrhunderts Eifelrinder beschrieb: »dünnbeinig... schmalhalsig... schwach in Rücken und Kreuz... die Schweife lang... gleichsam welk und dünn an der Wurzel... dünne, verdrehte Hörner... kleine Augen... schlappe Ohren... kleine, unergiebige Euter... wenig bedeutende Milchadern«... Und solch ein kleines, dürres Kuhgestell sollte als Zugtier dienen, sollte Milch geben, sollte zuletzt noch viel Geld einbringen für sein Fleisch!

»Dünnbeinig mit krummem Horn«: könnten so auch Kühe von bayrischen und österreichischen Bauern zu Neidharts Zeit ausgesehen haben? Kleiner als die heutigen Rinder des Voralpenraums waren sie gewiß. Und es kam sicher auch vor, daß hungerschwache Kühe gewendet werden mußten, mit Hauruck jeweils auf die andere Seite, und daß man im Frühjahr versuchte, diese Kühe auf die Beine zu stellen und hinaustapsen zu lassen, und wenn man das trotz vieler Flüche und Tritte nicht schaffte, so wurden sie am Schweif aus dem Stall gezerrt und weiter hinaus ins Grüne. Was solch eine Jammerkuh dort erwartete, war keine ›fette Weide‹, sie mußte ihr Futter auf brachliegenden Feldern suchen oder an Waldrändern. Aber: die Verhältnisse in der Eifel des vorigen Jahrhunderts im volkstümlichen Sinne als ›mittelalterlich‹ zu bezeichnen und dann zurückzuprojizieren auf das Mittelalter, das geht nicht an. Weideland war damals nicht Privatbesitz (der durch Erbteilung immer kleiner wurde), es war Gemeindeland, und hier bestimmte die Bauerngemeinde, wieviel Vieh auf wieviel Weidefläche kam. Trotz solcher Regelungen: die kleinen Rinder dürften vielfach auch mager gewesen sein in Neidharts Umgebung, in Neidharts Zeit.

46 Es war eine Zeit – um gleich auch einige Sätze über Getreideanbau zu schreiben – in der man das gesamte Getreide mit der Sichel erntete, vorgebeugt: man packte Halmbüschel mit der Linken, kappte sie in zwanzig oder dreißig Zentimetern Höhe: die Halme wurden später zur Düngung untergepflügt – oder schon abgebrannt? Sensen jedenfalls wurden bei der Getreideernte noch nicht benutzt, nur zum Grasschneiden. Auch hier arbeitete man vorgebeugt, eingekrümmt, zum Teil senste man sogar im Knien. Denn an der Sensenstange (offiziell: Sensenbaum) war noch nicht die schräge Querstange mit Griff (offiziell: Hamme) angesetzt, diese Erfindung hat man zu Neidharts Zeit noch nicht gemacht, also konnte man nicht stehend die Sense schwingen, man benutzte sie wie eine vergrößerte Sichel, mußte sie aber beidhändig schwingen – und das war beim Getreideernten nicht möglich, weil man die Halmbüschel festhalten mußte. Im Winter dann das Dreschen auf der Tenne: die Ähren mit Dreschflegeln schlagen, im Arbeitstakt wohl damals schon, aber kaum mit Gesang, denn feiner Staub drang in Mund, Nasenlöcher, Augen ein, Stunde um Stunde das Schwingen der Dreschflegel, und jahrhundertelang setzte sich das so fort – noch den Rücken meines schlesischen Freundes hat das müde, hat das mürbe gemacht.

47 Getreideanbau in einer biologisch, ökologisch noch intakten Umwelt: strotzten Bäuerinnen und Bauern vor Gesundheit?
Ich berichte über eine der vielen Plagen des Mittelalters: das Antoniusfeuer. Es wurde ausgelöst durch einen Pilzbefall des Roggens, durch das sogenannte Mutterkorn. Dieses Mutterkorn (heute in unseren Breiten fast überhaupt nicht mehr zu sehen – höchstens in Ausstellungen) war ein sechs- bis zehnfach vergrößertes Roggenkorn, das sich – hellbraun bis braunviolett – aus dem Spelz hervorschob, und so bezeichnete man diese Wucherung auch als Roggenzapfen, Kornzapfen, Wolfszahn. Auf diesem Parasiten bildeten sich »winzige Pilzköpfchen«, zwischen zehn und sechzig pro Korn, sie platzten bei feuchtem und warmem Wetter auf, die Sporen stäubten, weiteres Mutterkorn war damit angelegt für die übernächste Ernte. Das Mutterkorn, in dem das Mittelalter nichts als ein größeres und dunkleres Roggenkorn sah, wird heute als »Dauerstadium des Schlauchpilzes Claviceps purpurea Tulasne«

bezeichnet, so lese ich in Bauers Monographie über das Antonius-feuer; das Mutterkorn als Auslöser des Ergotismus gangraenosus. Diese Krankheit konnte fast epidemisch auftreten – besonders nach Jahren mit schlechten Ernten, nach Hungersnöten, wenn die Menschen anfällig waren für Krankheiten. Das Antoniusfeuer begann meist im August zu wüten, wenn der Roggen der neuen Ernte verarbeitet wurde. Roggen war das Hauptnahrungsmittel von Bauern und ärmeren Leuten. Oder, wie es im 18. Jahrhundert formuliert wurde: das Kornzapfen-Gift im Brot greife Frauen wie Männer an, ob reich oder arm – »doch diese am meisten«. Vor allem in Frankreich, auch in Deutschland sah man häufig Opfer dieser Krankheit: Krüppel mit amputierten oder abgefaulten Extremitäten.

Daß Antoniusfeuer vom Mutterkorn ausgelöst wird, dies erkannte man erst Jahrhunderte nach Neidhart. Zwar konnte man bereits beobachten, daß Hühner starben, wenn sie Mutterkorn fraßen, aber Folgerungen zog man daraus nicht. Mit dem antiken griechischen Arzt Galen sahen Gelehrte die Ursache in verdicktem oder verdorbenem Gallenfluß. Das große, dunkle Korn wurde nur selten aussortiert – besonders nach schlechten Jahren wurde Getreide mit fast allen Beimischungen verarbeitet, also beispielsweise auch mit Wolfsmilch.

Eingeleitet wurde die Kornzapfen-Erkrankung durch ein Gefühl der Mattigkeit – es konnte zwei bis drei Monate dauern, ehe sich die eigentlichen Symptome zeigten. Man fühlte sich abgeschlagen, war oft schon nach wenigen Schritten erschöpft, vor allem, wenn man bergauf ging. Diese Mattigkeit saß entweder in den Beinen oder in der Schulterpartie – sie reichte von den Achseln bis in die Ellbogen; schmerzhaftes Ziehen bis in das »Herzgrüblein«. Gleichgültig, ob zuerst die Beine und Füße oder die Arme und Hände befallen wurden: die Haut wurde bleich, ja »bleifarben«, wurde runzelig, als hätte man sie zu lange in warmes Wasser gehalten. Die befallenen Extremitäten wurden bald gänzlich empfindungslos; bei Verletzungen trat hier kein Blut mehr aus. Dennoch konnte man die befallenen Arme und Beine vorerst weiter bewegen. Auch blieb der Appetit erhalten. Die »zusammengeschnurrten« Glieder – und ich folge hier weiterhin der Beschreibung eines Arztes aus dem Jahre 1717 – wurden bald von »entsetzlichen und unleidlichen Schmerzen angefochten und überfallen, welche die unglückseligen Patienten öfters etliche Tage und Nächte nicht ruhen ließen, sondern ein unaufhörliches Geschrei bei ihnen verursachten«. Die Schmerzen nahmen zu, wenn die Kranken warm unter Decken lagen oder sich an den Ofen stellten. Bei Kühle dagegen hatten sie das Gefühl, die befallenen Gliedmaßen frören ab, ja, sie wären »völlig in das kälteste Eis eingegraben und bestünden aus lauter Eis«. Das war der »kalte Brand«. Die befallenen Gliedmaßen dörrten aus – als zehrte sie ein kaltes oder heißes Feuer aus. Wurden sie nicht amputiert (wobei Betäubung nicht mehr nötig war), konnte es so weit kommen, daß Arm und Bein von selbst abfielen. Es gab auch dieses Krankheitsbild: die befallenen Extremitäten schwollen an, wurden weich, begannen zu faulen; den Gestank, den diese Kranken verbreiteten, bezeichnete man stereotyp als unerträglich; die Extremitäten konnten schließlich abfaulen.

Diese Krankheit hatte viele Namen, je nach Region. Zwei der offiziellen Bezeichnungen: ignis sacer, das Heilige Feuer, und ignis invisibilis, das Unsichtbare Feuer. Aber hauptsächlich sprach und schrieb man vom Antoniusfeuer – vor allem an den heiligen Antonius wandte man sich in dieser Not. Doch nur der in Frankreich gegründete Antoniterorden nahm sich dieser Kranken an, die von Spitälern meist abgewiesen wurden, weil ihnen doch nicht mehr zu helfen war. Freilich, in einem Antoniter-Spital konnte man bloß noch lindern, beispielsweise mit der Heilpflanze Wegerich. Und es wurde amputiert. Das aber konnte die wenigsten Patienten vor dem Tod bewahren. Noch im 18. Jahrhundert, in einem französischen Spital: von 120 Kranken überlebten nur 5.

Zusammenfassend lasse ich einen Forscher diese Krankheit beschreiben; ich entnehme dieses Zitat der Monographie von Bauer. »Heftige unerträgliche Schmerzen peinigten die Befallenen, daß sie laut wehklagten, mit den Zähnen knirschten und schrien. Im Verlauf der Krankheit nahmen die Schmerzen immer mehr zu, den Unglücklichen in jedem Augenblick die Qual des Todes bereitend. Ein unsichtbares, unter der Haut verborgenes Feuer trennte das Fleisch von den Knochen und verzehrte es. Die Haut der ergriffenen Glieder, in einzelnen Epidemien (1128, 1142) auch die des Gesichts, der Brüste und der Genitalien wurde livid, maulbeerfarben und schwärzlich. In anderen Fällen war sie abgestorben und überzog nur noch die Knochen. Dabei blieb das Äußere kalt, und die Knochen durchdrang so eisiger Frost, daß sie durch kein Mittel zu erwärmen waren. Später wurden die ergriffenen Teile entweder schwarz wie Kohle oder sie wurden geschwürig und von häßlicher Fäulnis verzehrt. Im einen wie im anderen Falle erfolgte häufig das Abfallen des leidenden Gliedes, vorzüglich der Hände und Füße, und man sah einzelne, von denen nur noch Rumpf und Kopf übrig waren.«

Ich schreibe dieses Kapitel nicht allein, um eine historische Krankheit zu vergegenwärtigen: Ergotismus gehört heute zu den Mitteln geplanter Kriegsführung mit B-Waffen.

48 Wenn ein Bauer des dreizehnten Jahrhunderts aus einem der zahlreichen Einzelhöfe des Umlandes von Wartenberg heraustreten und ins Tal, auf die Hänge und vor allem: in die Ebene blicken würde, er könnte nichts wiedererkennen: leergeräumte landwirtschaftliche Nutzungsareale. Nein, ich werde hier keinen Abgesang anstimmen auf die von zahlreichen Kräutern, Unkräutern durchwachsenen Getreidefelder des Mittelalters oder auf die Wildzäune, die sie vielfach umgaben, oder auf die mäandernden Wege zwischen den Feldern, ich werde in diesem Abschnitt nur – um den Zeitabstand noch einmal bewußt zu machen – einige Stichworte nennen. So ist aus einer Weidefläche »Hochleistungsgrünland« geworden; Felder werden bei Flurbereinigungsverfahren »maschinengerecht eingeteilt«; nur auf Reißbrett-Quadraten, Reißbrett-Rechtecken, Reißbrett-Rhomben, Reißbrett-Parallelogrammen kann der Einsatz der teuren Maschinen »rentabel« bleiben; zwischen diesen technikgerechten Feldern nicht mehr Wege, sondern »Fahrgassen«, die zuweilen plattiert, vielfach asphaltiert sind. Und es werden fast nur noch drei Fruchtarten angebaut: Gerste, Weizen, Mais. Dieser Mais wird zerschnetzelt zum Silomais der Rindermastbetriebe. Drücke ich mich sachgerecht aus?

Ich hatte vor, ein Glossar zu erstellen; ich wollte technische und behördliche Termini für das Begradigen, das Planieren von Ackerflächen auflisten, für das Zuschütten von Feuchtbiotopen mit Bauschutt oder Abraum, für das Verrohren von Bächen, für den chronischen Overkill alles Schädlichen oder schädlich Erscheinenden durch Fungizide und Insektizide und Biozide – all diese Mittel nicht erst eingesetzt, wenn sich Befall zeigt, sondern schon als »Versicherungsbehandlung«, die, zusammen mit der üblichen chemischen Einwirkung, zu »biologischen Kettenreaktionen« führt, wie ich lese, zu »Folgeschäden in immer kürzeren Intervallen«.

153

Allerdings, so lese ich in notwendigem Kontrapunkt zu dieser Litanei, werden heute sämtliche landschwirtschaftlichen Produkte unseres Landes von rund vier Prozent der Bevölkerung hergestellt, während es in früheren Jahrhunderten ungefähr achtzig waren; die Versorgung der Bevölkerung ist heute mehr als ausreichend – selbst nach schlechteren Ernten wird nicht mehr gehungert, und das ist keine Selbstverständlichkeit, wenn wir in der Geschichte zurückblicken, wenn wir nach Süden, nach Afrika schauen; in unserem Land sind die Ausgaben einer Familie für Lebensmittel allein in den vergangenen drei Jahrzehnten von etwa 50 auf 25 Prozent zurückgegangen.

Für solch eine summa oecologica wirtschaftlicher Leistungsfähigkeit ließe sich wieder rasch eine Gegenrechnung aufstellen.

49 Sumpf- und Moorlandschaft: eine zu Neidharts (auch zu Oswalds) Zeit sehr verbreitete, als häßlich und lästig empfundene Realität. Da stiegen Nebel auf und Mückenschwärme, man wurde zu weiten Umwegen gezwungen, man konnte sich das Sumpffieber holen. Ich habe Wörter gesammelt, um Sumpf- und Moorlandschaft so zu beschreiben, wie ein Zeitgenosse Neidharts sie gesehen haben könnte, doch ich weiß nun: das wird mir nicht einmal ansatzweise gelingen. Bleichmoose, Riedgräser, Schlammschwemmen, Schwingrasen, Schilfhorst – solche Wörter lösen keinen Schrecken mehr aus, nicht einmal Gruseln, auch nicht das Schneidried, auch nicht der Sumpf-Schlangenwurz, der Gelbe Moorsteinbrech, die Moorbinde, der Kammschildfarn und schon gar nicht die Rote Sumpfgladiole. Und wenn ich in naturwissenschaftlichen Darstellungen weitere Namen exzerpiere für die achthundert oder tausend oder tausendundeine Pflanzen, die im Sumpfgebiet, Moorgebiet wuchsen, die Zweiblättrigen Kuckucksblumen oder Sibirischen Schwertlilien oder das Weißblühende Wollgras, dann würde dieser Zwischentext zu einer blumigen Abschiedsklage, da wäre nichts mehr vom jahrhundertelang nachschwingenden Echo damaligen Schreckens. Und zu den Pflanzennamen kämen noch die Namen all der Vögel! Der Rotschenklige Wasserläufer, der Kiebitz, die Bekassine, der große Brachvogel, in Neidharts Region heute Moosgrille genannt, und die Rohrdommel und die Haubentaucher und die Lachmöwen und die Lachtauben – nein, ich kann die Aversionen gegen Sumpf und Moor nicht artikulieren; jede dieser vielfältigen Bezeichnungen für Sumpffauna und Sumpfflora, Moorfauna und Moorflora löst eher Wehmut aus: dies alles hat Seltenheitswert, ist vornotiert oder längst schon gestrichen auf den Verzeichnissen aussterbender Pflanzen- und Tierarten. Sumpf- und Moorlandschaft: erheblich eingegrenzte, isolierte, nur noch in wenigen Restgebieten konservierte Realität auf Abruf, von abgezählten Wanderfalken und Bussarden überflogen.

50 Hildegard von Bingen schrieb in ihrer Naturlehre Kapitel über Pflanzen, über Elemente, über Bäume, über Steine, über Fische, über Vögel, über Tiere, über Reptilien, über den Ursprung von Metallen, neuntens und letztens. Ihre Naturlehre war auch im dreizehnten Jahrhundert so etwas wie ein Standardwerk lateinisch Gebildeter, es repräsentierte zum Teil aber auch volkstümliches Wissen. Denn Hildegard kompilierte nicht nur, was sie gelesen, sondern auch, was sie gehört hatte: sie machte eigene Beobachtungen, beispielsweise bei Fischen, dazu boten sich ihr Gelegenheiten, an der Nahe, am Rhein; ihre Beschreibungen von Fischen gelten als recht präzis. Daß Hildegard teilweise Neues einbrachte, zeigen auch ihre sprachlichen Notlösungen: für etliche Tiere und Phänomene konnte sie nicht lateinische Wörter übernehmen, also benutzte sie deutsche Wörter und gab ihnen lateinische Endungen; so heißt die Meerkatze »merkacza«, die Grasmücke »grasemucka«, und wenn eine Katze schleckt, dann »lecket« sie. Über Tiere, die Neidhart selbstverständlich vertraut waren, die es uns zum Teil auch noch sind, wußte Äbtissin Hildegard aus Bingen oft Wunderliches zu erzählen, und diese Fabelgeschichten waren für sie – hätte sie das Wort gekannt – Realität.
Beispielsweise die Katze: sie zieht schlechte Säfte an sich, schreckt Geister weder ab, noch schrecken die Geister sie ab; »sie hat eine natürliche Bindung zur Kröte und zur Schlange«; in heißen Monaten ist sie, gemäß der Säftelehre, »trocken und kalt«; wird sie dann durstig, »schleckt sie an Kröten oder Schlangen, durch deren Saft sie ihren eigenen Saft verstärkt«; »von diesem Saft werden ihr Herz und Fleisch giftig«. Oder der Hase, damals wohl so zahlreich wie heute die wilden Karnickel, man konnte ihn also oft genug beobachten; beim Hasen hat es den Anschein, berichtet

Hildegard, als wechsle er schon mal das Geschlecht: »Das männliche Tier zieht seine Geschlechtsteile ein, so daß es wie ein weibliches Tier aussieht. Das weibliche Tier aber schiebt am Nabel einen Knochen aus dem Körper, so daß es wie ein männliches Tier aussieht.« Aber das ist nur Vortäuschung: das weibliche Tier hat keinen männlichen Samen, schreibt sie, das männliche kann nicht gebären. Und dann der Wolf, der auch im Donauland umherstreifte: er riecht – wie auch der Löwe – den Menschen schon von weitem, und er möchte diesen Menschen zerfleischen, selbst wenn er keinen Hunger hat. Den Wolf begleiten ständig Geister; wenn der Wolf den Menschen zuerst bemerkt, »schwächen die Geister den Menschen, damit dieser nicht merkt, daß ein Wolf ihn wahrgenommen hat. Wenn aber ein Mensch den Wolf zuerst bemerkt, dann hat er Gott im Herzen und dadurch vertreibt er die Geister und den Wolf mit ihnen.« Soviel zum Wolf. Und gleich noch zwei Sätze zum Esel: er »lebt gern beim Menschen, weil seine Natur der des Menschen in gewisser Beziehung nahekommt. Sein Fleisch ist dem Menschen nicht zuträglich, denn es stinkt nach der Dummheit, die es in sich hat.«

Ein letztes Beispiel heimischer Fauna: der Hirsch. Hildegard berichtet in ihrem Kapitel »Über die Tiere« Wundersames zur Verjüngung eines Hirsches. »Wenn der Hirsch spürt, daß die Stangen seines Geweihs nicht mehr wachsen, weiß er, daß er anfängt zu verdorren und träge zu werden. Dann steigt er in einen Fluß und atmet dessen Dampf ein. Wenn er den Fluß wieder verläßt, frißt er am Ufer ein paar Kräuter, die ihm zusagen, und sucht dann einen Ort auf, wo er eine Unke findet. Weil er sich von ihr anblasen läßt, wird er sehr müde. Nun läßt er mehr und mehr seine Stimme ertönen und reißt das Maul auf. Gleichsam aus Ärger über seine Ermüdung springt ihm die Unke plötzlich ins Maul und dringt bis in seinen Bauch vor. Sobald der Hirsch das merkt, eilt er zu einer heilsamen Quelle, die die Eigenschaft hat, alles Faule und Giftige wegzunehmen, und säuft so übermächtig daraus, daß die Unke in ihm ertrinkt. Darauf sucht er reinigende Kräuter und frißt sie; mit ihnen zusammen scheidet er die Unke aus, an deren Gift er sonst sterben würde. Jetzt beginnt er krank zu werden; da sucht er ein Tal auf, wo die besten heilsamsten Kräuter wachsen, bleibt dort einen Monat ruhig liegen und ernährt sich von ihnen. Da fällt sein Geweih ab, seine Haare gehen aus, und sein Zustand beginnt sich zu bessern. Dann geht er noch einmal zur Quelle, trinkt etwas von ihr, um sich eventuell von zurückgebliebenen faulen Stoffen zu reinigen, und frißt wieder die reinigenden Kräuter. Jetzt beginnt er zu gesunden. Das Geweih wächst neu, er bekommt wieder Haare. Auch das Fleisch und überhaupt alles, was an ihm ist, ist jetzt besser als vorher.«

51 Daß ich versuche, Neidharts Ambiente realitätsgerecht zu rekonstruieren, mit möglichst vielen Details, wäre einem gelehrten Menschen des Mittelalters wohl als unwirkliches Unterfangen erschienen. Er hätte an meiner Beziehung zur Welt (oder zu Gott) gezweifelt. Der fiktivste Begriff in jener weithin von Fiktionen geprägten Welt der Gelehrten wäre »Realität«, wäre erst recht: empirisch erfaßte oder erfaßbare Realität. Was in unserem Sinne, in unserem Verständnis ›wirklich‹ war auf der Erde, auf der Neidhart lebte, das war unwirklich, im damaligen Bewußtsein des Gelehrten. Vom Mittelalter aus gesehen schlage ich einen falschen Weg ein, um Neidhart näherzukommen: am unmittelbarsten, ja am sinnvollsten und glaubwürdigsten wäre es, wenn ich über Neidhart Geschichten erzählen würde.

Ich könnte so beginnen: Stellt euch vor, liebe Leute, was ich neulich erlebt habe! Da kommt mir doch Neidhart entgegengeritten, auf seinem kleinen, zähen Pferd, und er trägt einen feuerroten, weithin leuchtenden Umhang über dem Schlupfgewand, ich bleibe stehen am Wegrand und frage: Herr Neidhart, wie kommt Ihr an diesen wunderschönen roten und, wie ich sehe, seidenen Umhang? Und Neidhart lacht auf, zeigt die braunen, verkürzten, auf Lücke stehenden Zähne und erzählt, daß er am Hof des Bischofs zu Passau aufgetreten sei, bei dem auch andere Spielleute waren, unter ihnen ein Feuerschlucker und Feuerspucker, mit dem er sich sofort verstand, vielleicht auch deshalb, weil sich herausstellte, daß sie einen gemeinsamen Bekannten haben, einen virtuosen Messerwerfer, der zu dieser Zeit weiter südlich unterwegs war, Richtung Brixen; mit diesem Feuerschlucker sei er, auf Wunsch des hohen geistlichen Herrn, gemeinsam aufgetreten, das Wort als Feuer, das Wort als Flamme, und so hatten sie gemeinsam das Lied vom brennenden See vorgetragen, abwechselnd jeweils er mit einer Singstrophe und der andere mit einer Feuerstrophe. Und nach dieser gemeinsamen Darbietung sagte der Bischof: Neidhart... Ja, und während Neidhart mir das erzählte, erzähle ich, stellte ich fest: ich höre ihm zu! Ja, ich höre ihm mit größter

Aufmerksamkeit zu, kein Wort soll mir entgehen. Was ist los mit den Geschichten, woher haben sie diese Macht über uns?

52 Gelnhausen: der Mann, der sich nicht mehr bewegen kann, wird von seiner Familie täglich an die Fensteröffnung gesetzt, er sieht Könige und Kaiser bei ihren Auftritten drüben am Palast.

Er wird Monate, Jahre auf den Hof, auf die Treppe, zum Tor geschaut haben, ohne einen König oder Kaiser zu sehen. Kaiser Otto IV. zum Beispiel war nie in Gelnhausen, deshalb aber darf er hier nicht übergangen werden, der Mann im Fenster wird ja wohl auch einiges über ihn hören.

Zum Beispiel: ein Jahr nach der Krönung zum Kaiser, Oktober 1209, führte Otto in Italien Krieg – das Ziel war die Eroberung des Königreichs Sizilien. Damit machte er sich seinen Förderer zum Feind: Papst Innozenz wollte verhindern, daß sich der Kaiser auch südlich des Kirchenstaates festsetzte – die alte Angst der Päpste vor einer Umklammerung. So unterstützte Innozenz die deutschen Gegner des Kaisers. Otto erfuhr nach siegreichem Vormarsch, daß seine Herrschaft in Deutschland bedroht war, kehrte (kurz vor dem Sieg!) nach Norden zurück.

Innozenz förderte nun mit Nachdruck den jungen Friedrich, sein Mündel. Friedrich, siebzehnjährig, verheiratet, Vater eines Sohnes, brach (bald nach seiner Krönung zum König von Sizilien) mit kleiner Gefolgschaft auf, wurde vom Papst in Ehren empfangen, mit großen Geldmitteln ausgestattet, segelte nach Genua, schlug sich nach Norden durch, erreichte Konstanz, zog durch das Rheintal nordwärts, gewann durch sein Charisma, durch Geldgeschenke und Versprechen eine rasch wachsende Gefolgschaft von Fürsten, sein Gegner Otto mußte sich vor ihm zurückziehen; in Mainz wurde Friedrich am 9. Dezember 1211 zum König gekrönt. Vier Jahre später war Otto noch immer nicht besiegt und aus dem Land vertrieben, aber Friedrich war faktisch Alleinherrscher – bis auf Gebiete um Köln und Braunschweig.

53 Neidharts Zeitgenosse und Kollege Walther von der Vogelweide pries den deutschen König Otto, der in Rom zum Kaiser gekrönt worden war.

> Herr Kaiser, seid uns hier willkommen!
> Den Königs-Titel nahm man Euch,
> doch Eure Krone hat den hellsten Glanz.
> In Eurer Hand sind viel Besitz und Macht;
> ob Ihr es gut meint oder nicht,
> sie kann nun beides: strafen und belohnen.
> Und eines will ich Euch berichten:
> die Fürsten sind Euch untertan,
> auf Euer Kommen haben sie gewartet,
> formbetont. Und der von Meißen:
> stets wird er auf Eurer Seite sein!
> Da fiele eher noch ein Engel ab von Gott.

Was dann aber doch geschah... Auch Walther rückte von Otto ab. Von diesem auffallend großen Mann hatte er große Honorare erwartet, aber Otto hatte offenbar kein Ohr für diesen Sänger, also auch keine offene Hand. Übrigens war Otto von verschiedenen Seiten bald schon vorgeworfen worden, er sei knauserig. Das war er in der Tat, aber dies hatte auch äußere Gründe: Hilfsmittel aus England blieben zeitweilig aus. Walther verglich den (hünenhaften) ehemaligen Kaiser mit dem (eher kleinen) neuen König, im äußeren Maß und im inneren Wert (der sich vor allem in großzügiger Honorierung künstlerischer Darbietungen dokumentieren sollte).

> Ich maß Herrn Ottos Generosität nach seiner Länge,
> doch hier legte ich den falschen Maßstab an;
> wäre er so generös wie groß, er wär vollendet.
> Ich maß sogleich den Körper nach dem Ehrenwert:
> hier fiel er zu knapp aus – wie verschnittner Stoff.
> War nicht mal zwergenklein in seiner Generosität...
> Als ich jedoch den König maß: wie schoß der auf!
> Sein junger Körper wurde groß und stark.
> Riesig überragt er jenen. Seht: er wächst noch mehr!

54 Neidhart hat Kaiser Otto in einem seiner Lieder immerhin einmal erwähnt, wenn auch in typischem Neidhart-Kontext. Es gibt sehr unterschiedliche Versionen dieses Liedes in den Handschriften, aber bei der Grundkonstellation bleibt es: Ärger mit Bauern, und einer von ihnen äußert sich in einer Spottstrophe, in der Kaiser Otto genannt wird.

Ich übersetze einleitend zwei Strophen aus diesem Lied. Zum ersten: um die Grundkonstellation sichtbar zu machen; zum zweiten: um erste Ansätze zu früher Nonsense-Dichtung vorzustellen.

> Es war ein gewisser Bertram,
> der mir meinen Käse nahm,
> den sich viele aufgeteilt,
> die ich euch benennen will:
> Gosbrecht und dazu der Lanz,
> der reiche Bauerndepp, der Ranz,
> Siegherr und der Adelscheid,
> Siegfried und der Wackerzill:
> meinen Käse teilten sie
>   einfach widerrechtlich auf.
> Ah, ich fürchte, nach dem Schnitt
>   tut mancher seinen letzten Schnaufer.
> Ich glaub, mich rettete nur dies:
>   daß ich einen Helm getragen.

> Was soll ich nur mit jenem tun?
> Vollrat tötete mein Huhn,
> das mein liebes Weib und ich
> im Winter mühsam durchgefüttert.
> Die Henne, sie war wirklich gut,
> doch entzog sich strenger Aufsicht –
> das Leben hat es sie gekostet!
> Auch wenn er dies und das beschwor –
> ich glaub es einfach nicht, bevor
>   es mir bewiesen wird.
> Ja, sie legte viele dicke Eier,
>   sie war feist und schwer.
> Wenn man sie mir nicht ersetzt,
>   klage ich es dem von Rinzing.

Wer ist dieser »Rinczinger«? Dieser von Rinzing oder Reitzing müßte einer der Herren sein, vor denen Neidhart in Bayern auftritt und den er (in diesem Falle schalkhaft) um Rechtsschutz bittet bei seiner Schadensersatzforderung für das Huhn. Zu diesen beiden Strophen nun die Spottstrophe, in der Neidhart einen Bauern auf Neidharts Klagen und Anklagen anworten läßt.

> »Der aus dem Reuental
> redet einen Schmarrn,
> wenn er so endlos droht.
> Der überzieht das längst.
> So wahr ich lebe, Durinhart,
> die Sache tut ihm nochmal leid!
> Wenn er mich damit bedroht,
> er würde mir ein Holzbein hobeln,
>   kriegt er meinen scharfen Zorn zu spüren!
> Selbst Kaiser Otto könnte nicht
>   den Rachehieb verhindern.«

In einer anderen Handschrift, dem Riedegger Kodex, finden wir dieselbe Spottstrophe, diesmal gekoppelt mit einem anderen Bauernstreich: die Grundkonstellation bleibt also bestehen.

> Schaut, der ist zum einen Teil
> dumm, zum andren dreist.
> Seht, er kam wie folgt heran:
> sein Schuh war angemalt,
> mit dem er meine ganze Mahd
> flachgetrampelt hat.
> Einen jeden Feiertag
> streunt er vor dem Reuental.
> Oberhalb des Dorfes
> stieg er durch die Wiese hoch,
> sprang (ich hasse ihn!)
>   vom Steig genau in meine Blumen,
> sang in höchsten Tönen
>   seine Liebesliedchen.

> »Der aus dem Reuental
> redet einen Schmarrn,
> wenn er finster droht.

Der überzieht das längst!
So wahr ich lebe, Durinhart,
die Sache tut ihm nochmal leid!
Wenn er mich damit bedroht,
er würde mir ein Holzbein hobeln,
    kriegt er scharfen Zorn zu spüren!
Selbst Kaiser Otto könnte nicht
    den Rachehieb verhindern!«

Ich gehe davon aus: diese Anspielung auf den Welfen-Kaiser wird
nur gemacht, solange sie Resonanz findet: also läßt sich dieses literarische Reuental-Spiel auf die Jahre 1210, 1211 datieren.
Eine Biographie über Walther von der Vogelweide müßte anders
strukturiert werden: vor allem müßte das große politische Geschehen stärker einbezogen werden. In Neidharts Liedtexten aber
rücken Könige, Kaiser und Päpste in den Hintergrund. Im Vordergrund bleibt für ihn – zumindest während seiner bayrischen
Zeit – das Reuental. Dorthin (wo auch immer das sein mag) wollen
wir Neidhart im nächsten Kapitel zu folgen versuchen.

55 Neidhart auf dem Lande, Neidhart in einem bäuerlichen
Ambiente, in dem ihm mitgespielt wird, in dem er sich in
Szene setzt: Neidhart hat etliche Liedstrophen verfaßt, in denen
er von Neidharts Erfahrungen spricht oder vielmehr: zu sprechen
scheint. Denn er stilisiert.
Der Grad der Stilisierung ist sehr unterschiedlich in solchen Liedtexten. Da sind bis zur Abstraktion stilisierte Liedtexte, und da
sind Liedtexte, die hautnah an Realität heranführen – oder heran-
zuführen scheinen. Ständiges Wechselspiel: als würde Neidhart
sich nur stellen, um sich gleich wieder zu entziehen. Aber bei allen
Wendungen, allen Sprüngen: ich will ihm auf der Textspur bleiben. Ich stelle zuerst einige Zeilen vor mit einem sehr hohen Grad
an Stilisierung.

Mir riet die Liebe:
sing ihr Lieder,
stimm sie gnädig.
Was ich tat. Ich ahnte nicht,
    daß ich dabei scheitern würde.

> Es vereitelt den Erfolg
> dieses dreiste Bauernvolk.

Ein literarisches Spiel; der autobiographische Inhalt wird gleich Null sein – zu groß die Stilisierung durch Abstraktion. Und auch: die Fiktion läßt sich allzu leicht durchschauen. Denn es blieb dem Adel vorbehalten, die Parodien und Travestien von überlieferten Minnelied-Mustern zu goutieren, sich daran zu delektieren. Und: Bauern als erfolgreiche Nebenbuhler eines höfischen Sängers, das sollte wohl ein Witz sein...

Ein Witz zumindest, solange hier direkte, ›private‹ Konfrontation fingiert blieb. Daß aber ›Nebenbuhlerei‹ in allgemeinerer, in sozialer Hinsicht stattfand, dies ist für Neidharts Zeit vielfach belegt. Für den Adel wurden reiche Bauern der Oberschicht zur Herausforderung, und mehr noch: die Bürger der wachsenden Städte. Hier verbesserte sich die wirtschaftliche Lage, während die ökonomische Situation von Ministerialen, von Rittern zumindest stagnierte, aus vielen Gründen. Ich werde später die soziale Konstellation genauer beschreiben, nehme hier voraus: diese Konstellation fand bei Neidhart ihre Text-Reflexe. Dabei überzeichnete er, um deutlich zu machen: aus einzelnen Blüten machte er bunte Auswüchse. Aber die Ansätze gab es, sonst wären Übertreibungen witzlos gewesen. Diese Beziehung zwischen Vorgegebenem und Dargestelltem wurde von seinen Zuhörern wahrscheinlich durch Gelächter bestätigt: man lacht, wenn man etwas wiedererkennt und zugleich überrascht wird.

Bauern als erfolgreiche Nebenbuhler oder ›Nebenbuhler‹ eines höfischen Sängers – zu diesem Thema nun eine Variante, die für Reproduktion und Variation sehr geeignet scheint: ein Dünnfeller unter Dickhäutern...

> Was immer ich auch singen mag,
> > ist Harfespielen in der Mühle!
> Sie versteht davon kein Wort.
> Dies sagt jener Willehort:
> »Steine rein in ihre Ohren,
> > daß sie nichts mehr davon hört!«

Die Rolle des lyrischen Ich wird von der literarischen Form vorgeprägt: der Mann, dem im Winterlied obligatorisch mitgespielt wird. Jedoch: weil die Bauernfiguren negativ dargestellt sind, wird Neidhart positiv herausgehoben.

In den Frühlingsliedern, Sommerliedern ist die Konstellation, damit die Rolle, meist anders: hier wird die Sängerfigur nicht von Bauern gehänselt und geärgert, sondern von Mädchen und Frauen umworben, hier machen Lieder des Sängers Mädchen und Frauen beinah hörig. Hier wird wiederholt der Ortsname, Beiname »Reuental« genannt.

Strophen und Zeilen, in denen Neidhart auf Reuental anspielt, Verhältnisse im Reuental beschreibt oder zu beschreiben scheint, sie klopfe, horche ich ab: können wir hier etwas über Neidhart von Reuental erfahren?

In der folgenden Reuental-Strophe dürfte der biographische Inhalt gleich Null sein. Ein Lied-Dialog zweier Freundinnen über Liebhaber und Liebe, und es heißt schließlich:

> Den sie alle nennen
> »von Reuental«,
> und dessen Lieder überall
> gut bekannt sind,
> der hat mich lieb.
> Und das belohne ich mit Liebe.
> Weil er das gerne hat,
> mache ich mich schön für ihn.
>   Schnell weg, man läutet Mittag.

Und in der gleichen Tonlage der Verliebtheit, der Verzückung:

> Er heißt »von Reuental« –
> den will ich umarmen!

Nach diesen beiden Zeilen gleich ein weiteres Beispiel.

> Du hörtest wiederholt
> und überall,
> wie man einen Ritter pries:
> von Reuental.
> Sein Gesang
> machte meine Seele hörig.

Diesem Hahn im Korb fehlt nur eins: Geld. So kann dieser Ritter auch durchaus traurig wirken in seiner schäbigen Kleidung, mit seinem elenden Hof, aber insgesamt: der Ritter der Sommerlieder ist Sieger unter Frauen und Mädchen, dem laufen sogar verrückte alte Weiber nach.

Es zeigt sich hier ebenfalls: die Selbstdarstellung der Sängerfigur hängt auch ab vom literarischen Genre. Die Stilisierungen sind jeweils vorgegeben. Dennoch: wir sollten uns im Zusammenhang weiter ansehen, was Neidhart über Reuental und das Leben dort dichtet. Zuerst: in Reuental weht ein scharfer Wind!

> Nun komm mit mir ins Reuental,
> dort singt so schön die Eule,
> dort redet man nur in den Wind,
> und jeder Schlag: ne Beule.

In einer Parallelüberlieferung heißt es in anderer Formulierung: wenn sie zu ihm ins Reuental komme, so werde sie dort hungrige Mäuler vorfinden... Also keine Idylle, sondern ein armer Winkel.

Die Armut scheint deutlicher beschrieben in den folgenden Zeilen aus der Riedegger Handschrift.

> Hätt ich hier noch freie Wahl,
> so machte ich die Schöne mir zur Herrin
> (doch geb ich sie auch *so* nicht auf!).
> Kommt sie mir ins Reuental,
> kann sie tiefe Armut sehn:
> vom Erd- bis an das Dachgeschoß
> ist dort leider alles kahl.

In der Parallelüberlieferung der Berliner Papierhandschrift lesen sich die letzten fünf Zeilen etwas anders:

> Kommt sie in das Reuental,
> zeige ich ihr wahre Wunder!
> Einen Ofen kann sie haben,
> doch ansonsten: alles kahl!
> Bin Hausgenosse armer Leute!

Neidharts Situation im Reuental erscheint in der folgenden Strophe noch weniger stilisiert: hier können sich einige Details ablesen lassen.

Früher stand mein Haar in voller Pracht,
rundherum war es gelockt –
längst vergessen, seit man mich
    ein Haus versorgen ließ…
Ich kaufe Salz und Korn – das ganze Jahr!
Ach, was hab ich dem getan,
der mich Dummkopf in dies Elend stieß?
Meine Schuld vor ihm war klein.
Dennoch: meine Flüche sind nicht schlecht,
wenn ich dort im Reuental
    Not erleiden muß.

Daß man Salz kauft, ist selbstverständlich; daß man Korn nach-
kauft, ebenfalls; daß aber Salz und Korn unablässig nachgekauft
werden müssen, könnte zeigen: man lebt von der Hand in den
Mund. Aber auch, wenn die festen Einkünfte aus Reuental niedrig
waren – sobald Neidhart dieses Lehen verliert, wird er über den
Verlust klagen! Doch wir können dabei bleiben: das Lehen Reuental brachte nicht viel ein.

Auch dies könnte man aus der Strophe schließen: nach einer vergleichsweise unbeschwerten Zeit wurde ihm Reuental übergeben,
zur Bewirtschaftung, aber dies ist eher eine Zumutung als eine
Unterstützung. Ist mit dem Unbekannten, der Neidhart »in dies
Elend stieß«, der Lehnsherr gemeint? Oder ein anderer, der durch
seine Handlungsweise die ökonomische Situation von Reuental
drastisch verschlechterte?

Neidhart treibt ein literarisches Vexierspiel – aber zum Teil mit
Elementen der Realität. Daß Dichter im Hochmittelalter nicht
reich wurden, darin besteht heute Konsens. Das wird auch bei
Neidhart kaum anders gewesen sein – trotz seines Erfolges. Ein
Lehen, das nicht viel einbrachte: dies könnte biographische Rea-
lität gewesen sein für einen langen Zeitraum. Also: auch bei eini-
gen seiner literarischen Spiele wird Neidhart Sichtkontakt zur
Realität gewahrt haben.

Schwer vorstellbar ist beispielsweise, daß ein Liederdichter folgende Situation erfinden sollte, mit derart konkreten (oder zumindest konkret erscheinenden) Details: ist hier sprachlicher Wider-
schein einer tatsächlich angesteckten Scheune?

Ein Verräter hat mir heimlich einen Brand gelegt,
hat mir viel verbrannt;
      meine Kinder sollten davon leben.
Dies Leid sei unserm Gott
      und meinem Freundeskreis geklagt.
Ich kann dem Reichen
      und dem Armen nichts mehr schenken.
Was ich bräuchte:
daß Freunde mir, aus freien Stücken,
      eine Feuerhilfe zahlen.
Verdien ich wieder was –
ich sänge dieses Jahr besonders gern.
Doch fürcht ich,
      daß ich vorher öfters schamrot werde...

Hier, so scheint mir, ist Neidhart zum Greifen nah. In einer Spottstrophe aber, die in einer anderen Textversion auf die vorige Strophe unmittelbar reagiert, entzieht er sich wieder in ein literarisches
Spiel, denn: was er vor höfischem Publikum über Bauern singt,
das wird sich unter Bauern kaum herumsprechen. Oder etwa
doch?

»Nun hab ich die Beleidigung gerächt,
      das Mütchen mir gekühlt
an meinem Feind von Reuental«,
      so sprach der Ellingous.
»Eingeäschert hab ich seinen Stadel und sein Korn.
So muß er diesen Winter
      wohl bei Freunden unterschlüpfen!
Geschieht ihm recht:
sang doch über mich, ich hätte einen Hüftenknick.
Ein Wasser, das heißt Rhein:
soll ich mich vielleicht dorthin verdrücken?
Dem Reuentaler hab ich kräftig eingeheizt!«

In dieser Zusammenstellung von Reuental-Strophen verkürzt und
erweitert sich die Distanz zu Neidhart. Insgesamt entsteht der
Eindruck: Neidhart treibt sein literarisches Spiel, doch läßt sich
bei einigen Strophen voraussetzen, daß seine Stilisierungen jeweils
einen Kern biographischer Realität haben.

56 Ich setze kühn ein Wunder voraus: der Reuentaler Hof kann lokalisiert werden, durch eine Ausgrabung. Dabei zwei Funde, die auf Neidhart hinweisen. Als erstes: ein Stück einer Darmsaite. Und, als Traumfund: eine Ecke eines Schreibtäfelchens von beispielsweise sechs mal zehn Zentimetern, auf der rautenförmig geritzten, von einem schmalen Rahmen umschlossenen Buchenholzfläche sind in einem Winkel noch Reste der Wachsbeschichtung zu sehen, auf der sich sogar einige Buchstaben nachweisen lassen, womöglich das Wort »futnoll«, eins der Schlüsselworte für Neidharts Texte.

Dieses Exponat würde optisch hervorgehoben in meinem Imaginären Neidhart-Museum Reuental, abgekürzt INMR. Selbstverständlich würde ein Katalog erstellt, mit Beiträgen mehrerer Wissenschaftler. Ich schlage in diesem Katalog hier nur *ein* Kapitel auf, mit der Überschrift »Haus, Garten, Umland«.

Das Haus dürfte, wie im ländlichen Hausbau des Mittelalters üblich, ein Fachwerkbau gewesen sein – wer ein steinernes Haus besaß, mußte fast schon stein-reich sein. Zur idealtypischen Rekonstruktion ein Zitat aus dem Katalog des INMR, nach Willerding: »Die tragende Konstruktion des Fachwerks bestand meist aus Eichenholz, die Dachkonstruktion oft aus leichterem Weichholz. Das Flechtwerk der Gefache war aus Hasel- oder Hainbuchenruten hergestellt. Dem darauf angebrachten Strohlehm wurden Strohteile oder Druschreste beigefügt. Wie Analysen zeigen, hatten dabei vor allem Roggenreste Verwendung gefunden.«

Auf Reuental wird es neben dem »Baumgarten« (Pflaume? Apfel? Birne? Eventuell auch Maulbeere, Quitte, Walnuß?) einen Gemüsegarten gegeben haben, und zwar, wie üblich, »unmittelbar an der Rückwand des Bauernhauses«. Hier könnten Phosphatuntersuchungen und Pollenanalysen zu genauen Ergebnissen führen. Hinzu käme womöglich »fossiles, verkohltes und unverkohltes Kulturpflanzenmaterial«. Zum Beispiel von Möhren – sie hatten freilich ganz andere Formen als heute, sie wirkten knorriger, besaßen stärkere und zahlreichere Seitenwurzeln, glichen eher einem Alraun. Weiterhin: Kohl, in verschiedenen Varianten. Sodann Pferde- oder Ackerbohnen: ihre Reste könnten, laut Katalogtext, »in großen Mengen ausgegraben« worden sein; damals waren sie noch Nahrungsmittel, heute werden sie als Futter verwendet. Außerdem: Erbsen, Rettich (Radi vom Reuental...), Sellerie, Spinat, Kresse, Portulak. Auch statte ich den Garten von Reuental aus mit Bohnenkraut, Dill, Fenchel, Petersilie und Kümmel.

Wie in Museen üblich, könnten im INMR auch Gegenstände ausgestellt sein, die nicht in oder auf Reuental gefunden wurden, gefunden worden sein könnten, die aber repräsentativ sind für die
Zeit. Meine Wunschliste von Arbeitsgeräten verzeichnet zum Beispiel einen Spaten, mit dem damals üblichen Holzblatt, an den
Rändern könnten noch Spuren von Eisenbeschlag erkennbar sein.
Weiter: ein Fragment oder Rudiment eines Dreschflegels. Eine
leichte oder schwere Hacke. Ein Stück Egge. Und was im Gebiet
von Reuental ebenfalls gefunden werden könnte: ein Rebmesser.
Weiter: Fragmente größerer Gefäße – ein Eimer, ein Bottich. (Am
Bottichholz könnten mikroskopisch Hopfenspuren nachgewiesen werden. Bier wurde damals von Frauen für den Hausgebrauch
hergestellt; es war meist Dünnbier. Also: Spuren von Reuentaler
Dünnbier?)
Dritter Punkt dieses Kapitels: das Umfeld. Rückschlüsse könnte
hier folgendes Exponat zulassen: ein größeres Fragment des Bo-
denstücks eines Keramiktopfs, und es wird ein etwa sechs Milli-
meter dicker Bodensatz einer festen, braunen Substanz nachgewiesen. Bei einer ersten mikroskopischen Untersuchung sollte
sich zeigen, daß diese Substanz reich an Pollen ist – es muß sich
also um Honigreste handeln. In diesem Gefäß hat man offenbar
Met gären lassen und aufbewahrt, Met, wie ihn selbstverständlich
auch Neidhart getrunken haben dürfte. (Ich habe Met nur einmal
probiert, und das vor einer Wolfram-Lesung: es hätte mir fast die
Lippen zusammengeklebt!) Selbstverständlich müßte der Bodensatz in einem Institut für Bienenkunde untersucht werden, und,
ergänzend, von einem Institut für Botanik. Denn: aus der Pollenanalyse ließen sich Rückschlüsse ziehen auf das Biotop des Reuentals.
Im Katalog des INMR könnte über dieses Exponat zu lesen sein:
der Bodensatz des Gefäßes bestehe nur zu etwa zwanzig Prozent
aus Bienenwachs, der Honig sei also geschleudert worden, oder
man habe ihn austropfen lassen. Und: der Honig des Topfsedi-
ments stamme vor allem von »krautigen Pflanzen«. Mit hohem
Anteil sei hier Thymian vertreten. Deutlich repräsentiert seien innerhalb des Spektrums auch Pollen von Wegerich, Wiesen-Flok-
kenblume, Wundklee, Sandknöpfchen – die lateinischen Namen,
die jeweils in Klammern angegeben wurden, sie lasse ich hier weg.
Ich zitiere einige Sätze aus dem im Katalog abgedruckten Gutach-
ten eines Instituts für Bienenkunde. »Weiterhin kamen öfter vor:
Sauergräser, Zungen-Hahnenfuß, Mädesüß, Teufelsabbiß, meh-

rere Arten von Glockenblumen, Wicken, Platterbsen und andere. Insgesamt gehörten 98-99% der Pollenkörner krautigen Pflanzen an. Von Holzgewächsen stammen nur etwa 1-2% der Pollenkörner, wobei die Linde am stärksten vertreten ist. Aus diesem Mengenverhältnis darf jedoch nicht auf die Anteile des Waldes zu den unbewaldeten Flächen geschlossen werden. Die Pollenarten zeigen an, daß es sich um Sommerhonig handelte. Unsere Waldbäume aber blühen im Frühjahr, mit Ausnahme der Linde. Der Reuentaler Honig ist somit im wesentlichen ein Blütenhonig.«
Die Pollenanalyse könnte freilich auch zeigen, daß es im »Sammelgebiet« dieses Honigs (»heimische Tracht«!) eine »Vielfalt von Biotopen« gegeben haben muß, »denn ein Teil der Pflanzenarten besitzt ökologische Zeigereigenschaften, z. B. Thymian für eine niederwüchsige Vegetation an Felsabhängen und Schafweiden. Weitere Biotope waren Waldrand und Lichtungen, Riede, Röhrichte und Ufer, feuchte, moorige Stellen, Ackerfluren.« Dies alles ergäbe freilich kein Bild der Vegetation eines Reuentals. Es ließe sich hier lediglich schließen: die Bewohner des Hofs im Reuental waren keine Imker, sie sammelten den Honig wilder Bienenvölker. Und ich zitiere das mögliche Resümee des Instituts für Bienenkunde: »Der Reuentaler Honig muß von zahlreichen Bienenvölkern aus verschiedenen Gebieten gestammt haben.«
Aus solch einem Honigfund dürfte freilich nicht der Schluß gezogen werden, daß auf Reuental viel gesüßt wurde, mit dem Honig als einzigem Süßstoff des Mittelalters – im Katalog des INMR könnte hierzu ein Satz von K. E. Behre zu lesen sein: »Man wird annehmen können, daß nur die damalige Oberschicht ihre Speisen ausreichend süßen konnte, während die Masse der Bevölkerung in einem heute kaum vorstellbaren sauren Zeitalter lebte, auch wenn es ihr damals kaum bewußt war.«
Neidhart im sauren Zeitalter – solch eine Formulierung hätte er sicher gern aufgegriffen in einem seiner Lieder über das oft bittere oder als bitter dargestellte Leben im Reuental.

57 Davon will, davon muß ich euch ein Lied singen: ich auf dem Lande, ich in einem bäuerlichen Ambiente, in dem mir übel mitgespielt wird, in dem ich bittere Erfahrungen mache. Inhalt der ersten Strophe dieses neuen Liedes im alten Neidhart-Ton: um dem Lärm der stark frequentierten Bundesstraße vor dem Haus in Düren zu entkommen, pachte ich ein altes Forsthaus; bruchsteingemauert steht es auf einer Höhe. Ich sehe von hier – jenseits des Wehebach-Tales – das Dorf Hürtgen, etwa zwei Kilometer Luftlinie südostwärts; der nächste Bauernhof ist einige hundert Meter entfernt; zwanzig Schritte vor dem Forsthaus eine schmale Straße, die ein paar hundert Meter weiter gesperrt ist: sie führt hinab in die neue Wehebach-Talsperre. So wird diese (aufgehobene) Straße werktags nur von den wenigen Anliegern, sonntags von einigen Ausflüglern befahren, die zum nahen Wander-Parkplatz wollen. Stille auf dieser Eifelhöhe. Sie wird nur gelegentlich, mit akustischer Brutalität, von Düsenjägern im Tief- und Tiefstflug unterbrochen: sie reißen die Stille auf, ziehen mir schmerzhaft den Scheitel. Aber rasch wächst die Stille wieder zusammen, die Schnittränder flimmern, schwingen ein wenig nach, ich arbeite weiter am Neidhart-Buch, zu dieser Zeit am Kapitel, in dem ich Lyrik europäischer Zeitgenossen Neidharts vorstelle in Übersetzungen, beispielsweise aus den »Siete Canciones de amigo« von Martim Codax: Ondas do mar de Vigo, Wellen des Meeres bei Vigo…
Inhalt der zweiten Strophe meines voraussichtlich längeren Liedes: auf der Straße vor dem Forsthaus fahren zwei Burschen mit Mopeds hin und her – von der Schranke zum Ortsschild Kleinhau, vom Ortsschild Kleinhau zur Schranke, von der Schranke zum Ortsschild Kleinhau, und für diese Strecke brauchen sie jeweils einige Sekunden weniger – jedenfalls scheint mir der Zeitabstand, in dem sie am Haus vorbeirasen, immer kürzer. Sie liegen fast auf den schmalen Maschinen, deren Schalldämpfer durchbohrt oder kurzgesägt sind, in nordeifeler Artikulation schreien sie sich technische Mitteilungen zu – für sie ist dies eine Privatstraße, hier taucht keine Polizei auf, keiner also kann sie daran hindern, mich zu stören. Und ich versuche, metrisch zu formulieren, wie die Liebende gelobt, sie werde zur Heiligen Jungfrau von Vigo wallfahrten, schon kommen sie zurück, das helle, hohe, böse Geräusch fetzt alles auf, ich muß mich wieder in das Metrum einfinden, in dem die Liebende gelobt, sie werde zur Heiligen Jungfrau von Vigo wallfahrten, wenn ihr amigo zurückkehre: irey madre vivo

171

– und sie rasen unausweichlich heran, irey madre vivo, ich komme erneut aus dem Takt, der Faden reißt, ich muß ihn wieder zusammenknüpfen, muß wieder in den Takt, in das Metrum zurückfinden, in dem die Liebende die Wallfahrt verspricht, wenn ihr Freund lebend zurückkehrt auf dem Meer, an dem sie steht, schon knattern sie wieder heran: Krähenfüße, Krähenfüße, denkt mein flirrendes Hirn, Krähenfüße, ausgestreut auf der Straße, die mitten durch meinen Kopf führt, Gedankenkräutlein rechts, Assoziationskräutlein links vergiftend, ja, auf dieser Straße sollte ich Krähenfüße ausstreuen, aber die Luft dürfte aus den Reifen nur sanft entweichen, stürzen dürften die beiden Burschen nicht, da hätte ich Bauern umliegender Höfe, Dörfler aus Kleinhau am Hals, ich brauche hier aber Ruhe, um mit vergleichendem Blick auf Neidhart Strophen des Martim Codax zu übersetzen, im Forsthaus über dem Wehebach.

Dritte Strophe: weitere Neuigkeiten aus der Region des Wehebachs! Ich habe die Burschen angehalten, habe ihnen sinngemäß gesagt: Leute, könnt ihr nicht woanders fahren, die Eifel ist groß genug, immer nur hier auf und ab, und das ohne Schalldämpfer, das nervt einen völlig – und so weiter. Sie fuhren weg. Und die Liebende ging in leichtem Versfuß mit ihrer Schwester zur Kirche von Vigo, und sie schauten hinaus auf das Meer. Als es völlig finster war, kamen die beiden zurück, mit Verstärkung; junge Leute aus Kleinhaus oder Hürtgen oder Vossenack, auch sie auf kleinen Motorrädern mit vorsätzlich beschädigten oder abmontierten Schalldämpfern, irey madre vivo, irey madre vivo, irey madre vivo, und sie bremsten ab vor dem Forsthaus, blieben auf ihren Maschinen sitzen, drehten die Gasgriffe, Aufjaulen, Hochkreischen: ein Ständchen. Ondas do mar de Vigo, Wellen des Meeres von Vigo. Und ich fluchte in Prosa auf diese Dörfler, Bauernsöhne, die offenbar zuviel Geld, zuviel Zeit und so weiter haben, die Benzin und Sauerstoff verbrauchen, um die Stille zu töten, die ich gesucht, gefunden, gepachtet habe, ein Dünnhäuter unter Dickfellern. Und ich beschwor die »ondas do mar de Vigo«, diese Motörchen unter Wasser zu setzen, sie absaufen zu lassen. Irritierend fiel mir ein, was mir einmal erzählt wurde über ein Requiem, das ebenso junge Leute einem der ihren brachten, der tödlich verunglückt war: sie fuhren im Dutzend mit ihren Mopeds und schweren Motorrädern zum Friedhof, reihten sich vor dem Eingang auf, trieben im Leerlauf die Motoren in höchste Umdrehungszahlen, vieldutzendfaches Aufjaulen, Hochkreischen – ein

Lärm, der selbst Tote hätte erwecken können, und dann knatterten sie ein paarmal auf der Straße am Friedhof entlang, ihr Requiem beendend. Wie könnte ich den Burschen verständlich machen, daß sich solcher Lärm schmerzhaft tief ins Hirn bohrt, stereophon? Mit dieser rhetorischen Frage könnte die dritte Langzeilenstrophe ausklingen.

Nachtrag, in dem ich zugebe, daß ich mich hier in Situationen einfühle, die Neidhart beschrieben hat, daß ich hier schamlos direkt übertrage, daß es mir dabei gleichgültig ist, ob Neidhart ähnliche Situationen ›frei‹ erfunden hat, oder ob bei ihm Erfahrungen zu Impulsen wurden für das Erfinden in sich stimmiger, für sich wahrer Episoden. Ja, ich weiß, dieses Wiedererkennen, dieses vordergründige Identifizieren, dieses »Ich auch, ich auch!« führt nicht zum schulgerechten Verständnis von literarischen Texten, aber ich beruhige mich – in einer Ausnahmesituation – damit, daß solches Aneignen häufig, fast normal ist; warum also soll mir nicht auch ein Neidhart Stichwörter geben zum Erfinden von Sätzen über einen sogenannten Städter, der auf dem sogenannten Land die sogenannte ländliche Ruhe sucht, der aber mit Situationen konfrontiert wird, in denen er Neidhart-Reflexe entwickelt, entwickeln muß? »Salzsack drauf! Das wird sie mir schon beugen! Und ich hab mei Ruh im Reuental.« Ja, es könnten auch Zementsäcke sein: auf die Schultern gewuchtet, daß die Burschen in die Knie gehen, sich nicht mehr auf die Knatterbüchsen schwingen können! Selbstverständlich sind Gemeinsamkeiten in solchen Reflexen, na und? »Salzsack drauf!« Zementsack drauf! »Salzsack drauf!« Zementsack drauf! Wenn es solche über große Zeiträume hinweg verbindenden Gemeinsamkeiten nicht gäbe, wie könnte uns noch spontan interessieren, was Jahrhunderte vor uns artikuliert worden ist?

58 Ein Spielmann, über dessen Erscheinungsbild sich nichts schreiben läßt, der höchstens charakterisiert werden kann durch rheinischen Tonfall, und ein zweiter Spielmann, der ebenfalls Berufsbezeichnung bleiben muß, sie liegen mit zwei anderen Reisenden in einem Bett der Herberge eines Klosters; im kleinen Raum zwei weitere, ebenfalls mit drei oder vier Reisenden belegte Betten; durch die Fensteröffnung der schwache Nachglanz eines

Sommerabends. Reden, Lachen, Schnarchen, jemand singt halblaut vor sich hin. Er hat, erzählt der Spielmann im rheinischen Tonfall, Neidhart schon von weitem heranreiten sehen, hat auf ihn gewartet, ist eine längere Strecke neben dem im Schritt reitenden Neidhart hergegangen, hat ihm berichten müssen, woher er kommt, und als Neidhart das Wort Rheinland hörte, hielt er an, rief echohaft: Rheinland! Und langsam ritt er weiter, als denke er nach oder als lege er sich etwas zurecht. Zweimal, so berichtete er schließlich, hat der Herzog, also sein Herzog von Bayern, an Feldzügen des römischen Königs im Rheinland teilnehmen müssen. Beim ersten Mal, im Jahre 1205, mußte Ludwig Philipp zur Krönung nach Aachen begleiten; in diesem Zeitraum nahm er auch teil am Feldzug des Königs gegen die Stadt Köln, die den Welfen Otto gewählt hatte und die ihn weiter unterstützte. Neun Jahre später, also 1214, berichtete Neidhart, mußte sein Herzog wieder ins Rheinland ziehen, um König Friedrich zu unterstützen, ebenfalls im Kampf gegen den Welfen Otto, und bei diesem Feldzug hatte sein Herzog das Unglück, gefangengenommen zu werden, und man steckte ihn ins Verlies einer rheinischen Burg, deren Namen er, Neidhart, behalten habe, weil er mit seinem eigenen Namen im vorderen Teil gleichsam zusammengewachsen sei: Nîthart und Nideggen. Es war im Juli 1214, als Herzog Ludwig von Bayern ins Verlies dieser Burg Nideggen bei Düren gesteckt wurde; erst gegen Weihnachten konnte er freigekauft werden. Von diesem Verlies gab der Herzog seinem Sänger eine genaue Beschreibung, er hatte schließlich Zeit genug gehabt, sie kennenzulernen: ein etwa zehn Schritt langer, sieben Schritt breiter Raum, groß genug zur Unterbringung zahlreicher Gefangener; ein Raum mit Tonnengewölbe, die Kuppe etwa fünf Meter über dem Steinplattenboden, auf dem glitschiges Stroh lag; im Gewölbe eine Öffnung, durch die man hinabgelassen oder hinuntergeworfen wurde; mit einer Klappe ließ sich diese Öffnung schließen – über dem Kerker war einer der Wohnräume des Grafen Wilhelm von Jülich. Der öffnete zuweilen die Klappe, rief, redete zum Gefangenen herunter. Vor allem ging es um die Höhe des Lösegeldes. Die Verständigung war zum Teil schwierig, weil ihre Sprachen sehr verschieden klangen, aber man konnte sich im Lauf der Wochen und Monate aufeinander einstellen. Durch diese Öffnung wurde gewiß nicht nur über das Lösegeld verhandelt, man konnte sich auch über Turniere und Tjoste unterhalten, über höfische Feste und schöne Damen, und bestimmt erzählte der Herzog, angeregt durch den Namen Nideggen, daß an einigen seiner Höfe, vor allem zu Landshut, in unregelmäßigen Abständen der Sänger Nîthart oder Neidhart auftrete. Und der Herzog, so Neidhart, erzählte vielleicht auch, daß dieser Sänger gern gehört werde von den Damen und Herren verschiedener Burgen im Lande, und Ludwig sang womöglich ein Neidhart-Lied hinauf, das er noch im Ohr hatte, und Graf Wilhelm samt Familie und Anhang lauschten, erzählten dann vielleicht weiter, daß es im Herzogtum Bayern einen fahrenden Sänger namens Neidhart gebe, und womöglich sangen sie das Lied weiter, das der Herzog vorgesungen hatte. Es liege also nah zu fragen, so Neidhart, was man im Rheinland über ihn erzähle und was man von ihm singe, unter rheinischen Herrschaften. Aber kaum hatte Neidhart diese Frage gestellt, so erzählt der Spielmann, da begann er zu sinnieren. Eigentlich, das falle ihm gerade ein oder: das werde ihm soeben in den Kopf gesetzt, eigentlich habe die Möglichkeit bestanden, daß er, Neidhart, in seiner vorwiegend bayrischen Zeit an einem der beiden Feldzüge des Herzogs hätte teilnehmen müssen, als Panzerreiter, weniger als Sänger, aber das eine hätte das andere nicht ausgeschlossen – tagsüber reiten oder belagern, abends singen. Auf diese Weise, so sagte Neidhart mit einem unerklärlichen Lächeln auf den Lippen, auf diese Weise hätte er Köln sehen können, zumindest von außen, hätte er beim ersten Heerzug nach Aachen kommen können, dies eventuell über Düren, wo Karl der Große früher eine seiner Pfalzen hatte. Und Neidhart rief aus, da könne einem ja das Hirn rissig werden – Neidhart in Düren! Er lachte ausführlich, und es klang, als lache echohaft ein anderer mit, aus einem sehr fernen, zugleich überraschend nahen Raum. Neidhart fuhr fort: und wenn er am zweiten Feldzug teilgenommen hätte, so wäre durchaus vorstellbar, daß er mit dem Landesherrn gefangen und ins Verlies geworfen worden wäre – Neidhart in Nideggen?! Jetzt aber Schluß, habe Neidhart gerufen, das gehe wirklich zu weit! Aber denken, bitteschön, denken könne man sich so etwas durchaus. Und Neidhart habe reglos auf dem Pferd gesessen, das am Rand eines Kornfelds Ähren rupfte. Dieser Neidhart kam ihm, dem Spielmann, vor wie jemand, der entrückt war und langsam wieder zu sich kam. Es liege also, habe er dann gesagt, nahe zu fragen, was man von ihm, Neidhart, im Rheinland erzähle und welches seiner Lieder dort gesungen werde, unter den Herrschaften, eventuell seien es sogar mehrere Lieder.

Und der Spielmann schweigt. »Oisdann nacha«, sagt der zweite, bisher stumme Spielmann, »weida gemma!« Als hätte er auf diese Stichworte gewartet, richtet sich einer der beiden Bettgenossen auf und sagt drohend: »Nee, stop ermee! Beierse verhalen kan ik niet uitstaan. Hou dus je bek; of jullie vliegen het bed uit, bý sint Zeno!« Der Fremde streckt sich wieder aus. Und der zweite der fremden Bettgenossen knurrt: »Jawel; 't is jullie geraden!« Der Bayer fährt hoch, aber der rheinische Spielmann sagt halblaut, dies seien holländische Berufspilger, mit denen lasse man sich besser nicht ein. Schlaf gut!

59 Neidhart, als Fahrender unterwegs: ein weiteres Kapitel seiner Lebensreise. Ich entwerfe wieder ein Planspiel: ich lasse Neidhart in den Bayerischen Wald reiten.
Erste Motivation: er folgt dem Herzog – und der Herzogin? Reitet das Paar gemeinsam von Stadt zu Stadt, von Burg zu Burg? Auf jeden Fall: Herzog Ludwig hält sich in diesem Gebiet wiederholt auf, die Hausmacht der Wittelsbacher vergrößernd durch Einziehen von Lehen, durch Erwerb von Besitz. So könnte Neidhart erfahren oder hören, daß sich Herzogin Ludmilla und Herzog Ludwig in einer der Burgen im Grenzbereich zu Böhmen aufhalten sollen, in der Gegend des Städtchens Cham (das Ludwig neu gründete).
Zweite potentielle Motivation dieser Reise in den Bayerischen Wald: hier sind für Neidhart Zwischenstationen auf dem Weg nach Thüringen. Für diese Möglichkeit muß ich die Reise vor dem Jahr 1217 ansetzen, vor dem Tod des Landgrafen Hermann – damit würde sich dieser Entwurf in den ungefähren chronologischen Ablauf des Buches einfügen. Der Hof des Landgrafen Hermann von Thüringen war eine der wichtigsten Adressen für Dichterkomponisten, für Epiker; ich kann mir nicht vorstellen, daß Neidhart nicht zumindest versucht haben sollte, in Thüringen aufzutreten. Vor solch einem Auftritt müßten einige Fäden gesponnen, gezogen werden. Beispielsweise so: Herzog Ludwig könnte Neidhart seiner ältesten Schwester Sophie empfehlen, die mit dem Landgrafen verheiratet ist.
Ob Neidhart nun hinter dem Herzogspaar herreist oder ob er nach Thüringen reiten will: er wird versuchen, in einer der Burgen der Region von Cham und Lam aufzutreten, etwa auf Runding oder Haidstein, verwaltet von dortigen Repräsentanten der Wit-

telsbacher, die diese Gebiete 1204 übernommen hatten. Der Haidstein ist mit 743 Metern eine der höchsten Erhebungen dieses Gebietes. Heute ist die Burg auf dem Gipfel allerdings verschwunden, Reste wurden in der St.-Ulrich-Kirche vermauert, an der Flanke des Felsgipfels. Sehr weiter Blick in das Mittelgebirge ringsum – darauf hat schon Wolfram von Eschenbach in seinem Parzival-Roman hingewiesen, indirekt. Er ist also dort gewesen.

Und weil ich hier schon von Wolfram schreibe: können sich Neidhart und Wolfram gekannt haben, persönlich? Es gibt nur *einen* literarischen Hinweis von Wolfram auf Neidhart, im *Willehalm.* Hier wird erzählt vom jungen Kraftmeier Rennewart, der

> in voller Rüstung speisen mußte.   *312,* 10
> Zu seinem Schwert ist zu bemerken:
> Herr Neidhart, hätte ers gesehen,
> wie man es trug, auf seinem Hügel,
> er hätte gleich geklagt, vor Freunden.

Es muß also ein auffälliges Schwert, ein Renommierschwert gewesen sein – dies im Besitz von Bauern, so sagt Wolfram sinngemäß, und Neidhart hätte mal wieder Auswüchse zu beklagen gehabt. Damit ist der Neidhart etlicher Winterlieder charakterisiert, von einem Zeitgenossen. Leider hat sich Neidhart nicht revanchiert, es ist keine Zeile von ihm bekannt, in der er sich über Wolfram äußert. Aber ich nehme an: die freundliche Einschätzung war wechselseitig.

Jedoch: sind sie sich persönlich begegnet? Ich gehe in diesem Planspiel davon aus, daß der ›literarische Markt‹ damals klein war, damit überschaubar, trotz aller topographischen Zerstreuung: es gab nicht allzu viele Burgen, die für umherziehende Epiker und für fahrende Dichter als Anlaufpunkte wichtig wurden – so konnte es durchaus geschehen, daß sich Wolfram und Neidhart bei einer Veranstaltung trafen, etwa anläßlich eines Turniers, das zugleich ein großes Fest war; auf solchen Festen traten Spielleute auf und auch Epiker, die Abschnitte aus ihren Werken vortrugen. So hätten sie sich leicht kennenlernen können. Vielleicht führte sie auch nur ein Zufall zusammen, beispielsweise auf dem Haidstein, der (wie der ebenfalls kegelförmige Magnetberg) dieses Kapitel beherrscht, zu beherrschen beginnt: Neidhart auf einer Reise nach Thüringen, Wolfram vielleicht (wieder einmal?) aus Thüringen zurückkehrend, in seine fränkisch-bayrische Region. Vielleicht empfiehlt auch er Neidhart, sein Glück in Thüringen zu versuchen: Landgraf Hermann förderte zwar vor allem Epiker wie Heinrich von Veldeke, wie Wolfram, hatte aber auch ein geneigtes Ohr für Dichterkomponisten wie Walther; es war also nicht ausgeschlossen, daß er gleichfalls Neidhart honorierte, sei es mit Geschenken für Auftritte, sei es, indem er ihn in einer seiner Burgen unterschlüpfen ließ, wenigstens einen Winter lang. Ebenso denkbar ist freilich auch, daß Landgraf Hermann ein Vorurteil hatte gegen diesen Neidhart, und er wollte ihn auf keiner seiner Burgen sehen.

Kein Wort-Echo auf Thüringen in Neidharts Liedtexten, und so führe ich diesen Reise-Entwurf nicht über den Bayerischen Wald hinaus, bleibe auf dem Haidstein.

Wenn ich dort Neidhart und Wolfram zusammenrücke, liegt es nah, mir auch auszudenken, wie ein Gespräch zwischen den beiden ablaufen könnte – damit aber würde ich meine Schreibmethode aufgeben, würde ein Kapitel eines historischen Romans schreiben. Den zeichnet vor allem aus, daß historische Personen in direkter Rede sprechen, in Anführungsstrichen, Gänsefüßchen. Es gibt für mich aber nur diese *eine* Möglichkeit, Dichter jener Zeit reden zu lassen: in eigenen Texten. Das wird in späteren Kapiteln auch geschehen, hier aber mache ich Neidhart nicht zum Zuhörer einer Erzählsequenz aus dem Parzival-Roman, den Wolfram auf Haidstein vorträgt, und Wolfram mache ich nicht zum Zuhörer von Neidhart-Liedern, die vielleicht auch in dieser Burg die Tanzlust wecken, die Tanzlust womöglich steigern zur Tanzwut. Andererseits möchte ich, da ich die beiden schon mal zum Greifen nah beieinander sehe, dieses Kapitel nicht gleich wieder verlassen, möchte noch auf dem Magnetberg Haidstein verharren.

Dort werden sich Wolfram und Neidhart wohl kaum aus dem Weg gehen, sie werden sich zusammensetzen. Und dann? Denkbar, naheliegend wäre beispielsweise, daß Wolfram und Neidhart einige Würfelpartien spielen, vielleicht gemeinsam mit einem Kleriker oder einem der Herren der Burg: die Spielleidenschaft, die für das Mittelalter charakteristisch war. In Wolframs Werken finden sich mehrfach Würfel-Metaphern, »Würfelwörter« – also wird er auch Würfel in die Hand genommen haben. (Diese Würfel hatten nur etwa die halbe Kantenlänge heutiger Würfel.) Und Neidhart wird in einem der nächsten Kapitel berichten (pardon:

er wird das lyrische Ich berichten lassen), daß er gesoffen, gewürfelt, verloren hat.

Würfeln hieß damals: um Einsätze spielen. Gemünztes Geld war
relativ wenig in Umlauf, Geldeinheiten waren vielfach nur angesetzter Tauschwert, es wurde mit Verrechnungseinheiten operiert
in Vorübungen bargeldlosen Verkehrs, nur selten wurde in »klingender Münze« ausgezahlt – so würfelte man um Besitz. Freilich,
um *eines* dürfte weder Wolfram noch Neidhart gewürfelt haben:
um ihr Instrument!

60 Um Neidharts Eigenart als Dichter noch deutlicher zu sehen in Vergleichen, las ich die Carmina Burana (in einer
Prosa-Übersetzung wie in einer Vers-Übertragung), und staunend registrierte ich, wie oft das Würfeln zum Thema wurde. In
den literarischen Spielformen wiederholte sich vor allem dieser
Topos (dem Fakten entsprechen konnten): man verliert seinen
Mantel, ja, die Zwei und die Eins ziehen einen aus bis aufs Hemd,
man verläßt die Stätte der Spielniederlage in einer Notkleidung aus
Sacktuch oder, im genauen Wortsinn: blank. Und: Würfeln verbindet sich häufig mit Pfuschen – die »ewige Betrügerei ist immer
mit im Spiel«. So gibt es »schnelle« und »langsame« Würfel; der
übliche Trick: Würfel sind auf der Gewinnseite leichter gemacht.
Weiter lese ich: beim Würfeln wird gesoffen.

Im Codex der Carmina Burana ist auch ein officium lusorum, eine
Spieler-Messe überliefert: eine der damals offenbar häufigen Parodien von Messen, heute bekannt vor allem unter dem Begriff
»Eselsmesse«. Die wurde meist um Neujahr ›gefeiert‹, und hier
ließ vor allem der geistliche Nachwuchs emotionalen Dampf ab,
zur Freude und mit tatkräftiger Unterstützung älterer Geistlicher
und Mönche. Dieses Narrentreiben der Subdiakone wäre ein Kapitel für sich, aber dafür findet sich kein Stichwort in diesem Buch.
So bleibe ich bei einem Zitat, bei wenigen Hinweisen.

Im Beiheft von Clemencics mitreißender Plattenaufnahme einer
Eselsmesse finde ich ein längeres Zitat von K. F. Flögel: »Die vermummten Geistlichen betraten den Chor mit Tanzen und Springen und sangen Zotenlieder. Die Subdiakone aßen auf dem Altar
vor der Nase des messelesenden Priesters Würste, spielten vor seinen Augen Karten und Würfel, taten ins Rauchfaß statt des Weihrauchs Stücke von alten Schuhsohlen und Exkrementen. Nach der

Messe lief, tanzte und sprang jedermann nach seinem Gefallen in
der Kirche herum und erlaubte sich die größten Ausschweifun-
gen.«
Bei ähnlichem Treiben wurde wohl auch eine Spielermesse aufgeführt. In solchen Parodien heißt es beispielsweise statt oremus
(Lasset uns beten): potemus (Lasset uns saufen) oder: ornemus
(Nun wollen wir uns schön machen). Und das Evangelium wird
nicht etwa nach Markus verlesen, sondern nach Silber-Mark. Und
es heißt nicht: Gott sei mit dir, sondern: Pfusch sei mit dir. Und
ein Heiliger heißt Decius, also etwa: Würflius. Pfusch sei mit dir,
Würflius… Und der Besen des Herrn komme über euch…
Aus der Spielermesse übersetze ich (in veränderter metrischer
Form, doch wortgetreu bis zu den romanischen Zahlen) einen Teil
der Sequenz, um wenigstens einen Hauch Würfelspiel-Atmo-
sphäre in dieses Buch zu bringen, den beiden Würfelspielern
Wolfram und Neidhart zuliebe.

> Cinque und Six, sie raubten Kleider,
> raubten spornstreichs dem Besitzer
> Mantel, Pelz sowie das Reitpferd,
> und er klagte: »Oh, Fortuna,
> du bist bös, was tatest du?!
> Blitzschnell hast du mich entblößt!
> Hast mich Reichen arm gemacht!
> Durch drei falsche, üble Brüder
> zogst du mir die Kleidung aus.
> Meine Hoffnung, Cinque und Six:
> losmarschiert auf diesem Tisch!«
> Auf die Six, die Cinque, die Quatre
> läßt sich bauen, die sind gut,
> doch die Trois, die Deux, die Une
> sind beim Würfelspiel fatal!
> Denn wir wissen: diese dreie
> raubten Würflern ihre Kleidung.
> Ah, du unser aller Sieger:
> große Six, erbarme dich!

61 Einmal möchte ich, sage ich meinem Freund, dem Maler, einmal möchte ich Wolfram, Neidhart und Oswald auf *einem* Gemälde sehen, der Reihe nach auf einer Bank, und diese Bank auf einem Plateau einer imaginären Steilküste, tief unten das Meer, und fern in diesem Meer der kegelförmige Magnetberg, umgeben vom Gürtel gestrandeter Segelschiffe. Das bildbeherrschende Plateau sollte nicht von Gras bewachsen sein, auch nicht von Macchie, es könnte, so male ich mir das aus, ein riesiges, wenn auch etwas gewelltes Mosaik sein, mit Bildelementen beispielsweise des frühromanischen, kirchenschiffgroßen Bodenmosaiks von Otranto, Apulien: eine Katze, die zwei Pfoten in Schuhen stecken hat; eine Frau in einem langen Kleid und mit Haarflechten, die über ihre Schultern fallen, und sie hat den Pfeil ihres Bogens auf einen Hirsch gerichtet; eine Schlange mit einem Knoten im Leib; ein nackter Mann klettert in einen Baum; ein anderer nackter Mann sitzt auf einem Pferd und bläst ein fanfarenähnliches Instrument; ein dritter Mann sitzt auf einem Strauß, bläst ebenfalls ein fanfarenähnliches Instrument; ein Affe ist zu sehen mit einer Handpauke und ein Esel mit einer Leier, aber auch ein Storch, der eine Schlange frißt und eine Harpye mit einem verknoteten Schweif und eine verknotete Schlange im Kampf mit einem Stachelschwein und die Schweife zweier Pferde miteinander verknotet. Auf dieser knotenreichen Bildfläche also die Bank, die am besten keine Rückenlehne hätte, so könnte sich der Umhang des Mannes links auf der Bank frei entfalten, das Smaragdgrün in vollem Seidenglanz; auf dem Rücken-Wappen der Krug, der eine kurze Tülle und einen runden Henkel hat. Dieses heraldische Zeichen ist notwendig, denn der Betrachter des projektierten Gemäldes sieht nur den Hinterkopf, den Rücken dieses Mannes, weil von Wolfram (wie von Neidhart) nur das Milch-und-Honig-Gesicht der Manessischen Handschrift überliefert ist, und diese Phantasiebildchen wollen wir wohl nicht reproduziert oder adaptiert sehen, sage ich meinem Malerfreund. Aber als kleinen Ausgleich könnten, seitlich über den Umhang hinausragend, ein Stück vom Rahmen, ein paar Stimmwirbel der Harfe gemalt werden, die Wolfram von Eschenbach auf seinen Oberschenkeln liegen hat. In der Mitte der Bank säße dann Neidhart, von dem wir ebenfalls nur Rücken und Hinterkopf sehen, auch er scheint auf den Magnetberg zu starren: perspektivischer Fluchtpunkt. Male, so bitte ich den Freund, meinem Neidhart einen feuerroten Umhang auf den Leib – es könnte diesmal einfaches Wollgewebe sein. Über dem leuchtenden Rot am Riemen ein Lederfutteral, in dem, wie der Umriß zeigt, eine Schoßharfe steckt. Und rechts auf der Bank ein gedrungener Mann mit schwerem, ja massig wirkendem Schädel, und er schaut (weil es eine zuverlässige Vorlage gibt zur Darstellung seines Kopfes) nicht zum Magnetberg, sondern blickt zu Neidhart neben ihm und zu Wolfram neben Neidhart, schaut sie an mit seinem linken (nicht durch Lidlähmung geschlossenen) Auge. Oswald von Wolkenstein könnte einen sichtlich teuren Rock tragen, in tiefem Blau, tailliert – um so mehr könnte man von der Harfe sehen, die auch er auf den Oberschenkeln liegen hat: Rahmen, Saiten, Stimmwirbel.

Nach einer lidschlagkurzen, minutenlangen Pause sage ich meinem Freund, daß ich eigentlich gerne mit auf dieses Bild käme. Ich hätte lange überlegt, wie das am angemessensten und zugleich am unauffälligsten geschehen könnte, hätte mich eine Zeitlang am Bildrand als kleine Stifterfigur gesehen wie auf Gemälden des Mittelalters, aber dann ist mir diese wohl einfachste Bildlösung eingefallen: mein rechter Arm (mit Pulloverärmel?) streckt sich in dieses Bild, meine Schreibhand hält einen Blumen- und Kräuterstrauß, und der besteht, wie könnte es hier anders sein, aus Muskateller-Salbei und Wermut, aus Eberraute und Betonie, aus Zitronenmelisse und Andorn, aus Selleriekraut und Gartenkerbel, aus Pfingstrose und Liebstöckel, aus Bauernrose und Lilie.

62 Neidhart, als Dichter von Liedtexten, als ›Lyriker‹: hat er eigentlich keine epischen Texte verfaßt? Hat er das nicht wenigstens einmal ausprobiert?

So sehr sich das Mittelalter von unserer Zeit unterscheidet, in *diesem* Punkt gibt es Entsprechungen: zwar dichteten Erzähler vielfach auch lyrische Texte, genuine Lyriker aber verfaßten kaum je erzählende Texte. Drei Beispiele für viele: Wolfram von Eschenbach, Gottfried von Straßburg, Hartmann von Aue hinterließen auch Liedtexte. Umgekehrt: Walther von der Vogelweide, Heinrich von Morungen, Neidhart von Reuental: offenbar keine Ansätze zu erzählenden Texten, zu höfischen Versromanen.

Anregungen werden Neidhart kaum gefehlt haben: im damals üblichen Mischprogramm dürfte er ja wiederholt vor oder nach einem Erzähler aufgetreten sein. Vielleicht hat er sich an solch einer Präsentation auch schon mal als Musiker beteiligt.

Ich entwerfe damit einen Neidhart, der nicht nur eigene Texte und Kompositionen vortrug, sondern mit Kollegen musizierte. Liedtexte wurden ja nicht immer nur von einem einzigen Instrument begleitet, das der Dichter, Komponist, Sänger auch noch selber spielte – so wie sich heutige Liedermacher durchweg mit der Gitarre begleiten. Üblich war vielmehr, daß sich Musiker zusammentaten; zahlreiche Buchilluminationen zeigen dies. Solche Gruppierungen bildeten sich ad hoc bei Veranstaltungen, es gab noch keine festen Ensembles. Die Begleitung einstimmiger Lieder wurde sowieso improvisiert, nach Mustern, warum also nicht auch Gruppen-Improvisationen?

Neidhart also, der manchmal Kollegen begleitete – warum sollte das nicht beispielsweise ein Walther von der Vogelweide gewesen sein? Oder ein Erzähler, der eigene Lieder vortrug? Umgekehrt könnte es sich ergeben haben, daß ein Kollege auch Neidhart begleitete.

Ich will nach dem Gruppengemälde nicht gleich wieder Dichterkollegen zusammenführen, und so neutralisiere, abstrahiere ich, entwerfe ein Modell: Neidhart begleitet einen Spielmann, der Lieder vorträgt. Und wenn die Reihe an Neidhart ist, begleitet der Spielmann ihn. Und wenn der Spielmann zur Abwechslung einen erzählenden Text vorträgt oder einen Ausschnitt aus einem höfischen Roman, so könnte Neidhart ihn ebenfalls begleiten. Es setzte schon zu Neidharts Zeit so etwas wie Arbeitsteilung ein: Dichter, die nicht immer und überall vortrugen; Vortragskünstler, die nicht alles selber dichteten oder improvisierten.

Ich wage mich in diesem Entwurf weit vor. Denn wir wissen nicht, wie ein Wolfram von Eschenbach oder ein Gottfried von Straßburg ihre Romane vortrugen, oder: wie Spielmänner deren Romane präsentierten. Las man vor? Rezitierte man auswendig? Sang man nach einer vorgegebenen Melodie? Vielleicht war beides möglich: Rezitation und Gesang. Es gibt heute überzeugende Versuche, auch Kurzzeilen-Romane zu singen nach überlieferten Melodien, maßgeschneidert für vierhebige Zeilen. Eberhard Kummer hat bei einem Besuch in Düren Ausschnitte meiner Parzival-Übertragung gesungen, nach einer französischen Epen-Melodie, und das klappte auf Anhieb. Dieses Experiment wurde in einem Konzert wiederholt, ich lauschte mit roten Ohren.

Hier übernehme ich nicht diese Aufführungs-Möglichkeit, sondern: der Spielmann trägt die Erzählsequenz im Sprechgesang vor, und Neidhart begleitet ihn auf seinem Instrument.

Und was trägt der Spielmann vor? Ich erfinde: es ist eine Sequenz aus einem erfolgreichen höfischen Roman, aus dem *Tristan* des Gottfried von Straßburg. Ich suche für ihn ein kurzes Text-Beispiel aus. Daß ich es mit besonderem Vergnügen übersetze, ist nicht allein entscheidend für meine Wahl. Vielmehr: indem ich Realien jener Zeit entwerfend oder rekonstruierend zusammensetze, erhält die sogenannte Realität erheblichen Spielraum in diesem Buch, während sich das vielfach Fabel-hafte mittelalterlicher Bewußtseinsrealität noch nicht genug entfalten kann; der folgende Textausschnitt wird deshalb einen ersten Gegenakzent setzen; endlich einmal soll einer der Drachenkämpfe stattfinden, die für uns mit der Vorstellung »Erzählstoffe des Mittelalters« so fest verbunden sind.

Also: Auftritt eines Spielmannes, der (auch) aus Versromanen vorträgt, und Neidhart begleitet den Sprechgesang improvisierend, nach vorgegebenem musikalischem Material. Er spielt auf der Fiedel oder der üblichen Schoßharfe; der Spielmann könnte Akzente setzen auf kleiner Trommel. Selbstverständlich unterstützt er den Text auch mit Gestik und Mimik: der »theatralische Charakter jedes dichterisch-fiktionalen Textes aus dem Mittelalter«, wie es der französische Mediävist Zumthor formuliert.

> »Es ist soweit, so brich denn auf!«   8925
> Am nächsten Tage, in der Frühe:
> er legte sich die Rüstung an
> wie vor einem schweren Kampf.
> Er schwang sich auf ein starkes Roß,
> er ließ sich eine Lanze reichen,
> dick, mit einem festen Schaft –
> die stärkste und die beste Lanze,
> die im Schiff zu finden war.
> Er machte sich gleich auf den Weg,
> ritt im offnen Land, auf Feldern.
> In der Wildnis mußte er
> mehrfach seine Richtung wechseln.
> Mit Beginn des Sonnenaufgangs
> trieb er an zu rascher Gangart
> Richtung Tal des »Höllenschlunds«:
> es war der Heimatort des Drachen,
> wie man in den »Gesta« liest.
> Es ging das letzte Stück im Schritt

und er sah nach kurzem Ritt,
was seinen Augen nicht gefiel:
den Drachen, der ganz grauslich war.
Und der stieß aus seinem Rachen
Flammen aus und Rauch und Sturm
wie ein wahrer Sohn des Teufels,
machte auf der Stelle Front.
Tristan senkte seine Lanze,
setzte seinem Pferd die Sporen,
galoppierte auf ihn los,
stieß die Lanze in sein Maul,
daß sie seinen Schlund durchbohrte,
an der Herzwand steckenblieb;
er selber prallte mit dem Roß
derart auf an dem Reptil,
daß sein Roß tot liegen blieb
und er selber knapp entkam.
Der Drache fiel gleich drüber her,
heißhungrig, feuerschnaubend,
und das Monster fraß es auf
von vorne bis zum Sattelknauf.
Doch dann störte ihn im Maul
die Lanzenspitze, die ihn schmerzte,
und er kroch vom Rest des Pferdes
weg zu einem Felsenhang.
Tristan, der mit ihm gekämpft,
folgte ihm auf seiner Spur:
vor ihm kroch der Todgeweihte
mit einer solchen Vehemenz,
daß er mit seiner grausen Stimme
im ganzen Wald zu hören war;
er brannte zornig Buschwerk ab
und schlug die Stubben aus der Erde.
Er tobte sich da völlig aus,
bis die Schmerzen ihn besiegten,
und er drängte sich zuletzt
unter eine Felsenwand.
Tristan zog darauf sein Schwert,
ihm schien, der hatte aufgegeben.
Nein, es wurde derart schrecklich,
wie es das bisher nicht war.

Auch wenn es sehr gefährlich wurde –
Tristan rannte auf ihn los;
der Drache griff ihn gleichfalls an
und trieb ihn derart in die Enge –
er glaubte sich dem Tode nah!
Der ließ ihm keinen Spielraum mehr:
in Angriff und Verteidigung
hatte der ihn fast gelähmt.
Ein starkes Heer auf dessen Seite:
der warf mit sich in diesen Kampf
den Rauch, dazu auch noch den Dampf,
und er fand weitere Unterstützung
in den Schlägen, in dem Feuer,
in den Zähnen, in den Krallen –
zugeschliffen waren sie
äußerst spitz und noch viel schärfer
als das Messer zum Rasieren.
Damit trieb er ihn umher,
in wildem Zickzack, in die Enge,
von den Bäumen in die Büsche.
Dort mußte er in Deckung gehn,
er spielte recht und schlecht auf Zeit,
denn nun brachte Kämpfen nichts.
Trotzdem hatte er versucht,
bei ihm derart scharf zu kontern,
daß der Schild vor seiner Hand
verbrannte, beinah ganz verkohlte,
denn der griff mit Feuer an,
und so gab es kaum Entweichen.
Doch das ging nicht lange so –
das mordbegierige Reptil
kam recht bald an einen Punkt,
an dem es allen Schwung verlor;
das quälte so die Lanzenspitze,
daß es nochmals niedersank
und es krümmte sich vor Schmerzen.
Tristan ließ nicht auf sich warten,
kam sogleich herbeigerannt,
stach das Schwert bei seiner Lanze
bis zum Griff ins Herz hinein.
Waidwund war das Teufelswesen,

stieß aus seinem Todesschlund
ein Geräusch und einen Schrei,
derart greulich, derart grausig,
als stürzten Welt und Himmel ein;
das Gebrüll, so mörderisch,
erschallte weit ins Land hinaus –
der Schreck fuhr Tristan in die Glieder.
Doch als der Drache reglos lag
und er merkte, daß er tot war,
stemmte er das Drachenmaul
unter großen Mühen auf.
Aus dem Rachen schnitt er ihm
mit dem Schwerte von der Zunge
die Portion, die er sich wünschte,
schob sie zwischen Hemd und Brust,
ließ das Maul zusammenklappen.
Er wandte sich der Wildnis zu.
Er hatte dabei dies im Sinn:
unterkriechen, irgendwo,
sich den ganzen Tag erholen
und erneut zu Kräften kommen;
abends wollte er zurück
zu seinen Herren, hier im Lande.
Jedoch: die Hitze zwang ihn nieder,
die durch die ganze Plackerei
entstanden war und durch den Drachen,
sie erschöpfte ihn so sehr,
daß er in diesem Augenblick
kaum noch Kraft zum Leben hatte.
Doch nun sah er Wasser glitzern:
ein Becken, nicht zu breit, zu lang,
in das ein kühles Wässerchen
aus einer Felsenquelle floß.
In voller Rüstung fiel er rein
und tauchte sich bis auf den Grund –
oben blieb allein sein Mund.
Dort lag er diesen Tag, die Nacht.
Die böse Zunge, die er trug,
ließ ihm seine Sinne schwinden:
ihm schlug ein Giftgestank entgegen,
der allein schon machte ihn

todesblaß und völlig kraftlos,
so daß er nicht mehr weiterkam –
bis ihn die Königin dort holte.

Wahrscheinlich wird der Erzählabschnitt, den ein Spielmann für einen Auftritt wählt, ein gutes Stück länger sein, aber die Kampfepisode ist hier zu Ende, der Drache hat seine Repräsentations-Pflicht erfüllt, und so entwerfe ich: Neidhart improvisiert ein kurzes Nachspiel. Vielleicht macht er dann die Bemerkung, er habe schon vom bloßen Zuhören eine trockene Zunge gekriegt – wird ihm ein Daubenbecher Dünnbier gereicht? Und im Kreis der Zuhörer überlegt man, was man sich als nächstes wünschen soll? Zur Abwechslung ein Lied? Diesmal von Neidhart gesungen?

63 Neidhart begibt sich erneut auf die Reise, in eine Region, die von der Neidhart-Forschung nicht weiter beachtet wurde, an der man vorbeischrieb: das Gebiet südlich von Melk. Diese Region nannte man im vorigen Jahrhundert »ob dem Wiener Wald«. Heute würden wir sagen: westlich vom Wienerwald. Neidhart dürfte dort in der Burg Schönleiten aufgetreten sein, südlich von St. Leonhard im Forst (nicht zu verwechseln mit St. Leonhard am Wald, 40 Kilometer Luftlinie südwestlich). Der Begriff »Fahrender« soll sich anreichern mit weiteren Details. Also: Schönleiten als Kapitel in Neidharts Lebensreise – ein Kapitel, das für viele Kapitel steht, zu denen mir Stichworte fehlen.
Als Auslöser hier ein Neidhart-Lied der Manessischen Handschrift: einer der Texte, die ein bewährtes Muster variieren. Nach der Eingangslitanei über den Abschied vom Sommer die gewohnte Klage über Liebesleid – schuld daran sind wieder einmal die Bauernburschen.

> Meine sehnsuchtsvollen Jammerliedchen
> dringen ein in ihre Ohren
>   wie das Wasser in den Fels.
> Als Geliebter paß ich ihr wohl kaum.
> Was wir wollen, läßt sich nicht
>   auf einen Nenner bringen.
> Sie lehnt mich ab, ich hab sie gern –
> wann hört das endlich auf?

Diese Wirrung stiften Madelwig und Werenbold.
Herrgott, stürze sie ins Unglück!
Ja, ich hatte diesen Sommer
    von den beiden viel zu leiden!

In die Jammerarie sind zwei Strophen eingeschoben, die nicht
recht in den erzählerischen Kontext passen: es geht um einen einzelnen, namenlosen Bauernrivalen, der mit Madelwig & Werenbold nichts direkt zu tun hat.

Heuer, als die jungen Leute sich vergnügten,
hüpfte er beim schrägen Tanz
    an ihrer edlen Hand.
Meine Freunde wollten von mir wissen,
wer der Bauerngockel sei –
    er war mir da noch unbekannt.
Fett, das setzte ich nicht an,
als sie derart vor mir tanzten.
Engelbär, sein Vater, war noch nicht so frech.
Diese Burschen machen mir das Leben schwer.
Ach, wer hat ihn aus St. Leonhard
    hierher zu uns gebracht?

Ha, der müßte mirs mit seinem Leben zahlen,
der ihn aus diesem »Forst«
    auf uns losgehetzt.
Er ist unerträglich dreist.
Ach, warum nur blieb er nicht zu Hause,
    bei den Seinen?
Dann hätt er mich nicht mit dem Fuß
getreten, in die Flanke.
Ich werd bald den Rabauken los.
Auf den von Schönerleiten muß ich warten,
daß er mir seinen Schutz gewährt.
    Sicher wird ers tun!

In diesen Strophen die beiden Namen, die in keinem anderen
Neidhart-Lied erwähnt werden: Hinweise auf einen Abstecher,
den Neidhart irgendwann einmal gemacht hat. Daß dieses Kapitel
hier eingerückt wird, ist kein indirekter Vorschlag zur Chronologie, vielmehr: nach dem erfundenen Ritt auf den Haidstein nun
eine Reise, zu der Neidhart selbst die Stichworte gibt.

Denn: Anspielungen auf Orte und Personen sind nur dort sinn-voll, wo sie verstanden werden. So bin ich sicher, daß Neidhart ein Gastspiel gegeben hat in der Region bei St. Leonhard im Forst. Dieser Zusatzname steht für das ganze Gebiet: »regio quae vulgo Vorst dicitur«, das Gebiet, das im Volksmund Forst genannt wird… Der Name erinnert daran, daß hier alter königlicher Forstbezirk war. Der zweite Name: Schönleiten bei Oberndorf an der Melk.

Neidhart hat seine Bauernposse in diese Region übertragen, (we-nigstens in den beiden eingeschobenen Strophen), hat den Herr-schaften das Geschehen damit nahegebracht, auch topographisch. Eine transportable Konstellation: Bauernburschen, die sich Über-griffe erlauben auf eine junge Dame, deren Hände weiß sind, das heißt: nicht bäuerlich schmutzig, schwielig, grob. Also: edle Hände einer adligen jungen Dame, die unter Bauern gerät, beim Tanzen. Und der Herr von Schönleiten soll das geplagte Ich dieser Strophen vor einem der Bauerngockel, Bauerngigerl schützen. Die Szene erweist sich in ihrer Austauschbarkeit als fiktiv. Aber diese Fiktion wird mit den beiden Namen ortsfest.

Der von Schönleiten – Moriz Haupt hat ein Angebot gemacht zur Identifizierung: Ulricus de Schoenleiten. Er ist für die Jahre 1207, 1223 und 1227 dokumentiert – so würde er gut in die allgemeine Chronologie passen. Schönleiten – der Name steht hier für zahl-reiche Namen von Gastgebern, ›Veranstaltern‹, die nicht überlie-fert sind – Neidhart, der Fahrende, wird eine Adressenliste im Kopf gehabt haben. Hier nun: S wie Schönleiten.

64 Schönleiten: es soll nicht bloß ein Namens-Transfer statt-finden von bedrucktem Papier auf handbeschriebenes, dann betipptes, dann betipt-handbeschriebenes, dann wieder be-tipptes und schließlich bedrucktes Papier, ich will auch hier eine genauere Vorstellung gewinnen von dem, was gewesen sein könnte, will die Reste der Burg Schönleiten inspizieren. Daß kaum noch etwas zu sehen sein wird, darauf bin ich vorbereitet. Jedoch: was hier und bisher Fußnotenbereich, Anmerkungsre-gion ist, soll eine Landschaft werden mit einem Bauzeugen.

Autobahn Salzburg-Wien, Abfahrt Ybbs, ich fahre südwärts, Richtung Scheibbs, ein Hinweisschild auf St. Leonhard i. F., ich biege nicht ab, obwohl es nur elf Kilometer sind. Bald schon erreiche ich Oberndorf. Die Melk ist hier überraschend schmal. Hat das riesige Kloster Melk meine Erwartung vorgeprägt? Im Dorf suche ich nach der üblichen Informationstafel mit gemalter Karte, vergeblich. Ich will eine Wanderkarte der Region kaufen, aber das einzige Geschäft, das Druckwaren führt, hat viele Illustrierte ausgelegt, aber keine Karte. Ich frage ältere Dorfbewohner nach der Burgruine Schönleiten, aber sie haben nie im Leben diesen Namen gehört. So gehe ich zur Gendarmerie. Zwei Treppen hoch, ein Schild an einer Türe. Ich höre eine Radiostimme, klopfe; die Radiostimme; ich öffne die Türe. Der Gendarm vom Dienst hat die Unterarme parallel gelegt auf der grünen Schreibunterlage des fast völlig leeren Schreibtischs, Wange und Schläfe auf den Unterarmen, das Gesicht vom Nachmittagsschlaf leicht gerötet. Das Radio steht auf der Fensterbank, höchstens einen Meter entfernt vom Kopf des uniformierten Schläfers. Damit er sich nicht ertappt fühlt, gehe ich wieder zur Türe, inszeniere, als würde ich sie, klopfend, gerade erst öffnen. Der Gendarm fährt hoch, weiß sofort, wo er ist, entschuldigt sich, er habe schon seit dem Vormittag Dienst, er sei einfach weggenickt, das passiere ihm sonst nie. Er bietet mir einen Stuhl an. Von einer Burgruine Schönleiten hat er noch nie gehört, aber er sei erst wenige Jahre hier. Wir suchen auf einer Wanderkarte, die er in einer Schreibtisch-Schublade findet und die er mir schenkt: kein Zeichen für eine Burgruine in der Umgebung von Oberndorf an der Melk. Wir schauen nach auf der größeren Karte an der Wand; mit rotem Kugelschreiber sind Dutzende von Namen auf die Fläche geschrieben – viel Streubesiedlung. Auch hier: kein Zeichen für Burg oder Burgruine. Ich erkläre ihm, weshalb es mir wichtig ist, diese Burgruine zu sehen – den Namen Neidhart von Reuental hat der Gendarm schon mal gehört, in der Schule. Und Herr Empfenzeder (Name von der Redaktion geändert – so würde es in einem Zeitungsartikel heißen) nickt mir zu, setzt sich an den Schreibtisch, ruft einen Herrn Gemeindesekretär an, beginnt, Notizen zu machen: ist er fündig geworden? Er bedankt sich beim Herrn Gemeindesekretär, legt auf, wählt gleich die nächste Nummer, ohne mir Zwischenbescheid zu geben; gut ausgeruht ist er aktiv. Er wiederholt das Wort Kofel, das Wort Kellergewölbe, notiert. Gendarmerieposten Oberndorf an der Melk hat eine Spur aufgenommen! Und Empfenzeder erklärt mir den Weg: Lehen bei Oberndorf, etwa einen Kilometer hinter dem Ortsausgang, einige Bauernhöfe, die Nummer 5. Der freundliche Gendarm markiert die Position auf der Wanderkarte, fragt, ob ich sicher sei, anhand seiner Hinweise Lehen 5 zu finden, andernfalls würde er den Funkwagen anrufen, der könne mich lotsen. Ich sage, ich sei trainiert im Finden. Er wiederholt die Wegbeschreibung. Und ich möge es ihm bitte nicht verübeln, daß er eingenickt sei. Ich gebe eine Floskel-Antwort, sage Dank ohne Floskeln, wir verabschieden uns herzlich.

Im Auto schaue ich noch einmal auf die Karte, drehe sie um, lese zum Stichwort Oberndorf: »Seehöhe 310 Meter, 2800 Einwohner. Die Marktgemeinde ist ein ruhiger, gemütlicher Erholungsort im oberen Melktal. Das Land weitet sich hier dem Donautal zu, der Ort ist von Feldern, Gärten und bewaldeten Hügeln umgeben.« Wer insgesamt 15 bis 20 Stunden durch dieses Gebiet wandert, gleichgültig in welchem Zeitraum, und sich diese Wanderungen in einem Wanderpaß durch Kontrollstempel bestätigen läßt, erhält auf einem Gemeindeamt gratis die Ötschland-Wandernadel.

Ich fahre zu Lehen 5. Ein Bach rauscht zwischen Straße und Hof; ein asphaltierter Wirtschaftsweg schwingt sich den Hang hinauf; das langgestreckte Hofgebäude mit mächtigem Baum an der Stirnseite; eine Scheune; ein kleiner alter Bau mit vergitterten Fenstern und einem Tor; ein Gemüse- und Blumengarten an der schmalen Straße. Eine Frau von etwa dreißig tritt aus einer der beiden Haustüren. Ja, der Gendarm hat mit ihr telefoniert. Ein Setter tappst heran mit gelbem Plastikball im Maul. Die junge Frau muß rasch noch etwas erledigen im Haus, dann wird sie mir das Erdwerk zeigen. Der Hund legt nach einigem Zögern den Ball vor mir ab, das Spiel kann beginnen. Nach vier Ballwürfen erscheint die junge Frau wieder, wir gehen ein kurzes Stück den Wirtschaftsweg hinauf, der zu einem höher gelegenen Hof führt. Für den Bau dieser Straße sei der Burghügel abgetragen worden. Wir stehen auf einer Wiese: hier war der Kofel, auf dem einmal die Burg gestanden hat. Die zweite, langgestreckte Aufschüttung der Vorburg ist allerdings noch zu sehen. Der verschwundene und der sichtbare Kofel an der Kante eines Hangs, der steil abfällt zum Bach, der unten rauscht, im Grünen: Ganzbach. Ein Erdrutsch vor vielen Jahren hatte einen Teil des Kofels hinabgerissen. Die restlos, die spurlos verschwundene Burg. Aber die junge Frau besitzt ein Buch, in dem über diese Burg berichtet wird. Und wir spazieren zum Hof hinunter. Der braune Hund mit dem gelben Plastikball im Maul neben mir her. Diese Bauernhöfe als Nebenerwerbsstellen; die Milchquote: ein Kontingent wird voll bezahlt, für jeden Liter mehr gibt es nur ein paar Groschen, man könnte die Milch eigentlich gleich wegschütten; nur wenige Touristen im Ötschland; ja, diese Gegend ist schön, aber wenn man immer hier lebt... Am Hof erzähle ich der Frau, weshalb ich hier bin, berichte vom Parzival-Buch, und gleich nennt sie die Namen Conduir-amour, Fairefis, Trevrizent, auch Anfortas kommt ihr in den Sinn, sie ist selbst überrascht, wie viele Namen ihr einfallen, ein halbes Jahr lang hatten sie in der Schule den Parzival durchgenommen, ja, ein halbes Jahr! Wir gehen durch den weiten Flur in die Wohnküche. Sie legt das Buch auf den Tisch: *Burgen und Herrensitze im Bezirk Scheibbs.* Und tatsächlich: einige Textseiten über Schönleiten, mit einer topographischen Skizze, mit Fotografien des Erdwerks der Vorburg. In der Küche sitzend, lerne ich die Familie kennen: eine Großmutter, eine Schwester der jungen Frau, einen Mann, einen Bub von vier oder fünf, ein Baby. Ein Gläschen Wein wird auf das Wachstuch gestellt, ich exzerpiere: der Burghügel über dem Ganzbach hatte einen Durchmesser von etwa 30 Metern, der Hügel der Vorburg ist 60 Meter lang, die Steine der Burg wurden 1819 für den Bau des Hofes Lehen 5 verwendet, 1973 wurde das Erdwerk abgetragen. Umgeben von Baumaterialien aus Neidharts Zeit, die unsichtbar sind unter Verputz und Tapete, notiere ich die Phasen des Verschwindens dieser Burg. Das Baby wird an den Tisch getragen, es sprattelt herum, wird ins Nebenzimmer gebracht. Der Bub stellt sich neben mich und meldet, sachlich ernst, das Kleine hätte sich oogschissn. Windelwechsel. Ich trinke einen weiteren Schluck Wein, schreibe Namen ab: als erster ein Rüdiger von Schönleiten, 1160 bis 1190, in der folgenden Generation ein Hermann, kombiniert mit der Jahreszahl 1190, und sein Bruder Rüdiger II., 1210-1217. War es eher dieser Herr von Schönleiten, den Neidhart angerufen hat in seinem literarischen Spiel? Auch ein Ulrich V. wird genannt, aber er wird koordiniert mit den Jahreszahlen 1281 bis 1325. »Der« von Schönleiten – dabei werde ich also bleiben müssen.

Die Frau führt mich zum Altbau, öffnet das Tor unter den beiden vergitterten Fenstern: der Wein- und Mostkeller. Dieses Kellergewölbe könnte zu einem der Wirtschaftsgebäude unterhalb der Burg gehört haben. Abschied von der Familie. Der braune Hund wetzt noch mal hinter dem gelben Plastikball her. Ich überquere die kleine Brücke, fahre auf der Straße der Talsohle hundert oder zweihundert Meter, sehe einen Weg, der einen Wiesenhang hinaufführt, halte an, spaziere hoch, sehe weit ausgedehnt das Tal mit seinen Bauernhöfen, schaue auf den Geländepunkt, an dem einmal die Burg Schönleiten gestanden hat, zwischen dem langgestreckten Flußmaißlberg drüben mit seinen 586 Metern und dem Höhenrücken, auf dem ich stehe. Schönleiten: keine der ersten Adressen des Landes, eine von wahrscheinlich vielen kleinen Burgen, in denen Neidhart gesungen haben dürfte, wenn keine lokkenderen Angebote vorlagen.

65 Nach diesem Abstecher ein Exkurs: südöstlich von Schönleiten, etwa zwei Dutzend Kilometer Luftlinie entfernt, die Ruine der Burg des Herrn Meinhard Tröstel von Zierberg. Diesen Herrn Tröstel wird Neidhart in einem späten Liedtext erwähnen, ich greife also vor in der (ungefähren) Chronologie. Speziell aus diesem Grund: ich brauche hier auch Herrn Tröstel als Zeugen in meiner ›vertrauensbildenden Maßnahme‹ für Neidhart; auch er soll bestätigen, daß nicht bloß die »fiktionale Biographie« eines »Rollen-Ichs« entworfen ist in etlichen Neidhart-Strophen, sondern daß innerhalb eines konsequent aufgebauten literarischen Spielsystems zuweilen angespielt wird auf autobiographische Realitäten des Dichters und Sängers Neidhart von Reuental – das geschieht auch in den folgenden Zeilen.

> Ach, wer singt uns diesen Sommer
> mal ein neues Liebeslied?
> Das tut mein Herr Tröstelein
> und mein Herr des Hofes.
> Der Gehilfe sollt ich sein,
> doch ich denke jetzt nicht dran!

Auch wenn ich Neidhart mehr glaube, mehr abnehme, als das in den letzten Jahrzehnten erlaubt schien – an Herrn Tröstel war ich vorbeigegangen, ich hatte ihn ignoriert. Selbst ich hielt seinen Namen für allegorisch oder symbolisch, vor allem im Kontext des Liedes, in dem er genannt wird. Ich wollte mich nicht auf ihn einlassen, es gibt schließlich Mystifikationen genug in Neidharts Liedtexten; er war und blieb Luft für mich.
Bis ich schließlich im Anmerkungsteil des druckfrischen Reprints der ersten Neidhart-Edition blätterte und sah: Moriz Haupt wies nach, daß es Herrn Tröstelein tatsächlich gegeben hat. Und dieser

Hinweis erschien bereits 1858! Wie hat der Philologe Haupt (der seinen Vornamen so eigenwillig gedruckt sehen wollte) die Hinweise auf Herrn Tröstel aufgespürt? Durch Zufall? Durch detektivische Zähigkeit?

Einen ersten Hinweis hätte ich selbst finden können, aber ich hatte ihn überblättert, überlesen: Ulrich von Lichtenstein beschreibt im *Frauendienst,* wie Herzog Friedrich im Jahre 1240 mit großem, glanzvollem Anhang auftritt.

> Einer war mein Herr Tröstelein –
> der konnte kaum eleganter sein.

Warum hat man ihn trotz seiner ritterlichen Glanzentfaltung in der Verkleinerungsform genannt? Das haben weder Neidhart noch Ulrich angedeutet; schade.

Doch was mehr wiegt: in den Jahren 1239 und 1241 wurde Herr Tröstel in Urkunden des Herzogs Friedrich zum ersten Mal dokumentiert, als »Meinhardus cognomine Troestel«, als Meinhard mit dem Beinamen Tröstel. Wenn man nicht Haare spalten will, so ist Meinhard Tröstel identisch mit dem Gefolgsmann und Sänger Tröstelein. Man hat ihn als Minnesänger oder Minnesinger bezeichnet, aber daß er Lieder über die Hohe Liebe sang, öffentlich, muß noch nicht bedeuten, daß er solche Lieder auch dichtete und vertonte. Denkbar wäre es freilich schon. Er wäre denn ein weiterer Ministeriale, der gedichtet hat.

Ich könnte diesen (ersten) Hinweis auf Herrn Tröstel nun abschließen – die folgenden Vorgänge ereignen sich erst jenseits der Neidhart-Zeitspanne. Aber ich berichte kurz weiter, denn: hier deutet sich eine der Geschichten an, die für Neidharts Epoche typisch scheinen. Helmut Birkhans Untersuchung zur Datierung einiger Neidhart-Lieder brachte mich auf diese Fährte.

Wenige Jahre nach Neidharts Tod geschah folgendes: Herzog Friedrich soll – auffällig genau einen Tag vor seinem Tod in der Schlacht an der Leitha, am 12. Juni 1246 – einen Brief diktiert haben, der dem Bischof von Passau für alle früher zugefügten Schäden freiwillig einen Schadensersatz zusicherte in Höhe von 3000 Mark Silber. Das sind, um daran zu erinnern, knapp 1500 Pfund oder 750 Kilo Feinsilber, eine dreiviertel Tonne! Dieser Brief ist offensichtlich eine Fälschung der Passauer Bischofskanzlei – die jahrhunderteaalte, vielfach bewährte Fälschungstradition ist damit fortgeführt. Eine Tradition, für die Passau freilich nur ein besonders markantes Beispiel ist – das Mittelalter wird zuweilen als große Zeit der Fälschungen bezeichnet. In diesem Schreiben wird nun Herr Tröstel gemeinsam mit dem Adressaten aufgefordert, bis zur Auszahlung dieser Summe zwei Pfänder zu verwalten für das Bistum Passau, und zwar die Städte Wels und Linz. Das heißt: er mußte mit dafür sorgen, daß alle offiziellen Einnahmen dieser Städte nach Passau transferiert wurden. Monsieur Tröstel scheint seine Aufgabe gut erfüllt zu haben, zwei und vier Jahre später erscheint sein Name in Schenkungsurkunden: Bischof Rüdiger von Passau übergibt ihm (und seiner Gemahlin Kunigunde von Zierberg) Meierhöfe, also große Bauernhöfe. So hat sich ausgezahlt, was er für Passau tat.

Mit diesen Urkunden von 1246 und 1248 ist noch kein Schlußpunkt gesetzt: Herr Tröstel wird auch 1255 genannt und 1256 und 1257 und 1258 – ach, hätte man statt dessen nur *einmal,* ein einziges Mal Neidhart von Reuental in einer Urkunde erwähnt!

Aber immerhin: Herr Tröstel von Zierberg ist keine Allegorie, ist kein Symbol, er ist eine historisch nachweisbare Person. Laut *Handbuch der historischen Stätten Österreichs* war Meinhard Tröstel »erster Landschreiber des Landes ob der Enns«. Auch Herr Tröstel beweist durch sein Gastspiel in einer Neidhart-Strophe, daß Neidhart mit Sichtkontakt zur Realität stilisierte.

66 Mehrfach umkreist der Rabe den im Schritt reitenden Mann mit dem roten Umhang, mit dem Lederfutteral auf dem Rücken. Der Reiter bewegt die Lippen, murmelt oder summt vor sich hin. Der Rabe muß seine Kreise enger ziehen – endlich blickt der Reiter auf. Ich grüße dich, Neidhart, ruft der Rabe. Nun muß Neidhart wohl fragen, wer er sei und wieso er sprechen könne. Der Rabe macht einen Vorschlag: wenn er sich auf die rechte Schulter setzen darf, wird er dies erzählen, wird ihm danach etwas sehr, sehr Wichtiges prophezeien. Neidhart starrt dem Raben nach und nickt. Schon sitzt der Rabe auf seiner Schulter. Ich bin weit, weit geflogen, um dich zu finden; du wirst verstehen, daß ich nach so vielen Flügelschlägen hungrig bin. Viel habe er nicht anzubieten auf so einem Ritt, wird Neidhart entgegnen, aber aus seiner Tasche zieht er ein Stück Fladenbrot, bricht schnabelgerechte Brocken ab. Siebenmal schluckt der Rabe, dann räuspert er sich und krächzt: Ich komme von Oswald. Wie er dies verstehen solle, will Neidhart wissen. Ich meine selbstverständlich König Oswald, belehrt ihn der Rabe und fügt hinzu: den berühmten König Oswald, für den ich seinerzeit neun Tage und Nächte lang über das Meer geflogen bin, um die schöne Königstochter aufzuspüren und ihr Botschaft und Ring des Königs zu bringen. Du kennst diese Geschichte? Neidhart wirft einen prüfenden Blick auf den Raben, der auf seiner Schulter sitzt und das Gefieder plustert. Der Rabe scheint sein Mißtrauen zu spüren und krächzt: Ich bin in dieser Geschichte schließlich nicht eingesperrt wie in einen Käfig! Neidhart lächelt, da krächzt der Rabe sanfter: Du weißt aus dieser Geschichte, die von Spielleuten zuweilen erzählt wird, daß ich viel, sehr viel von dieser Welt gesehen habe, daß mir viel, sehr viel zu Ohren gekommen ist, daß ich Meerfrauen kennengelernt habe in ihrem Palast unter Wasser, daß ein Engel mich getragen hat, weil ich ihm etwas flügellahm erschien trotz meiner ausdauernden und raschen Flügelschläge – und überall hielt ich meine Rabenohren offen und meine Rabenaugen, und so bin ich gekommen, um dir etwas zu prophezeien. Der Rabe schweigt. Er horche, sagt Neidhart aufmunternd. Dann vernimm, daß du bald eine weite Reise machen wirst, über das Meer und daß du dich glücklich preisen kannst, denn diese Reise wird dich zum größten aller Wunder führen, zum goldenen Baum mit den singenden Vögeln. Bleib stehen, spricht der Rabe, damit ich besser erzählen kann. Und Neidhart hält an. Breit fließt die Donau neben dem Weg. Dieser Baum steht in einem der vielen Innenhöfe des märchenhaft großen Palastes des märchenhaft reichen Sultans; siebenmal sieben Mohren bewachen den Baum Tag und Nacht; ihre krummen Schwerter blitzen in der Sonne und schimmern im Mondlicht. Dieser Baum, so hebt der Rabe wieder an, nun im Sprechgesang, als trage er aus einem Epos vor: dieser Baum – du wirst es jetzt nicht glauben wollen, aber du wirst es mit eigenen Augen sehen – dieser Baum also, den die Mohren bewachen, dieser Baum besteht aus schierem Silber und purem Gold. Und die Blätter sind Smaragde, leuchtend im sehr hellen Licht des arabischen Mittags, tiefgrün in den Nächten. Und auf diesem Baum, singt der Rabe, auf diesem Baum sitzen Dutzende von Vögeln, sie schlagen mit den Flügeln, öffnen und schließen die Schnäbel, aber die Vogelbälge bestehen nicht aus Federn, Knöchelchen, Fleisch, sondern aus Gold und Edelsteinen – weiße, gelbe, rote, grüne und blaue Vögel. Und die singen nicht im vielstimmigen Durcheinander wie Vögel hier ringsum in den Morgenstunden, sie singen vielmehr aufeinander abgestimmt wie in einem Chor. Dabei singt jeder dieser Vögel, und das wird dich besonders erfreuen, eine kunstvolle, nie gehörte Melodie. Dies alles, schreit der Rabe, wirst du hören und sehen, und du wirst – überglücklich – befürchten, dir könnte Hören und Sehen vergehen. Du wirst dich von diesem Anblick nicht losreißen können. Aber vielleicht, so fügt der Rabe schelmisch hinzu, vielleicht wird dir der Sultan, weil du ebenfalls schön singen kannst, einen der vielen Äste schenken, mit mehreren Smaragdblättern und einem der aus Silber, Gold und Edelsteinen bestehenden Vögel. Ja, ruft Neidhart, und er wird während der ganzen Rückreise singen! Er wird selbstverständlich nicht singen, antwortet der Rabe nachsichtig in fließendem Mittelhochdeutsch, er wird naturgemäß stumm sein auf dem Zweig, den du zurückbringst nach Landshut oder sonstwohin. Doch selbst ohne Gesang: welch ein Wunder wird dieser Zweig in bayrischen Augen sein! Vielleicht wird man dich sogar nach diesem Zweig benennen: Neidhart mit dem goldenen Zweig. Neidhart reitet weiter, im Schritt. Du fragst dich jetzt, ruft der Rabe, weshalb der Vogel auf dem Baum singen kann und auf dem Zweig nicht mehr – ich will dieses Rätsel lösen. Und der Rabe schüttelt sein Gefieder zurecht. Besonders als Musiker wird es dich interessieren, obwohl du es mehr mit Saiteninstrumenten zu tun hast. Der Rabe macht eine wirkungsvolle Pause. Dieser Baum wurzelt in einem Geheimnis, sagt er, plötzlich rabenheiser, aber du darfst dem Sultan nicht mit einer Sterbenssilbe verraten, daß du etwas von diesem Geheimnis weißt. Neidhart bleibt wieder stehen. Unter dem Baum ist ein gut verborgener Kellerraum, und hier betätigen acht Männer sechzehn Blasebälge: »uz balgen gât dar in ein wint, daz ieglich vogel sinc siner wîse«. Die Luft wird also in das Innere des Baumstamms gepumpt und in sämtliche Äste, Nebenäste, Zweige, so gelangt die Luft in die Vogelbälge, und mit winzigen Pfeifen singen sie, von Ventilen geregelt, ihre Weisen, »einer hoch, der ander nidere, je nach des sluzzels leite«. Der Rabe schweigt, der Fluß scheint lauter zu rauschen. Und der Rabe fragt heiser: Glaubst du mir nun? Jedes Wort, murmelt Neidhart, natürlich jedes Wort! Also, ruft der Rabe erleichtert und spreizt seine Flügel, also wirst du diesen Baum sehen! Also wirst du die Musik dieser Vögel hören! Also freue dich auf diese Reise! An ihrem Ende leuchtet und klingt der Baum aller Bäume, für dich!

67 Der von diesem Wunderbaum im deutschen Bereich zum ersten Mal erzählte, in Versen, war Neidharts Zeitgenosse Herbort von Fritzlar: Reichtum als Wunsch, Goldglanz als Traum.

Es wird in dieser Trilogie des Mittelalters viel berichtet von ärmlichen Verhältnissen, von Beschwernissen, von Malaisen und Miseren. Und so will ich hier ein golden leuchtendes Gegenzeichen setzen. Denn von Reichtum und Prunk wurde nicht nur phantasiert in Neidharts und Wolframs Zeit, zuweilen gab es diesen Reichtum, diesen Prunk auch wirklich. Einen Nachglanz solcher märchenhaften Prachtentfaltung sah ich in Palermo, in der Cappella Palatina.

Der Bauherr dieser Kirche war König Roger, über den ich schon im Wolfram-Buch berichtete: der König, der im Zeitalter der Kreuzzüge, der Kämpfe zwischen Christen und Sarazenen eine Staatsform des Ausgleichs, der Gleichberechtigung zwischen Sizilianern, Griechen und Arabern verwirklichte, eine Monarchie, in der (wie heute noch ein beschrifteter Stein zeigt) das Lateinische, das Griechische und das Arabische gleichrangige Staatssprachen waren. Dieser König Roger ließ, 1130 gekrönt, in seiner Burganlage zwischen zwei Türmen die freistehende (nun von Baumassen flankierte, ja eingeschlossene) Kirche erbauen, die man über eine Außentreppe erreichte (heute über eine Galerie). Diese Kirche im ersten Stock wurde 1140 eingeweiht (also wenige Jahrzehnte vor Neidharts Geburt), und der Bischof sagte beim Festgottesdienst: »In diesem Gotteshaus hat ein wahrhaft großer und königlicher Sinn ein ewiges Denkmal errichtet, gleichsam einen festen Grundstein seines Palastes, groß und schön, ja in einer ganz neuen Schönheit leuchtend: in hellem Licht erglänzend, von Gold erstrahlend, von Edelsteinen funkelnd, im Blütenschmuck bunter Malereien. Auch wer ihn öfter gesehen hat und immer wieder betrachtet, bewundert ihn stets von neuem wie jetzt beim ersten Anblick, und staunend schweift sein Auge umher. Über das Deckengewölbe ist des Staunens kein Ende. Mit zierlichem buntem Schnitzwerk, im Muster eines Bienenkorbes, ist es geschmückt, und wie es allenthalben vom Golde blitzt, stellt es den nächtlichen Himmel dar, wenn aus klarer Luft das Heer der Sterne herniederfunkelt. Säulen stützen die Wölbung aufs schönste und heben die Decke zu unerreichbarer Höhe empor. Der heilige Boden der Kirche gleicht der Frühlingswiese, mit bunten Marmorsteinchen ist er wie mit Blumen geziert, nur daß Blumen welken und vergehen, diese Wiese aber unverwelklich und ewig ist und sich immerdar unvergängliche Blüten bewahrt. Die ganze Wand ist mit buntem Marmor verkleidet, der obere Teil mit Goldmosaik ausgelegt, soweit den Platz nicht die Schar der heiligen Bilder einnimmt.«

In dieser Kirche stehe ich auf dem Boden, auf dem Roger gestanden hat, und ich hocke auf dem breit angelegten Thronpodest, auf dem Roger gesessen hat, und ich sehe goldgrundierte Mosaiken, die schon er gesehen hat – große Mosaikflächen des zwölften Jahrhunderts sind erhalten! Die Schönheit, der Glanz dieser frühen Goldmosaiken (hergestellt von Spezialisten aus Konstantinopel) ist oft genug gerühmt worden, ich war darauf vorbereitet, Außergewöhnliches zu sehen, aber diese Kirche übertrifft jede Erwartung, die sich nach Beschreibungen und Fotografien zu bilden versucht.

Die Cappella Palatina ist für mich die schönste aller Zeitmarkierungen aus Neidharts und Wolframs Zeit und aus den Jahrzehnten, Jahrhunderten vor ihnen. Denn: antike Säulen römischer und griechischer Tempel wurden in dieser Basilika aufgereiht, Säulen, die man aus verschiedenen Orten herantransportiert hatte.

In dieser Kirche aber bin ich von Vergangenheit nicht nur umgeben, hier bin ich von Vergangenheit zugleich überwölbt – das Wunder der Zedernholzdecke, die keine der zahlreichen Feuersbrünste dieser Stadt vernichtet hat: dieselbe Holzdecke also, unter der Friedrich der Zweite und König Roger, sein Großvater, gestanden hatten. Eine Holzdecke, die vor allem arabische (irakische? ägyptische?) Handwerker schufen für diese christliche Kirche. Zwölf sternenförmige Kassetten, achteckig, jeweils umgeben von arabischen Schriftzeichen, die dem König Reichtum, Glück, Sieg und Ruhm wünschen. Die Schriftzeichen wie die Malereien sind verblaßt, doch Beschreibungen frischen sie auf. Arm in Arm stehen da beispielsweise Johannes der Täufer und der persische Dichter Omar e Chajjâm. Und gemalt wurde Löwe und Elefant und Kamel und Bär und Gazelle und Adler und Papagei und Pfau und Falke. Und eine Frau schöpft Wasser aus einem Brunnen, und eine andere Frau reitet auf einem Elefanten, und ein Adler entführt einen islamischen Ganymed, und ein nackter Mann reitet auf einem Drachen. Und Krieger und Falkenjäger. Und rundgesichtige Frauen mit Mandelaugen. Und Männer mit Käppchen und Turbanen. Arabische Ikonographie in der Burgkirche des »getauften Sultans« Roger. Erst Ferdinand der Katholische wird bei einigen der Figuren einen Heiligenschein hinzumalen lassen.

68 Dreizehntes Jahrhundert, Ende des zweiten Jahrzehnts: in diesem Zeitraum dürfte Neidhart zwischen vierzig und fünfzig sein. Solch ein Alter hatte für das Selbstbewußtsein, das Selbstgefühl eines Menschen des Mittelalters eine völlig andere Bedeutung als für uns heute: ein Mann zwischen vierzig und fünfzig war betagt; ein Fünfzigjähriger stand an der Schwelle des Greisenalters. Zwar gab es gelegentlich Übergreise von siebzig oder achtzig (wie Albertus Magnus), aber die wurden sicherlich bestaunt wie Frauen oder Männer heute, die über hundertzehn werden, mit oder ohne Knoblauch. Und noch ein Vergleichs-Hinweis: Oswald von Wolkenstein wird mit 40 ein großes Alterslied verfassen, einen Lebensrückblick.

69 Aus einem der Liedtexte Neidharts läßt sich mit einiger Wahrscheinlichkeit schließen, daß er am fünften Kreuzzug (1217 bis 1221) teilgenommen hat.

Für den Bayern gab es diese (naheliegende) Möglichkeit: daß er zum vorwiegend bayrischen ›Expeditionskorps‹ gehörte, mit dem Herzog Ludwig Frühjahr 1221 in Süditalien aufbrach. Im großen Kreuzlied aber (das ich noch vorstellen werde) äußert Neidhart den Wunsch, nach Österreich zurückzukehren. Läßt sich der Text dieses Liedes mit dem Kontext seiner Zeit koordinieren? Ist es denkbar, daß sich ein Bayer Truppen anschloß, die der österreichische Landesherr befehligte?

Ich muß daran erinnern: das Herzogtum Österreich gehörte, genauso wie das Herzogtum Bayern, zum römischen Imperium. Mit einem späteren Begriff: Bayern und Österreich waren zwei benachbarte Provinzen des Reiches. Eine Reise von Bayern nach Österreich setzte also keinen ›Grenzübertritt‹ voraus, weder im großen noch im kleinen ›Grenzverkehr‹. Und hüben wie drüben: die Diözese Passau. Falls Neidhart aufgefordert oder ermuntert wurde, mit österreichischen Truppen gegen die Heiden zu kämpfen, konnte er nicht sagen: Ich bin aber Bayer! Und wenn er als Bayer freiwillig teilnehmen wollte, konnte ihm das aus formaljuristischen oder länderrechtlichen Gründen nicht verwehrt werden – solche Denkmuster gab es damals noch nicht.

Er konnte sich also freiwillig den österreichischen Truppen anschließen. Oder er wurde dazu aufgefordert, von einem seiner Gastgeber, vielleicht sogar vom Herzog selbst. Leopold war ein großer Kunstfreund – es werden auch Sänger seine Nähe gesucht haben, und so könnte sich Neidhart (gelegentlich) an seinem Hof aufgehalten haben. Vielleicht befand sich der Dichter gerade in einer finanziell prekären Lage.

Diese Vermutung legt Neidhart zumindest nahe, denn in der (angehängten) Schlußstrophe des großen Kreuzliedes heißt es:

> Ich will nach Österreich
> mit einem Bötchen rüberschippern.
> Wo stand mein Kopf,
> als ich, sternhagelvoll,
> drei schnelle Pferde verwürfelt hab?
> Nun gehts zu Fuß.
> Falls hier jemand Sättel kauft –
> ich gebe sie ihm gern.

Ich werde hier keine Story entwickeln, ich beschränke mich darauf, aus Andeutungen Neidharts diese Möglichkeit abzuleiten: er hat (auch?) in Österreich beim Zocken Schulden gemacht (oder vergrößert), wollte sich von der Schuldenlast befreien. Nun gab es die offizielle Regelung, daß man während der Teilnahme an einer Pilgerfahrt oder an einem Kreuzzug nicht gezwungen werden konnte, Schulden zu begleichen: ein Schulden-Moratorium, auch für die eigene Familie. Darüber hinaus hofften fast alle Kreuzzugs-Teilnehmer, daß sie Sold erhielten, Beute machten. Sollte Neidhart Anfang 1217 gerade (mal wieder?) in Österreich gewesen sein, hätte es sich leicht ergeben können, daß er mit dem österreichischen Truppenkontingent des ›internationalen‹ Kreuzzugs absegelte, unter Herzog Leopold.

Anlaß genug, einige Zeilen über diesen Fürsten zu schreiben. Ich habe dabei zusätzlich dieses Motiv: Leopold ist der Vater des Herzogs Friedrich, den Neidhart später wiederholt benennen, das heißt: anbetteln wird.

Leopold war etwas jünger als Neidhart; einer der Lehrer des jungen Babenbergers war Bischof Ulrich I. von Passau; der sehr junge Leopold beteiligte sich als Schildknappe an einem Italienfeldzug des Kaisers Heinrich; 1200 die feierliche, pompöse Schwertleite in der Schottenkirche zu Wien; 1208 nahm Leopold in Klosterneuburg das Kreuz; erst vier Jahre später machte er sich auf, um gegen die Heiden zu kämpfen, zunächst in Spanien; dort kam er zu spät zur spektakulären Eroberung einer maurischen Stadtfestung;

1217 dann der Aufbruch zum 5. Kreuzzug; er zog durch Friaul zur Küste, segelte nach Akkon, in nur sechzehn Tagen. Im Heiligen Land ging es nicht mehr so schwungvoll voran: einige ebenso sinnlose wie erfolglose militärische Aktionen. Auch Leopold segelte weiter nach Ägypten, nahm hier teil an der Belagerung des Kettenturms vor Damiette, soll sich dabei hervorgetan, ja ausgezeichnet haben.

70 Bevor ich vom Kreuzzug berichte, an dem Neidhart teilgenommen haben dürfte, wenn auch kaum von Anfang bis Ende, erzähle ich die Geschichte eines Teilnehmers, der gar nicht erst an das Ziel kam, das dem Kreuzzug gegeben wurde. Als Grundlage dieses Kapitels eine wohl vergessene Publikation von Friedrich Kurth; die hier ausgebreiteten Fakten fasse ich zusammen zum Bericht über einen Beispiels-Teilnehmer, und zwar aus Köln.

Diese Geschichte, von mir als Kölner nacherzählt für einen Kölner, beginnt so: Der Kreuzzug von 1217 wurde bereits seit Jahren durch Predigten vorbereitet, vor allem in der Kölner Diözese; hier war der Domscholastikus Oliver aktiv; in Rom hoffte man, die Kölner Diözese werde schließlich 300 Schiffe stellen, mit Soldaten, Waffen, Proviant. Papst Innozenz III. schrieb anfeuernde Briefe nach Köln, aber auch nach Trier, Mainz, Bremen. Bald darauf starb er, Juli 1216. Kurzes Stocken der Vorbereitungen, aber auch der neue (betagte) Papst Honorius setzte sich ein für den Kreuzzug, schrieb Januar 1217 nach Köln, die Pilger und Kreuzfahrer müßten ihre Gelübde halten, sie sollten im kommenden April aufbrechen.

In der Kölner Region beteiligten sich nur sehr wenige der höheren Herren am Kreuzzug, es sind »wesentlich Leute niederen Standes«. Zu ihnen gehört auch meine Beispielfigur: Joseph (der heute »Jupp« gerufen würde und der zu seiner Zeit wohl auf eine ähnliche Abkürzung hörte); dieser Joseph ohne Nachname als Handwerker, und er hat viele Schulden gemacht, Gläubiger bedrängen ihn, er will der Drangsal entkommen, der Kreuzzug gibt ihm die Chance dazu. Mit seiner Familie – um einen möglichst durchschnittlichen Fall zu konstruieren – hat Joseph ebenfalls Probleme: ein Verhältnis mit einer Nichte seiner Frau; Auseinandersetzungen, zum Teil blutig ausgetragen, mit einem Schwager – es ging dabei auch um Geld. Ein normales rheinisches Schlitzohr also, dessen Sündenbewußtsein allerdings größer ist als heute üblich. Jedoch: wer an einem Kreuzzug teilnimmt, der das Ziel erreicht, der wird von allen Sünden losgesprochen.

So gehört Joseph zu den rheinischen Teilnehmern des Kreuzzugs, die sich in Köln sammeln und die angeführt werden von einem Grafen zu Wied. Auch für Joseph werden die Glocken aller Kölner Türme geläutet, wenn die Schiffe mit dem Segen des Erzbischofs ablegen; viele Kölner werden sich drängeln zwischen Stadtmauer und Rheinufer; Fahnen werden gehißt sein. Rasch treiben die Schiffe stromabwärts, die Probleme bleiben in sichtlich wachsender Entfernung zurück. Joseph wird aufatmen.

Die Schiffe aus Köln und die Schiffe aus Bremen treffen sich im Hafen von Vlaardingen bei Rotterdam. Am 29. Mai stechen einhundertzwölf Schiffe (vor allem mit Rheinländern und Friesen) in See, Richtung England, nach Dartsmouth. Hier kommen die Niederländer hinzu. Wilhelm von Holland übernimmt den Oberbefehl über die Flotte; einer der Grafenbrüder von Wied ist sein Stellvertreter. Als erstes wird eine Disziplinarordnung erlassen, auf die alle Pilger und Kreuzfahrer schwören müssen; es ist eng in den Schiffen während der langen Überfahrt, da kann es rasch zu Reibereien, Schlägereien, Messerstechereien kommen, also werden harte Strafen angedroht.

Zu diesem Zeitpunkt ist auch Joseph davon überzeugt, daß die Flotte vor dem Heiligen Land Anker werfen wird; er ahnt so wenig wie die anderen Rheinländer, wie die Friesen und Holländer, daß diesem Kreuzzug längst ein anderes Ziel gegeben wurde: Ägypten. Und schon gar nicht wird er ahnen, daß er nicht einmal bis Ägypten kommen wird. Geschichtsschreibung hat wenig Sinn für Geschichten, die nicht zum offiziellen Ende hin erzählt werden, also berichte ich hier zum Ausgleich, was mit einem Joseph aus Köln geschah, auf der Reise zum Heiligen Land.

Am 4. Juni 1217 legt in Dartsmouth die Voraus-Flotte ab: das Schiffsgeschwader aus dem Kölner Raum. Angeführt wird diese Flottille vom Grafen zu Wied. Auch Joseph wird das Gefühl haben, nun verlaufe alles nach Wunsch: die us Kölle sind sogar vornean! Im Kölsch des dreizehnten Jahrhunderts wird er sich angeregt, aufgeregt unterhalten mit anderen Kölnern. Sie alle haben Waffen mit, aber keine Pferde – es werden insgesamt nur etwa 300 Streitrösser auf den Schiffen transportiert, für die Panzerreiter; Jupp gehört zum Fußvolk.

Es ist Sommer, aber das Wetter wird herbstlich: nicht nur widrige Gegenwinde, nicht nur peitschender Regen, sondern auch Nebel. Die Flotte, auf Sichtkontakt angewiesen, zerstreut sich auf der weiten, allzu weiten Wasserfläche. Ein Schiff aus Monheim am Rhein strandet am Kap Finisterre. Aber man hat Glück: weil dort sowieso der nächste Sammelpunkt ist, kann die Besatzung gerettet werden. Auf der kurzen Fahrt bisher hat es schon derart viele Disziplinprobleme auf den Schiffen gegeben, daß alle Pilger, Kreuzfahrer, Besatzungen noch einmal die Flottenordnung beschwören müssen.

Von nun an übernimmt Wilhelm von Holland die Vorausflotte, der Graf zu Wied kommandiert die zweite Flotte. Am 11. Juni der Aufbruch, aber die Winde sind so schwach, daß man erst am 16. Juni La Coruña erreicht. Wird Joseph bereits ungeduldig? Er wird sich mit Gelassenheit auch in diese Situation finden, er hat Zeit genug mitgenommen.

Nach der langen Schiffsfahrt muß alles schnell, schnell gehen: die obligatorische Wallfahrt nach Compostela wird im Eilmarsch absolviert, man schafft die 64 Kilometer an einem Tag und in einer Nacht. Dennoch: Pilgerlieder mit vielen Strophen. Gebete, Gesänge am Grab des Apostels Jakob. Zwei, drei Tage wird man wohl in Santiago de Compostela bleiben, dann geht es zurück nach La Coruña. Dort soll die Flotte am 20. ablegen, aber es fehlt der Nordwind, der sie nach Süden treiben soll: im Hafen und vor dem Hafen wartet man zwei, drei, vier, sechs, acht Tage lang auf diesen Wind; dann erst rafft sich einer der seekundigen Ortsbewohner zum Hinweis auf, daß man hier voraussichtlich bis zum Jüngsten Tag auf Nordwind warten könnte; wer nach Süden wolle, müsse erst eine Meile nordwärts segeln. Man folgt diesem Rat; am 29. Juni hat man den Nordwind in den Segeln, auch Joseph wird aufatmen. Der Wind frischt immer stärker auf, am 2. Juli treibt ein Sturm die Flotte auseinander. Wahrscheinlich wird auch Jupp seekrank, da helfen keine Stoßgebete zum heiligen Joseph. Ein Teil der Flotte sammelt sich bei Porto. Dort ist das Gedrängel so groß, daß drei Schiffe in der Hafeneinfahrt havarieren. Mehrere Schiffe müssen vor dem Hafen bleiben, in der Nacht und im fortgesetzten Sturm. Der Graf zu Wied sucht mit einigen der Kölner Schiffe einen Hafen weiter südlich, findet ihn auch. Der Sturm flaut ab. Wieder Wind, aber Gegenwind, und der will partout die Richtung nicht ändern. Die Befehlshaber setzen über an Land und beraten in einem größeren Haus. Schlagen Portugiesen jetzt schon vor, in Portugal zu bleiben, gleich hier gegen die Heiden zu kämpfen? Falls sich solche Vorüberlegungen herumsprechen: was könnte Joseph dazu meinen? Auch er will von seinen Sünden losgesprochen werden, will Beute machen, er wird bezweifeln, ob beides möglich ist in Portugal.

Wie auch immer seine Überlegungen sein mögen – am 10. Juli kann man weitersegeln, Richtung Lissabon. Fünf Tage braucht man für die kurze Distanz. In Lissabon erst mal wieder Pause: die Flotte muß sich sammeln, auch sind viele Reparaturen notwendig geworden an den Schiffen. In der Residenzstadt schlagen vor allem der Bischof von Lissabon und der Bischof von Evora den Kreuzfahrern vor, in Portugal zu bleiben, hier gegen die Heiden zu kämpfen, im Süden des Tejo, dort hat man weite Gebiete an die Mauren verloren, besonders sinnvoll wäre es, die befestigte Stadt Alcacer zurückzuerobern, ein Bollwerk der Heiden. Beratungen unter Bischöfen und Heerführern; eine allgemeine Heeresversammlung wird einberufen; die Bischöfe halten flammende Reden; der portugiesische König kann sich nicht beteiligen, er liegt krank in Coimbra. Der Tenor aller Reden: Bleibt in Portugal, hier könnt ihr hinreichend gegen Heiden kämpfen, und die Aussicht auf Beute ist außerordentlich groß. Es kommen weitere Argumente hinzu: Lebensmittel und Wein gebe es in Portugal für Pilger und Kreuzfahrer in Fülle. Und: sie seien bisher so langsam vorangekommen, daß es mehr als fraglich sei, ob sie in diesem Jahr überhaupt noch das Heilige Land erreichten. Und dazu: der deutsche König Friedrich und viele hohe Herren seien noch immer daheim, und es sehe überhaupt nicht so aus, als würden sie in der nächsten Zeit am Kreuzzug teilnehmen. Kurzum, es sei erheblich sinnvoller, hier in Portugal gegen die Heiden zu kämpfen als in irgendwelchen Häfen unterwegs »wie unbrauchbare Knechte müßig zu sein«, tamquam servi inutiles otio vacare...

Joseph und die anderen Rheinländer neigen zu diesem Kompromiß. Nur die Friesen bleiben stur: geplant ist geplant, abgemacht ist abgemacht, beschworen ist beschworen, sie bestehen darauf, daß die Flotte weitersegelt zum Heiligen Land. Der Graf von Holland und der Graf zu Wied wollen lieber noch in Portugal bleiben. Die Friesen geben nicht nach.

Zwar legt die gesamte Flotte am 27. Juli ab, doch draußen auf dem Meer teilt sie sich: die Friesen nehmen Kurs auf Gibraltar, die Rheinländer und Niederländer fahren bei Setubal in den Mündungs-Meerarm des Sado. Denn es wurde mittlerweile abgemacht

zwischen hohen Portugiesen und den Anführern dieser Kreuzfahrer, daß sie die befestigte Stadt, die Stadtfestung Alcacer abu-Da-
nes belagern und erobern sollen – sie liegt etwa vierzig Kilometer
flußaufwärts, von Setubal aus gerechnet. Eine Stadtfestung direkt
am Fluß, am rechten Ufer, mit einem tiefen Graben vor den Land-
Mauern, mit fünfundzwanzig Türmen, wie überliefert wird.
Weinberge, Olivenhaine und Kiefernwälder in der Umgebung –
hier, so könnte auch Joseph denken, hier läßt es sich aushalten.
Die Burgstadt wird umschlossen. Man bereitet einen ersten Angriff vor, füllt an einer Stelle den Stadtgraben mit Steinen und
Holz auf, die Mauern aber werfen Feuer herab, und alle Mühe ist
umsonst. Nun beginnt man zu buddeln, vor allem Rheinländer
werden dabei eingesetzt: Stollen werden vorgetrieben unter die
Stadtmauer, die übliche Technik, am 24. August hat man den ersten sichtbaren und donnernd hörbaren Erfolg, ein Teil eines der
Festungstürme stürzt ein, aber die gewünschte Bresche entsteht
damit nicht, das hintere Rund dieses überaus massigen Turms hält
stand. Alle Mühe umsonst nach fast einem Monat Schufterei, zumindest für die Männer aus Neuß und Köln, die hier eingesetzt
wurden.
Inzwischen rücken Muslime heran, um Alcacer freizukämpfen:
ein Heer aus dem Landesinnern, zusätzlich eine Flotte. Das hören
die Belagerer nicht gern. Vom Land und vom Meer aus gleichzeitig angegriffen werden und womöglich noch ein Ausfall aus der
Stadt? Gerade noch rechtzeitig treffen portugiesische Truppen
ein, vor allem Panzerreiter, so wird eine Reiterschlacht vorbereitet. Weil mein Kreuzfahrer an ihr nicht beteiligt ist, mache ich es
kurz: die vereinigten Panzerreiter der Portugiesen und der Kreuzfahrer durchbrechen in der ersten Attacke die feindliche Linie, töten zwei Heerführer, das arabische Heer flieht. Hitzige Verfolgung, feindliche Fußtruppen der zweiten Reihe werden niedergemacht. Wenn Joseph mit zu den Soldaten gehört, die ins feindliche
Heerlager vordringen, so wird er Beute machen. Die maurische
Flotte kann an diesem Tag nicht angreifen, sie ist von einem Sturm
weit aufs Meer verteilt worden; als man von der Niederlage erfährt, wird abgeschwenkt.
Vor Alcacer beginnt Belagerungsalltag. Es werden Bliden gebaut,
die Felsbrocken auf Mauern und Türme schleudern sollen, aber
die Belagerten zerstören sie durch Beschuß mit Griechischem
Feuer. Man zimmert einen Belagerungsturm. Noch einmal einige
Sätze zu dieser Konstruktion. Dieses Holzgerüst von mehreren

Stockwerken muß zumindest die Höhe der Stadtmauer erreichen; auf Kufen oder untergelegten Baumstämmen wird es beim Angriff an die Mauer herangeschoben. Wird der Graben hier von den Belagerern nicht fest oder plan genug aufgefüllt (unter heftigem Beschuß!), so kann es geschehen, das solch ein Turm auf den letzten Metern steckenbleibt, womöglich schief stehend. Häufig kommt es auch vor, daß der Turm in Brand geschossen wird. Zwar wird er vor Griechischem Feuer mit nassen Fellen geschützt, aber das hilft nicht immer. Im seltenen günstigsten Fall kann der Belagerungsturm dicht an die Mauer herangerückt werden, man klappt auf der obersten Etage eine Brücke hinüber zur Mauerkrone, die ersten Gepanzerten stürmen los.

Je länger die Strecke zwischen Bauplatz und Stadtmauer, desto größer die Gefahr, daß der Angriff scheitert. So errichtet man solch einen Turm möglichst nah an der Mauer. Das bedeutet, daß die Arbeiten durch Beschuß gestört werden, auch mit Brandpfeilen, mit Griechischem Feuer. Hier vor Alcacer brennt der Turm ab, bevor er fertig wird.

In der Zwischenzeit ist unablässig gebuddelt worden; das Unterminieren wird nun forciert. Vor allem Kreuzfahrer aus Neuß tun sich beim Graben hervor. Die Belagerten legen Gegenstollen an, es kommt unter der Erde zu verbissenen Kämpfen Mann gegen Mann. Wird auch Joseph unter die Erde geschickt, das Messer zwischen den Zähnen?

Die Belagerung zieht sich hin. Zwei neue Schleudermaschinen, zwei neue Belagerungstürme sollen gebaut werden. Aber das Holz der näheren und weiteren Umgebung hat man bereits verbraucht, und es werden lange, starke Balken benötigt für diese Konstruktionen. Woher sie nehmen? Beratungen der Grafen, eine Heeresversammlung, es wird beschlossen und verkündet: acht Schiffe werden zerlegt, aus ihren Balken werden Geräte und Türme gebaut. Warum gerade acht Schiffe? frage ich mich in Josephs Namen. Wahrscheinlich plant man so: vier Hauptmaste jeweils als Eckpfosten eines Belagerungsturms; jedes Nordsee-Schiff hatte damals nur einen Mast. Natürlich soll auch das Schiff (eine Kogge?) zerlegt werden, auf dem Joseph nach Portugal gekommen ist. Die Pilger und Kreuzfahrer dieser acht auserkorenen Schiffe (sicherlich nicht die besten), dürfen nach Hause zurückkehren, müssen davor freilich ihre Waffen abgeben, die werden noch gebraucht; die Bischöfe werden sich beim Heiligen Vater dafür einsetzen, daß diese Teilnehmer vom Gelübde entbunden werden, im Heiligen Land zu kämpfen, voraussichtlich werden auch diese Teilnehmer die völlige Absolution erlangen. Jupp weeß nit, ob dat esu rischtich is… Aber erst wollen er und die anderen auf Sand gesetzten Teilnehmer die Eroberung von Alcacer miterleben und an der Plünderung der Stadt teilnehmen.

Schaut Joseph wehmütig zu, wenn der Mast seines Schiffes zum Bauplatz getragen wird; muß er mit anpacken? Zimmert er als Handwerker mit? Wochenlang hämmern, sägen, hämmern. Diese Arbeiten werden von den Belagerten durch Pfeilbeschuß, Armbrustbeschuß, Schleuderbeschuß gestört – und zusätzlich Brandpfeile, Töpfe mit Griechischem Feuer. Doch die Schleudermaschinen werden fertig, beginnen sich einzuschießen auf die Mauern, die beiden Türme wachsen, scheinen in den Himmel zu wachsen, die Kölner nennen sie »de hevenho«, heute würden sie sagen: Himmelhuh; su huh wie dä Himmel. Von diesen Meter um Meter an die Mauern herangeschobenen Türmen wird ebenfalls geschossen. Aber weder die beiden Schleudern, noch die beiden Belagerungstürme, aus dem kostbaren Schiffsholz gezimmert, bringen die Entscheidung, sondern das anhaltende Buddeln der Minierer aus Neuß: ein Mauerabschnitt bricht ein mitsamt einem Turm. Endlich die Bresche! Die Mauren warten nicht erst ab, bis die Sturmtrupps kommen, sie bieten sofortige Kapitulationsverhandlungen an. Die werden rasch abgeschlossen – zu den Bedingungen der Belagerer. Wer nicht in Knechtschaft geraten will, muß sich taufen lassen – etwa zweitausend Bewohner haben die Belagerung überlebt. Der Kommandant läßt sich als erster taufen. Die Pilger und Kreuzfahrer plündern; tagelang sind sie danach mit dem Aufteilen der Beute beschäftigt. Auch Joseph, Jupp, wird energisch zugreifen, wird ne jode Schnapp dun.

Die Stadtfestung wird mit Santiago-Rittern besetzt, die Sieger fahren und ziehen nach Lissabon. Hier wird überwintert, und dieser Winter in Lissabon ist wohl auch für Joseph der reinste Lenz: alle umliegenden Ortschaften beliefern die Helden von Alcacer mit Lebensmitteln und Weinen. Als man erfährt, daß in der Heimat eine Teuerung herrscht, glauben viele der Kreuzfahrer, am eigenen Leibe Gottes gnädige Fügung zu spüren.

Die portugiesischen Bischöfe und hohen Herren bitten die Kreuzfahrer, auch nächstes Jahr im Lande zu bleiben, hier weiterhin zu belagern, zu erobern, zu erbeuten, aber die Teilnehmer haben vor ihrem Aufbruch in der Heimat schwören müssen, im Heiligen Land zu kämpfen. Dennoch, zwei Bischöfe schreiben dem Heiligen Vater in Rom: er möge erlauben, daß die Kreuzfahrer noch ein Jahr in Portugal bleiben; der Kampf gegen die Mauren möge ebenfalls zur völligen Absolution führen; der Heilige Vater möge den Pilgern und Kreuzfahrern der acht zerlegten Schiffe erlauben, nach Hause zurückzukehren. Januar 1218 schreibt Papst Honorius, er dürfe diesen Bitten nicht nachkommen, er könne niemanden vom Gelübde entbinden, im Heiligen Land zu kämpfen. Immerhin aber stellte er eine mögliche Vergebung der Sünden in Aussicht. Erneute Appellation. In einem zweiten Schreiben ist der Papst zu Konzessionen bereit: die Pilger und Kreuzfahrer, deren Schiffe geopfert wurden, dürfen in die Heimat zurückkehren, sie werden von allen Sünden losgesprochen. Joseph macht sich mit vielen anderen Kölnern und Neußern auf zum Rückmarsch nach Köln. Nur 36 Schiffe segeln am 31. März 1218 von Lissabon ab, mit dem Fernziel Heiliges Land. Wie diese Flottille nach Ägypten kommt, das wird hier nicht mehr berichtet: für Joseph aus Köln ist hier der Schlußpunkt gesetzt.

71 Das Mittelmeer: es war zu Neidharts Zeit noch nicht x Kilometer lang und y Kilometer breit, und es hatte noch nicht die Tiefe von z Metern im Bereich irgendeines Grabens, und sein Salzgehalt war noch nicht errechnet, und das Spektrum der Mineralien im Wasser war noch nicht bestimmt, und es war noch nicht ein Meer unter anderen ausgemessenen Meeren in einer Welt der »wissenswerten Daten«. Das Mittelmeer hieß im dreizehnten Jahrhundert noch nicht Mittelmeer, es war für Neidhart und für alle anderen im Schiff ganz einfach Das Meer. Und dieses Meer hatte auch in Neidharts Kopf keine genauen Umrisse, es ging konturenlos oder mit schematisierten Konturen über in das allgemeine Weltmeer, das die Diskusscheiben jener Erde als Gürtel umschloß, grün oder blau, und in diesem Wassergürtel schwammen die bekannten Seeschlangen, lockenden Meerfrauen, mörderischen Kraken etcetera, und es gab, nicht lokalisierbar, den Magnetberg, der vielleicht auch in Neidharts Kopf Schiffe anzog an all ihren Eisennägeln und Eisenkrampen. Ja, auch davon konnte erzählt werden an Deck eines Schiffs, das von Italien nach Ägypten segelte; irgendwo, hoffentlich weit genug entfernt, eine Wasserfläche, die noch größer ist als die Wasserfläche des Mittelmeeres, man sieht dort kein Ufer, keine Insel, sieht nur Wasser,

nichts als Wasser, aber endlich, endlich sieht der Mann im Aus-
guck einen Berg, entdeckt, als das Schiff näher heransegelt,
Schiffsmaste vor diesem Berg, dicht gedrängt, ein Hafen, ein Hafen, das ruft er hinunter, und alle Mann an Deck freuen sich, sie
wollen sich von der langen Fahrt erholen. Der Mann im Auslug
staunt immer mehr über die Zahl der Schiffe, die sich vor dem Ke-
gelberg drängen, und als er sieht, daß an diesen Masten keine auf-
gerollten Segel hängen, daß keine Fahnen, keine Wimpel flattern,
daß die Maste kahl und fahl sind, von Winden und Unwettern ge-
bleicht, da schreit er hinunter, dort vorn sei der Magnetberg, nun
führen sie dem sicheren Tod entgegen, denn dieser Berg ziehe jedes Schiff im Umkreis von dreißig Meilen mit unwiderstehlicher
Gewalt an sich heran mit all dem Eisen im Holz, so daß es stran-
den, womöglich zerschellen müsse! Und schon ist von allen zu
spüren, wie das Schiff, trotz sofortiger Gegenmanöver, mit ungeheurer, wahrhaft unwiderstehlicher Gewalt vom Berg angezogen
wird, auf den breiten Gürtel ineinander verkeilter Schiffswracks
zu, und in märchenhafter Beschleunigung fährt das Schiff in den
Wrack-Gürtel hinein, mehrere Wracks bersten unter der Wucht
des Aufpralls, morsche Mastbäume stürzen herab auf das Schiff
des Herzogs Ernst, dennoch wird keiner getötet, ein Wunder, ein
wahres Wunder, alle können sich, über die Wracks hinweg, ans
Ufer retten, doch wie traurig, wie gespenstisch ist auch dort der
Anblick: Hunderte, Aberhunderte von toten Schiffsleibern dicht
gedrängt, die kahlen Mastbäume, soweit sie nicht gebrochen sind,
ragen in den Himmel, und nichts ist in diesen Wracks zu finden,
was den Männern in ihrer Not helfen könnte, nichts, nichts an
Proviant, dafür reichlich Silber und Gold, Seide und Edelsteine,
doch was hilft das alles? Die Mannschaft steigt mit Herzog Ernst
den Inselberg hinauf, sie sehen keine Küste, sehen den Gürtel von
Schiffswracks, zertrümmertes, faulendes Holz, sehen nur Wasser,
die Wasserwüste des Meeres. Und wenn man diese Geschichte
vom Herzog Ernst auf Schiffen mit Kreuzfahrern erzählt und wei-
tererzählt, so wird auch das namenlose Meer ringsum zur Wasserwüste.

72 Ich berichte über den fünften Kreuzzug aus arabischer Perspektive: ich erfinde einen Chronisten, der selbstverständlich die Chroniken seiner Kollegen Ibn al-Atir und Ibn Wasil kennt, aber auch Unterlagen auswertet, die ich ihm zuspiele. Mein arabischer Chronist setzt, wie Ibn al-Atir, im Jahre 614 islamischer Zeitrechnung ein, also 1217. Wie Ibn al-Atir stellt mein Chronist in der (später geschriebenen) Einleitung fest, der Kreuzzug gegen Ägypten habe fast auf den Monat genau vier Jahre gedauert. Auch mein Chronist ist davon überzeugt, daß der Papst zu Rom, dieser Kalif der Christen, den Kreuzzug ausgelöst, ja befohlen hat, obwohl zu dieser Zeit niemand so recht an einem Kreuzzug interessiert war. Dies am allerwenigsten in »Syrien« (im Heiligen Land), weder unter Arabern noch unter Christen. Über die Stimmung in »Syrien« könnte mein Chronist durch Reisende, durch Händler erfahren. Der Mittelmeer-Handel florierte, in Ägypten hatten sich etwa 3000 europäische Händler niedergelassen – und nun ein Kreuzzug, ausgerechnet mit dem Ziel Ägypten? Muslime und Christen kamen gut miteinander zurecht nach zwei Jahrzehnten Frieden, beide Seiten profitierten vom Geschäft.

Daß italienische Seehändler, arabische Geschäftspartner, akklimatisierte christliche Residenten nur wenig an einem neuen Kreuzzug interessiert waren (so ergänze ich), dies bestätigte auch der Bischof von Akkon, der einzigen Hafenstadt, die den Christen nach allen Verlusten und Niederlagen der vorigen Kreuzzüge geblieben war. Jakob von Bitry berichtete nach Rom, die oströmischen Christen im Lande würden lieber von Arabern als von römischen Christen regiert; die Christen im Heiligen, fast vollständig wieder von den Arabern besetzten Land führten, so berichtete der Bischof weiter, ein »unmoralisches«, ein »ausschweifendes« Leben; ihre Kleidung, ihr Lebensstil, ihr Verhalten sei weithin morgenländisch geworden; auch die Geistlichkeit neige zu morgenländischen Lebensformen: reiche Kleidung, Festmähler, Frauen, ja Harems. Nur Mitglieder der Ritterorden zeigten noch christliche Lebensformen, sie allein wünschten einen neuen Kreuzzug, um die verlorenen Territorien zurückzuerobern, vor allem Jerusalem. Aber die Templer, die Johanniter, die Deutschherren waren eine Minderheit, die große Mehrheit wollte Frieden und damit: weiteres Florieren des Handels. Es spielte auch dies mit: man lernte sich immer besser kennen in »Syrien«, gewöhnte sich aneinander. Ein arabischer Chronist erzählt gern Anekdotisches, hier ein paar Beispiele: ein »fränkischer« Weinhändler, der von der Nachbarschaft mit freundlichem Spott akzeptiert wird; ein »Franke«, der sich in einem Badehaus zu den Muslimen gesellt – zuerst Befremden, weil er keinen Lendenschurz trägt, aber man kommt ins Gespräch; ein fränkischer Ritter namens Gilyam (Guillaume) schlägt einem arabischen Kollegen vor, ihm den vierzehnjährigen Sohn auf die bald bevorstehende Heimreise mitzugeben, er will ihn im Abendland zum Ritter erziehen...

Mein arabischer Chronist, in Dimyat (Damiette) lebend, hat im Jahre 1217 trotz verschiedener Gerüchte die Hoffnung, ein weiterer Kreuzzug werde nicht stattfinden. Es sind vor allem persönliche Hoffnungen – er möchte weiterleben wie bisher. So könnte er berichten, daß er leidenschaftlich gern auf Beizjagd geht, am Mansala-See.

Nach diesem Stichwort beschreibt er kurz die geographische Lage seiner Stadt. Fächerförmig das Nildelta mit den Flußarmen und die beiden wichtigsten: der Rosette-Arm, der von Kairo aus nordnordwestlich fließt, und der Damiette-Arm nordnordöstlich, bei Ras el-Bahr mündend. Ungefähr zwei Meilen (heute: zehn Kilometer) flußaufwärts Damiette, am östlichen Ufer des Nil, auf schmalem Landstreifen. Wer nach Kairo will, muß an Damiette vorbei, aber dicht vor der Stadt liegt am Fluß eine mächtige Festungsanlage; mit starker Kette ist hier die Fahrrinne gesperrt. Östlich der Stadt und des schmalen Uferstreifens der Mansala-See. Auf diesem riesigen, bis Port Said reichenden, vom Meer nur durch eine dünne Landzunge getrennten See ist Schiffahrt kaum möglich, nur Kähne können im flachen Wasser fahren, und zahlreich die Sandbänke, die kleinen und die großen Inseln und sehr weit ausgedehnte Sümpfe. Entsprechend zahlreich sind hier Schwäne und Reiher, Flamingos und Pelikane und zahllose andere Wasservögel – das Jagdrevier auch des Chronisten.

Und er könnte hier gleich erzählen, wie er mit seinem Habicht auf Jagd ging, ein Habicht mit roten Augen, und er sah Kraniche, »warf« seinen Habicht »ab«, die Kraniche flogen weg, doch der Habicht schlug einen von ihnen, der Chronist rief einem seiner Sklaven zu: »Treib das Pferd zu ihm, sitz ab, bohr den Schnabel des Kranichs in den Boden und halt ihn fest!« Das tat der Sklave, der Chronist tötete den Kranich, atzte seinen Habicht. Und er könnte berichten, daß er auch gerne mit dem Würgfalken jagt, vor allem Reiher. Ein Araber, der beginnt, Jagdgeschichten zu erzählen, findet so rasch kein Ende, das zeigt Usama ibn Munqid, bei dem ich diese Details fand. Aber mein Chronist bricht hier ab.

Denn er erfährt, daß im Herbst (1217) Schiffe mit Kreuzfahrern in Akka, Akko, Akkon eintrafen. Freilich, es war keine Flotte, sondern es waren kleine Verbände, einzelne Schiffe. Auch mein Chronist hört bald, daß die österreichischen und friesischen und italienischen (und zuletzt französischen und rheinischen und bayrischen) Truppen nicht koordiniert eingesetzt wurden, unter gemeinsamer Heerführung – fast jeder Truppenführer zögerte so lange wie möglich, ehe er sein Versprechen einlöste, am Kreuzzug teilzunehmen.

Die ersten Truppen wollten nicht untätig in Akkon warten, auch konnte die Stadt das wachsende Heer nicht über einen längeren Zeitraum hinweg verpflegen, so begannen Streifzüge, Raubzüge in der Umgebung, im Hinterland der Stadt. Ein größerer Vorstoß, so berichtet mein Chronist, wurde von Muslimen zurückgeschlagen. Nach dem Überwintern brach ein Teil des Kreuzheeres Richtung Ägypten auf. Die ersten Schiffe gingen Mai 1218 an der Mündung des Damiette-Arms und im Fluß vor Anker. Was, so könnte sich mein Chronist fragen, wollen die »Franken« in Ägypten?

Ich souffliere: nur der erste Kreuzzug war militärisch erfolgreich gewesen, mit der Eroberung Jerusalems 1099, alle weiteren Kreuzzüge hatten zu Niederlagen im Heiligen Land geführt. So war vom jüngsten Laterankonzil Ägypten als Ziel eines neuen Kreuzzugs empfohlen worden: man wollte das Reich des Sultans (das bis Libyen reichte) an der Flanke angreifen, wollte die Häfen erobern, von denen aus die arabische Flotte operierte, wollte, wenn die Besetzung Ägyptens gelang, von Akkon wie von Kairo aus das Heilige Land zurückerobern.

Und nun ankerten die ersten Schiffe der »Franken« vor der ägyptischen Küste, im Nilarm. Große Furcht wurde damit nicht geweckt – mein Chronist hat ja schon gehört, wie kopflos, ziellos, erfolglos die wenigen militärischen Aktionen der Kreuzfahrer im Hinterland von Akkon gewesen waren. Die »Franken« an der Küste warteten auch erst mal auf Verstärkung. Als sie nicht kam, gingen erste Einheiten an Land, angeführt durch Simon von Saarbrücken. Gegen schwachen arabischen Widerstand konnten die Franken einen Brückenkopf bilden. Nun erst, so berichtet mein Chronist, kam eine größere Flotte, und mit ihr landeten Jean de Brienne (König von Jerusalem), der Herzog Leopold von Österreich und die Großmeister der Ritterorden. Es begann der Kampf um Damiette. Davon berichtet Ibn al-Atir ausführlich, davon kann mein Chronist, dieser Chronik des arabischen Kollegen folgend, noch detaillierter berichten.

Die »Franken« errichteten erst einmal ein Lager am Ufer des Nil, hoben Gräben aus, schütteten Wälle auf, bauten Schleudermaschinen zum Beschuß des »Kettenturms«. Die Araber griffen sie dabei nicht an, ihre Truppen mußten sich erst sammeln, schließlich hatte keiner an einen neuen Kreuzzug glauben wollen, und schon gar nicht, daß Ägypten das Ziel sein könnte. In »Syrien« stellte Sultan al-Adil ein Heer auf, setzte es südwärts in Marsch, sein Sohn al-Kamil al-Malik sammelte ein Heer bei Kairo, führte es nordwärts, errichtete einige Meilen vor Damiette ein Lager, verstärkte die Besatzung der Kettenfestung.

Die Franken versuchten, sie im Sturm zu nehmen: insgesamt siebzig (zum Schutz gegen Griechisches Feuer mit Kupfer beschlagene) Boote und Kähne griffen an, es gab heftige Kämpfe, aber der Angriff wurde abgewehrt. Auch der nächste Sturmangriff, zehn Tage später, am siebten Abib, wurde zurückgeschlagen: ein hohes, offenbar provisorisches Gerüst voller Soldaten auf Pontons wurde herangerudert, es brach zusammen, viele Kämpfer in Kettenhemden und Helmen ertranken. Die fränkischen Ingenieure aber gaben nicht auf, es wurde ein solider Belagerungsturm gebaut, auf zwei größeren, durch Balken und Planken miteinander verbundenen Schiffen.

In der Zeit, in der dieser Turm gebaut wurde: Geplänkel, Einzelkämpfe. Chronologische und logische, straffe und abstrahierende Darstellung lag arabischen Chronisten nicht, sie reihten gern Anekdoten, die sie Beispiele nannten, noch lieber: lehrreiche Beispiele, etwa für den Mut von Rittern. Ich übernehme einige Kampf-Anekdoten aus Usama ibn Munqids *Buch der Belehrung durch Beispiele*, denn erfinden will ich hier nicht.

Einer der ersten Einzelkämpfe ging für den Araber schlecht aus, so könnte der Chronist berichten; es kam ein Ritter zu ihm, weinend, und er fragte ihn: »Was hast du, Abu Mahmud?« Und: »Ist das die rechte Zeit zum Weinen?« Der arabische Ritter klagte: der fränkische Ritter Ibn al-Daqiq habe ihn mit der Lanze getroffen. Der Chronist: »Selbst, wenn er dich getroffen hat – was ist das schon?« Aber der in seiner Ehre tief verletzte Ritter beklagte weiterhin, daß ihn al-Daqiq mit der Lanze getroffen habe – glücklicherweise blieb er unverletzt, bis auf Prellungen. Der Chronist redete ihm gut zu. Da brach der Ritter wieder auf. »Wohin, Abu Mahmud?« – »Zu al-Daqiq. Bei Allah, ich werde ihn treffen oder vor ihm sterben!« Er konnte seinen Gegner stellen: »Sie kämpften erst mit Lanzen, dann mit Schwertern, Abu Mahmud schlug al-Daqiq, spaltete sein Haupt und riß ihm die Augenlider ab.« Auch beim nächsten Einzelkampf war Abu-Mahmud erfolgreich: er griff einen Franken an, der einem Trupp weit voraus ritt – er hatte das Kettenhemd abgelegt, weil es ihm zu schwer war, so hatte er Vorsprung gewonnen beim raschen Erkundungsritt; Abu Mahmud »stieß ihm die Lanze in die Brust, und er flog tot aus dem Sattel.« Mit der Lanze tötete Abu Mahmud auch einen »sarschand« (also im damaligen Französisch einen »Sergeant« – ein Wort, das ins Arabische übernommen wurde; seine Bedeutung gebe ich wieder mit dem heutigen französischen Wort »troupier«).

Der Chronist muß nun den Tod dieses Beispiels-Ritters beklagen: »Er trug ein Kampfhemd und einen Helm ohne Nackenschutz. Unterwegs drehte er sich um, weil er eine Möglichkeit suchte, die Gegner anzugreifen. Da traf ihn ein ausgezackter Pfeil in die Kehle und durchbohrte ihn. Er fiel auf der Stelle tot um.«

Mein arabischer Chronist kann freilich auch von wunderbaren Rettungen berichten. So wurde einer der Verteidiger der Stadt von einem Pfeil am Schenkel getroffen; gerade an dieser Stelle aber hatte er einen Dolch im Stiefel stecken, der Pfeil traf die Klinge, »dadurch wurde er zerbrochen und konnte ihn nicht verwunden, weil Allah, der Erhabene, ihn gütigst ablenkte«. Die Gewißheit, unter Allahs Schutz zu stehen in diesem Kampf gegen die Franken – »die Allah häßlich machen möge« – diese Gewißheit kann zu charakteristischen Äußerungen führen, von denen der Chronist ebenfalls einige Beispiele bringt. Und er könnte hier, einleitend, hinweisen auf viele »Unglücksfälle, die ich ertragen mußte und aus denen ich heil hervorgegangen bin, weil die Schicksalsstunde von vornherein festgelegt ist«. Dennoch warnte der Chronist einen Ritter, der allein aus Dimyat herausreiten wollte, der aber »furzte mich an«: »Soll ich mich etwa vor denen fürchten?!« Und er fügte hinzu: »Nach meinem Horoskop brauche ich mich nicht zu fürchten.« In allzu großem Vertrauen auf sein Horoskop trug dieser Ritter wegen der großen Hitze nicht den Helm, nur den Schädelschutz, die Polsterkappe; bei einem Einzelkampf traf ihn ein Schwerthieb, der Schädelschutz wurde gespalten, »die Wunde hörte nicht auf zu bluten, die Stirn klaffte wie ein Fischmaul«. Der Ritter überlebte diesen Schwerthieb, trug danach den Beinamen »das Fischmaul«.

Von der oft erstaunlich schützenden Wirkung der Rüstung weiß mein Chronist folgendes zu berichten: ein Ritter griff einen Franken an – »Allah lasse ihn in Stich« – der eine Tunika, einen Waffenrock aus gelber und grüner Seide trug; der arabische Ritter nahm an, der Franke trage wegen der Hitze kein Kettenhemd unter dem Waffenrock, er griff ihn sofort an, und als die Lanze den Franken traf, »neigte er sich zur Seite, so daß sein Kopf an den Steigbügel kam, ihm Schild und Lanze aus den Händen und der Helm vom Kopf fielen. Der Franke aber richtete sich im Sattel wieder auf, denn er trug ein Kettenhemd unter der Tunika. Der Lanzenstoß hatte ihn nicht verwundet.« Sonst aber: viel Blut. Ein letztes Beispiel: ein anderer Ritter, zu Fuß kämpfend, schlug dem Franken »mit dem Schwert über die Augen, zerteilte den Schädel, und sein Hirn floß auf die Erde. Es zerplatzte und spritzte umher. Hammam legte das Schwert aus der Hand und erbrach seinen Mageninhalt, als er sah, wie das Hirn an ihm selbst klebte.«

Der Belagerungsturm wurde weitergebaut. Und nun trat Kardinal Pelagius auf – der portugiesische Legat war vom Papst mit der Führung des Kreuzheeres beauftragt worden. Die Truppen, mit denen er kam, hatten bei Brindisi ein Jahr auf die Einschiffung warten müssen. Als der Legat im September eintraf, begannen sofort die Auseinandersetzungen um die Führung des Heeres – bisher hatte es Jean de Brienne befehligt, und er war von allen akzeptiert worden.

Der Belagerungsturm wurde endlich fertig. Unter starkem Beschuß wurde er an die Sperrfestung herangerudert, es gelang den Franken, die Brücke auf die Krone der Festungsmauer hinüberzuklappen, sie stürmten die Burg. Die reiche Beute wurde abtransportiert. Die Kette im Fluß wurde eingezogen. Daraufhin ließ al-Kamil mehrere (vorbereitete) Lastkähne im Nil versenken, die Fahrrinne war wieder blockiert.

Als der Sultan al-Adil von der Eroberung der »Kettenburg« hörte, starb der 75jährige. Er war ein Bruder Saladins, der das arabische Reich bis zur Küste Libyens ausgeweitet hatte. Al-Kamil al-Malik wurde nun Sultan.

Nach ihrem ersten großen Erfolg zögerten die Franken jedoch mit dem Angriff auf die Stadt. Friedrich II. kam immer noch nicht. Ein größeres französisches Kontingent wurde aufgestellt. Erste Einheiten, vor allem Friesen, kehrten nach Hause zurück.

Indessen, so berichtet mein Chronist, gruben die Franken einen Kanal, um die versenkten Nilkähne umschiffen zu können. Mühsame, langwierige Arbeit. Offenbar wurde dabei falsch berechnet, denn als der Kanal fertig war, füllte er sich nicht mit Wasser. Erst einem Unwetter gelang es, ihn schiffbar zu machen: am 29. November 1218 kam ein heftiger Nordsturm auf, eine Sturmflut überschwemmte das Heerlager der Franken, alle Zelte standen im Wasser, der gesamte Proviant wurde verwässert und versalzen, Pferde ertranken, Boote schwammen bis ins Lager der Muslime. Pelagius, der sich noch immer mit Jean de Brienne um die Führung des Kreuzheeres stritt, übernahm die Initiative, befahl, einen Notdamm zu errichten – alle Kadaver, Trümmer wurden zusammengetragen, Sand wurde geschaufelt. Als der Damm fertig war, breitete sich im Lager eine Epidemie aus, Schwarzfieber – ungefähr ein Sechstel des Kreuzheeres starb dahin. Der arabische Chronist will darin ein Zeichen Allahs sehen. Allerdings entstanden im folgenden, äußerst strengen Winter auch im Feldlager der Araber Seuchen, und in Damiette. Obwohl der Kanal seit der Sturmflut schiffbar war, griffen die Franken nicht mit Nachdruck an. Im Februar 1219 wollte Legat Pelagius die allgemeine Demoralisierung durch eine kriegerische Aktion beenden, aber der Angriff auf das Lager der Araber mußte in einem sehr heftigen Gewitter abgebrochen werden. In Damiette fühlte man sich jetzt noch sicherer; die Stadt wurde vom Hinterland ausreichend mit Proviant versorgt.

Da geschah völlig Überraschendes: Sultan al-Kamil al-Malik zog sich mit seinen Truppen zurück. Die Franken standen vor einem Rätsel, der arabische Chronist kann hier Gründe nennen: nach dem Tod des Sultans al-Adil im April 1218 war es zu Machtkämpfen unter den vielfach zerstrittenen Arabern gekommen, mehrere Emire verschworen sich gegen den neuen Sultan: al-Kamil sollte nicht nur abgesetzt, er sollte ermordet werden; gerade noch rechtzeitig erfuhr er von diesen Plänen, zog mit seinem Heer südostwärts, traf mit dem Heer des Bruders zusammen, der ihn gegen die Verschwörer unterstützte, konnte sich auf diese Weise retten. Damiette aber war nun den Franken ausgeliefert.

Nicht einmal in dieser Lage gelang es ihnen, alle Kräfte zusammenzufassen und die Stadt zu stürmen. Die Tatkraft wurde von internen Streitigkeiten, nationalen Gegensätzen und von einem außerordentlich heißen Sommer gelähmt. Und wieder Krankheiten, Seuchen. Die Soldaten, vom Warten, von den Krankheiten, von der Hitze zermürbt, warfen ihren Offizieren Trägheit und schlechte Führung vor. Herzog Leopold von Österreich kehrte im

Mai nach Hause zurück: mittlerweile hatte er zwei Jahre lang an diesem Kriegszug teilgenommen, es reichte ihm. Andere Herren folgten seinem Beispiel.

Erschöpfung, Lethargie auch im arabischen Heerlager. Nach Meinung des Chronisten geschah zu wenig, um die geschwächten Franken aus dem Nildelta zu vertreiben. Fast anderthalb Jahre ruhten die Kämpfe – bis auf Geplänkel. Zeit und Anlaß genug für meinen Chronisten, allgemeine Erwägungen anzustellen über Muslime (»Allah verleihe ihnen den Sieg«) und Franken (»Allah mache sie häßlich«). Auch die Franken, so notiert er, haben Verstand, aber einen »seltsamen Verstand«. Und er fährt fort: »Wenn jemand von den Franken berichtet, kann er nur Allah, den Erhabenen, preisen und segnen, denn er sieht in ihnen Tiere, die nur die Tugend der Tapferkeit und des Kampfes kennen, wie auch Tiere, die die Tugend der Kraft und des Duldens haben.« So berichtet er von den erstaunlichen Taten eines namenlosen Franken, der, weit von Damiette entfernt, bei einem Erkundungsritt durch die Wüste auf eine kleine Karawane mit vier bewaffneten Reitern und vier Fußsoldaten traf, die auf acht Kamelen Fett und Mehl zur Stadt bringen sollten. Der Franke ritt auf Rufweite heran und schrie: »Laßt eure Kamele los!« Die Muslime schrien ihn an, beschimpften ihn. Da ging er zum Angriff über, galoppierte mit eingelegter Lanze auf sie zu, stieß einen Reiter aus dem Sattel, verwundete ihn dabei, ritt davon, kam zurück, rief wieder: »Laßt die Kamele frei!« Wieder wurde zurückgeschrien, wieder wurde er beschimpft, wieder griff er an, verwundete diesmal einen Fußsoldaten schwer, wurde verfolgt, entkam. Bald darauf kehrte er wieder zurück, griff die Karawane an, mit eingelegter Lanze, im Galopp. Einer der Reiter kam ihm entgegen, seine Lanze traf den vorderen Sattelbogen des Franken, der Lanzenschaft zerbrach, der Franke verwundete auch diesen Kämpfer. Er griff noch einmal an, tötete einen Fußsoldaten. Und er schrie: »Laßt die Kamele los! Sonst vernichte ich euch alle!« Die Reiter riefen zurück: »Komm her, nimm die Hälfte!« – »Nein!« schrie der Franke, »ich will sie alle!« Die Muslime trennten vier der Kamele ab, ließen sie stehen, zogen weiter. Und der Franke kehrte mit den vier Kamelen und ihrer kostbaren Last zum Lager zurück.

Mein Chronist erzählt dies mit Bewunderung und Abscheu, schließt dieses Zwischenkapitel seiner Chronik ab mit einer Bemerkung, die ich wörtlich von ibn-Munqid übernehme: »Die Verschwendung der Zeit mit Geschichtenerzählen gehört doch zu

den größten Unglücksfällen.« Und so lasse ich ihn sachlich zeit-
sparend berichten: das arabische Heer wurde verstärkt. Ein Angriff der Araber auf das Lager der Franken wurde jedoch zurückgeschlagen. Die Belagerung Damiettes wurde fortgesetzt. Die
Verteidiger beschossen die Schleudermaschinen, die neuen Belagerungstürme und das Lager der Franken mit »Naphtaflaschen«:
irdene Behälter, in denen man Griechisches Feuer entzündete und
die mit Wippen geschleudert wurden. (Jounville: »Das griechische
Feuer glich einem großen Essigfaß, und sein brennender Schweif
hatte die Länge eines gewaltigen Schwertes. Im Flug machte es ein
Geräusch wie Donner, und es glich einem durch die Luft fliegen-
den Drachen. Es gab so viel Licht ab, daß es in unserem Lager tag-
hell war.«)
Ein weiterer arabischer Angriff auf das Lager wäre beinah erfolgreich gewesen – nur der Einbruch der Dämmerung rettete die
Franken. Verzweifelt und unkoordiniert versuchten sie, Damiette
im Sturmangriff zu nehmen, er scheiterte.
Dennoch Entmutigung unter den Arabern: in Ägypten drohte
eine Hungersnot, auch waren die Truppen nach dem langen Warten, den vergeblichen Kämpfen, den Epidemien kampfesmüde. In
dieser Situation machte al-Kamil einen großzügigen Vorschlag:
wenn sich die Franken aus Ägypten zurückziehen, liefert er ihnen
die Stadt Jerusalem aus. Man begann dort bereits, die Stadtmauern
zu schleifen – sollte den Christen die Stadt tatsächlich ausgeliefert
werden, dann nur unbefestigt. Galiläa und das mittlere Palästina
wurden zusätzlich angeboten. Dazu ein 30jähriger Waffenstillstand. Der päpstliche Legat lehnte eine friedliche Einigung mit
den Arabern entschieden ab; mehrere Heerführer allerdings wollten auf die Vorschläge eingehen; heftige Streitigkeiten; Pelagius
setzte sich durch.
Hunger und Seuchen unter den Verteidigern; am 5. November
1219 stürmte das Kreuzheer die nur noch schwach verteidigte
Stadt. Mein arabischer Chronist wird das so darstellen: die wenigen Überlebenden hatten nicht mehr die Kraft, die Stadt zu verteidigen, sie übergaben Damiette unter der Bedingung des freien
Abzugs. Aber die meisten waren von Hunger und Krankheit viel
zu geschwächt, um die Stadt verlassen zu können. Auch mein
Chronist bleibt in Damiette zurück, bittet Allah um die Kraft,
seine Aufgabe als Chronist noch erfüllen und nach der Vertrei-
bung der Franken aus Ägypten den Schlußpunkt setzen zu dürfen.

Zuvor aber ist, beispielsweise, dies zu berichten: die Christen teilten die reiche Beute unter sich auf – heftige Streitigkeiten; Soldaten plünderten trotz der Bannflüche des Legaten; Raubzüge durch das Hinterland; die Stadtbefestigung wurde repariert und verstärkt. Wie Ibn al-Atir könnte auch mein Chronist feststellen: der Islam stand damals kurz vor dem Untergang, denn im Osten näherten sich unaufhaltsam die Tataren, die Mongolen, und aus dem Westen kamen weitere Truppen der Franken.

Es war aber immer noch nicht Kaiser Friedrich, es war das Heer Herzog Ludwigs von Bayern: von Friedrich unterstützt, setzte er im Frühjahr 1221 von Süditalien nach Ägypten über. Ludwig hatte seinem Kaiser versprechen müssen, keine größere Offensive zu unternehmen und auf ihn zu warten. Wahrscheinlich aber wußte er, daß er lange darauf warten könnte. Außerdem war er voller Tatendrang. Nach einem langen Winter hartnäckiger Streitigkeiten freute sich auch Legat Pelagius auf belebende Aktionen. Das Kreuzheer brach auf und marschierte von Dimyat nach Süden. Zahlreiche Schiffe wurden nilaufwärts gezogen. Diesmal führte das Heer der König von Jerusalem, Jean de Brienne – er hoffte auf eine große Feldschlacht, die alles entschied. Die Araber rückten nordwärts vor, wichen aber einer Schlacht mit dem überraschend großen Kreuzheer aus: es soll aus 5000 Rittern, 4000 Bogenschützen (Turkopolen) und 40000 Mann Fußvolk bestanden haben. Auch bei geringerer Heeresmacht hätten die Araber eine Feldschlacht vermieden: sie hätte nicht ihrer Kampftaktik entsprochen. Denn: im offenen Gelände waren ihre leicht bewaffneten Heere den vehementen Attacken der Ritter-Pulks nicht gewachsen – die schwer gerüsteten, schwer bewaffneten Ritter der Franken auf ihren Streitrössern durchbrachen im Renngalopp jede Linie. Die leichten Reiter und Bogenschützen-Einheiten der Muslime versuchten gewöhnlich, die Franken-Truppen in hügeliges Gelände zu locken, tauchten dann von allen Seiten auf, schossen ihre Pfeile ab, verschwanden wieder – das hatte eine oft demoralisierende Wirkung; die schweren Reiter waren zwar weitgehend geschützt vor den Pfeilen, nicht aber die Pferde.

Je weiter das Kreuzheer nach Süden ritt und marschierte, desto größer wurde die Gefahr, daß die Verbindung nach Damiette abgeschnitten wurde. Jean de Brienne warnte vor dieser Gefahr und auch vor der nah bevorstehenden Nilüberschwemmung. Kardinal-Legat Pelagius aber wollte nach Kairo, er setzte sich durch, das Heer marschierte weiter. Der Nil hatte bald darauf Hochwasser, das nutzte der Sultan: eine Flotte trieb rasch nilabwärts, an den Franken vorbei, landete zwischen Frankenheer und Damiette, schnitt den Rückweg des Kreuzheeres ab: es wurde eingekesselt. Es gab nur noch für zwanzig Tage Proviant. Herzog Ludwig von Bayern riet zum sofortigen Rückzug. Der begann in der Nacht des 26. August. Vorher machten sich viele Soldaten über die Weinvorräte her; Feuer signalisierten den Arabern, daß der Rückzug begann; ein Kommando setzte über den Nil, auf die Seite der Franken, öffnete die Nilschleusen, das Kreuzheer mußte sich auf Erddämme zurückziehen. Dann zogen die Truppen in völlig aufgelöster Ordnung durch das verschlammte Gelände nordwärts, wurden dabei ständig von leichter Reiterei, von Bogenschützen angegriffen. Schließlich sah sogar Pelagius ein, daß die Lage aussichtslos war, er zeigte Bereitschaft zu Friedensverhandlungen. Nun aber konnte der Sultan die Bedingungen diktieren: Damiette wird geräumt, ein achtjähriger Waffenstillstand geschlossen. Noch während der Verhandlungen rückten von Norden her weitere arabische Truppen heran – die Christen schlossen den Kapitulationsvertrag. Zwanzig hohe Geiseln, so berichtet auch mein Chronist, mußten sich stellen, als Garanten dafür, daß der Vertrag eingehalten werde. Unter diesen Geiseln: Pelagius, König Jean de Brienne, Herzog Ludwig von Bayern, die Großmeister der Ritterorden; die Araber stellten ebenfalls Geiseln. Damiette wurde ausgeliefert. Al-Kamil veranstaltete ein großes Bankett für die eigenen und für die christlichen Heerführer, ließ das Kreuzheer mit Proviant versorgen. Die Geiseln wurden von beiden Seiten freigegeben. Am 8. September 1221 segelte das geschlagene Kreuzheer ab. Den immer kleiner werdenden Schiffen nachblickend, pries mein arabischer Chronist Allah. Und er schrieb: »Zu Ende ist das Buch. Preis sei Allah, dem Herrn der Welten. Er ist der beste Wächter.«

73 Ägypten: noch heute ziehen dort Spielleute von Dorf zu Dorf, singen epische Texte, begleiten sich selbst auf Saiteninstrumenten. In Salzburg habe ich Ausschnitte neuer Aufnahmen solcher Rezitationen gehört; ein junger ägyptischer Germanist erläuterte sie mir. Schon zu Neidharts Zeit könnten Spielleute umhergezogen sein in Ägypten. Und so erfinde ich, gleichsam als Reiseerzählung für den Rückweg, eine Möglichkeit, die nicht völ-

lig unwahrscheinlich sein dürfte: in einer der Ruhephasen der Belagerung von Damiette hörte, bei einer der üblichen Exkursionen ins Hinterland, der bayrische Hofsänger einen ägyptischen Spielmann. Dabei könnte es zu musikalischem Austausch gekommen sein: die arabische Musik erschien dem Kreuzfahrer fremd, aber nicht befremdend; die arabischen Elemente in der Musik Neidharts (und seiner Zeitgenossen) konnten Resonanz finden in arabischen Ohren. Ich habe ein Modell für diesen Entwurf: Eberhard Kummer (dessen Neidhart-Platte ich nachdrücklich empfehle) setzte sich in den Basar von Kairo, packte seine ungarische Drehleier aus, stimmte sie, spielte sie, sang ein Lied von Neidhart, sang Lieder anderer Dichterkomponisten des Hohen Mittelalters. Dieses improvisierte Konzert fand »großen Beifall« bei den Ägyptern, »die sich an die Spielleute ihrer Kindheit in den Dörfern erinnert fühlten« – so las ich in einem Zeitungsbericht. Zur Resonanz kam Interaktion: als der Wiener Spielmann in Kairo vor privatem Kreis Strophen sang im Hildebrandston, griff einer der Gäste, ein Sänger und Quran-Spieler, die Melodie auf, paraphrasierte, variierte sie – ich habe es auf einer Kassettenaufnahme gehört. Spielmanns-Traditionen, die lebendig geblieben sind!
Auch in Westafrika gibt es noch Spielleute, ferne Berufsverwandte Neidharts. In einem Aufsatz von Frommlet lese ich, charakteristisch sei die »Mischung aus Sänger, Dichter, Musiker« und typisch »die Einbindung des Erzählers in eine Art Orchester, in Tanzformen, in theatralisch-musikalische Elemente«. Zu solcher Simultaneität von Singen, Musizieren, Tanzen kann ich dies berichten: ein Konzert zweier Musiker aus Gambia; sie begleiteten sich jeweils auf einer Kora: Mischform von Harfe und Laute, der Corpus dem Kürbis nachgebildet; zum Schluß des Konzerts stieg einer der Musiker vom kleinen Podest, weiterhin singend, Kora spielend, er tanzte auf mich zu (hatte mich offenbar schon während des Konzerts »ausgeguckt«), forderte mich auf, hinter ihm herzutanzen. Ich dachte an wen wohl, folgte im Tanzschritt dem Sänger, Instrumentalisten, Vortänzer, andere schlossen sich an im Takt der Musik, die Reihe wuchs.

74 Neidhart hat ein Kreuzlied verfaßt, das – verglichen mit damals üblicher Kreuzzugslyrik – ungewöhnlich ist. Dies kann uns bei Neidhart kaum noch überraschen.

Das elf Strophen lange Lied trägt in der Berliner Papierhandschrift den Titel »Enhalb mers gesungen«, also »Jenseits des Meeres gesungen«, und das hieß damals: Jenseits des Mittelmeeres. Dort eröffnete Neidhart seinen Liedtext mit dem diesseits des Meeres beliebten Natureingang: eine Frühlings-Ouvertüre. Aber was ihr folgt, ist alles andere als frühlingshaft heiter.

> Im offnen Lande wird es grün,
> der Wald steht frisch im Laub.
> Der Winterfrost
> hatte beide schikaniert –
> die Zeit hat sich geändert!
> Der Liebesschmerz
> läßt mich an die Edle denken –
> > ich bin von ihr nicht gern getrennt.
>
> Weil es Frühling werden will,
> singen alle Vöglein schön.
> Ich säng nun gerne
> meinen Freunden vor –
> und alle sollen sich bedanken.
> Auf meine Lieder
> geben hier die Welschen nichts.
> > Die deutsche Sprache lebe hoch!
>
> Wie gerne schickte ich
> zur Liebsten einen Boten hin!
> Ihr wüßtet wen:
> einen, der das Dorf gut kennt,
> in dem ich Jeute hinterließ.
> Ja, ich sage:
> unbeirrbar blieb ich
> > meiner Liebe zugewandt.
>
> Bote, ziehe reisefertig
> übers Meer zu großen Freuden!
> Mich quält so sehr
> Liebessehnsucht.

Sage ihr in aller Namen:
in kurzer Zeit
gibts ein schönes Wiedersehn –
    jenseits dieses weiten Meeres.

Sag der Herrin meines Hauses,
ich sei ihr ganz ergebner Diener.
Nur ihr allein
unter allen andren Frauen
bleib ich künftig in der Liebe treu.
Ich laß sie nicht;
eher würd ich die verlassen,
    die sich mir verweigern.

Erweis den Freunden, der Familie
meine Reverenzen,
so rasch es geht.
Wenn dich die Leute fragen,
wie es um die Pilger steht,
so sage: schlimm
gehn die Welschen mit uns um.
    Und das bedrückt uns hier.

Wenn wir singen oder tanzen:
wir tun noch manchen schweren Tritt
und weiten Schritt,
ehe wir herumscharwenzeln.
Ich sage hier ein wahres Wort:
wir sollten jetzt
in Österreich sein –
    doch: vor der Ernte wird gepflanzt.

Nun brich schon endlich auf!
Mache schnell und zeig Verlaß!
Ich komme nach:
ganz bestimmt schon bald,
so früh wies irgend geht.
Den Freudentag
laß uns, Gott, erleben:
    daß wir zur Heimat fahren.

Wenn der Bote langsam ist,
so will ich selber Bote sein
zum Freundeskreis.
Wir alle sind am Ende –
vom Heer mehr als die Hälfte tot!
Ach, wär ich dort:
bei der schönen Freundin
	wär ich gern an meinem Platz.

Würd ich mit ihr alt –
ich hätte noch so manches Lied
für Sängerlohn
in meinem Repertoire –
das würde tausend fröhlich stimmen!
Hätte ich
die Schöne gut im Griff,
	so erfüllte sich mein Wunsch!

Der schiene mir ein Narr,
der auf diesem Felde bleibt.
Da wär mein Rat:
er lasse diese Warterei
und sause übers Meer zurück.
Das wär nicht schlecht –
nirgends lebt man besser
	als daheim, in seiner Pfarre.

Ich will nach Österreich
mit einem Bötchen rüberschippern.
Wo stand mein Kopf,
als ich, sternhagelvoll,
drei schnelle Pferde verwürfelt hab?
Nun gehts zu Fuß.
Falls hier jemand Sättel braucht –
	ich gebe sie ihm gern.

Eckehard Simon hat die Frage gestellt, ob die »Erfüllung der lyrischen Gattung des Kreuzlieds persönliche Teilnahme an Kreuzzügen voraussetzt«; er hält es nicht für ratsam, in diesem Punkt »von einem gesicherten biographischen Tatbestand auszugehen«. Dazu fehlen in der Tat die (außerliterarischen) Beweise.

Eine literarische Pflichtübung hätte allerdings anders ausgesehen als dieser Liedtext! Da hätte Neidhart, auch Neidhart, einige der (offiziellen) Publikumserwartungen erfüllt, hätte wenigstens einen Funken von Aufbruchs-Enthusiasmus, von Kreuzzugs-Begeisterung suggeriert oder stimuliert. Etwa, wie dies in einigen der Carmina Burana dokumentiert ist. Da heißt es beispielsweise (ich paraphrasiere): die Sarazenen hätten das Grab geschändet, in dem der Gekreuzigte ruhte, dieses Grab werde von Hunden attackiert; wer das Zeichen des Glaubens trage, solle dem Glauben auch Taten folgen lassen, solle die brüllende Löwenbrut zerschmettern; selig seien die Schwerter in den Händen christlicher Ritter, die sich auf den Schild des Kreuzes verließen, ihre beglückende Kampfwut unterwerfe die Heidenschaft; wer die Lasten der Tage, die Mühen der Kämpfe auf sich nehme, dem würde ewiger Lohn zuteil.

In Neidharts Kreuzlied fehlt jeder Anklang an solche religiösen Motive. Ebenso fehlt jede literarische Motivation, wie sie damals gleichfalls üblich war: Ich ziehe ins Heilige Land, um mich vor der angebeteten Dame zu bewähren und von ihr später erhört zu werden... Neidharts Liedtext artikuliert vielmehr völlige Illusionslosigkeit, hier ist auch nicht der Ansatz eines (versuchten) Aufschwungs zu einer Sinngebung, hier ist nichts als Überdruß.

Die Andeutungen, die Neidhart zu seiner Situation und der seiner Mitreisenden, Mitwartenden macht, passen zum Kontext des fünften Kreuzzugs. Zum Beispiel: die Spannungen mit den »Welschen« – sie konnten im damaligen Sprachgebrauch Italiener wie Franzosen sein. Von den Auseinandersetzungen zwischen Teilnehmernationen wurde berichtet: der Kampf um die Führung. Worin sich der Text des Liedes und der Kontext der dokumentierten Ereignisse weiter entsprechen: die langen Wartephasen – der Krieg war bei Damiette zum Stellungskrieg, zum Sitzkrieg geworden, wie man im Ersten Weltkrieg sagte. Dritte Korrelation: die sehr hohen Verluste durch Epidemien, durch Kämpfe. Mehr als die Hälfte des Heeres sei tot – diese Bemerkung Neidharts entsprach ziemlich genau den Fakten. Und Neidhart machte sich seinen Vers auf das düstere Geschehen: er wollte so schnell wie möglich heim.

Zusammenfassend: Neidhart könnte vom Anfang bis etwa zur Halbzeit am Ägyptenfeldzug teilgenommen haben; auf die Rückkehr wartend, könnte er für das Gefolge des Herzogs Leopold sein Lied verfaßt haben. Wie berichtet, kehrte der Herzog vor dem Fall von Damiette zurück. Ob Neidhart ihm folgen durfte, läßt sich aus diesem Lied nicht erkennen; möglicherweise mußte er noch länger in Ägypten bleiben, konnte vielleicht erst mit Herzog Ludwig heimkehren. Wie auch immer: Neidhart überlebte den Feldzug.

75 Er sei zwar jünger als Neidhart, sage ich intonierend, aber selbst, wenn er erst kurz vor der Jahrhundertwende geboren worden sei, wäre er immer noch vier Jahrzehnte lang Zeitgenosse des Neidhart aus dem Reuental. Dies, so müsse ich sofort betonen, sei freilich nur eine äußere, eine fast periphere Motivation für diesen Versuch einer Geistesbeschwörung hier am Schiffsbug der Kaub im Rhein. Ich hätte diesen Treffpunkt ausgesucht, füge ich hinzu, weil seine Koordinaten nicht erst bestimmt werden müßten; wohl jeder, der an dieser Seance indirekt teilnehme, wisse, wo die Burg liege und wie sie aussehe, und er, an den ich mich anrufend wende, er sei bei seinen ausgedehnten Wanderungen durch das Europa des dreizehnten Jahrhunderts gewiß mehrfach durch das Rheintal gekommen, hätte diese winzige Insel gesehen, auf der schon zu seiner und zu Neidharts Zeit eine Burg gestanden habe, die allerdings anders ausgesehen habe als die sorgsam restaurierte Burg heute; auf der winzigen dreieckigen Plattform am Bug dieses Gebäudes mit dem schiffsförmigen Grundriß sitzend, könnten wir auf das heranströmende, vorbeiströmende Wasser herabblicken, das auf meiner Seite braun sein, das auf seiner Seite grün sein werde, und auf meiner Seite führen Schubschiffe und Passagierschiffe und kleinere Boote, und auf seiner Seite glitten Segelboote vorbei, geruderte Boote, auch würden an seinem Ufer Schiffe und Boote von Treidel-Trupps oder Pferden gezogen...
Einige Atemzüge lang schweige ich, lausche hinein in das Grundierungsgeräusch des Flusses; ein herbsttheller Nachmittag mit spätsommerlicher Temperatur. Zwei Motivationen gebe es für diese Anrufung, sage ich, nenne gleich die erste: den Wunsch, unter seiner Führung hochzusteigen auf eine der Höhen der Philosophie des dreizehnten Jahrhunderts. Dies allerdings nicht nur, um einen weiteren, für das Hohe Mittelalter repräsentativen Bereich einzubeziehen, sondern, und damit wolle ich gleich die zweite Motivation nennen: es sei hier auch der rechte Zeitpunkt, die Fäden dieses Buches zu raffen, zu einem Knoten zusammenzufassen

– um ihn gleich wieder zu lösen. Denn wir seien hier in der (nicht-numerischen) Mitte dieses Buches, sozusagen an seinem Magnet-pol.

Ich sitze vorgebeugt auf sonnenwarmen Steinen, nenne, beschwö-rend leise, den Namen Albert von Lauingen, den Namen Albertus Coloniensis, den Namen Albertus Magnus, rufe ihn auf, noch ein-mal Lehrer zu sein, für mich, an diesem Treffpunkt außerhalb der Chronologie und der Logik. Ascende, Alberte, descende, sage ich beschwörend an der Grenze des Hörbaren. Und wiederhole, nun lautlos, diese Anrufung, bin nichts als Erwartung, und sie erfüllt sich: ein sehr leichtes, fast gewichtloses Berühren meiner linken Schulter, ein großflächiges Berühren meines Rückens, als würde sich jemand hinsetzen, seinen Rücken an meinen Rücken lehnend. Ja, so ist es mir recht, so brauche ich ihm nicht prüfend ins Gesicht zu schauen, brauche ihn nicht entwerfend zu beschreiben, wir werden nur sitzen und sprechen, auf den braunen und den grünen Rhein blickend, den der steinerne Schiffsbug teilt.

Ich begrüße ihn, berichte ihm kurz, wer ich bin und woran ich ar-beite, welche Struktur mein Buch haben wird. Bedanke mich, weil er die große, fast unüberbrückbar große Distanz so rasch verkürzt hat, sie vielleicht sogar aufheben wird. Und schweige.

Das Strömen des Wassers, breitflächiges Heran und Vorbei, Her-an und Vorbei in einer Bewegung, die in den vielen uns trennen-den Jahrhunderten kein einziges Mal abriß, auch wenn sich der Fluß in langen Trockenperioden im Flußbett schmal machte oder wenn sein Fließen unter der Eisschicht unsichtbar wurde. Janus-köpfig schauen wir auf die Wasserfläche hinaus, die für mich braun, für Albertus grün ist, und auf seiner westlichen Seite Sand-bänke, Felsen, Einbuchtungen, während auf meiner Seite – aber da muß ich mich nicht mit Beschreibungen aufhalten, das sieht man auf jeder Zugfahrt. Es vergehen, nach meinem Zeitempfin-den, mehrere Minuten, die für Albertus wohl nur ein Lidschlag sind. Dann höre ich seine fast völlig tonlose Stimme über dem breitflächigen Grundierungsgeräusch: er sei, um einige Sätze sei-nes Schülers Thomas von Aquin zu verteidigen, von Köln nach Paris gewandert, also könnte ich voraussetzen, daß ihm dieser Weg zur Kaub nicht zu weit geworden sei, weder räumlich noch zeitlich. Doch sei für ihn Bewegung des Körpers immer auch Be-wegung des Geistes, des Denkens gewesen. Vor allem wegen sei-ner Klostervisitationen, auch wegen der zahlreichen Konsekratio-nen von Altären und Kirchen habe er das Reich hin und her und kreuz und quer durchwandert, sei auch in Italien gewesen, der Studien halber, sei ebenfalls in Frankreich gewesen, der Lehre halber – all diese Reisen habe er zu Fuß gemacht, grundsätzlich. Und er berichtet: dieses Reisen zu Fuß hat den Fortgang seiner Gedanken kaum je unterbrochen; er wurde nicht durcheinandergerüttelt auf Karren, die jede, aber auch jede Unebenheit des Geländes unmittelbar an den Körper weitergeben, wurde nicht abgelenkt durch Unwilligkeit oder Ermüdung von Pferden; er ist – expressis verbis – seinen Gedanken nachgegangen, das ruhige Gleichmaß seiner Bewegungen. Und zugleich: von einem Schritt zum anderen hat er einhalten und beobachten können. Dies ist ihm besonders wichtig gewesen: Naturerscheinungen, vor allem Pflanzen und Tiere, beobachten. Beispielsweise hat er nach fast jedem Aufbruch in Köln den Stand der Blüten und Früchte an Feigenbäumen registriert, die in der Ebene des Kölner Raums üppig gedeihen, quae abundant in Colonia et in partibus Reni circa Coloniam. Dreimal im Jahr tragen diese Feigenbäume Blüten und Früchte; freilich kommt es auch vor, daß die Früchte der dritten und letzten Ernte nicht mehr reif werden, wegen einsetzender kalter Witterung. Oder: er hat auf seinen Wanderungen die kleinen weißen Geier in den Felsen des Rheintals wie des Donautals beobachtet, hat sogar, wie in einer seiner Schriften dargestellt, einen der Geier verfolgt, denen es auch nach zwei, drei Sprüngen kaum gelingt, vom Boden abzuheben; der Geier, den er zu packen kriegte, hatte offenbar sehr viel verwestes Fleisch gefressen. Besonders viele Geier übrigens in den Bergen zwischen Worms und Trier; wo dort die Geier nisten, ist die Luft erfüllt vom süßlich ekligen Gestank zusammengeschleppter Kadaver. Ja, auch die geringgeachteten Tiere hat er beobachtet, ohne deshalb seine Aufmerksamkeit von prachtvollen Erscheinungen der Fauna abzuwenden, wie dem mächtigen Tier, das man im Lateinischen wie im Deutschen Büffel nennt, quod in romana lingua et nostra bufletus vocatur, jenes ungeheuer starke, gedrungene, braunschwarze, ja schwarze Tier, aus dessen Milch ein fester und erdiger Käse gewonnen wird – nördlich wie südlich der Alpen. Ja, daß er seine zahlreichen Reisen zu Fuß gemacht hat, dies ist ihm auf vielfältige Weise belohnt worden: zahlreich vor allem seine Beobachtungen von Vögeln, ob Stieglitz oder Wanderfalke – überhaupt die Falken! Aber von diesen ihn noch immer begeisternden Vögeln wolle er hier nicht sprechen, ich hätte mir dieses genau lokalisierbare, außerhalb der Zeit liegende Treffen kaum erdacht, um etwas über Stieglitze und Falken zu hören. Doch, sage ich, auch dies: Stieglitze und Falken. Denn gerade die Vielfältigkeit seiner Beobachtungen und Beschäftigungen, seiner Themen sei es, die in mir den Wunsch geweckt hätten, ihn zu treffen. Diese Vielfalt hätte ihm übrigens, wie er selbst wisse, Bewunderung eingebracht, Bewunderung, die sich in der lateinischen Sprache artikulierte, in der er ausschließlich geschrieben habe. Die sicher zutreffendste Bezeichnung sei hier Doctor universalis – nicht nur wegen der beinahe enzyklopädischen Vielfalt seines Wissens, sondern auch wegen seiner wiederholt dokumentierten Fähigkeit, eine Synthese zu schaffen in der Beschäftigung mit verschiedensten Fragen.

Albertus schweigt. Dann betont er, sein Name müsse – gerade unter dem Gesichtspunkt der Synthese – in Verbindung, und zwar in eine zwingende und verpflichtende Verbindung gebracht werden mit dem Namen Aristoteles, dessen Werk er ins Theologische fortgesetzt habe. Er sei dabei stets von den Lehrmeinungen des Aristoteles ausgegangen, von seiner systematischen Ordnung des Denkens. Letztlich habe er den Texten dieses Philosophen und Naturforschers nur notwendig gewordene Erläuterungen und Begründungen hinzugefügt, habe er Lücken in diesem beinahe alles umfassenden System gesucht, um sie, soweit das in seinen Kräften und Fähigkeiten stand, auszufüllen – so sage er das jetzt nicht bloß, so habe er das auch geschrieben.

Freilich müsse er in diesem Zusammenhang auch betonen, daß er Aristoteles nie absolut gesetzt, ihn gleichsam zum Gott der Philosophie gemacht habe; wer dies tue, der sei auch verpflichtet zu glauben, Aristoteles hätte niemals geirrt. »Wer jedoch in ihm nur einen Menschen sieht, der muß zugeben, daß Aristoteles ohne Zweifel irren konnte, genau wie wir.« Allein unter diesen Voraussetzungen sei für ihn so etwas wie ein Gespräch mit Aristoteles möglich gewesen über die sehr vielen Jahrhunderte hinweg – wobei er sich freilich nicht jedesmal bewußtgemacht habe, wie viele Jahrhunderte ihn von Aristoteles trennten, weil ihn sonst ein Schwindel gepackt hätte – in solch einem Zustand sei es schwer, klar und folgerichtig zu denken. Aber nun, in diesem Moment, sei der schwindelerregende Gedanke der schier unermeßlichen zeitlichen Distanz für ihn beherrschend, und dies löse einen ganz anderen, zu diesem ersten freilich parallellaufenden Gedankengang aus: es werde zuweilen erzählt, er, Albertus Coloniensis, habe den neuen Dom zu Köln entworfen, das aber sei eine allzu schmeichelhafte Vorstellung. Er habe, vom nahen Dominikanerkloster aus, großen Anteil genommen an der Planung dieses neuen Domes, habe mehrfach auch zugesehen bei den Ausschachtungsarbeiten für die Fundamente des Chores (das seien ja mächtige Gruben gewesen!) und bei diesen Vorarbeiten zum Bau seien in der Tiefe, die für ihn jetzt eine Tiefe der Zeit sei, »Fußböden von erstaunlicher Ausführung und Schönheit« freigelegt worden, und er sei, wenn er sich recht erinnere (oder ergänze in dieser Hinsicht seine Erinnerung?), er sei offenbar auch einmal in eine dieser Gruben hinabgestiegen, Leitersprosse um Leitersprosse hinunter zum Boden, der viele Jahrhunderte vor ihm, womöglich schon ein Jahrtausend vor ihm, hergestellt worden sei, der dann viele Jahrhunderte nach dem Verfall des Gebäudes von Erdschichten überlagert worden war, und auf diesen Boden habe nun wieder die Sonne geschienen, und auf ihn, wie er auf diesem Marmorboden der Römerzeit stand. Er schüttelt den Kopf, ich spüre das. Und ich sage leise, echohaft: »Was ist ein Jahrhundert, was ein Jahrtausend, was ist Zeit, das Vergehen von Zeit?« Er nickt heftig, dann wieder sanft, sitzt reglos. Sieht er sich in tiefer Ausschachtungsgrube auf römischem Boden stehen? Und das Erdreich um ihn her als Zeitsediment? Zeitliche Distanz sichtbar geworden?

Ich setze neu an: im weithin blutigen Chaos der ersten Jahrzehnte des 13. Jahrhunderts, seines Jahrhunderts, sei ordnend und geordnet gedacht, sei aufeinander abgestimmt, miteinander harmonisiert worden, sei versucht worden, das große, alles umfassende System zu schaffen. Und hier werde vor allem sein Name genannt. Er habe über Mineralien und Metalle geschrieben, über Pflanzen und Tiere, über Alchemie, über Astronomie, über Mathematik und Geometrie, über Theologie, ein sehr breites Spektrum, aber ein Spektrum, das nicht beim Nebeneinander der Kompilation bleibe, sondern in eine gemeinsame Sinnfigur, in eine Synthese führe. Unter diesem übergeordneten Gesichtspunkt, füge ich hinzu, wolle ich ihn bitten, einige Stichworte und Details einzubringen, nach seinen allgemeinen Kategorien, die Synthese dürfte nicht nur Begriff bleiben, die Fülle der Phänomene und ihrer Deskriptionen müßte zumindest angedeutet werden – erst dann lasse sich ermessen, wie weit umfassend das System seiner Denkordnung sei.

Albertus Magnus fordert mich auf, solch ein Stichwort zu nennen – ist das prüfend? Will er wissen, welche Resonanz er finden wird? Ich bringe ein Stichwort, auf das ich bei der Lektüre Ausgewählter Schriften des Albertus Magnus stieß: Nitrum. Nitrum, sagt er echohaft, Nitrum. Und er beginnt, tonlos, zu berichten, wie er bei Goslar in den Rammelsberg, in das Bergwerk hinabgestiegen sei, um Beobachtungen zu machen, auch, um sich von Bergleuten Beobachtungen mitteilen zu lassen zum Wesen und zu den Eigenschaften des Kupfers und des Nitrums, das nicht »plättchenhaltig, sondern gerundet« sei, und während er Unterschiede zwischen dem Rammelsberger Nitrum und dem afrikanischen Nitrum beschreibt, glaube ich zu hören, wie aus dem tonlosen Sprechen ein tonloser Sprechgesang wird, in dem sich, wie bei einem Palimpsest, eine Melodie abzeichnet, die Melodie eines Gregorianischen Gesangs, langsam, weitgespannt, und dieser Gregorianische Gesang an der Schiffsspitze der Kaub scheint Strophenform anzunehmen, denn in derselben Melodie singt er, nach einer lidschlagkurzen, minutenlangen Pause von den Bienen, nicht von den Bienen des Lorscher Bienensegens, sondern von der Anatomie der Bienen, und während er weitersingt über Details der Bienen-Anatomie, die ich nicht realisiere, nenne ich, für mich, diese Strophe die Bienenstrophe, und nach einer kurzen, zugleich langen Zäsur setzt er wieder an in dieser Gregorianischen Melodie, berichtet, vor sich hinpsalmodierend, von Falken, die er schon als Kind gesehen habe, fast täglich, die Falken seines Vaters, und so sind ihm Falken vertraut von Kindheit an, sie kamen herangeflogen, während Albert mit seinen Eltern am Eßtisch saß, im Freien, und sie streckten sich auf dem Boden aus, die Falken, als wollten sie sich anbiedern, und weil Albertus hier in Begeisterung zu geraten scheint, stimmt er gleich eine zweite Falkenstrophe an, singt in ihr, sich aus einer seiner Schriften zitierend, wie man aufbrach mit den Falken, die er auch Vogelhunde nannte, canes avium, weil sie wie Jagdhunde die Vögel aufspürten, aufstöberten; wenn man also zur Jagd aufbrach, singt er, saßen die Falken auf den Dächern und an den Fenstern und stiegen in die Luft und flogen über den Jägern und den Hunden aufs Feld hinaus, und mit dem Ruf des Falkners kehrten sie in den Käfig zurück, und nach diesem letzten Wort der zweiten Falkenstrophe eine kleine Vokalise, die sich selbst nachzulauschen scheint, und er greift, neu ansetzend, noch einmal das Stichwort Feigen auf, singt in der immer gleichen Melodie eine Feigenstrophe, diesmal nicht über die üppig tragenden Feigenbäume der Kölner Bucht, in der Wärmeperiode dieses Hohen Mittelalters, sondern über die heilenden Wirkungen der Feigen, und während er diese Strophe fortsingt, glaube ich endlich die Melodie zu erkennen, ein Veni creator spiritus, aber schon frage ich mich,

ob ich mit diesem Titel der Melodie nicht ein Vorzeichen gebe, der Melodie, in der er verschiedenartige, heterogene, ja scheinbar disparate Bereiche seines Forschens und Wissens singend vergegenwärtigt, die doch, wie es schon diese Melodie hörbar macht, zusammengehören in Gottes klingender Weltordnung, wie sie sich im Kopf dieses Albertus Magnus darstellt; während er weitersingt über lindernde Wirkungen des Safts von Feigenblättern, versuche ich, den Titel dieser Melodie in meinem Kopf wieder zu löschen, damit keine falschen Resonanzen entstehen, es sollen Strophen einer gleichsam neutralen Gregorianischen Melodie bleiben, und das Heterogene wird beinahe homogen in dieser immer gleichen Strophenmelodie, in der er nach lidschlagkurzer, minutenlanger Zäsur vom Stieglitz oder Distelfink zu singen beginnt, der sich, im Gegensatz zu allgemeinen Vorstellungen, nicht von Dornenspitzen, sondern von Distelsamen ernähre, auch von Kernen des Mohns, der Raute, des Hanfs, auch von Nüssen, und mit erneuter Strophenintonation singt er, ganz meine Erwartung erfüllend, von einem Experiment mit Schwefel, wobei ich allerdings die Abläufe nicht verstehe, ich höre nur immer Naphta, Naphta, und, erneut ansetzend, singt er vom Kreis, der eine imaginäre Größe sei, der bestimmt werde durch ein Herauslösen aus dem Bereich des Sinnfällig-Gegenständlichen, der Kreis in den Himmelssphären, der Kreis in den Elementen, der Kreis im Ring des Goldschmieds lasse sich nur nachweisen im Bereich der materia sensibilis, er sei nicht ableitbar von solchen stofflichen Erscheinungen, und in einer unüberhörbar als letzter Strophe intonierten Wiederholung der weitgespannten Gregorianischen Melodie singt er von den vier Stufen des Erkennens, von der Bewegung, die aufwärts führe im Vorgang wachsenden Abstrahierens, die Gewißheit zuletzt der Vernunfterkenntnis, die unterschieden werden müsse von der Erkenntnis der Wahrheit unter Leitung der Frömmigkeit, des Glaubens, denn der Glaube, so singt er in der Schlußzeile seiner Gregorianischen Melodie, der Glaube habe eine größere Gewißheit als alle Lehre und alles Wissen. Und mit einer kleinen Vokalise beendet er seinen Gesang, tacet, schweigt.
Ich sei sicher, sage ich, nachdem wieder etliche Güterwagenladungen Kalisalz in meinem Rhein vorbeigeschwemmt wurden, ich sei sicher, daß für ihn der Glaube als größte Gewißheit das höchste Ziel allen Denkens gewesen sei, ich bäte ihn aber, für mich auf der Ebene der Gewißheit der reinen Vernunfterkenntnis zu bleiben, denn ich hoffte von ihm zu lernen, wie sich die Synthese all seiner

Forschungsgebiete und Forschungsergebnisse übertragen lasse auf meine gegenwärtige Arbeit: ich suchte eine Figur oder Figuration der Synthese, die Alraun und Wunder, Antoniusfeuer und Sumpf, Lepra und Lyra zusammenbringe, ohne sie zusammenzuzwingen: eine Synthese etwa in Form eines Leitgedankens, einer Schlüsselidee.

Er schweigt, dann lacht er auf. Die Grundfigur einer Synthese, die ich von seinem Werk auf mein Buch übertragen wolle? Eine Grundfigur, die sich im Schnittpunkt aller Linien ergäbe? Eine Figuration mit der besonderen Würde eines Leitgedankens, mit dem besonderen Gewicht eines Zentralgedankens, womöglich mit der Nobilität einer Schlüsselidee, und diese wie auch immer zu definierende Figuration eventuell sogar in einem einzigen Satz dokumentiert? Wenn im Bewußtsein der Leser dieses Buches nicht das sichere Gefühl sei, daß alles letztlich zusammenhänge, beispielsweise in chronologischen Abläufen, in thematischen Beziehungen und Bezügen, auch in thematischen Variationen, in motivischen oder zumindest assoziativen Verknüpfungen, und, nicht zuletzt, in einer gemeinsamen, damit verbindenden Grundmelodie der Sprache – wenn diese Erfahrung, diese Leseerfahrung sich nicht einstelle, wäre alles Beschwören eines Grundsatzes, einer Figuration, einer Synthese umsonst. Ich könne eine solche Synthese nicht schaffen, indem ich auf sie hinwiese.

Ich sage, vielleicht sei hier aber doch eine Übertragung möglich. Denn so, wie er das aristotelische Modell des umfassenden Systems übertragen habe auf seine Arbeit, so könnte ich das albertinische Modell des umfassenden Systems übertragen auf mein Buch, in aller Bescheidenheit und zugleich Unbescheidenheit. Abgesehen davon gehe es nicht nur um ein Übertragen, um eine translatio, translocatio oder eher transtemporatio von Textmustern und Textsynthesen, er, Albertus, sei für mich Zeuge, ja Hauptzeuge für integratives Denken im dreizehnten Jahrhundert, und damit sei auch seine integrative Rolle im Kontext dieses Buches bezeichnet.

Wieder Schweigen. Das grüne und das braune Wasser; Segel und Frachtschiffe; Treidelseile und Radargeräte; Fische und Kalisalz. Der Januskopf. Er schweigt, wieder minutenlang. Dann gibt er zu bedenken: wie auch immer mein Buch einmal gestaltet sein werde, eines könne er wohl jetzt schon sagen: bei ihm sei die Sprache begrifflich, bei mir wohl eher erzählerisch. Dies habe zur Folge: eine Figur oder Figuration der Synthese lasse sich nicht übertragen.

Doch abgesehen davon: ob ich ihm vielleicht nachweisen könne, daß er solch eine Figur der Synthese in seinem Werk definiert habe? Oder ob ich gehofft hätte, er würde mir mitteilen, was in seinen Texten gleichsam versteckt sei? Und es erfolge die Übertragung oder Übergabe einer gleichsam magisch wirkenden Figuration der Synthese, hier auf der Kaub, und ich könnte sagen: So, wie Albertus in seinem sehr vielfältigen Werk die Synthese schuf, indem er – so will ich in meinem aus divergenten Kapiteln bestehenden Buch die Synthese schaffen, indem ich –? Kühne Hoffnung, ruft er aus und lacht, eine tollkühne Hoffnung!

Und als spüre er, Rücken an Rücken, daß ich enttäuscht bin, sagt er, er wolle mir etwas erzählen, müsse es dabei freilich mir überlassen, Zusammenhänge zu entdecken, eine Synthese zu suchen. Er wolle mir das mitteilen in einer wortgetreuen Übersetzung dreier Passagen seines Werkes. Wenn ich bereit sei, ihm zu folgen, werde er beginnen. Und ich lehne mich etwas mehr zurück, da spürt er meine entspannte Bereitschaft zu lauschen. Er beginnt: »Im Schwabenland, im Alemannischen, habe ich auf einer Talwiese zwischen den Bergen einen Stein gesehen, auf dem sich mehr als 500 Schlangen versammelt hatten. Als der Besitzer eines schönen Tages dort vorbeikam, zogen seine Ritter die Schwerter und zerschlugen die Schlangen in viele kleine Stücke. Unten aber lag eine große, in viele Teile zerhackte Schlange, und unter ihrem Kopf fand man einen schwarzen Stein, in der Form eines Pyramidenstumpfs, nicht durchsichtig, mit einem blaßfarbenen Streifen ringsherum, und darauf eine ausgesprochen schöne Abbildung einer Schlange. Der Stein wurde mir zusammen mit dem Schlangenkopf von der Gattin des adligen Herrn angeboten, und ich nahm ihn an mich... Eine ganze Zeitlang später, als ich in Paris war und zur Zahl und Korporation der Lehrenden gehörte, kam auch der Sohn des Königs von Kastilien an die Universität. Eines Tages wollten die Köche des adligen Studenten Fisch besorgt haben, und die Diener kauften von der Fischart, die auf Latein ›peccet‹ heißt, in der Volkssprache ›pledix‹. Für diese Art Fisch war es ein besonders großes Exemplar, und als er ausgenommen wurde, entdeckte man in seinem Bauch eine Austermuschel von beträchtlichem Ausmaß. Der vornehme Herr ließ freundlicherweise diese Muschel mir überbringen. An der hohlen, glatten und glänzenden Innenseite hatte die Muschel den Abdruck dreier Schlangen; sie waren genau abgebildet, mit aufgerichtetem Maul, und sogar die Augen fehlten nicht, obwohl sie sehr klein waren. An der gewölbten rauhen Außenseite waren viele – zehn und mehr – Schlangen in ähnlicher Ausführung in allen Einzelheiten eingeprägt; nur sah es so aus, als wären sie am Hals alle mit irgendeiner Schleife zusammengeknüpft, wobei aber ihre Köpfe und Leiber getrennt geblieben waren. Diese Muschel hatte ich lange Zeit im Besitz, und ich habe sie vielen Leuten zur Ansicht herumgereicht. Später habe ich sie als Geschenk für jemand nach Deutschland geschickt... In Köln, am Dreikönigsschrein, gibt es einen großen Onyx, so breit wie eine Männerhand oder sogar noch breiter. Der Stein hat das farbliche Aussehen eines Fingernagels. Obenauf sind in reinem Weiß die Köpfe zweier junger Männer im Profil abgebildet, der eine hinter dem anderen, aber derart, daß der verdeckte Kopf mit Mund und Nase hervorragt und insoweit sichtbar ist. Auf der Stirn dieser Köpfe ist eine ganz dunkle Schlange eingezeichnet, die sie beide aneinanderbindet.«

76 Für die Länge, für die Kürze eines Lidschlags spüre ich, daß hinter mir niemand mehr ist. Ich will aufstehen, aber schon höre ich die Aufforderung, sitzen zu bleiben, die Augen zu schließen. Eine Frauenstimme, die sich nicht erst zu mir heransprechen muß, eine Stimme, die sofort präsent ist. Und echohaft, aber gleichfalls in unmittelbarer Nähe, die Stimme eines Mädchens: Schließ die Augen. Ich habe sie bereits geschlossen. Öffne sie auch nicht, als ich minutenlang nichts höre außer dem ins Zeitlose abstrahierten Rauschen. Fluß rauscht, Meer rauscht, Wald rauscht, Regen rauscht, Wind rauscht: Rauschen, Rauschen, Weißes Rauschen. In diesem Weißen Rauschen wieder die Frauenstimme, Alt, warmes Timbre: Die Höhen der Philosophie, warum sollten allein Männer sie erreichen? Und warum hier nur der Diskurs? Wieder schweigt die Frau, ihre Stimme wie aufgesogen vom Weißen Rauschen. Stehen die beiden Frauen auf der kleinen Wetterfahne des ersten der zahlreichen Türmchen dieser Pfalz? Wenn Theologen des Mittelalters voraussetzten, daß Tausende von Engeln auf einer Nadelspitze stehen können, so werden die beiden auf der Oberkante des durchbrochenen Metallblattes mehr als genug Platz haben. Die Altstimme setzt wieder ein: was hier zuletzt gesprochen worden sei, das hätte sich ihr über Rufweite hinaus mitgeteilt. Und falls ich hier nach einer Erklärung suchte, so könnte ich mich mit folgendem zufriedengeben: viele Jahre lang habe sie in diesem Rheintal gelebt, einige Meilen flußaufwärts, vor Bingen, an der Mündung der Nahe, auf dem Rupertsberg, der eigentlich ein Rupertsberglein sei, ein Rupertshügelchen, ein Rupertshüvvelsche. Zu dieser räumlichen Nähe die zeitliche: sie, Hildegard, sei zwar bereits 1179 gestorben, in jenem Jahr aber dürfte Neidhart schon gelebt haben. Sie sei auch in seiner weiteren Lebenszeit präsent geblieben: ihr Nachwirken als fortgesetzte Gegenwart. So sei es vielleicht auch für mich selbstverständlich, daß sie, Hildegard, nun hier auf der Kaub sei, die umflossen werde vom Wasser, das kurz zuvor an Bingen vorbeigeströmt sei. Und wieder schweigt sie. Das Rauschen, das keine akustischen Signale mitführt, das abstrahierte Rauschen, Weiße Rauschen. Lange Minuten wie ein Lidschlag, ein Lidschlag wie eine lange Minute. Sie sei, so hebt ihre Stimme wieder an, auf der Weißgrundierung des Rauschens, sie sei begleitet von einem Mädchen, das in diesem Zeitraum zwölf oder fünfzehn sei, der Name sei Mechthild, sie stamme aus der Diözese von Magdeburg. Was sie selbst, Hildegard, erfahren und gedacht habe, das werde von ihr, Mechthild, fortgeführt: bereits mit zwölf Jahren habe sie sich für ein geistliches Leben entschieden, und sie werde später »Das fließende Licht der Gottheit« sehen und beschreiben – dies sehe sie, Hildegard, voraus, als prophetissa, deren Gaben oft gerühmt worden seien. Mechthild sei so etwas wie ihre posthume Schwester, sie seien hier gleichsam Hand in Hand, und sie würden nachher auch gemeinsam singen, hier auf der Kaub, an der das Wasser rausche, das zuvor bei Bingen rauschte und das gleichzeitig bei Bingen rausche, und das in der Höhe von Heisterbach rauschen werde und nun am Fuße des Petersberges rausche. Dieses Rauschen als Orgelgrundklang ihres Gesanges, als mächtiger Bordun. Und sie lacht auf; echohaft das Lachen des Mädchens. Die Vita eines Dichters, der auch Komponist und Sänger sei – was wäre hier und jetzt selbstverständlicher als Gesang? Ein Gesang, in dem das Disparate oder als disparat Empfundene verwandelt werde in reine Harmonie, zugleich verschmolzen in hellstem Licht, im Licht vom Lichte, das wiederum Klang sei? Sie selbst, sagt sie, habe diese Erfahrung gemacht, und so habe sie sich selbst aufgerufen als Zeugin, hier in diesem zeitlosen oder zeitfernen Zeitmoment. Das Licht, von dem Strahlen ausgehen, das Licht, in dem sich Strahlen finden, Strahlen aus sehr verschiedenen Richtungen, Strahlen in sehr verschiedene Richtungen hinaus und im Schnittpunkt der Strahlen das Licht, das überhelle Licht, das Klang wird.

Hildegard scheint sich ins Schweigen zurückzuziehen, in Weißes Schweigen. Und Mechthild spricht aus, was Hildegard, bescheiden, fromm, nicht aussprechen mag, was hier aber ausgesprochen, zumindest angesprochen werden muß: daß Hildegard, mit der Hilfe ihres Sekretärs, beispielsweise über Edelsteine geschrieben habe, und sie nennt den Smaragd und den Granat, den Onyx und den Beryll, den Sardonyx und den Achat, den Karfunkel und den Alabaster – über diese und viele andere Edelsteine habe Hildegard geforscht und geschrieben, nicht jedoch über den Sandstein, den Kalkstein, den Tuffstein und den Feldstein. Und Hildegard habe über Tiere geschrieben, die sie, Mechthild, hier nicht aufzählen könne. Und sie wolle auch nur erwähnen, daß Hildegard über die wichtigsten Pflanzen geschrieben habe, über ihre sichtbaren und unsichtbaren Eigenschaften. Und sie habe über Krankheiten geschrieben und deren Heilung, habe sich hier mit Kopfschmerzen wie mit Bauchweh befaßt, mit der Steinbildung der Niere wie der Blase, mit den verschiedenen Formen des Fiebers und der Hauterkrankung, und sie habe über Schlaflosigkeit geschrieben, über Epilepsie, über Depressionen. Und zahlreich die Briefe, die sie geschrieben habe, Briefe an Kaiser Friedrich, genannt Barbarossa, Briefe an die drei Päpste ihrer Zeit, Briefe an Fürsten wie an Bischöfe, Briefe an Äbte und Äbtissinnen, Briefe an Priester wie an Mönche, Briefe, die nach Frankreich wie nach England gebracht wurden, nach Italien wie nach Griechenland. Und mehrfach sei sie, als wohl erste der Frauen, zu Predigtreisen aufgebrochen, nach Köln wie nach Würzburg, nach Metz wie nach Bamberg, alles zu Pferd und auf Flußschiffen. Und sie habe das Kloster Rupertsberg bauen lassen, bei Bingen, nah der alten Brücke, am Schnittpunkt der Römerstraßen, ein Burgkloster oder eine Klosterburg mit Werkstätten, Gästehaus, Garten, mit großer, dreischiffiger Basilika. Eine Zeit großer Mühen und Entbehrungen, in der verschiedene Schwestern sie, Hildegard, verlassen hätten, aber sie hielt durch: die erste Frau, die ein Kloster habe erbauen lassen – und sie kümmerte sich dabei um viele Einzelheiten. Dies seien nur einige der Strahlen, von denen Hildegard eben gesprochen habe, Strahlen, die von ihr ausgingen, Strahlen, die sich in ihr überschnitten, die in diesem Schnittpunkt verschmolzen zu einem sehr hellen, sehr lebendigen Licht. Und als sei dies ein Stichwort für Hildegard, sagt sie echohaft: Licht, das Licht, das lebendige Licht, das Licht vom Lichte, das sie mit dreiundvierzig Jahren zum erstenmal gesehen hat; eine »von Licht durchstrahlte Luft«, in der

sie verschiedenste und schönste Klänge hörte, Klänge von Lobge-
sängen; es war ein Licht, das keinen Ort, keinen Raum hatte, ein
Licht, das viel lichter war, lichter ist als eine Wolke, die die Sonne
trägt, ein Licht, das der Schatten des lebendigen Lichtes ist; in
diesem Licht sah sie zuweilen das Licht vom Lichte, das feurige
Licht, das Lichtfeuer, das Feuerlicht, das ihr Gehirn durchströmte
und ihre Brust durchglühte, in diesem Licht schmolz alles ein, was
sie gesehen und beschrieben hatte, und dieses Licht war für sie zugleich Klang, das Licht und der Klang in himmlischer Harmonie:
die Sym-phonie, der Zusammenklang, der harmonische Zusammenklang sehr verschiedener Töne und Klänge und Klangbildun-
gen, der Lichtklang, das Klanglicht, »die Seele ist Symphonie«.
Siebenundsiebzig Gesänge habe sie komponiert, ohne freilich je
das Komponieren gelernt zu haben, das Setzen von Neumen, von
Noten, vielmehr sei sie durch die Erfahrung, die Vision des unsichtbaren Lichts, durch die alle Erfahrungen transzendierende
Erfahrung des Lichts zur Musik inspiriert worden. Wieder das
leere, das weiße Rauschen, und die beiden Stimmen singen einen
Leitton, treffen ihn aber nicht genau – eine minimale Klangrei-
bung, ein Ansatz nur zu einem Mißklang, doch Hildegard ruft:
Teufel! Ja, der Teufel kann es nicht ertragen, wenn Menschen zu
singen beginnen, das will er mit allen Mitteln verhindern, und sei
es, indem er ein heißes Aschenkorn auf das Stimmband wirft. Der
Teufel, ruft sie, nur der Teufel ist völlig unmusikalisch, schließlich
ist er aus den himmlischen Chören hinabgestürzt worden, und
seither versucht er auf jede Weise die Harmonie zu stören. Aber
wer singe und musiziere, der singe und musiziere auch gegen den
Teufel an. Bei diesem Neidhart sei das vielleicht oder wahrscheinlich anders: der singe und musiziere eher auf Teufel komm raus.
Um so wichtiger aber sei es, hier an die eigentliche, die höhere,
die reinste Aufgabe der Musik zu erinnern. Der Musik, die überall
ihr Echo finde. Ob ich noch nicht das Staunen gelernt hätte über
die Selbstverständlichkeit, mit der überall in der Welt Menschen
singen und musizieren? Ob im heißesten Afrika, im fernsten
Orient oder auf dem eisigen Grönland: überall Menschen, die singen und überall Menschen, die Instrumente spielen. Und wenn sie
nach der Vita über den heiligen Disibod und nach der Vita über
den heiligen Rupert eine weitere Vita geschrieben hätte, so wäre
es vielleicht die Vita eines Musikers gewesen, aber eines Musikers,
der göttlich inspiriert war. Nur solche Musik stimme ein in die
Harmonie, die paradiesisch sei, nur solche Musik sei Erinnerung

an das Paradies, nur solche Musik intoniere in die Sym-phonie himmlischer Chöre.

Wieder Rauschen, das zeitlose Rauschen, das Weiße Rauschen. Und die Altstimme und die Sopranstimme beginnen zu singen, nun ohne jede Intonationstrübung, sie singen in himmlischer Reinheit, Klarheit, Schönheit: eine langsam dahinfließende Melo-die, eine Musik des Fließens, des fließenden Lichts, eine Musik, die sich frei erhebt über Grundklängen der Gregorianik, eine Mu-sik mit großen, oft jähen Tonsprüngen, mit Intervallen, die weiter sind als Intervalle, die sonst in dieser Zeit gesungen oder gespielt werden, eine Musik, die breiten Spielraum der Entfaltung braucht in zwei, ja zweieinhalb Oktaven: eine zugleich kraftvoll und sanft wirkende Musik, ekstatisch und gelassen, gesungen im sehr reinen Sopran des Mädchens und im warmen Alt der Frau, eine Musik, die weite Klangräume ausmißt, doch alles im Zusammenklang, in der Symphonie, Harmonie, eine Musik, die zugleich Licht ist, sehr helles, überhelles, in sich verfließendes, aus sich herausfließendes Licht, ein Lichtklang, ein Klanglicht, und das scheint zu ent-schweben, schwerelos. Um so deutlicher spüre ich, sitzend, das Gewicht meines Körpers.

77 Als ich aufstehen will: ein leichtes, fast gewichtloses Be-rühren meiner rechten Schulter, ein großflächiges Berüh-ren meines Rückens, als setzte sich wieder jemand hin, seinen Rücken an meinen Rücken lehnend. Und ehe ich meine Frage stel-len kann, bewegt sich etwas links von mir, ich schaue zur Seite: eine Lilie. Sie liegt betont auf der sonnenwarmen Steinfläche. Ich beuge mich ein wenig zur Seite, atme tief ein: daß eine Lilie solch einen betäubenden, unflätig süßen Duft ausströmen kann, habe ich noch nicht erlebt, sage ich und richte mich auf; der körperlos-körperliche Widerstand erneut hinter mir. Und schon sagt eine tonlose Stimme, dies sei ja auch eine Blume aus dem Garten, in dem Albertus Magnus den früheren Grafen von Holland empfan-gen habe. Und weil ich fordernd schweige, erfahre ich Genaueres: der frühere Graf kam mit seinem Gefolge bei allergrimmigster Kälte nach Köln – sogar der Rhein war zugefroren, bis auf den Grund. Als die Besucher sich einigermaßen aufgewärmt hatten am Ofen, lud Albertus Magnus den hohen Gast und sein Gefolge ein, im Garten das Festmahl einzunehmen. Ungläubig folgten ihm die

Gäste, und in der Tat: draußen war eine Tafel gedeckt. Man wollte sofort ins Warme zurück, doch Albertus bat sehr dringlich, Platz zu nehmen. Kaum saßen die Gäste, streng nach Rangordnung, da schmolz der Schnee, da schmolz das Eis, grünes Gras schoß hoch, Blumen öffneten Blüten, an Bäumen wuchsen Früchte – beispielsweise Feigen, und die reiften so schnell, daß sie zum Nachtisch serviert werden konnten. Die Gäste schmausten und zechten im warmen Winter-Garten; edle junge Leute bedienten sie vorbildlich; Musiker spielten auf. Nach dem festlichen Mahl ging Albertus Magnus mit dem früheren Grafen von Holland im Garten spazieren, und Farben und Düfte vermischten sich mit den Wörtern, und Wörter wiederum schienen zu blühen und zu duften, Wortknospe um Wortknospe öffnete sich, aus Wortblüten stiegen süße Düfte – wenn ich die Lilie dicht an meine Nase hielte, könnte ich eine schmale, schwache Spur dieses Duftes wahrnehmen. Ich rieche, und das ist ein Duft, als wären die Aromata verschiedener Orchideenpflanzen gemischt worden. Zu dieser Legende, so höre ich nun, gebe es, und das dürfte mich besonders interessieren, eine Variante: Albertus Magnus, im Dominikanerkloster zu Köln, läßt den Zaubergarten blühen und duften im Winter, denn er, der Forscher, der dafür bekannt ist, daß er sich mit verschiedensten Bereichen des Wissens beschäftigt hat, empfängt als Besucher Kaiser Friedrich den Zweiten, der ebenfalls dafür bekannt ist, daß er sich mit verschiedensten Bereichen des Wissens beschäftigt hat, mit Ornithologie, mit Mineralogie, mit Vulkanismus, mit Mathematik, und der Forscher, der als »nostri temporis stupor«, als Wunder unserer Zeit, bezeichnet wurde, und der Kaiser, der als »stupor mundi«, als Weltwunder bezeichnet wurde, sie ziehen einen sehr weiten Kreis in ihrem Gespräch, und dieser Kreis ist zentriert in der Gemeinsamkeit, daß sich beide, Albertus wie Fredericus, mit Aristoteles beschäftigt haben, von Aristoteles ausgehend und auf Aristoteles zurückgreifend.

Und er schweigt, aufmunternd. Ich lege die Schwertlilie auf den Boden und frage, wer er ist. Der kleine Schatten, den der große Albertus bereits vorausgeworfen habe. Und da ist ein Zucken seines Rückens an meinem Rücken: lacht er? Schnell scheint er sich wieder zu fassen. Ob ich nicht auch den Eindruck hätte, trotz der sich modellhaft ineinander verschlingenden Schlangengeschichten, Albertus sei mir etwas schuldig geblieben, und zwar Entscheidendes? Diese Synthese, von der er gesprochen habe: ob sie nicht letztlich nur Behauptung geblieben sei? Und warum wohl habe er es mir, mir ganz allein überlassen, eine Synthese zu schaffen für das Buch, in dessen 77. Kapitel er, der von Albert nicht mehr wegzudenkende Schatten, nun mit mir rede? Weil ihm, Albert, im 75. Kapitel dieser Schatten fehlte, sein Schatten, respektive: er als Schatten. Albertus wisse selbst am besten, daß solch eine umfassende, quasi-aristotelische Synthese nicht möglich sei ohne Magie. Ohne zumindest einen Anteil von Magie, und sei es die Magie von Zahlen. Albertus habe offenbar gern gehört, welche Bezeichnungen ihm verliehen wurden, meist nachträglich, aber dieser eine Beiname sei nicht gefallen: der Magier. Dabei gebe es Schriften von Albertus über Alchimie, gebe es großartige Texte von Albertus über Astrologie, aber diese und weitere Schriften hätten spätere Wissenschaftler von Albertus abgerückt, man hätte sie als pseudo-albertinisch bezeichnet, und er, sagt er tonlos und zugleich heiser, er sei gleichsam die Koordinationsfigur all dieser pseudo-albertinischen Schriften, er sei Pseudo-Albertus, und zwar persönlich! Wieder dieses tonlose, lautlose Lachen in meinem Rücken. Aber er habe diese aussortierten Schriften auf sich genommen, er akzeptiere sie! Und das gebe ihm das Recht, Albert auf der Spur zu bleiben, als sein Schatten, und in seiner Stimmlage weiterzusprechen, beispielsweise dies: wenn er die Zauberkraft besäße, die Albertus nachgerühmt werde, so würde er mich im Handumdrehen von dieser Kaub ins Westfälische entführen, zum Kloster Corvey, um mir dort in einer Stunde günstiger Konjunktionen ein Modell zu vermitteln zur Anordnung der sprachlichen Materialien dieses Buches, ein Modell, das sicherlich konkreter, konziser sei als der Vorschlag seines anderen, höheren, größeren Ich. Corvey, ruft er, fast lautlos, Corvey als sichtbare, von magischen, ja heiligen Zahlen geprägte Ordnung! Die Kirche genau im Zentrum des KlosterGevierts, ihr von symmetrischen Zahlenproportionen bestimmter Grundriß und Aufriß! Da er mich nicht nach Corvey entführen könne, zumindest nicht zu diesem Zeitpunkt, wolle er wenigstens von Bildern zu mir sprechen. Schon einmal habe er über Bilder gesprochen, und zwar, als er dem Mönch von Heisterbach bewußtzumachen versuchte, andeutungsweise, was ein Jahrhundert sei, was ein Jahrtausend, und seine nun von mir gesetzte Aufgabe sehe er in diesem Kontext darin, auch zu mir von Bildern, von Bildelementen zu sprechen, um mir ein Ordnungsmuster anzubieten. Dieses Ordnungsmuster stelle er unter den Leitbegriff der Symmetrie. Je größer, ruft er tonlos, die Symmetrie eines Bildes, desto größer sei für ihn seine

Bedeutung! Nur in der Symmetrie leuchte göttliche Ordnung auf. So sei der Baum der Tugenden symmetrisch in den Buch-Illuminationen, und der Baum des Leidens des Herrn sei symmetrisch, und die Himmelsleiter stehe symmetrisch zur Höllenleiter, und das Bild der Heiligen Stadt sei symmetrisch, und das Paradies sei symmetrisch, und zwar das alte irdische Paradies ebenso wie das gegenwärtige Paradies der Kirche, und das Angesicht des Menschen sei vorwiegend symmetrisch, und der Körper des Menschen sei überwiegend symmetrisch, und symmetrisch seien auch die Köpfe von Tieren, symmetrisch seien Blätter und Blüten, symmetrisch seien Kristalle, Symmetrien auch in der Musik, Symmetrien überall, wohin man höre, wohin man blicke, Symmetrien, Symmetrien! Bau auf die magische Zahl, bau auf die Symmetrie! ruft er mir zu. Und nach kurzer Pause: es genügt nicht, über das Mittelalter zu schreiben, du mußt mit deinem Buch ein Sprachwerk vorlegen, das von mittelalterlichen Ordnungsmustern geprägt ist!

Als erstes müßte ich in diesem Buch ein Zentrum setzen, müßte es klar als Mittelpunkt markieren. Dazu wäre beispielsweise das Gespräch mit Albertus geeignet oder diese Nachfolge-Begegnung. Um diesen Mittelpunkt die symmetrische Gruppierung von Kapiteln. Beispielsweise müßte der Bericht über den Kreuzzug am Ende der ersten Buchhälfte korellieren mit einem Bericht über einen weiteren Kreuzzug am Ende der zweiten Buchhälfte. Und ein Kapitel mit Liedtexten im ersten Teil, ein Kapitel mit Liedtexten in der Mitte, ein Kapitel mit Liedtexten im zweiten Teil. Und Skizzen von Frauen des Mittelalters in der ersten wie in der zweiten Hälfte. Und so weiter, et cetera, ruft er mir zu. Ich könnte durchaus bei den bisherigen Methoden der Verknüpfung bleiben, aber es müßten unbedingt auch symmetrische Strukturen hinzukommen. Die Symmetrie sei das von mir gewünschte, ersehnte Modell der Synthese, der Integration! Zieh, unter diesem Zeichen, deine Kreise weit, ruft er, damit kommst du einem Albertus und einem Wolframus und einem Nithardus näher, vor allem: ihrer Zeit. Denn hier beginnt die Epoche der Summae theologicae, hier gibt es keine sich begrenzenden Zuständigkeiten auf jeweils einen Zweig einer Wissenschaft, alles hat eine gemeinsame Wurzel, und so fügt sich auch das scheinbar Heterogene, Disparate ein in die umfassende, übergreifende Symmetrie.

Und er gibt sich – das spüre ich, das überträgt sich – einen Ruck: er werde jetzt, nach dieser Anregung, wieder Albertus folgen, damit dessen Schatten sich erneut verdichte. Ich will zur Lilie greifen, aber schon ist sie weg, wie von der Steinplatte verschluckt. Die Höhen der Philosophie, ruft er lachend, aber an ihren Hängen wachsen Bauernrose wie Pfingstrose, Liebstöckel wie Selleriekraut, Gartenkerbel wie Andorn, Zitronenmelisse wie Eberraute, Betonie wie Muskateller-Salbei und, als schönste unter allen: die Lilie, die symmetrische Lilie! Schon senkt sich ein Duftblütenkelch über meinen Kopf, die Blütenblätter bedecken das Gesicht, die Schläfen, die Ohren. Eine kurze, gleichsam kopfschüttelnde Bewegung, und ich sehe wieder den Rhein, hellbraun. Die Schieferwerke Bacharach mahlen mit gleichmäßigem Geräusch Schiefermehl; die Fähre Pfalzgrafenstein überquert den Fluß unterhalb der Kilometerzahl 546; das kleine, stark angerostete Motorgüterschiff Korsika, das Schrott transportiert, verliert ein langsames Rennen gegen Tonny aus Rotterdam, das mit verdeckter Ladung fährt; zwei Kampfhubschrauber fliegen das Tal aus; Züge an beiden Ufern; ein mächtiges Schubschiff hinter zwei Pontons, auf denen sieben Kohlekegel hochragen – wie ein schwarzes Modell des Siebengebirges.

78 Pseudo-Albertus: ich habe ihn nicht erfunden, er ist Realität in der Albertus-Magnus-Exegese. In der Neidhart-Philologie des vorigen Jahrhunderts wurde ein Pendant entwickelt: der Pseudo-Neidhart.
Diesem Pseudo-Neidhart schrieb man zu, was man dem ›originalen‹ Neidhart nicht zutraute, nicht zutrauen mochte. Und das waren, versteht sich, vor allem Liedstrophen, Liedtexte, in denen Sexuelles besungen wurde. In der grobianischen Androhung und Beschreibung von Gewalt wurde Neidhart offenbar ein weiter Spielraum zugestanden; in der Beschreibung erotischer und sexueller Lust jedoch versuchte man ihn durch strenge Auswahl zu domestizieren, wenigstens nachträglich. Besonders rigoros hat der Philologe Moriz Haupt aussortiert. Er ist der eigentliche Vater des Pseudo-Neidhart. Aber auch spätere Philologen haben dem Pseudo-Neidhart, diesem finsteren literarischen Schatten Neidharts, viel zugeschrieben.
Eine Unterscheidung zwischen ›echten‹ und ›unechten‹ Neidhart-Liedern gab es in den ersten Jahrhunderten der Neidhart-Überlieferung nicht. Erst von der Mitte des vorigen Jahrhunderts an be-

stimmte sie den Kanon der Neidhart-Überlieferung, bis hin zur heutigen Ausgabe der Altdeutschen Textbibliothek, die vor allem in Universitäten benutzt wird. Der Pseudo-Neidhart erweist sich hier als Neidharts Sündenbock, und der wurde in die Wüste hinausgetrieben – die der philologischen Nichtbeachtung. Es gibt einige gute und sehr gute Liedtexte, deren Transkriptionen etwa ein Jahrhundert lang nicht mehr im Druck erschienen, bis endlich Ingrid Bennewitz-Behr die große Berliner Neidhart-Sammelhandschrift edierte.

Es zeigt sich auch hier: die Aufteilung in Neidhart-Texte und Pseudo-Neidhart-Texte erscheint auf der Grundlage von Textkriterien kaum plausibel. Die Kriterien müssen also außerliterarisch gewesen sein, das heißt hier: moralisch – so etwas ›gehört sich nicht‹, wenigstens nicht in einem literarischen Text, dies darf, dies kann also nicht von Neidhart stammen. Aber was hatte unser Nationalheiligtum Goethe an erotischen Texten geschrieben?! Und wie hat Rilke den Phallus umdichtet?! Für spielerische Ausweitungen der Artikulation im sexuellen Lustbereich hatten Philologen offenbar wenig Verständnis, das scheint sich heute zu ändern. Und das macht uns offen für einen Neidhart, der sich nicht auf literarisch drapierte Maienspielchen einengen ließ, sondern auch direkten sprachlichen Zugriff suchte in der Beschreibung des Erotischen. Solche Texte lassen sich nicht einfach als Fälschungen abtun.

Es ist im Mittelalter viel gefälscht worden in den Skriptorien, vor allem, wenn es darum ging, angebliche Besitzansprüche, Einkünfte, Privilegien sicherzustellen, literarische Fälschungen aber dürften äußerst unwahrscheinlich sein.

Folgerung: das Phantom Pseudo-Neidhart wird in diesem Buch nicht mehr auftauchen.

79 Und hier der zweite Teil meiner Neidhart-Anthologie. Auch diesmal stelle ich als erstes ein Frühlingslied vor. Der obligatorische Streit zwischen Mutter und Tochter wird hier nicht direkt ausgetragen, es wird über ihn berichtet, im Rückblick.

> Weit umher wächst Freude, Lust heran!
> Seit der Zeit des Königs Karl habt ihr
> den Vogelsang

246

nie so schön wie jetzt gehört – dies überall!
Ganz vergessen
ist nun wieder aller Kummer.

»Fröhlich lärmt die Vogelwelt,
tanzen kann ich wieder nicht«,
rief Wendelmut,
»Strümpfe, Hut und Schleier
hat die Mutter
weggesperrt, um mich zu ärgern.«

»Sag, was hast du denn verbrochen?!«
»Richhild, bei Gott, ich weiß es nicht,
wofür ich büße.
Einem edlen Junggesellen
versprach ich mich –
dafür wurde ich bestraft.

Der kam daher und wollte mich zur Frau –
schon rissen sie das Kleidchen mir vom Leib.
Ha, da wird er
weißgott auf mich verzichten müssen,
der Bauernkerl.
Ah, der ist Luft für mich!

Wenn er da meint, ich läge traut daheim,
befaßte mich mit seinem Dingelchen –
lieber werfe ich
auf der Straße meinen Ball
zu dem vom Reuental.
Der paßt genau zu mir!«

Und gleich noch einmal ein Streit zwischen einer Mutter und einer
Tochter – diesmal unmittelbar ausgetragen.

»Der Mai läßt viele Herzen höher schlagen«,
rief ein Mädchen, »er beweist uns,
was seine süße Wonne schafft:
den schwarzen Dorn bekleidet er mit weißen Blüten.
Was sich der Winter unterworfen hat,
das will der Mai verjüngen.«

Das kriegte eine alte Frau gleich mit.
»Wie schön werd ich mich machen für den Mai,
heuer mehr denn je zuvor.
Da ich höre, daß man sich verjüngen kann,
wird mir wohl zumut wie nie zuvor.
Gott mache an mir alles gut.«

Die Tochter rief: »Was ich nur wieder hören muß!
Mütterlein, wenn Ihr Euch nicht blamieren wollt,
so befolgt hier meinen Rat:
es gehört sich nicht für alte Weiber,
daß sie über alle Stränge schlagen.
Kommt doch endlich zu Verstand.«

Die Mutter sprach: »Ihr redet dummes Zeug!
Ich bin zwar alt, doch habe ich viel Geld.
Und käm ein junger Mann zu mir,
der mich nächtens rüttelt wie die Tür, die klemmt,
daß in meinem Mund die Zähne klappern,
der wäre seine Armut quitt.«

»Gott ist mein Zeuge«, rief die Tochter aus,
»er könnt genauso einen faulen Esel schinden!
Wer bei Euch schlafen muß, des Nachts,
der kriegt zuviel von Eurem Husten, Schnaufen.
Bei Gott, so nehmt die Sache ernst –
schlagt Euch doch sowas aus dem Kopf.«

Die Alte drauf: »Was redet Ihr, Frau Tochter?!
Nehmt zur Kenntnis, daß ein wahrer Könner
auf alten Fiedeln herrlich spielt!
Meine Fiedel leih ich einem jungen Mann,
der gut im Reien tanzen kann.
Der rüttelt mich dann richtig durch.«

»Welche Badestube wird so lau beheizt?
Bevor ein Mann von Herzen hitzig wird,
setze man ihn unter Dampf!
Bei gutem Scheitholz und bei schlechtem Herd
wird er vom Heizen kaum befriedigt werden.
Mütterlein, Ihr werft Euch weg!

Vergeßt nicht, was Ihr Vater einst verspracht:
kein zweiter Mann! Nun kommt Ihr davon ab.«
»Ich tat das bloß aus diesem Grund:
falls er genest, behandelt er mich darauf besser.
Nun ist er tot. Er kann mir nichts befehlen.
Ich will mich meines Lebens freuen.«

Die Tochter: »Soll Euch doch der Teufel holen!
Mannstoll seid Ihr und habt keine Zähne,
Eure Wangen voller Runzeln –
ich weiß genau, was ich hier sage!«
Sie schlug die Alte, daß sie humpeln mußte.
Die Junge sprang im Reien mit...

Auch in diesem Kapitel ein erotischer Liedtext, den man früher
als »unecht« bezeichnet hätte.

Ich gebe niemals auf,
bis sie mir gehört,
die sich Diemel nennt.
Zu ihr hab ich Vertrauen.
Es mög ihr nicht mißfallen,
daß ich sie stets umwarb.
Übereilen muß sie nichts:
an ihre Weide grenzt mein Feld.
Eckemann verprügelt Eckemam –
beiden wird der Mund so rot.

Mit meinem ganzen Herzen
bin ich ihr zugeneigt.
Ich wähnte mich am Ziel,
da fragte sie nach dem Besitz.
»Was ich Euch zu bieten habe,
ist nicht mehr als dies:
nur Reuental ist mein,
das brachte meine Mutter ein.
Herrin, das will ich Euch schänkenschönken.«
»Herr, ich kann darauf verzächtenzöchten.«

Ich habe mich aus freien Stücken
ganz in ihren Dienst gestellt –

und an ihr entdeckte ich
einen roten Gürtel!
Jeder Wink, den ich ihr gebe,
macht sie wütend über mich.
Gläsern ist die Schnalle,
kupfern ist der Dorn.
Ich seh es wohl: es war ein schmaler Gürtel.
Der Ritter brachte ihn aus Wien.

Ich bin ihr nachgeschlichen
an den Waldesrand.
Groß war ihre Lust
mit dem schönen Ritter.
Ich kam an diese Stelle –
das stimmte mich nicht froh!
Es ging dort alles rasch,
er warf sie auf das Kreuz
schob sogleich in ihre weißen Händchen
etwas, das man Pümmelpömmel nennt.

Als sie diesen Pümmelpömmel
in die Hand genommen hatte,
schob sie ihn an ihren Schoß
und er stieß ihn durch den Pelz.
»Rühr dich tüchtig mit dem Hünterhöntern,
daß der Pümmelpömmel nicht erschlafft!
Ei der Daus, wer kommt denn da?!«

Ein ›typisches‹ Winterlied nun, einer der Texte mit historischer
Langzeitwirkung: das Sänger-Ich wird von Bauern geärgert und
malt sich Rache aus. Dies ist freilich nur *ein* Aspekt des Liedtextes.
In der ersten Strophe wird das Muster höfischer Liebe reproduziert, verknappt bis zur Andeutung: die Frau der oberen Gesell-
schaftsschicht als Herrin; der Mann zur ihr aufblickend, ihr
gehorchend; seine Liebe als Liebesdienst, in der Hoffnung auf Erfüllung – die liegt aber außerhalb der Liedtexte, die das Minne-
sang-Muster erfüllen, denn hier herrscht Sublimierung vor. Und
die ist, so wird das jedenfalls dargestellt, unbekannt bei den Bauern: die greifen sofort zu, reißen an sich, nehmen in Besitz – erst
Gegenstände, die jungen Frauen gehören, dann sie selbst. In diesem Liedtext gleich zwei räuberische Übergriffe.

Der Spiegel, der Friederun geraubt worden ist: ein häufig wieder-
kehrendes Motiv in Neidharts Dichtungen, eine Art Komplex.
Dieser Spiegelraub wird nie detailliert geschildert, aber wiederholt
wird auf ihn angespielt: ein grober Bauer reißt der Friederun, einer
Freundin oder Geliebten des Sänger-Ichs, einen Spiegel vom Gürtel. Dieser Spiegel wird doppelt interpretiert: als Gebrauchsge-
genstand, der bezeichnend ist für die höhere Welt des Adels, und
als sexuelles Symbol – so etwas wie der Spiegel der Jungfräulich-
keit. Was hier auch geschah: es war ein Eingriff, ein Übergriff, und
das nicht nur von einem Mann an einer Frau, sondern: von einem
Angehörigen der Unterschicht der ›göttlich gewollten‹ Stän-
deordnung an einer Person, die einem Repräsentanten der Oberschicht nahestand.
So zeigt sich auch in diesem Liedtext, daß Neidhart sehr artifiziell
geschrieben hat: Liedtexte mit wahrhaft doppeltem Boden! Dieses
Lied setzt ein auf der Ebene hochstilisierten, ritualisierten gesellschaftlichen Benehmens, es wird fortgesetzt auf der Ebene (kari-
kierter) bäuerlicher Rüpelei.

Stumm geworden ist nun alles Vogelsingen,
der böse Winter hat den Sommer fortgejagt.
Viele Herzen sind drum ohne Schwung und Lust,
überall verebbt das Hochgefühl.
Nur *ich* hab meine Lebensfreude nicht verloren,
weil die Allerschönste mir dies untersagte.
Ihr Befehl
wird von mir befolgt, solang ich lebe.
Meine Freunde, wünscht mir denn mit Gottes Hilfe,
daß sie mir Erfüllung meiner Liebe schenkt.

Niemand frage mich nach meinem grauen Haar!
Ah, ich hab mir eingebildet, künftig hätt ich Ruhe
vor den Bauerngigerln – doch sie denken gar nicht dran!
Reichlich Ärger bringen sie mir ein,
sie haben nichts im Kopf als meine Dame.
Brächte man die vor das Hofgericht, mir wär es recht.
Eisenbrecht
und Goschel, weit bekannt als Bauerndeppen,
laufend fügen sie mir Unrecht zu.
Wie verlor denn ihren Spiegel Friederun?!

So hat auch meine Dame ihren Ring verloren,
als sie in dem Reien tanzte, bei der schrägen Polonaise.
Gegen ihren Willen riß man ihn von ihrer weißen Hand.
Sie hat wohl Grund genug, dem aus dem Weg zu gehen,
der ihn ihr frech entrissen hat.
Möge dieser blöde Hund das einmal büßen!
Mir tuts leid,
daß er diese Chance fand, bei ihr.
Ach, der Ring, den hätte sie verschmerzt,
hätte er ihr nicht die Hand verstaucht!

Wir wollen jetzt nicht weiter davon reden –
in die Stube gehn wir nun! Im Hohen Haus
kommt zum Tanz viel junges Volk zusammen.
Zwei der Tölpel (solln zum Teufel gehn!)
tragen enge Jacken, wie am Hof so Mode;
österreichisch ist das Tuch. Wer nimmts mit denen auf?
Schön verziert
waren ihr Gürtel mit Metallbeschlägen.
Eitel reckten sie die Hälse
bei dem Tanz – ich habe mich geschämt.

Ganz besonders ärgert mich an Brinewart,
daß er zu den beiden üblen Burschen hält.
Soviel Frechheit und auch Arroganz –
ich verlier fast den Verstand!
Wär mein Zorn nicht größer als mein Anstand,
hätten sie das büßen müssen!
Alle drei
sind außer Rand und Band!
Herrgott, schaff sie mir vom Hals.
Vor allem fuchst mich Engelmar.

Die mir meine Wiese niedertrampeln wollen –
völlig kleinlaut sind sie nun geworden,
tun grad so, als wäre alles längst verloren.
Sie schwangen einst die Büttelschwerter hoch –
heute tragen alle Hirtenstecken.
Hübsche Hüte früher – Haargestruwwel jetzt.
Ja so ›gut‹
soll es allen einmal gehen, überall!

Salzsack drauf! Das wird sie mir schon beugen!
Und ich hab mei Ruh im Reuental.

Und wieder ein lyrischer Frühling: ein zartes Zwischenspiel. Ich
überspringe die ersten vier Strophen der hier überlieferten Fassung, danach erst beleben sich Szene und Sprache, in schlank wie-
gendem Rhythmus.

Der Tau: er fällt auf der Wiese
in die Augen der Blumen.
Ihr jungen Mädchen, gesellt euch, seid glücklich!
Putzt euch heraus, doch wahrt dann die Form.
Ihr jungen Frauen,
beginnt mit dem Reien,
denn es wird Mai.

»Mein Herz: es liebte den mehr
als alle die Männer«,
rief Wendelmut, Mädchen mit Anstand,
»der mich von meinen Fesseln befreite.
An seiner Hand
tanzte ich denn,
daß sein Herz höherspränge!

Mein Haar: ich werd es mit Seide
durchflechten zum Reien,
wie er das will, der immer schon wünscht,
daß ich nach Reuental komme.
Winterkahlheit
ist vorbei.
Ich liebe: das steht nunmal fest.«

Noch einmal der Spiegelraub, mit neuen Details – freilich nicht
zum Ablauf des Raubs, sondern zum geraubten (nun überhaupt
nicht mehr allegorischen oder symbolischen) Spiegel.

Die Linden möchten ihre Wipfel
mit frischen Blättern schmücken;
das macht die Nachtigallen munter,
sie singen schönen Lobgesang:

Melodien, einzigartig,
reiche Klänge.
Sie freun sich, daß der Mai erscheint,
das ist Musik in ihren Herzen.

Alles meint, daß dieser Winter
heuer lang gedauert habe,
doch nun ist das Grasland blumenbunt –
die reinste Augenweide!
Rosen in dem offnen Land –
weil sie schön sind,
hab ich einen Kranz von ihnen
Friederun geschenkt.

Die Vögel in dem Walde
zwitschern ganz betörend schön.
Ihr Hübschen: auf ein Neues! Freut euch
dieser guten Botschaft!
Was viele Herzen schwer gemacht,
verflüchtigt sich.
Geht auf meinen Vorschlag ein:
streift die schönen Kleider über.

Schnürt euch an den Hüften eng,
legt den Hals- und Kopfputz ab:
auf der Wiese schwingen wir das Tanzbein!
Friederun: wie eine Puppe
tanzte sie im Faltenkleid
in der Schar.
Ganz verstohlen schaute
Engelmar von drüben zu.

Als sich die Verliebten
gleich zu gleich gesellten,
hätte ich den Reien singen sollen.
Doch ich war an jenem Tag
nicht eingestimmt auf diese
Jahreszeit,
in der die Sommerlust
so viele Herzen glücklich macht.

Sie bestehen darauf, daß ich singe.
Ich muß ein Haus versorgen –
das raubt mir meine Lust zu singen,
   oft schon morgens.
Was, bitte, soll ich tun?
Auf den Engelmar
bin ich bös,
weil er Friederun
den Spiegel von der Seite riß.

Der Bruder seiner Tante
hätte ihr sowas erspart!
Ständig schlägt er über alle Stränge.
Er ist ein Bayerndepp.
Mit dem reichen jungen Bauern
quält er sie.
Doch: sie hat noch einen Freund,
der dies nicht länger dulden will!

Grad aus diesem Grunde will sie
der Engelmar vergraulen.
Er spielt den Gemsbock unter jungen Mädchen.
In diesem Bauernland
ist er beim Feiertanz der
Oberhopser.
Beim Reientanz der jungen Leute
macht er häufig Übergriffe.

Eine kleine Puppenwiege
nahm er ihr, nur so zum Spaß.
Das hätten wir verkraftet. Doch: den Spiegel
(er war aus Elfenbein,
kostbar, fein geschnitzt)
hat er ihr
weggenommen, mit Gewalt.
Das raubte mir die Lebensfreude.

Bitte, nehmt es mir so ab:
ich erzähl nicht gern davon.
Aus Ypern kam die Spiegelschnur,
es war ein schönes Band;

Tierfiguren waren
untendran,
aus rotem Gold geformt.
Kein Unglück traf mich je so schwer.

Und nun ein erotisches Sommerlied. Es variiert das Muster: alte
Frauen leben auf. Dabei zeigt Neidhart: die Lebenslust, ja Lebens-
gier dieser alten Frauen durchbricht Regeln und Gesetze der bäuerlichen Gemeinschaft: die beiden wild tanzenden Frauen zer-
trampeln jenseits der Festwiese wertvolles Futtergras, und keiner
weist sie zurecht.

Winter –
mach dich schleunigst auf den Weg!
Der Sommer, der ist angekommen,
hat uns die Nachtigall gebracht, ihr Singen.
Er ist milder –
hau ab, du bist ein wahrer Schandfleck!
Ich hörte schon, dir geht es schlecht!
Er hat uns viele Liebesfreuden zugedacht.
Als der liebe Sommer Abschied nahm
und keiner für die Nachtigallen sorgte –
der Dieb, der Vogelfänger,
auch deshalb haß ich ihn:
gebraten hat er viele Nachtigallen!

Es wird Mai,
der Wald ist wunderschön belaubt.
Früher war er abgerissen,
nun trägt er wieder seine Kleider.
Ihr da, tanzt
auf der (vorher kalten) Wiese;
dort steht nun grünes Gras –
so hübsch hat sie der liebe Mai bekleidet.
Schönre Augenweide sah ich nie,
seit man vorges Jahr die Veilchen, Rosen pflückte.
Da sangen sie denn gleich,
die Vöglein in dem Walde.
Lindenbaum: in deinem Kleid ist ihnen wohl.

Lautstark –
ja, so rief da eine alte Frau:
»Wo sind meine Töchter?!
Sie dürfen nicht zum Reien hüpfen!
Liebste, bringe
sie jetzt alle drei hierher!
Der Winter hat sie angeschmiert!
So werde ich alleine dorthin gehn!
Wenn ich mich verspäte, das wär schlimm.
Mich reißt es mächtig zu der Linde hin,
wo die jungen Leute
mit höfischem plaisir
voller Anstand fröhlich sind.«

Eifrig
nahm sie Dame Jutta an der Hand,
sie eilten auf das Feld.
Sie rief: »Ich werde heuer tüchtig hüpfen!«
In einem Schutztuch
lag bisher ihr Festkleid...
So gings im Trab, im Paßgang hin –
wer könnte ihr schon folgen, wär sie jung!
Ihr Saumbesatz war wirklich schön gekräuselt.
Die Wiese war sehr bald schon überfüllt.
Sie tanzten, taten dabei so,
als wäre alles ihr Besitz;
doch soll sie keiner deshalb kritisieren.

Hilde –
hoch schwang sie ihr Bein!
Herrlich sah sie aus!
Sprang noch höher als die Hirschkuh!
Für Hilde
war der Liebeskummer nun vorbei.
Es war dort eine weite Weide,
auf ihr wachsen Blumen, groß und klein –
»Dorthin laßt uns den Reien tanzen!« rief sie aus,
»das tu ich – selbst, wenn Strafe droht!
Ich pflück dort einen Kranz,
den trage ich zum Tanz.
Ich freu mich, Sommer, daß du wieder hier bist.«

Mit Recht
war dieser Vogelfänger
böse, weil Herr Olkertill
an der Seite seiner Mizzi tanzte.
Es fiel ihm schwer,
sich mit Diensten einzuschmeicheln,
ihm reichte *dies* schon längst:
daß er ihre edle Hand gepackt.
Er trug den Köder, sie das Spaltholz.
Ihr Tanz glich einer Raserei.
Ich schätze, daß er ihr zuliebe
in das Spaltholz, ins besagte,
seinen roten Vogel schob.

Zum Abschluß dieses Kapitels ein Abgesang, ein halber – Widerruf und zugleich Widerruf des Widerrufs, es geht weiter. In den ersten Strophen dieses Liedes ein Balance-Akt: Neidhart singt von einer Dame der Gesellschaft, einer Herrin, der er dient, nicht länger aber dienen will – diese Herrin ist zugleich (das wird in der Parallel-Überlieferung deutlicher) Frau Welt. Und der Herr, dem Neidhart dienen will, ist hier nicht der Landesherr, sondern unüberhörbar Gott. Dennoch führt dieser Liedtext nicht weiter ins Religiöse, sondern, im Sprung, wieder in die (stilisierte) Bauernwelt.

Alles, was den Sommer über heiter war,
traurig wird es weil
      die lange, schwere Winterszeit beginnt.
Überall ist der Gesang der Vögelchen verstummt.
Ganz verwelkt sind alle Blumen und das Gras.
Schaut nur, wieviel kalter Reif
      dort oben auf dem Walde liegt.
Daß die grüne Wiese fahl ist: er allein ists schuld.
Allgemein wird das beklagt,
traurig stimmt es mich;
bis an meinen letzten Tag
wirds nicht anders sein.

Dauernd will sie wissen, was die Klage soll,
die ich zur Belehrung
      meinen lieben Freunden vorgetragen.

Will es euch erklären, daß ihr sagt: »Es stimmt.«
Keiner auf der Welt lebt sündenfrei,
ja, es wird auf Dauer immer schlimmer
    mit der Christenheit!
Meine Tage schwinden, kürzer wird mein Leben –
müßt ich da nicht Freude suchen,
die allein von Herzen kommt,
und ich leiste nur noch Dienst,
der für mich weit besser ist?

Wenn ich Sünder in der Reue bade,
wünscht sie, meine Herrin,
    daß ich ihren Kindern neue Lieder singe.
Wenn sie mich so zwingen will, muß ich mich verweigern.
Nie mehr wieder lade sie mich zu sich ein!
Sie benimmt sich schlecht,
    drum will ich nichts wie weg von ihr.
Ich bin fest entschlossen, meine Seele zu erretten,
die sich weit von Gott entfernte,
weil ich lose Lieder sang.
Stehe ihr der Engel bei
und beschütze sie vor Not!

Herrin ohne Ehre: was wollt Ihr denn von mir?
Laßt statt meiner tausend junge Leute
    künftig Eure Diener sein.
Ich will einem HERREN dienen, dem ich ganz gehöre,
will nicht länger Euer Diener sein.
Daß ich je, in Eurem Dienst,
    so viele wilde Tänze sprang,
ist nicht gut für meine Seele, für mein Heil.
Was am meisten meiner Seele schadet:
daß ich Euch dort nie entfloh
und mich nicht zum HERRN begab,
dessen Lohn weit schwerer wöge.

Wenn ich meinen Sinn aufs Büßen richte,
gleich kommt einer, sagt mir:
    »Bester, singt doch was!
Laßt uns mit Euch singen,
    macht, daß wir uns glücklich fühlen.

Was man jetzt so singt, ist nicht gerade gut.«
Meine Freunde sagen: »Euer Singen
    war einst weitaus besser.«
Ständig wollen sie erfahren, wo die Tölpel stecken,
die's hier früher einmal gab,
auf dem Tullner Feld.
Einen gibts noch – er trägt Sporen.
Ich berichte, wie der angibt.

Er trägt mit Recht den Namen Heckenflick.
Der und einer seiner Spezis
    mit dem Namen Hollerpilz –
solch Gespann hat früher keiner hier gesehn!
Des einen Haar ist blondgelockt, des andren hell.
Er ist noch dreister als der Kerl,
    der unsrer Friederun den Spiegel raubte,
oder jene, die in Wien einst Brustblech kauften.
Der Halsschutz dieser beiden ist
dicht bestückt mit kleinen Noppen,
doppelreihig um den Hals,
daß sie blinken, weitumher.

Ihre Hüte, Röcke, Gürtel: reichlich aufgeputzt.
Ihre Schwerter sind gleich lang,
    kniehoch ihre bunten Stiefel –
so traten sie im Sommer auf bei Kirchweihfesten.
Sie sind in ihrem Überschwang
    so voller edlem Tatendrang –
sie bilden sich wohl ein, sie kämen
    aus dem Traisen-Tal herab!
Wie konnte nur mein frohes Liebchen
    Heckenflick erlauben,
daß er an ihrer Hand den Reien sprang?
Übermütig vor plaisir
schwang er seinen Kopf zu ihr
bei der Hopserei.

80 Zwar schreibe ich ostinat »Strophe« und »Liedtext«, aber
daran könnte man sich gewöhnen, und Musik wird nicht
mehr mitgedacht in diesen Begriffen. Also ein Kapitel zur höfischen Musik des Spielmanns Neidhart von Reuental. Weil es keine
Beschreibung des musizierenden Neidhart gibt, wende ich wieder
meine Analogie-Technik an.

Gottfried von Straßburg beschreibt im Tristan-Roman fachmän-
nisch, wie der junge Tristan musiziert, und zwar auf der Harfe,
die das Standard-Instrument höfischer Sänger, höfischer Spielleute war.

> Eines Tages saß König Marke   3505
> (es war kurz nach der Essenszeit,
> wenn man Unterhaltung schätzt),
> und er lauschte wie gebannt
> dem Liede, das ein Harfner spielte;
> er war ein Meister seines Fachs,
> der beste, den man je gehört;
> dieser Mann war ein Waliser.
> Nun kam Tristan, der Parmenier,
> und setzte sich zu seinen Füßen.
> Und er folgte sehr genau
> der schönen Melodie des Liedes.
> Selbst bei Strafe seines Lebens
> hätte er nicht verbergen können,
> daß ihm hier das Herz aufging,
> daß er sehr begeistert war.
> »Meister«, rief er, »Ihr spielt gut!
> Ihr gebt die Noten richtig wieder,
> genau im Ton der Liebessehnsucht.
> Britannen haben sie gesetzt
> im Liede über Herrn Guidrun
> und die Dame, die ihn liebte.«
> Der Harfner nahm dies in sich auf,
> er hörte sich das alles an,
> als würde er kein Wort vernehmen –
> bis er das Lied vollendet hatte.
> Dann fragte er den jungen Mann:
> »Wieso weißt du, lieber Sohn,
> woher die Melodie hier stammt?
> Kennst du dich in sowas aus?«

»Großer Meister, allerdings.
Ich war in dem Fach meisterhaft,
doch ließ mein Können derart nach,
daß ich nicht vor Euch bestünde.«
»Nein, mein Freund – dort ist die Harfe!
Laß hören, wie man so etwas
in deinem Land zu spielen pflegt.«
»Ist dies, mein Meister, ein Befehl,
gebt Ihr selber die Erlaubnis,
daß ich vor Euch Harfe spiele?«
»Ja, mein Freund, so spiel schon auf!«
Als er nun die Harfe nahm,
lag sie gut in seinen Händen.
Wie ich das gelesen habe,
konnten sie nicht schöner sein:
weich und zart und schmal und lang
und so weiß wie Hermelin.
Mit ihnen spielte er sich ein,
zupfte probend viele Floskeln,
fremd und lieblich und gekonnt:
damit stimmte er sich ein
auf seine Lieder der Britannie.
Und er nahm denn seinen Schlüssel,
drehte an den Saitenstiften,
accordierte höher, tiefer –
genau, wie er das haben wollte.
Und das war ganz rasch geschehn.
Tristan, dieser neue Spielmann,
übernahm sein neues Amt
mit bestem Vorsatz, großem Schwung.
Seine ersten Probeläufe,
seine Mottos, Melodien
spielte er auf dieser Harfe
derart lieblich und so herrlich,
mit so vollem Saitenklang,
daß ein jeder zu ihm lief –
einer rief den andren hin.
Das Hofgefolge kam sehr rasch –
wobei die meisten auch noch rannten;
doch keinem schien, er käm zu früh.
Nun fing Tristan richtig an,

ließ für sie das Lied erklingen
von der äußerst stolzen Liebsten
Gralants, der ein schöner Mann war.
Er begann so zart zu spielen,
harfte derart rühmenswert
die Melodie aus der Britannie,
daß so mancher stand und saß,
seinen Namen glatt vergaß.
Die Ohren waren wie betäubt,
die Herzen wurden ganz verwirrt,
sie kamen aus dem Gleichgewicht.
Ja, er ließ die weißen Finger
gleiten über all die Saiten,
daß man ihn nur preisen konnte:
sie entfalteten die Klänge,
die den Palas ganz erfüllten.
An Augen fehlte es hier nicht:
viele starrten nur dorthin,
schauten ihm auf seine Hände.
Schließlich war das Lied beendet.
Der edle König ließ ihn bitten,
noch ein weiteres zu spielen.
»Avec plaisir!«, so sagte Tristan.
Mit vollen Griffen spielte er
noch eine Liebes-Melodie
de Tisbé, la courtoise,
aus dem alten Babylon.
Die harfte er so wunderschön
und ward den Noten so gerecht
(wie es den wahren Meister zeigt),
daß der Harfner ganz frappiert war.
Wo es jeweils passend schien,
ließ der virtuose Könner
auf betörend schöne Weise
Strophen des Chansons einfließen.
Er sang die Melodie des Liedes
auf Britannisch und Walisisch,
auf Französisch, in Latein
mit einer solchen Lieblichkeit,
daß nicht zu entscheiden war,
was von beidem schöner sei,

was noch mehr Applaus verdiente:
sein Gesang, sein Harfenspiel.
Als dann Tristan dieses Lied
in seinem Stil verklingen ließ,
sagte Marke: »Tristan, komm!
Der dich so etwas gelehrt,
der sei damit vor Gott geehrt,
und du mit ihm. Das ist perfekt!
Deine Lieder würd ich gerne
an so manchem Abend hören,
wenn du noch nicht schlafen kannst.
Du würdest mich und dich erfreuen.«
»Ja, Herr, gerne!« »Spielst du noch
ein andres Saiteninstrument?«
»Nein, Herr«, sprach er. »Wirklich nicht?
Ich stell dir diese Frage, Tristan,
weil ich dich von Herzen liebe.«
»Herr«, so sagte Tristan gleich,
»daß Ihr mit solchem Nachdruck mahnt,
ist nicht nötig, denn ich sag es,
weil ich Antwort schuldig bin
und weil Ihr das wissen wollt.
Herr, ich habe jede Art
von Saitenspiel mit Fleiß erlernt,
doch keins beherrsche ich so gut,
daß ich es nicht gern steigern würde.
Denn: ich habe diese Kunst
für kurze Zeit nur ausgeübt,
ich tat es nicht mal sieben Jahre,
dies mit Unterbrechungen –
falsch, es war noch etwas länger.
Ich lernte von Parmeniern
die Fiedel streichen, Leier drehn;
das Spiel der Harfe, Harfenzither
brachten mir zwei Meister bei,
Waliser, aus dem Lande Wales;
und mich lehrten zwei Britannen
(beide kamen sie aus London)
Leier und Sambuca spielen.«
»Sambuca?! Lieber Mann, was ist das?«
»Mein liebstes Saiteninstrument!«

»Seht nur«, rief das Hofgefolge,
»Gott hat diesem jungen Mann
für sein Leben voller Glück
mit Gnadengaben reich beschenkt!«
Marke fragte ihn noch weiter:
»Tristan, eben sangst du hier
auf Britannisch und Walisisch,
lingua latina und français –
kennst du denn die Sprachen?« »Ja, Herr,
ziemlich gut.« Da drängte sich
jedermann vom Hof heran.
»Hört!« rief dieser, »hört!« rief jener,
»alle Welt, sie höre her:
ein junger Mann von vierzehn Jahren
ist in jeder Kunst vollendet!«

Nicht nur junge Männer zeigten technische Perfektion und Vielseitigkeit – Gottfried von Straßburg erzählt auch, wie die schöne
Isolde musiziert.

Die schöne, herrliche Isolde   8054
sie dichtete, las vor und sang,
und was hier jeden glücklich stimmte,
das war für sie Divertimento.
Sie fiedelte die Estampien,
Lieder, fremden Melodien
(sie konnten kaum noch fremder sein)
in der Weise der Français
von San Zé und Saint Denis –
sie kannte unvergleichlich viele.
Ihre Leier, ihre Harfe
zupfte sie auf beiden Seiten
mit Händen weiß wie Hermelin –
es verdiente höchstes Lob.
In London oder an der Themse
spielten Damenhände nie
auf Saiten lieblicher als hier
la belle, la douce Isolde.
Sie sang hier ihre Pastourellen,
Kehrreimlieder und Rondeaux,
Canzonen und Capriccios
so schön, so schön, betörend schön.

Aus diesen Beschreibungen lassen sich charakteristische Details der musikalischen Praxis zu Beginn des 13. Jahrhunderts ablesen – ich hebe sie hervor.

Musik, höfische Musik, wurde nicht in andächtiger Stille gehört, sondern mit allerlei Begleitgeräusch. Daß ein vorbildlich erzogener junger Mann wie Tristan während der Aufführung einer Liedkomposition eine Zwischenfrage stellt, eine Anmerkung macht, dies ist keine Entgleisung, kein Sonderfall, hier zeigt sich wohl Typisches. Der Musiker ist allerdings so konzentriert bei seiner Improvisation, daß er die Antwort aufspart. Deshalb ist es aber nicht still um ihn her: wer herangelaufen kam, um diesen Meister zu hören, der ruft andere herbei, ruft also vielleicht vom Saal in den Flur hinaus oder zur Wendeltreppe. Also: wahrscheinlich ein hoher Geräuschpegel während der Aufführung – man legte sich der Musik zuliebe kaum Zurückhaltung auf. Die Schlußfolgerung: wenn das Hof-Publikum schon bei einer hochhöfischen Präsentation Zwischenfragen stellte, wenn es umherlief, herumrief, was mag da erst los gewesen sein, wenn Neidhart aufspielte?!

Was sich an Gottfrieds Beschreibung weiter ablesen und zwischen den Zeilen mitlesen läßt: Musiker spielten sich improvisierend ein, vor allem, wenn sie ein fremdes Instrument übernahmen. Um hier einen Begriff aus Beethovens Zeit zu übertragen: man phantasierte. Dann wurde nachgestimmt, und es begann der eigentliche Liedvortrag mit instrumentalem Vorspiel, es folgte die erste Strophe, dann offenbar ein instrumentales Zwischenspiel, die zweite Strophe und so weiter, bis zum Nachspiel. Bei den Tanzliedern Neidharts läßt sich vorstellen, daß die instrumentalen Zwischenspiele sich ausdehnten, wenn die Musiker sich warmgespielt hatten, wenn das Publikum aus sich herausging.

Nebenbei verrät Gottfrieds Text: Anerkennung von handwerklichem Können; Bewunderung für Virtuosität; Sensorium für die Sinnlichkeit von Musik; starke emotionale Resonanz; Lust, sich betören zu lassen.

Und: Faszination durch Fachwörter, die besondere Kenntnisse vermuten lassen. Eine Sambjut, eine Sambuca, davon hat an König Markes Hof noch keiner etwas gehört oder gesehen, und Tristan genießt den Überraschungseffekt. Im Fachkommentar, den ich für die Übertragung heranzog, zeigt sich: Tristan blufft, doch sein Ansehen wächst.

Bei aller Stilisierung, ja Idealisierung, lassen sich, mit Blick auf Neidhart, verschiedene Rückschlüsse ziehen. Zuerst: musikalische Darbietungen fanden nach dem Essen, und das heißt: nach dem Mittagessen statt. Das wird auch durch andere Texte belegt. Freilich wurde auch abends musiziert, gesungen.

Weiter: selbst eine höfische Idealfigur (oder eine so höfisch idealisierte Figur) wie Tristan wird, ohne jede ironische Distanz, als Spielmann bezeichnet, in dieser Situation. Das war also nicht ehrenrührig, war nicht unter der Würde eines courtoisen jungen Herrn.

Weiter: das Publikum war – von Musik noch nicht übersättigt – dankbar und begeisterungsfähig. Man hatte Ohren, Augen, ein offenes Herz für Musiker mit großem Können, für Virtuosen. Doch Gottfried betont in seinem Roman: Musik muß auch »senelîche« sein, muß den Ton der Liebessehnsucht, ja der erotischen Lust haben.

Als selbstverständlich vorausgesetzt wird in diesem epischen Bericht auch: ein Musiker beherrscht mehrere Instrumente, zumindest einer Gattung; bei Tristan sind es Saiteninstrumente.

Weiter: man begleitete sich selbst beim Singen. Es gab nur in ersten Ausnahmen die spätere Arbeitsteilung zwischen Sängern und Instrumentalisten. Vielseitigkeit gehörte zum Ideal: Texte in verschiedenen Sprachen singen, womöglich von diversen Instrumenten begleitet!

All diese hochgesetzten Erwartungen wurden von Tristan erfüllt – und das im Alter von vierzehn Jahren! Angesichts solch einer Altersangabe können Textverwalter nur milde lächeln: dies ist selbstverständlich keine reale Zahlenangabe, dies ist eine symbolische Zahl, die verdoppelte Sieben, mit dieser heiligen Zahl werden bekanntlich seit der Antike die Lebensstufen errechnet. Aber mit solch einer Zahl ist es wie mit dem »Reuental«: hier sind Symbol *und* Realität. Oder: hier ist symbolisch überhöhte Realität. Oder: Realität ist hier mit einem literarischen Muster, einer Figuration, einem Topos verschmolzen.

Die Realität heute: bei musikalischen Wettbewerben, beispielsweise der Arbeitsgemeinschaft deutscher Rundfunkanstalten, scheint es fast normal zu sein, daß Zwölfjährige, Dreizehnjährige, Vierzehnjährige eine fast perfekte Technik beherrschen, in verschiedenen Instrumentensparten. Und es werden schwierige und schwierigste Kompositionen interpretiert. Es ist also auch heute möglich: daß ein vierzehnjähriger Musiker kaum technische Probleme zu haben scheint. Hier ist die Voraussetzung zur Meisterschaft.

Virtuosität und Vielseitigkeit waren also gefragt. So boten fahrende Dichter, Sänger, Spielleute oft ein breites Programm an. Wie solche Vielseitigkeit die Erwartungen des Publikums prägen, wie die Gefahr des Beliebigen, des Diffusen, der schieren Zerstreuung entstehen konnte, das beschreibt ein Dichter und Komponist, der eine Generation nach Neidhart lebte, »Der Marner«. Vielleicht hatte schon Neidhart ähnliche Erfahrungen gemacht.

Sing ich vor den Leuten meine Lieder,
so hätt der erste gerne dies:
wie Herr Dietrich floh, aus Bern;
der zweite: wo herrscht König Rother;
der dritte wünscht den Reussenkampf,
der vierte: Eckehards Leid und Tod,
der fünfte: wer war Kriemhilds Opfer;
der sechste hörte lieber dies:
wie's dem Volk der Wilzen geht;
der siebte möchte irgendwas
vom Kampf des Heime oder Wittich,
vom Tod des Siegfried oder Ecke;
der achte aber will nur eines:
Minnesang im Stil des Hofes;
den neunten langweilt all dies sehr;
der zehnte weiß nicht, was er will –
mal dies, mal das und wieder dies,
mal hü, mal hott, mal hott, mal hü.
Zu all dem hätte mancher gerne
das vom Nibelungenhort;
wer nur ans eine denkt, ans Gold,
dem ist mein Wort kein Heller wert.
So dringt mein Lied in Ohren ein:
wie weiches Blei in Marmorstein.

81 Musik des Neidhart von Reuental: einige Hinweise zur Überlieferung, zur Wiedergabe in Konzerten, auf Tonträgern.

Melodien zu Liedern Neidharts, zu Neidhart-Liedern, sind erstmalig überliefert in der großen Papierhandschrift aus der zweiten Hälfte des 15. Jahrhunderts. In den gut zwei Jahrhunderten nach Neidharts Tod dürften sie zurechtgesungen worden sein, und das bedeutet vor allem: sie wurden vereinfacht. Ungefähr so, wie ein Stein in der Brandung glattgeschliffen, kleingeschliffen wird. Dennoch, ein paar Rückschlüsse dürften sich ziehen lassen auf Charakteristika seiner Musik. Joachim Bumke faßt Ergebnisse der Musikforschung zusammen: »Kurze musikalische Einheiten, häufige Wiederholungen, das Fehlen von Melismen und eine durähnliche Tonalität.« Ich füge zur weiteren Charakterisierung hinzu: der Tonumfang dieser Musik ist gering – alles spielte sich innerhalb einer Oktave ab. Das war für Neidharts Zeit so üblich in der weltlichen Musik, und erst recht in der geistlichen – bis auf die Kompositionen der Hildegard von Bingen. Heutige Sänger dagegen haben durchweg einen Tonumfang von zwei bis drei Oktaven. Nach modernem Standard wurde damaligen Sängern also nicht viel abverlangt. Und: die Melodieführung ist relativ einfach bei Neidhart oder: bei den mit Neidhart-Liedern koordinierten Noten (die sogenannten Hufnägel).

Hier muß noch angemerkt werden: in mittelalterlichen Aufzeichnungen sind nicht, wie in heutigen Partituren, die Noten mit Silben koordiniert, sondern: erst wird die Melodielinie notiert, ohne Schlüssel, ohne Taktstriche, dann der Text. Man muß also Noten und Silben nachträglich koordinieren. Das führt bei Neidhart-Liedern kaum noch zu grundsätzlichen Problemen. Zu erörtern bleiben Einzelfragen der Agogik, der Phrasierung, der Akzentuierung, der Tempi.

Und: der Begleitung der Singstimme durch Instrumente. Notiert ist ja nur die Melodie des monodischen, des einstimmigen Gesangs – auch nicht der geringste Hinweis zur Begleitung! Auch daraus läßt sich schließen: sie war freigestellt, sie wurde improvisiert. Heutige Musiker begleiten die Singstimmen so, wie sie nach ihrer Vorstellung damals begleitet worden sein könnten.

Daß sich ihre Instrumente nicht als ›Originalinstrumente‹ bezeichnen lassen, habe ich bereits betont: sie wurden nachgebaut, zum Teil nach Abbildungen. Aber: eine Schoßharfe, die heutige celtic harp – sollte sie so sehr verschieden, ja grundsätzlich verschieden geklungen haben zu einer Schoßharfe in Neidharts Zeit? Und die Fiedel: klang eine heutige (eventuell mit Stahlsaiten bezogene Fiedel) völlig anders als eine damalige Fiedel? Zumindest waren die technischen Erschwernisse größer. Die Darmsaiten werden auch für Neidhart ein ständiges Problem gewesen sein: »die stimmungslabile Bespannung mit Darmsaiten fördert Unsauberkeiten«, lese ich in einer Konzertbesprechung, und das dürfte auch damals zugetroffen haben. Und schlimmer: der Kollege Tanhuser stellt es als normal dar, daß beim Fiedeln Saiten reißen, vor allem, wenn zum Tanz aufgespielt wird. Bei dieser Gelegenheit muß man sich fragen, was man von einer Fiedel beim Tanz überhaupt hörte: ihr dünner Klang. Und bei der Fiedel war es wie bei der Singstimme: der Tonumfang war gering. Die Hälse der Instrumente waren kürzer, man konnte den Fingersatz meist nur in einer einzigen Grundhaltung variieren, und das bei der oft – für heutige Augen – merkwürdigen Position, in der man dieses Instrument hielt: es wurde ja nicht auf der Schulter aufgelegt, an den Hals herangeschoben, es wurde waagrecht vor die Brust gehängt, oder auf den Oberschenkeln aufgesetzt wie eine Gambe. Zudem wurde vielfach der dünn bespannte Bogen im Faustgriff geführt wie der Bogen eines heutigen Kontrabasses. Es muß also doch unterschiedlich geklungen haben, was man früher auf einer Fiedel spielte und was man heute auf einer Fiedel spielt.

Dazu kam der durchschnittliche Zustand eines Instruments. Beispielsweise die Harfe: auch hier rissen immer wieder die dünnen Darmsaiten – es wird oft vorgekommen sein, daß Neidhart nicht auf allen Saiten seiner Schoßharfe spielen konnte. Und die Rahmen dieser Instrumente waren ebenfalls anfällig, allein schon durch die großen Temperaturunterschiede im Laufe eines Reisejahres: eine Harfe wurde, wie schon entworfen, in einem Lederfutteral auf dem Rücken transportiert, und das im kältesten Winter wie im heißesten Sommer. Dazu kam die Feuchtigkeit im Saal: Feuchtigkeit der Mauern, Transpiration, und so arbeitete das Holz, es gab Risse, der Schallkörper mußte schon mal mit ausrangierten Saiten zusammengezurrt werden. Und immer wieder mußte solch ein Instrument nachgestimmt werden: die Stimmwirbel saßen noch nicht so fest in ihrer Fassung wie heutige Metallwirbel, und so war viel Knarren und Knarzen beim Nachspannen zu hören – und sicher auch mancher Fluch.

Schon diese wenigen Punkte zeigen: der ›authentische‹ Klang von Neidhart-Liedern wird sich nicht rekonstruieren lassen. Was wir als Musik des Mittelalters hören, sind Phantasien heutiger Musiker darüber, wie Musik des Mittelalters geklungen haben könnte.

82 Musik des Neidhart von Reuental, begleitet von Instrumenten, die rekonstruiert wurden nach Bild-Vorlagen des Mittelalters: einige grundsätzliche Überlegungen zu unserem Umgang mit Historie.

Diese musikwissenschaftlich ernsthafte und musikalisch lustvolle Rekonstruktion ist etwas Neues – vor unserem Jahrhundert ist man mit Musik der Vergangenheit entschieden selbstbewußter umgegangen. Das hatte unter anderem zur Folge: für die Musik des Neidhart von Reuental hat man sich überhaupt nicht interessiert, Jahrhunderte blieben seine Melodien (oder die ihm zugeschriebenen, zugeordneten Melodien) unbeachtet, unentdeckt. Und selbst wenn man die Hufnagel-Zeichen schon in Noten übertragen hätte: man hätte im vorigen Jahrhundert nicht das geringste Interesse daran gehabt, Neidharts Musik so aufzuführen, wie sie eventuell oder wahrscheinlich oder ziemlich wahrscheinlich aufgeführt worden ist, Jahrhunderte zuvor, man hätte seine Musik mit völliger Selbstverständlichkeit bearbeitet. Erst in der Präsentation durch ein Kammermusik-Ensemble (etwa in der klassischen Klaviertrio-Besetzung) hätte man solche Musik den Zeitgenossen zugemutet oder, noch besser: in einem prächtigen sinfonischen Klanggewand. Und sehr wahrscheinlich wäre man nicht beim Instrumentieren geblieben, man hätte die überlieferten Melodien bearbeitet. Ich weise hin auf die großartige Metamorphose des Winterliedes des Minnesängers Kraft von Toggenburg im zweiten Satz der fis-moll-Klaviersonate des jungen Brahms. Musik der Vergangenheit: sie wurde nur aufgeführt, nachdem man sich diese Musik angeeignet, ja an-verwandelt hatte. Kein Musiker, kein Ensemble wäre also auf den Gedanken gekommen, Lieder eines Neidhart zu begleiten mit einer Schoßharfe oder einer Drehleier oder einer Fiedel oder einer Flöte oder einem Krummhorn oder womöglich einem Rankett, dem Wurstfagott – in diesen Instrumenten, wenn auch nach alten Abbildungen neu gebaut, hätte man nichts als Gerümpel gesehen, auf das sich kein Berufsmusiker eingelassen hätte. Warum die Entwicklungen rückgängig machen, hätte man gefragt. Aus der Fiedel mit ihrem dünnen Klang, ihren geringen Modulationsfähigkeiten, ist die Geige geworden; aus der klappenlosen Holz-Querflöte die Böhmsche Querflöte; aus der ventillosen Busine wurde die Fanfare oder Trompete; und welche unüberhörbaren Veränderungen, Verbesserungen bei den Tasteninstrumenten! Also, ganz selbstverständlich: Wir, Musiker des neunzehnten Jahrhunderts, bearbeiten, wenn überhaupt, Melodien jenes Neidhart, führen diese Bearbeitungen ganz selbstverständlich mit den Instrumenten auf, die sich bewährt haben, spielen dabei so, wie wir es gewohnt sind, es ist schließlich unsere Musik für unsere Zeit.

Wir dagegen, in den achtziger Jahren des zwanzigsten Jahrhunderts, wollen Musik, beispielsweise eines Neidhart, so hören, als hätte es zwischen Neidhart und uns keinen Bach und keinen Händel gegeben, keinen Haydn und keinen Beethoven, keinen Brahms und keinen Bruckner, wir überspringen Zwischen-Vergangenheiten, um uns auf eine sehr ferne Epoche einzulassen, uns in einige ihrer musikalischen Zeugnisse einhörend.

Um dieses merkwürdige, historisch neuartige Verhalten noch zu akzentuieren, weise ich hin auf Architektur. Beispielsweise eine Kirche aus der Zeit Neidharts oder Wolframs: in den Jahrhunderten, in denen diese Kirche weiter benutzt wurde, war es selbstverständlich, daß sie mehrfach umgebaut wurde, im Stil der jeweiligen Zeit. Das heißt also: soweit es möglich war, statisch und finanziell, wurden romanische Bauelemente durch gotische Bauformen ersetzt; nach weiteren Jahrhunderten mußte die ›finstere‹ und ›altmodische‹ Kirche aufgehellt werden, die allzu kargen Formen mußten weiß beschäumt werden, mit Gipsstuck, die Fenster mußten erweitert werden oder in der Zahl vergrößert – und konsequent so weiter.

Diese Andeutungen zeigen schon Grundsätzliches: der beste Baustil schien der jeweils zeitgenössische Baustil zu sein – Gotik ist schöner als Romanik, Barock ist schöner als Gotik. Aber nun ist diese jahrhundertlange Unbefangenheit nicht mehr akzeptabel, Innenarchitekten und Restauratoren versuchen, die jeweilige Zwischen-Geschichte ungeschehen zu machen, Stilmerkmale der eigenen Zeit zurückzudrängen (was den meisten ohnehin nicht schwer fällt), und man versucht, Kirchen des Mittelalters so zu restaurieren, wie sie den Intentionen ihrer Baumeister entsprochen haben könnten. Also werden – in einigen Fällen – Bauelemente der Renaissance oder des Barock wieder herausgenommen, sofern sie nicht ihrerseits kunsthistorische Bedeutung gewonnen haben. Nichts soll unseren Sichtkontakt zu jener sehr fernen Zeit stören, nichts soll sich kulissenhaft zwischenschieben. Wir scheinen hungrig zu sein nach Ursprünglichem oder dem, was uns ursprünglich erscheint.

Das ist besonders evident beim Umgang von Restauratoren mit Fresken. In der Königshalle von Lorsch zeigt sich, daß man ungeniert ein paar Figuren zu den überlieferten Figuren hinzumalte, damit die Wand nicht so leer blieb, und den Musikantinnen malte man gleich noch riesige Engelsflügel an die Schultern. Heute wird versucht, die originale Bemalung freizulegen – ich habe im Limburger Dom einem Restaurator zugesehen, der mit einer Nagelbürste an einer Säule arbeitete, im Licht eines Scheinwerfers, um unsichtbar gewordenes wieder sichtbar zu machen. Nichts verändern, nichts hinzufügen, nur: freilegen. Und höchstens, dies aber ganz behutsam: die Konturen des Freigelegten betonen (die heute selbstverständliche »Strichtechnik«), die Farben nachtönen. Aber kein Übermalen mehr!

Noch im vorigen Jahrhundert wäre das abstrus erschienen – selbstverständlich muß man solche Fresken übermalen, hätte es geheißen, sonst wären sie Kunstkennern, Kunstfreunden nicht mehr zumutbar, unzureichend wie diese Bilder nun einmal sind in ihrer Malweise, und unvollständig noch dazu!

Es zeigt sich: wir wollen nach Möglichkeit unsichtbar werden, wo wir Vergangenes sichtbar machen, wollen möglichst leise, fast unhörbar werden, wo wir Vergangenes hörbar machen. Ich bin auch in dieser Hinsicht Sohn meiner Zeit: ich finde das richtig so. Aber mit Seitenblicken versuche ich zugleich, das Besondere der Situation, der Position bewußt zu machen, die ja nicht nur für mich allein bezeichnend ist. Neidhartlieder, aufgeführt von einem Klaviertrio oder einem Streichquartett oder einem Bläser-Quintett, das würde heute ›falsch‹ klingen; in der Zeit hingegen, in der man Neidhart wiederentdeckte, Mitte vorigen Jahrhunderts, wäre so etwas völlig selbstverständlich erschienen.

Können wir daraus schließen, daß Menschen dieser Jahrzehnte besonders feinhörig, feinfühlig, feinsinnig sind im Umgang mit Zeugen der Vergangenheit? Das schon, aber: so behutsam wir historische Materialien behandeln – im Umgang mit der Natur zeigen wir eine Rigorosität und Rigidität, die keine Generation vor uns gekannt hat. Unter dem Vorwand der Flurbereinigung wurden ganze Landschaften umgemodelt: Hohlwege zugeschüttet, Bäche verrohrt, Hügelkonturen verändert (in Weinbaugebieten), dazu die rücksichtslosen Linienführungen im Dienste der Maschinen – nein, wir sind nicht ängstlicher geworden als unsere Vorfahren oder Altvordern, auch wir setzen uns entschieden in Szene, nur hat sich der Schauplatz verlagert. In Kirchen legen wir alte Malereien vorsichtig frei, versuchen, sie von allen späteren Zutaten, womöglich Verfälschungen zu befreien, die Natur aber übermalen, verfälschen wir in dicken, tristen Farben, deren chemische Ausdünstungen sich nicht verflüchtigen wollen.

83 Hier, im numerischen Mittelpunkt der Kapitelfolge dieses Buches, setze ich eine Textmarkierung mit einem Fremdkörper. Er ist 76 Zentimeter hoch, besteht aus Lindenholz, zu einer Figur geschnitzt, die abschließend bemalt wurde: die buddhistische Kultfigur des Jizô, in Neidharts Zeit hergestellt in einem Land, das es im damaligen Bewußtsein eines Europäers gar nicht gab: Japan.

Diese Statue blieb fast ein dreiviertel Jahrtausend lang verschlossen – seit dem Jahrzehnt von Neidharts Tod bis in die Zeit, in der ich lebe, arbeite, auch an dieser Trilogie. Erst im Mai 1983, als man in Köln begann, diese Tempelstatue zu restaurieren, entdeckte man, daß sich der Kopf ablösen ließ und daß die ausgehöhlte Figur gefüllt war mit Weihegaben: Figuren, Votivdrucke, Schriften.

Gern wäre ich dabei gewesen, als die Restauratorin die eisernen Haltestifte entfernte, als der Kopf abgehoben, die reiche Füllung entdeckt wurde: ein Aufschrei? Und alle Mitarbeiter des Museums für Ostasiatische Kunst eilten zusammen? Beinah acht Jahrhunderte lang hat niemand auf der Welt, nicht einmal im Ostasiatischen Museum, von diesen Schriften im Innern der Holzstatue gewußt, die nun eine Figur ist mit dem Bauch voller Wörter. Ich bringe diese Figur für uns zum Sprechen mit der kleinen Monographie, die Goepper publiziert hat: Wörter für das Fremde an der Grenze der Welt, in der Neidhart lebte, für das Fremde jenseits seiner Welt.

Im Kopf der Jizô-Statue des Bildhauers Kôen waren zwei Bronzefiguren, feuervergoldet, etwa zehn Zentimeter hoch: stehende Buddha-Figuren auf »zartblättrigen Lotossockeln«. Beide Figuren sind Kopien von Statuen des neunten Jahrhunderts. Sichtbare Tradition oder: ein »fast zeitloser Stil für Votivfiguren«. Auf beiden Figürchen eine »dünne, lackartig wirkende rote Substanz, die an manchen Stellen tropfenartig zusammengelaufen war«: Blut, wie eine Laboruntersuchung bewies, Blut, das ein japanischer Priester seinem Körper entnahm und auf diese Figur strich, um »eine enge magisch-religiöse Verbindung« herzustellen. Lackhart gewordenes Blut eines Zeitgenossens Neidharts...

Eine dritte Figur lag gleich in der Halsöffnung: ein nur etwas mehr als vier Zentimeter großes, bunt bemaltes Holzfigürchen – die »Seele des Jizô«. Fast ebenso klein: ein zugeschnürtes Seidensäckchen, das bei der Untersuchung nicht geöffnet wurde – die Seide ist zu brüchig geworden. Aber auch Pietät hält es verschlossen. Denn in diesem Beutelchen ist eine »korngroße« Reliquie, vielleicht ein Knochensplitter oder das Stück eines Zahns eines heiligen Mannes. Ich lese, der Reliquienkult habe damals in Japan eine große Rolle gespielt – wie im mittelalterlichen Europa. Überraschende Gemeinsamkeit in zwei diametral voneinander entfernten Welten, im Bereich der Antipoden.

Was man weiter in dieser Statue fand: etwa 6000 Votivdrucke. Sie sind in der Sondervitrine des Ostasiatischen Museums wie kleine Spielkarten gestapelt: Devotionalien, Amulette, Bitten um Wiedergeburt. Aber weitaus wichtiger sind die dreizehn kleinen Textrollen aus dem Bauch dieser Figur. Auf einer dieser Papier-Schriftrollen die Stiftungsurkunde, der »Text der Weihung«. Die wichtigsten Abschnitte wurden übersetzt, ich zitiere den Anfang, damit Fremdes nicht bloß erwähnt bleibt.

»Saishin, Oberpriester des Tempels Jizô-in in der Gegend von Fukakusa in der Provinz Yamashiro im Großen Japanischen Reich auf dem Weltkontinent Jambudvîpa hat für die Reinigung aller Lebewesen in den Sechs Formen der Existenz und zum Nutzen jeglicher nur möglichen Art in der Sphäre des Absoluten das Große Gelübde kundgetan, ehrfurchtsvoll dieses Bild des Jizô-bosatsu in der Größe von 2 shaku und 5 son herstellen und aufrichten zu lassen. Dieses Bildwerk wurde ehrfurchtsvoll als Kopie nach einem Standbild gemacht, das seinerseits ehrfurchtsvoll von dem sôzu Sentoku Genshin aus dem Ryôgon-in am Tendai-Berg gestiftet worden war... Als jenes von dem Dharma-Meister Vollkommener Weisheit hergestellte Bildwerk in einen Brand geriet, ist es nicht verbrannt, sondern auf unerklärliche Weise gerettet worden. Wenn ein von einem buddhistischen Priester hergestelltes Bild unter den Lebewesen im Höllenfeuer die gleichen Eigenschaften haben sollte, dann möge auch dieses hier ihm gleichkommen im vollkommenen Erreichen religiöser Tugenden und positiver Wurzeln.«

Die Urkunde ist datiert; die Jahreszahl der zyklischen Zeitrechnung, übertragen in unser Zeitsystem: 1249. Also kurz nach Neidharts Tod. Und weil Veränderungen äußerst langsam waren auch im Mittelalter der japanischen Inseln: Figur und Figürchen, Votivdrucke und Schriftrollen entsprechen den Figuren und Figürchen, Votivdrucken und Schriftrollen, wie sie während Neidharts Lebenszeit in Japan produziert und reproduziert wurden.

Die Holzstatue enthielt noch eine besondere Kostbarkeit: ein Buch, in schmalem Hochformat, ein Leporello-Druck. Schwarzweiße Holzschnitte, die Schriftzeichen gedruckt. Das bedeutet: man hatte mehrere tausend verschiedene Schriftzeichen aus Holz geschnitten und in einer Art Stempeldruck verwendet. Es gibt in diesem Buch sogar einen Druckvermerk: es wurde in China hergestellt, im Süd-Song-Reich, in der Hauptstadt Lin'an-fu, bei der Zhong-an-Brücke. Der Zeitpunkt ist nicht so exakt angegeben, doch der Zeitraum liegt fest: dieses Buch wurde hergestellt Ende des 12. oder zu Beginn des 13. Jahrhunderts. Also zu Neidharts und Wolframs Zeit. Damals wurden in China wie in Japan Texte aber auch weiterhin geschrieben, langsam, geduldig wie in europäischen Skriptorien. Fremde Wörter: rokudô, hokkai, dai-seigan, gyôzô, shaku, butsu-shari, shûbutsu…

Und all diese geschriebenen und gedruckten Wörter und Texte sollen japanische Hände nun wieder in die Lindenholzstatue des Kôen schieben, und ringsum werden Buch, Schriftrollen, Figuren gesichert mit hereingepreßten Packen von Votivdrucken, und die Lagen werden mit »Bambussplinten im Inneren der Figur fest verpflockt«, und das winzige Holzfigürchen wird in die Halsöffnung gelegt, und der Kopf wird aufgesetzt, mit eisernen Haltestiften befestigt, und die Figur wird mit dünnem Stoff grundiert, darauf kommt eine Mischung aus Mehl und Lack, darauf wiederum eine dünne Lackschicht, dann die Kreide, dann die Farben – und diese Figur, 76 Zentimeter hoch, bleibt stumm über die Jahrhunderte hinweg, die mich von Neidhart trennen.

84 Jedesmal, wenn ich auf der Autobahn von Frankfurt nach Köln fuhr, sah ich links unten im Tal den Limburger Dom und rechts hinaus, mit raschem Seitenblick, die Stiftskirche von Dietkirchen, und bei jeder dieser Fahrten das kleine Gelöbnis, bei nächster Gelegenheit abzubiegen nach Limburg und bei übernächster Gelegenheit nach Dietkirchen. Und, nach einem Abstecher in die Stadt Limburg wird, was ich mir für die Zukunft vorgenommen hatte, Gegenwart in Dietkirchen. Ich betrachte die doppeltürmige, steingraue Kirche erst einmal von unten, vom Ufer der Nahe aus, an der ich entlangspaziere: dort oben hat diese Kirche schon zu Neidharts Zeit gestanden, mit den selben Konturen, und kein Hochwasser erreichte sie, so weit es sich auch ausbreiten mochte in der Ebene, nach Limburg hin, mit dem Dom ebenfalls auf steilem Felssporn. Ich gehe auf dem ehemaligen Treidelpfad zurück zum Dorf mit der doppeltürmigen Kirche; das von Schilf und Gebüsch begleitete Flüßchen, braun, und Zeit wird in dem fast stehenden Gewässer erst sichtbar, wenn ich mich auf die dem Stillstand angenäherte Langsamkeit der Bewegung einlasse, die von gelegentlichen Blättern, von Samenflocken angedeutet wird und von drei leitmotivischen Blüten einer Lilie, einer Bauernrose, einer Zitronenmelisse. Ich sitze reglos, bis ich Blüten, Blätter, Flocken nicht mehr sehe, schaue dann erst wieder hoch zur doppeltürmigen Kirche, steige vom Dorf aus die Stufen hinauf, gehe durch den kleinen Friedhof, stehe vor der Stiftskirche, am Nordtor, das ich im Limburger Domführer bereits auf ganzseitiger Abbildung gesehen habe: zweiflügelige Türe mit Bändern aus Eisen, mit Eisenbandmustern vom Beginn des dreizehnten Jahrhunderts – parallel die Eisenbänder, die dem massiven Eichenholz zusätzliche Festigkeit geben in voller Breite, und die Eisenbänder weiten sich vor den Torangeln zu Eisenhalbkreisen, und unregelmäßig zwischen den Eisenbändern verteilt Eisenschnörkel, die dem schweren Tor spielerisch wirkende Leichtigkeit verleihen: einer sieht aus wie eine Krake, einer wie ein doppelter Scherengriff, einer wie eine Schlange.

Ich stehe, kauere vor dieser Türe. Trotz meiner jahrelangen Versuche, mir Vergangenheit des Mittelalters zu vergegenwärtigen, möglichst anschaulich: diese Vergangenheit ist nicht in meinem Besitz, steht mir nicht zur Verfügung, ich muß mich in immer neuen Ansätzen in das Mittelalter zurückarbeiten, zurückdenken, zurückversetzen, und dazu brauche ich Hilfen: beispielsweise Zeitmarkierungen. Und die zweite Zeitmarkierung, zu der ich zurückkehren werde, ist diese Stiftskirche, ist die Eingangstüre an der Nordseite, eine Türe, durch die man schon zu Neidharts Zeit diese Kirche betrat. Ich stehe, hocke, stehe. Denkfiguren auf die beiden Türflügel projiziert, Denkmuster und Denkschnörkel. Und Assoziationen durchdringen, diffundieren das Holz: es atmet, weil ich atme. Es hat geatmet, als ich noch lange nicht atmete. Wird es noch lange atmen, wenn ich nicht mehr atme? Atmen, vor dieser reglos abweisenden oder abweisend reglosen Holzfläche mit ihren Eisenbändern, Eisenschnörkeln, ihrem Eisenkrikel, Eisenkrakel. Sich bewegen vor dem reglosen Holz? Kauernd sehe ich mich tanzen vor dieser Kirchentüre, stehe auf, um mich deutlicher tanzen zu sehen, deute die Tanzbewegungen an, weil keiner mich sieht: der rechte Arm hochgeworfen, über den Kopf, die linke Hand in die Hüfte gestützt, das rechte Bein hochgewinkelt – jähe, in sich erstarrende Bewegung. Und ich kauere wieder hin, lasse die Eisenschnörkel tanzen auf der Holzfläche.

Als ich zum zweitenmal nach Dietkirchen fahre, auf die Kirche zugehe, bin ich fast enttäuscht: der linke Türflügel steht offen. Soll ich ihn zumachen, an diesem warmen Sommertag, und ich stehe, kaure wieder vor dieser Holzfläche mit den Eisenbändern, Eisenschnörkeln? Ich schaue den geschlossenen Türflügel an, gehe in die Kirche, setze mich in die vorletzte Reihe, gleich vorn an der Kante, sehe so den offenen Türflügel, schaue hinaus zu einigen Grabsteinen und Blumen vor der Friedhofsmauer, schaue in Baumgrün, schaue in die strohfarbene Ebene der meist schon abgeernteten Getreidefelder. Die Türbeschläge, auch die Oberflächenstruktur des sehr alten Holzes sehe ich im Seitenlicht plastisch hervorgehoben. Und wenn ich mich nach rechts beuge auf der Bank, blicke ich in das Kirchenschiff, in den Chorraum. Und wieder: die Eisenbänder, die beiden Eisenhalbkreise an den Befestigungen der Türangeln, die unregelmäßig verteilten Eisenschnörkel: Kringelschrift, Krakelschrift, geheime Notationen. Ich denke zurück an den Zeitpunkt, der vor der Kirchtüre Gegenwart war, einige Monate zurückliegende Gegenwart, und die Gegenwart damals und die Gegenwart jetzt verbunden durch kontinuierliche Arbeit an diesem Buch. Wenn ich ein drittes Mal nach Dietkirchen käme, so könnte ich auf diesen Zeitpunkt zurückblicken, an dem ich auf den Zeitpunkt meines ersten Besuchs in Dietkirchen zurückblicke: Ansatz zur Zeitachse, auf der ich mich zurückdenke, zurückversetze in Neidharts Jahrzehnte, in denen sich diese Kirchentüre schon längst in ihren Angeln drehte. Reglos

sitze ich auf der Bank: das frühromanische Kirchenschiff, der Tür-
flügelausschnitt des Sommerbildes: etwas Windbewegung in den
Blättern, die strohhellen Flächen, ein Motorrad, das hochtourig
durch die Landschaft tost, rasch wieder weg ist – die kleine Kiel-
welle, die es durch mein Bewußtsein zog, sie schwingt aus. Blick
in das Kirchenschiff, Blick auf die Felderfläche, Doppelblick, der
ständige Doppelblick. Und zugleich diese Doppelung des Diet-
kircher Zeitpunkts, eines Punktes der Gegenwart und der verge-
genwärtigten Vergangenheit, meiner Vergangenheit damals in
Dietkirchen, wo ich jetzt bin, wo ich bald gewesen sein werde.

85 Die Situation, in der ich dieses, auch dieses Buch schreibe,
wird mir noch deutlicher bewußt in einem Bild, das ich mir
nicht ausmale. Eine öffentliche Veranstaltung, Vortrag über Töp-
ferwaren und Pilgerhörner des Mittelalters, hergestellt hier in
Langerwehe vor Düren. Ich verdrücke mich, mache einen Spaziergang zum Kirchhügel dieses großen Dorfs, dieser kleinen
Stadt, gehe auf den Friedhof des Kirchhügels, schreite in der Mittelachse der Anlage auf den massigen, völlig finsteren Bau der alten Kirche zu, an diesem Dezemberabend. Bauzeuge aus Neidharts Epoche. Ringsumher Grableuchten in der Friedhofsdunkel-
heit, die von Neonstreulicht, fernem Flutlicht so weit aufgehellt
wird, daß ich Konturen von Grabsteinen sehe. In den Ästen faucht
und tost der Sturm, aber die Stundenlichter brennen ruhig in den
Gefäßen, die rot getönt oder gelb eingetrübt sind. Ich gehe näher
auf die Kirche zu, die ein paar Stufen tiefer liegt: der massige
Turm, der schon gestanden hat, zumindest mit einem Teil seines
Mauerwerks, als Neidhart dichtete, reiste, sang. Diese Kirche ist
geschlossen, längst schon: zur Jahrhundertwende wurde unten im
Dorf eine Kirche gebaut in rotem Klinker, Neogotik – ich sehe sie
nicht vom Kirchhügel herab, sehe aber, ein paar Kilometer weiter,
in der Ebene die Kühltürme, den Gebäudeblock, die kurzen
Schlote des Kraftwerks Weisweiler, ein mit Braunkohle beheiztes
Kraftwerk, einer der sieben großen »Energieblocks«, die man bei
klarem Wetter von den Flanken, von den Kuppen der ersten Eifel-
hänge aus abzählen kann. Dampf quillt aus den Kühltürmen, stru-
delt waagrecht davon, gelb beleuchtet von Natriumdampfstrah-
lern. Und wieder: die Grableuchten. Und wieder: der massige
Turm, aus Neidharts Zeit hereinragend in meine Gegenwart.

Und, weiter draußen: rasch bewegte Scheinwerfer, rasch bewegte Rücklichter auf der Autobahn, unablässiges Hin und Her, die rote Lichterkette Richtung Köln. Der massige schwarze Turm. Ich gehe zur Ostmauer des Friedhofs, nähere mich dem Flutlicht. Auf einem der Gräber ein großes Holzkreuz, auf den Armen steht: Gott rief Mutter und 8 Kinder. Die Namen der acht Kinder gereiht auf dem Kreuzstamm. Der Vater wohl an einer der zurückweichenden, ständig verkürzten Fronten oder schon tot, die Amerikaner längst im benachbarten Hürtgenwald, in die Ebene hinausschießend mit schwerer Artillerie, die Familie im Haus oder im Keller, eine Granate wird eingeschlagen sein. Kleines Requiem, mehr als vier Jahrzehnte später. Ich gehe weiter: eine Toröffnung in der Friedhofsmauer. Auf dem Fußballfeld findet unter zwei Flutlichtstrahlern ein Übungsspiel statt an diesem Freitagabend: eine der beiden Jugendmannschaften hat gelbe Sweatshirts, T-Shirts, Unterhemden über die Trainingsanzüge gestreift. Matschfläche; Platschen und Schliddern; Zurufe in rheinischen Kehllauten: Hubbäät! Jupp! Hee! Maach! Ich gehe wieder auf den Turm zu, der schon zu Neidharts Zeit aufragte in diesem Ort: die Kugeltöpfe, die Keramik-Pilgerhörner. Rasch bewegte Lichter, weiß und rot, auf der Autobahn. Der natriumgelbe Kühlturmdampf, herausquellend, herausquellend, waagrecht weggestrudelt. Die rauschenden, zuweilen fauchenden Äste der alten Bäume. Das Flutlicht, die Rufe. Die Grableuchten. Der nachtschwarze Kirchturm, Kirchbau. Die Mittelachse des Friedhofs auf dem Langerweher Kirchhügel, der schiffsförmig in das große Dorf, in die kleine Stadt hineinragt. Atlantikwind, Atlantiksturmböen. Und schwarz, massig die alte Kirche: Bauzeuge aus Neidharts Zeit, in meiner Zeit.

86 Bei der Arbeit an diesem Buch habe ich es zuweilen mit Strophen zu tun, denen es ergangen ist wie einer alten Statue: ein Stück Nase bröckelt ab, eine Wange wird tiefer ausgehöhlt, Steingrind oder Stein gewordener Schaum bildet sich in einem Augenwinkel, Stein blättert ab von einer Unterlippe, Falten eines Gewandes werden stumpf.

Bis wilkumen sumer weter suzze
. . . .

Seiner kelten mag vns wol genugen
. . . .
. . . . komen muß
dein zeit das ich do gange
nach wasser mit den krugen
Newe krenczel seyden reysen
(   )
Spring ich den rayen leyse
nach der achsel noten weis
trit ich nach der geigen gar geswinde

Angesichts dieser ersten, lädierten Strophe des Liedes »Der wai-
bell« sage ich mir: eigentlich müßte ich Beschädigung, Zerstörung, Verfall in dieses Buch mit hereinnehmen, nicht nur in dieser
Strophe, auch in meinen Übertragungen. Sie sollen Liedtexte
frisch erscheinen lassen wie neu freigelegte Fresken; damit wird
jedoch Einwirkung von Zeit aufgehoben. Zum Ausgleich müßte
ich Verfall sichtbar machen, modellhaft, an der einen und anderen
Übertragung, indem ich Zeilen wie in einer Transkription ersetze
durch gereihte Punkte . . . .
. . . .
und indem ich Buchstabenlücken

auf Buchdruckpapier, das sich (dafür wird weltweit gesorgt!) einmal auflösen

87 Weiter im Text!
Was für Neidharts Lieder charakteristisch ist, wird noch
deutlicher durch Vergleiche. Sie zeigen, wo sich Neidhart als
Dichter abhebt von dichtenden Zeitgenossen und wiederum: wo
es Gemeinsamkeiten gibt, gemeinsame Vorlieben. Nun werde ich
nicht literaturwissenschaftlich grundsätzlich und vollständig sein
im Vergleichen, ich lege nur jeweils drei Analogietexte vor zu den
Stichworten »Bauerntanz« und »Erotik«. Selbstverständlich haben Vorlieben diese kleine Auswahl bestimmt – nicht literarische
Pflichterfüllung, die mich zum Übersetzen zwang, das würde man
den Übertragungen anmerken. Eine kleine Zusatz-Anthologie,
mehr nicht, aber sie kann uns helfen, Neidharts literarische Position deutlicher zu sehen.

Den ersten Liedtext, den ich vorstelle, hat Burchard von Hohenfels verfaßt: er ist urkundlich nachgewiesen zwischen den Jahren
1216 und 1228, ist also ein Zeitgenosse Neidharts, vielleicht ein
paar Jahre jünger, möglicherweise auch schon von Neidhart be-
einflußt, zumindest im folgenden Liedtext: eine Dorfszene wie in
Neidharts Liedern, aber in einem tänzerisch leichten Metrum, wie
man es bei Neidhart kaum findet.

Winter und Stuben, sie seien willkommen!
Los, junge Leute, jetzt geht es zum Tanz!
Wenn ihr mir folgt,
werden wir flirten und blinzeln und zwinkern,
wie Liebe das will,

munter uns drehen, recht dicht beieinander!
Fehlen die Flöten, so singen wir halt!
Schürzt doch das Kleid!
Werden dann wirbeln und schieben und ziehen:
ein zünftiger Tanz!

Keiner hier soll auf Vergnügen verzichten,
jedermann wähle ein Liebchen sich aus!
Ah, tut das gut!
Wenn sie mal stolpert: ein Griff um die Taille!
Das kitzelt die Sinne.

Niemand hier soll sich der Liebe entziehen:
wer sie verneint, den packt sie erst recht!
Wahre Verliebtheit
mag sich verstecken – sie lockt und sie bannt
die Gedanken des Freundes.

Freude sei Schutz vor allem, was schlimm ist.
Nur immer heran, das Gefieder gespreizt!
Bloß nicht zu wild!
Laßt die flirtenden Blicke nur schweifen –
das reizt gleich den Spalt.

Und hier noch einmal der Tanhuser mit einer Sequenz aus einem
Leich. Diese literarische Form läßt sich, in den verschiedenen me-
trischen Formen ihrer Abschnitte, am ehesten mit einer Tanzsuite

vergleichen. Bei dieser Struktur ist es leicht, eine Textphase herauszulösen. Der Tanz, von dem gesungen wird, er wird immer stärker gegenwärtig, wird schließlich – in scheinbarer Improvisation – völlig präsent.

Auf gehts, Geliebte, nun tanz schon mit mir!
Ich hätte so gerne, wir würden ein Pärchen...
Ihr nach, der Geliebten, der Schönen, der Guten!
Was mich belastet – sie macht es mir leichter.

Wo stecken denn Jute und Lose?
Hier tanzen ja Metze und Rose!
Wo stecken nur Riche und Tütel?
Hier tanzen ja Bele und Gütel!

Schön unterm Kranz
wiegend im Tanz –
keine Frau sah besser aus!
Nun laß dich schon lieben, Glückskind,
herrliches Geschöpf!

Ihr Mund: er strahlte wie Rubin im Sonnenglanz,
und diamantenhell ihr Hals
und tugendvoll ihr Herz.

Wo stecken die Flötisten, Harfenspieler und Trommler?
Auf zur Guten, Gutgelaunten,
sie schenkt Lust!
Wo sind nur wieder die Trompeter?

Ich sänge gern noch weiter –
doch fürchte ich zu sehr,
sie werden es mal leid,
was ich da produziere...

Jetzt ist dem Fiedler die Saite zerfetzt!
Ja, sowas passiert ihm jede Woche!

Heißa, Tanhuser,
ärger dich nicht!

Wo immer man singt
und fröhlich tanzt:
heißa huchhei!

Und noch einmal Burchard von Hohenfels, wieder mit einer
Tanzszene: eine zarte Kontrastfärbung zu Neidharts theaterko-
stümbuntem Treiben.

Als die Luft mit Sonnenfeuer
sich vermischte und vereinte,
als das Wasser eingewirkt,
lebte gleich die Erde auf!
Heimlich gab sie sich denn hin,
wurde schwanger: Freudenfrucht!
Mailuft tat das, glaubt es mir,
schaut euch selbst die Wiese an!
     Heiterkeit und Freiheit
     liegen nun der Welt zu Füßen.

Stubenhitze trieb uns raus,
Regen jagt' uns unters Dach.
Eine Alte mit Erfahrung
riet zur Scheunen-Lustbarkeit.
Aller Ärger löste sich,
Mißmut machte sich davon:
Freude hat das Leid besiegt,
als der Tanz ganz sanft begann.
     Heiterkeit und Freiheit
     liegen nun der Welt zu Füßen.

Hübsche Tanzmusik im Stadel
ließ den größten Schmerz vergessen:
tanzten langsam und im Takt.
Mancher hat denn überlegt,
was er nun am liebsten täte...
Wer das für sich sagen kann,
der erträgt die Sehnsucht leichter –
Schönes denken weckt die Lust!
     Heiterkeit und Freiheit
     liegen nun der Welt zu Füßen.

Liebesblicke, Zärtlichkeiten
gingen aus von hübschen Mädchen,
waren auch dezent beim Streicheln,
ihr Verhalten war charmant.
Ausgelassen blieben sie
stets gemäßigt, wahrten Form.
Waren alle wunderschön...
        Heiterkeit und Freiheit
        liegen nun der Welt zu Füßen.

Ah, wie sehr die Liebste strahlt!
Welch ein wunderschöner Anblick,
wenn sie sich mit Blumen schmückt!
Wer sie sieht, der wird gleich froh:
das beweisen Herzen, Augen.
Dies vor allem stimmt mich glücklich:
wie mit einem Stift aus Stahl
ist sie in mein Herz graviert.
        Heiterkeit und Freiheit
        liegen nun der Welt zu Füßen.

Zu diesem Trio von Tanzszenen nun eine erotische Triole. Gleich
als erstes ein Text, der große Entfernung zu Neidhart ablesbar
macht: ein Liedtext in der Tradition des Minnesangs, zu dem
Neidhart das Kontrastprogramm der sinnlichen Beziehung entworfen hat. Der Dichter des folgenden Liedtextes ist der große
Heinrich von Morungen, ebenfalls ein Zeitgenosse Neidharts,
aber wahrscheinlich ein, zwei Jahrzehnte älter.

Schwebeleichtes Glücksgefühl –
derart hat mein Herz das nie gespürt!
Ja, als wenn ich fliegen könnte,
kreist mein ganzes Denken nur um sie,
seit ich bei ihr Liebe fand,
die mir durch die Seele drang,
mitten in das Herz hinein.

Was ich nun an Schönem sehe,
spiegle alles Glück, das ich gefunden!
Luft und Erde, Wald und Aue –
seid Ausdruck meiner Freudenzeit!

Zuversichtlich bin ich nun,
weil ich die Erfüllung fand.
Darum bin ich so beglückt!

Ah, die wunderschöne Botschaft
klang in meinen Ohren süß,
und das liebessanfte Sehnen
war fürs Herz ein Freudenlied!
So entstand ein Glücksgefühl,
daß vor Liebe dieser Tau
mir aus meinen Augen sprang.

Preis sei dieser süßen Stunde,
Preis sei dieser Zeit, dem Jubeltag,
als ihr Mund das Wort aussprach,
das so nah an meinem Herzen war:
beinah lähmt mich diese Freude,
weiß vor lauter Liebe nicht,
was ich von ihr sagen soll.

Und wieder ein Text des Walther von der Vogelweide. Er durchbricht ebenfalls das literarische Ritual der hohen, der sublimierten
Liebe.

Lange schweigen, dies war mein Entschluß –
will nun wieder singen, wie zuvor.
Gute Freunde sind dran schuld –
könnten mehr von mir verlangen!
Werde für sie singen, dichten,
ihnen jeden Wunsch erfüllen –
dafür werden sie mir Mitleid schenken.

Hört, wie seltsam mirs ergangen war –
und ich selbst bin daran schuld!
Eine Dame irgnoriert mich völlig –
hatte sie so hochgelobt,
daß sie ihre Nase höhertrug.
Ah, sie weiß es nicht:
singe ich nicht mehr, so schrumpft ihr Ruf.

Lieber Gott, was wird sie hören müssen,
wenn ich nun mein Singen unterlasse!

Weiß es doch genau: wer sie jetzt preist,
schimpft dann auf sie – nicht meine Schuld...
Tausend Herzen schlugen höher,
als sie dies so wollte –
werden alle leiden, sage ich mich von ihr los!

Als mir schien, sie liebt mich noch –
wer hat mehr für sie getan als ich?
Damit ists vorbei. Was sie mir auch tut –
über eines sei sie sich im klaren:
wenn sie mich von dieser Qual erlöst,
wird ihr Ruf mit meinem wachsen.
Bringt sie mich um, so stirbt sie selbst.

Werde ich in ihren Diensten alt,
bleibt sie auch nicht mehr die Jüngste.
Könnte sein, mein Haar sieht einst so aus,
daß sie einen Jüngren haben möchte.
Gott mit Euch, mein junger Herr –
übt denn für mich Rache aus,
schlagt ihr altes Fell mit jungen Ruten!

Zum Abschluß ein dritter erotischer Text, diesmal wieder vom
Tannhäuser, der hier ebenfalls (wenn auch Jahre nach Neidhart)
die Konvention des hohen Minnesangs durchbricht. Die Dame
des Minnesangs trägt nie einen Namen, besitzt statt körperlicher
Schönheiten nur schöne Tugenden: der Tanhuser dagegen beschreibt lustvoll den Körper einer Frau.

Vor diesen Weihnachtstagen
sollten wir uns kräftig amüsieren –
wir hielten allzu lange still!
So folgt mir denn: ich heiz die Stimmung an!
Ich singe euch zum Tanz –
behalte sie im Auge, die Schöne mit dem Kranz.
Die rosenroten Wangen –
säh ich die auch, ich hätte Grund zum Jubeln.
Wenn sich die Schöne
beim Tanz so wiegt – da wird mir gleich ganz anders!
Wenn sie den Gürtel löst,
so fällt mir schon mal dies und jenes Hübsche ein...

Du Liebes und du Gutes –
halt ein, bleib stehn, du schöner Wonneproppen!
So hübsch sind deine Locken,
dein Mündlein rot, die Augen ganz nach Wunsch.
Und rosig deine Bäckchen,
das Hälslein weiß, und hübsch davor die Brosche.
Ein wahres Sommerpüppchen!
Dein Haar ist traumhaft blondgelockt.
Und drall sind deine Brüste.
Nun tanz noch toller, Liebes, meine Lust,
und laß die beiden sehen, Freundin,
ein bißchen, mir zuliebe: sowas macht mich scharf!

Verlacht ruhig meinen Wunsch!
Mich packts schon, wenn sich deine Zehen zeigen,
sie sind so hübsch gereiht.
Die schönsten Formen und dazu noch Liebe!
Nun tanz noch wilder, Süße!
So zartgewölbt war nie zuvor ein Fuß.
Wem sowas nicht gefällt,
der, hört nur, ist nicht recht bei Trost.
Weiß sind ihre Beinchen,
glatt die Schenkel, braungelockt die Musch,
ihr Hintern ist schön prall –
was sich ein Mann bei Frauen wünscht,
   sie hat es in Vollendung!

88 In Liedtexten Neidharts (und in denen einiger Kollegen) wiederholen sich Stichwörter zu diesem Kapitel: Sexualität im Mittelalter.
Ich intoniere mit einem Seitenthema: Nacktheit. Wir haben Enklaven gebildet, in denen akzeptiert wird, daß Menschen sich nackt aufhalten: Saunen, Badeanstalten zu bestimmten Öffnungszeiten, FKK-Strände. Eine Entwicklung, die im vorigen Jahrhundert ihren Kulminationspunkt fand (die Textildrapierungen menschlicher Körper am Strand... die knöchellangen Nachthemden für Männer und Frauen...), ist damit rückläufig, oder: ist damit zum Teil rückläufig gemacht worden.
Im Mittelalter war es offenbar ohne besondere Verabredung

selbstverständlich, daß sich Menschen nackt ihren Mitmenschen zeigten – dazu mußten sie sich keinen Überzeugungsruck geben. Man war nackt im gemeinsamen Bad, soll gelegentlich auch nackt zum Badehaus gegangen sein, zumindest bis zum Alter von etwa achtzehn, und danach hielt man es so, wie es sich gerade ergab. Üblich war im Mittelalter auch, daß man nackt ins Bett ging, mindestens zu zweit – ich erwähnte es schon. Anders formuliert: man legte sich nicht alleine in ein Bett, das separat in einem Raum stand – solch ein Raumluxus wäre unvorstellbar gewesen, sogar unter reichen Burgherren. Selbst, wenn genügend Räume vorhanden waren, man wäre gar nicht auf den Gedanken gekommen, sich zum Schlafen in ein Einzelzimmer zurückzuziehen! In einem Bett schliefen, auch in Burgen, durchweg zwei Personen: Mann und Frau; Hausherr und bevorzugter Gast; Frau und Sohn oder Tochter; war Besuch im Haus, rückte man noch enger zusammen in den Betten – sogar die Heiligen Drei Könige liegen, auf einem französischen Säulenkapitell, zu dritt im Bett, ein Mantel deckt sie zu, ein Engel steht an ihrer Seite. Norbert Elisas, *Der Prozeß der Zivilisation*: »Erst wenn man sieht, wie selbstverständlich es dem Mittelalter erschien, daß fremde Menschen, daß Kinder und Erwachsene ihr Bett miteinander teilten, kann man ermessen, welche tiefgreifenden Veränderungen der zwischenmenschlichen Beziehungen und Verhaltensweisen in unserer Lebensanordnung zum Ausdruck kommen.«

Die Schamschwellen, die Peinlichkeitsgrenzen, die heute ›natürlich‹ erscheinen, waren im Mittelalter so gut wie überhaupt nicht vorhanden. Mußte sich diese Einstellung nicht auswirken auf das sexuelle Verhalten? Zogen sich Paare zurück, wenn sie miteinander schlafen wollten? Oder taten sie es ungestört in Gegenwart von Familienmitgliedern, Gästen, Dienern? Wir werden später sehen, wie ›ungeniert‹ man sich beispielsweise beim Essen verhielt oder wie direkt sich jede Aggressivität in Aggression umsetzte: das Mittelalter als eine Zeit, in der man sich so gut wie überhaupt keinen ›Zwang antat‹, in der man jedem Affekt nachgab, ohne Bedenken, ohne Reue. »Das Affektgefüge des Menschen ist ein Ganzes«, betont Norbert Elias, und so läßt sich schwer vorstellen, daß man in jedem Lebensbereich seinen Neigungen, Affekten, Trieben nachgab, und die Sexualität freiwillig einer strengen Regulation oder Restriktion unterwarf.

Es ist hier allerdings mit Nachdruck zu fragen nach den Einwirkungen der Kirche gerade auf die Sexualität. Über Sexualität im

Hochmittelalter schreiben heißt zugleich, über die damalige Kirche schreiben. Sie hatte das öffentliche Erziehungsmonopol. Hat diese Kirche nicht die sexuelle Lust verpönt? Sexualität nur als Mittel der Fortpflanzung unter Eheleuten, und sonst macht sich schuldig, wird sündig, wer beischläft? Ist es nicht heute noch so in manchen Dörfern der Nordeifel, daß –? Bekommt man nicht heute noch im Odenwald zu hören, wie –? Aber Rückschlüsse aus heutigen fossilen Lebensformen führen nicht zu einer Antwort auf unsere Frage, wir müssen wieder Dokumente heranziehen.

Und hier läßt sich eigentlich beides belegen oder von Zitaten ableiten: die Vorstellung, daß man auch im sexuellen Verhalten noch nicht dem »Prozeß der Zivilisation« unterworfen war, sich gleichsam heidnisch unbefangen auslebte, und die Vorstellung, daß kirchliche Bevormundung und Repression sehr stark waren, so daß zumindest ansatzweise eine Kollektivneurose entstand, die starken gestischen Ausdruck suchte zwischen Tanzwut und Selbstgeißelung.

Die Frage nach der Einstellung der Kirche zur Sexualität läßt sich nicht trennen von der Frage nach der Einstellung der Kirche zur Frau. Und hier glauben wir zu wissen: die Kirche hat in Lehre und Verkündigung betont, daß die Frau in der Kirche zu schweigen hat, daß die Frau von Natur aus weniger wert ist als der Mann, daß die Frau den Mann zu Niedrigem verleitet und eins ihrer bewährtesten Mittel dazu ist ihre Geilheit, die des Teufels ist – und so weiter.

In seinem Buch über Medizin im Mittelalter legt Heinrich Schipperges Zitate vor, die solcher pauschalen Auffassung widersprechen. Ich setze mich der Herausforderung dieser Zitate aus, beziehe sie in dieses Kapitel ein. Basilius, griechischer Kirchenvater (und das Wort eines Kirchenvaters hatte Gewicht): »Die Frau besitzt nicht weniger als der Mann den Vorzug, nach Gottes Bild geschaffen zu sein. Beide Geschlechter haben dieselbe Würde, beide die gleichen Tugenden. Beiden ist dieselbe Belohnung, beiden die nämliche Auferstehung des Fleisches in Aussicht gestellt.« Und Hildegard von Bingen zur Geschlechtslust: »Daher sollst du unter dem Wollen Gottes die Geschlechtsbegierde verstehen, in der Macht Gottes des Mannes Geschlechtskraft, in der Güte Gottes, die Wollen und Können vereint, den Geschlechtsakt, der beides, Libido und Potenz, in sich trägt. Auf diese Weise wird durch den Mann aus der Frau das menschliche Geschlecht hervorgebracht.« Und sie betont, wie sehr Frau und Mann – nicht nur in der Lust – aufeinander angewiesen sind, voneinander abhängen: »Die Frau ist um des Mannes willen geschaffen, und der Mann ist für die Frau gebildet worden. Wie sich die Frau nicht vom Manne, so soll auch der Mann sich nicht von der Frau und keiner vom anderen mehr trennen. Das liegt einfach in der Einheit ihrer Naturen, da sie ja beide in einem Werke eines wirken, so wie Luft und Wind ihre Werke zusammen verrichten.« Hildegardis Bingensis ist auch davon überzeugt, daß mit der Auferstehung des Fleisches die Menschen nicht als geschlechtslose Wesen re-inkarniert werden, sondern »in sexu suo«, in ihrem Geschlecht, und das heißt wohl auch: mit ihren Geschlechtsorganen. Ja, sie betont: Auferstehung des Menschen in der Vollkommenheit seines Körpers und seines Geschlechts, in integritate et corporis et sexus sui.

Und wie war die Einstellung des Klerus zur Sexualität? Beliebt und entsprechend zahlreich waren im Mittelalter Anekdoten über Priester, die mit Frauen, mit Mädchen ihres Sprengels schliefen. Und es wurde unter Gebildeten (das hieß: unter kirchlich Gebildeten) gern diskutiert, ob der Kleriker oder der Laie der bessere Liebhaber sei. Und es gibt die lateinische Liebeslyrik des Mittelalters, ausschließlich verfaßt von Klerikern; in dieser Lyrik wurden römische Traditionen fortgesetzt: der Genuß, nicht die Entsagung wurde besungen. Die wohl berühmtesten Beispiele mittelalterlicher Liebeslieder haben in Benediktbeuren Mönche gesammelt und aufgeschrieben: die Carmina Burana.

Haben also Kleriker, Mönche, Geistliche unter sich in lateinischer Lyrik (die von der Bevölkerung nicht verstanden wurde) die sinnliche Liebe gefeiert, und nach außen hin wurde Enthaltsamkeit gepredigt, Repression ausgeübt – oder man versuchte dies zumindest? Statt hier Zitate zusammenzustellen, die eine offiziell sexualfeindliche Haltung vieler (vielleicht der meisten) Repräsentanten der römischen Kirche im Mittelalter dokumentieren (im Gegensatz zu einer Hildegard von Bingen, einem Bonaventura), bringe ich Materialien, die weniger bekannt sind: kirchliche Bußen für sexuelle Praktiken, die als Perversionen geahndet wurden.

In Bußtafeln des Frühen Mittelalters, deren Kanon jahrhundertelang als Gewohnheitsrecht fixiert blieb, wurden für sexuelle Verfehlungen Strafen angesetzt: Fastenzeiten bei Wasser und Brot, und zwar an allen kirchlichen Wochentagen. Einige Beispiele: eine Frau, die sich im Geschlechtsakt auf den Mann legt, muß vierzig Tage Buße leisten – eine Zahl, die sich in verschiedenen Quellen wiederholt. Legt sie sich notorisch im Beischlaf auf den Mann, so kann die Strafe rasch anwachsen: zu einem Jahr, sogar zu mehreren Jahren. Und hier muß ich Vergleichsziffern nennen: vorsätzlicher Mord wird in den selben Rechtsdokumenten mit fünf bis sieben Jahren Buße geahndet – bei Laien; bei Klerikern können einige Jahre dazukommen, bis zu einem Jahrzehnt. Weitere Angaben aus den Bußkatalogen. Beim Analverkehr liegt das Strafmaß in gleicher Höhe, ist zum Teil sogar höher als beim Mord. Oralverkehr: drei, fünf oder sieben Jahre, womöglich lebenslängliche Buße bei Wasser und Brot. Ebenso wurde jede Form der Verhütung bestraft. Das einfachste Mittel, der coitus interruptus, wurde nach einem Rechtsdokument mit zwei, nach einem anderen mit zehn Jahren kirchlicher Buße geahndet.

Der Interruptus übrigens als einzige Form der Verhütung, die der Mann übernahm. Sonst war auch damals die Frau dafür ›zuständig‹. Um das Jahr 1000 nennt der arabische Arzt Avicenna verschiedene Methoden der Empfängnisverhütung: Interruptus; Verhindern eines gleichzeitigen Orgasmus; die Frau soll nach dem Coitus aufstehen und mehrfach rückwärts springen, damit der Same wieder »herauskommt«; niesen; die Vagina vor und nach dem Coitus mit Zedernöl bestreichen, auch das Glied des Mannes – Bleiweiß oder Balsam sind ebenfalls geeignet; nach dem Coitus das Fruchtmark des Granatapfels mit Alaun in die Vagina einführen; empfohlen werden dazu auch Kohlblüten und Kohlblütensamen; eine andere Methode: Blätter der Trauerweide in einem Tampon aus Wolle nach der Menstruation in die Vagina einführen.

Am häufigsten wurde versucht, die Konzeption mit Kräutergetränken zu verhindern. Wurde bekannt, daß eine Frau solche Tränke bereitete und zu sich nahm oder daß sie auf andere Weise abzutreiben versuchte, so konnte die Strafe sehr hoch sein: jede potentielle Befruchtung, die verhindert wurde, galt als Mord. Zum Beleg ein Zitat aus einem der kirchlichen Bußbücher: »Wenn eine Frau Kräutergetränke getrunken hat, um nicht zu empfangen, wird sie so vieler Totschläge angeklagt werden, wie sie hätte empfangen oder gebären müssen, und soll entsprechend bestraft werden.«

Aus solchen Bußkatalogen läßt sich ebensowenig wie aus heutigen Gesetzestexten auf gesellschaftliche Realitäten rückschließen. Allerdings, wenn etwas speziell verboten oder dezidiert bestraft wurde, so beweist dies: es wurde praktiziert. Also auch der Ehebruch – als die größere Quelle der Lust galt seit jeher die nichteheliche oder außereheliche Liebschaft. Waren hier Schuldgefühle stärker, als sie es heute noch sind? Gesellschaftliche Kontrolle war damals leicht: man lebte eng beisammen, Wände zwischen Menschen waren dünn. Es kam die Angst dazu, ein uneheliches Kind zu zeugen, zu gebären – und alles wird offenkundig! Ehebruch wurde damals rigoros bestraft, vor allem bei Frauen, sie konnten an den Pranger gestellt, aus der Gemeinschaft ausgestoßen werden. Welche emotionalen Rückwirkungen hatte das auf Zeitgenossen eines Neidhart? War es so ähnlich wie später in der Prohibition: es war schwerer an Alkohol zu kommen, aber getrunken wurde trotzdem? Berthold von Regensburg klagte wiederholt, er predige tauben Ohren.

89 Hildegard von Bingen soll uns wieder einen kurzen Wegabschnitt begleiten. Sie hat viel geschrieben über Geschlechtsverkehr, sexuelle Konstitution, Geschlechtslust, männliche Sexualfunktionen, die Geschlechtstypologie des Mannes, über weibliche Sexualfunktionen, die Geschlechtstypologie der Frau – ich zähle hier Stichworte des Übersetzers Schipperges zu einem der Kapitel ihrer Heilkunde auf. Ausführlicher als die Geschlechtslust der Frau beschreibt Hildegard die Geschlechtslust des Mannes, und ich nehme an, daß Hildegardis Bingensis auch hier Wissen ihrer Zeit zusammenfaßte.

Hildegard schreibt im *Buch von dem Grund und Wesen und der Heilung der Krankheiten*: »Wenn der Geschlechtswind vom Mark des Mannes aufbricht, fällt er in die Gegend seiner Lenden ein und erregt im Blut einen Geschmack der Lust.« In einem anderen Buchkapitel wird sie ausführlicher: »Dieser brennende Wind erhebt sich bisweilen in einem müßigen und von keiner ernsthaften Besorgung in Anspruch genommenen Mann, bläst in seine Brust und erzeugt dort ein frohes Gefühl; von der Brust steigt er dann ins Gehirn hinauf und erfüllt dieses insgesamt und auch die Gefäße mit seiner hitzigen Glut; von da ab ergreift er die Lunge, rührt an das Herz und erreicht auf diese Weise die Geschlechtsorgane, beim Manne die Lenden, bei der Frau die Nabelgegend, und darauf schläft das Gewissen des Menschen ein, weil er nicht mehr weiß, was er tut.«

Unbefangen beschreibt Hildegard die männlichen Geschlechtsorgane; für uns befremdlich sind dabei die »zeltartigen Gebilde«, die sie gleichsetzt mit »Bollwerken« am Hauptturm: die Hoden. Ich nehme an, Hildegard hat hier runde Zelte vor Augen.

Bevor sie die Funktion der Hoden andeutet, beschreibt Hildegard noch einmal den wüstenheißen Geschlechtswind, der sich zum Feuersturm entwickeln kann. »Der Geschlechtswind, der sich in den Lenden dieser Männer aufhält, ist mehr feuriger als windiger Natur. Ihm beigegeben sind zwei zeltartige Gebilde, in die er bläst wie in eine Esse. Diese beiden Organe umgeben den Stamm aller männlichen Kräfte und sind ihm eine Hilfe; so baut man ja auch kleinere Gebäude als Bollwerk um einen Turm. Und deshalb sind ihrer zwei, damit sie umso kräftiger den besagten männlichen Stamm umgeben, festigen und aufrichten können, ferner aber auch, damit sie umso besser und angepaßter den angeführten Wind aufnehmen, an sich ziehen und umso angemessener ihn wieder herauslassen können, ganz wie zwei Blasebälge, die passend das Feuer schüren. Daher halten sie auch, wenn sie einmal den Stamm in seiner Mächtigkeit aufgerichtet haben, diesen um so sicherer fest; so vermag denn dieser Stamm in der Erzeugung von Nachkommenschaft zu blühen.«

Hildegard nun zur sexuellen Ekstase: »Sowie der Sturm der Leidenschaft sich in einem Manne erhebt, wird er in ihm wie in einer Mühle herumgeworfen. Seine Geschlechtsorgane sind dann gleichsam die Schmiede, in die das Mark sein Feuer liefert. Dann befördert jene Schmiede die Glut zu den männlichen Geschlechtsteilen und läßt sie mächtig flammen. Wenn hingegen der Wind der Lust aus dem weiblichen Mark aufsteigt, gerät er in die Gebärmutter, die am Nabel hängt, und läßt das Blut der Frau in Erregung geraten. Da aber diese Gebärmutter rings um die Nabelgegend einen weiten und gewissermaßen offenen Raum besitzt, vermag sich jener Wind im Unterleib der Frau auszudehnen und läßt sie infolgedessen weniger heftig, wenngleich wegen der Feuchtigkeit häufiger in Leidenschaft erglühen. Deshalb kann sie sich auch, sei es aus Motiven der Scham oder Scheu, leichter als der Mann vom Geschlechtsgenuß enthalten. Hierzu kommt, daß sich bei ihr der Schaum des Samens seltener als beim Manne ergießt und daß er spärlicher und gänzlich unbeträchtlich im Vergleich zum männlichen Samen rinnt, fast nur so, wie ein kleiner Bissen sich zum ganzen Brot verhält.«

Und Hildegard zur Geschlechtslust der Frau: »Wenn sich eine Frau im Geschlechtsverkehr mit dem Manne befindet, kündigt ein

Hitzegefühl, das die Empfindung der geschlechtlichen Lust mit sich führt, in ihrem Gehirn sowohl den Genuß dieser Lustempfindung bei der geschlechtlichen Vereinigung an als auch die Ergießung des Samens. Sobald nun der Samen an seine bestimmte Stelle gefallen ist, zieht ihn jene obenerwähnte äußerst heftige Hitzeempfindung des Gehirns an sich und hält ihn fest, alsbald ziehen sich auch die weiblichen Geschlechtsorgane zusammen, und alle Organteile, die zur Zeit der Monatsblutung für die Eröffnung bereit sind, schließen sich wieder derartig, wie ein starker Mann irgendein Ding in seiner Faust verschließt.«

90 Eine Frau als Hure in einem Bordell. Diese Frau von Mitte dreißig hat ihre Kolleginnen an einem Nachmittag zusammengerufen, ein Mißstand soll besprochen, eine Lösung gesucht werden. Ich skizziere hier nach Vorlagen, keine freie Erfindung also.

Zu Beginn dieser Skizze eine kurze, heftige Auseinandersetzung zwischen dieser älteren Dirne und dem Wirt des Frauenhauses: der Wein, den er ihr vorsetzt, ist wieder mal verdünnt, das merkt sie sofort, der Bordellwirt bestreitet das, sie schreit, er bescheiße sie andauernd, gebe schlechtes Essen für ihr gutes Geld, bei den Getränken stimme das Maß nicht, oder er verdünne den Wein; sie gibt ihm den entschiedenen Rat, einen Becher nachzureichen, sonst würde sie sich auch über ihn beschweren. Zwei Männer, die an einem kleinen Tisch sitzen, würfeln. Der Bordellwirt bringt der älteren Hure schließlich einen Holznapf Wein, stellt ihn so heftig vor ihr ab, daß es überschwappt, sie flucht, er flucht ebenfalls, der Bordellwirt geht zu den beiden Männern, würfelt mit ihnen. Die Frauen am größeren Tisch – wie sind sie gekleidet? Ein warmer Sommertag, also werden sie nur Hemden tragen. Fast alle werden sie barfuß sein. Sie reden wild durcheinander, in der Sprache ihrer Region, die für diese Skizze nicht festgelegt werden muß.

Bevor die ältere Hure sich durchsetzt mit größerer Lautstärke: einige Informationen zum Haus. Es ist ein städtisches Frauenhaus, und dieser Status war weithin üblich: ein Bordell im Besitz und in der Verwaltung des Städtchens. Die Übernahme oder Gründung könnte – auch in diesem Fall – von den Herren der kleinen Stadt so begründet worden sein: obwohl der Rat mehr geneigt sein sollte, Ehrbarkeit und gute Sitten zu fördern, statt Sünde und sträfliches Wesen, halte man, um größeres Übel zu vermeiden, gemeine Weiber, und zwar mit Duldung der heiligen Kirche. Dieses Frauenhaus steht an der Stadtmauer, in einem Viertel, in dem auch Gerber und Schmiede arbeiten, in das ehrbare Stadtbewohner und deren Kinder normalerweise nicht kommen. Die kleine Stadt dieser Skizze hat einen Mann eingesetzt zur Aufsicht über das Haus; die Leitung hat der Bordellwirt, der das Haus von der Stadt gepachtet hat. Vielfach wurden Frauenhäuser auch von Frauen geleitet.

Die ältere Dirne, die gleich das Gespräch auf ihr Thema bringen wird, ist auf eine damals fast übliche Weise zur Prostitution gekommen: ihr Mann, ein Handwerker, hat hohe Schulden gemacht, vor allem bei den (verbotenen) Glücksspielen im Frauenhaus; um von den Schulden befreit zu werden, hat er seine Frau an den Bordellwirt versetzt, obwohl das Verkaufen, Versetzen, Verpfänden von Frauen streng verboten war. Es kam trotzdem recht häufig vor. Und wenn Frauen Schulden machten, blieb ihnen oft nichts anderes übrig, als sich selbst zu verpfänden. Vielfach wurden diese Frauen dann von einem Frauenhaus zum nächsten verkauft.

Selbst kleinste Städte besaßen ein öffentliches Frauenhaus. Bordelle wurden damals häufig frequentiert. Zwar war dies Ehemännern verboten, aber das Verbot wurde kaum beachtet. Überwiegend von Junggesellen wurden Bordelle besucht; man heiratete im Mittelalter oft recht spät, außerehelicher Geschlechtsverkehr mit alleinstehenden Frauen, mit Ehefrauen aber war verboten, so blieb vielfach nur der Weg ins Frauenhaus. Auch für Scholaren, für Fahrende, für Kaufleute, die oft lange unterwegs waren.

Die Frauen zahlten dem Bordellwirt ein Wochengeld und für jeden Mann ein Schlafgeld. Was der Besucher, der »Freier«, der Dirne darüber hinaus bezahlte, konnte sie behalten. Die offiziellen Einnahmen im Haus wurden »in die Lade gestoßen«, wurden also in einen fest verschlossenen Kasten geworfen. Im Späten Mittelalter wurde dieser Kasten vielfach mit drei Schlössern gesichert – war das schon so im Hohen Mittelalter? Einen der drei Schlüssel hat der Wirt, einen zweiten die sogenannten Lohnsetzerin, den dritten Schlüssel eine der Frauen, die von den anderen dazu bestimmt wird. Falls es in dieser Zeit und in diesem Haus bereits diese dreifache Schlüsselgewalt geben sollte, könnte der älteren Hure dieser dritte Schlüssel überreicht worden sein: trägt sie ihn am Hals, auch als Zeichen ihrer besonderen Rolle im Haus? An jedem Samstag wird mit den drei Schlüsseln die Lade geöffnet, alle passen argwöhnisch auf. Ein Drittel der Einkünfte geht an den Bordellwirt, der ja auch die Pacht zahlen muß; zwei Drittel zur Tilgung der Schulden dieser Frauen. Solche Regelungen waren notwendig, sie wurden aber immer wieder Anlaß zu Streitigkeiten. Und Streitigkeiten wegen des Essens, der Getränke. Und es kam vor, daß ein Bordellwirt eine Frau an einen Kollegen versetzte. Oder daß er eine der Frauen zwang, trotz Schwangerschaft zu arbeiten, weil sie hohe Schulden hatte. Das war verboten, und ebenso, daß eine Frau eingesperrt wurde. Dirnen durften nicht genötigt werden, sie durften – offiziell – das Frauenhaus verlassen, durften allerdings außerhalb des Hauses keine Prostitution betreiben. Dafür war die Gemeinde, die das Frauenhaus eingerichtet hatte, verpflichtet, die freie Prostitution zu verbieten. Sie ließ sich aber faktisch kaum unter Kontrolle bringen. In Wäldern vor der Stadt wurden, ich zitiere aus einer späteren Quelle, »viele und mancherlei Sünden und Übel der Unkeuschheit ganz unverhohlen und ohne Scham geübt und vollbracht«. Man versuchte das zu unterbinden, indem man in einer Zone von einer halben Meile rings um die Stadt »leibliche Werke der Unkeuschheit« verbot. »Zur Vermeidung weiteren Übels« wurde Prostitution im Frauenhaus institutionalisiert.

Die ältere Hure, die nun wieder in den Mittelpunkt dieser Skizze gerückt wird, schreit hinein in das allgemeine Durcheinanderreden, Durcheinanderrufen: Frauen, die öffentlich von der Buhlschaft leben, gehen auf dem Judenbühel und auf dem Anger an der Steinernen Brücke ihrem Gewerbe nach, auch in Häusern verschiedener Bürger. Hier rufen die Frauen am Tisch gleich mehrere Namen: den eines Kuchenbäckers, der vier Frauen hält, zu denen sich Ehemänner wie Junggesellen legen dürfen; den Namen einer Witwe, die in ihrem kleinen Hof alle einläßt, die da kommen, auch Ehemänner, auch Frauen, die sich zu Frauen begeben wollen; genannt wird der Name einer weiteren Frau, die in ihrem Haus am Graben junge Töchter hält – eine von ihnen so jung, daß sie noch nicht einmal Brüste hat. Diese Nester heimlicher Huren, so ruft die ältere Frau, müssen ausgehoben werden, denn immer häufiger besuchen Männer diese geheimen Frauenhäuser, in denen alles viel schlimmer zugehe als in diesem Töchterhaus. Die Erregung treibt die Stimmen noch höher: man hat das schon oft beklagt, jetzt muß endlich etwas geschehen! Ja, rufen Frauen am Tisch, und die Würfler blicken auf, ja, sie müssen in diese Hurennester eindringen und alle verprügeln und alles zertrümmern, das ist das einzige, was hilft! Und die nichtsnutzigen und unsittlichen Dirnen, die keinen festen Aufenthalt in der Stadt haben, die durch die Gassen und Straßen streifen, die sich von Wirten verkuppeln lassen, die alle müssen endlich aufgegriffen und in den Turm geworfen werden! Und diese ganz jungen, viel zu jungen Töchter soll man mit Ruten züchtigen.

Die ältere Hure findet das richtig, aber sie ist der Meinung, daß man doch etwas anders vorgehen soll: ein paar von ihnen sollen mit ihr zum Bürgermeister gehen, ihn auf die Zustände hinweisen, ihn daran erinnern, daß er das freie Buhlen verbieten muß, die Einnahmen dieses Frauenhauses wurden in letzter Zeit immer geringer, man muß auch deshalb die Hurennester ausheben, und sie wird ihn um die Erlaubnis bitten, das sofort selbst zu besorgen. Das treibt den Stimmpegel noch höher. Warum erst diesen Herrn fragen? Aber die ältere Hure besteht darauf, denn dies ist ein Frauenhaus der Stadt, und wenn ihnen von der Obrigkeit erlaubt wird, die Hurennester auszunehmen, wird es so schnell keiner mehr wagen, ein neues Hurennest einzurichten! Und weil sie das sehr entschieden vorträgt und weil sie am längsten im Dienst ist und weil man ihr zutraut, daß sie dem hohen Herrn alles sehr klar sagt, setzt sie sich durch, und gleich am nächsten Tag will man losziehen. Und die Frauen malen sich aus, wie sie die Häuser stürmen, wie sie alles zerschlagen, wie sie die Hurenwirtinnen und die Hurenwirte verprügeln, und die anderen Vögel ebenfalls.

91 Eine Frau weist in einem Spital eine Magd in ihre zukünftige Tätigkeit ein. Was für die ältere wie für die jüngere Frau selbstverständliches Wissen ist, muß ich hier als Information voraussetzen: Spitäler waren noch keine Krankenhäuser im heutigen Sinne, es waren Pflegestätten für kranke, für altersschwache Menschen, die zu arm waren, um für sich selbst zu sorgen, die sich nachweislich nicht einmal durch Bettelei ernähren konnten, die keine Familie hatten; in ein Spital wurden ausgesetzte Kleinkinder gebracht, Findlinge; ins Spital konnten Waisen aufgenommen werden; Pilger und arme Reisende konnten in einem Spital Unterkunft finden, dabei kam es häufig genug vor, daß man sich infizierte: Spitäler als Distributionsstätten von Krankheitskeimen. Was in arabischen Krankenhäusern längst selbstverständlich war, das spielte in einem abendländischen Spital kaum eine Rolle: Hygiene, Diagnose, Therapie. Es gab noch nicht den fest angestellten Arzt, gab schon gar nicht den fest angestellten Chirurgen, operiert wurde in Spitälern nur selten. Es wurde gepflegt, gelindert – kaum mehr.

So muß die Spitalmagd keine Vorbildung haben: es genügt, wenn sie die Anweisungen ihrer »Meisterin« befolgt. Und sie wird als erstes fordern: unbedingten Gehorsam. Keine Fragen, keinen Widerspruch, keine Ausreden – es wird getan, was sie sagt! Nach diesem Vorspruch könnten die ältere und die jüngere Frau das Zimmer betreten, in dem die Magd arbeiten wird: ein Raum mit drei oder vier Betten, für damalige Verhältnisse fast ein Saal. In jedem dieser Betten liegen zwei oder drei Personen. Der Raum hat nur ein kleines Fenster, und das ist mit einer Ölhaut verschlossen – Luft und Licht kommen also nur durch die schmale Türöffnung herein. Das reicht zum Lüften kaum aus – es riecht nach Urin, nach faulem Stroh, nach Erbrochenem, nach Kot. Vielleicht stellt die »Meisterin« schnuppernd fest, daß es diesmal ganz besonders stinkt, und sie erteilt die Anweisung, als erstes ein Feuer zu machen auf der kleinen Feuerfläche, und mit dem Reisig etwas Wacholder zu verbrennen. Abgesehen davon: die Magd soll den Raum regelmäßig ausfegen, soll die Betten machen, soll Fußschemel und Servierbretter sauberwischen, soll die Kranken kämmen und bürsten, soll sie gelegentlich waschen, soll die Schwerkranken aufrichten, damit sie nicht durchliegen, wund werden, soll die Kranken und Schwachen zur Latrine führen, soll den sehr Kranken und sehr Schwachen Getränke einflößen, soll sie füttern. Wenn sie, die Meisterin, keine Zeit dazu hat, muß die Magd auch die Getränke herstellen, muß für diesen Raum kochen. Sie soll aber nicht gemeinsam mit den Kranken essen, soll erst recht nicht mit ihnen zechen – besonders die Alten, die Pilger, die armen Reisenden, die gelegentlich mit im Raum liegen, sie suchen jeden Vorwand, um mit einer Spitalmagd zu trinken, und es werden lose Reden geführt, unanständige Lieder gesungen. So etwas will sie, die Meisterin, nicht hören! Die Magd soll auch nicht laut singen bei der Arbeit, vor allem keine schändlichen Lieder, sie soll keine schlimmen Geschichten erzählen, soll sich dessen eingedenk bleiben, daß sie beim Jüngsten Gericht für jedes unnütze und böse Wort Rechenschaft ablegen muß. Und sie soll nicht dauernd hinüberlaufen in die anderen Räume, soll nicht mit anderen Spitalmägden herumsitzen und schwatzen, soll sich erst recht nicht mit ihnen zanken oder gar schlagen. Sie soll auch nicht, ohne Wissen der Meisterin, das Spital verlassen, sie soll nicht irgendwelche Betrügereien begehen – deutlicher will die Meisterin nicht werden. Schon der Nachdruck, mit dem sie das vorträgt, im halbdunklen, stinkenden Raum, schon dieser Nachdruck sagt genug.

Und sie erteilt wieder konkrete Anweisungen. Die Magd soll vor allem darauf achten, daß hier das Ungeziefer nicht überhand nimmt, die Läuse und Schaben. Und sie soll den Kranken, die ihr Wasser nicht halten können, jeden Tag das Kissen zwischen den Oberschenkeln herausziehen, auch das Tuch unter ihnen, soll Brunzkissen und Brunzlaken draußen trocknen, soll, wenn das Brunzkissen allzu naß ist, die Strohfüllung auswechseln. Überhaupt soll sie darauf achten, daß das Stroh in den Schütten nicht faul wird. Wenn einer gestorben ist in diesem Raum, muß sie gleich den Strohsack aus dem Bett holen, muß ihn, wenn nötig, ausschütten, muß ihn waschen, trocknen und frisch mit Stroh füllen. Und wenn ihr ein Sterbender etwas schenkt oder hinterläßt, wenn ihr ein Genesender ein Geschenk macht, so darf sie es nicht einstecken, sie muß es ihr, der Meisterin, zeigen, denn jedes Geschenk wird hier aufgeteilt, sie darf höchstens die Hälfte behalten. Und nun: an die Arbeit!

92 Eine Frau, niederer Landadel, spricht mit ihrem Mann über Almosen. Ausgangspunkt könnte sein: ihr Mann ist von einer frühen Pirsch zurückgekehrt, es standen zahlreiche Arme im kleinen Burghof, es schienen ihm mehr Arme zu sein als sonst, vor allem fremde Arme, er will nicht, daß auch sie Almosen erhalten, sie sollen sich zum Teufel scheren.

Die Frau hört sich das erst einmal an, wird begründen, weshalb sie Almosen auch an Arme gibt oder geben läßt, die umherziehen. Es wurde damals, vor allem von der Kirche, unterschieden zwischen den »ehrbaren«, den »verschämten« Armen und den umherziehenden Bettlern. Eine noch krassere Unterscheidung: die ehrbare und die sündige Armut; die ehrbare Armut führte in den Himmel, die sündige auf geradem Weg in die Hölle hinab. Von den Armen galten die als ehrbar, die in ihrem Ort blieben, die von der Gemeinschaft das Allernötigste erhielten. Es waren dies beispielsweise Bauern, die besonders schlechte Ernten hatten, die mit ihrer Familie Saatgetreide essen mußten nach einem allzu langen

Winter, die eine Kuh oder Geräte verpfänden mußten, um neues Saatgetreide zu kaufen, die ihre Pfänder, also ihre Produktionsmittel, nicht mehr auslösen konnten und nun als rasch Verarmte auf Hilfe angewiesen waren. Oder es waren invalide Rückkehrer von Feldzügen, Kreuzzügen. Wenn sie im Ort blieben, bescheiden bettelten, gehörten sie weiterhin zur Dorfgemeinschaft. Man gab ihnen – wenn auch oft ungern –, was notwendig war; man wußte, man rechnete damit: Almosen auf Erden werden sich im Himmel auszahlen.

Dagegen die Armen, die in ihrer Umgebung nicht genug erhielten, die loszogen, um zu betteln: sie waren verdächtig. Michel Mollet beschreibt ihre Situation so: »Der umherziehende Arme ist kein Bekannter wie der ehrbare Arme, sondern ein Unbekannter. Ist er vielleicht ein Unruhestifter, da er doch aus seinem sozialen Rahmen ausgebrochen ist? Ist er ein Vagabund, schleppt er Krankheiten ein? Ist er tatsächlich arm, wirklich krank?« In einem ehrbaren Armen fand man die biblische Forderung nach Armut erfüllt; in umherziehenden Armen verachtete, haßte man die Armut.

Die Frau, die ich hier skizziere, wird ihrem Mann klarmachen, daß sie nicht jeden Morgen die Armen aus dem Ort von den umherziehenden Armen trennen kann; zum Teil sind die Armen miteinander verwandt oder kennen sich schon länger, man trifft sich immer wieder, denn auch die umherziehenden Armen haben ihre Gewohnheiten, tauchen wiederholt an denselben Klosterpforten auf, vor denselben Burgen, denselben Stadttoren. Unterscheidung ist da kaum noch möglich. Der einzige Unterschied, der für sie deutlich ist: wenn frühmorgens das Burgtor noch geschlossen ist und ein Armer klopft an, so war er einmal etwas Besseres; die immer schon arm waren, sie klopfen nicht, sie rufen. Fast alle rufen. Die Stimmen des Elends, der Armut. Sie weiß auch, daß viele in der Not gezwungen werden zu stehlen, auch zu wildern, und es gibt Mundraub und Raub – aber es sei nicht ihre Aufgabe, schwarze und weiße Schafe zu trennen, das werde am Jüngsten Tag geschehen.

Dem Mann ist egal, ob die Armen aus dem Ort kommen oder von fernher, ob sie früher schon arm waren oder nicht, es ist ihm zuviel geworden in der letzten Zeit, er will, daß den Armen nicht mehr das Tor geöffnet wird: zu viele verlauste Fetzen und Felle, zu viele schwärende Wunden und Geschwüre, zu viele schwarze und abgefallene Gliedmaßen, zu viele Bettler auch, die Krankheiten, Verstümmelungen vortäuschen!

Einzelheiten wird er nicht weiter beschreiben, aber ich muß sie nachtragen. Fast alle Armen waren mit Lumpen eher behängt als bekleidet, oder mit alten Schafsfellen; sie hausten in Buden vor Häusern von Stadtbewohnern, in Erdhütten im Wald; sie schliefen auf Stroh, unter verdreckten, verlausten Decken; sie besaßen meist nur einen Tontopf, in dem sie Erbetteltes oder Gestohlenes kochten. Und immer wieder brachen sie auf, allein oder in Gruppen, um zu betteln. Viele von ihnen waren Invaliden: Schlägereien, Kämpfe, Feldzüge. Viele der Bettler waren auch Opfer des Antoniusfeuers – sie bettelten mit unablässigen Hinweisen auf ihre Krankheit; Beinstümpfe wurden vielfach auf helle Tücher gelegt, zur Betonung. Es gab auch Bettler, die ihren schwarz gewordenen, ausgetrockneten, wie mumifiziert abgefallenen Unterarm (mit Hand) an einer Schnur vor der Brust trugen oder einen Unterschenkel (samt Fuß). Zuweilen wurden selbst solche Erkrankungen vorgetäuscht. Ein Beispiel aus Frankreich, das sich leicht übertragen läßt: ein Bettler schnitt einem Gehängten, der (wie die Chronik vermerkt) bereits stank, einen Arm ab, klemmte sich das Ende in die Achsel, legte den Arm auf eine Astgabel, versteckte den gesunden Arm unter dem Mantelumhang: schreiend (und man mußte schreien im allgemeinen Geschrei der Bettler!) forderte er Almosen zu Ehren des heiligen Antonius; dabei täuschte er Bewegungen des in der Astgabel abgestützten Armes vor. Der Betrug wurde offenkundig, als der Bettler in Ohnmacht fiel und man ihm half. Er wurde ausgepeitscht und mußte den weiterhin verwesenden Arm an einer Schnur vor der Brust tragen.

Der Burgherr wiederholt mit Entschiedenheit: den Armen soll morgens nicht mehr das Tor geöffnet werden, das ist bei anderen Burgen auch nicht der Fall, da reicht man die Almosen hinaus. Ja, man soll den Armen verbieten, bei Androhung von Strafe, jemals wieder die Schwelle zum Burghof zu übertreten! Dann könnte auch nicht passieren, daß sie eine Krankheit einschleppen!

Seine Frau wird bei ihrer Meinung bleiben – falls sich eine Frau des Mittelalters im Gespräch mit ihrem Mann so entschieden artikuliert, aber: Frauen leiteten vielfach den Burghaushalt, ihre Männer waren häufig unterwegs: Fehden, Turniere, Kriege, Kreuzzüge... Und so könnte sie sagen, in dieser entworfenen Situation: wenn ein scharfer Ostwind weht, im Winter, wie könnte sie da zulassen, daß die Armen vor dem Tor bleiben? Oder bei starkem Regen? Bisher sei außerdem keiner in der Burg von Armen angesteckt worden. Sie kann sich auch nicht vorstellen, daß Gott so etwas zuläßt: sie hilft den Armen, tut damit etwas für ihr Seelenheil und wird dafür mit einer Krankheit bestraft? Das kann sich auch ihr Mann nicht vorstellen, nur – müssen es derart viele Bettler sein? Auch sie hat festgestellt, daß die Zahl der Armen in der letzten Zeit zugenommen hat, aber sie hat alles so eingerichtet im Haushalt, daß sie ein Zehntel der Einkünfte den Armen geben kann, mehr wird es nicht sein. Sollte die Zahl der Armen noch weiter wachsen, so müßten die Brotrationen eben noch kleiner werden, auch beim »Maibrot«. (In der Zeit, in der die Wintervorräte aufgezehrt sind, die neue Ernte noch nicht begonnen hat, vor allem im Mai also, herrscht Knappheit und Not, und da ist das Maibrot für die Armen besonders wichtig.)

Der Mann befürchtet, die Armen, vor allem die fremden Armen, könnten dreist, unverschämt, vielleicht sogar gewalttätig werden, wenn die Brotstücke zu klein werden. Aber diese Bedenken teilt seine Frau nicht. Zwar wird es immer wieder Arme geben, die ausrufen, von den paar Brocken würden sie nicht satt, die möglicherweise damit drohen, wenn die Welt untergehe, werde es die Reichen zuerst und am härtesten treffen, aber sie hat nicht die geringste Sorge, daß diese Armen je in größerer Zahl aufsässig werden, denn: Hunger, Schwäche, Krankheit machen eher apathisch, das ist ihre Beobachtung. Und sie ist sicher, daß die meisten Armen wissen: jeder muß an der Stelle bleiben, auf der er nach Gottes Willen verharren soll, die Armen müssen ihr Los geduldig tragen, und dieses Los wird ihnen erleichtert durch Almosen.

93 Eine Frau, die als »heilende«, als »weise« Frau gilt. Eine heilkundige Frau – und keine Ärztin, das muß ich gleich betonen, denn Ärztinnen gab es damals bei uns noch nicht, auch keine Ärzte im heutigen Sinne: damit setzen wir ein Studium mit öffentlich kontrolliertem Abschluß voraus. Zu Neidharts Zeit aber konnte man im deutschsprachigen Teil des Imperiums nicht studieren, auch nicht Medizin.

Woher hat die Frau dieser Skizze die Kenntnisse vor allem der heilenden Wirkung verschiedener Kräuter? Ich gehe davon aus, daß sie auf der Schule eines Stifts oder Klosters war, daß sie vielleicht einige Jahre Nonne war, daß sie dabei vor allem der Schwester geholfen hat, die für den Kräutergarten zuständig war und damit für die kleine Klosterapotheke, daß sie von dieser älteren Nonne viel gelernt hat, was sie nun anwenden kann. Warum sie Stift oder Kloster verlassen hat, das ist hier unwichtig: so etwas geschah häufiger. Irgendwann wird sich ergeben haben, daß sie einer Frau ihrer Umgebung half, zumindest lindernd, womöglich heilend. Und sie wurde daraufhin gebeten, einer anderen Frau zu helfen. Und eine weitere Frau bat sie daraufhin um Hilfe für ihren erkrankten Mann. Und nun sieht ihre Umgebung in ihr eine heilkundige, eine »weise« Frau. Darunter verstand man im Mittelalter aber nicht Abgeklärtheit, höhere philosophische Einsicht, sondern: der oder die »wîse« war kundig, besaß Kenntnisse, war Könner. So weiß die Hebamme beispielsweise, was zu tun ist, wenn starke Erkältungskrankheiten gelindert werden sollen. Für solche Fälle hat sie Fenchel und Dill dabei. Sie legt den Fenchel und viermal soviel Dill auf einen Dachziegel, erhitzt den über der offenen Feuerstelle der Küche, hält der Kranken oder dem Kranken die duftend rauchenden Kräuter auf dem Ziegel unter die Nase, läßt tief einatmen, erhitzt den Ziegel noch einmal, läßt wieder den Rauch einatmen, gibt der Kranken oder dem Kranken den Fenchel und den Dill schließlich zu essen, mit etwas Brot. Und sie sagt, so solle man es viermal am Tag machen; die warme Feuchtigkeit des Fenchels und die trockene Kälte des Dills werden zumindest Erleichterung verschaffen. Sie werde am nächsten (oder übernächsten) Tag noch einmal hereinschauen. Vielleicht wird ihr schon jetzt eine Münze überreicht. Oder ihr Besuch wird mit Naturalien bezahlt.

Wahrscheinlich kann die heilkundige Frau in diesem Fall helfen, das wird sich auch diesmal herumsprechen, man wird sie zu weiteren Kranken mit starken Erkältungen rufen – so etwas wie eine Praxis wird die heilkundige Frau nicht haben, Ärzte wurden normalerweise zu den Kranken gerufen. Bei schweren Krankheiten wird diese Frau genauso hilflos sein wie ihre männlichen Kollegen, die als Ärzte auftreten: ob Pocken, ob Antoniusfeuer, ob Aussatz, ob schwere Organerkrankungen, ob Sepsis – die Medizin hatte damals keine Antworten darauf, zumindest nicht, das muß ich betonen, im deutschen Reich nördlich der Alpen; freilich wußte man auch südlich der Alpen nicht, was tun gegen Antoniusfeuer und Aussatz, gegen Pocken und Malaria.

Die heilkundige Frau dieser Skizze wird zu einem Mann gerufen, der an starken Zahnschmerzen leidet. Der Bader hat ihm schon mehrere Zähne ausgerissen; zwei sind ihm ausgeschlagen worden. Und nun wieder Schmerzen. Die Frau nimmt Wermut und Eisenkraut, kocht diese Kräuter in Wein auf, seiht den gekochten Wein durch ein Tuch, gibt Honig hinein, reicht diesen Trunk dem Kranken. Nachdem er etwas getrunken hat, legt sie ihm die ausgekochten Kräuter auf den schmerzenden Zahn, deckt sie mit einem Stückchen Tuch ab. Bemerkt sie beim Abtasten, daß neben dem Zahn eine Schwellung im Zahnfleisch sitzt, womöglich mit einer kleinen Kuppe, so ritzt sie das Zahnfleisch mit einem Dorn oder einem Aderlaßmesser auf, läßt den Eiter heraus, legt erst dann die Kräuter auf, das Stückchen Tuch zwischen Kräuterpackungen und Backentasche.

Darf ich ihr das Aderlaßmesser in die Hand geben? Aderlaß war schon ein kleiner Einschnitt, war damit Aufgabe von Bader oder Barbier, aber hier wird keine allzu strenge Arbeitsteilung bestanden haben: der Aderlaß galt als eine der wenigen Therapiemöglichkeiten sowohl des Arztes als auch der heilkundigen Frau. So selten man auch in Zentraleuropa Körper aufschnitt – zur Ader ließ man regelmäßig. Auch die Frau, die wir begleiten, wird diesen Merksatz kennen: Bei einem gesunden Menschen soll man so viel Blut herauslassen, wie ein kräftiger, durstiger Mann auf einen Schluck an Wasser trinken kann; bei einem kranken oder schwachen Menschen soll man nur so viel herauslassen, wie in ein Ei paßt. Vielleicht sagt auch sie zu ihren Kranken: Ein guter Aderlaß ist wie Regen, der sanft auf die Erde fällt, sie fruchtbar macht.

Die heilkundige Frau dieser Skizze wird auch zu Frauen gerufen, die an einer »Verhaltung« des Monatsflusses leiden – oder wenn die Menstruationen zu stark sind. In beiden Fällen wendet sie Kräuter an. Die haben ihre stärkste Heilwirkung, wenn sie bei zunehmendem Mond, kurz vor Vollmond, gepflückt worden sind – mit abnehmendem Mond schwindet ihre Heilkraft. Davon wird auch diese Frau überzeugt sein. Bei einer »Verhaltung« kocht sie Anis, Mutterkraut und Wollkraut auf, macht damit ein Schwitzbad, legt sie den Genitalien auf. Im zweiten Fall macht sie kalte Umschläge um die Oberschenkel, kocht Sellerie und legt ihn warm auf Schenkel und Nabel. Auch gibt sie Betonienkraut in Wein zu trinken.

Vielleicht offeriert die Frau bei solch einem Besuch auch Salben, eine Gesichtslotion (aus »Eiern, Essig, Senfmehl und Pfeffer«) oder ein Mittel zum Blondieren (»Schaum aus Holunderrinde, Ginsterblüte, Safran und Eigelb«) oder einen Lippenstift (aus »Bleiweiß, Lilienwurzel, Rosenwein und Fett«) oder ein Mittel zur Zahnpflege (gesalzenen Wein).

Zuletzt besucht sie einen Patienten mit einer Fußprothese – hier halte ich mich in der Beschreibung an ein archäologisches Fundstück, an die Schemazeichnung eines Wissenschaftlers.

Der Mann sitzt am Fenster, als die heilende Frau den Raum betritt, eine Achselkrücke liegt neben ihm auf dem Boden, er hat das Bein mit dem amputierten Fuß auf einem Schemel ausgestreckt, weist resignierend und anklagend auf die klumpfußähnliche Prothese; ein prall ausgestopfter Lederbeutel, an dem unten eine Holzleiste befestigt ist, auf die eine leicht eingekrümmte Eisenkufe genagelt ist. Der Mann klagt, die »weise Frau« scheint seine Klagen nicht zum ersten Mal zu hören; die Ehefrau des Kranken kommt in den Raum, Begrüßung; jemand schaut zur Zimmertüre herein. Die »weise Frau« kauert sich hin, beginnt die Riemen und Schnallen über dem Fußgelenk zu lösen; etwa zehn Zentimeter tief steckt der Unterschenkelknochen in der Prothesenhalterung. Entweder, so könnte der Mann nun sagen, muß diese Prothese so fest angeschnallt werden, daß dies zusätzlich wehtut, oder sie rutscht ab. Die Frau hat die Riemen nun gelöst, zieht die Prothese vom Knochenstumpf. Sie könnte nun ein mittelhochdeutsches Pendant zu »Pfui Teufel!« sagen, und: »Das stinkt aber wieder mal!« Der Mann könnte resignierend die Augen schließen – er riecht es wohl schon lange nicht mehr. Es muß allerdings außerordentlich übel riechen, wenn die heilende Frau das feststellt in der damaligen sehr geruchsintensiven Welt. Der Klumpfußbeutel ist mit feinem Heu, mit Moos gefüllt, und dieses »Polstermaterial« ist vollgesogen mit Eiter und Wundsekret. Nach einer Amputation im oberen Sprunggelenk hat dieser Mann eine »chronisch infizierte Stumpfwunde« eine »chronische Osteomyelitis«, so lautet heute die Diagnose der Paläopathologie.

Der Mann hält die Augen vielleicht zusammengepreßt, während sie den roten, entzündeten Stumpf beschaut. Oder klagt er laut, schreit sein Unglück hinaus?. Brüllt er, sie solle nur ja nicht den Stumpf berühren, sonst schlage er mit der Krücke zu? Die »weise Frau« läßt sich frisches Heu bringen, nur Heu diesmal, zartes Heu, oder, wie mir ein alter Bauer einmal sagte: »zärtliches Heu«. Diese Frau hat die Amputation selbstverständlich nicht durchgeführt, sie ist in einer anderen Stadt gemacht worden, bald nach dem Unfall. Vielleicht hatte dieser Patient auch schon einen anderen Arzt hier in der Stadt oder Gemeinde herangezogen, der auch nicht helfen konnte, nun ist sie hier, und sie kann vielleicht ein wenig lindern. Sie nimmt das feuchte, auch nasse Heu und Moos aus dem Lederbeutel, wirft es in einen Holzbottich, den die Ehefrau mit frischem Heu hereinbringt, neben ihr abstellt. Noch stärker jetzt der Gestank im Raum. Die »weise Frau« stopft »zärtliches Heu« in den Lederbeutel mit der Kufe, hält eine Mulde frei für den Stumpf. Vielleicht macht sie dies sogar schon mit einem Holzstempel im Durchmesser des Unterschenkelstumpfes. Zuletzt nimmt sie aus einem Beutel Blätter und Blüten von Heilkräutern, hält sie dem Mann unter die Nase, er nickt, seine Wehklagen fortsetzend. Die Blätter und trockenen Blüten kommen in die Mulde; die Ehefrau muß den Mann festhalten, von hinten her an den Schultern, während die heilende Frau so vorsichtig wie möglich die Prothese wieder anlegt, mit sondierenden Bewegungen, zuletzt aber mit einem Ruck, der den Mann aufschreien, fast ohnmächtig werden läßt. Der Lederbeutel mit der Kufe wird wieder festgeschnallt. Die »weise Frau« bittet den Mann, gar nicht erst aufzustehen und zu probieren, ob die Prothese richtig sitzt, sie weiß, daß die Schmerzen dann unerträglich würden, daß er vor Schmerzen das Bewußtsein verlieren könnte. Gegen die chronische Entzündung, das permanente Eitern ist kein Heilkraut gewachsen, zumindest hat die »weise Frau« es nicht gefunden. Eigentlich ist dieser ausgestopfte Lederbeutel nur noch Schutz gegen eine versehentliche Berührung der Stumpfwunde, oder falls er, ungeschickt aufstehend, um sich wieder ins Bett zu legen, mit dem Stumpf anstößt. Die Prothese ist vor allem auch Schutz gegen die Fliegen, die an solch einem Tag sonst zu Dutzenden seinen Stumpf umschwirren, bekrabbeln würden. Die Ehefrau trägt den Bottich zur Latrine hinters Haus. Die »weise Frau« steht noch neben dem Kranken: es wäre zu überlegen, ob sie den Beutel das nächste Mal nicht ausschließlich mit Heilkräutern füllt, vor allem mit Blättern der Ringelblume, und dann auch nur locker. Und da der Mann sowieso nicht mehr auf der doppelten Kufe geht, sondern den Unterschenkel beim Krückengang hochwinkelt, würde eigentlich auch ein schützender Leinenbeutel genügen. Aber vielleicht hat sie auch zuviel Respekt vor dem Arzt, der den Fuß abgesägt und einem Handwerker den Auftrag gegeben hat, diese Prothese herzustellen.

94 Es gab im Mittelalter und schon lange zuvor Krankheiten, in denen wir heute ›typische Zivilisationskrankheiten‹ sehen. Das wurde mir bewußt, als ich in einem Museum Knochenfunde ausgestellt sah mit pathologischen Deformationen.

Die Krankheit aller Krankheiten ist für heutiges Bewußtsein der Krebs. Doch Krebs hat bereits deutliche Spuren hinterlassen an Knochen, die mehr als zwei Jahrtausende alt sind. »Mottenfraßähnlich« ist zum Beispiel die Schädeldecke einer etwa fünfzigjährigen, wahrscheinlich weiblichen Person befallen, »einige dieser unregelmäßig verteilten Herde haben das Schädeldach perforiert«, lese ich im Kommentar von Joachim Wahl, und: es muß sich um Metastasen handeln. Krebs, oder vorsichtiger formuliert: eine krebsartige Erkrankung auch an einem Unterkiefer, eine »unregelmäßige, schwammartige Knochenneubildung« – »plastische Metastasen«.

Weiterhin sah ich: das Exponat einer »krankhaften Wirbelsäule«, und ich las im Kommentar, daß es schon Jahrhunderte, sogar Jahrtausende vor unserer Zeitrechnung Degenerationen der Bandscheiben und Gelenkknorpel gab: Überlastungen. Diese krankhaften Veränderungen waren bei der ausgestellten Wirbelsäule so stark, daß der Pathologe den Schluß zog: »Die Beweglichkeit der Wirbelsäule war erheblich beeinträchtigt, und eingeklemmte Nerven mögen zu starken Schmerzen geführt haben.« Es gibt Anzeichen sogar für Tuberkulose bei Menschen vor zweitausend, dreitausend, fünftausend Jahren: so war ein Teil einer tuberkulösen Wirbelsäule ausgestellt, und hier waren »nicht weniger als acht Brust- und Lendenwirbel ganz oder teilweise zusammengebrochen und miteinander verschmolzen.«

Ein letztes Beispiel: pathologische Erscheinungen an Zähnen und Kiefern eines Mannes, der mit 20 oder 30 Jahren gestorben ist – der statistische Durchschnitt der Lebenserwartung lag bei Menschen der Hallstatt-Zeit, der Bandkeramikzeit, zwischen zwanzig und dreißig Jahren. Am Ober- und Unterkiefer dieses Mannes weist die Paläopathologie verschiedene Verfallserscheinungen nach: Karies, eine Zyste, einen Wurzelabszeß, massive Zahnsteinbildung und sogar: Parodontose. Es gab damals auch Stellungsanomalien der Zähne. Scheinbar moderne Erkrankungen, nachgewiesen an den Knochen von Menschen aus einer fernen, ökologisch völlig intakten Zeit. Und welche Organkrankheiten mögen damals üblich gewesen sein?

Mit dieser Frage leite ich, in einem Zeitsprung über Jahrtausende hinweg, über in Neidharts Zeit. Wie war damals die medizinische Versorgung? Die Skizze der heilkundigen Frau, der »medica«, hat hier eher Fragen ausgelöst als beantwortet.

Drei oder dreieinhalb Jahrhunderte vor Neidhart schrieb der arabische Arzt al-Tabari in seinem Buch *Paradies der Weisheit:* »Man soll in keinem Lande wohnen, in dem es vier Dinge nicht gibt: eine gerechte Regierung, fließendes Wasser, brauchbare Heilmittel und einen kundigen Arzt.« Bei solchen Erwartungen, Voraussetzungen hätte Neidhart den Donauraum so schnell wie möglich verlassen müssen, um beispielsweise auf die Iberische Halbinsel auszuwandern, nach Andalusien. Eine gerechte Regierung ließ noch lange auf sich warten nördlich der Alpen – im Zeichen der Fehden war Justiz unter hohen Herren durchweg Selbstjusitz. Und fließendes Wasser? Damit ist gemeint: reines Wasser, gutes Trinkwasser, und das war in Städten des Mittelalters eine Seltenheit – die Brunnen vielfach verseucht. Und die Heilmittel? Die halfen nur selten. Und die kundigen Ärzte? Die werden äußerst rar gewesen sein.

Beispielsweise die Wundmedizin: sie förderte eher das permanente Siechtum, den Tod als die Heilung. Aus offenen Kampfwunden zog man Holz- oder Metallsplitter, sie wurden aber nicht gereinigt. Tiefere Wunden wurden ausgestopft, mit einem Knäuel von Leingewebfäden – und damit wurde Sepsis gefördert, denn dieses Leingewebe war meist schmutzig. Mit Zufriedenheit registrierte es ein Wundarzt, wenn sich unter dem Breiumschlag, wenn sich unter der Zupftamponade Eiter bildete, wenn der Eiter zu fließen begann. Diese Eiterbildung mußte möglichst stark sein, und wenn das nicht der Fall war, mußte sie durch weitere Verschmutzung der Wunde stimuliert werden.

Ihre theoretische Begründung fand solch eine Methode in der Säftelehre. Vier Säfte, so hieß es, wirken im Menschen zusammen: das Blut, das als feuchtwarm galt, der Schleim, der als feuchtkalt bezeichnet wurde, die gelbe Galle (warmtrocken) und die schwarze Galle (kalttrocken); sind diese vier Säfte harmonisch aufeinander abgestimmt, so ist der Mensch gesund; eine Krankheit ist eine Störung im ausgewogenen Verhältnis der Säfte zueinander, in ihrer gesunden Mischung; die materia peccans, die sündhafte Materie, muß aus dem Körper ausgetrieben werden, und dies besorgt das Fieber – es kocht die Säfte gleichsam auf, und der Sud, der dabei entsteht, ist der Eiter. Je höher also das Fieber, je reichlicher der Eiter, desto stärker die Reinigung der vier Säfte.

Ganz anders hingegen behandelte man Wunden in arabischen Ländern – sie wurden mit Alkohol gereinigt (wir haben dieses Wort von den Arabern übernommen), wurden sauber verbunden, die Verbände wurden regelmäßig gewechselt. So war das Staunen der Araber über die abendländische Medizin verständlicherweise groß. Usama ibn Munqid hat in seinem *Buch der Belehrung durch Beispiele* einige Anekdoten erzählt, die den »seltsamen Verstand« der Franken anschaulich machen sollen, unter dem Motto »ihre Heilkunst ist gar seltsam«. Sein erstes, gleich doppeltes Beispiel wird gern zitiert.

Ein arabischer Arzt wurde zu einem »fränkischen« Ritter gerufen, der ein Geschwür am Fuß hatte. Der Arzt berichtete in (wohl fiktiver) Rede: »Ich machte dem Ritter einen Breiumschlag, so daß sich das Geschwür öffnete und er geheilt wurde.« Ein »fränkischer« Arzt beurteilte das allerdings ganz anders, für ihn war dieser Panzerreiter nicht geheilt, sondern schwebte in Lebensgefahr. Und er stellte ihm die Frage: »Was ist dir lieber: mit einem Bein zu leben oder mit zwei Beinen zu sterben?« Wie zu erwarten, gab der Patient die Antwort: »Ich möchte lieber mit einem Bein leben.« Darauf wurde ein anderer Ritter herbeigerufen, er sollte sein Schwert mitbringen; ein Hackholz wurde herangeschafft. Der Ritter wurde festgehalten (das erzählt ibn Munqid nicht, das verstand sich damals von selbst, Abbildungen von Amputationen zeigen es so), und sein Fuß wurde auf den Hackklotz gelegt. »Doch wurde der Fuß nicht mit einem einzigen Schlag abgetrennt. Der Ritter schlug also noch einmal zu. Da floß das Knochenmark heraus, und der kranke Ritter starb auf der Stelle.«

Und der syrische Schriftsteller (in seinen letzten Lebensjahren vielleicht noch ein Zeitgenosse Neidharts) berichtet von einem anderen Fall: eine Frau, die an »Austrocknung« litt. Welche Krankheit damit gemeint sein könnte, weiß man nicht; der Übersetzer vermutet, es war eine Störung im Säftehaushalt – nach damaliger Theorie. Und ich füge spekulierend hinzu: vielleicht hatte die Frau zuviel Galle, die ja als »trocken« galt. Der arabische Arzt jedenfalls verordnete ihr Diät »und machte ihr Temperament feucht«. Die Frau wurde allerdings rückfällig, gab die Diät auf, aß wieder Speisen mit viel Knoblauch und Senf. Der fränkische Gruselarzt, der dem Ritter einen Fuß abhacken ließ, stellte die Diagnose: »Der Teufel steckt in ihrem Kopf.« Und der Gewährsmann berichtet: der fränkische Arzt nahm ein Rasiermesser, »schnitt in ihren Kopf ein Kreuz ein und zog dort die Haut ab, so daß der

Schädelknochen zutage trat. Dann rieb er ihn mit Salz ein.« Die Frau starb sofort. Der arabische Arzt lakonisch: »Nachdem ich von ihrer Heilkunst etwas gesehen hatte, was mir vorher unbekannt gewesen war, kehrte ich zurück.«

Medizin im Abendland war fast ausschließlich Klerikermedizin: man lernte sie als Mönch im Kloster. Das heißt: der clericus studierte in lateinischen Büchern griechische Autoritäten der Medizin, Aristoteles und Galen – und dabei blieb er. Auf den Erkenntnissen vor allem dieser auctoritates baute auch die arabische Medizin des Mittelalters auf, aber hier wurde weitergearbeitet, theoretisch und empirisch, hier wurden neue Methoden der Diagnose und Therapie entwickelt. Das Verhältnis arabischer Mediziner zur klassischen Tradition war kritisch: man übernahm, was sich verifizieren ließ. Die Namen der drei berühmtesten Ärzte des Mittelalters: Avicenna, Averroës, Maimonides.

Für Kleriker-Mediziner bestanden zahlreiche Tabus: das größte war der weibliche Unterleib; Gynäkologie gab es zu Neidharts Zeit auch nicht ansatzweise im deutschsprachigen Raum. Erst südlich der Alpen und südlich der Pyrenäen beschäftigte man sich auch mit Frauenheilkunde. Eins der großen Zentren medizinischer Forschung und Praxis war damals Salerno; in Toledo vor allem wurden arabische medizinische Fachschriften ins Lateinische übertragen. Aber selbst wenn Klerikern die *Trotula mulierum* vorlag, vorgelegen hätte, sie hätten sich auf dieses Werk kaum eingelassen. War eine Frau krank, so war sie beispielsweise besessen, und man versuchte mit religiös-magischen Riten, sie zu ›heilen‹. Kein Wunder, daß damals Patienten, Patientinnen, die es sich leisten konnten, in den Süden reisten, um italienische oder womöglich spanische (maurische) Ärzte zu konsultieren.

Gab es auch abendländische Patienten, die sich in arabische Krankenhäuser legten? Beispielsweise in Cordoba waren mehrere der sehr angesehenen arabischen Krankenhäuser; sie wurden nur noch übertroffen von Krankenhäusern in arabischen Ländern des Ostens. Die oft sehr großen Krankenhäuser waren Stiftungen hoher Herren; die Patienten wurden kostenlos behandelt; es gab bereits so etwas wie Ärzteteams und Chefarztvisiten; in schwierigen Fällen wurde Fachliteratur herangezogen; auf Hygiene, gute Durchlüftung, angemessene Ernährung wurde großer Wert gelegt. Die Unterschiede zu europäischen Spitälern des Mittelalters waren damit eklatant. Bis ins vorige Jahrhundert blieben europäische Spitäler Synonyme für Schmutz, Gestank, Ansteckung.

Freilich, ich will zentraleuropäische Medizin zu Neidharts Zeit nicht härter beurteilen als beispielsweise ein Araber. Usama ibn Munqid bringt auch positive Beispiele für das Wirken fränkischer Ärzte – und diese Beispiele habe ich bisher noch nicht als Zitate gelesen. Nach dem Bericht über die beiden letalen Therapien heißt es: »Ich sah von ihrer Heilkunst aber auch das Gegenteil.« Und wie zum gerechten Ausgleich bringt der syrische Schriftsteller zwei positive Beispiele. Hier gebe ich wenigstens das erste wieder: »Der König von Jerusalem hatte unter seinen Rittern einen Schatzmeister namens Barnad (Bernard) – Allah verfluche ihn. Einmal trat ihn ein Pferd ans Bein. Sein Bein begann daraufhin zu eitern und war an vierzehn verschiedenen Stellen offen. Jedesmal wenn sich eine Stelle geschlossen hatte, öffnete sich eine andere. Ich aber wünschte sein Verderben. Da kam ein fränkischer Arzt zu ihm. Er beseitigte die bisher gebrauchten Salben und begann, alles mit saurem Essig zu waschen. Da schloß sich die Wunde, der Ritter gesundete und war wieder wie ein Teufel.«

Halten wir den Blick auf Salerno (oder Bologna) fixiert, auf Toledo (oder Cordoba), so läßt sich Medizin und medizinische Versorgung im Abendland des Hochmittelalters recht positiv darstellen, denn hier wirkte arabische Medizin ein auf Lehre und Praxis. Je weiter wir aber nach Norden kommen, desto mehr läßt die positive Einwirkung der arabischen Medizin nach (genauer: der griechisch-antiken, arabisch-mittelalterlichen Medizin), desto schlechter wird die Ausbildung von Ärzten, oder, um es angemessener zu formulieren: von Personen, die sich auf Heilkunst verstehen oder zu verstehen glauben oder zu verstehen vorgeben.

Es gibt nördlich der Alpen auch positive Aussagen, Absichtserklärungen, Deklarationen von Klerikern zur medizinischen Praxis. Das Modell einer idealen Leib- und Seelsorge durch einen Klerikermediziner läßt sich so beschreiben: der heilkundige Mönch als Nachfolger des Christus Medicus, des magnus medicus, des medicus medicorum, des magister medicorum, und seine Tätigkeit ist Therapieren in der griechischen Bedeutung des Wortes, als Dienen, wie Schipperges betont, und die Anamnese beschränkt sich nicht auf Fragen nach körperlichen Symptomen, sie ist zugleich seelsorgerisches Gespräch, denn Krankheit wird aufgefaßt als Störung der gesamten, vorgegebenen Harmonie des Menschen, die der Harmonie des Kosmos entspricht, und so gehört zum Bericht des Kranken auch die Beichte, gehört zum Heilen auch das Gebet. Hier läßt sich leicht zu einer medizinisch-seelsorgerischen

Ganzheitsmethode hochstilisieren (die curia corporis mit der curia animae...), was im Alltag meist auseinanderfiel in formelles Gebet und unzureichende Medikamentierung.

Einer der Gründe des Rückstands: der Kleriker arbeitete nicht mit den Händen. Ein charakteristischer Leitspruch lautete: Inhonestum magistro in medicina manu operari. Das hieß nicht nur: der Kleriker machte sich nicht die Finger blutig bei operativen Eingriffen, sondern: prinzipiell legte er nicht Hand an. Kein Massieren, kein Einrenken, auch kein Schienen bei Knochenbrüchen – die »manuum operatio« wurde Badern, Barbieren überlassen und Wundärzten. Ein Bader, also Bademeister, durfte zur Ader lassen, durfte schröpfen, durfte gebrochene Knochen schienen; der Barbier schnitt selbstverständlich Haare, ließ ebenfalls zur Ader, zog Zähne, renkte Gliedmaßen ein, behandelte Knochenbrüche, war zuständig für Wundbehandlungen. Und wer führte Operationen durch? Für Gallensteine beispielsweise war der Steinschneider zuständig, aber wie wurde der ausgebildet?

Es gab, wie schon berichtet, keinen ›geregelten Ausbildungsgang‹. Erst Kaiser Friedrich II. wird eine Medizinalordnung veranlassen, aber sie gilt nur für das Königreich Sizilien. In Deutschland konnte, soweit ich das richtig einschätze, eigentlich jeder Medizin betreiben, der sich dazu berufen fühlte.

Das hieß in der Praxis: kaum Therapie, höchstens Diagnose. Die Mittel der Diagnose waren letztlich nur der Augenschein und die Urinschau – der Glasbehälter zur Prüfung des Urins war im Mittelalter das Symbol des Arztes (so wie heute der weiße Kittel mit dem Stethoskop in der Brusttasche). Man hielt den Glasbehälter mit dem Urin ins Licht, zog seinen Schluß aus dem jeweiligen Farbwert zwischen wasserhell und sterbeschwarz. Und es wurde am Urin gerochen. Solche zusätzlichen Proben wurden notwendig, denn das Uringlas war noch nicht so durchsichtig wie heutiges Reagenzglas, alle Gläser jener Zeit waren getönt (bläulich, grünlich, gelblich), und wenn einmal farbloses Glas entstand, so war es trüb. Es soll auch Ärzte gegeben haben, die den Urin abschmeckten, um ihre Diagnose zu präzisieren.

Der Rückstand der abendländischen Medizin gegenüber der morgenländischen Medizin war also eklatant; im deutschen Bereich war die medizinische Versorgung besonders schlecht. So gab es viele historische Gründe, weshalb der Arzt lange Zeit als komische Figur dargestellt wurde. Seine meist wirkungslosen Rezepte wurden karikiert, beispielsweise so: »Will das alles nicht helfen, so nimm ein Pfund Eselsverstand und drei Lot Jungfrauengedanken, fünf Lot Weibertreu, zwei Lot Witwenklage, zehn Lot Nonnengesang und ebensoviel Glockenklang, zehn Lot neuesten Klatsches, binde alles mit einem Affenschwanz zusammen und leg das zu Mitternacht in die heiße Sonne, so wird es dürr, und danach leg es in eine Pfanne aus Stroh und siede es über einem Feuer, das mit Eiszapfen gemacht wird, und trinke Wein aus einem leeren Becher, der keinen Boden hat, und trinke ungarischen Wein, der am Rhein gewachsen ist. Und will das noch nicht helfen, so nimm, ich weiß nicht was, behandle es, ich weiß nicht wie, so wirst du gesund, wovon ich nichts weiß.«

95 Noch einmal Hildegard von Bingen: das helle Licht des Benediktinerordens. Der wurde im Mittelalter auch deshalb gerühmt: Benediktiner kannten besser als andere Mönche die Heilwirkung von Pflanzen. Hildegard fragt bei jeder Pflanze, die sie beschreibt: kann sie dem Menschen helfen? Auch bei ihren Beschreibungen von Bäumen, von Steinen (also Edelsteinen), von Tieren: Ist dies dem Menschen nützlich oder nicht, kann es bei Erkrankungen beitragen zur Gesundung?

Beispielsweise der Pflaumenbaum, der den Zorn symbolisiert: seine Blätter können helfen, wenn in offenen Wunden Maden herumkriechen. Dann nimmt man »die obere Rinde des Baumes und seine ausgedörrten Blätter«, pulverisiert sie, streut sie auf die Wunde; sobald sich daraufhin die Würmer weiter hervorwagen, muß man Essig mit Honig mischen und über die Wunde gießen, dann sterben sie. »Wenn sie dann tot von den wunden Stellen abgefallen sind, muß man auf die Geschwüre ein in Wein getauchtes Leinentuch legen. Es zieht den Eiter heraus, und so wird der Mensch gesund.« Hat man nicht an einer offenen, madenreichen Wunde zu leiden, sondern an einer hart geschlossenen Geschwulst, so empfiehlt Hildegard eine Kompresse: man nehme »etwas trockenen und harten Kot von einem gesunden Menschen«, schlage ihn in ein Leinentuch ein, lege es auf das Geschwür, streiche »auf diesen Verband Bockstalg«; diese Kompresse soll drei Tage aufliegen, danach muß man den Kot erneuern; »man kann aber auch das Blut einer Schwalbe oder die getrocknete Leber eines Geiers nehmen«. Geier gab es schließlich auch im Rheintal...

Besonders bewährt haben sich, nach der Lehre Hildegards die Edelsteine. Zum Beispiel der Smaragd. Der »entsteht in der Morgenfrühe. Das Grün der Erde und der Gräser blüht dann am frischesten, weil die Luft noch kalt, die Sonne aber schon warm ist und dann die Kräuter das Grün so gierig einsaugen wie ein Lamm die Milch.« Daher die Kraft des Smaragds »gegen alle Schwächen und Krankheiten des Menschen«. Bei Herzschmerzen, Bauchweh, Seitenstichen trage man einen Smaragd bei sich, damit der Körper »sich an ihm erwärme«, schon wird einem wohler. Wenn den Menschen jedoch »die Krankheiten so überfluten, daß er sich deren Ansturms kaum erwehren kann, dann nehme er den Smaragd sogleich in seinen Mund, damit er vom Speichel naß werde. Den so erwärmten Speichel ziehe er oft ein und werfe ihn wieder aus, dann lassen die plötzlichen Anfälle dieser Krankheit ohne Zweifel nach. Wer von der fallenden Krankheit gequält zu Boden stürzt, dem lege man einen Smaragd in den Mund, und sein Geist wird neu belebt.«

Zur Belebung des Geistes, nicht nur bei Epileptikern, trägt vor allem der Saphir bei, der zur Mittagszeit wächst, wenn die Sonne stark brennt – das macht den Saphir »ungestüm«, gibt ihm aber auch seine heilende Wirkkraft. »Wer dumm ist und jeglicher Wissenschaft entbehrt, doch klug sein möchte, es aber nicht sein kann, und dabei weder Schlechtigkeit in sich hat, noch sich nach ihr zu strecken beabsichtigt, der bestreiche oft nüchtern seine Zunge mit dem Saphir. Seine Wärme und die Kraft lassen mit der warmen Feuchtigkeit des Speichels die schädlichen Säfte, die den Verstand des Menschen bedrücken, weichen. Und so gewinnt der Mensch gutes Wissen.«

Zu diesem guten Wissen gehört beispielsweise die Kenntnis der heilenden Wirkung des Jaspis: der hilft gegen Gicht, wenn man ihn an das befallene Körperteil bindet, der erlöst aber auch von Schwerhörigkeit, Taubheit, man braucht ihn nur ins Ohr zu legen. Und wenn das Augenlicht schwächer wird? Auch dagegen ist ein Stein gewachsen. Oder der Reiher, und zwar bei folgendem Rezept: man nehme den Kopf eines Reihers, koche ihn auf, löse die Augen heraus, trockne sie in der Sonne, weiche sie darauf eine halbe Stunde in kaltem Wasser ein, trockne sie wieder an der Sonne, tue dies insgesamt dreimal, pulverisiere dann die Reiheraugen, schütte dieses Pulver in »guten, reinen Wein«, tauche eine Feder ein, bestreiche mit ihr die Wimpern – und die Augen werden einem aufgehen! Ebenso hilft dieses Rezept: man fange vor Tagesanbruch eine Nachtigall, entleere ihre Galle, mische einen Tropfen Tau hinzu, benetze mit dieser Galle-Tau-Mischung die Wimpern und Lider, »das wird die Verdunkelung wunderbar von den Augen nehmen«. Und die guten Lebensgeister kehren zurück.

Hat man zuviel der guten Lebensgeister, wird man von geschlechtlicher Begierde allzu sehr geplagt, als Frau, als Mann, so hilft der Sperber, bei folgendem Rezept: man tötet ihn, rupft ihn, schneidet ihm den Kopf ab, löst die Gedärme heraus, legt den ausgenommenen Körper in ein neues Gefäß mit einem kleinen Loch, erhitzt in diesem trockenen Gefäß den Sperber, stellt ein zweites Gefäß unter das Loch dieses ersten Gefäßes, fängt so das abfließende Schmalz auf, bereitet aus ihm »mit anderen Zugaben« (die Hildegard freilich nicht verrät!) eine Salbe; die soll sich der Mann fünf Tage lang auf Glied und Lenden streichen, und »innerhalb eines Monats wird die Begierde ohne Gefahr für seinen Körper entweichen. Die Frau soll sich um den Nabel herum einreiben, auch ihre Begierde wird in einem Monat verschwinden. Sonst taugt nichts vom Sperber als Nahrungs- oder Heilmittel.« Aber es gibt ja noch viele andere Vögel, beispielsweise den Grünspecht. »Wer an Lepra leidet, soll oft geröstete Grünspechte essen.« Und leidet jemand an Gelbsucht, soll er eine Fledermaus fangen und sie »so vorsichtig aufspießen, daß sie am Leben bleibt, und dann mit ihrem Rücken auf den seinen binden. Gleich darauf soll er sie sich auf den Bauch binden, bis sie stirbt.« Schon ist er gesund und munter. Und wenn er nicht gestorben ist...

96 Zum Bild der Zeit eines Neidhart, oder: zum Bild, das wir uns von Neidharts Zeit zu machen versuchen, gehören die zahlreichen Aussätzigen. Statt Aussatz sagen wir: Lepra. Dieses Wort ist im europäischen Bereich heute vielfach mit dem Wort »Spende« verbunden, für die »Leprahilfe« in Afrika oder Indien. Es soll zehn Millionen, ja an die zwanzig Millionen Leprakranke in der Welt geben, so heißt es in Spendenaufrufen. Lepra – eine Krankheit, die es in Zentraleuropa seit dem 16. Jahrhundert nicht mehr gibt: zu Neidharts oder zu Wolframs Zeit, auch zu Oswalds Zeit war Lepra jedoch eine der großen, das Öffentlichkeitsbild prägenden Krankheiten.

Einige der Auswirkungen von Lepra, wie man sie damals täglich oder fast täglich sah. Es bildeten sich als erstes Flecken auf der

Haut, sie wurde rauh, fühlte sich schuppig an, wurde unempfind-
lich, damit anfällig für Infektionen bei Verletzungen; die Nerven-
stränge verdickten sich, bildeten Knoten; die ersten Knötchen
zeigten sich meist im Gesicht; die Lippen schwollen an, auch die
Augenlider; die Knoten wuchsen sich vielfach zu Geschwüren
aus; befallen wurden vor allem Nase, Ohrläppchen, die Umgebung der Augenhöhlen – die Augenbrauen fielen aus, auch die
Barthaare; es bildete sich das von Geschwüren entstellte, verquol-
lene, zerfressene »Löwengesicht« (facies leontina); Hände und
Füße wurden befallen; Gelenke wurden steif; Muskelschwund
setzte ein; Knoten und Geschwüre öffneten sich, der Körper infizierte sich selbst durch den Blutkreislauf; innere Organe wurden
befallen.
Leprakranke wurden und werden oft schon bei ersten sichtbaren
Knoten zu Aussätzigen, wurden und werden aus der Familie ausgestoßen, weil die Krankheit seit jeher als böses Omen gilt, als
Strafe für die Familie. Die Leprakranken müssen und mußten betteln, man kaufte, kauft sich von ihrem Anblick frei durch Almosen.
Von Tröpfcheninfektion wußte man im Mittelalter noch nichts;
man spekulierte über mögliche Ursachen von Lepra, gab mal ver-
dorbener Luft die Schuld, mal verdorbenem Wasser, mal »finni-
gem« Schweinefleisch. Man wußte, Lepra ist ansteckend, vermu-
tete freilich, die Krankheit würde vor allem durch Geschlechtsverkehr übertragen und hier am ehesten bei außerehelichem – Leprakranke galten als besonders triebhaft.
Man sah letztlich nur eine Möglichkeit, die Ausbreitung dieser
entstellenden, zerfressenden, verkrüppelnden, tötenden Krankheit einzugrenzen: die Isolierung. In Neidharts Zeit waren die
Leprosorien, die Spitäler ausschließlich für Leprakranke bestimmt – euphemistisch wurden sie vielfach Gutleutehaus, Gut-
leutehof genannt. Diese »Sondersiechenhäuser« wurden außerhalb der Stadtmauern errichtet, aber vielfach an großen Straßen,
um den Insassen das Betteln zu erleichtern, vor allem bei umherziehenden Händlern. Wer Leprakranken half, tat etwas für sein
Seelenheil, und so sind Lepraspitäler durchweg fromme Schen-
kungen, Stiftungen. Zu solch einem Spital sollte auch eine eigene
Kirche, zumindest eine Kapelle gehören, ein eigener Friedhof,
auch eigene Bewirtschaftung.
Die Gesellschaft grenzte die Leprakranken aus. Sie durften nicht
auf dem Markt erscheinen, sie durften nicht zum Backofen, nicht

zur Mühle gehen, auch nicht in die Kirche – höchstens von außen her, durch einen speziellen Mauerschlitz spähend und horchend, durften sie an Gottesdiensten teilnehmen. Und das dritte Lateran-konzil verkündigte: »Leprosi cum sanis habitare non possunt«, Lepröse dürfen nicht mit Gesunden zusammenleben. Und wie war es bei einer Ehe zwischen einer leprösen und einer gesunden Person? Den Kranken wurde zugestanden, mit dem Ehepartner Geschlechtsverkehr auszuüben. Wurde der oder die Kranke in ein Spital eingewiesen, mußte der Ehepartner folgen – die Unauflös-lichkeit der Ehe wurde für diesen Fall besonders betont (»De con-iugio leprosorum«). Es wurden auch Kinder geboren in Lepra-Spitälern.

Hier herrschte weithin Selbstverwaltung. Ich lese dazu im *Lexi-kon des Mittelalters:* »Die in einem Leprosorium zusammenge-faßten Kranken bildeten eine Art religiöser Genossenschaft, die zwar nicht als Orden, aber als Bruderschaft betrachtet werden kann. Sie gelobten Gütergemeinschaft, wählten aus ihrer Mitte ei-nen Leprosenmeister, lebten nach einer Leprosenordnung, die in der Regel Gleichheit von Verpflegung und Kleidung (graues Ge-wand mit Umhang oder Kapuze; Wintermantel mit Hut oder Fellmütze) vorschrieb, sprachen in festgelegten Zeitabständen über interne Angelegenheiten Recht, gewährten Neuankömmlin-gen eine Art Noviziat und konnten unter Einschaltung der geistli-chen Aufsicht ungebärdige Mitglieder aus ihrer Gemeinschaft ausschließen.« Was geschah mit denen?

Die Isolierung war nicht vollständig: die Leprakranken besaßen offiziell das Bettelrecht, wenn auch mit Einschränkungen. Ein-zelne Kranke konnten weite »Bettelfahrten« unternehmen, Grup-pen von Leprakranken machten »Bettelumzüge«. Gebettelt wurde, wie schon angedeutet, meist auf den Straßen, an denen die Spitäler erbaut waren, gebettelt wurde aber auch in der Stadt. Die Kranken mußten allerdings Distanz halten zu den Gesunden, mußten auf sich aufmerksam machen. Deshalb die graue Klei-dung, das »Lazaruskleid«. Auch mußten die Kranken akustisch vor sich warnen, mußten Klappern schwingen (»Lazarusklap-per«), Ratschen oder kleine Glocken, oder sie tuteten in Hörner. Warf man ihnen die Almosen zu? Legte man das Stück Brot oder das Ei oder die kleine Münze auf den Boden, wich zurück, schaute aus sicherem Abstand zu, wie der verkrüppelte Bettler das Almo-sen an sich nahm? Man hatte nicht nur Angst vor Ansteckung, es wurde Aussätzigen vielfach nachgesagt, sie hätten den bösen

Blick. Und wer den bösen Blick hat, der tut Böses, beispielsweise indem er Brunnen vergiftet. In der Tat, es waren viele Brunnen verseucht im Mittelalter, aber schuld daran waren weder die Aussätzigen noch die Juden.

97 Michel Foucault weist darauf hin, daß im Mittelalter zwar die Leprakranken in Heimen isoliert wurden, daß man Irre aber nicht aus der Gesellschaft ausschloß; erst als sich die Lepra aus Zentraleuropa zurückzog in die südlichen Randbereiche, wurden die Leprosorien in Irrenhäuser umgewandelt, aber das wird, von Neidhart aus gerechnet, noch Jahrhunderte dauern. Von da an die »Geste, die den Wahnsinn abtrennt«, die »Zäsur«, die »Distanz zwischen Vernunft und Nicht-Vernunft«, das Festlegen einer »Grenze«, einer »Trennungslinie«.

Im Mittelalter dagegen ständig Konfrontationen: mit der Möglichkeit, siech oder verkrüppelt zu sein, mit der Möglichkeit, schwachsinnig oder wahnsinnig zu werden. Ein selbstverständliches Zusammenleben mit solchen Möglichkeiten, die für die jeweiligen Opfer unausweichliche Wirklichkeiten sind. Es gab hier noch Zeichen hin und her, Austausch von Gesten, Dialoge.

Ich bringe einen Beleg aus einer wenig bekannten Publikation: der Katalog einer Ausstellung in Villingen, unter dem Titel *Krankheit und Heilung:* Resultate einer Ausgrabung.

Eine Vorbemerkung, um das Außerordentliche des archäologischen Fundes bewußt zu machen. Menschen des Mittelalters wollten in ihrer Kirche begraben werden, und zwar möglichst nah am Altar. Der Chorraum war deshalb besonders beliebt, hier wurden aber nur Privilegierte bestattet: Mitglieder der adligen Familie vor allem, die zu den Stiftern und Förderern einer Kloster- oder Pfarrkirche gehörten, zu ihren Vögten, also Schutzherren, Schirmherren. Selbstverständlich wurden auch Kleriker höherer Ränge in der Nähe des Altars bestattet. Wer kein Vorrecht auf eine Bestattung im Chor hatte, der fand seine letzte Ruhestätte unter den Füßen der Lebenden im Kirchenschiff; alle anderen wurden außerhalb der Kirche begraben, und auch hier wollte man dem Altar möglichst nah sein. Weil Pfarrkirchen stets in der Ortsmitte standen, war auch der Friedhof Mitte des Ortes – Friedhöfe konnten sich deshalb kaum ausdehnen. Dies bedeutete: der Platz für die Toten war knapp. So lagen sie, vor allem in der Kirche, dicht ge-

drängt, möglichst wenig Grundfläche auch für die Gräber privile-
gierter Personen. Schmales Grab an schmalem Grab: das zeigt sich
immer wieder bei Ausgrabungen in Kirchen, anläßlich von Re-
staurierungsarbeiten.

Im Münster von Villingen ist nun vor einigen Jahren ein Grab freigelegt worden, dessen Grundriß fast quadratisch war: die Breite
betrug 160 Zentimeter. Das freigelegte Skelett in einer überraschenden Pose: das rechte Bein als Standbein gestreckt, das linke
Knie hochgezogen, Oberschenkel und Unterschenkel seitlich ausgewinkelt; der linke Arm stark eingeknickt, die Hand wohl in der
Taille aufgestützt; der rechte Arm hochgeworfen, die Hand fast
über dem schräg gehaltenen Kopf. Meine erste Assoziation: er-
starrte, jähe Tanzbewegung! Ihre Ekstatik ist so suggestiv, daß
sich die Bewegung fortzusetzen scheint, nach vielen Jahrhunderten. Ein Toter des Mittelalters; ein Mann, der in reifen Jahren gestorben ist, nach dem Knochenbefund. Eine Grabbeigabe: ein
kleiner, hölzerner Kelch; damit ist »dieser Mann als Priester ausgewiesen«. Dieser Priester, der die Grabfläche von zwei Toten erhielt, hat an Veitstanz gelitten, das zeigen Vergleiche mit ähnlichen Grabfunden bis in die Schweiz.

Über Veitstanz hatte ich nur vage Vorstellungen; ich habe mich
im Katalog und in einem Fachbuch informiert. Veitstanz ist eine
Erkrankung des Zentralen Nervensystems. Die Kranken sind »im
Anfang häufig melancholisch oder hypochondrisch, später apathisch und stumpf. Auch Wahnideen, z. B. im Sinne der Eifer-
sucht, und akustische Sinnestäuschungen können das Bild vor-
übergehend beherrschen. Schließlich entwickelt sich eine schwere
Demenz, die sich in einer starken Störung der Aufmerksamkeit,
der Auffassung, des Merkens und Wissens, in großer Ermüdbar-
keit und Urteilsschwäche äußert.« Soweit Oswald Bumke. Die
deutlichste, sichtbarste Folge dieser schweren Erkrankung: un-
koordinierte, jähe Bewegungen, »ausfahrend«, das »Gliederwerfen«. Ein Verhalten also, das dem einer schweren spastischen
Erkrankung ähneln dürfte. Und hier fällt mir diese Szene ein: in
einem Hotel in Süditalien wurde die alte Patronin in den Speisesaal
geführt, an einen Rand-Tisch gesetzt, ihr wurde ein Lätzchen um-
gebunden und die zuckende, grimassierende, zungenstreckende
alte Frau wurde gefüttert – so etwas habe ich nördlich der Alpen
nie gesehen. Damit bin ich schon beim Thema der gesellschaftlichen Toleranz von auffälligem Verhalten, von sichtbar schweren
Störungen.

Der Priester, der an Veitstanz litt: auch er konnte nur mühsam sprechen, schwerfällig, er schien über Sprachlaute zu stolpern. Auch er mußte gefüttert werden, man mußte ihm Getränke einflößen, er mußte angezogen, ausgezogen werden. Bewegte er sich, so brauchte er helfende Begleitung. Bei schon geringer Erregung wurden die ausfahrenden Bewegungen noch wilder: das heftige Zucken, Gliederwerfen des Veitstänzers. Beim Verlesen oder Sprechen liturgischer Texte, beim Predigen muß er große Schwierigkeiten gehabt haben; beim Zelebrieren der Messe am Altar unkontrollierte, unkontrollierbare Bewegungen. Aber er blieb Priester. Und wurde noch im Tod geehrt: durch die Bestattung in der Kirche, »mit dem Blick zum Chor«, durch den ausladenden Sarg, in dem eine seiner jähen, tanzähnlichen Bewegungen nachgebildet wurde.

98 Der Priester im mittelalterlichen Villingen, der an Veitstanz litt: nicht nur eine Vignette in diesem Buch. Denn auch er zeigt: das Spektrum der Lebensäußerungen war zu Neidharts Zeit entschieden weiter als heute. In der damaligen Gesellschaft, in der Schwachsinnige, Irrsinnige nicht isoliert wurden, in der Menschen mit leprazerfressenen Gesichtern herumliefen, mit Ratschen und Rasseln auf sich hinweisend, in der Bettler Beinstümpfe auf ausgebreiteten Lumpen betonten, in der es öffentlich durchgeführte Verstümmelungen und Hinrichtungen gab, in dieser Gesellschaft war die heutige Sorge wohl unbekannt, man könnte sich ›auffällig benehmen‹, könnte ›wie ein Verrückter‹ agieren. Unter einer Gruppe wilder Tänzer fällt nur ein besonders wilder Tänzer auf; zwischen statisch beharrenden Figuren genügen schon Andeutungen von Wildheit.
Aufzeichnungen über Neidhart, wie ich sie mir wünschte: die Person wird in ihren Umrissen, ihrem Verhalten erkennbar – und wirkt zugleich fremd. Verhält sich völlig anders, als das vorausgesetzt wird in deutschen Literaturgeschichten. Pittoresk, ja – aber nicht unberechenbar! Temperamentvoll, ja – aber nicht extrem! Bunt, ja – aber nicht extravagant! Am besten: moderates Verhalten. Dieses Erwartungsbild, Wunschbild durchbrechen mit heftigen Gesten, wilden Gebärden? Neidhart als ein Mann, der ohne Zögern zuschlägt, wenn er geärgert wird oder sich herausgefordert fühlt? Oder: Neidhart erhält ein üppiges Geschenk von ei-

nem der hohen Herren, schenkt die Hälfte spontan einem Musiker, der mit ihm aufgetreten ist – keiner der beiden kann sich einen Reim darauf machen, aber sie weinen vor Glück? Oder: Neidhart, der sich auffällig kleidet, weil das unter Spielleuten weithin üblich ist, und der sich, nach einer Bußpredigt, die bunten Kleidungsstücke vom Leib reißt, sie ins Feuer wirft? Oder: Neidhart, der in jener Welt streunender Köter mit Steinen auf jeden Hund wirft, der ihm entgegenkommt, und der einen Raben vom Weg aufhebt, der nicht mehr fliegen kann, und er nimmt ihn mit, sucht ihm täglich Futter, denn er ist davon überzeugt, daß der Rabe ihm Glück bringt, so schwarz er auch sein mag? Oder: Neidhart, der zwei Tage lang in einer Kirche kniet, weil eine Schwester wie durch ein Wunder von langer Krankheit geheilt worden ist, und als er die Kirche verläßt, singt er laut ein erotisches Lied, und niemand wundert sich?

Neidhart mit solchen Zügen (die ich ihm zuschreibe auf Widerruf): jemand, der mir Widerstand leisten würde; jemand, den ich nicht zu mir herüberziehen, nicht an meine Seite stellen könnte; jemand, in den ich mich nicht einfühlen, mit dem ich mich nicht eins fühlen könnte. Keiner von uns, keiner wie ich: so möchte ich ihm begegnen in einer alten Aufzeichnung. Und es hülfe mir nichts, wenn mir ein Psychologe diese Formulierung anböte: »Die allmähliche Umgestaltung der psychischen Struktur«. Und Neidhart bliebe mir fremd, wenn ein Historiker konstatierte, das Mittelalter sei weithin eine Zeit extravertierten Verhaltens. Der *Prozeß der Zivilisation,* wie ihn Norbert Elias analysiert hat, als Vorgang der Anpassung an immer differenziertere Verhaltensweisen. Ein Zähmen, Domestizieren jahrhundertelang, und ich, auch ich als Produkt dieser Anpassung, stünde mit Staunen vor einer Person, die »extreme Gefühls- und Stimmungsschwankungen« zeigt.

Für Könige und Kaiser jener Zeit ist unberechenbares, vielfach explosives Verhalten dokumentiert, auch für hohe Gefolgsmänner. Beispielsweise Heinrich von Pappenheim, Marschall des Kaisers Friedrich Barbarossa, Marschall des Kaisers Heinrich VI., Marschall des Königs Philipp von Schwaben, Marschall des Kaisers Otto IV., zuletzt Marschall des Kaisers Friedrich II.: er reist mit König Otto nach Rom, zur Kaiserkrönung; in Padua findet ein Ostermahl statt; der Truchseß gibt einem Pagen, der Kuchen stibitzt hat, eine Ohrfeige; der Marschall zieht sein Schwert und tötet den Truchseß; Otto gerät in Rage und will den Marschall hinrichten lassen; der Marschall fällt über den hünenhaften Otto her, reißt ihn am Bart, bringt ihn zu Fall; der Marschall wird dennoch begnadigt, darf dem Kaiser aber nicht mehr unter die Augen treten; später rettet er Otto im Kampf das Leben, dafür wird er vom Kaiser reich beschenkt, mit Gütern und Ämtern.

Je deutlicher die Konturen der Lebensformen und Lebensumstände von Menschen des 13. Jahrhunderts, desto stärker die Kontraste heutiger Lebenformen und Lebensumstände. »Ich stehe vor einem Rätsel« – ja, erst dann beginnt die Konfrontation. Wozu Beschäftigung mit Vergangenheit, wenn wir dem immer Gleichen begegnen würden, nur jeweils anders kostümiert? Gewiß, unsere Vorfahren haben geweint, wenn sie gelitten haben, sie haben gelacht, wenn sie fröhlich waren, sie haben gegessen, wenn sie hungrig waren und etwas auf dem Tisch hatten, sie haben geliebt, sie haben leiden lassen, ja, dreimal ja, aber in jener fernen Epoche zeigte ihr Verhalten wilde Amplituden. Im Lauf der Zeit wurden die gedämpft, und dort, wo einmal scharfe Zacken waren, sind heute nur noch Flimmerlinien.

99 Fortsetzung der Lebensreise des Neidhart von Reuental. Der Dichter, der Sänger, der vielleicht wiederholt am bayerischen Herzogshof auftrat, er suchte die zeitweilige oder wenigstens punktuelle Unterstützung auch anderer Herrschaften.

Einen der Herren hat Neidhart selbst genannt: »Herr Bischof Eberhard«. Mit diesem Bischof, so berichtet Neidhart in einem seiner Lieder, ist er von Bayern in die Steiermark gezogen; das Reiselied, das er dichtete und komponierte, erhielt in der späteren Papierhandschrift den Titel »Uff der March gesungen«, also: In der Steiermark gesungen. Bevor ich diesen Text vorstelle, eine Skizze des Bischofs, dem Adressaten dieses Liedes.

Eberhard dürfte etwa in Neidharts Alter gewesen sein; schon früh wurde er Bischof von Brixen, das noch zu Bayern gehörte, hielt sich aber nur selten in seiner Residenz auf, das weiter fortgesetzte Studium der Theologie war ihm wichtiger; Papst Innozenz III. sah sich gezwungen, ihm eine Rüge zu erteilen. Dennoch, im Jahre 1200 wurde Eberhard zum Erzbischof von Salzburg gewählt – er wird fast ein halbes Jahrhundert in diesem Amt bleiben.

Zur Zeit seiner Wahl sah es in Salzburg und Umgebung schlimm aus: wenige Wochen zuvor hatte eine Feuersbrunst Salzburg weithin zerstört; es kamen eine Überschwemmung hinzu, eine Seuche, eine Heuschreckenplage. Ein äußerst schwieriger Anfang für den Erzbischof, der in seiner Diözese zugleich Funktionen eines weltlichen Herrschers ausübte – später gibt es für diese Fusion den Begriff »Fürstbischof«.

Dieser Eberhard, auch von der Nachwelt als der bedeutendste unter den Salzburger Erzbischöfen und Landesfürsten gewürdigt, war ein Mann von zäher Energie. Sein großes Werk schließlich: das erweiterte und territorial geschlossene Gebiet der Erzdiözese Salzburg. Eins der Mittel, mit denen man damals Rechtsansprüche geltend machte, war das Fälschen von Urkunden; mit dieser Methode setzte Eberhard im Pongau an. Weitere und entschieden größere Regionen wurden gekauft.

Woher hatte er das Geld dafür? Dieser Erzbischof war ein geschäftstüchtiger Unternehmer, und zwar in der Salzbranche. Unter seiner Direktion wurde der Salzbergbau, die Salzgewinnung in Hallein entschieden gesteigert. Eine Zeitlang war Hallein fast bedeutungslos gewesen; der dominierende Salzproduzent war Reichenhall: diese Vormachtstellung, die fast ein Monopol war, brach Erzbischof Eberhard. Um ausreichend Kapital zu haben, verkaufte er zu Beginn des Jahrhunderts Anteile, beispielsweise an das Zisterzienserkloster Salem am Bodensee. Mit diesen Geldern modernisierte er den Abbau, die Gewinnung von Salz. Er führte eine neue Methode ein: die Sole wurde in riesigen Pfannen gesiedet. Jeder Anteil, den er verkaufte, entsprach umgerechnet einer Großpfanne. So waren die Zisterzienser vom Bodensee mit insgesamt zwei Großpfannen am Salzsieden beteiligt, die Erzdiözese selbst mit drei Großpfannen. Insgesamt waren es schließlich neun Großpfannen. Sie produzierten so viel Salz, daß Eberhard das Salzburger Handelsgebiet erheblich erweitern konnte, er nahm dem Konkurrenten Reichenhall immer mehr Marktanteile ab – im nördlichen Bayern, in Böhmen und Mähren, in Österreich. Die riesige Produktion, der harte Wettbewerb ließen allerdings den Salzpreis sinken, und zwar so tief, daß Bischof Eberhard die Methode heutiger erdölproduzierender Länder vorwegnahm: er drosselte die Salzproduktion, und zwar zeitweise auf ein Viertel; damit trieb er den Preis wieder in die gewünschte Höhe.

Und was hatte »Herr Bischof Eberhard« in der Steiermark zu tun? Im Jahre 1218 gründete er dort das Bistum Seckau. Kloster Seckau bei Knittelfeld als Amtssitz des neuen Bischofs: ein »Eigenbistum« Salzburgs im Bereich der Babenberger.

War Neidhart im Gefolge des Erzbischofs, als er die kleine Diözese gründete? In diesem Fall hätte er nicht in der ersten Phase am
Ägyptenfeldzug teilnehmen können. Doch es ergaben sich weitere Gelegenheiten, dem Erzbischof in die Steiermark zu folgen.
Da wurden beispielsweise Visitationen notwendig in der Diözese
Gurk, die ein Vorgänger Eberhards gegründet hatte: der Bischof
von Gurk war abhängig von Salzburg, wollte das nicht sein, es
wurden Urkunden gefälscht, um den Anspruch, die Vorherrschaft
Salzburgs zurückzuweisen, es kam schließlich zu militärischen
Auseinandersetzungen zwischen Gurk und Salzburg. Ein weiterer Anlaß für eine Reise in die Steiermark: im Jahre 1226 gründete
dort Erzbischof Eberhard eine weitere Diözese, die von Lavant,
südlich von Graz.
Auf einer dieser Reisen hat Neidhart ihn begleitet, wohl in der
Hoffnung, ihm würden Auftritte bei Zwischenaufenthalten fürstliche Geschenke einbringen. Es geschah auf dieser Reise aber offenbar nichts, das den Enthusiasmus des Dichters hätte wecken
können, und so entstand ein Lied, das desillusioniert klingt wie
das große Kreuzlied.

> Nun versinke, Steiermark!
> Dein Land, es zieht sich rauh dahin.
> Ich und viele Flämelnde,
> wir führen hier ein Jammerleben.
> Wer sonst zu Haus in seinem deutschen Büchlein las,
> der muß mit mir hier reiten, für das Gras.
> Den reut, daß er nicht in der Heimat blieb.
>
> Herr Bischof, zieht nun fort
> von hier, in Gottes Namen.
> Ich ließ ein Weib daheim,
> das ist ne dumme Kröte.
> Ein andrer Mann, der legt die leicht herein;
> erlaubt sies ihm, so läßt er sie das büßen.
> Und ich bereue, daß ich sie mir nahm.
>
> Ah, es gibt noch mehr als mich,
> die hier nicht bleiben wollen.
> Auch die, so scheint es mir,
> sie haben große Sorgen,
> wies zu Hause mit den Frauen steht.

Die Sorge drückt den armen Kriegsknecht sehr:
daß jemand Fremder in sein Bette geht.

Offenbar auf der Rückreise nach Bayern (das haben bereits mehrere Forscher vermutet) wird Neidhart die folgende Strophe verfaßt und gesungen haben.

Es ist nur ein Spaziergang,
den wir nach Bayern machen.
Herr Bischof Eberhard,
bleibt standhaft im Entschluß –
die Steiermark liegt hinter mir!
Ich hab darum gebetet, nun hat es Gott gewährt.
Mein Unglück: für die Mechthild bringt es Glück.

Die Strophe, die in der Handschrift an fünfter Stelle steht, sie dürfte wiederum *vor* der Rückkehr nach Bayern verfaßt worden sein.

Es lebe hoch, mein Bayern!
Ah, ich wär gern in dir!
Ich habe Frauen dort,
die fehlen mir hier arg;
ich habe sie schon lang nicht mehr gesehn.
Dies bedrückt mir sehr das Herz:
daß ich mit meiner Mechthild nicht mehr sprach...

Auch in diesem (widersprüchlichen) Lied (das mit der Reise wuchs, das also wenigstens in zwei Etappen vorgetragen wurde), zeigt sich literarische Stilisierung: das Rollen-Ich des kleinen Kriegsknechts, dem alles zuviel wird und dessen größte Angst es ist, daß seine Frau in der Zwischenzeit mit einem anderen Mann, mit anderen Männern schläft. Aber auch in diesem Lied: ich höre Neidhart echohaft mit. Keine Zusammenhänge, keine Perspektiven und erst recht: keine Illusionen.

100 Neidhart, nach der Steiermärker Episode endlich wieder in Bayern, für einige Zeit wohl auch zu Hause im
Reuental: bei seiner Frau? Die Ehefrau heißt im Reiselied Mechthild, in der Kurzform Mecze. Rollenbezeichnung und zugleich
konkreter Name? Würde dem heute ein Reserl entsprechen oder
eine Mizzi? Wenn Neidhart in diesem Lied den authentischen Bischof beim Namen nennt, sehe ich keinen Grund, anzunehmen,
daß er im selben Lied einen fiktiven Namen einsetzt für eine Ehefrau. Warum sollte er nicht verheiratet gewesen sein, warum hätte
seine Frau nicht Mechthild heißen sollen? Auf Widerruf also:
Neidharts Frau hieß Mechthild. Anzunehmen, daß er auch Fami-
lienvater war – in der Klagestrophe über den Scheunenbrand weist
er auf seine armen Kindlein hin.
Ehe im Reuental: sorgte seine Frau auch außerhalb dieses Liedes
für Probleme? Und umgekehrt: könnte nicht auch er die Beziehung belastet haben? Es gibt eine Liedstrophe, in der Neidhart
(pardon, das lyrische Ich) anspielt auf potentielle Spannungen
zwischen Frau und Nebenfrau, in einer merkwürdig gestelzten
Formulierung.

> Wäre es mein Wunsch, daß sie im Reuental
> die erste Rolle spielte,
> wär die Herrin meines Hauses
> so gestimmt:
> sie kämen selten miteinander aus!

Wird hier die Möglichkeit einer Ménage à trois erwogen? Vermu-
tungen, Spekulationen – mehr ist hier nicht möglich.

101 Das Steiermärker Reiselied gibt ein Stichwort zu weiteren Überlegungen. »Wer sonst zu Haus in seinem deutschen Büchlein las« – so hieß es in der ersten Strophe. Ich
übersetze sie nach einer anderen Überlieferung, nach der Manessischen Handschrift.

> Du Steiermark, versinke!
> Du bist ein rauhes Land.
> Ich und viele Flämelnde
> leben hier sehr unbequem.

Wer zu Haus gern deutsche Büchlein las,
der reitet hier für Futter und für Gras.
Daß er nicht zu Hause blieb, das reut ihn sehr.

Als erstes: Neidhart spielt auf das Flämeln an. Es galt zu seiner
Zeit als besonders vornehm zu flämeln – das Flämische schien
noch eleganter als die Hofsprache Französisch; sie war sowieso
üblich unter Herrschaften, die ihre Noblesse hörbar machen wollten. Neidhart bezieht sich ein in den Kreis der Flämelnden – ironisch? Eine Gemeinschaft von Leuten, die vornehm tun und er
syntaktisch vornean – wie ein Vortänzer?
Als zweites: es wird eine Gesellschaft angesprochen, besungen, in
der man liest. Und zwar, so betont diese Variante: »wol«, also: gut
und gern. Und es sind sogar mehrere Bücher, volkssprachliche.
Zählte sich auch Neidhart zu denen, die lesen und damit wahrscheinlich auch schreiben können? Eine Selbstverständlichkeit
wäre das nicht gewesen, das durfte hervorgehoben werden, aber
es lag nicht außerhalb des damals Möglichen. Dafür zeugen Hartmanns berühmte Zeilen im Prolog des *Iwein*.

> Ein Ritter hatte soviel Bildung
> daß er selber Bücher las;
> hatte er mit seiner Zeit
> nicht noch etwas Beßres vor,
> dichtete er hier auch nach –
> sofern es sich zu hören lohnte;
> in diesem Falle war er fleißig.
> Er hörte auf den Namen Hartmann,
> von dem Hofe zu der Aue.

Zum Stichwort »schreiben« habe ich bei Neidhart zwei Textstellen gefunden. So heißt es im Liedtext »Das straussen horn«: »von
yn sol man tichten vnde schreiben«. Gemeint sind Damen, die edel
und hochgestimmt sind – über sie soll man dichten und schreiben.
Heute würde man dies als Tautologie verstehen. Damals aber
konnte man dichten, ohne schreiben zu können. Es gab aber auch
diese Variante, offenbar: man konnte selber niederschreiben, zumindest vorläufig, was man dichtete.
Das Stichwort »schreiben« finde ich in einem weiteren Liedtext.
Es geht hier um einen Irenbär, der aus Pottenbrunn kommt.

All der Unfug, den er trieb,
ließe sich in einem Buch
nicht zur Hälfte niederschreiben.

In einer anderen Überlieferung heißt es:

Ich kriegte dies in einem Buch
nicht mal zur Hälfte aufgeschrieben.

Der Text des Liedes, aus dem ich diese Zeilen herauslöse, legt nicht gerade den Schluß nahe, daß hier mehr zur Sprache kommt als das übliche literarische Spielchen mit Bauernfiguren. Aber könnten diese Zeilen nicht doch ein Realitätspartikel enthalten? Ein biographisches Detail, eingeschlossen oder eingeschmolzen in Fiktions-Granulat?

102 Neidhart war sehr erfolgreich. Das zeigt als erstes die Überlieferung: drei große Sammlungen von Neidhart-Liedern im 13. und 15. Jahrhundert, und die breite Streuüberlieferung – heute würden ihr Beiträge in Anthologien entsprechen. Das zweite Indiz: Neidhart wurde mehrfach von Kollegen und Nachfolgern erwähnt – siehe Wolfram von Eschenbach. Drittes, indirektes Indiz: ein Gedicht, ein »Spruch« des Walther von der Vogelweide, in dem er einen literarischen und musikalischen ›Trend‹ attackiert, der sich für ihn negativ auswirkt; der andere, erfolgreichere Dichterkomponist wird im Gedicht zwar nicht genannt, aber nach verschiedenen Forschern ist hier mit ziemlicher Sicherheit Neidhart gemeint. Es könnte sogar einen Anknüpfungspunkt geben, als Anspielung, deshalb eine Zeile aus einer Strophe, die ich im Reuental-Kapitel bereits vorstellte: »Was immer ich auch singen mag, ist Harfespielen in der Mühle!«
Und nun Walthers Gedicht-Attacke auf das allzu zahlreiche, allzu begeisterte Publikum des großen Ungenannten, der auch »in der Mühle« singt.

Ach, du armer Hofgesang:
daß die rüde Singerei
dich vom Hof vertrieben hat!
Gott bestrafe sie mit Hohn!

All dein Ansehn ist zerstört,
und dein Anhang: deprimiert.
Wenns so sein muß, sei es so:
Grobheit, dies ist Euer Sieg!

Wer uns wieder Freude bringt,
die den Anstand nicht verletzt,
ja, der hätte Lob verdient,
wo man ihn auch immer nennt!
Hofbewußtsein zeigte der –
und das wünsche ich mir sehr.
Damen, Herren brauchen es!
Leider, keiner zeigt es mehr.

Die die Liedkunst ganz versaun,
sind noch größer an der Zahl
als die Leute, die's gern hören.
Doch ich bleib im alten Stil!
In der Mühle sing ich nicht,
wo der Stein sich kreischend dreht
und das Mühlrad dissonant ist –
merkt euch, wer dort Harfe spielt!

Die so dummdreist Lärm erzeugen,
lach ich aus, doch voller Zorn:
die den Mißklang produzieren,
haben auch noch Spaß daran!
Sind wie Frösche in dem Teich:
quaken voll Zufriedenheit,
daß die Nachtigall verstummt.
Dabei sänge sie gern mehr!

Untersagt doch dies Geschrei
(Qualität entstünde neu!),
treibt es aus den Burgen fort –
all die Grobheit wär vorbei!
Macht der Adel nicht mehr mit,
wäre mir das äußerst recht!
So was steht den Bauern zu –
habens auch hervorgebracht!

In dieser »Klage über das mangelnde Echo und Interesse des höfischen Publikums« (Mück) ging Walther geschickt vor: die Sorge um seine persönliche Zukunft als Sorge um den zukünftigen Bestand höfischer Dichtung. Dennoch, es ist nicht anzunehmen, daß es Walther gelang, mit diesem Lied das Publikum des Wiener Hofes umzustimmen; er mußte ausweichen: von den ›großen Podien‹ auf kleinere. Vielleicht fand er dort offene Ohren für seine zugleich persönliche und überpersönliche Klage.

Was sich in diesem Liedtext klar abzeichnet: eine Konkurrenzsituation – und zwar ohne ›soziales Netz‹. Um es im Deutsch eines Wirtschaftsteils zu formulieren: Walther hatte Marktanteile verloren, seine Position war schwächer geworden, er versuchte Marktanteile zurückzuerobern, aber Neidhart beherrschte den Markt.

Daß Walther bei seiner Attacke vergleichsweise höflich war, zurückhaltend (vielleicht aus Berechnung, um sich nicht alle Chancen zu verderben), das soll zum Abschluß eine Gedichtattacke zeigen, die den Gegner beim Namen nennt. Der Marner, von dem ich bereits den Liedtext über die diversen Wünsche des höfischen Publikums vorstellte, greift hier den Kollegen Reinmar von Zweter an. So etwas wie öffentliche literarische Kritik gab es noch lange nicht, Meinungen über Dichter wurden durchweg von Dichtern formuliert.

> Reinmar von Zweter: pfui und buh!
> Aus alten Liedern machst du neue,
> du spaltest milbengleich das Haar,
> der Pfennig wird bei dir zur Mark,
> wenn du dich, zaubernd, selbst betrügst.
> Du machst aus einem Tag ein Jahr;
> der wilde Wolf wird dir zum Hund,
> Gans wird Kuckuck, Trapphahn Star.
> Wenn du es sagst, so webt der Hirsch –
> woher bloß nimmst du den Beweis?!
> Die Lüge geht wie glatte Wahrheit
>   über deine Lippen.
> Fische husten, Krebse säen –
>   wie es dir beliebt.
> Drei Monstren sind an deiner Seite:
> es sind der Geiz, der Haß, der Neid.
> Du bist ein Melodienräuber!

Du braust das Bier ganz ohne Malz –
sauf es! Den Schmarotzer magst du,
der die Herrn belügt, betrügt.

In diesem Zusammenhang fällt mir auf: so ironisch, so sarkastisch,
so aggressiv sich das lyrische Ich des Neidhart oft auch gebärden
mochte, im Rollenspiel mit Bauern – literarische Fehden führte er
offenbar nicht. Ich kenne jedenfalls keine verbale Attacke auf andere Dichter, kenne aber auch kein literarisches Loblied. War
seine Position so unanfechtbar, daß er solche Auseinandersetzungen nicht nötig hatte? Oder war Neidhart literarischer Einzelgän-
ger?

103 Für wen Neidhart dichtete, komponierte, sang, das
macht er in einer Schlußzeile deutlich: »alle die weil vnd
mir der stegereif zehove wagete«. Diese durch den Liedschluß betonte Aussage in unserem Deutsch: »solang mein Bügel hofwärts
pendelte«. Der Bügel als Steigbügel, und der hieß im Mittelalter
»stegereif«. Aus dem Stegreif dichten…: unsere Sprache erinnert
sich daran, daß ein Dichter auch ein guter, vor allem: ein ausdauernder Reiter sein mußte, auf der Suche nach seinem Publikum.
Vielleicht setzte sich der Prozeß des Dichtens, des Zurechtsingens
auf langen Ritten fort. Für wen Neidhart dichtete, das macht er
(auch) in dieser Formulierung klar: für Höfe. Seine Dichtung als
höfische Dichtung – so ist sie bisher auch definiert worden.
Trat Neidhart also nur in Burgen auf und nie in Städten, erst recht
nicht in Meierhöfen? Dies als Schwur, als Parole, als Vorschrift,
als stilles Abkommen, als Selbstverständlichkeit? Neidhart hat
einmal betont: »Ich han eins herrn syn / wie ich ein herr nicht em-
pin«, also:

Ich denke wie ein Herr von Adel,
obwohl ich nicht von Adel bin.

Dennoch, ich frage mich, ob Neidhart ausschließlich vor höfischem Publikum aufgetreten ist oder ob er nicht zum Beispiel
auch reichen Kaufleuten Lieder vortrug. Ich habe bei meiner Beschäftigung mit dem Mittelalter wiederholt festgestellt, daß
Grenzlinien selten klar gezogen sind oder daß sie leicht überspielt
werden, daß sie oszillieren. Und so wäre es einem fahrenden Sän-

ger vielleicht auch nicht in den Sinn gekommen, ausschließlich vor weltlichen und geistlichen Herren aufzutreten. Beispielsweise, wenn er in einer Stadt Zwischenstation macht, und es ergibt sich die Möglichkeit, vor einem Handelsmann aufzutreten – warum das ausschlagen? Oder wenn er unterwegs am Hof eines reichen Bauern Unterschlupf sucht, und er wird gebeten, ein paar Lieder zu singen, nach dem Essen, wird Neidhart dann sagen: Ich habe einen Exklusivvertrag mit der höfischen Gesellschaft, es würde meiner Reputation schaden, wenn ich hier sänge? In der Gesellschaft seiner Zeit gab es Kontrollen, auch Repressionen, etwa im Sexuellen, aber in vielen Lebensbereichen war man lässig großzügig. Abgesehen davon: wer könnte schon kontrollieren, wenn Neidhart, sagen wir, zwischen St. Pölten und Bogen (an der Donau) um Unterkunft bittet am Hof eines Meiers, weil es dunkel wird oder weil es unablässig regnet oder weil sein Pferd ein Hufeisen verlor? Und man nimmt ihn auf, erwartet aber, daß er ein paar Lieder singt? Vielleicht am nächsten Tag, und einige Nachbarn, ebenfalls reichere Bauern, werden zusammengerufen? Und die folgenden Liedzeilen könnten ein (fernes?) Echo sein auf eine mögliche Realität?

> Los, Herr Spielmann, blast die Flöte!
> Gottes Lohn sei Euch gewiß!
> Ihr lebt in höfischer Verblendung –
> eine Schüssel voller Bohnen
> sei Euch hiermit zugestanden!

Um es zu pointieren: die höfische Gesellschaft hat sich wohl kaum verhalten wie eine Schallplattengesellschaft, die einen Künstler exklusiv unter Vertrag nimmt, und jeder Abstecher, beispielsweise zu einer anderen Plattenfirma, ist nur möglich »by courtesy of«.
Auch hier wieder: ich entwerfe ein Modell. Neidhart kehrt von einer längeren Reise zurück nach Landshut; das Herzogspaar ist nicht oben in der Burg, es ist erneut in Kelheim oder auf Wartenberg. Nun ergibt sich für Neidhart aber die Möglichkeit, im Hause eines reichen Kaufmanns aufzutreten, und da wäre in Landshut naheliegend: Salzbranche, Handel mit Salz; daß ein Kaufmann einen Spielmann einlädt, einen fahrenden Sänger und Dichter, das ist nicht aus der Eifelluft gegriffen, das ist nicht aus den Schreibfingern gesogen, denn: reiche Händler versuchten damals, höfische

Lebensformen zu imitieren (ich habe das im Wolfram-Buch beschrieben). Ein Salzhändler also lädt Neidhart ein, er verspricht, verheißt ihm ein gutes Geschenk für den Auftritt in seinem Haus, vor seiner Familie, vor Freunden; es wird ein mitreißendes Konzert; unter den Zuhörern ein Salzhändlerkollege aus Hallein oder Reichenhall, und der ruft: Beim heiligen Zeno, dieser Sänger soll auch in meinem Hause auftreten! Und Neidhart singt in Hallein oder Reichenhall; dort hört ihn unter anderen ein Mann, der auf der Salzach einige Boote besitzt, mit denen Salz transportiert wird, er möchte ebenfalls gesalzene und gepfefferte Lieder hören bei sich zu Haus; nach diesem Auftritt reitet Neidhart weiter, diesmal vielleicht zu einem Grafen oder zum Hof des Herzogs.

104 Neidhart, in Bayern oder in Österreich reitend: er sah hier »felt« und »walt«, »heide« und »weide«. Aber nur scheinbar sind diese Wörter identisch geblieben, nur scheinbar bezeichnen sie gleiche Phänomene.
Beispielsweise »diu heide«: sie ist nicht identisch mit »Heide«, wie sie sich ausdehnt in der Umgebung von Lüneburg, wie ich sie in der schmalen »Drover Heide« durchfahre zwischen Düren und Abenden, »heide« bedeutete im Mittelalter eigentlich nur: weder Wald noch Feld, sondern offenes Land, das nicht sumpfig ist, sich also nutzen läßt. Unter »weide« dürfen wir uns auch nicht die satten, unkrautfreien, sogar blumenfreien eingezäunten Weideflächen für (subventionierte) Rinder vorstellen, die Weidemöglichkeiten waren damals eng begrenzt. Schweine mußten ihr Futter oft an Waldrändern suchen, fraßen hier vor allem Eicheln; auch Rinder wurden in Wälder, in Waldstreifen getrieben; die Waldweide für Schafe und Ziegen wurde vielfach verboten, wegen der hohen »Verbißschäden«, wie so etwas heute heißt. Es gab freilich auch offene Weideflächen, etwa auf Almen.
Auch ein »felt« hat zu Neidharts Zeit anders ausgesehen als heute, vor allem an Hügelhängen, an Bergflanken; was Neidhart gesehen hat, müssen wir erst wieder rekonstruieren – auch hierzu finde ich Materialien im Oswald-Buch von Okken und Mück. Ein Bauer, der neue Feldflächen brauchte, fällte die Bäume, trennte Äste von den Stämmen, transportierte die Stämme ab, breitete die Äste auf der Fläche aus, zündete sie an: die Brandrodung. So gewann er eine Ackerfläche mit Baumstubben; immerhin war sie von Holz-

asche gedüngt. Zwischen den Baumstümpfen, Baumstöcken wurde mit der Hacke oder dem Pflug der Boden aufgerissen oder auch nur aufgeritzt, wurde Getreide gesät. Nach wenigen Jahren gab der Boden nicht mehr genug her – Düngung war selten. In der Zwischenzeit hatten die Baumstubben auch längst wieder ausgeschlagen: Büsche auf den Stümpfen. Das Feld wurde zur Weidefläche. Erst Getreide zwischen Baumstubben, und nun Vieh zwischen Stubben mit rasch wachsenden Ästen. Waren sie lang und stark genug, wurden sie abgehackt – die starken Äste wurden für Zäune benutzt oder als Brennholz verwertet, das kleinere Geäst ließ man liegen und trocknen, zündete es an: das Staudenbrennen. Nach dieser neuen Düngung wurde die Fläche wieder als Getreidefeld benutzt. Dann wieder Nutzung als Weide. Weder als Felder noch als Weiden konnten die Stubben- und Staudenflächen der Hanglagen ergiebig sein.

So reichten die Weideflächen nie aus – wichtig war deshalb im Mittelalter das Futtersammeln. Dafür waren Mädchen zuständig. Sie durften Gras mit der Hand ausrupfen, nicht mit der Sichel schneiden. Und sie rissen Blätter von Ästen, vor allem im Mai, das Winterfutter war längst aufgebraucht, so war zum Übergang das Laubfüttern notwendig. Büsche, niedrige Bäume, die im Frühling kahlgerupft waren – das fiel damals wohl kaum auf. Die Mädchen, die Gras rupften oder Blätter abrissen, sie wurden, wenn es sich ergab, von Herren gern aufs Kreuz gelegt – sicher nicht nur in Pastourellen, wie sie auch ein Oswald von Wolkenstein dichten wird.

Und zuletzt das Stichwort »der walt«. Was im Mittelalter »Wald« bedeutete, vor allem Hochwald, das wird in der Wolkenstein-Biographie beschrieben. Hier sind einige zusätzliche Anmerkungen notwendig. Es gab damals noch viel Hochwald, Urwald in Deutschland, beispielsweise im Harz, im Bayerischen Wald, im Odenwald, im Schwarzwald, in den Voralpen, dieser Hochwald war meist »undurchdringlich«, wie es später hieß, lag jenseits der Fernstraßen. Den sah ein Oswald von Wolkenstein, sah ein Neidhart aus dem Reuental, sah ein Wolfram aus Eschenbach kaum: sie ritten meist durch Niederwald. Sie sahen also oft weniger den Ahorn, die Buche, die Eiche, sondern: Birke, Eberesche, Haselbusch, Weide – in der Forstwirtschaft nennt man sie »Destruktionsanzeiger«.

Denn Wald wurde oft sehr intensiv genutzt in der rohstoffarmen Zeit. Besonders der große Bedarf an Brennholz lichtete die Wälder. Es gab strenge Verbote von Regionalherren, Lehnsherren, sie wollten wahllosen Holzeinschlag verhindern. Auch Städte begannen, ihre Wälder durch Verbote zu schützen. Dennoch, es wurde in oft weiten Regionen abgeholzt, vor allem zur Gewinnung der Holzkohle. Die wurde vielfach in »Grubenmeilern« hergestellt, aber auch in »Platzmeilern« – so lese ich bei Hillebrecht. Beide Formen der Köhlerei werden Neidhart vertraut gewesen sein. Sehr viel Holz wurde auch gebraucht für die noch sehr primitive Verhüttung von Eisen: für eine Ochsenkarre Erzgestein brauchte man mehr als sechzig Festmeter Holz, meist umgewandelt in Holzkohle. Das Erz folgte den zurückweichenden Wäldern. Enorm viel Holz wurde auch gebraucht für die Siedepfannen der Salzgewinnung – so ist dieser Kapitelexkurs auch eine Ergänzung zu Neidharts »Salzfahrt«. In der Umgebung von Reichenhall oder Salzburg wird Neidhart weite Kahlschlagflächen gesehen haben, aber auch die sogenannten Sudwälder: Niederwälder, die man nach möglichst wenigen Jahren schlug, weil Holztransport über längere Strecken hinweg mühsam war. Holz für Siedepfannen – unter denen dürfen wir uns nicht nur vergrößerte Bratpfannen vorstellen, es waren Dutzende von Quadratmetern weite Flächen, auf denen Sole verkocht wurde.

Waldweide, Niederwald, Kahlschlag – wir dürfen hier freilich nicht heutige Bewußtseinsmuster projizieren! Niederwald und Kahlschlag waren einem Neidhart, waren wohl allen Fahrenden erheblich lieber als Hochwald: der behinderte das Reisen noch mehr und war noch gefährlicher.

Neidhart ritt in Bayern und in Österreich – und er ritt in einer anderen Welt. Wieder wächst die Distanz. Mein Blick folgt ihm noch eine Zeitlang, bis Neidhart, in Mäanderbewegungen reitend, im Niederwald unsichtbar wird.

105 Neidhart in Landschaftsgebieten, in denen sich die Folgen erster Großproduktion zeigen, Neidhart in einer Sequenz von Kapiteln über das Reisen – zwei Stichworte für eine Reiseerzählung: mittelalterliche Science-fiction in keltischem Märchenambiente. Erzählen könnte, in einem Reitertrupp, ein Kleriker, der unterwegs ist zu einem Gelehrten, um mit ihm über die Seh-Theorie des Aristoteles zu disputieren. Dieser Kleriker kombiniert Geschichten, wie sie Lambertus Okken in einem Buch gesammelt hat. Der Nacherzähler setzt ein mit der Geschichte von der gefährlichen Burg, frei nach der französischen, »um 1200 verfaßten« Verserzählung *La mule sans freins*. Der Kleriker macht, mit allen Vorrechten eines Erzählers, König Artus zum Helden der gesamten Sequenz. Und Neidhart ist diesmal Zuhörer, ausnahmsweise läßt *er* sich unterhalten.

Es geht los! Wie in der französischen Vorlage muß Artus zuerst die schmale Brücke eines teuflisch tiefen Burggrabens überqueren; diese Brücke wird von einer Maschine sehr heftig geschüttelt, Artus hat ein gerüttelt Maß an Schwierigkeiten, aber er kann sich auf der sehr schmalen Brücke weiter voranarbeiten, wohl auf allen vieren. Damit nähert er sich dem Messerrad: es rotiert so schnell, daß man es nicht sieht. Doch Artus ist vorgewarnt worden. So robbt er auf dieser Rüttelbrücke ans Messerrad heran, das zwischen zwei Säulen rotiert – so schnell, daß der Luftdruck den König fast von der Brücke schleudert. Artus kriecht unter den rotierenden Messern hinweg, entdeckt in einer der beiden Säulen eine Öffnung, schiebt seine Schwertspitze hinein, schneidet einen Draht durch (»ung fil de metal«); sobald der Draht durchtrennt ist, wird die Brücke nicht mehr gerüttelt, das Messerrad steht still. Ja, und dann? Da kommt gleich die nächste Schwierigkeit, denn die Burg dreht sich so rasch »wie ein rotierender Mühlstein«. Und der Kleriker versucht, den Mitreisenden zu erklären, wie das funktionieren konnte. Diese Burg hat eine Ringmauer, wie üblich aus Steinen gesetzt; sie umgibt – mit einem Zwischenraum, der so knapp ist, daß hier kein Mensch hineinpaßt – eine zweite, konzentrische Ringmauer, die sich ununterbrochen dreht, angetrieben von einem überaus starken Mühlbach; in der äußeren wie in der inneren Ringmauer eine schmale Toröffnung; man kann diese beiden Öffnungen nur im sehr kurzen Moment durchqueren, in dem sie hintereinander liegen. Artus holt sein Pferd über die nun ruhige Brücke, galoppiert im genau abgepaßten Moment durch die Doppelöffnung – seinem Pferd wird der halbe Schweif kupiert! Hörbares Aufatmen unter den Reitern. Mehr, wir wollen mehr hören! Der Kleriker hat hier bereits nacherzählt, was in der Verserzählung überliefert ist, aber weil sich ein Hör-Sog entwickelt hat, fabuliert er nach einer anderen Vorlage weiter: Motive römisch-antiker Dichtung. Artus kommt in den Saal mit dem Goldenen Baum unter der Sternenkuppel. Erzählen, erzählen! Bitteschön: mitten im Saal steht ein Thron aus purem kaukasischem Gold. Auf diesen Thron setzt sich, ganz selbstverständlich, König Artus.

Und nun steigt der Thron, mit Hilfe einer geheimnisvollen Maschinerie, langsam nach oben; recht nah sieht Artus im Gewölbe des Saales die Sonne und den Mond, den Mars und den Merkur, den Jupiter und die Venus, genauso wie sie an den Himmelssphären befestigt sind, mit denen sie sich drehen, auch im Saal: ein horologium. Artus verbringt, in der nachdenklichen Betrachtung der Planeten und Sterne, die Nacht auf dem erhöhten Thron. Am Morgen greift er zum Horn, das am höchsten Punkt der Kuppel aufgehängt ist, bläst ein Signal, und es kommen Diener in den Saal, lehnen eine Leiter an den erhöhten Thron, Artus steigt wieder hinunter. Und damit, sagt der Kleriker, sei die Geschichte zu Ende, die getreulich den Vorlagen folgte.

106 Neidhart wird sich im nächsten Kapitel für kurze Zeit in einem Kloster aufhalten: nicht einmal eine so simple Hypothese ist möglich ohne Kommentar, ohne ergänzende Information. Alles, fast alles hat inzwischen die Bedeutung verändert, den Stellenwert, das Assoziationsfeld. Unsere Assoziationen sind hier: abgeschiedener Ort, Stille, Einkehr, Besinnung, Exerzitien. Neidhart läßt sich in solch ein Assoziationsfeld nicht einbeziehen, auch hier muß kritische Distanz erarbeitet werden.

Heute liegen Klöster vielfach abgeschieden, soweit Abgeschiedenheit im engmaschigen Verkehrsnetz überhaupt noch möglich ist. Eine Untersuchung von Strömer zeigt gerade für den bayrischen Bereich, daß Klöster im Frühen Mittelalter vielfach an Römerstraßen gegründet wurden, die man weiterhin benutzte. Auch lagen Klöster häufig an »ehemaligen Straßenstützpunkten«, an »Umschlagstationen für Waren«, an Schiffsländen, an Straßenkreuzungen, an Pfaden des »Saumverkehrs«, des »Saumhandels«. Und wenn es den Anschein hat, als wäre ein Kloster bewußt in der Abgeschiedenheit errichtet worden, so zeigt genaueres Nachforschen, daß es zumindest an einem Saumpfad lag, der für den Handel wichtig war, beispielsweise als Abkürzung zu einer Paßstraße. »Daraus ergibt sich, daß Mönche bzw. die Klosterbrüder, nicht primär die Einsamkeit aufsuchten, sondern sich neben dem eigentlich monastischen Leben noch eine öffentliche Aufgabe stellten bzw. gestellt bekamen.« So waren Klöster auch geplant, gegründet als Herbergen, ebenfalls – dies ist für das folgende Kapitel wichtig – zur »ärztlichen Betreuung« von Reisenden.

107 Klöster an Saumpfaden, an Wasserstraßen, an Landstraßen – auch an einer stark frequentierten Fernstraße wären Einkehr, Besinnung, Ruhe möglich. Aber: waren Klöster im Mittelalter so streng reglementiert wie heute? In Klöstern der Reformbewegung (etwa von Cluny) herrschte Disziplin, jedoch: ist nicht viel tradiert über das lockere Leben in zahlreichen Klöstern des Hohen und Späten Mittelalters? Ist dies nur Schwankliteratur? Anordnungen und Verbote lassen darauf schließen, daß zahlreiche Mönche Liebeslust und Angriffslust nicht sublimierten.

So berichte ich kurz von Ereignissen in einem deutschen Kloster des Hochmittelalters: dabei übertrage ich Dokumentiertes vom Kloster Lorsch auf das Kloster Schwarzenbruch, in dem Neidhart sich bald aufhalten wird. Zu berichten ist vom Niedergang eines Klosters – das diesen Niedergang freilich um Jahrhunderte überleben wird.

Das schlimme Vorzeichen, im Bewußtsein der Mönche: die Feuersbrunst. Feuersbrünste waren zahlreich im Mittelalter: Burgen, Kirchen, Klöster brannten aus, Dörfer, ganze Städte brannten ab, die Geschichte als Kette von Feuersbrünsten. Die Feuersbrunst in Schwarzenbruch, zehn oder zwölf oder vierzehn Jahre vor Neidharts Besuch, wurde von einem Spiel mit dem Feuer ausgelöst: jemand zündete in der Dämmerung oder Dunkelheit eine Holzscheibe an den Rändern an, beliebtes Spiel, warf den flammenden, zumindest funkenschleudernden Diskus hoch in die Luft, die Feuerscheibe landete auf einem Schilf- oder Schindeldach, das Feuer fraß beinah das gesamte Kloster weg. Von dieser Feuerscheibe, die ein übermütiger Mönch oder Klosterschüler geworfen haben mochte, angefeuert, ja: ange-feuert von Klosterschülern oder Mönchen, von dieser Scheibe wird in der Klosterchronik berichtet: ...forte inter cytera ludorum exercitia discus...

Wie Brand und Verfall der Klosterdisziplin zusammenhängen könnten, dazu einige Beispiele. Das übliche Gästehaus und die Herberge für die Armen sind mit abgebrannt, wurden freilich noch nicht wieder aufgebaut – wichtiger waren die Gebäude des Konvents. Eigentlich könnte dieses reduzierte Kloster den Reisenden, auch den berittenen Reisenden nur Wegzehrung mitgeben, aber Neidhart darf bleiben. Und das gezwungenermaßen im »Klaustralbereich«. Also: Neidhart in einer Zelle. Und gewiß nicht in einer Zelle, die allein ihm zur Verfügung steht, sondern beispielsweise in der Zelle des scriptor. Und Neidhart bleibt in diesem Kloster mehr als das übliche Maximum von drei Nächten, er bleibt, so erfinde ich, zwei Wochen oder mehr. Und er speist im Refektorium mit. Dies, so weit gehe ich hier, sogar am Tisch des Abtes, an dem Laien eigentlich nicht speisen dürfen. Der Abt legt sich auch nicht vorbildliche Mäßigung auf: man freut sich über einen Gast, der so unterhaltsam ist, da wird noch mehr aufgetragen als sonst ohnehin schon. Und es wird pokuliert. Und es stellt sich beim Pokulieren heraus, daß dieser »Klaustralbereich« seit dem Brand einige Mauerlöcher hat, durch die Nachts schon mal – und so weiter. All dies mit Wissen und Billigung des selbst sehr aktiven Abtes, der wohl mit Stolz seinen Beinamen trägt: der Lasterhafte.

Ein vatikanischer Visitator wurde in dieses Kloster geschickt. Er berichtete, hier würden Ordensregeln nicht mehr befolgt, die Mönche seien »exteriori et interiori nigridine«, von äußerer wie innerer Schwärze, sie verstrickten sich in Freuden und Genüsse dieser Welt, sie verschleuderten den Besitz des Klosters, »substantiam monasterii«. So ist zu dieser Zeit das Kloster von der Translation bedroht: die Leitung soll Konrad dem Lasterhaften entzogen und auf den Bischof übertragen werden, ja die Mönche sollen allesamt exkommuniziert, aus Schwarzenbruch vertrieben und durch Mönche anderer Klöster ersetzt werden.

Dies ist ein extrem deutlicher, aber kein isolierter Fall. Ich werde dieses Kapitel nicht ausbauen zu einer Sittengeschichte der Geistlichkeit des Hohen Mittelalters, dazu gibt mir Neidhart kein Stichwort, ich wollte nur den möglichen Ort eines Aufenthaltes und Auftritts skizzieren. Dabei setze ich voraus: die Mönche dieses Klosters scheinen wenig beeindruckt von den angedrohten Maßnahmen: irgendwie, irgendwann, so könnten sie denken, wird das Gewitter schon abziehen...

108 Gegen alle Traditionen von Skriptorien, und als hätte er das gerade in diesem Fall nötig, stellt sich Walthari us in seinem Abschnitt der Annalen vor als Mönch des Klosters Schwarzenbruch in palude nigra, schreibt er, im Schwarzen Sumpf oder Schwarzen Bruch, der von Einheimischen auch Roter Bruch genannt wird, wohl nach der Farbe der Erde dieses dichten Waldgebietes, das vor der Klostergründung eine (ich übersetze) »Stelle schauerlicher Öde und Einsamkeit war«, »im Dickicht des Waldes und des Dornengestrüpps unzugänglich«; der Gründer dieses

Klosters, so berichtet der Chronist weiter, habe sich bei einer Jagd hierher verirrt, habe einen kurzen Erschöpfungsschlaf gehalten, in dem ihm der heilige Cosmas erschienen sei, mit der Forderung, an Ort und Stelle ein Kloster zu errichten. An diesem Kloster führte dann eine der bayrischen Pilger- und Handelsstraßen vorbei.

Auf dieser Straße kam der Besucher, von dem Waltharius in nigra palude berichtet: der fahrende Dichter Neidhart aus dem Reuental.

Neidhart sei, so könnte der Mönch einleitend berichten, mit einer Gruppe von Reisenden nach Schwarzenbruch gekommen, habe jedoch, weil sein Pferd lahmte, weil es zudem an einem Druckgeschwür litt und weil er selber etwas fiebrig war, zurückbleiben und sich an die zwei Wochen im Kloster aufhalten müssen. Und der Mönch legt hier ein neues Kapitel an, auch dies in lateinischer Sprache – freilich schreibt Walter gelegentlich so etwas wie Pidgin-Latein, indem er deutsche Wörter mit lateinischen Endungen versieht; in diesem Fall ist das wegen einiger Fachwörter unvermeidlich, denn Waltharius soll auf meinen Wunsch schreiben, was in Klosterannalen sonst nicht geschrieben wird: das nie und nirgendwo verfaßte Kapitel mit dem Thema »Dichter und Komponisten des Mittelalters und ihre Pferde«.

Neidhart könnte (stellvertretend für einen Wolfram von Eschenbach, einen Walther von der Vogelweide, einen Ulrich von Lichtenstein oder einen Oswald von Wolkenstein) in diesem Buch somit präsent werden als Pferdekenner. Das heißt vor allem: er kennt erste Anzeichen und spätere Auswirkungen von Erkrankungen des Pferdes, hat früh schon gelernt, darauf zu achten – auch dieser Aufenthalt in Schwarzenbruch zeigt, welche Folgen eine Verletzung oder Erkrankung des Reitpferdes haben kann.

Warum sollte der wahrhaft exzeptionelle Chronist nicht einleitend berichten, daß er mit Neidhart im Stall des Klosters war? Sie schauten sich den rechten Vorderhuf an. Das Horn des Hufes war hellrot gefärbt; das Pferd setzte diesen Huf nicht auf, stand mit leicht eingeknicktem Vorderfuß, setzte den Fuß höchstens mal auf der Vorderkante auf, am Hufbein. Vielleicht, ja wahrscheinlich war dieses Pferd huflahm, weil unterwegs ein Schmied einen zu langen Nagel in das gelockerte Eisen geschlagen hat. Schon bald darauf, bei einer Rast stellte das Pferd den verletzten Fuß nach vorn, hob ihn wiederholt an, setzte ihn sanft nieder, scharrte, aber auch dies vorsichtig, ganz vorsichtig. Und dann, wieder auf dem

Weg, lahmte es immer heftiger. Das hatte Neidhart im Lauf seiner vielen Reisejahre schon mehrfach erlebt – zuweilen war eine Gelenkentzündung der Grund gewesen; im Stallgespräch mit dem Mönch könnten hier mittelhochdeutsche Wortentsprechungen genannt werden zu Spat, Rehbein, Hasenhacke. Diese Wörter stellvertretend für viele Wörter, die erfahrenen, langjährigen Reitern selbstverständlich vertraut sind und die in diesem Text über einen möglichen Text signalisieren, daß Neidhart, auch Neidhart als Reiter zahlreiche Wörter benutzt, ganz selbstverständlich, die in seinen Liedtexten nicht zu finden sind. Doch wie sehr wäre hier ein vielstrophiges Lied zu wünschen, in dem Neidhart von tagelangen, wochenlangen Ritten erzählt, und was ihm und seinem Pferd dabei zustieß! Weil solch ein Lied nicht nachträglich erfunden werden kann, muß der nicht dokumentierte Waltharius in palude nigra einspringen. In den Klosterannalen könnte er (selber ein erfahrener, ausdauernder Reiter) berichten, daß er mit Neidhart im Stall auch die fast handflächengroße Druckstelle und Schwellung untersuchte – Stichwort für zahlreiche Erfahrungen, die Neidhart im Lauf der Jahre mit Schwellungen unter dem Sattel gemacht hat: immer mal wieder ein Pferd, dem sich der Sattel nicht richtig »verpassen« läßt, weil es einen zu hohen oder zu niedrigen Widerrist hat, einen Heubauch oder einen flachrippigen Brustkorb; es genügt auch schon, daß ein Pferd längere Zeit keinen Sattel getragen hat und daß man gezwungen ist, eine weite Strecke zu reiten, schon kommt es zu Druckstellen, Schwellungen – vor allem im Winter, wenn die Rückenhaut weich geworden ist. Satteldruck auch, wenn das Pferd während eines langen Rittes abmagert, das geschieht oft in wenigen Tagen, gerade an der Rippenpartie; außerdem kann es zu Satteldruck kommen, wenn der erschöpfte Reiter schief sitzt. Als Neidhart den Sattel abnahm, sah der Mönch sofort die Schwellung, und als er vorsichtig draufdrückte, bog das Pferd den Rücken ein; auch war diese Stelle warm. Schlimm, aber noch längst nicht so schlimm, räsonnieren die beiden, als wäre dem Pferd ein Gelenk gebrochen, als hätte es eine Kolik oder als wäre es gestohlen, geraubt worden.
Ich lasse den Chronisten weiter berichten, daß ihm Neidhart von langen, erschöpfend langen Ritten erzählt, Ritte oft auch im Regen, und die Kleidung nach kurzer Zeit schon vollgesogen, Wasser läuft an seiner Haut herab, und zuweilen regnet es wochenlang. Aber: er trägt die Harfe in einer Lederhülle auf dem Rücken, eine gute, fest vernähte Lederhülle. Eigentlich, so könnte Neidhart

überlegen, müßte es auch für Reiter solch eine Lederhülle geben und das Leder schön eingefettet, damit der Regen abläuft wie an Entengefieder. Weitaus schlimmer als die Regenritte sind, so könnte er weitererzählen, so könnte Waltharius weiterschreiben, die Winterritte: ein zu früh einbrechender Winter, und er ist noch Tage, womöglich Wochen entfernt vom Haus, in dem er wohnt, und er muß durch Schneetreiben reiten, und manchmal ist unter dem Schnee eine Eisschicht, und je schneller er reitet, desto größer die Gefahr, daß das Pferd stürzt, er wird von verschiedenen Reitern erzählen können, die im Winter gestürzt sind, Knochenbrüche, oder es ging etwas in der Hüfte kaputt, der Oberschenkel aus dem Gelenk gesprungen, der Knochen bohrt sich ins Fleisch, Schmerzen, Schmerzen, unerträgliche Schmerzen – einen so schweren Sturz hat er bisher nicht erlebt, dennoch bleibt genug zu berichten über Winterritte: die Entfernungen scheinen zu wachsen, zwischen einem Passau und einem Wien, zwischen einem Landshut und einem Reichenhall, und die kleine Harfe scheint in der Kälte zu knacken, ja, er spürt im Instrument auf dem Rücken die Einwirkung des Frostes, sieht vor sich, wie der Frost mit spitzen Wolfszähnen in den Rahmen beißt, das gibt Risse, und es dauert entsprechend lange, bis er das Instrument wieder gestimmt hat, und wie rasch ist die Harfe wieder verstimmt, das Holz scheint müde zu werden in der Kälte. Wenn die Kälte allzu arg ist, hat er sogar die Vorstellung, sein Fleisch wird mürber. Und da ist, abends in der Unterkunft, das Klopfen, Pulsen, Pochen in den Händen, in den Fingern, vor allem in den Fingerkuppen, da sind Schmerzen in den Füßen, wenn die Wärme zurückkehrt, und da ist Ziehen im Rücken. Diese feindlichen Winterwälder! Dieses unerwünschte Schweben von Glitzerpunkten in der Luft! Diese von Schnee belasteten oder von Reif umkrusteten Äste! Dieser Rauch, der – wenn er überhaupt einmal zu sehen ist – senkrecht aufsteigt. Und die immer größere Sehnsucht, ein Haus zu besitzen, für sich und seine Familie, und genug Holz, um es zu heizen – auch für dieses Holz muß er singen, ja, er muß Brennholz herbeisingen und Brot herbeisingen und Kleider für die Kinder herbeisingen, alles muß er sich ersingen, auch die Unterkunft im Haus eines reichen Bauern, die Gunst eines Bischofs oder eines Grafen, das weitere Interesse der Herzogin, des Herzogs – wie viele Strophen hat er in seinem Leben schon gesungen?!
Er wolle keine Klagelieder anstimmen, habe Neidhart gesagt, sein Reuental sei nicht im Schwarzen oder Roten Bruch, aber manch-

mal werde er sehr müde beim Reiten, so müde, als säße etwas auf seinen Schultern und sauge an ihm. Nach solchen Ritten möchte er nur noch die Arme hängen lassen, möchte herumhocken wie hier in der kleinen Zelle des Bruders Waltharius mit dem Schreibpult am Fenster und nichts als Wald, Wald, Wald ringsumher, er möchte die Wölfe heulen und die Bären tapsen und die Räuber metzeln lassen, er geht morgens in den kleinen Klostergarten, weil er vom Pflanzen einiges versteht, und weil der Gärtner erkrankt ist, und so begießt er im Kräutergärtlein, das nur vier oder fünf Schritt breit und sechs oder sieben Schritt lang ist, die dicht wachsenden Pflanzen, ausgewählt und gesetzt nach den Vorschriften oder Vorschlägen eines Mannes mit einem lateinischen Namen, den er vergessen hat, und so gießt er Lilien, Bauernrosen, Pfingstrosen, bewässert Liebstöckel, Selleriekraut, Gartenkerbel, füllt den Bottich am Trog, beugt sich über Andron, Zitronenmelisse, Eberraute, setzt sich nach dem Begießen in die Sonne, und während er dasitzt, denkt er, so könnte er das dem Mönch gestehen: eigentlich müßten in diesem Gärtlein auch Kräuter für ihn wachsen, denn da war nicht nur die kleine, fiebrige Erkrankung, die im Kloster rasch auskuriert wurde (vor allem mit Hilfe der Breiumschläge, die Waltharius ihm gemacht hat), da ist auch immer wieder der Durchfall, wenn er unterwegs mehrere Tage lang nichts als Roggenschrot und Roggengrütze und Roggenbrot zu essen bekommt. Und er könnte von Schmerzen in den Fingern reden und von der Angst, die Gelenke würden einmal knotig dick, und er könnte nur noch mühsam die Fiedel spielen, die Harfe schlagen. Solange ihm die Stimme bleibt, wäre dies noch nicht das Ende, er hat aber, so könnte er dem Mönch bei einem Dämmergespräch gestehen, er hat zuweilen auch die Angst, auf einem der Winterritte gehe ihm Frost an die Kehle und pfiat di, du schöne, starke, auch große Räume füllende Stimme! Bisher hat ihn seine Stimme nicht verlassen, manchmal aber ist da eine Rauhheit, wie er sie früher nicht kannte. Und dazu – nach langen Regenritten, nach Übernachtungen in feuchtkalten Heulagern – das schmerzhafte Ziehen im Rücken, und von den Hüften hinab bis in die Knie, ja bis in die Füße – manchmal denke er sich, so könnte Neidhart sagen, so könnte der Mönch das schreiben, denke ich mir, manchmal also denke er sich, er müßte von der Stirn bis zu den Füßen mit einer Kräutersalbe eingeschmiert werden, ganz dick, und sie wird fest, und er bewegt sich nicht, damit sie möglichst lange ihre gute Wirkung tun kann, aber schließlich sprengt er sie mit einer jähen Bewegung, oder er kratzt diese gesplissene Kruste ab, und er ist wieder so gesund wie einer der Bauernburschen, von denen er singt. Und er lacht auf, das könnte Waltharius de palude nigra so notieren, »ridet«, der lächelnde, der lachende Neidhart.

109 Bevor Neidhart aufbricht zu weiteren Kapiteln seiner Lebensreise, wird er den Mönchen danken, indem er einige seiner Lieder vorträgt.

Neidhart an Höfen weltlicher Herren: selbstverständlich. Neidhart an Höfen geistlich-weltlicher Herren: das exemplarische Beispiel des Salzburger Erzbischofs. Neidhart nun auch, in einem weiteren Planspiel, vor einem Publikum von Mönchen.

Nehmen die Mönche erwartungsvoll Platz, in einem kleinen Saal oder womöglich im Gartengeviert des Kreuzgangs, Husten und Räuspern, Murmeln, Plaudern, und der Geräuschpegel sinkt, sobald Neidhart auftritt, mit seinem Instrument? Auch in einem Kloster dürfte es so gewesen sein, wie Jean Renart das für höfische Veranstaltungen beschrieb: das Publikum war aktiv.

Also: man sitzt beisammen in diesem Kloster mit den teilweise noch rauchgeschwärzten Mauern. Man hat sich eine gute Mahlzeit gegönnt, um dem schlechten Ruf noch einmal gerecht zu werden. Es wurde auch getrunken – die Visitation liegt ja schon längere Zeit zurück. Es ist kein fester Zeitpunkt angesetzt für Neidharts Auftritt, der könnte sich ergeben. Zuerst einmal trägt ein Mönch ein Lied vor, über das Essen. Der schlemmende und zechende Mönch ist längst zum Genrebild verkommen, wie es in Möbelabteilungen von Kaufhäusern angeboten wird, aber Vorbilder für solche Abbilder dürfte es einmal gegeben haben, dies beweisen Reformbemühungen auch bei monastischen Speiseplänen. Also ein gesungenes Schmankerl, wie es beispielsweise in der Liedersammlung Carmina Burana überliefert ist. Ich paraphrasiere, was der Mönch singen könnte: das Lied des gebratenen Schwans. Und es heißt in der ersten Strophe, der Schwan sei einst auf Seen geschwommen, sei einst schön gewesen, nun aber – im Refrain – sei er schwarz und durchgebraten. In der zweiten Strophe noch einmal: er sei früher weißer gewesen als Schnee, der schönste Vogel auf dem See, jetzt schwärzer als ein Rabe, weh. Und der Refrain. In der dritten Strophe singt der Mönch, wie der Schwan über dem Feuer am Spieß gedreht und gedreht wird, wie der Küchenknecht ihn auf die Tafel legt. Und nach dem Refrain läßt der Mönch den Schwan singen, er würde lieber auf dem Wasser leben und in den Lüften fliegen als in dieser Pfefferbrühe unterzutauchen. Refrain. Und in der letzten Strophe singt der Mönch als Schwan, er liege nun in der Schüssel, könne nicht mehr fliegen, er sehe die malmenden Zähne, oh welch ein Leid! Refrain und Gelächter.

Sofort muß der Mönch ein weiteres Lied singen, vielleicht fordert ihn auch Neidhart dazu auf. Und nach längerer Frühlings-Intrada singt der Mönch, ein Ritter könne nicht richtig lieben, dem fehlten Saft und Kraft; auch sei von seinem beschränkten Verstand wenig Erfreuliches zu erwarten. Dagegen der Kleriker! Wahrscheinlich singen die Mönche den Refrain mit, insgesamt siebenmal – falls der Mönch das Lied so vorträgt, wie es uns überliefert ist. Vielstimmig ermuntert, muß der Mönch gleich ein weiteres Lied dieser Art singen, Item aliud, und er beginnt mit der obligatorischen Frühlings-Ouvertüre, und es wird die nackte Flora besungen, die im Bett liegt in der kleinen Kammer, und die Haut des Mädchens schimmert sanft, die Brüste sind kleine Hügel, die Hüften sind weich, sie ist schlank in der Taille, das Bäuchlein sanft vorgewölbt – wie es damaligem Schönheitsideal entsprach.

Damit könnten Stimmung und Resonanz geschaffen sein für beispielsweise folgendes Neidhart-Lied.

> Ich ging und lugte um das Haus
> wie eine Katze nach der Maus:
> wo finde ich die Schöne aus
> der Dienerschaft?
>
> Schenkte sie mir einen Blick,
> so wäre das mein größter Sieg.
> Bei Mädchen sah ich stets mein Glück –
> solang es klappt.
>
> Eine Alte winkte mir:
> »Zahlst du mir, so sag ich dir,
> wo sie sich verbirgt, die Schöne,
> ganz allein...«
>
> Ich ging auf ihren Vorschlag ein.
> Und sie ließ mich ins Gewölbe.

Dort fand ich sie, in kurzem Hemdchen,
die ich liebe.

Die Türe schob sie zu.
Ich stieß den Riegel vor –
darauf erschrak sie sehr.
Sie sagte: »Macht das nicht nochmal!
Ich setze mit Euch Ruf und Leben
auf das Spiel.«

Da legte ich mich zu ihr hin.
Und es war in meinem Herzen,
als weilte ich im Paradiese,
unbeschwert.

Sie sagte: »Ach, was war das schön!
Ich möchte mit Euch weiterziehn...
von nun bleibe ich bei Euch –
ganz offiziell!«

110 Nach diesem Auftritt vor den Mönchen zu Schwarzenbruch führe ich eine Nonne ein: sie repräsentiert das weibliche geistliche Publikum auch eines Neidhart.
Kein fiktives Portrait dieser Nonne, aber ich werde Spielmaterial arrangieren. Spielmaterial – ein Begriff aus der Spionagesprache: scheinbar authentische Dokumente oder: authentische Dokumente als Köder. Wenn ein Waltharius andeutungsweise Umrisse erhält, soll eine Laetitia nicht abstrakt bleiben.
Sie könnte als eine der klügsten Nonnen gelten im Kloster, das ich nicht lokalisiere. Sie liest rascher als ihre Mitschwestern, ihre Schrift wird als besonders schön gepriesen, sie beherrscht die musikalische Notation. Schwester Laetitia könnte zudem sehr begabt sein in Handarbeiten, und ihre Spezialität ist das Sticken und Applizieren von Borten. Drei ihrer möglichen Motive: ein Papst mit hoher Tiara; ein Reiter mit einem Falken auf der Faust; eine lichterloh brennende Kirche, über der ein Heiliger schwebt, mit Schriftband. Sie arbeitet wohl kaum allein: drei Schwestern in ihrem Raum, und sie könnten Fäden spinnen.
Schwester Laetitia liest manchmal Liedtexte, abgeschrieben im

eigenen oder im Nachbarkloster: eine kleine Schriftrolle mit Liedern verschiedener Dichterkomponisten. Laetitia liest diese Texte nicht lautlos, das ist zu jener Zeit noch nicht üblich, auch nicht das wispernde, flüsternde Mitsprechen: man las in Klöstern wie in Burgen laut, selbst wenn man alleine im Raum war. Weshalb aber sollte Laetitia allein im Raum sein, wenn sie Neidhart-Liedtexte liest? Keine verbotene, also heimliche Lektüre, auch nicht in einem Nonnenkloster, es gab sicher noch keinen vatikanischen Index, auf den man einen Neidhart gesetzt hätte wegen Unflätigkeit – Gefahren sah man vor allem in ketzerischen Texten. Also keine Verschwörungsstimmung in der Zelle, in der Laetitia einige Liedtexte von Neidhart liest, und zwar laut, und zumindest die Schwestern, die mit ihr arbeiten, hören zu. Ich nehme an: mit Vergnügen. Auch mit Wehmut?

Nicht alle im Kloster sind freiwillig Nonnen geworden, vielfach sind es Entscheidungen der von Männern beherrschten Familien: »höhere Töchter«, die nicht günstig verheiratet werden konnten, wurden ins Kloster gesteckt. Wie viele Erwartungen mußte man solchen aufgezwungenen Entscheidungen opfern, zumindest offiziell?

Gott gebe dem ein schlechtes Jahr,
der mich zu einer Nonne machte,
mir die schwarze Kutte gab
und den weißen Rock darunter.
Muß ich eine Nonne werden,
und das gegen meinen Willen,
so werd ich einem jungen Mann,
sein Verlangen stillen.
Und stillt er mir das meine nicht,
so wünsch ich, daß er dran zerbricht.

Wo solche Strophen gesungen werden (ich habe sie nach der Limburger Chronik übersetzt), dürften Liedtexte eines Neidhart Resonanz finden. Beispielsweise könnte die Nonne den folgenden Mutter-Tochter-Dialog vorlesen.

»Töchterlein, du darfst nicht lieben,
eh du vierundzwanzig Jahre wirst!
Wie soll ichs dir am besten sagen?
Niemals hat ein Kind von zwölf geliebt!«

»Mütterlein,
halt dich da raus!
ich werd immer leben, wie ichs will.
Orgelum, orgelei, dudeldumdei...«

»Töchterlein, verlaß den Obstbaumgarten.
Hör auf das, was deine Mutter sagt –
gib nichts aufs Gerede dummer Leute.
Folgst du mir, so preist und rühmt man dich.«
»Mütterlein,
halt dich da raus!
ich werd immer leben, wie ichs will.
Orgelum, orgelei, dudeldumdei...

Passau, Regensburg und Wien –
viele Gründe, daß die mir so gut gefallen!
Alles tu ich für die jungen Leute dort.
Lachen sie, was macht das schon?!
Die sind vornehm,
hochgestimmt.
Tja, und wenn mich mehrere dort lieben...?«
»Tochter, sei bei Männern schlau!

Töchterlein, erinner dich an Friederun:
kam mit einem Mann schwer ins Gerede.
Wollte mit ihm zuviel Techtelmechtel –
und er drehte sich ihr Haar um seine Faust.
Ja, so wars!
Und ich sah,
wie er ihr den Spiegel von der Seite riß!«
»Orgelum, orgelei, dudeldumdei...«

Und Laetitia schaut an ihren fiktiven Mitschwestern vorbei, gibt
uns einige Worte mit auf den weiteren Weg: wir sollten die Liedtexte dieses Buches flüsternd oder halblaut oder laut lesen, sie mit
Bewegungen der Kaumuskeln artikulieren, sie auf diese Weise von
uns geben und gleichzeitig einverleiben.

111 Neidhart unterwegs, vielleicht wieder einmal Richtung Österreich. Lockendstes Reiseziel waren und blieben für ihn wohl große höfische Veranstaltungen. Und so gebe ich Neidhart und mir ein Stichwort, an das sich – wie um einen Faden, den man in gesättigte Lösung taucht – Kristalle ansetzen zu einem Muster: das Friesacher Turnier. Einer der Hof- und zugleich Gerichtstage des Herzogs Leopold von Österreich, eins der großen Treffen von Rittern, eine der großen festlichen Veranstaltungen, eine der großen Auftrittsmöglichkeiten für einen Dichterkomponisten. Denn: zehn Bischöfe, fünfzig Adlige und Grafen, sechshundert Ritter sollen an diesem Fest in Kärnten teilgenommen haben – da wäre es ein Wunder, wenn sich nicht auch eine Reihe von Spielleuten eingefunden hätte, unter ihnen eventuell auch Neidhart.

Von solch einem Treffen hörte man lange vorher, im benachbarten Bayern, das sprach sich herum, dazu luden Herolde ein, das zog an, das lockte: die große Abwechslung, und: Ereignis, Wettbewerb, Abenteuer, Unterhaltung... Es war für einen anreisenden Dichterkomponisten wie Neidhart wohl ziemlich gleichgültig, weshalb sich hohe Herrschaften nach Friesach begaben – alles, was dort zusammenkam, war Publikum! Und solch eine Akkumulation wirkte äußerst belebend – es zeigt sich bei Oswald von Wolkenstein, welche Bedeutung für ihn das große Treffen des Konstanzer Konzils hat. In kleinerem Maßstab traf das sicher auch auf Neidhart zu – falls, und ich betone: *falls* er nach Friesach ritt. Das Turnier von Friesach als Planspiel, als Modell einer großen höfischen Veranstaltung: der Dichter des Kleinen Bauernwelttheaters im großen Ritterwelttheater.

Friesach als Modell auch in anderer Hinsicht: einer der potentiellen Treffpunkte von Dichterkollegen, Musikerkollegen. Auch hier: unser Umgang mit Vergangenheit ist meist zu abstrakt, unsere Vorstellungen sind zu arm an Details. Das wirkt sich so aus: jeder wichtige Lyriker und Epiker erhält sein separates Kapitel in einer Literaturgeschichte, wird einer Gruppe zugeordnet, einem Begriff untergeordnet. In einem Großkapitel mit der Ziffer VI geht es dann um die hochhöfische Lyrik, hier erhält ein Hartmann von Aue beispielsweise Kapitel Nummer 2, ein Reinmar Kapitel Nummer 5, ein Walther Kapitel Nummer 6, und es wird das nächste Großkapitel eröffnet, Überschrift: *Späthöfische Lyrik,* hier wird ein 2. Kapitel einem Ulrich von Lichtenstein (oder Liechtenstein) gewidmet, ein 4. Kapitel (unter der Überschrift *Der Durch-*

bruch zu Neuem) den beiden Dichtern Neidhart und Tanhuser. Jeder Dichter als eigenständige, aber recht abstrakte Größe, zwischen ihnen begrifflich fixierte Trennlinien. Auf dem Papier einer Literaturgeschichte haben so ein Neidhart und beispielsweise ein Ulrich nichts miteinander zu tun – soweit nicht verbindende Begriffe aufgespürt oder eingeführt werden. Aber: Neidhart und Ulrich könnten sich beispielsweise in Friesach getroffen haben, zum ersten Mal oder wieder einmal.

Wenn ich sonst auch davon ausgehe, daß die Welt des Mittelalters und unsere Welt durch die sprichwörtlichen ›Welten‹ voneinander getrennt sind – ein paar Entsprechungen, Analogien dürfte es doch geben. Hier übertrage ich unbefangen auf das Hohe Mittelalter, gehe davon aus, daß sich auch damals Autoren, Musiker gern zusammensetzten, und es wurden Erfahrungen ausgetauscht: Hast du es mal am Bischofshof von Freising versucht? ... Ist bei den Grafen von Bogen eigentlich gar nichts zu holen? ... Will der Bischof von Bamberg wirklich nur lateinische Lyrik hören? ... Stimmt es, daß der Bischof von Würzburg inzwischen eine Gruppe von Spielleuten fest angestellt hat, haben Fahrende dort also keine Auftrittsmöglichkeiten mehr? ... Und zum Technischen der Arbeit: Reißen bei dir an der Harfe die Saiten auch immer so rasch? ... Ist Schweinedarm für die Herstellung von Saiten wirklich am besten geeignet? ... Gibt es keine Saitenstifte, die fester im Rahmen sitzen? ... Warum hältst du die Fiedel senkrecht beim Spiel und nicht waagrecht, was ist hier der Vorteil?

Solche Fragen unter Dichterkomponisten, die sich treffen, auf einer Burg oder am Hof eines Bischofs oder: beim Friesacher Turnier. Einige Stichworte zur kleinen Kärntner Stadt: sie gehörte zur Diözese Salzburg, hatte wenige Jahre zuvor (1215) das Stadtrecht erhalten, schon seit langem aber wurden dort die bekannten Friesacher Pfennige geprägt; auf einem Hügel eine Burg; auf einem anderen Hügel eine Kirche; innerhalb des Mauerrings auch ein Spital, ein Chorherrenstift. Und der Zeitpunkt: das Turnier begann am 1. Mai 1224. Am 7. und 8. war der eigentliche Hoftag, bei dem es Herzog Leopold von Babenberg vor allem darum ging, Streitigkeiten zwischen hohen Herren zu schlichten.

Der Dichter, der nach eigener Aussage am Friesacher Turnier und Hoftag teilnahm, war Ulrich von Lichtenstein, von dem ich bereits zwei Strophen und ein Tanzlied vorgestellt habe. Ulrich, wohl knapp vor der Jahrhundertwende geboren, war zu diesem Zeitpunkt gut Mitte zwanzig, und Neidhart war ein Mann von etwa Mitte fünfzig. Beide arbeiteten vor allem an der Entwicklung der »Tanzlyrik«. Viel Verbindendes, jedoch: Ulrich ritt, an der Spitze eines Gefolges, als Panzerreiter nach Friesach. Er berichtet:

> Ein Hoftag (fürstliches Gericht)
> wurde anberaumt zu Friesach,
> genau auf den Sankt Philippstag,
> an dem der Mai zuerst erscheint,
> an dem der Wald im Laube steht,
> und die Wiesen tragen schon
> ihr wunderhübsches Frühlingskleid.
> Als ich von diesem Hoftag hörte,
> stimmte das mein Herz sehr froh,
> und ich kam zu meinem Bruder –
> auch er bewährte sich als Ritter.
> »Dietmar von Lichtenstein«, sagte ich,
> »fassen wir hier den Entschluß,
> daß wir dort als Ritter kämpfen.
> Ein Heer von Herren kommt dorthin!«
> Er sagte: »Mir gefällt dein Vorschlag.
> Natürlich folge ich dir gern.
> Wir beiden sollten dies beschließen:
> Ritterkämpfe im forêt.
> Solang der Tag auch dauern mag –
> wer immer uns da fordern wird
> zum Ritterkampf – wir stellen uns,
> und dies zu seinen Konditionen.«
> »Bruder«, sprach ich, »du hast recht.
> Du lädst hier, ich lad dort ein!«
> Und die Boten zogen gleich
> in alle Lande ringsumher.
> Es kamen viele edle Ritter,
> deren Sinn nach Ehre stand,
> auch kamen dorthin viele Ritter
> aus dem einen Grund: die Frauen.

Ulrich trägt in seinem Erzählgedicht ein ausführliches Teilnehmerverzeichnis vor, in dem – leider, leider – der Name Neidhart fehlt. Kollegen aber wurden in solch einem Zusammenhang kaum genannt, es verstand sich von selbst, daß solch ein Hoftag, Hoffest zahlreiche Spielleute anzog.

Der Bischof von Passau war in Friesach und sein Kollege aus Freising und, beispielsweise, der Bischof von Brixen. Und selbstverständlich Erzbischof Eberhard II. von Salzburg. Und Repräsentanten großer Adelsfamilien: ein Vohburger, ein Starkenberger,
ein Kuenringer. Zweifach genannt wird ein Wolkensteiner: Ota-
ker von Wolkenstein – ein Vorfahre des Oswald von Wolkenstein? Besonders hervorgehoben wird vor allem Otto von Lengenbach, Domvogt zu Regensburg – er zog an der Spitze eines
glanzvollen Gefolges von 22 Rittern in Friesach ein, alle in schön-
stem Waffenschmuck. Selbstverständlich beteiligten sie sich, auch
der Domvogt persönlich, an den Kampfspielen.
Dieses Stichwort greife ich auf, lasse in knapper Strophen-Collage
aus Ulrichs Erzählgedicht die Ritterwelt präsent werden in diesem
Buch über den Dichter des Kleinen Bauernwelttheaters.

> Ich erzähls euch, wie es war:
> wer uns zum Ritterkampf gefordert,
> dem haben wir uns auch gestellt.
> Morgens, als die Sonne aufging,
> kamen sie von allen Seiten.
> Sie kamen her nach Art von Rittern
> mit vielen schönen bunten Wimpeln.
> Man ritt zu uns im Waffenschmuck:
> das Sommerkleid, das heut die Wiesen
> tragen, ist nicht halb so bunt
> (obwohl man viele Blumen sieht,
> die aus grünen Halmen ragen)
> wie der Waffenschmuck der Menge.
> Es liefen die crieurs umher
> und riefen: »Wer da, wer da, wer
> wünscht als Ritter zu tjostieren?!
> Er soll kommen! Nichts wie her!«
> Es nahten viele edle Ritter,
> helmbewehrt und hochgestimmt.
> Sie wollten Ehre, Gut und Leben
> für die schönen Frauen wagen.
> Ich sage euch, bei meiner Ehre:
> zehn Tage währte das Turnier,
> und alle waren bei der Sache.
> Sehr viele kamen da zu Fall
> samt Rössern, allem Drum und Dran.

Den Gegner stieß man mit der Lanze
in weitem Bogen hinters Pferd.
Es gab Verlust und auch Gewinn.
Fürst Leopold von Österreich:
»Das alles wird mir jetzt zuviel!
Können wir hier nur das eine:
Lanzenstechen? Kam ich deshalb?!
Ich setzte einen Hoftag an –
die Feindschaft möchte ich beenden,
die der von Kärnten unentwegt
gegen Markgraf Heinrich hegt.«

112 Zweimal umkreist der Rabe den im Schritt reitenden Mann mit dem roten Umhang, mit dem Lederfutteral auf dem Rücken – schon erkennt ihn der Reiter. Ach, du bist's – und das klingt mürrisch. Ja, ich bin es, Oswalds Rabe, und ich grüße dich auch in seinem Namen. Du weißt schon, welchen Oswald ich meine, fügt der Rabe in einem Tonfall hinzu, der scherzhaft klingen soll. Und er zieht seine Kreise noch enger um den Reiter. Willst du mir nicht deine Schulter anbieten – diesmal vielleicht die andere? Du kannst dich mir auf den Hintern setzen, knurrt der Reiter und läßt sein Pferd vom Schritt in den Trab übergehen. Dies alles, krächzt der Rabe flatternd, hört sich so an, als wärst du nicht gut auf mich zu sprechen. Dabei ist es alles andere als selbstverständlich, daß ich dich wiedergefunden habe, nach den Jahren inzwischen. Dafür habe ich einen freundlicheren Empfang verdient! Doch Neidhart gibt keine Antwort. Weißt du, fragt der Rabe nach einer wirkungsvollen Pause, was König Oswald getan hat, als ich vom langen Flug zu seiner Burg zurückkehrte und hoch auf dem Turm meinen Rabenschrei ausstieß? Er eilte in den Burghof, breitete seinen Umhang aus Zobel und Hermelin auf dem Boden aus, forderte mich mit aller Freundlichkeit auf, herabzufliegen. Ein schwarzer Rabe auf schwarzem und weißem Pelz! Und der Rabe lacht im Falsett. Du bist unmusikalisch wie der Teufel, ruft Neidhart. Wenn ich mich auf die Schulter setzen darf, muß ich nicht so laut schreien und lachen, entgegnet der Rabe, und versucht, seine Stimme sanfter zu machen – es klingt, als würde er rabenschwarze Stimmbänder mit etwas Kreide bestreuen. Und er setzt sich auf den Pferdekopf, mit dem Rücken zur Reitrichtung, schaut Neidhart mit schwarzen Knopfaugen an. Willst du mir nicht wenigstens mal den Zweig vom goldenen Baum zeigen? Neidhart schnippt mit den Fingern: Das ist der Zweig! Und schnippt noch einmal: Und das ist der goldene Vogel auf dem Zweig! Du hast den Baum also nicht gesehen? fragt der Rabe, und schaut Neidhart so betroffen an, daß der Reiter fast Mitleid mit ihm empfindet. Mit wenigen Sätzen erzählt Neidhart von der Reise nach Ägypten. Ich hatte also recht, krächzt der Rabe, aber es klingt nicht triumphierend: Du hast die Reise, die ich dir prophezeite, wirklich und wahrhaftig gemacht. Du warst sogar in der Nähe des Sultans! Woran, so fragt der Rabe und senkt nachdenklich den Kopf, woran mochte es wohl gelegen haben, daß du den Palast und diesen Baum nicht gesehen hast? Neidhart ergänzt seinen kurzen Bericht. So kann, ruft der Rabe kopfschüttelnd, der Mensch an seinem Glück vorbeilaufen, selbst, wenn es greifbar nahe ist. Und er sitzt schweigend auf der Pferdemähne. Nun wirst du gar nicht mehr so gern hören, sagt er mit rabenschwarzer Stimme, daß du erneut eine Reise ins Morgenland machen wirst, trotz deines schon beträchtlichen Alters. Ach ja, seufzt der Rabe, hebt ab und fliegt ein paarmal um Neidhart herum, mit langsamen, nachdenklichen Flügelschlägen. Mit einem erneuten Ach! läßt er sich wieder auf der Pferdemähne nieder, zwischen den Ohren. Muß ich jetzt unbedingt Mitleid mit dir haben? fragt Neidhart im Märchenton. Nein, krächzt der Rabe, es ist an mir, Mitleid mit dir zu empfinden. Voriges Mal war ich gern zu dir geflogen, aus Oswalds Geschichte heraus an die Donau, heute aber fühle ich mich als wahrer Unglücksrabe. Und er läßt den Schnabel halb offen. Diesmal, so fügt er nach einer Pause hinzu, die ihm vielleicht lidschlagkurz, die Neidhart aber wohl ziemlich lang erscheint, diesmal kann ich dir nämlich nichts Erfreuliches, nichts Leuchtendes voraussagen. Ich sehe vor meinen schwarzen Augen, daß ihr in Kämpfe verwickelt werdet, wie sie noch keiner von euch Panzerreitern erlebt hat. Ach, sagt Neidhart, du hast mir vor der letzten Reise Glück prophezeit, nun prophezeist du Unglück – ich geb' nicht mehr viel auf dein Gekrächze. Der Rabe, weiterhin mit dem Rücken zur Reitrichtung, starrt Neidhart an mit den schwarzen Augen, öffnet wieder den Schnabel: Willst du nun wissen, worauf du dich einläßt, oder willst du es nicht wissen? Erzähl ruhig, entgegnet Neidhart, ich höre mir unterwegs gerne Geschichten an. Diese Geschichte aber, so ruft der Rabe mit heiser belegter Stimme, und sein Gefieder wirkt wie gerupft, diesmal aber wirst

355

du die Geschichte nicht gerne hören, und du wirst sie nach deiner
Heimkehr – die ich dir übrigens zuverlässig voraussage – kaum erzählen wollen, denn sie ist schwarz wie mein Gefieder. Der Rabe
stößt ein Geräusch aus wie ein heftiges Räuspern. Du hast, so setzt
er neu an, von den Tataren gehört, auch Mongolen genannt. Ihr
werdet, sagt er nach einer Pause, die ihre Wirkung nicht verfehlen
soll, auf diese Tataren stoßen, wenn du wieder über das Meer gefahren sein wirst. Und als wäre der Rabe stolz auf diese grammati-
sche Konstruktion des vollendeten Futurs, wiederholt er: Wenn
ihr über das Meer gefahren sein werdet. Die Tataren, oder vielleicht sind es auch Inder, krächzt er kopfwiegend und blickt
knapp an Neidhart vorbei, als wäre dies ein Blick in die Zukunft:
Diese Inder oder Tataren werden in geschlossener Reihe auf euch
zureiten, langsam, denn ihre Pferde haben nicht nur die bewaffneten Reiter zu tragen, sondern auch Figuren aus Eisen oder Bronze,
und diese Figuren stehen vor ihnen, auf besonderen Sätteln. Diese
eisernen oder bronzenen Figuren vor den Reitern haben viel Glut
im Bauch. Und ich sehe, ruft er mit weit aufgerissenen Rabenaugen, und Neidhart dreht sich unwillkürlich um, als kämen schon
Inder oder Tataren über die Ebene geritten mit den heißen Figuren, aber er sieht nichts als Bäume und Felder: Was also?! Ich sehe,
ich sehe, ich sehe, ruft der Rabe, als sähe er wirklich vor sich, was
er gehört hat, ich sehe diese Reiter mit ihren neuen und schrecklichen Geräten in langer Reihe auf euch zureiten, und viele Pfeile
fliegen ihnen voraus, sehr viele Pfeile – hüte dich vor Pfeilen!
krächzt der Rabe, wie aufschreckend, und fährt in seiner Prophe-
zeiung fort: Ich sehe die Reiter auf euch zukommen, langsam, be-
drohlich langsam, und wenn ihr eure Lanzen einlegt zum Gegen-
angriff, richten sich diese indischen oder tatarischen Reiter in
ihren Steigbügeln auf, sind nun so hoch wie die Figuren vor ihnen,
und gleichzeitig lassen sich alle Reiter auf die Sättel zurückfallen,
und schon, und schon – Ja, was denn, ruft Neidhart. Und schon
schießen aus den eisernen oder bronzenen Figuren Flammen heraus, und die Luft wird schwarz vom Schwefelrauch, so schwarz
wie mein Gefieder, und ihr alle – du natürlich ausgenommen –
werdet gefressen von diesem weit hinausgespieenen Griechischen
Feuer. Und der Rabe scheint in sich zusammenzusinken auf dem
Pferdekopf. Neidhart faßt in die Tasche, hält dem Raben ein Stück
Fladenbrot hin, das pickt er auf. Und er fliegt zu einer Pfütze,
nippt, flattert zurück auf den Pferdekopf: Ich bin vor Aufregung
ganz durstig geworden! Neidhart ist stehengeblieben mit dem

Pferd, schaut stumm den Raben an. Soll ich dir auch diesmal das Rätsel erklären? Neidhart nickt. Beiderseits des Sattels hat jeder dieser indischen oder tatarischen Reiter einen Blasebalg angebracht, und indem er sich aufrichtet und plötzlich wieder setzt, preßt er die Blasbälge zusammen, und ein Luftstoß fährt in die eiserne oder bronzene Figur mit ihrer inwendigen Glut, und Feuer schießt aus den Augen, aus den Nasenlöchern, und vor allem aus dem Maul der Figur, und dieses Schwefelfeuer wird in weitem Schwung hinausgeworfen oder hinausgeblasen und – der Rabe steckt seinen Schnabel ins Gefieder, schüttelt sich. Dann rührt er sich nicht mehr. Auch das Pferd steht wie gelähmt. Neidhart schaut zu seinen Knien hinab, die eine pumpende Bewegung machen, streckt sich wieder. Ich glaub' dir zwar nichts mehr, aber daß ich heimkehren werde – da bist du sicher? Der Rabe nickt mehrfach. Neidhart krault ihm das Gefieder unter dem Schnabel. Kopf hoch! ruft er, so heiser, als wäre heiße Asche auf seine Stimmbänder gefallen.

113 Es gibt einen Liedtext, in dem Neidhart (oder das lyrische Ich) erzählt, daß er ins Heilige Land zog, daß Kaiser Friedrich mit einem Heer folgte, daß er durch einen Pfeil schwer verwundet wurde. Man ist, soweit ich sehe, auf dieses Angebot eines Liedtextes nicht weiter eingegangen, aber auch dieser biographischen Möglichkeit möchte ich nachgehen, Liedtext und Zeitkontext in Beziehung setzend: könnte zumindest wahrscheinlich sein, was hier berichtet wird?
Es wird angenommen, daß der Tanhuser am Kreuzzug 1228/29 teilnahm. Weil dieser Dichterkomponist zum Teil dieselben Höfe aufsuchte wie Neidhart, in Bayern wie in Österreich, wäre es fast ein Wunder, wenn sie nichts von ihren Plänen (oder Verpflichtungen) gewußt hätten – wäre es nicht naheliegender, sich vorzustellen, daß sie vielleicht sogar gemeinsam nach Brindisi ritten?
Neidhart und der Tanhuser: Gegensätze und Entsprechungen. Worin sie sich entsprechen: Neidhart wie Tanhuser wurden später zu literarischen Mythen – zur Schwankfigur Neidhart, zur Legenden- und Sagengestalt Tannhäuser. Beide Figuren haben sich vom Späten Mittelalter an derart selbständig gemacht, daß sie die Dichter und Sänger des Hohen Mittelalters verdrängten. Dabei ist der Tannhäuser, vor allem im 19. Jahrhundert (als mächtiger Auslöser

hier Wagners Oper!) so sehr Gestalt von Texten geworden, in Gedichten, Epen, Novellen und Dramen, Romanen, daß weithin der Tanhuser vergessen wurde, der selber Texte geschrieben hat.

Tanhuser war ein Zeitgenosse, ein Kollege Neidharts. Datierungsrückschlüsse lassen sich bei ihm bis etwa 1266 ziehen – der Tanhuser könnte also zwei, drei Jahrzehnte jünger gewesen sein. In diesem Fall wäre er zur Zeit des Kreuzzuges um die zwanzig gewesen. Neidhart wird allerdings schon Ende fünfzig gewesen sein – nach damaligen Relationen ziemlich alt für eine so weite Reise, für einen Kreuzzug; doch es gibt Beispiele für rüstige Männer, die in noch höherem Alter an Kreuzzügen, an Kriegszügen teilnahmen.

So entwerfe ich als biographische Wahrscheinlichkeit: Neidhart auf dem Ritt südwärts, in einer Gruppe. Und entwerfe als zusätzliche Möglichkeit: vielleicht ist der Tanhuser mit dabei. Sie würden dann höchstwahrscheinlich den Brenner überqueren. Diese wichtigste europäische Nord-Süd-Verbindung (zeitweise sogar im Winter genutzt, mit Schlitten!) führte weiter über Brixen und Bozen.

Neidhart (und mit ihm vielleicht der Tanhuser) kommen so durch das Gebiet, in dem zwei Jahrhunderte später Oswald von Wolkenstein leben wird. Der Weg durch das versumpfte Eisacktal wird erst im 14. Jahrhundert ausgebaut, also werden Neidhart und seine Mitpilger, Mitkreuzfahrer an den Hangflanken südwärts reiten – um so besser die Einblicke in Oswalds Region östlich des Eisacks. Ein Blick ins Pustertal, in dem Oswald wahrscheinlich geboren wird, in dem er sich mehrfach aufhalten wird; ein Blick hinüber Richtung Neustift, wo Oswald in der Klosterkirche begraben wird; ein Blick ins Grödnertal, an dessen Ende Wolkenstein liegt, mit dem Felsennest der Familienburg; ein Blick auf die Trostburg (im 13. Jahrhundert entschieden kleiner als heute, aber sie wird diesen Abschnitt des Eisacktals bereits beherrscht haben) – auch in dieser Burg wird sich Oswald von Wolkenstein aufhalten; ein Blick dann Richtung Seis, und hier wird Oswald in der Burg Hauenstein leben. Erst bei Bozen wird Neidhart (und mit ihm der Tanhuser?) die spätere Wolkenstein-Region verlassen, und es geht weiter Richtung Pavia.

Neidhart in Italien, auf dem Weg nach Brindisi, höchstwahrscheinlich über Rom und Benevent: ich kann hier keine Beweise vorlegen, leider nicht, nur den vagen Hinweis des Dichters, er sei auch in Italien gewesen.

Von der Elbe bis zum Rhein,
von der Donau bis zum Po
kenne ich ein jedes Land.

Die Po-Ebene (das nehme ich hier vorweg), war für damalige Ita-
lienreisende der Mittelpunkt Italiens, dieser Fluß könnte also Syn-
onym sein für das ganze Land. Mehr Angebote macht uns die
Neidhart-Überlieferung nicht, aber ich will dennoch so genau wie
möglich wissen, was wahrscheinlich gewesen sein könnte, gewesen sein dürfte, also entwerfe ich wieder ein Planspiel: ich nenne
die Route, auf der Neidhart südwärts gezogen sein könnte, be-
nenne sie zumindest für den Abschnitt Pavia – Rom: die Via Sancti
Petri oder Strata Romea oder Via Francigena, die Straße der Franken, die Frankenstraße. Eine der wenigen, jahrhundertelang frequentierten Fernstraßen, die nicht einer römischen Trasse folgten,
sondern römische Straßen nur in Abschnitten integrierten. Diese
Frankenstraße verlief, wie ich bei Werner Goez lese, fast nur im
Landesinnern, und das bedeutete: man war sicher vor Überfällen
durch marodierende Seeräuber. Außerdem führte die Frankenstraße kaum durch Malariafieber-Niederungen. Was sich in Süditalien freilich nicht mehr umgehen ließ – dort geriet man mitten
hinein ins Fieberland.
Auf der Via Francigena waren wohl alle deutschen Könige nach
Rom gezogen, zur Kaiserkrönung, auf der Via Francigena zogen
Kaufleute, Pilger, Kreuzfahrer, Pilger, Ritter, Pilger, Soldaten,
Pilger, Geistliche nach Rom, auf der Via Francigena dürfte auch
ein Neidhart geritten sein – die Reise zugleich eine Wallfahrt zu
den Apostelgräbern. Vierzig Übernachtungsmöglichkeiten sind
in einem mittelalterlichen Verzeichnis genannt für die Strecke Pavia – Rom: ein Fußwanderer dürfte also mehr als einen Monat gebraucht haben. Ein Reiter kam schneller voran.
Ein paar Stichworte noch zum Verlauf der Francigena zwischen
Pavia und Rom. Zuerst die Ronkalischen Gefilde, dann, nach einem Knick südwärts: Piacenza. Auch Oswald von Wolkenstein
wird nach Piacenza kommen, er wird ein frech pointiertes, zwei-
stimmig komponiertes Piacenza-Lied verfassen. Piacenza, das bedeutete: der Übergang über den Po – die einzige Brücke auf einer
Flußlänge von etwa 350 Kilometern. Also: auch Neidhart wird in
Piacenza gewesen sein. Dann ging es weiter über Fidenza nach
Parma. Von hier aus machte die Straße einen Schwenk nach Süd-
westen, führte endlich über den Cisa-Paß. Für Leser, die Neid-

harts potentielle Route auf der Karte verfolgen wollen, nenne ich weitere Stationen: Villafranca, Sarzana, Massa, Lucca. Dann Certaldo, Siena, Buonconvento. Am Lago di Bolsena entlang. Viterbo, Ronciglione, La Storta. Und schließlich die Porta del Popolo, durch die Könige und Kaiser und geistliche und weltliche Herren und Pilger und Kreuzfahrer und Fußsoldaten und Panzerreiter in die Ewige Stadt einzogen, und wohl auch ein Neidhart aus dem Reuental. War er von der Stadt enttäuscht? Noch kein überragender Petersdom, und weite Gebiete der Stadt als »Wüstungen«: aufgegebene Wohnviertel, Ruinen, Trümmerfelder, Steinflächen, wilder Bewuchs und dicht zusammengerückt in diesem weiten Areal: das mittelalterliche Rom. Und weiter auf der »Altstraße«, der Via Appia Richtung Benevent.

Ritt durch Regionen, in denen man sich die Zeit zu verkürzen sucht durch Singen oder Erzählen. Vielleicht ist jemand in der Gruppe, der ähnlich viel Zeit auf dem Pferderücken verbracht hat wie Neidhart, der vielleicht auch einmal in Compostela war (um nur ein Beispiel zu nennen), und so könnten Neidhart und dieser Reiter Erfahrungen austauschen über den ebenfalls sehr langen Ritt zum Heiligen Jakob, dem »Mohrentöter«. Falls Neidhart bisher noch nicht dorthin gepilgert ist, könnte er nun hören, was sich über solch einen Ritt erzählen läßt.

Kein umfassender Reisebericht, vielmehr wird von Erfahrungen berichtet, wie man sie auf diesem wochenlangen Ritt macht. Beispielsweise letzte Nacht: es war heiß, sie waren durstig in der Herberge, es gab aber kein Wasser; der Wirt erklärte, die Magd sei auf dem Rückweg vom fernen Brunnen gestürzt, hätte das Wasser verschüttet, in der Dunkelheit könne man nicht mehr zurück, ein gefährliches Wegstück; er bot ihnen Wein an, es blieb ihnen, durstig, nichts anderes übrig, als diesen Wein zu kaufen – er war schlechter als der Wein, den er ihnen zum Empfang vorgesetzt hatte, und doch kam dieser schlechte Wein aus demselben Faß, das betonte der Wirt mehrfach; diesen Trick kennt ein erfahrener Reisender bereits von Spanien her, da ist so ein Faß in der Mitte unterteilt, und es kommt nur darauf an, welchen der beiden Zapfhähne der Wirt öffnet. Überhaupt, ruft der Mann, der in der Gruppe von Reitern jetzt das Sagen hat, überhaupt hängt hier alles zusammen, es gibt schließlich Schulen für Betrüger, ja, echte Betrugsschulen, zum Beispiel in St. Gilles und in Tours, aber auch in Piacenza, in Lucca, in Rom bis hinunter nach Bari, Barletta, da schicken die großen Gauner ihre Söhne hin, damit sie lernen, wie man Reisende betrügt und beraubt. Nicht jeder in der Gruppe hat von solchen Betrugsschulen gehört, da wird nachgefragt, da wird erörtert, aber der Reisende nennt noch einmal die Ortsnamen, das überzeugt am stärksten. Ja, die Kunst, Pilger, auch Pilger nach Strich und Faden auszunehmen! Das beginnt schon an der Grenze: mit den Zöllnern haben alle, die von einer Reise nach Compostela erzählen können, üble Erfahrungen gemacht, und der Erzähler hat selbst erlebt, wie diese Männer, die besonders finster aussehen, mit ihren zwei Stöcken fuchteln, um ihren Forderungen Nachdruck zu verleihen – Zöllner dürfen nur von reisenden Kaufleuten Abgaben verlangen, nicht von Pilgern, daran aber halten sie sich nicht, selbst Mönche, Priester, Bischöfe sind vor ihnen nicht sicher. Die Zöllner bestimmen nach Belieben, wieviel man abzuliefern hat, und wenn man sich weigert, schlagen sie zu, und das gleich zu mehreren, sie halten einen dann fest, durchsuchen einen – die müßten allesamt exkommuniziert werden und verdroschen, meint der Erzähler, und die Gruppe stimmt zu. Vielleicht ist auch ein anderer in der Gruppe, der nach Santiago gepilgert war, beispielsweise Neidhart, und der bringt ebenfalls Erfahrungen ein, vor allem mit Wirten, auf die man angewiesen ist, sofern man nicht in Klöstern übernachten kann, in Spitälern, aber die sind noch immer viel zu weit voneinander entfernt. Manche Wirte kommen den Pilgergruppen schon vor der Stadt entgegen, sie umarmen die Reisenden, küssen sie, als wären sie lang erwartete Familienmitglieder, bringen sie zu ihrem Gasthaus, und dort setzen sie guten Wein vor, aber der wird, für den selben Preis, im Lauf des Abends sehr viel schlechter, Wein, in den Gips gemischt ist und anderes Zeug, oder der Wein verwandelt sich in Apfelwein. Es gibt Wirte, die setzen dem Pilger sogar ein kostenloses Gericht vor, und wenn man satt und zufrieden ist, bieten sie Kerzen an oder Wachs, und verlangen dafür das Dreifache, Vierfache dessen, was im Ort üblich ist; das aber erfährt man immer erst hinterher; oft sind diese Kerzen auch noch vollgestopft mit Docht – wenn man die in der Messe anzündet, wollen sie nicht brennen oder brennen rasend schnell nieder. Ja, die Wirte! Auch hier in Italien hat man es ständig mit Betrügereien zu tun, da wird Fisch vorgesetzt, von dem sie beteuern, er sei frisch, ganz frisch, und doch ist er zwei oder drei Tage alt – es gibt kaum einen Pilger und Kreuzfahrer, der auf dem Ritt nach Brindisi nicht krank wird im Magen und Darm, besonders schlimm ist es bei großer Hitze; etliche bleiben dann zurück, sowieso erschöpft nach wochenlangem Wandern oder Reiten. Auf die Ärzte kann man sich schon gar nicht verlassen, die vermischen ihre Heilmittel mit allerlei Dreck – fast alles, was man unterwegs kauft, ist verlängert, verdünnt, vermischt, und es wird mit falschem Maß gemessen oder mit Gefäßen, die einen doppelten Boden haben, und beim Wechseln wird falsches Geld zurückgegeben, oder man wird schon während des Wechselns bestohlen, blitzschnell geht das, vor allem, wenn es zwei Wechsler sind, mit denen man verhandelt. Ja, fast alle sind nur daran interessiert, einen zu bestehlen, zu betrügen, zu berauben, auch die Bettler versuchen es, viele von ihnen täuschen Krankheiten und Gebrechen vor; in Spanien strecken sie Arme und Beine aus, die mit Hasenblut beschmiert sind, oder sie färben die Lippen blauschwarz und die Wangen, und andere täuschen vor, sie seien Opfer des Antoniusfeuers: da zeigt einer zum Beispiel einen losen Arm vor, aber der ist ihm nicht abgefault oder abgetrocknet, sondern ist ihm abgehackt worden nach einem Diebstahl, und dieser Arm ist blutrot oder schwärzlich eingeschmiert, als wäre er kürzlich erst abgefallen. Und zu den falschen Kranken und falschen Invaliden kommen die falschen Priester und Mönche, die laufen ein Stück neben einem her, halten erbauliche Vorträge, fragen nach den Sünden, erlegen dreizehn oder dreißig Messen auf, man soll sie mit dreizehn oder dreißig der besten Münzen bezahlen, aber nur an Priester, die nie etwas mit Frauen hatten, die sich nie bereichert haben, und wenn man fragt, wo um Gotteswillen solch ein Priester zu finden sei, heißt es geheimnisvoll, es gebe da noch einen, der wohne im Hinterland, und weil man weiter muß, händigt man das Geld zu treuen Händen aus... Wie hungrige Wölfe, ruft der Erzähler aus, wie hungrige Wölfe fallen sie über einen her! Wie viele Wirte, um nochmal darauf zurückzukommen, wie viele Wirte unterwegs, die Reisende betrunken machen, um sie nachts in aller Ruhe zu bestehlen. Oder Wirte, die Reisende vergiften, um an die Tasche, an den Geldbeutel zu kommen. Oder sie verstecken einen Ring in der Tasche des Reisenden, ahnungslos bricht er am nächsten Morgen auf, ein Trupp verfolgt ihn, wirft ihm Diebstahl vor, die Tasche wird durchsucht, der Ring gefunden, der gesamte Inhalt der Tasche, des Geldbeutels wird einbehalten, zur ›Strafe‹, man wird verprügelt und getreten, ist froh, wenn man wieder laufen darf. Und all die Huren unterwegs, die meisten im Gebiet zwischen der Mino-Brücke und Palas del Rey, also bei Puertomarìn, da kommen sie aus den Wäldern heraus und locken Pilger an, oder sie schleichen sich nachts zu den Pilgerbetten in der Herberge, legen sich zu einem, schmeicheln einem Geld ab, bestehlen einen – man sollte sie alle exkommunizieren und ihnen die Nasen abschneiden! Auf niemanden, auf gar niemanden ist Verlaß, selbst die Natur betrügt einen: der Bach, der durch Los Arcos fließt, ist tödlich, wenn man aus ihm trinkt, und wenn das Pferd aus ihm säuft, krepiert es. Bei Torres ist auch so ein Fluß, der Mensch und Tier tötet, kein Wunder, wenn man bedenkt, daß dieser Fluß durch das Gebiet der Navarresen fließt, von denen läßt sich nur Schlimmstes berichten, die sind bekanntlich »verrucht, schurkisch, falsch, treulos, korrupt, wollüstig, trunksüchtig, gewalttätig, unehrlich, verlogen, gottlos, grausam und streitsüchtig«, die fressen wie das Vieh, die saufen wie das Vieh, die huren wie das Vieh, die huren auch mit dem Vieh, und es heißt, ein Navarrese hänge ein Schloß ans Hinterteil seines Maulesels oder Pferdes, damit kein andrer es besteigt – das wird in der Gruppe ausgiebig diskutiert, zu diesem Thema kann jeder etwas beitragen, man erörtert es hitzig, aber schließlich ist auch dieses Thema erschöpft, der Erzähler kann seinen Bericht fortsetzen: auf navarresischem Gebiet gibt es den sogenannten Salzbach, bei einem Ort namens Lorca, und als ein Bekannter des Erzählers nach Santiago pilgerte, sah er am Ufer dieses Salzbachs zwei Navarresen sitzen, die ihre Messer wetzten, und sie sagten, man solle das Pferd ruhig saufen lassen an diesem Bach, es sei gutes Wasser, aber das Pferd starb wie vom Blitz getroffen, und die Navarresen häuteten es umgehend ab, sie behaupteten, dies sei ihr Recht. Aber nicht nur bei den Navarresen gibt es schlechtes Wasser, eigentlich sind alle Bäche und Flüsse zwischen Estella und Logroño todbringend für Mensch und Tier, und wenn man Fische aus diesen Bächen und Flüssen ißt, zum Beispiel den barbus (so nennen ihn die Einheimischen) oder Aale und Schleien, so wird man krank oder man stirbt.

Erzählen, erzählen auf dem Weg durch die Po-Ebene... erzählen, singen auf dem Weg durch den Apennin... erzählen auf der Francigena Richtung Rom... erzählen, erzählen auf der Fortsetzung der Via Appia Richtung Benevent...

114 Ich mache mich für diesen Kapitelabschnitt zum Begleiter des englischen Reiseschriftstellers Norman Douglas, der sich um die Jahrhundertwende lange in Süditalien aufhielt, der hier weite Gebiete durchwanderte und der auf einer seiner Reisen beispielsweise dies erfuhr, von einem Arzt: in einem Dorf von etwa zweihundert Einwohnern waren während eines halben Jahrhunderts 391 Geburten und 516 Todesfälle zu verzeichnen: überwiegend Malaria! Zu diesen Opfern mußten noch 125 Bergbewohner gezählt werden, die in die Ebene heruntergekommen waren, um während der Orangenernte, der Weinlese Geld zu verdienen und die krank in ihre Dörfer zurückkehrten – gab es auch dort Anophelesmücken, so wurden die Malariafieberkeime rasch übertragen.

Diese Erklärung hatte man zu Neidharts Zeiten noch nicht, auch nicht in der Antike, man wußte nur, daß dieses weithin tödliche Fieber in Gebieten vorherrschte, in denen es Sümpfe gab oder Flußbetten mit verbrackendem Wasser: »Die Flußbetten wurden durch Geröll und Schlamm verstopft, so daß sich stagnierende Wasserflächen bildeten, Brutstätten für Moskitos.« Die Ausbreitung des Fiebers wurde ebenfalls gefördert durch das fortgesetzte Abholzen der Berge: bei Gewitter wurden aus Bächen Sturzbäche, das Wasser breitete sich in den Ebenen aus. Doch selbst in Gebieten mit geregelter Bewässerung nisteten sich Anophelesmücken ein: die Brunnen gaben ihnen das nötige Wasser, auch die Pfützen und Lachen zwischen den bewässerten Pflanzen und Bäumen. Ein italienischer Senator erklärte Douglas, die Geschichte Süditaliens sei die Geschichte der Malaria.

Neidhart, beispielsweise auch Neidhart in diesen Fieberzonen, Fiebergürteln, Fieberregionen. Und Neidhart, beispielsweise auch Neidhart, sah Menschen mit früh vergreisten, vom Fieber ausgezehrten, leergebrannten Gesichtern. Neidhart, beispielsweise auch Neidhart: vom Sumpffieber bedroht.

115 Von Palermo nach Mailand fliegend, schaue ich aus etwa zehn Kilometern Höhe hinunter auf italienisches Land, mache mir bewußt: durch solche Weiten wird Neidhart geritten sein. In Apulien und auf Sizilien wandernd, mal auf einem alten Pilgerweg, mal durch ein Tal, mal auf einem Höhenweg, mal von einem Berg ans Meer, habe ich wieder realisiert, wie sehr viele

Details wir bei so langsamer Bewegung aufnehmen. So reihte diese Strecke, die ich überfliege und die mir trotzem staunenswert lang erscheint, für einen Neidhart eine Überfülle von Details: Bäume, Felder, Hänge, Wegkrümmungen, Bäche, Flußübergänge, Dörfer, Städte. Aber: hat ein Reiter auf dem Weg nach Apulien umhergeblickt, bewußt, um Landschaft ›in sich aufzunehmen‹? Wollte man sich eine Flußkrümmung, einen Taleinschnitt ›einprägen‹? Wünschte man sich, daß man ein Landschaftsbild nie mehr vergißt, in keinem seiner Farbvaleurs? Wenn ich in Apulien oder auf Sizilien wandere, so bin ich eingestellt auf die Wahrnehmung von Landschaftsdetails, ich gehe mit der Motivation, Landschaftsbilder auf mich einwirken, mich von Ausblicken überraschen zu lassen, Bilder in das Gedächtnis aufzunehmen – könnte mich diese Bereitschaft zur detailgenauen Wahrnehmung nicht grundsätzlich von einem Neidhart unterscheiden?

Selbst, wenn ich italienische Landschaften des beginnenden dreizehnten Jahrhunderts rekonstruieren könnte – ich wüßte nicht, wie weit ein Neidhart sie überhaupt wahrgenommen hätte, bewußt. Beschaut man sich Gemälde jener Zeit, so spielt offene Landschaft kaum eine Rolle – viel wichtiger ist Gartenlandschaft (als hortus conclusus), ist Landschaft mit Burgen, Dörfern, Städten; die Landschaft ›als solche‹ wird von Malern bekanntlich erst in der Renaissance entdeckt. Sah man als Reiter, beispielsweise in Italien, Landschaft mit verkehrstaktischen Augen? Als eine Folge von Angeboten zur erleichterten Fortbewegung oder als Folge von Hindernissen? Die Millionen, die Milliarden von Landschaftsdetails beispielsweise zwischen Pavia und Benevento – hat sie Neidhart bei seinem Ritt vielleicht gar nicht wahrgenommen? Einen Blick für etwas haben... Der Blick, der schöne Bäume sucht, der Blick, der Flußwindungen nachzieht, der Blick, der auf sanftgeschwungenen Hängen ausruht, der Blick, der sich an vielfältig strukturierten Hausfronten entlangtastet, der Blick für das Detail, das als schönes Detail empfunden wird – wäre dies nicht eine Projektion aus unserer Zeit in jene Zeit?

Heute, im übervölkerten Europa, schätzen wir abgelegene Regionen – je wilder, je abweisender eine Landschaft, desto stärker sind wir von ihr beeindruckt. Als ich Jahre vor diesem Flug mit dem Wagen durch die Po-Ebene fuhr, schaute ich kaum nach rechts und links: dies war ein Gebiet, das ich möglichst schnell hinter mich bringen wollte, ich ließ mich auf langer Strecke mitsaugen von einem Wagen mit Blaulicht. Erst als es gebirgig wurde, hatte ich wieder Augen für die Landschaft: die Schönheiten des Apennin, der Abruzzen...

Für einen Neidhart war es genau umgekehrt! Die Gebirgsregionen werden ihn nicht interessiert haben, Gebirge waren häßlich, weil lästig. Das Schönste an Italien dürfte, auch für ihn, die Po-Ebene gewesen sein. Es sind mehrere Lobeshymnen mittelalterlicher Reisender auf die Po-Ebene überliefert, ich finde einige bei Goez zusammengestellt. Die Po-Ebene als »wahrhafter Garten der Wonnen«. Oder, eine etwas spätere Stimme: »Das schönste Fürstentum der ganzen Christenheit«. Wenn Neidhart in einem seiner Liedtexte hervorhebt, er sei am Po gewesen, so wird er damit, wie gesagt, Italien gemeint haben. Eine für den Reisenden ideale, weil platte Landschaft! Entsprechend, ich zitiere, »angenehme Wege«! Und die auch noch »schnurgerade« – Realität gewordenes Wunschbild in jener Welt mäandernder Wege und Straßen! Und die ganze Region auch noch kultiviert, von üppiger Landwirtschaft – ein Paradies!

Neidhart und seine Zeitgenossen, sie haben die Welt wahrhaftig mit anderen Augen gesehen, sie hatten ein völlig anderes Lebensgefühl und damit auch Landschaftsgefühl – das wird mir immer deutlicher, je mehr Details ich sammle über jene Zeit.

116 Benevent, Benevento, Beneventum lag, in strategisch günstiger Position, zwischen den Flüssen Calore und Sabato; diese gleichsam flankierenden Gewässer hatten der oft umkämpften Stadt den Mauerumriß eines weich gewordenen Rechtecks aufgezwungen; als Mittelachse die Via Appia, die durch die Stadt hindurch weiterführte nach Tarent, der befestigten Inselstadt tief im Süden; von dieser Straßenachse bog, innerhalb der Mauern, eine breite Seitenstraße ab zur Nordostecke der Stadt, zum Trajansbogen: der Anfang der neuen Militärstraße, die Kaiser Trajan auf vorwiegend alter Trasse (auf der bereits Horaz nach Brindisi gezogen war) in einer Breite von sechseinhalb Metern ausbauen ließ, eine schnelle Abkürzungsstraße hinüber nach Bari, Brindisi; im Jahre 109 ließen Senat und Volk der Stadt Rom den Ehrenbogen als Zeichen ihres Dankes an den Kaiser errichten, eine Lobrede in parischem Marmor.

Durch diesen Bogen muß, auf der üblichen Route, auch Neidhart gezogen sein, falls er an diesem Kreuzzug teilnahm, aber daran zweifle ich in Benevent kaum noch, allzu suggestiv ist hier die Engführung, topographisch, chronologisch.

An Neidhart denkend und mit ihm an den Tanhuser gehe ich mehrfach um diesen Ehrenbogen herum, auf dem Platz mit den kleinen, sichelförmigen Grünanlagen, in einer Mittagsstunde, in der auf der Einbahnstraße unterhalb des mächtigen, bestimmt fünfzehn Schritt breiten und mindestens ebenso hohen Torbaues nur wenig Verkehr ist, und auf der asphaltierten Rundfläche nur noch gelegentlich ein Passant. Ein paarmal schreite ich durch diesen Bogen, auf die Berge und Hügel jenseits der Stadt schauend, so wie Tausende von Pilgern, von Kreuzfahrern, durch diesen Bogen marschierend oder reitend, auf die Berge und Hügel jenseits der Stadt geschaut haben. Was für mich Vergangenheit ist, das war für Neidhart Zukunft; war für ihn Vergangenheit war, das ist für mich doppelt verlängerte Vergangenheit – die hier insgesamt achtzehn Jahrhunderte lange Zeitachse.

Neidhart vor diesem Tor: hat er sich begnügt mit pauschalem Gesamteindruck, oder ließ er sich ein auf Details, betrachtete in der Vergangenheit des dreizehnten Jahrhunderts Halbreliefbilder aus der Vergangenheit des zweiten Jahrhunderts? Über große Flächen verteilte Einzelheiten: ein Mann, der an der Stadtseite auf die Heranmarschierenden, Heranreitenden herabblickt; ein Füllhorn; eine Standarte mit fünf Legionsadlern; Weihrauchopfer, Stieropfer; Brot wird verteilt; Kinder reiten auf Schultern; Victoria krönt den Kaiser mit einem Siegeskranz; der Triumphator und der Wettergott; Gefangene in Ketten; Opferdiener und Opfertiere, Reisewagen mit Ochsengespannen; Beutestücke aufgehäuft. Beispielsweise dieses Halbrelief: hat Neidhart es bewußt wahrgenommen? Sah er Bezüge? Ein Feldzug stand bevor, so erwartete man es beim Ritt nach Brindisi, und bei diesem Feldzug würden Gefangene und Beute gemacht – auf welcher Seite mehr?

Neidhart in Benevent, vor diesem Triumphtor? Er hätte es rund siebeneinhalb Jahrhunderte vor mir gesehen. Und dieser Triumphbogen, den er sah, war wiederum ein Jahrtausend und ein Jahrhundert vor ihm erbaut worden. »Was ist ein Jahrhundert, was ein Jahrtausend, was ist Zeit, das Vergehen von Zeit?« Unter diesem Tonnengewölbe stehend, bin ich von Vergangenheit überwölbt, die auch für Neidhart Vergangenheit war.

117 In Süditalien: ich starre in die Milchstraße, die ich in meinen luftverschmutzten Breitengraden noch nie so deutlich wahrgenommen habe, blicke in einen zugleich dicht bestirnten und tiefleeren Raum, mache mir mit sanfter Anstrengung bewußt, daß ich hier nicht nur hinaus- oder hinauf- oder hinunterblicke in Sternräume, sondern zurückblicke in Vergangenheiten. Ich vergegenwärtige mir, was ich gelesen habe, beispielsweise bei Timothy Ferris: Licht, das Zeit braucht, um meine Netzhaut, mein Gehirn, mein Bewußtsein zu erreichen. Das Licht des Zwergsterns Sonne braucht ungefähr achteinhalb Minuten, ehe ich es sehe – schon acht Minuten vor Sonnenuntergang ist dieser Zwergstern unter dem Horizont verschwunden. Weiter: der allernächste Fixstern ist 4,3 Lichtjahre entfernt. Die (gelesene) Äußerung eines Astronomen: er hätte noch nie einen Stern gesehen, immer nur das Licht, das von einem Stern kommt. Zwei Leitsätze: »In den Raum hinausschauen heißt, zurück in die Zeit sehen.« Und: »Was wir am Himmel sehen, ist die Vergangenheit.« Mein Bewußtsein versetzt sich noch weiter hinaus in die Vergangenheit, sichtbar im Raum. Drei Galaxien lassen sich von der Erde aus mit bloßem Auge erkennen – die weiteren Galaxien werden nur präsent in lange belichteten »Zeitaufnahmen« riesiger Teleskope: fixierte »Rückblickzeit«. Aber ich will hier ›jetzt‹ nur hinausdenken, so weit mein Auge reicht, im täuschenden Augenschein. Am Himmel südlich des Äquators werden die beiden Magellanschen Wolken sichtbar, aber weil Neidhart sie nicht gesehen hat (gab es zu seiner Zeit schon einen Namen für sie?), und weil auch ich sie noch nie habe sehen können, erwähne ich sie bloß, obwohl die Große Magellansche Wolke in der Zeit, in der ich noch an diesem Buch arbeite, mit dem Lichtschein einer Supernova auf sich aufmerksam macht: ein »milchig heller Klecks«, den man in chilenischem Gebirge sogar mit bloßem Auge erkennen kann, Licht, das die Leuchtkraft von etwa hundert Millionen Sonnen zusammenfaßt in einem letzten Aufblähen vor dem Erlöschen: Supernova 1987 A. Diese Jahreszahl markiert nur den Zeitpunkt, an dem das Licht der für uns lautlosen Explosion unsere Erde erreicht, ein aktuelles Ereignis im Kosmos vortäuschend, während am Ort des Geschehens nur noch erloschene Bruchstücke der großen Sternexplosion schweben. Nach diesem unfreiwilligen Epitaph auf einen Riesenstern kein Wort mehr über die Magellansche Wolke, vielmehr ein Hinweis auf den Andromedanebel, der für das bloße, wenn auch »geübte«

Auge auf meiner nördlichen Halbkugel sichtbar ist, auch für Neidhard sichtbar war, ein scheinbarer Sternpunkt, in dem eine Galaxie zusammengedrängt ist, so groß wie unsere Milchstraße: etwa 100 Milliarden Sterne in der elliptischen Scheibe und in den weit hinausgreifenden Spiralarmen. Dieser Lichtpunkt schwebt, schwebte etwa zweikommazwei Millionen Lichtjahre von uns entfernt. Freilich, diese Zeitangabe differiert um 100 000 Lichtjahre, denn: der Spiralarm, der unserer Position am Rande der Milchstraße am nächsten ist, und der Spiralarm, der uns am fernsten ist, sie werden getrennt durch einen Galaxie-Durchmesser von etwa 100 000 Lichtjahren. In diesem scheinbaren Lichtpunkt also ist eine immense Raum-Zeit-Distanz eingeschlossen, und dies mehr als zwei Millionen Lichtjahre von uns entfernt. Von uns – das könnte auch heißen: von Neidhart und mir. Denn bei solchen Tiefendimensionen von Vergangenheit ist der Rückblick auf Neidhart und seine Zeit, auch der Rückblick auf die »Königshalle« von Lorsch, selbst der Rückblick in die Vergangenheit des Tranjansbogens nur ein winziger, verschwindend kurzer Ansatz. In beinah gemeinsamer Gegenwart blicken wir hinaus zum Lichtpunkt Andromeda. Wiederum: zu Neidharts Zeit schienen die Fixsterne befestigt an einer Kristallschale, und es konnten noch keine Schwindelgefühle entstehen im vierdimensionalen Raum-Zeit-Kontinuum des seit dem Urknall unablässig wachsenden Weltraums mit seinen geschätzten 100 Milliarden Galaxien in »Haufen« und »Superhaufen«. Selbst in Süditalien: Neidhart und ich sähen äußerst Unterschiedliches. Er schaut ›nach oben‹, ich nehme »Rückblickzeit« wahr; für ihn waren Sterne gegenwärtig, mich umgibt Sternen-Vergangenheit, scheinbar gegenwärtig. Diese scheinbare Gegenwart kann – gegen allen Augenschein – nur Anstrengung des Bewußtseins durchbrechen. Und doch: auf den mehr als zwei Millionen Lichtjahre entfernt liegenden, zurückliegenden Punkt fixiert, sehe ich Neidhart an mich herangerückt, hinausblickend in die sichtbar gewordene, in verschiedenste Raum-Zeit-Tiefen hinausgestaffelte Vergangenheit. »Was ist ein Jahrhundert, was ein Jahrtausend?« Das Licht, das wir sehen, wurde vom Andromedanebel ausgesendet, als es auf dieser Erde noch nicht einmal den Neandertaler gab. Jähe Zeitverbrüderung mit Neidhart!

118 Neidhart vor Brindisi oder in Brindisi und mit ihm vielleicht der Tanhuser. Wie vor jedem Kreuzzug dauert es
lange bis zur Einschiffung – die sehr großen Probleme der Organi-
sation, der Koordination. Diesmal müssen Pilger und Kreuzfahrer
auch noch bei extremer Hitze ausharren – die Temperaturen sind
in diesem August so hoch, daß, wie ein Chronist behauptet, Metall
schmilzt. Mit dieser Hitze breiten sich die üblichen Epidemien
aus, die Kreuzfahrerheere, Pilgerscharen dezimieren, bevor sie das
Heilige Land erreichen. Süßlicher Verwesungsgestank, Millionen
von Mücken und Fliegen.

Endlich die Einschiffung. Auch hier eine mögliche Engführung,
topographisch: schreitet Neidhart (sein Pferd führend) zwischen
den beiden römischen Riesensäulen hindurch, die jeweils die
Endpunkte der Via Appia und der Via Trajana markieren, und er
geht von hier die Schräge hinab, die wohl schon damals gestuft
war?

Fahrt aufs offene Meer. Erschöpfung und Erleichterung? Und in
frischer Meeresbrise erwachen wieder die von der Hitze niederge-
droschenen Lebensgeister? Und irgendwann der bei jeder längeren Schiffsreise obligatorische Sturm, beispielsweise auf der Höhe
von Kreta? Und das Mittelmeer wird wieder sanft? Packt Neidhart nun auf Wunsch eines der mitreisenden Herren sein Instrument aus, seine Schoßharfe? Und der Kollege Tanhuser nimmt
ebenfalls sein Instrument?

Wie könnte ein Kreuzfahrerschiff aussehen, auf dem ein Neidhart
und ein Tanhuser singen? Zu welcher Gattung ihr Schiff auch gehören mochte: sie sangen im Zeichen riesiger, dreieckiger Segel –
die viereckigen Segel römischer Handelssegler gab es kaum noch.
Die Masthöhe eines Truppentransporters konnte dreißig, vierzig
Meter betragen; das Reffen des Segels war sehr zeitraubend, bei
einer Bö konnte es leicht reißen, platzen; so führte man auf jedem
Schiff mehrere Segel mit, in verschiedenen Größen und Ausführungen. Solch ein Truppentransporter konnte bis zu dreißig Meter
lang sein; 500 bis 800 Tonnen; meist Zweimaster, durchweg Zwei-
decker. Nachts lagen die Kreuzfahrer Kopf an Fuß an Kopf an
Fuß, jeder Quadratzentimeter mußte genutzt werden; am Deck
der besseren Herrschaften war etwas mehr Platz. Oft wurden
auch Pferde mitgeführt an Bord, vielfach unten. Im Rumpf einiger
Schiffe jeweils eine große Luke; sie wurde nach dem Landen geöffnet, über Planken konnten Kreuzritter in voller Rüstung an
Land reiten und gleich losschlagen.

Neidhart auf solch einem Truppentransporter mit 300 oder 400 Mann? Die durch das Mittelmeer gleitende Bühne seines Auftritts skizziere ich vielmehr so: ein Schiff der Gattung Salandria. Oder eine Vorform dieses Schiffes. Nach der Rekonstruktion von Pryor: ein Zweimaster, reines Segelschiff, keine Ruder; etwa zwanzig Meter Länge; rund 280 Tonnen; ein Schiff, das speziell entwickelt wurde für den Transport von Kreuzfahrern mit Pferden, also von Panzerreitern, Rittern. Am Heck, und das ist hier besonders wichtig, ein Aufbau mit Kojen für die besseren Herrschaften; obendrauf eine Plattform mit Balustrade. Auf dieser Plattform könnte man sitzen, in der Abendbrise, und hier, so entwerfe ich, singen Neidhart und Tanhuser einige Lieder. Der Auslug an einem der Maste könnte zuhören; Panzerreiter auf Deck könnten zuhören; Matrosen, auch Mitreisende des Schiffsbauchs könnten in die Wanten klettern und zuhören. Ich kann mir nicht vorstellen, daß einer der hohen Herren, daß der Kapitän dies verbietet: Musik eines höfischen Sängers exklusiv für höfisches Publikum, alle anderen unter Deck! Die Delphine, die das Schiff begleiten, mit sanfter Kraft aus dem Wasser schnellend, gelassen elegant ins Wasser zurückgleitend, sie wird keiner beachten, diesen Anblick ist man gewohnt; es müßte schon ein Meeresungeheuer auftauchen, um dieses Publikum abzulenken.

Neidhart mag beginnen, und dies mit einem Abschiedslied, das er bereits im Donauraum gesungen haben könnte, bei einem seiner letzten Auftritte vor der weiten Reise, ein Lied, das er unterwegs vielleicht schon wiederholt hat, und das er nun, auf Wunsch eines der Herren an Bord, erneut vorträgt: Neidharts »peicht«.

> Ich wär gern froh, doch Leid verhindert das:
> die alte Herrin ist mir nicht gewogen,
> obwohl ich ihr so lange Dienst geleistet.
> Die klugen Menschen spotten meiner sehr.
> Deshalb werde ich ihr nicht mehr dienen,
> richte meinen Sinn nur auf den HERRN,
> der mich in seinem Reich behausen will.
> Seht, dem will ich gerne dienen.
> Wollte Gott, ich hätts schon längst getan.
>
> Ihr klugen Menschen, folgt hier meinem Rat:
> kündigt ihr zur rechten Zeit den Dienst auf,
> dient dem HERRN, der wahren Lohn erteilt.

Wollte Gott, ich hätte Ihm bereits gedient.
Dreißig Jahre lang verhalf er mir zum Ruhm,
doch nun trage ich die graue Kutte.
Gottes Segen für euch alle, jung und alt.
Wünscht mir, daß ich Sein Gebot befolge.
Ich geh nicht mehr den Weg der Eitelkeit.

In diesem Glauben brech ich von hier auf.
Gott erweis euch allen Seine Gnade
und schütze mich, wo immer ich auch reise.
Mir fügte einer derart schweres Leid zu –
eh ich sowas auf die leichte Schulter nähme,
wär ich lieber gleich im Heilgen Land
und ließe mich in Deutschland nie mehr blicken.
Trieb' er sein Alfanzen hier noch weiter,
müßt ich drunter leiden bis zu meinem Tod.

In dieser vielleicht nachdenklichen oder melancholischen Stimmung könnte nun der Tanhuser das folgende Gedicht vortragen. Ein Text, der erstaunlich modern wirkt, aber: es ist ein Rätselspruch. Eine der Arbeiten über diesen Text hat die wiederum etwas rätselhafte, schöne Überschrift: *Ein Hampfel Grübelnüsse*. Die sollen hier nicht geknackt werden, nur drei Andeutungen. Es geht verschlüsselt um den Sündenfall, um die Erschaffung von Adam und Eva, um die Arche Noah, die Menschwerdung Christi, und am Schluß soll angespielt sein auf die Ermordung des Thomas Beckett in der Kathedrale von Canterbury.

Es schlug ein Weib den Mann tot,
        und rasch noch alle ihre Kinder,
er schlug sie tot. Und seht:
        der Mann, er wurde wild vor Zorn,
er schlug sie gleichfalls tot,
        die ganze Dienerschaft dazu,
die schlug er tot – und dennoch
        hatten sie dann später Kinder.
Und Gott ließ einen Mann entstehen,
den nie ein Weib gebar;
die Vater, Mutter nie gekannt,
die nahm er sich zur Frau.
Es hat danach ein Hund gebellt,

daß alle Menschen auf der Welt sein Lärmen hörten.
Die Erde, sie ist höher als der Himmel:
    dies haben Philosophen
schon längst erkannt.
Ein Kind schlug seinen Vater tot –
    es war gerade in der Mutter –
als er vor andren Kindern Gott besang,
    die reine Wahrheit lehrte.

Wenn Neidhart nun wieder an der Reihe ist, könnte er diesmal ein
Lied singen über die Ferne zu einer Frau.

Gott schenk der Lieben einen guten Tag –
    auf andre Weise kann ich sie nicht grüßen.
Dies ist ständig meine Rede
und das schon am frühen Morgen.
Ich vergesse sie auch nicht
    am Abend, und noch: »Eine gute Nacht!«

Als ich mich kürzlich von ihr trennte,
    war ihre Bitte: Sing und schick mir Lieder.
Die hätte ich ihr gern geschickt,
    wenn ich nur wüßte, über wen:
wer ihren edlen, weißen Händen,
    wer ihr selbst als Bote passen würde.

In die Konstellation, die ich hier erfinde, fügen sich nur diese beiden Strophen ein, dennoch gleich die dritte Strophe, ich will mich
von der fiktiven Situation nicht einengen lassen.

Ein Pilger eines fremden Lands hat mir
    berichtet, wie es meiner Herrin geht,
ohne daß ich danach fragte. Und er sagte:
    sie sei schön, sei hochgestimmt.
Dies ist eine gute Botschaft,
    dies tut mir von Herzen wohl.

Nun könnte wieder der Tanhuser an der Reihe sein. Und er singt
ein ganz neues Lied, über eine Schiffsreise von Apulien zum Heiligen Land. Dieses Lied wird von Wissenschaftlern als literarischer
Reflex auf die Fahrt ins Heilige Land gewertet.

Erstaunlich konkrete Angaben hier: harter Schiffszwieback, trübes Trinkwasser, stinkender Kielraum. Und doch, das macht Wolfgang Mohr in seinem Aufsatz über dieses Kreuzlied deutlich, ist hier nicht nur biographische Realität, hier sind zugleich literarische Muster; Mohr definiert diesen Stil als »allegorischen Realismus«.

Wohl dem, der nun auf Beizjagd geht
auf Feldern in Apulien,
auch wer jetzt pirscht, der hat es gut,
sieht Wild in großer Zahl.
Und manche schlendern zu den Brunnen,
die andren reiten zum Vergnügen,
lustwandeln mit den Damen –
der Spaß, der ist für mich vorbei!
Man kann von mir nicht sagen,
ich sei auf Windhund-Pirsch,
auf Beizjagd mit dem Falken,
sei hinter Füchsen her;
auch folg ich nicht den Spuren
von Hirschen und von Hinden;
es läßt sich auch nicht sagen,
ich trüge einen Kranz aus Rosen;
man braucht mich nicht zu suchen;
wo grün der Klee entsprießt;
ich bin auch nicht in Gärten
mit schönen jungen Mädchen –
ich bin auf hoher See!

Wer sonst hat es so schwer wie ich,
wes Hoffnung ist so klein?
Bei Kreta war ich nah dem Tod,
doch hat mich Gott gerettet.
Die Stürme trieben mich
sehr dicht an einen Fels,
in einer Nacht, ganz rasch –
ich gab schon alles auf!
Die Ruder, die zerbrachen –
bedenkt, wie ich mich fühlte!
Die Segel, die zerfetzten
und flogen weg aufs Meer.

Da sagten die Matrosen:
in solcher schlimmen Lage
war keiner eine halbe Nacht!
Ihr Schreien tat mir weh.
Das dauerte bestimmt
bis an den sechsten Tag.
Es war so ausweglos!
Mir blieb hier nichts erspart;
ich hatte keine Wahl!

Widrig ist mir mancher Wind
herauf vom Land der Berber –
was wehen sie so rauh und scharf,
auch die aus der Türkei?
Die Wellen, diese Wogen –
mir geht es reichlich schlecht!
So büße ich die Sünden ab.
Der Herr im Himmel helfe mir!
Das Wasser, das ist trüb,
mein Zwieback, der ist hart,
versalzen ist das Fleisch
und Schimmel auf dem Wein!
Vom Kielraum stinkt es hoch –
das macht die Fahrt nicht schöner!
Viel lieber wär mir Rosenduft –
wenn ich ihn haben könnte!
Die Bohnen, Kichererbsen,
sie stimmen mich nicht froh.
Meint es der Höchste gut mit mir,
so wird zum Labsal das Getränk
und köstlich wird die Speise!

Ach ja, wie glücklich ist der Mann,
der auf dem Landweg reitet.
Man wird es mir nicht glauben wollen:
ich warte hier auf Wind!
Scirocco, der von Ost,
dazu der tramontano,
und der von Okzident,
der Südwind aus der Wüste,
maistro von den Alpen,

der greco aus Byzanz,
der austro, der levante –
die wurden mir benannt.
Ein Wind, der weht aus Afrika,
und einer kommt aus der Türkei,
der Nordwind und der Mittagswind –
so seht, da ist das Dutzend voll!
Säß ich noch auf trocknem Ufer,
mir wären diese Namen fremd,
doch hat mich Gott hinausgeschickt
und hat nicht sehr danach gefragt,
wie übel es mir dort ergeht!

Solch ein Lied, auf einem Schiff gesungen, wird besonders großen
Beifall finden – und auch ich, auf dem Trockenen sitzend in der
Nordeifel, schließe mich dem Beifall an: dies ist ein Liedtext, den
ich sehr bewundere. Animiert vom Beifall wird der Tanhuser vielleicht sofort ein zweites Lied singen, diesmal in einer wahrlich anderen Tonart, aber Stimmungswechsel konnten damals rasch, ja
abrupt sein.

Liebesdienste, unermüdlich
schönen Damen dargebracht
(wie der meinen): höchst erwünscht!
Muß für sie den Salamander fangen.
Weiter hat sie mir befohlen:
soll aus der Provence die Rhone
ins Gebiet von Nürnberg leiten;
im Erfolgsfall hätt ich Chancen…
Und die Donau links vom Rhein:
schaff ich das, so tut sie, was ich wünsche.
Dank sei meiner Hohen Dame,
wird genannt »die Gute«.
Sag ich Ja, so sagt sie Nein –
dies ist unsre Harmonie!
Heia hei!
Meinem Einfluß hat sie sich zu lang entzogen.
Heute so und morgen so,
(alles Gute!) und jetzt: so –
Hilfe, Hilfe, her zu mir!
Was tut mir die Liebste an,

die so schön ist und so gut,
daß sie mich nicht glücklich macht?
Ach, wie traurig stimmt mich das.

Einen Baumstamm, riesengroß,
soll ich ihr aus Indien bringen.
Meinem Drängen gibt sie nach,
hört nur, wenn ich dies vollbringe:
muß für sie den Gral herschaffen,
den Herr Parzival behütet,
und den Apfel, den einst Paris
liebeshalber Göttin Venus gab,
und den Mantel, der die Dame
ohne Makel ganz umhüllte.
Außerdem die Wundertat,
die mir wirklich sauer wird:
hat Verlangen nach der Arche,
die den Noah aufgenommen.
Heia hei!
Brächt ich die, wie lieb wär ich ihr dann!
  Heute so und morgen so,
  (alles Gute!) und jetzt: so –
  Hilfe, Hilfe, her zu mir!
  Was tut mir die Liebste an,
  die so schön ist und so gut,
  daß sie mich nicht glücklich macht?
  Ach, wie traurig stimmt mich das.

Macht Neidhart der Applaus für den Kollegen etwas unruhig?
Auch wenn er ihn schätzen sollte, er möchte nun wohl wieder in
den Mittelpunkt rücken, und so könnte er jetzt ein Lied singen,
das vielleicht schon mehrfach starken Beifall ausgelöst hat. Einer
seiner »Wechselgesänge«. Weil alle hier an Deck aus dem gewohnten Ambiente herausgerissen sind, könnten die Anspielungen auf
Mai und Linde, auf das bayrische Reuental und das österreichische
Rust besonderen Reiz gewinnen; vielleicht wird Heimweh geweckt nach dem Donauraum.

  »Spinne auf dem Rocken, Tochter,
  unterlaß die Tanzerei!
  Nimm dir deine Sommerpuppe,

377

denn es wird nun wieder Mai.
Sei nicht bös, wenn ich dich strafe –
Töchterlein, dies Jahr wird schwer!
Weizen, Roggen fehlen mir.
Dummchen, ja, das ist die Wahrheit.«

»Deshalb werd ich nicht gleich sterben,
allerliebstes Mütterlein!
Ich will meine Liebe finden,
weil der Mai so hell erglänzt.
Nur auf eines hofft mein Herz:
den ich stets beglückt umwarb,
ihn hör ich neue Lieder singen –
Herrn Neidharts Tänze an der Linde!«

»Bist noch viel zu jung an Jahren!
Halt dich von der Liebe fern,
hüpfe heuer nicht im Tanze,
wenn du noch Verstand besitzt!«
»Mütterlein, ich will nur eines!
Doch ich sage jetzt nur dies:
auf Euer Zänken geb ich nichts!
Heuer blüht die Liebe auf!«

»Tochter, hast kein Schamgefühl,
du gerätst in Raserei.
Im Geheimen und ganz offen
willst du nichts als Schande machen.
Weißt nicht mehr, wer dich im Vorjahr
küßte (ohne meinen Segen!)
mit dir tanzte, Hand in Hand?
Der reiche Bauernsohn aus Rust!

Der will nichts als deine Liebe,
mein geliebtes Herzenskind.
Wenn du schlau bist, gibt ihm nach –
seine Scheuern sind gefüllt!«
»Mutter, das heißt Knochenarbeit!
Haltet endlich Euren Mund!
Meine Liebe kriegt er nicht.
Ziegenglöckchen: nur für Bauern!«

»Du machst mir das Leben schwer.
Hatte dich so gut erzogen…
Du willst nur für *dich* da sein!
Damit zeigst du dich verblendet.
Du, vererb das nur nicht weiter!
Töchterlein, laß davon ab,
tu es bitte mir zuliebe.
Wollte Gott, ich könnt es ändern.«

»Daran läßt sich gar nichts ändern.
Ich will nur nach Reuental.
Dort verpfändet man die Liebe
für das allerhöchste Glück.
Wenn ich dort mein Hemdchen öffne
von den Brüsten bis zum Nabel,
ist das Labsal für mein Herz.
Dann schreit die Liebe wie das Rebhuhn.«

»Ich werde deinem Vater melden,
daß du derart haltlos bist,
deinem ganzen Wesen nach –
er entzieht dir den Besitz!«
»Eure Strafe ist zu hart!
Ich kann Euch nur das eine sagen:
ich geb nichts auf Eure Klagen.
Vaters ›Finger‹ stieß ins Offne…«

»Ach, bin ich beklagenswert!
Was habe ich dir vorgeworfen?!
Man hat es wirklich schwer mit dir.
Wollte Gott, ich hätt geschwiegen.
Mein Fehltritt freut dich allzusehr,
den ich als Sünderin beging –
wollte Gott, ich hätts vermieden.
Hau ab, du bist ein Teufelsweib!«

Beifall für Neidhart, auf der Plattform, von den Wanten, vielleicht
sogar vom Auslug herab, aber wichtiger als der Applaus der Herren, der Pilger, der Matrosen könnte Neidhart der Beifall des jüngeren Kollegen sein. Während solch eines Konzerts wird das
Schiff, vom gleichmäßig achterlichen Wind geschoben, der Küste

des Heiligen Landes, der Hafenstadt Akko wieder ein paar See-
meilen näher gekommen sein.

119 Auch über den Kreuzzug zwischen September 1228
und Februar 1229 soll ein fiktiver arabischer Chronist
berichten – er bleibt wie sein ägyptischer Vorgänger namenlos.
Einleitend könnte mein Chronist erwähnen, daß er in Akka lebt
(von den Kreuzfahrern Akkon genannt, das heutige Akko). Und
er könnte genauer angeben, wo er in dieser Handelsstadt wohnt,
die damals wesentlich größer war als Köln oder London: die
Stadtfestung auf der trapezförmigen Landzunge, und an ihrer
Nordecke der »Turm des Weinstockes«, der Burj Kuraijim – dort
in der Nähe könnte das Haus meines Chronisten stehen, und das
hieße: in diagonal größter Entfernung zum Hafen, in dem sich
Kreuzfahrerschiffe drängeln hinter der langen Mole vom Stadt-
Trapez hinaus zum Fliegenturm, auf der winzigen Felseninsel vor
der Bucht.
Ist ein arabischer Chronist das Gedächtnis auch seiner Stadt?
Dann könnte er aufzählen, daß Julius Caesar einmal mit Truppen
hier gelandet ist, daß Kleopatra hier war, dann Oktavian, später
berühmt als Kaiser Augustus, und Paulus war hier, und Genua eröffnete ein großes Handelskontor (man rechnete im Schnitt mit
etwa einem Monat für die Segeltour Akkon-Genua), und der
Hochmeister des Johanniterordens residierte in der Nähe des Jo-
hanniter-Hospitals, und die fränkischen Könige von Jerusalem
hielten sich vorzugsweise in Akkon auf.
Was ich hier andeutete, wird mein Chronist kaum weiter ausführen.
Statt dessen wird er in der Nähe des Burj Kuraijim niederschreiben, eigenhändig, er sei einer der Lehrer des Sultans al-Malik al-
Kamil gewesen, habe ihn vor allem das philosophische Denken gelehrt, habe also Fragen aus vielen Bereichen des Wissens mit ihm
erörtert, habe ihn darüber hinaus im höchsten aller Spiele unterrichtet, im Schach. Bei dieser Tätigkeit des Lehrens, Unterwei-
sens, Unterrichtens habe er viele wichtige Personen des Gefolges
kennengelernt, von ihnen werde er über die Verhandlungen zwischen dem Kaiser der Franken und dem Sultan informiert, durch
Briefe, durch mündliche Berichte von Boten. Er habe, so könnte
mein Chronist betonen, weitreichende und verzweigte Verbin-
dungen. Was ihm berichtet oder zugetragen werde, das wäge er

jeweils kritisch ab; dieses Abwägen sei für ihn nicht schwierig, da er die Berichterstatter und Vermittler meist kenne. Sein Sammeln von Erkundigungen habe zur Folge, daß er mancher der heute wichtigen Personen des Hofes in Erinnerung gebracht werde, und dies wiederum könnte seinem ältesten Sohn zugute kommen, der am Hof des Sultans eine ähnliche Stellung anstrebe, wie er, der Chronist, sie früher innehatte. Diesem Sohn werde er seinen Bericht in die Hände geben: die Chronik der Verhandlungen als Erbe. Immer deutlicher die Vorzeichen, daß sein Ende nicht mehr allzu lang auf sich warten lassen werde; die Schwäche seiner Beine und das Zittern seiner Hände erfülle ihn mit Wehmut, seine Schrift sei an schlechten Tagen ganz zittrig, aber er hoffe, er werde den Abschluß der Verhandlungen noch erleben, werde diese Chronik mit Allahs Segen beschließen können.

Und mein arabischer Chronist hebt in seinem Bericht hervor, was in abendländischer Geschichtsschreibung meist nur erwähnt wird: daß Vorverhandlungen stattgefunden haben zwischen Kaiser Friedrich und Sultan al-Malik al-Kamil. Man wußte im Morgenland, daß die Spannungen zwischen Kaiser und Papst sehr groß waren, daß zuweilen sogar Kriegshandlungen drohten, und damit schien Friedrich den Arabern bereits vertrauenswürdig; Friedrich mußte mit seinem Kreuzzug erfolgreich sein, aber er wollte diesen Erfolg nicht erkämpfen, sondern durch Verhandlungen erreichen; Sultan al-Kamil ging bereitwillig darauf ein, denn er führte, so berichtet mein arabischer Chronist, einen Machtkampf mit seinem Bruder, dem Sultan von Damaskus, und in diesem Machtkampf suchte al-Kamil einen Verbündeten, hier war ihm auch der Franke recht, er versprach ihm Entgegenkommen bei den Verhandlungen im Heiligen Land, das auch dieser Chronist nicht als Heiliges Land bezeichnet, sondern als »Syrien«; er berichtet, daß der Sultan seine Vorschläge durch einen Boten übermittelte, den Emir Fahr ed-Din Jusuf, der im Verlauf der Vorgespräche den Kaiser rundheraus bat, nach Akka zu kommen; als Gegengabe für militärische Hilfe gegen den Bruder des Sultans wurden Friedrich mehrere Städte in Palästina angeboten. Der Kaiser ging auf dieses Angebot ein. Dennoch dauerte es recht lange, ehe Friedrich in Akka, in Akkon landete: August 1228 die Seuche im Heer vor Brindisi, auch Kaiser Friedrich wurde krank, er mußte umkehren nach zwei Tagen auf See, wurde daraufhin vom Papst exkommuniziert, brach gleich nach seiner Genesung wieder auf, ohne sich um den Kirchenbann zu kümmern – sollte er erfolgreich sein, so war der Papst wohl gezwungen, ihn wieder in die Gemeinschaft der Kirche aufzunehmen. »Schon haben wir uns von Brundisium glücklich nach Syrien gewendet und reisen mit Eile unter glückhaftem Wind, mit Christus, dem Führer.« Auf diese Botschaft reagierte der Papst verdrossen: »Wir wissen nicht, wessen törichtem Rat er da folgte oder besser: welche teufliche List ihn verführte, ohne Buße und Absolution den Hafen von Brindisi insgeheim zu verlassen.« Und der Papst ernannte den Legaten Pelagius, der sich beim Ägyptenfeldzug unrühmlich hervorgetan hatte, zum Kommandierenden rasch aufgestellter päpstlicher Truppen, der »Schlüsselsoldaten«. Sobald Friedrich abgesegelt war, marschierten sie in das Königreich Sizilien ein, und Pelagius konfiszierte als erstes die Kirchenschätze von Monte Cassino und San Germano, konnte nun die Söldner auszahlen. Der Papst und sein Legat ließen das Gerücht verbreiten, der Kaiser sei gestorben, und damit seien alle Untertanen vom Treueid entbunden – die päpstlichen Truppen fanden auf ihrem Vormarsch kaum Widerstand in der allgemeinen, systematisch geschürten Verwirrung, die Soldaten des Schlüsselträgers Petri ließen sich als »Befreier der Unterdrückten« feiern. Und Papst Benedikt schickte Kaiser Friedrich zwei Franziskaner nach, als Bevollmächtigte, die mit allen Mitteln einen Erfolg des Geächteten verhindern sollten.

Zu diesem Zeitpunkt könnte mein arabischer Chronist einsetzen mit dem Satz aus einer arabischen Chronik, den ich übernehme und ihm zuschreibe: »In diesem Jahre kam Kaiser Friedrich mit großem Gefolge von Deutschen und anderen Franken nach Akkon.« Es war das Jahr 625 arabischer Zeitrechnung. Etwa 1000 Panzerreiter und rund 10000 Pilger, die auf Friedrich bereits ungeduldig gewartet hatten, begrüßten ihn mit Jubel – mein Chronist hat ihn vielleicht selbst gehört. Und bald schon erfuhr er, daß die beiden Franziskaner eintrafen; sie predigten, daß man Friedrich, der nach wie vor exkommuniziert sei, nicht gehorchen dürfe. Das löste ein Schisma aus unter den Kreuzfahrern, den Pilgern. Zu alldem erreichte Friedrich die Nachricht vom Einmarsch der päpstlichen Truppen in sein Königreich. Der Kaiser brauchte jetzt Erfolg.

Die Situation, so berichtet weiter mein arabischer Chronist, hatte sich für Sultan al-Malik al-Kamil inzwischen verändert: sein aufsässiger, aufständischer Bruder war gestorben. Damit brauchte der Sultan nicht mehr die militärische Hilfe aus dem Westen, aber er war trotz der veränderten Lage bereit zu verhandeln, Konzessionen zu machen, denn, so könnte auch mein Chronist schreiben: »Sultan al-Malik al-Kamil nahm an, wenn er den Kaiser nicht voll zufriedenstelle und es zum Bruch komme, könne sich daraus ein Krieg mit den Franken und nicht wieder gutzumachender Schaden ergeben, so daß ihm alle Vorhaben entglitten, für die er gearbeitet hatte.« Er schickte dem Kaiser, nachdem er von seiner Ankunft in Syrien erfahren hatte, »viele und wertvolle Geschenke: Gold, Silber, seidene Tücher, kostbare Steine, Kamele, Elefanten, Bären und Affen und andere staunenerregende Dinge, deren die Länder des Westens entbehren.« Der Kaiser der Franken revanchierte sich; der Chronist berichtet in wörtlicher Übereinstimmung mit einer überlieferten Chronik: »Es kam ein Gesandter des Königs der Franken mit prächtigen Geschenken und seltenen Gaben für den Sultan al-Malik al-Kamil. Unter anderem brachte er mehrere Pferde, auch das Streitroß, das der König selbst zu reiten pflegte, und das goldene Steigbügel mit kostbaren Edelsteinen hatte.«

Die Verhandlungen wurden zwischen Kaiser Friedrich und Sultan al-Malik nicht unmittelbar geführt, sondern weiterhin über einen Vermittler, über den Emir Fahr ad-Din ibn as-Saih, mit dem, so betont mein arabischer Chronist, der König der Franken in fließendem Arabisch sprach. Die Verhandlungen zogen sich hin, auch als Kaiser und Sultan nur noch eine Tagesreise voneinander entfernt lagerten, mit ihren Truppen. Gelegentliche Scharmützel; zuweilen sah es so aus, als werde es doch zum Krieg kommen. Die Verhandlungen wurden forgesetzt, über Fortschritte aber ließ sich nicht berichten.

In diesen Wochen setzt mein Chronist eine andere Arbeit fort: er schreibt zum dritten Mal in seinem Leben den Koran ab. Allerdings, so könnte er betonen, sei das kaum erwähnenswert, sein Vater habe dies sehr viel häufiger getan. So habe er ihn eines Tages (mit Munqid) gefragt: »Mein Herr, wie viele Korankopien hast du schon hergestellt?« Und sein Vater gab zur Antwort: »Bald werdet ihr es wissen.« Als sein Vater auf dem Sterbebett lag, sagte er: »In jener Truhe sind Kopien, die ich vom vollständigen Korantext angefertigt habe. Legt sie unter meine Wange ins Grab.« Und ich zitiere Munqid weiter: »Wir zählten sie. Es waren dreiundvierzig Abschriften. Er hatte den Koran einigemale vollständig abgeschrieben. Unter anderem fand sich eine große in Gold geschriebene Kopie.« Dieser Vergleich mit der Leistung seines Vaters stimme ihn zuweilen kleinmütig, schreibt mein Chronist, denn mehr als zuvor werde ihm bewußt, daß sein Ende nicht mehr allzu lange auf sich warten lassen werde. Und er übernimmt einen beliebten Vergleich: »Ich bin wie ein Kamel, das abgehetzt ist und von der Karawane in der Wüste verlassen wird.« Er berichtet, er müsse sich beim Beten immer häufiger hinsetzen; wenn er versuche, sich zum Gebet hinzuwerfen, so werde ihm das von mal zu mal schwerer. Und er könnte ein Resümee ziehen, das ich zitierend übernehme: »Langes Leben zieht Überdruß nach sich. Die Unfälle und Katastrophen sind viel zu zahlreich, um gezählt zu werden. Ich bitte Allah, den Erhabenen und Großen um Schutz und Vergebung für den Rest des Lebens und um Gnade und Gunst in der Stunde des Todes, denn der Gepriesene ist der hochherzigste Erhörer der Gebete und der erste Erfüller der Hoffnungen.«

Seine Hoffnung vor allem ist es, daß es bei den Verhandlungen zu einer friedlichen Lösung kommt. Dann würde sich erweisen, daß sein Schüler, der heutige Sultan, seine Lehre recht verstanden hatte: wichtiger als der Kampf mit Waffen ist die Auseinandersetzung der Geister. Und er habe ihm weiter gesagt: ein Kampf zwischen zwei Gegnern darf nicht auf dem Schlachtfeld stattfinden, sondern nur auf dem Schachbrett. Leider, so könnte mein Chronist hier schreiben, sei es bisher nie zu einem Schachspiel zwischen Kaiser und Sultan gekommen – wie gerne würde er bei solch einer Partie oder einer Folge von Partien zusehen! Vielleicht würde sich dann zeigen, daß der Sultan auch weitere seiner Lehren befolge, etwa diese: wie man große Erfolge durch kleine Opfer erzielt. Er selbst habe dazu ein sehr lehrreiches Beispiel gegeben: in einer hitzigen, von mehreren Männern des Hofes verfolgten Partie mit dem noch jungen al-Malik al-Kamil ist ihm, dem Chronisten, eine Figur zu Boden gefallen; einer der Höflinge bückte sich, hob sie auf und reichte sie ihm mit den Worten, er habe einen Bauern verloren; darauf er, in seiner damals impulsiven Art: »Gar nichts habe ich verloren! Den Bauern habe ich geopfert!« Al-Malik al-Kamil schaute ihn erstaunt, dann nachdenklich an. Diese Geschichte vom geopferten Bauern ist oft nacherzählt worden am Hof, vor allem, weil er diese Partie gewonnen hatte. Und so müßten denn auch der Kaiser wie der Sultan bei ihrer großen Partie Opfer bringen, um das Schlimmste zu vermeiden: einen Krieg. Vor allem die päpstlichen Bevollmächtigten – so hat auch er gehört – sind gegen diese Verhandlungen, sie rufen auf zum Kampf. Auch sind nicht alle Muslime einverstanden mit diesen Verhandlungen, auch hier gebe es etliche, die zum Kampf aufriefen, vor allem seit der Kaiser der Franken in Sidon einzog und begann, die Festungsanlagen der Stadt zu reparieren, zu verstärken. Diesem Kaiser sei der Ruf vorausgeeilt, ein außerordentlich guter und mutiger Heerführer zu sein, der mit unvergleichlicher Kraft durchführe, was er sich vorgenommen habe – mit seinen Rittern könnte er die Reitertruppen des Sultans wahrscheinlich zerschlagen. Auch der Sultan, so höre er aus dessen persönlicher Umgebung, habe Angst vor diesem Franken; al-Malik al-Kamil wolle sein Heer im Kampf gegen ihn nicht aufs Spiel setzen, weil es sonst rasch wieder zu einer Verschwörung gegen ihn kommen könnte. Aber nicht nur aus diesem Grund sei dem Sultan daran gelegen, mit dem Kaiser zur friedlichen Regelung zu kommen; sein Bedürfnis, sein wahres Verlangen sei der Frieden. In dieser Ablehnung unnötiger Kriege sei er sich mit dem Kaiser der Franken offenbar einig. Beide aber hätten auch die weitreichenden Folgen ihrer Entscheidungen zu bedenken. Dies alles mache die Verhandlungen so schwierig und zeitraubend.

In diesem Gespräch zwischen Sultan und Kaiser gehe es freilich immer weniger um politische Konditionen, sondern mehr um allgemeine Fragen. In (wörtlicher) Anlehnung an einen anderen arabischen Chronisten könnte mein Chronist schreiben: »Die beiden Fürsten tauschten viele Fragen und Antworten mit philosophischen und ähnlichen Thesen aus; denn dieser Kaiser war ein Mann von scharfem Geist, ein Liebhaber der Philosophie, der Logik und der Medizin.«

Mein Chronist berichtet mit Vergnügen über diese Phase der Verhandlungen, denn hier geschieht das für ihn Entscheidende, Wesentliche. Er schreibt, daß es Sultan al-Malik al-Kamil liebt, seit jeher, im Kreis von Gelehrten zu sitzen und mit ihnen verschiedenste Themen zu erörtern – bis zu fünfzig Wissenschaftler konnten das sein; und einen jeden verwickelte der Sultan in ein gelehrtes Gespräch. So redete er über Mathematik wie über Falkenzucht, über Medizin wie über Pflanzenkunde, über Tiere wie über Kristalle. In diesem Kreis werden nun auch die Fragen erörtert, mit denen sich Kaiser Friedrich beschäftigt, schon seit langem – der Kaiser der Franken liebt es ebenfalls, im Kreis von Gelehrten zu sitzen und mit ihnen verschiedenste Themen zu erörtern.

Mein Chronist stellt in seinem Bericht die folgende, wortwörtlich überlieferte Frage an den Anfang: »Welches ist das Ziel der theologischen Wissenschaft, und welches sind die unumgänglich not-

wendigen Voraussetzungen dieser Wissenschaft, sofern sie überhaupt Voraussetzungen hat?« Der Chronist versucht selbst eine
Antwort zu entwickeln; er sieht hier eine der wichtigsten Fragen
dieser gemeinsamen Erörterungen. Seinen ausführlichen Exkurs
gebe ich hier nicht wieder, weise nur auf den perspektivischen
Fluchtpunkt seiner Reflexionen hin: wenn der Kaiser von der
Theologie spreche, müsse er sich dessen bewußt sein, daß ihre
Voraussetzungen vor allem die Lehre und das Werk seien, »und
daß der Gegenstand solcher Voraussetzungen das erhabene Buch
des Korans ist«.

Mein Chronist nimmt weitere Fragen in seinen Bericht auf, und
er begründet dies: in den Fragestellungen des Kaisers zeige sich
Nähe zur Verfahrensweise arabischer Forscher und Gelehrter, denen Augenschein wichtiger sei als Tradierung alten Wissens. In
dieser Hinsicht, so betont mein Chronist, habe sich der Kaiser
sehr deutlich von den meisten seiner Mitreisenden und erst recht
von den päpstlichen Gesandten unterschieden, er habe seine eigenen Fragen gestellt und nicht Fragen, die bereits in Schriften formuliert worden seien. Bezeichnend sei hier auch die Frage des
Kaisers: »Warum sieht man Ruder, Lanzen und alle geraden Körper, von denen ein Teil in klares Wasser taucht, nach der Wasser-
oberfläche zu gekrümmt?« Auch eine weitere dieser Fragen zeige,
daß der Kaiser der Franken eigene Beobachtungen gemacht habe,
wie sie für Gelehrte des Abendlandes nicht selbstverständlich
seien – diesmal eine Beobachtung zum Stern Kanopus, den man
im Arabischen Suhail nennt. »Warum sieht man den Suhail bei
seinem Aufgang größer als an seiner höchsten Stelle, obwohl
sich im Süden keine Feuchtigkeit befindet, die zur Erklärung herangezogen wird, denn die südlichen Gegenden sind trockene
Wüsten?« In eine ganz andere Richtung führe eine vierte Frage des
Kaisers, diesmal den Grauen Star betreffend. »Warum sieht der,
bei dem der Star beginnt, schwarze Fäden wie Fliegen und Mük-
ken außerhalb des Auges, obwohl sich nichts außerhalb des Auges
befindet und der Betreffende vollkommen bei gesundem Verstand
ist?«

Als fünftes die Frage des Kaisers, woher das Feuer komme, das
die Erde aus Ebenen wie aus Bergen speie, und woher der Rauch,
und was bewirke ihre Ausbrüche? Und als sechste Frage, warum
das Meerwasser so bitter sei und warum es an vielen Orten fern
vom Meere Salzwasser und an anderen Orten Süßwasser gebe,
und wie es komme, daß Süßwasser manchmal von der Erde ausge-

spien werde oder manchmal von Steinen oder Bäumen tropfe. Als siebte wieder eine der Fragen, die sich aus Beobachtungen und Versuchen des Kaisers ergeben: er habe festgestellt, daß Falken, denen man die Augenlider vernäht habe, das ihnen vorgeworfene Fleisch nicht bemerkten, obwohl sie im Geruchssinn nicht behindert seien, auch habe er festgestellt, daß die Vögel nicht schlügen, wenn sie nicht hungrig seien, er selbst habe ihnen ein Küken vorgeworfen, und sie hätten es weder geschlagen noch getötet – wie das zu erklären sei? Und nun die letzte Frage im Oktogon der Betrachtungen: Ob die Erde von etwas anderem als von Wasser oder Luft getragen werde, ob sie auf den Himmeln unter ihr ruhe; von dieser Frage leitete der Kaiser weiter zur grundsätzlichen Frage, wie viele Himmel es gäbe, wer sie lenke, wie groß die Abstände zwischen ihnen seien, was außerhalb des letzten Himmels sei, falls es mehrere gebe, in welchem Himmel Gott Substanz sei.

Fragen dieser Art, wiederholt mein Chronist, habe der Kaiser an Sultan al-Malik al-Kamil geschickt, und der hätte sie zuerst Scheich Alam ed-Din Hanefit, genannt Ta-asif, vorgelegt, danach weiteren Gelehrten; der Sultan habe dann dem Kaiser die Antworten auf diese Fragen geschrieben. Der Chronist betont, daß er diese Fragen gerne erörtern würde, daß man all diese Phänomene aber in Büchern studieren könnte, die dem Kaiser offenbar unbekannt seien. Deshalb verzichte er auf Bemerkungen und lange Erörterungen, dies um so mehr, als der Kaiser ja nur die allgemein gültige Meinung zu erfahren gesucht habe. Sehr viel wichtiger als das wechselseitige Erörtern solcher Fragen seien die gemeinsamen Voraussetzungen des Denkens. Hier sei die innere Gewähr dafür, daß die Verhandlungen zwischen Sultan und Kaiser trotz vieler Schwierigkeiten doch zu einem Abschluß kämen.

In wahrhaft morgenländiger Weisheit habe der Kaiser nach dieser Zeit gemeinsamer Erörterungen einen Brief an den Sultan geschickt, den er, der Chronist, wegen seiner Wichtigkeit zitiere. »Ich bin dein Freund. Du weißt wohl, wie hoch ich über allen Fürsten des Abendlandes stehe. Du bist es, der mich aufgefordert hat, hierherzukommen. Die Könige und der Papst wissen um meine Fahrt. Wenn ich von hier zurückkehre, ohne etwas erreicht zu haben, werde ich in ihren Augen alles Ansehen verlieren. Jedenfalls, ist dieses Jerusalem nicht die Wiege der christlichen Religion? Habt ihr es nicht zerstört? Jetzt liegt es darnieder in äußerstem Elend. Also übergib es mir bitte in dem Zustand, in dem es sich befindet, damit ich unter den Königen des Westens das Haupt erheben kann! Ich verzichte von vornherein auf alle Vorteile, die ich daraus ziehen könnte.« Sultan al-Kamil habe sich daraufhin zum Abschluß des Vertrages bereit erklärt. Mein Chronist berichtet dazu, im Wortlaut eines anderen arabischen Chronisten: »Der König der Franken sollte von den Muslimen Jerusalem bekommen; er sollte es aber unbefestigt lassen, wie es war, ohne die Mauern wieder zu errichten; alle Dörfer, die zu Jerusalem gehören, sollten im Besitz der Muslime bleiben, außerhalb jeder Gerichtsbarkeit der Franken. Der heilige Bezirk mit Hara esch-Scherif und der Moschee al-Aqsa, die er umschließt, sollte den Muslimen bleiben, ohne daß die Franken eintreten dürften, außer zu Besichtigungen.« Dabei dürften die Franken keine Waffen tragen; sie dürften auch nicht in der Stadt Jerusalem übernachten; es wurden von der Küste aus zwei Korridore sichergestellt; Bethlehem und Nazareth wurden den Franken übergeben. Um seine arabischen Mitbrüder zu beruhigen, betonte der Sultan: »Wir haben ihnen nichts weiter eingeräumt als zerstörte Häuser und Kirchen in Trümmern. Der heilige Bezirk, der ehrwürdige Felsendom und alle anderen Heiligtümer, die Ziele unserer Wallfahrt sind, bleiben, wie sie waren, in den Händen der Muslime.« Ein in seinen, des Chronisten, Augen kleines Opfer, mit dem der Sultan das größte aller Opfer, den Krieg, verhindert habe, getreu seiner Lehre, wie der Chronist betont, und er fügt hinzu, er sei stolz darauf. Leider sehe man das unter vielen Muslimen anders: »Als die Nachricht von der Übergabe Jerusalems an die Franken eintraf, stürzte in allen Ländern des Islams die Welt ein. Das Geschehene wog so schwer, daß öffentliche Trauerfeiern angesetzt wurden«, schrieb al-Gauzi, und so lasse ich das auch meinen fiktiven Chronisten schreiben, der als Spielfigur Chroniktexte koordiniert – nichts, was in diesem Kapitel in Anführungsstrichen steht, ist erfunden.

Mein Chronist kommt zum Schluß seines Berichts, den er als lehrhaftes Beispiel für seinen Sohn aufschreibt. Friederich zog in Jerusalem ein, besuchte auch den Felsendom. Dabei fanden, so berichtet mein Chronist, die Erläuterungen und Hinweise des arabischen Begleiters zum Grundriß dieser Kirche besonderes Interesse beim Kaiser: das in einen Kreis eingepaßte Achteck, beziehungsweise der Achtstern, dessen Spitzen die Positionen der acht Pfeiler des inneren Umgangs markieren. Übereinstimmung in Grundfiguren des Denkens.

Dieser Übereinstimmung hätten äußere Ähnlichkeiten entsprochen. Mein Chronist berichtet, als Wiedergabe des Berichts eines Besuchers: »Als nun die Zeit des Mittagsgebetes nahte und der Ruf des Muezzin erscholl, erhoben sich alle seine Pagen und Diener mit ihrem Meister, einem Sizilianer, mit dem er die verschiedenen Abschnitte der Logik des Aristoteles zu lesen pflegte, und verrichteten das Gebet, denn sie alle waren Muslime. Der Kaiser, erzählten weiter die Wärter, hatte eine rötliche Haut, war kahlköpfig und kurzsichtig – als Sklave hätte er keine zweihundert dirham eingebracht. Aus seinen Reden ging klar hervor, daß er ein Materialist war und sein Christentum einfach Spiel.«

Nur kurz noch erwähnt der Chronist, daß der Kaiser, weiterhin unter dem Kirchenbann, bei einem Gottesdienst in der Grabkirche eine Selbstkrönung vollzog: in großem Kaiserornat setzte er sich die Krone des Königreichs Jerusalem auf. Am Tag darauf mußte er die Stadt bereits verlassen – es lief das Gerücht um, Tempelritter wollten ihn ermorden. Vor allem in Akkon waren Ordensritter und Pilger gegen ihn aufgestachelt worden: beschimpft und mit Dreck beworfen, begab sich der Kaiser auf sein Schiff.

»Als nun die Zeit des Mittagsgebetes nahte und der Ruf des Muezzin erscholl«... Kleiner Nachtrag zu diesem Stichwort. Ich arbeitete an diesem Kapitel auch in Düren, der rheinischen Kreisstadt, in der es den ersten Muezzin der Bundesrepublik gibt: zuweilen, bei sanftem Wind aus nordwestlicher Richtung, höre ich, am späten Nachmittag oder zu Beginn der Dämmerung, den Gesang dieses Muezzin.

Es ließe sich die Geschichte erzählen vom langen Weg des Antrags der türkichen Gemeinde, es ließe sich erzählen, wie die Bevölkerung, vor allem des Stadtteils Nord-Düren, auf die ersten Gebetsrufe reagierte, aber dies würde zu weit von Neidhart wegführen – auch wenn er zweimal im arabischen Bereich gewesen sein dürfte. Doch andeuten will ich wenigstens: der Antrag, auf dem Dach der Moschee (einem Fabrik-Verwaltungsgebäude der Gründerzeit) zwei Lautsprecher installieren zu dürfen für die Gebetsrufe, war von Behörde zu Behörde weitergeleitet worden, kam schließlich zum Gewerbeaufsichtsamt, dort hatte man nichts einzuwenden gegen solch eine Art der Emission; darin sah die islamische Gemeinde eine Erlaubnis. Als dann, ohne jede Vorankündigung, der Muezzin zum ersten Mal an einem Sommerabend, an dem fast alle Fenster offenstanden, minutenlang über Nord-Düren sang, wurde in der Bevölkerung kräftig geschimpft. Inzwischen scheint man sich an die Gebetsrufe des Muezzin gewöhnt zu haben. Er singt, wie schon Muezzins zu Neidharts Zeit gesungen haben.

120 In vier einleitenden Strophen eines langen Liedtextes berichtet Neidhart über seine Teilnahme am Kreuzzug des Kaisers Friedrich, über seine Verwundung durch einen Pfeil. Dieses Lied, in immerhin fünf Handschriften überliefert, ist ein Potpourri verschiedener Neidhart-Motive, es wird von Wissenschaftlern als »Pseudo-Neidhart« bezeichnet, aber ich frage mich bei der folgenden Sequenz: weshalb hätte jemand Jahre, womöglich Jahrzehnte nach Neidhart solche Strophen erfinden sollen, in einer Zeit, in der Friedrichs Zwischenerfolg schon wieder Vergangenheit war nach dem raschen Ende des Kreuzfahrer-Reiches? Als Möglichkeit bleibt also offen, daß die folgenden Strophen einen Kern biographischer Realität enthalten.

> Wo man die Pimmel-Polka sang,
> da stands mit mir sehr gut –
> doch das ist nun vorbei.
> Verflucht sei diese Zeit:
> mir hat ein Heidenpfeil
> Probleme, reichlich, eingebracht.
> Würd mich so gerne amüsieren –
> doch dies Problem (ist übergroß)
> es liegt mir auf der Seele.
>
> Ich kam ins Heilge Land gefahren –
> da kam ein riesengroßes Heer
> mit Kaiser Friedrich
> gezogen in das Heidenland.
> Mich traf sofort ein Schuß,
> ich hab mich abgesetzt.
> Als wir die attackierten
> (wie haben wir gekämpft!)
> da schnitten ihre Schwerter scharf.
>
> Ich hab dort allen Mut verloren
> und auch den Schuß kaum überlebt,

ich mußte fortgetragen werden.
Ich war noch nie in solcher Not,
noch nie war ich dem Tod so nah,
in allen meinen Tagen.
Ich hab mein Unglück da beklagt:
Befrei mich, Gott, aus dieser Not
und bringe mich nach Hause.

Mit Kaiser Friedrichs Heer
marschiere ich nie mehr
in solch ein Unglück rein,
wie ichs zu dieser Zeit erlebte.
Wenn ich gesund nach Hause käme,
so sänge ich erneut
von manchem Bauerndepp.
Ja, wüßten die, wie schlecht mirs geht,
wie würde sich da mancher freuen!

Eine Anmerkung zuerst für Philologen auf der Jagd nach Fehlern:
selbstverständlich hat es damals noch keine Polka gegeben, die
Formulierung Pimmel-Polka aber entspricht in Sinn und Klang
am ehesten dem »gympel gämpel« der Vorlage. Gemeint ist hier
also: keine geilen Tänzchen mehr, der Sänger ist verwundet worden. Und zwar, wenn wir Neidhart beim Wort nehmen dürfen,
nach dem Eintreffen des Kaisers und der ihn begleitenden Truppen. Offensichtlich war Neidhart – wie die meisten Kreuzfahrer
und Pilger – zu jener Zeit längst in Akko.
Die Lage war zunächst unübersichtlich: die Nachrichtenüber-
mittlung war langsam und lückenhaft, auch waren nicht alle Araber vom Friedenswillen der bewaffneten »Franken« überzeugt,
nicht alle Kreuzfahrer wollten Verständigung, Versöhnung mit
den »Heiden«, so kam es zu Reibereien, Geplänkeln, Scharmützeln. Wohl bei einer dieser peripheren Auseinandersetzungen ist
das Sänger-Ich dieser Strophen verwundet worden.
Es gibt ein weiteres Kreuzlied, das in dieses Lebenskapitel passen
könnte: es besingt die Rückkehr nach Bayern. Ein Lied von insgesamt sieben Strophen, die ersten vier haben mit dem Kreuzlied
nichts zu tun, hier werden Frühlings-Floskeln gereiht, ich lasse
sie weg und komme gleich zu den drei Strophen, die eine Einheit
bilden.

Lieben Boten schick ich auf dem Landweg heim:
all mein Elend wird ein Ende haben,
denn wir nähern uns dem Rhein.
Gerne werden meine Freunde uns begrüßen,
die Kreuzzugs-Pilger.

Bote, sag den jungen Leuten auf der Straße,
daß sie uns nicht allzu gram sein sollen.
Wir hecken etwas Neues aus –
sie werden sich die Finger danach schlecken,
glaubt es mir.

Bote, sag der liebenswerten Frau:
das Glücksrad dreht sich mir nach Wunsch!
Richte du in Landshut aus:
wir sind alle hochgestimmt
und gesund.

Offensichtlich hat der Sänger das Mittelmeer hinter sich, ist auf
dem Rückmarsch oder Rückritt nach Hause, die Nähe der Heimat
beflügelt, alles Belastende scheint vergessen: »wir nahen zv dem
reine«. Mit »Rhein« war damals häufig der Oberrhein gemeint;
eine der wichtigsten Nord-Süd-Routen führte über Basel.
Es gab drei Möglichkeiten für Neidharts Rückweg. Der erste: man
segelte von Akko nach Brindisi – aber man wird Apulien auf der
Rückreise gemieden haben, dort führte Friedrich Krieg mit den
»Schlüsselsoldaten«. Die zweite: von Akko nach Venedig, Über-
querung des Brenners. Die dritte: man segelte von Akko nach Genua, zog durch die Schweiz. Ich erwähnte, daß in Akko eine
bedeutende genuesische Handelsniederlassung war, daß eine der
Hauptrouten des Mittelmeers die beiden Küsten- und Handelsstädte verband, und so dürfte Neidhart auf diesem See- und Landweg zurückgekehrt sein; der Weg nach Landshut mußte dabei
über den Oberrhein führen.
Landshut: der Bote wird auf dem Landweg dorthin vorgeschickt,
er soll »dem liep genaemen wibe« Grüße ausrichten, c/o Herzogshof zu Landshut.

121 Ich beginne dieses Kapitel mit Anmerkungen über das Schreiben, und damit schreibe ich mich möglichst rasch an Neidharts Frau heran.

Die assoziative Verbindung stellt sich so her: im Sammelband *Stadtspuren* lese ich noch einmal markierte Textstellen, auch eine längere Passage über Schreibstifte, Schreibgriffel, Schreibtäfelchen im Hohen Mittelalter. Ich hatte aus dem Aufsatz von Heiko Steuer bereits im Wolfram-Buch zitiert, wiederhole und ergänze hier: Schreibstifte wurden und werden bei zahlreichen Ausgrabungen auch der Mittelalter-Archäologie gefunden, das bestätigte sich durch »neue Bodenfunde aus dem Rheinuferbereich« in Köln. In diesem Fall könnte der Schluß gezogen werden, daß einer der hiesigen Handwerker Schreibgriffel herstellte. Daß im Rheinuferbereich Nadeln produziert wurden, ist bezeugt, warum also nicht auch Schreibstifte? Aber, wie schon festgestellt: Schreibstifte wurden auch bei zahlreichen anderen Ausgrabungen gefunden; die Schreibtäfelchen aus wachsbeschichtetem Holz konnten allerdings »nur unter günstigsten Umständen überliefert werden«. Aber wo Schreibgriffel waren, dort waren auch Schreibtäfelchen. Sie wurden, so läßt sich aus den Griffelfunden schließen, zahlreich benutzt, und das nicht nur in Skriptorien von Klöstern, in Kanzleien, sondern beispielsweise auch am Kölner Rheinufer. Das heißt: in Handwerksbetrieben. Dazu lese ich: »Es ist überliefert, daß es oftmals die Frauen waren, die in einem Haushalt des Handwerkers oder vor allem des Kaufmanns die schriftlichen Notizen für Abrechnungen etc. übernahmen.« Noch einmal: Frauen hatten im Durchschnitt mehr Schulwissen als Männer.

Jetzt kommt es (Philologen bitte wegschauen!): ich überreiche Neidharts Frau ein Schreibtäfelchen und einen Schreibstift, und sie macht literarische Notizen oder Aufzeichnungen für ihren Mann. Damit variiere ich die Rolle der Handwerkers- oder Kaufmannsfrau. Möglicherweise konnte ja Neidhart lesen, konnte eventuell auch schreiben, aber vielleicht war seine Frau hier geschickter, geübter, und so diktierte er ihr, und sie las ihm zur Kontrolle und Korrektur die Notizen oder Niederschriften vor.

Daß so gedichtet wurde, habe ich im Wolfram-Buch bereits entworfen. Nachträglich las ich bei Paul Zumthor: »Von gelehrten Schreibern des 12. Jahrhunderts, wie Pierre le Vénérable und anderen, weiß man, daß sie ihre Werke im Kopf verfaßten, den Text einem Sekretär diktierten, der ihn auf Tafeln niederschrieb; danach nahm sich der Verfasser diesen Entwurf vor und korrigierte ihn. Manchmal hatte er, den Text sich dabei laut vorsprechend, ihn selbst geschrieben. Nichts verbietet uns die Annahme, daß die volkssprachlichen Schriftsteller vom 12. Jahrhundert an genauso verfuhren.« Also: auch ein Liederdichter könnte, wenigstens gelegentlich, so gearbeitet haben – »nichts verbietet uns diese Annahme«. Und einer der Herren, vor denen Neidhart auftrat, stellte ihm einen Schreibmönch zur Verfügung, aus dem Hauskloster oder aus der Kanzlei, und der nahm das Diktat neuer Lieder auf. Und einige Jahre später führte dies, irgendwo anders, ein weiterer Schreibmönch fort.

Nun gab es aber Wochen, Monate, vor allem im Winter, in denen Neidhart zu Hause war. Wäre es allzu spekulativ, sich vorzustellen, daß er dann schon mal seiner Frau Liedtexte diktiert haben könnte? Oder Entwürfe? Was Frauen von Handwerkern zugebilligt wird, das können wir der Frau des Dichters nicht grundsätzlich verweigern, nur weil bisher noch keiner auf diesen Gedanken gekommen ist.

Mit der schriftlichen Übereignung eines Schreibtäfelchens und eines Schreibgriffels will ich ein wenig kompensieren, daß ich über Neidharts Frau, über die Mutter seiner Kinder, gar nichts weiß. Deswegen will ich aber nicht an ihr vorbeischreiben. Ich widme ihr dieses kleine Kapitel. Und zeige Mechthild von Reuental im Möglichkeits-Entwurf so: sie hat ein etwa zehn Zentimeter hohes, fünfzehn Zentimeter breites Holztäfelchen mit Wachsbeschichtung auf dem linken Oberschenkel liegen, ritzt mit der Spitze eines Griffels aus Bronze oder Eisen oder Knochen kleine Buchstaben ins elastisch-feste Wachs, das grün oder schwarzgrün getönt ist, und mit dem spatel- oder keilförmigen Ende löscht sie schon mal ein Wort oder eine Zeile, ritzt ins geglättete Wachs das richtige Wort, die berichtigte Zeile. Ich sehe sie dabei nicht in der Rolle einer Frau, die ergeben ein Diktat entgegennimmt, sondern als Partnerin des Mannes, so wie eine schreibende Handwerkersfrau Mitarbeiterin ihres Mannes war. Und damit beende ich diese Hommage für Neidharts Frau.

122 Im Jahr nach Neidharts Rückkehr, 1230, ließ einer der Söhne des inzwischen verstorbenen Dschingis Khan große Heere nach Westen aufbrechen.

Soll ich, von hier an, in diesem Buch Mongolen auf Neidhart, auch auf Neidhart zureiten lassen? Ein erstes Kapitel: sie sind in Georgien? Ein zweites Beispiel: sie überqueren den Kaukasus? Ein drittes Kapitel: sie erreichen das Schwarze Meer? Italienische Kaufleute fliehen aus ihren Handelsniederlassungen auf der Krim, verbreiten nach ihrer Heimkehr Schreckensnachrichten, die wohl auch in Neidharts Ohren dringen. Ein viertes Kapitel: Mongolen reiten in Ungarn ein, rücken hier vor? Wieder eilen Gerüchte den Mongolen voraus, Greuelgeschichten, auch sie werden Neidhart erreichen. Ein fünftes Kapitel: Mongolen überqueren die zugefrorene Donau, tauchen bei Neustadt auf?

Also: zu Neidharts letztem Lebensjahrzehnt als basso ostinato der Hufschlag mongolischer Pferde?

123 Hat Neidhart gehofft, er könnte nach der Rückkehr seinen Lebensabend in Bayern verbringen? Beispielsweise versorgt vom Herzogspaar? Sollte er dies erträumt haben, so wurde seinem Traum spätestens im September 1231 ein jähes Ende gesetzt: auf der Donaubrücke von Kelheim wurde Herzog Ludwig erstochen, an einem Abend, »im Beisein seines Hofgefolges«, wie Aventinus schreibt. Auch der bayrische Chronist fragt nach den Gründen: geschah es »der Weiber wegen« oder standen hinter diesem Attentat König Heinrich und die Päpstlichen? Der Täter wurde auf der Stelle gelyncht, so bekam man nie heraus, ob jemand hinter diesem Attentat stand, ob es ein Mord aus persönlichen Motiven war oder eine Tat ohne rationalen Grund.

Dieser tödliche Messerstich als Zäsur auch in Neidharts Biographie? Vielfach wird angenommen: Neidhart verlor mit Ludwig seinen (möglichen oder wahrscheinlichen) Gönner, versuchte jetzt sein Glück bei Ludwigs Sohn, aber der neue Herzog, Otto II., hatte offenbar kein Interesse daran, den Dichter und Sänger am Hof zu halten; so zog Neidhart nach Österreich.

Es wird hier eine Beziehung hergestellt zwischen zwei Fakten, die vielleicht nichts miteinander zu tun haben: hier der Mord an Herzog Ludwig, dort Neidharts Übersiedelung nach Österreich. Ihr Zeitpunkt läßt sich nicht bestimmen. So bleibt als Möglichkeit denkbar: Neidhart gehörte doch eine Zeitlang zum Gefolge des neuen Herzogs Otto, zog erst später nach Österreich.

124 Neidhart hat das Attentat auf der Kelheimer Brücke nie erwähnt, hat auf dieses Ereignis nicht einmal angespielt, aber er hat von einem anderen, einschneidenden Vorgang berichtet, in zwei Strophen eines Liedes, das in der Handschrift den Titel trägt »Die aichell«.

> Woran soll man künftig mein Gesings erkennen?
> Bis jetzt erkannte man mich gut am »Reuental«.
> Noch heute müßte man mich rechtens danach nennen,
> doch mein Grund und Boden sind zu klein bemessen.
> Leute, laßt den für euch singen, der dies nun besitzt.
> Ohne jede eigne Schuld bin ich verstoßen worden.
>   Liebe Leute, sprecht mich von dem Namen frei!

> Die Huld des Dienstherrn hab ich ohne Schuld verloren,
> deshalb ist mein Herz so voller Jammer, Trauer.
> Großer Gott, sei gnädig, mache mir das wieder gut.
> Viele edle Freunde werd ich drum entbehren müssen –
> alles, was ich je erwarb, ließ ich zurück in Bayern.
> Ich ziehe hin nach Österreich und biete meine Dienste an
>   dem würdig-edlen Österreicher.

Von diesen beiden Strophen könnte sich ablesen lassen: Neidhart verlor Besitz in Bayern, verlor zugleich die »hulde« seines Herrn, das heißt: dessen Bereitschaft, Dienste zu akzeptieren und zu honorieren, durch ein Lehen. Das Lehen konnte grundsätzlich jede Form der Einnahmequelle sein, zum Beispiel als Posten in einer Zollstätte. Bei Neidhart war es der Bauernhof: ihm standen hier feste Einkünfte zu als indirekte Form des Gehalts.

Aber auch in dieser Form läßt sich ein Lehen nicht eindeutig definieren: wie überall im Mittelalter, so waren auch im Bereich der Einkünfte, der Lehen, des Besitzes die Grenzen diffus. So versuchte man vielfach, durch juristische Tricks Lehen in Besitz umzuwandeln, etwa, indem man Lehen verpfändete oder umwidmete, mit Hilfe eines notarius, der dafür allerdings hart bestraft werden konnte, beispielsweise durch Abhacken seiner Schreibhand. Wenn man sich auf den Komplex Einkünfte und Eigentum einläßt in allen juristischen Details, so entsteht der Eindruck: die gesellschaftliche Ordnung des Hohen Mittelalters war keineswegs so einfach und überschaubar, wie es in einem ersten Kontrastbild zu unserer komplexen Gegenwart erscheinen mag.

Weil diese Strophen keine klare Antwort geben auf die Frage, was geschehen sein könnte, ziehe ich die Parallelüberlieferung der Riedegger Handschrift heran.

Woran soll man mein Gesinge künftighin erkennen?
Früher, da erkannte man es gut am »Reuental« –
danach müßte man mich heute noch mit Recht benennen.
Besitz und Lehen sind mir dort zu klein bemessen.
Leutchen, laßt den für euch singen, der dies nun besitzt.
Ohne eigne Schuld bin ich vertrieben worden.
Meine Freunde, so erlaßt mir diesen Namen.

Beide Überlieferungen ergänzen sich hier. In der Strophe der Berliner Handschrift heißt es, Neidhart habe seine »hauben«, also »huoben« verloren, seine »Hufen«, das heißt: seine Pachthöfe, sprich: Einnahmequellen. Die Riedegger Handschrift setzt hier den Terminus »Lehen« ein. Aus dieser Konstellation versuche ich (auf Vorbehalt!) Schlüsse zu ziehen.

Es könnte so gewesen sein, im Kontext dessen, was damals üblich war: sein Dienst- oder Lehnsherr hat Neidhart das Lehen entzogen, seine Haupt-Einnahmequelle; es ist ihm zwar etwas Besitz geblieben, doch davon kann er schon gar nicht mehr leben; der Name »Reuental« bleibt ihm zwar formell erhalten, aber was hilft das wirtschaftlich?

Neidhart empfindet diese ›Enteignung‹ als ungerecht. Für ihn steckt ein anderer dahinter! Selbstverständlich: der neue Lehnsmann, der für dieses Lehen Dienst in der Verwaltung oder mit der Waffe leistet oder beides, je nach Bedarf.

Wir müssen uns bewußtmachen: wenn ein Lehen die indirekte Form der Bezahlung ist für Leistungen und Dienste, so muß ein Lehen übertragbar sein; bleiben Dienste aus, oder werden sie nicht mehr erwünscht, so wird das Lehen eingezogen. Zwar wurden viele Lehen erblich, mit ihnen viele Hofämter, ein Teil des Lehen-Fonds aber mußte Manövriermasse bleiben, sonst stand ein Lehnsherr bald mit leeren Händen da. Freilich, so wird ein Betroffener wie Neidhart nicht gedacht haben – er fühlte sich ungerecht behandelt. Aber bedenken wir: er ist mittlerweile ein Mann von über fünfzig, vielleicht schon von sechzig, und so könnte für seinen Dienstherrn der Zeitpunkt gekommen sein, das Lehen an einen Jüngeren weiterzugeben.

Für Neidhart hieß das: er mußte einen neuen Herrn finden, der an seinen musikalischen Diensten noch interessiert war. Er versuchte sein Glück in Österreich.

125 Um Neidharts Situation noch präziser herauszuarbeiten, ein Seitenblick zum Tanhuser. In einem (späteren) großen Lebenslied beschreibt er seine Abhängigkeiten von hohen Herren, vor allem von Herzog Friedrich II., der auch Neidhart honorieren wird. Offenbar war der Tanhuser hoch dotiert: er habe, so zählt er in seinem Lied auf, einen schön gelegenen Hof in Wien gehabt, ferner sei er in Leopoldsdorf (bei Lassee im Marchfeld) begütert gewesen und in Himberg (südöstlich von Wien, heute eingemeindet). Aber seit dem Tod des Herzogs, so klagt der Tanhuser, könne er von den Lehnsgütern keinen Zins mehr einziehen – der Nachfolger hat ihm also das Lehen gestrichen.

> Ja, daß ich nicht von Adel bin,
>   es ist ein wahres Kreuz!
> Denn: deshalb krieg ich nichts vom Geld,
>   das aus Italien kommt;
> die Großen teilens unter sich,
>   wir Kleinen gucken zu;
> voll Jammer sehen wir mit an,
>   wie man die Taschen füllt.
> Nun wird uns auch aus Thüringen
>   viel Geld gebracht –
> ich schwöre einen heilgen Eid:
>   ich bin nicht scharf darauf.
> So dumm ich bin – ich fände dort
>   für mich den Herrn Mäzen.
> Bevor ich von der Krone ließe,
>   blieb ich lieber arm.
> Den König preis ich sehr –
>   ich weiß nicht, ob er mich belohnt.
> Ich wäre gern am Hof;

man könnte mich dort singen hören.
Nur, leider, will mich niemand.
    Ich hab kein feines Repertoire.
Wer gibt es mir? Ich sänge dann,
    was richtig höfisch ist:
ich sänge dort auf lange Zeit
    von all den schönen Damen,
ich sänge von den Wiesen,
    vom frischen Laub, vom Mai,
ich sänge von der Sommerszeit,
    vom Reigen und vom Tanz,
ich sänge von dem kalten Schnee,
    vom Regen und vom Sturm,
ich sänge von Gottvater und der Mutter
    und vom Kind.
Wer löst mir meine Pfänder aus?
    Nun macht euch nicht so rar!

Die schönen Frauen, guter Wein,
    zum Frühstück leckere morceaux
und zweimal in der Woche baden –
    dies trennt mich vom Besitz!
Solang ich noch verpfänden kann,
    lebe ich ganz sorgenfrei,
doch wenn ich dann bezahlen muß,
    ergeht es mir sehr schlimm,
und muß ich erst die Pfänder lösen,
    wird aus meiner Freude Leid!
Es macht die Fraun nicht schöner,
    wenn ich den Schlußstrich zieh.
Der gute Wein schmeckt sauer,
    wenn ich nichts verpfänden kann.
Wann werd ich dummer Hund
    die Jammerarien beenden?
Ich kenne keine Herrn,
    die hier den Wechsel bringen könnten.

Ach Gott, warum verlor ich nur
    den Held aus Österreich?
Er gab mir ein so gutes Haus!
    Entsprach ganz seinem Ruf...

Zum Hausherrn hat er mich gemacht –
    nun leb ich jämmerlich.
Ich sitze wieder auf der Straße –
    wo soll ich Armer hin?
Wer tröstet mich für den Verlust?
    Wer eifert ihm hier nach?
Wer hält sich Gaukler, wie ers tat?
    So stolz und glücklich waren sie.
Ich irre jetzt umher – wo find ich noch
    die wahren Gönner?
Wenn er noch leben würde –
    selten ritte ich im Gegenwind.
Der Wirt fragt: »Ach, Herr Gast,
    was friert Euch denn so sehr?«

Ich hatte einen Hof in Wien,
    der lag wahrhaftig schön,
auch Leopoldsdorf gehörte mir,
    das nah bei Lassee liegt;
in Himberg hatt ich schöne Güter –
    Gottes Lohn für ihn!
werd ich jemals wieder meinen Zins
    von dort beziehn?
Man solls mir nicht verdenken:
    ihn beklage ich zu Recht.
Mit ihm starb alle meine Lust –
    so muß ich ihn betrauern.
Wo willst du dich denn künftig
    niederlassen, Tanhuser?
Kennst du wieder niemand,
    der dir aushilft in der Not?
Oweh, wie lang schon läuft das so!
    Ein Jammer, daß er tot ist.

Mein Maultier trägt nur leichte Last,
    mein Pferd schleppt sich dahin,
und meine Knechte gehn zu Fuß.
    Meine Taschen sind geleert.
Mein Haus, es steht ganz ohne Dach –
    und Klagen hilft hier nichts.
Mein Zimmer ohne Tür –

ich halte das nicht länger aus.
Mein Keller, der ist eingestürzt,
    die Küche ausgebrannt.
Mein Stadel, der ist ohne Wand,
    das Heu ist mir zerstoben.
Man mahlt und backt nicht mehr für mich,
    und selten wird gebraut.
Die Kleidung ist mir viel zu dünn –
    so zahlt sich alles aus!
Mein Hausrat: keinem gibt er Grund
    zum Neid, zum Ärgernis.

126 Neidhart in Österreich: es sind mehrere Bittstrophen von ihm überliefert. Nichts als Stilisierungen, literarische Formeln? Die Stereotypie von Bitten könnte schließen lassen auf schlechte ökonomische Lage.
Als Beispiel zuerst eine Pauschalbitte, die sich nicht unbedingt auf Neidharts Situation in Österreich beziehen läßt.

Wer sich einen Vogel hält,
    der das ganze Jahr durch singt,
        wie er sich das wünscht,
    der sollte ab und zu einmal
        nach dem Käfig schauen und
    dem Vogel gutes Futter geben.
Zum Lohn singt ihm der Vogel freudig
        eine schöne Melodie.
Und man gäbe freiweg zu:
        er macht seine Sache gut!
Möchte man sich den Gesang
        ebenfalls im Mai anhören,
    sollte man ihm für den Winter
        einen hübschen Vorrat geben:
    wenn sie gut behandelt werden,
        danken Vögel mit Gesang.

Der Wunsch nach regelmäßigen Einkünften ist in diesem Singvogel-Gedicht freundlich spielerisch stilisiert. Er wird konkreter formuliert im folgenden Beispiel.

Und hab ich irgendwo ein Heim –
wo soll das sein?
Die Schwalbe klebt aus Lehm
ein Häuselein:
sie wohnt darin
im Sommer nur sehr kurze Zeit.
Gott gebe mir ein Haus mit Wohnrecht
beim Lengenbach.

Altlengbach liegt unmittelbar an der Autobahn West nach Wien,
in der Nähe des »Knotens« Steinhäusl. Ein Dorf also im Wienerwald, in einer Region mit weit geschwungenen Hügeln, langen
Tälern. Der Lengbach ist erstaunlich klein, trotz deutlicher Markierung auf der Landkarte – als Kinder haben wir solch ein Gewässer »Spuckbach« genannt, weil sich bei Wettbewerben leicht
hinüberspucken ließ. Hier spuckte ich weder über noch in den
Bach, ich hielt zur Begrüßung meine Hände hinein: der Lengbach
als Realität.
Am Ortseingang von Altlengbach, im Wald etwas oberhalb des
Bachs, die Ruine eines Gebäudes mit quadratischem Grundriß:
ein Festes Haus. Die typische Bauform bis zur Mitte des 12. Jahrhunderts, bevor es üblich wurde, Burgen zu errichten. So auch
hier: nur bis 1197 wohnten Herren von Lengenbach – unter anderem – in Altlengbach, dann zog man um in die Burg Neulengbach.
Zwischen diesen beiden Dörfern der Kohlreitberg und Maria
Anzbach, es sind also zwei deutlich voneinander getrennte Siedlungen.
Altlengbach und Neulengbach: wenn man auf eine Straßenkarte
blickt, scheinen diese Orte abseits der großen Trassen zu liegen,
in verkehrsstillen Winkeln. Doch zu Neidharts Zeit war das anders: hier verlief eine Ost-West-Verbindung, in der Fachliteratur
»Neulengbacher Straße« genannt. Sie verband (und verbindet) als
»direttissima« St. Pölten mit Wien. Der mittlere Abschnitt dieser
Straße war Ende des 12. Jahrhunderts von Altlengbach nordwärts
verlegt worden, führte nun durch Neulengbach – damit hing zusammen, daß die Lengenbacher sich in Neulengbach ihren neuen
Herrschaftssitz erbauten. Neulengbach wurde Zollstätte.
Ich werde hier keine Geschichte der Herren von Lengenbach vorlegen, nur einige Hinweise, die eine biographische Möglichkeit in
greifbare Nähe rücken könnten. Die Lengenbacher waren, gerade
zu Neidharts Zeit, eine der reichsten und mächtigsten Adelsfami-

lien des Landes: nobiles, keine Grafen. Bereits in der dritten Generation waren sie Domvögte zu Regensburg; die Lengenbacher besaßen beinah zwanzig Burgen; Bischof Wolfger von Passau hatte den Lengenbachern ein Handelsprivileg verliehen.

Der Lengenbacher, an den sich Neidhart vermutlich gewendet hat, war Otto V. Um 1200 geboren, war er entschieden jünger als Neidhart. Schon früh machte er Reisen, unter anderem nach Passau. Wichtiger für uns hier: Otto von Lengenbach nahm teil am Kreuzzug von 1217, an der Belagerung von Damiette, und damit wurde zumindest möglich: Otto, der Gefolgsmann des Herzogs Leopold von Österreich, lernte in Ägypten den Spielmann, den Dichterkomponisten Neidhart näher kennen. Die Teilnehmer aus dem Donauraum werden im feindlichen Ägypten und bei all den Querelen und Auseinandersetzungen mit den »welschen« Teilnehmern noch enger zusammengerückt sein, zumindest die Herren von Stand, mit Gefolge. Und man wird Neidhart wohl öfter aufgefordert haben, Lieder zu singen: die zermürbend, die demoralisierend lange Belagerung von Damiette, die Phasen völliger Untätigkeit, hier war ein Unterhaltungskünstler mehr als willkommen. Also, wenn ich mir diese Situation vergegenwärtige: spätestens in Ägypten dürften sich Neidhart und Otto von Lengenbach kennengelernt haben. Vielleicht hatte sich aber schon früher ein Kontakt zur Familie ergeben – über Regensburg.

Als Otto 1219 heimkehrte, nahm Erzbischof Eberhard II. von Salzburg den Kreuzfahrer fest, sperrte ihn ein. Der Grund: Otto von Lengenbach hatte zur Finanzierung seiner Teilnahme zwei Burgen verkauft oder zu verkaufen versucht, auf die der Erzbischof Teil-Ansprüche, zumindest eine Art Vorkaufsrecht hatte; nun sollten die Modalitäten unter Druck ausgehandelt werden. Die Auseinandersetzungen zogen sich jahrelang hin, die Versöhnung erfolgte erst auf dem Friesacher Turnier. Wir hatten schon bei Ulrich von Lichtenstein gelesen, daß Otto von Lengenbach hier mit einem glanzvollen Gefolge von zweiundzwanzig Rittern aufgetreten war – noch größer muß der Troß gewesen sein. Nach dem Versöhnungsakt am Fürstentag konnte sich Otto wieder der Konsolidierung und Erweiterung seiner Besitzungen widmen.

Es sind Dutzende von Orten dokumentiert, in denen oder bei denen die Herren von Lengenbach Besitzungen oder Einkünfte hatten; ich nenne nur ein paar, in die Neidhart später (wieder?) kommen wird: Atzenbrugg und Michelhausen, Perschling und Tulln, und besonders wichtig: Mödling, ebenfalls eine Zollstätte.

Als Neidhart sich an den Lengenbacher wendete mit der Bitte um ein Haus, war Otto auf dem Höhepunkt seiner Macht.

Neidhart hängte seine Schwalben-Bittstrophe an eins seiner Lieder, bei einem Auftritt, der vielleicht in der Burg Neulengbach stattfand.

127 Neulengbach: etwa einen Kilometer südlich von Ort und Burg sitze ich an einem Wiesenhang, breche Brot und schneide Käse. Kauend blicke ich auf den hohen, dicht begrünten Hügel mit der weitläufigen Burganlage; an der rechten Flanke einige Giebel, eine Kirche. Die Burg, wie sie jetzt zu sehen ist, von außen: sie stammt aus Jahrhunderten nach Neidhart – kein Bergfried mehr, kein Mauerturm. Eine Wohnburg mit Fenstern nach außen, wenn auch in sicherer Höhe. Das Dach ist leuchtend-rot gedeckt – dieses Ziegelrot betont die Burg in weiter Umgebung. Berge des Wienerwaldes, die ausschwingen in die Ebene des Tullner Felds. Wieviel mittelalterliche Bausubstanz in dieser Burg erhalten blieb, weiß ich nicht: der Gemeindebesitz ist verschlossen; ein Holztor, zwei Türen. So bin ich zu diesen Hang gefahren, breche Brot, schneide Käse, trinke gelegentlich einen Schluck Wein, blinzle in die Sonne.

128 Neidharts Wunsch nach einer Wohnung, einem Haus im Gebiet von Lengbach wurde offenbar nicht erfüllt: dennoch entwerfe ich ein Fördermodell Neulengbach. Damit möchte ich nicht, posthum, einen gerechten Ausgleich schaffen, sondern: ich will skizzieren, wie eine Dame der adligen Gesellschaft einen Dichter, einen Sänger fördern konnte, gefördert haben könnte. Ich spiele damit, das betone ich, nur eine Möglichkeit durch. Sie wird uns jedoch näher heranführen an die gesellschaftliche Wirklichkeit der Zeit und der Umwelt Neidharts von Reuental. Denn: sehr wichtig waren für Dichter und Musiker die Damen an den Höfen. Joachim Bumke in *Höfisches Leben*: »Wenn das Publikum am Hof zu einem beträchtlichen Teil aus Frauen bestand, haben diese gewiß auch einen großen Einfluß auf die literarische Urteilsbildung gehabt.« Und: »Nicht selten haben die höfischen Epiker durch Hörer- und Leseranreden zu erkennen gegeben, daß sie bei der Abfassung ihrer Werke hauptsächlich an ein Frauenpublikum gedacht haben.« Hervorzuheben ist in diesem Zusammenhang auch, »daß die Thematik und der Stil der höfischen Dichtung sicherlich in besonderer Weise die Interessen der Frauen ansprach«.

So skizziere ich eine Dame der ersten Jahrzehnte des dreizehnten Jahrhunderts, im deutschsprachigen Raum, beispielsweise auf Neulengbach: sie ist an Literatur und Musik interessiert, sie möchte einen Dichter, einen Sänger fördern, und wenn sie dies nicht direkt tun kann, so möchte sie ihren Gemahl oder einen der Männer ihrer Verwandtschaft dazu motivieren.

Ich würde ihr gern einen Vornamen zuschreiben, doch was ich nicht finde, will ich auch nicht erfinden, schließlich bin ich im Bereich des (zumindest potentiell) Dokumentierbaren. Die namenlose Frau von Lengenbach, Gemahlin oder Schwägerin oder Schwester des fünften Otto von Lengenbach, sie war, so setze ich voraus, als Kind, als junges Mädchen in der Schule eines Klosters, lernte hier Lesen und Singen: bene legere et bene cantare – dies galt als besonders wichtig. Das Schreiben konnte hinzukommen – es hing vom Lehrer ab, welche Bedeutung es erhielt; verbindliche Lehrpläne gab es noch längst nicht. Ihr Interesse für Literatur könnte geweckt worden sein durch den Auftritt eines Spielmanns in der Burg oder im Festen Haus ihrer Eltern. Und dieser Spielmann erzählte beispielsweise aus dem *Volksbuch von Herzog Ernst*: die Reisen... der Vogel Roch... die Plattfüßler... Oder er trug aus dem *Iwein* des Hartmann von Aue vor. Oder er sang Lieder. Jedenfalls: ein zündender Funke sprang über. Ihr Interesse könnte weiter gefördert worden sein durch eine Verwandte, die in der Champagne oder in Burgund lebt, und bei einem Familientreffen erzählte sie mit Begeisterung vom Auftritt eines Troubadours oder Trouvère, und daß er eine Zeitlang mitleben durfte in der familia, daß er dafür mit einem neuen Lied dankte, für das er wiederum ein besonderes Honorar erhielt. Solch ein Bericht konnte in der jungen Frau von Neulengbach den Wunsch wecken, gleichfalls einen Sänger zu fördern.

Gönnermodell Neulengbach: diese Dame schlägt also dem Herrn des Hauses vor, Neidhart eine Zeitlang in der Burg wohnen zu lassen oder in einem der Häuser, die zum Besitz gehören, und man sorgt vielleicht auch dafür, daß einige seiner Lieder aufgezeichnet werden. Selbst wenn eine Frau von Lengenbach mit ihrem Vorschlag keine Resonanz fand: sie steht hier für Damen, deren Fürsprache erfolgreich war, die vielleicht sogar persönlich einen Dichter, einen Sänger förderten.

129 Neidhart in Österreich: er wurde, so scheint es, nicht sofort zum Hausdichter, zum Hofsänger der Babenberger. Dies könnte das Bittgesuch zu Lengbach zeigen – falls er diese Strophe nicht schon vor dem Stichjahr 1230 gesungen hat. Neidhart blieb vorerst ein unbehauster Fahrender.

Wird er von nun an seine Reisen beschränken auf das Herzogtum Österreich? Es gab dort kaum so etwas wie Präsenzpflicht für ihn, und so vermute ich: wie er von Bayern nach Österreich gereist sein wird, vor dem Verlust des Lehens, so konnte er auch mal von Österreich nach Bayern reiten. Und hier wird er Auftrittsmöglichkeiten bei den gleichen Adressen gesucht haben wie früher: bei Bischöfen und Äbten, bei Grafen und Hochfreien. Neidhart verbrachte jedenfalls weiterhin einen großen Teil seines Lebens auf Landstraßen.

Die großen Fernstraßen des Mittelalters waren meist identisch mit römischen Reichsstraßen – sie hießen vielfach »Altstraßen«. Es ergaben sich gelegentlich auch neue Trassierungen; sie waren aber, in der Fachterminologie, nicht »gebaute Straßen«, sondern »gebahnte Wege«: reine »Erdbahnen«, hart getrampelt, wenn es trokken war, tief eingefurcht, wenn es anhaltend regnete. Welche Rollbahnen mit den Ausweichbewegungen entstanden, habe ich schon geschildert. Auch in Österreich wird Neidhart streckenweise auf solchen Rollbahnen seinen Weg gesucht haben – in Niederungen, denen man nicht immer ausweichen konnte oder bei Straßensteigungen. Von Höhenwegen, von Wegen in Hanglagen konnte man meist nicht beliebig ausweichen ins Gelände, da ritt Neidhart also auf weithin festliegenden Trassierungen.

Straßen und Wege der Römer wie Straßen und Wege des Mittelalters folgten der jeweils kürzesten Verbindung. Auch wenn es sehr steil wurde – man wich ungern aus, denn das verlängerte den Straßenverlauf. Lange Steigungen waren, vor allem für Warentransporte auf der Achse, langwierige Schindereien. Eine österreichische Steilstrecke erhielt den Namen »Tödtenhengst«. Bei Regen waren besonders diese Straßenabschnitte aufgeweicht und eingefurcht, und so fächerten sich vor allem in Steigungen die Straßen auf.

Man versuchte solch ein Ausweichen ins Gelände (auch das Ausweichen auf bessere Straßen!) zu verhindern durch den Straßenzwang, dem im regionalen Bereich ein Wegezwang entsprach: auch dies lese ich bei Csendes, dessen Dissertation ich diesem Kapitel zugrunde lege. Je schlechter der Zustand von Straßen und

Wegen, desto mehr Nachdruck mußte ausgeübt werden. Händler sollten schließlich ihre Abgaben hinterlassen an den Zollstätten, Mautstellen. Eine Zollstätte (wie Melk, Tulln, St. Pölten oder Lengbach) war Reisenden sicherlich eine willkommene Abwechslung – vor allem, wenn sie keine Waren zu verzollen hatten.

Daß die Trassen möglichst bündig verlaufen sollten, hatte auch folgenden Grund: nur so konnten für die Anrainer Einbußen gering gehalten werden. Es gab ja diese Regelung, und sie wird auch zu Neidharts Zeit weithin üblich gewesen sein: Zugtiere, Reittiere durften nur unmittelbar entlang den Straßen weiden. Oder: man durfte die Straßen entlang Futter schneiden mit Messer und Sichel, doch nur so viel, wie man erreichen konnte, wenn man mit einem Fuß auf der Straße blieb. War der Straßenverlauf nicht klar begrenzt, so ließen sich auch Flurschäden nicht eingrenzen. Also versuchten sich Anrainer mit Gräben zu helfen.

Am besten, weil am festesten, waren Wege und Straßen auf den Kammlinien von Mittelgebirgen (wie dem Wienerwald), waren Trassen entlang den Wasserscheiden. Solche Wege und Straßen hatten freilich den Nachteil, daß sie andauernd Höhenunterschiede überwinden mußten. Wege an Hügelflanken, an Hängen ersparten das den Reisenden weitgehend, aber es gab hier andere Erschwernisse, Hindernisse: Abschnitte der Pisten konnten von Geröll überschüttet werden, konnten abrutschen, denn Stützmauern und ähnliche Befestigungen baute man im Mittelalter so gut wie überhaupt nicht. Ob nun Höhenstraßen oder Hangstraßen – die Reisewege schlängelten sich.

Was zu allen Unebenheiten des Geländes zeitraubend hinzukam: häufig mußte man nach dem Weg fragen. Heute ist Europa vernetzt mit einem System exakter Richtungsweiser – damals gab es so etwas höchstens in Ausnahmen. Oder überhaupt nicht? Bis ins neunzehnte Jahrhundert gehörte es zum normalen Ablauf einer Reise, daß man schon mal in eine falsche Richtung lief oder ritt, daß man sich sogar verirrte; selbst wenn man von einem Kutscher oder Postillon gefahren wurde, war man davor nicht sicher. Man mußte häufig fragen, denn zu vielen Wegen und Straßen gab es »alternative Trassen« – und welche führte in die gewünschte Richtung? Selbstverständlich ließ man sich vor dem Aufbruch von Ortskundigen die nächste Etappe so genau wie möglich beschreiben. Wegbeschreibungen: damals ein wichtiger Bereich der Kommunikation.

130 Neidhart wünschte sich eine feste Unterkunft, ein Haus. Bestimmt wünschte er sich auch ein neues Lehen, eine feste Einnahmequelle: er war nach damaligen Verhältnissen alt, das Reisen wurde für ihn beschwerlich, und wieviel war er schon herumgekommen! Noch einmal das kurze Zitat:

> Von der Elbe bis zum Rhein,
> von der Donau bis zum Po
> kenne ich ein jedes Land.

So knapp und schnörkellos dies formuliert ist – es muß mit Vorbehalt gelesen werden. Neidhart könnte hier renommieren. Das zeigen Entsprechungen zu einer Strophe, in der das Muster des Minnesangs mit Witz parodiert wird: eine Dame besingen, deren Identifizierung nicht durch den geringsten Hinweis ermöglicht werden darf.

> Sie fragen, wer sie sei, die Glückliche,
> für die ich höfisch Lieder sang.
> Sie wohnt, auf jeden Fall, in deutschen Landen –
> *dies* Geheimnis geb ich allen preis!
> Meine Herrin wohnt in dem Bezirke
> zwischen Nürnberg und dem Po,
> zwischen Ungarn und dem Elsaß –
> in diesem Winkel fand ich sie.
> Noch genauer: zwischen Wien – Paris.
> Ich liebe sie!

In beiden Strophen der Eindruck der Weltläufigkeit: ein Topos. Aber auch diesem Topos wird biographische Realität entsprechen: der Fahrende war viel herumgekommen, nicht nur im Donauraum. Je weiter, je länger man reiste, desto verständlicher der Wunsch, seßhaft zu werden. Immer nur Gast sein, teils willkommen, teils weniger, zuweilen überhaupt nicht – es war auf Dauer schwer zu ertragen. Walther hat dies pointiert dargestellt.

Hausherr, seid willkommen: schweigen muß ich bei dem Gruß!
Seid als Gast willkommen: sprechen muß ich da, mich neigen.
Hausherr, Heim: die Wörter sind sehr ehrenvoll.
Gast und *Unterkunft:* reichlich Anlaß, mich zu schämen.
Wär es mir nur mal vergönnt, einen Gast zu grüßen,
so daß er mich als Hausherrn grüßen muß...

Heute hier und morgen dort: was für ein Vagantenleben!
Ich bin daheim, Ich will nach Hause: das klingt schöner!
Seid Gast! und: *Schach!* – man hörts nicht gern.
Sagt nicht mehr *Gast* zu mir, und Gott sagt euch nicht *Schach!*

Zum Klagelied das Bittlied: Walther wendet sich an Friedrich den
Zweiten.

> Schirmherr Roms und König Apuliens, zeigt hier Mitleid:
> ich bleib so arm, bei allem Reichtum meiner Kunst...
> Wenn möglich, würd ich gern am eignen Feuer warm.
> Sackra, wie ich dann von allen Vögeln sänge,
> von der Wiese und den Blumen – wie ichs früher tat!
> Der schönen Frau, die mir das Ruhmesblatt verliehe,
> ließ' ich auf den Wangen Lilien blühn und Rosen.
> Komm spät erst an, reit früh schon fort: *Armer Fremder!*
> Wer Hausherr ist, singt schöner von dem grünen Klee.
> Helft in dieser Not, so wird Euch in der Not geholfen!

Der Wunsch nach dem eigenen Dach über dem Kopf: wir müssen
uns bewußtmachen, wie eng man in den Burgen damals lebte, auch
in den Burgen der großen Herren; dort gab es kein ›Gästezimmer‹,
auch nicht für einen angesehenen, wenigstens regional angesehenen Dichter und Musiker, eigene Zimmer gab es nur für den
Hausherrn und seine Familie; die Gäste und das Gefolge legten
sich irgendwo hin. Das hieß: die wenigsten Bewohner einer Burg
hatten ein Bett am immergleichen Platz. Zwar gab es Tragebetten,
auch Spannbetten genannt, aber die waren schon etwas Luxu-
riöses – meistens kamen Liegepolster auf den Boden, damals schon
Matratzen genannt, aber sie sahen noch nicht aus wie unsere Matratzen, waren eher Zwischenformen von Federbett und Strohsack; darauf legte man sich zu zweit, zog eine Decke über sich.
Morgens wurden diese Liegesäcke irgendwo verstaut.
Es war gewiß schon ein Privileg, eine besondere Auszeichnung,
wenn Neidhart mit anderen Mitgliedern des Hofgefolges in einem
der Räume des Wohnbaus schlafen durfte; größer dürfte die
Wahrscheinlichkeit gewesen sein, daß er mit anderen fahrenden
Unterhaltungskünstlern, mit Dienern, in einem der Nebengebäude nächtigte, vielleicht sogar in einer Scheune. Und da wäre es
wieder, das bunte Gedrängel, vor dem es Philologen des vorigen
Jahrhunderts geschaudert hätte: Neidhart auf einem Strohsackla-

ger, vielleicht auch nur im Heu, und das mit Dienern und Gauklern, mit Tierbändigern und Instrumentalisten und so weiter. Bei diesen ständig wechselnden Gruppierungen ging es entsprechend laut zu – das wurde von Walther beklagt für den Hof von Thüringen, und bei Wolfram finden wir ein Echo auf diese Klage. Ich male mir das aus: ein ständiges Eintreffen und Aufbrechen, Rabatz fast die Nacht hindurch, und morgens Gedrängel um einen Brunnen oder um ein paar Bottiche, und die Latrine einer Burg war wohl kaum so weitläufig wie in einer großen Klosteranlage. Ja, und dann wurde irgendwo der Morgenbrei, die Grütze gelöffelt. Und der Herr, vor dem man auftreten wollte, der hatte keine Zeit, der war auf Jagd, vielleicht für mehrere Tage, oder er mußte seinem Hofkaplan diktieren, und das zog sich hin, oder er ritt auf einer Wiese ein Streitroß ein, oder er mußte sich, gemeinsam mit dem Falkner, um den kranken Lieblingsfalken kümmern. Also warten. Würfeln. Und Hin und Her, Rauf und Runter, Rein und Raus. Und Zank, Schreierei, Schlägereien.

Der Wunsch nach dem eigenen Haus, zumindest nach einem Häuschen: es war wohl auch der Wunsch nach einem Bereich ohne Drängelei, Gerempel, Lärm.

Herzog Friedrich wird Neidhart schließlich eine feste Unterkunft verschaffen; Neidhart wird dann behauster Spielmann sein. Trotzdem wird er wohl noch mehrfach aufbrechen müssen.

131 Kurz nach dem Tod seines Vaters Leopold wurde Friedrich, neunzehnjährig, Herzog von Österreich und Steiermark. Genauer: er machte sich selbst zum Herzog. Denn offensichtlich wurde das Herzogslehen vom Kaiser nicht an diesen jungen Mann vergeben, er übernahm das Amt, als wäre es erblich. Das war es nach der Verfassung des römischen Reiches aber nicht: nach dem Tod eines hohen Lehnsträgers wurde das Lehen offiziell wieder frei, mußte neu vergeben werden; damit war ein Treuegelöbnis verbunden. Friedrich schien sich um dieses Ritual nicht weiter zu kümmern – keine Chronik berichtet vom festlichen Akt der Lehnsübergabe.

Der Herzog von eigenen Gnaden mußte erst einmal mit Adligen kämpfen, die sich ihm nicht unterwerfen wollten. Friedrich belagerte, erstürmte Burgen der aufsässigen Kuenringer, setzte sich durch.

Kriegerische Auseinandersetzungen auch mit Böhmen: Österreichs Grenze war im zwölften Jahrhundert in böhmisches Gebiet vorgeschoben worden, das wollte der Böhmer-König endlich rückgängig machen: »Gleich nach Friedrichs Regierungsantritt fielen die Böhmen in das Land ein«, berichtet Karl Lechner. Und mit Bayern waren noch alte Rechnungen zu begleichen. Friedrich tat dies auf seine Weise: die bayrischen Klöster und Hochstifte in Österreich waren zu Abgaben an ihre Mutterklöster und an Passau verpflichtet, diese Abgaben ließ Friedrich nur äußerst ungern über die Grenze – Tricks und Behinderungen. Beschwerden gegen ihn häuften sich.

Friedrich erwies sich, im Gegensatz zu seinem konzilianteren Vater, als entschiedener, vielfach rücksichtsloser Landesherr. Seine von Anfang an betonte Selbständigkeit führte recht bald zum Konflikt mit dem Kaiser des römischen Reiches.

132 Auch Friedrich zog im Herzogtum umher, regierend, hofhaltend, aber es gab einige Burgen, in denen er besonders oft und in denen er vielleicht auch besonders gern war, vor allem im Winter, wenn Reisen und Kriegführen eingestellt wurden. So war er gelegentlich in Klosterneuburg, war häufig in Wien; Mödling gewann später an Bedeutung für ihn. Zeitweiliger Herrschersitz war auch die Burg der (Wiener) Neustadt, etwa 25 Kilometer südlich von Wien.

Für Neidhart dürfte die Trias Klosterneuburg-Wien-Mödling wichtig geworden sein.

Daß er in Klosterneuburg auftrat, und das heißt, in der Pfalz der »Oberen Stadt«, im befestigten Wohnhaus der Anlage, das schließe ich aus einer Anspielung: »Die Leute um den Bisamberg«. Dieser Bisamberg, 358 Meter hoch, liegt jenseits der Donau, im Osten von Klosterneuburg.

Klosterneuburg: die Obere Stadt mit Stift und Pfalz; die Untere Stadt rund um die Kirche St. Martin; zwischen beiden befestigten Stadtbereichen eine Senke mit einem Bach. Die Pfalz des Landesherrn lag im Bereich des heutigen, die Stadt optisch beherrschenden Stifts – als Dominanten die beiden neogotischen Türme des neunzehnten Jahrhunderts. Leopold III. hatte, wie schon erwähnt, in der »südwestlichen Ecke des alten Römerlagers« die Residenz, die »Stadtburg« erbauen lassen: »Das Hauptgebäude, dessen Mauerwerk heute noch in einer Höhe von zwölf Metern aufrechtsteht, hatte die Bauweise des Festen Hauses, wie es am Anfang des 12. Jahrhunderts üblich war. Dieser Bau war aber nur der Teil eines imposanten Komplexes, der es an Größe mit den damaligen Kaiserpfalzen aufnehmen konnte.« So Röhrig. Leopold VI., vor dem Neidhart hier vielleicht schon aufgetreten war, hatte die Hauptresidenz in seinen späteren Jahren nach Wien verlegt, aber Friedrich, sein Sohn, hielt sich zuweilen in Klosterneuburg auf; er hatte hier seine Mutter einquartiert, Theodora.

Klosterneuburg: hier könnte Neidhart auch mal vor Friedrich aufgetreten sein. Ich habe deshalb Sichtkontakt gesucht mit Bausubstanzen aus Neidharts und Friedrichs Zeit. Ich habe sie – mit dem Lageplan in Röhrigs Buch – gefunden, es war nicht schwer. Zu sehen ist die Ostwand des um 1200 erbauten Palas, des Wohntrakts und Festsaals; in den beiden Fensteröffnungen je eine sichtlich alte, dünn gewordene Säule und eine ergänzte. Im Gebäude, das hier einmal stand, könnte Neidhart aufgetreten sein – als die Fenstersäulen noch gesund und dick waren.

Neben diesem Wandabschnitt das entschieden spätere Gebäude des Stiftlichen Hofgerichts; daneben wiederum der Schmiede-Hof, in den ich, das Tor öffnend, hineinspaziere. Ein weitflächiger, grasbewachsener Hof, in dem Baumstämme (in Bretter, in Bohlen zersägt) lagern und trocknen; Schuppen. Von ihnen zum Teil verdeckt: Baumasse aus der Zeit der Babenberger, sogar mit den Konturen eines großen Kamins, der vielleicht auch einmal Neidhart gewärmt hat. Ob er bei seinem (eventuellen) Auftritt auch Theodora kennenlernte, die Tochter des Kaisers von Byzanz?

Ein Straßenschild in Klosterneuburg: Wien 13 Kilometer. Nach diesen dreizehn Kilometern ist man bereits im Zentrum der Stadt, in der Friedrich häufig residiert hat, in der Neidhart mit größter Wahrscheinlichkeit aufgetreten sein dürfte, nicht nur spontanen Beifall suchend, sondern längerfristige Honorierung. Es ist allerdings keine Dankstrophe Neidharts für ein Wiener Lehen überliefert, statt dessen eine Strophe, in der er sich für ein merkwürdiges Geschenk bedankt.

> Friedrich, Herr und Fürst,
> meine Bitte sei gestattet
> um ein kleines Häuselein,
> das meinen vollen Silberschrein

sicher birgt: ich habe ihn
            von dir geschenkt bekommen.
Ja, ich bitte dich darum,
höre es dir gnädig an.
(Ach, in diesem Bauernland
trampelt alles auf mir rum.)
Und so lange ich noch lebe,
            werde ich dir dafür dienen,
hier: mit meiner Faust
und vor Gott: mit meiner Zunge.
Dir wird man im Himmelreich
            dafür auch ein Loblied singen,
du wirst aufgenommen sein
            in den Chor des Paradieses.

Ein voller Silberschrein: pure Ironie?! Oder könnte auch dies Realität gewesen sein? Ich traue diesem Friedrich zu, daß er, spontan, dem Dichter und Musiker ein ordentliches Präsent machen wollte: kleiner Anteil an der Beute etwa aus bayrischen Klöstern in seinem Land. Also vielleicht ein Reliquiar, in der damals üblichen Form des Schreins? Eine mit Silber gefüllte kleine Truhe aber war es gewiß nicht, sonst hätte Neidhart nicht um ein Häuschen bitten müssen, er hätte es sich von diesem Reichtum kaufen können. Was ihm da geschenkt worden war, nützte ihm offensichtlich wenig, ein Haus wäre ihm lieber gewesen.
Neidhart in Wien: hier ist Sichtkontakt mit Bausubstanzen einer romanischen Pfalz nicht möglich – die Herzogsburg, die herzogliche Pfalz ist archäologisch nicht mehr nachweisbar, lese ich bei Karl Lechner. Sie muß aber im Bereich »Alter Hof« gelegen haben. Leopold VI., Friedrichs Vater, hatte zwischen 1220 und 1230 die Stadt Wien erheblich erweitern, im Stadtbereich mehrere Klöster errichten und die Neue Burg erbauen lassen. Diese Pfalz skizziert Lechner als »Viertürmeburg auf erhöhtem Platz, eingebaut in die Stadtmauer, wobei der stärkste Turm an der gefährdeten Südwestecke steht, am Hauptverkehrsweg nach dem Westen gelegen; die anderen drei Türme sind sogenannte Trabantentürme«. In diesem Bau (dem übrigens die Burg in Neustadt glich) wird Neidhart aufgetreten sein, und, so nehme ich an, mit Erfolg.
Den brauchte Neidhart auf dem Weg zum Ziel, das er sich gesetzt, offenbar aber nicht so rasch erreicht hat, wie er sich das wünschte.

Er fand sein Refugium zuletzt in Mödling. Weil dies ein wichtiger Punkt ist, übertrage ich die entscheidende Strophe nach zwei Überlieferungen – die Strophe folgt in beiden Fällen dem Liedbericht über den Verlust von Reuental. Zuerst die Strophe aus der Riedegger Handschrift.

> Was mir meine Feinde wünschten, hat sich kaum erfüllt,
> Wollt' es Gott, so würds hier sicher Hilfe geben.
> Im Lande Österreich, da ward ich gut empfangen
> vom edlen Fürsten, der mir Unterkunft verschaffte.
> Für immer bin ich hier in Mödling –
> und sie alle ärgert das.
> Mir tut es leid, daß ich von Eppe und von Gumpe
> im Reuental so oft gesungen habe.

Und hier gleich das klarer formulierte Strophen-Pendant der späteren Papierhandschrift.

> Was mir meine Feinde wünschten, hat sich nicht erfüllt.
> Wollt' es Gott, so fände ich in meiner Not noch Hilfe.
> Ich kam hierher nach Österreich und wurde gut empfangen
> von dem edlen Fürsten – er gab mir schöne Unterkunft.
> Dort in Mödling wohne ich – meine Feinde ärgert das.
> Mir tuts nicht leid, daß ich im Reuental so viel
> von Gumpe und von Eppe sang.

Ich sehe auch hier keinen Anlaß, zu bezweifeln, daß diese Strophe von Neidhart stammt, und daß seine Angabe zutrifft. Diesmal erst einige Informationen zu Mödling und dann der ›Ortstermin‹. Denn leider ist auch diese Strophe nicht datiert und nicht datierbar; ich muß versuchen, wieder kombinatorisch vorzugehen, und so habe ich mich über die Besitzgeschichte der Burg Mödling informiert.
Diese Burg, erst Mitte des zwölften Jahrhunderts erbaut, wurde von Heinrich dem Älteren erweitert zu »einer der größten Burganlagen ihrer Zeit«, so lese ich in der Darstellung des Ausgrabungsleiters; eine Burg hoch auf steilem Dolomitfels, über der Klause des Tals, in dem der Mödlingbach fließt und durch das eine wichtige Straße führte. Die Mödlinger Herren hatten ursprünglich in Mödling in einer kleinen Stadtburg residiert; die neue Burg

wurde entschieden größer: ein Burgareal von 80 mal 175 Metern; die aus dem Fels gleichsam herauswachsenden Ringmauern in einer Höhe von fünf bis acht Metern; zwei Vorburgen, palisadengeschützt, mit Torturm und Zwinger; ein zweites, drittes und viertes Mauertor; fünf Höfe; die Zentralbauten drei bis fünf Stockwerke hoch.

In dieser Burg hielt sich Heinrich der Ältere ab 1200 vorzugsweise, ja fast ausschließlich auf, ein Mann, der zu dieser Zeit Mitte vierzig war, der offenbar wenig oder keinen politischen Ehrgeiz entwickelte, dafür um so entschiedener die Burg ausbaute, die Hofhaltung erweiterte, und wie an einem Königshof wurden Ämter vergeben: ein Marschall ist namentlich nachgewiesen und ein Schenk und ein Truchseß und ein Prosecutor und ein Cellerarius und ein Notarius. Und außerdem drei Geistliche und zahlreiche Ministeriale in Mödling und in den Ortschaften, die zu Heinrichs Besitz gehörten. Er starb 1223, als 65jähriger.

In den Jahren 1223 bis 1236 residierte auf dieser Burg ebenfalls ein Mödlinger Babenberger: Heinrich der Jüngere. Er wurde 1182 geboren, soll ein »schöner, vernünftiger Fürst« gewesen sein, lese ich in einem Zitat und hoffe, daß hier richtig übersetzt wurde, denn »vernunft« bezeichnet im Mittelhochdeutschen eher die Erkenntniskraft, Verstandeskraft, Unterscheidungskraft, die Klugheit. Dieser ansehnliche, kluge Fürst war ein Mannsbild von einsachtzig, ein begeisterter Jäger. Viel ist über ihn nicht überliefert, außer, daß er mit dem Kloster Melk (das in diesem Gebiet große Lehen besaß) einen langen, harten Rechtsstreit führte, in dem auch Bischof Gebhard von Passau vermittelte.

So wie Leopold der Glorreiche den Sänger Neidhart bei einem Besuch zu Beginn des Jahrhunderts an seinen Onkel Heinrich den Älteren verwiesen haben könnte, so könnte nun Friedrich den Sänger an seinen Onkel Heinrich den Jüngeren verwiesen haben – hat er dem Bayern eine Unterkunft beschafft, und sei es für begrenzte Zeit? Ich frage mich das, weil Herzog Friedrich über Mödling erst ab 1236 frei verfügen kann: nach dem Tod Heinrichs, der keinen Erben hinterläßt, zieht Friedrich das freiwerdende Mödlinger Lehen ein. Wenn Neidhart sich bei Herzog Friedrich für die Unterkunft, für den Wohnsitz in Mödling bedankt, so gibt es hier nur zwei Möglichkeiten: er bedankt sich – vor 1236 – für die Vermittlung zwischen den Babenbergern in Wien und in Mödling oder: er bedankt sich – erst nach dem 22. Mai 1236 – bei Herzog Friedrich, weil er ihm im freigewordenen, eingezogenen Mödlinger Lehnsgebiet ein Dach über dem Kopf verschafft. Der Alterssitz.

Ab wann auch immer – Neidhart konnte einige oder mehrere Jahre in Mödling seinen Wohnsitz gehabt haben. Und damit mache ich Mödling – nach Landshut – zum zweiten Brennpunkt der Ellipse, die ich um Neidhart ziehe.

Ich fahre auch nach Mödling. Mein zweiter Besuch – etwa zwanzig Jahre zuvor war ich schon in Mödling, um zu sehen, wo Beethoven zeitweilig gewohnt und komponiert hatte. Als Erinnerungsbild: felshelle Hänge mit südlichen Pinien. Die Erinnerung hat nicht getäuscht: die Dolomit-Hänge an der Klause von Mödling sind von Pinien bewachsen, dort Föhren genannt, genauer: Schirmföhren.

Solche Bäume hat es zu Neidharts Zeit in dieser Region noch nicht gegeben, sie wurden zu Beginn des neunzehnten Jahrhunderts, als Goethe und Beethoven noch lebten, an den Felshängen angepflanzt, schlugen dort nachhaltig Wurzeln – ein botanisches Unikum, ein sehr schönes. Fürst Liechtenstein hat für eine weitere, eingreifende Veränderung gesorgt: auf den Grundmauern der romanischen Burg hat er eine romantische Burgruine errichten lassen, den heutigen Aussichtsturm mit den fünf Fenstern. Wer aus diesen Fenstern schaut, der schaut also nicht aus Fenstern, aus denen Neidhart geschaut haben könnte. Und der Text der Erinnerungstafel, die an dieser künstlichen Ruine angebracht wurde, später, er mogelt auch: Walther von der Vogelweide war nicht in diesem Gebäude, sondern in einem Gebäude an der Stelle dieses Baus.

Die mächtige Burg wurde 1556 vom Blitz getroffen, brannte aus, von da an Verfall, bis sie im 18. Jahrhundert verkauft und abgetragen wurde; mit ihren Quadern wurde dem Mödlingbach am Fuße der Burg ein neues Bachbett gemauert. Der Augenschein trügt also: die Hänge dieser Klause waren früher nicht bewaldet, und was man heute von der Burg sieht, ist eine (schlecht) gemauerte Kulisse. Erst Ausgrabungen machten die Grundrisse der Gebäude und Wehranlagen dieser Burg sichtbar, erlaubten es, ein Bild der Burg zu rekonstruieren. So hat an der Stelle des heutigen Aussichtsturms der romanische Wohnturm gestanden: »Mit seiner leicht verzogenen rechteckigen Grundfläche von 15,20 m mal 13,50 m ist er der größte Wohnturm im deutschen Sprachgebiet. Seine äußeren Mauerkanten wurden bei der Grabung freigelegt, und besonders die Nordwestecke zeigt seine Mächtigkeit. Hoch war der Turm etwa 10 m und hatte wahrscheinlich vier Geschosse und Rundbogenfenster. In der Mitte der Burg liegend, beherrschte er sämtliche Burghöfe.« Eine mächtige Markierung also in der Rekonstruktion von Neidharts Biographie!

Wo und wie könnte Neidhart in Mödling oder bei Mödling gewohnt haben? In einem der Nebengebäude dieser Burg? Im alten Stadthaus? In einem Haus des Ortes? In einem Haus in der Nähe, vielleicht sogar in Sichtnähe der Burg, also beispielsweise im Gebiet der heutigen großen Wiese am Föhrenhof?

Fragezeichen, wieder einmal. Und ein Hinweis, der wenig biographische Relevanz haben dürfte (das übliche Spielmuster?, eine austauschbare Metapher?), der vielleicht aber andeuten könnte, in welcher Richtung sich suchen oder spekulieren ließe. In einem Liedtext, in dem mehrere Namen der österreichischen Bauernszene genannt werden, in dem am Schluß Herzog Friedrich wieder einmal um Förderung gebeten wird, heißt es von Bauern, die sich neidhart-typisch verhalten:

> Sie haben mich herausgefordert,
> doch das macht mir wenig aus,
> denn mein Haus ist derart fest,
> daß kein Dörfler es erobert. (...)
> Und so freu ich mich der Gräben,
> meiner hohen Palisaden:
> wer die überwinden will,
> der braucht einen guten Einfall.

Das wäre denn ein (Bauern)Haus, das außerhalb der Ortschaft liegt, umfriedet vom weithin üblichen Graben und den Palisaden – als Schutz nicht nur gegen Menschen, sondern beispielsweise auch gegen die vor allem im Winter streunenden Wölfe. Die Palisaden waren meistens, wie Bilder zeigen, in den Boden gerammte Baumstämme. Diese Umfriedung hier als Modell – so ungefähr könnte es ausgesehen haben. Notwendige Vorbehaltsklausel, Formulierung auf Widerruf, jedoch: lieber eine Möglichkeit sehen als gar nichts.

Neidhart, eventuell mit einer Palisadenwand um das Haus herum, auf jeden Fall aber mit einem Dach über dem Kopf – er hatte offenbar noch immer nicht ausgesorgt. Darauf läßt jedenfalls die folgende Bitte schließen.

Fürst Friedrich, generös und äußerst zuverlässig:
du gabst mir gute Unterkunft,
dafür soll dich Gott belohnen.
Mich hat noch nie zuvor ein Fürst so reich beschenkt.
Soweit wär alles gut – doch ist die Steuer viel zu hoch!
Wovon die Kinder leben sollen,
das frißt die Steuer völlig auf.
Ich werde unter meinen Freunden bald verpfänden müssen.
Mein lieber Landesherr:
senkst du mir den Steuersatz,
will ich kämpfen für dein Heil,
werde deinen Ruhm in Wort und Ton verkünden,
daß es mächtig widerhallt, von der Elbe bis zum Rhein.

Ich habe hier ausnahmsweise einen anachronistisch modernen Begriff eingesetzt: Steuer. Sogar: Steuersatz. Doch reuevoll muß ich gleich wieder revidieren. Was gemeint ist: Neidhart wird ein Lehen gewährt, er darf ein Haus bewohnen (juristisch: nutzen), ein offenbar schönes Haus. Aber die Sache hat einen Haken: das Haus ist oder wird belastet, mit irgendeiner Abgabe. Heute würden wir sagen: eine Umlage wird gefordert. Leider deutet Neidhart nicht an, wofür er zahlen soll. So habe ich, um in der Übersetzung so knapp zu bleiben wie die Vorlage, den Begriff Steuer eingesetzt.

133 In Neidharts Bittstrophen dürfen wir nicht nur gereimte Bittbriefe sehen – auch hier sind Spielelemente. Neidhart treibt ein foppendes Spiel mit uns – wo man ihn zu packen glaubt, entzieht er sich oft wieder. Beispielsweise in der folgenden Bittstrophe.

Friedrich, Herr und Fürst,
ich klage an! Bestrafe
diese große Dreistigkeit,
die der Bauerndepp begeht.
Befiehl, daß er das Land verläßt,
verbiete, daß er etwas erbt.
So können ich und Elsemut
zuletzt noch Rat und Hilfe finden.
Wenns dir recht ist, daß ich dir

mit meinen neuen Liedern diene,
so lasse diesen dummen Kerl,
diesen Messerhelden hängen.

Um es nicht-wissenschaftlich auszudrücken: dies ist Frotzelei.
Ein Spaß also, bei dem Neidhart Einverständnis voraussetzen
darf. Das wiederum setzt voraus: man kannte sich gut genug. Wie
gut, das läßt sich (auch) hier ablesen: Neidhart hat den Landesherrn geduzt – und das in einer Zeit, in der sich selbst Ehegatten
offiziell mit »Ihr« anredeten, zumindest in der höfischen Welt.
Wie kam es zu dieser Vertraulichkeit?
Was Jean Renart plastisch erzählte, das bestätigt sich am Hof dieses Herzogs: auch hohe Herrschaften trugen öffentlich Lieder
vor. So weist Neidhart darauf hin, daß neben Herrn Tröstel auch
der Herr des Hofes »im Sommer neue Liebeslieder singt«. Dies
bestätigt später der Tanhuser: »denn er singt die Reien für die Damen«. Der Landesherr als Vorsänger, damit wohl auch als Vortänzer – also ein fast kollegiales Duzen zwischen dem Amateur und
dem Profi? So rigoros hätte man im Mittelalter nicht unterschieden. Eher so: der eine erhält für das Vorsingen ein Honorar, der
andere nicht. Dennoch: so etwas wie Kollegialität?
Es müßte kein herablassendes Duzen gewesen sein. Vielleicht
wurde damit vom Herzog eher der hohe Rang, das große Ansehen
dieses erfolgreichen Dichters und Musikers bestätigt, hervorgehoben.
Wie auch immer: Neidhart und der erheblich jüngere Herzog auf
dem Duzfuß.

134 Neidhart in Mödling: wie seine soziale Situation war,
darüber wissen wir nichts, vielleicht aber lassen sich einige Rückschlüsse ziehen, wenn wir einen Zeitsprung machen
über die Sprachgrenze hinaus.
In England ist eine Pergamentrolle überliefert, in der Spielleute
aufgelistet sind, die Pfingsten 1307 an einer königlichen Schwertleite teilgenommen haben. In dieser sogar doppelt geführten Liste
(vorne auf Latein, rückseitig auf französisch) wurden die höfischen Spielleute meist mit ihren Namen aufgeführt – so gab es allein sechs Spielleute namens Adam, sie mußten durch Zusatzna-
men unterschieden werden. Für die aufgelisteten Hof-Spielleute

wurde Buch geführt über ihre Einnahmen, über Sonderzuwendungen. Ein Dokument, über das ein Buch geschrieben wurde, von Constance Bullock-Davies.

Ich hebe aus ihrer Darstellung einige Punkte hervor, die mir wichtig scheinen. Generell zeigt sich: englische Spielleute waren vielfach in einer Art von festem Angestelltenverhältnis, sie waren Hofmusiker, Hofartisten, Hofherolde und so weiter. Bezahlt wurde nicht in Monats- oder Jahresgehältern, es wurde ein Betrag angerechnet für jeden Tag, den man Hofdienst leistete, auf Geheiß des hohen Herrn oder der hohen Dame. Die Auszahlung dieser Tagegelder war allerdings sporadisch, je nach Liquidität; Bargeld war immer noch rar in Europa. Kam genug Geld in die Hofkasse, so wurde erst einmal Vordringliches beglichen, danach kamen Hof-Spielleute dran. Zuweilen wurde das Geld kurz nach Sonnenaufgang ausgezahlt, das brachte etliche Spielleute in Schwierigkeiten, sie suchten Kollegen, die für sie früh aufstanden.

Zusätzlich zu den Tagegeldern gab es für die Hof-Spielleute (wie für alle Diener): zwei Röcke (also knöchellange, schlupfkleidähnliche Tuniken); einen für den Winter, einen für den Sommer; die englische Autorin bezweifelt, ob sich Winterrock und Sommerrock in der Dichte des Stoffs unterschieden. Außerdem zwei Paar Schuhe. Weiter hatte ein höfischer Spielmann Anspruch auf Frühstück, Mittagessen, Abendessen; die Mahlzeiten wurden in der Regel noch früher eingenommen als in deutschen Krankenhäusern. Obendrein erhielten Spielleute Brot und Wein, Unterkunft und Stallplätze für ihre Pferde, Brennholz und Leuchten. Interessant folgende Regelung: ein Spielmann durfte zwei Diener mit an den Hof bringen, die seine Instrumente trugen, und im Winter zusätzlich einen Fackelträger, der ihm leuchtete, wenn er »zum Abendessen aufspielte«. Das durchbricht meine Erwartungen, meine Vorstellungen! Da Entwicklungen im Mittelalter kaum sprunghaft waren, vermute ich, daß es zumindest Ansätze zu solchen Regelungen auch schon in Neidharts Jahren gegeben haben könnte, wenigstens im Angevinischen Reich, das zu Neidharts und Wolframs Zeit von Schottland bis zu den Pyrenäen reichte. Also Spielleute dort, die mit wenigstens einem Diener auftraten? Und man hörte davon auch östlich des Rheins? Und schon damals zumindest Ansätze zu sporadischer Zahlung von Tagegeldern? Und zur zusätzlichen Aushändigung von Naturalien?

Ein Spielmann, dem ein, zwei Diener die Instrumente tragen, dem im Winter ein Fackelträger leuchtet – das läßt mich noch nicht los.

Könnte man hier nicht schließen, daß ein Musiker auch nach Noten musizierte? Ein Instrumentalist konnte bei der allgemeinen Raumbeleuchtung spielen – auch damals werden routinierte Musiker, Berufsmusiker, kaum ängstlich auf ihren Fingersatz geschaut haben.

Die Hofmusiker wurden in der Buchführungsrolle aufgeteilt in Bläser und in Spieler von Saiteninstrumenten. Die Blechbläser (die ventillose fanfarenähnliche Instrumente bliesen), die Pfeifer und Trommler traten auf bei militärischen Veranstaltungen. Die Blechbläser hatten außerdem die Aufgabe, zu signalisieren, wo und wann der hohe Herr Hof hielt; befand er sich auf Reisen, so hielten sie mit Signalen die Gesellschaft beisammen, erleichterten Zurückbleibenden oder Abschweifenden die Orientierung; sie bliesen, wieder in der Burg, zum Essen, gaben Zeitsignale für Nachtwachen, informierten die Umgebung, wenn der hohe Herr ausritt, beispielsweise zur Jagd, und im Notfall bliesen sie Feueralarm. Die Flötisten und Perkussionisten spielten vor allem zum Tanz auf und als musikalische Begleitung zu akrobatischen Vorführungen; auch die Trommelspieler selbst konnten akrobatische Sondernummern einbringen, besonders beliebt war es, wenn man flache Trommeln, Tamburine, rotierend hoch in die Luft warf und mit senkrechtem Zeigefinger wieder auffing; wenn so etwas von jungen Mädchen vorgeführt wurde, war das noch attraktiver. Übrigens war diese Nummer schon zu Neidharts Zeit sehr beliebt.

Die Saitenspieler leisteten ihren Hofdienst vor allem bei den Hauptmahlzeiten, »like a café orchestra«, und erst recht bei festlichen Gelegenheiten, und die gab es ja häufig; sie spielten zur Unterhaltung hoher Herrschaften in ihren Räumen, spielten auf, wenn der Hausherr nicht einschlafen konnte, spielten, wenn der hohe Herr nach einem Aderlaß ruhen mußte und sich dabei langweilte. Die Königin der Saiteninstrumente war auch in England noch zu Beginn des vierzehnten Jahrhunderts die kleine Harfe; immer beliebter wurde die Fiedel.

Die Hofmusiker, Hof-Spielleute waren quasi fest angestellt. Es sind sogar Zahlen von Dienstjahren überliefert: Musiker, die zwischen 22 und 35 Jahren Dienst leisteten. Und von einer Spielfrau, einer Akrobatin namens Mathilda, weiß man, daß sie mindestens vierzehn Jahre lang ihre Körperkunst vorgeführt hat – da muß sie schon im Kindesalter begonnen haben, wie unsere Hochleistungs-Turnerinnen. Und gleich eine Anmerkung zu solch einer Akrobatin: sie trug eine knielange Tunika; von Mönch-Illustratoren wurde sie durchweg bis zu den Knöcheln verlängert, aber in solch einer Kleidung hätten Akrobatinnen nicht ihre Saltos vorwärts und vielleicht auch rückwärts machen können. Männliche Akrobaten traten meist nackt auf. Frau Bullock-Davies betont, daß Spielleute der verschiedenen Darbietungsbranchen gut bezahlt wurden – Vergleiche zeigen dies. Von der Summe der Tagegelder konnte man das Jahr über leben, mit Familie, auch wenn man nicht das ganze Jahr Dienst leistete – üblich waren längere Pausen. An allen kirchlichen Feiertagen und zu Turnierzeiten war der Dienst obligatorisch. Es gab auch Sommerwochen, Winterwochen, in denen Hof-Spielleute nicht gebraucht wurden. Dann zogen sie nicht umher, um kurzfristige Engagements zu suchen, sie nahmen allenfalls Einladungen anderer hoher Herrschaften an. Sonst blieben sie zu Hause, übten, komponierten, unterrichteten.

Ihre ›Tagegelder‹ konnten übrigens aufgestockt werden: durch honorierende Gaben der hohen Herren. Deren guter Ruf wurde vor allem bestimmt durch den Grad ihrer Freigebigkeit. Das heißt: besonders gute Leistungen wurden besonders hoch honoriert. Salopper, heutiger: Spitzenhonorare für Spitzenmusiker. Hier bestanden Erwartungen auf beiden Seiten. Beliebte zusätzliche Honorar-Dotationen am reichen englischen Hof waren »Pferde, Waffenstücke, Tuchbahnen, Seidenkleider, versilberte Becher, goldene Mantelschließen, neue Instrumente«. Es konnte beispielsweise auch Bauholz sein, falls größere Reparaturen am Wohnhaus notwendig wurden, oder: Eichenholz für den Kamin, oder: Grund und Boden oder: Einkünfte aus Immobilien. Und wichtig war die Altersversorgung: Spielleute, die nach 22 oder 35 Jahren Hofdienst nicht mehr auftreten konnten, wurden im Hauskloster des hohen Herrn untergebracht – wahrscheinlich war es so bei Walther von der Vogelweide in Würzburg.

135 Neidhart in Mödling: naheliegend und suggestiv, sich vorzustellen, daß es in Mödling einen genius loci geben könnte. Neidhart, der große Neuerer im literarischen Bereich, Neidhart, der Komponist einer offenbar neuartig klingenden Musik mit wahrscheinlich stark ausgeprägter Rhythmik – er setzte seine Arbeit in Mödling fort. Und sechs Jahrhunderte später komponiert in Mödling Ludwig van Beethoven, in den Sommermonaten der Jahre 1818 und 1819, schreibt hier eine Reihe von Tänzen, arbeitet vielleicht noch an der Hammerclavier-Sonate, macht erste musikalische Notizen zur Missa Solemnis. Und fast genau ein Jahrhundert später zieht in Mödling Arnold Schönberg ein, in die Villa der Bernhardgasse. Dort entwickelt er die Technik des Komponierens »mit 12 nur aufeinander bezogenen Tönen«, »diese meine Methode, meine Methode«, und er komponierte hier (unter anderen Werken) die Serenade opus 24 für Klarinette, Baßklarinette, Mandoline, Gitarre, Violine, Bratsche, Violoncello und Bariton, eine meiner Lieblingskompositionen. Nach Mödling zieht 1918 auch Anton Webern, um Meister Schönberg nah zu sein; dreizehn Jahre wohnt er hier insgesamt. In dieser Zeit entsteht ein großer Teil seines Gesamtwerks.

136 In der Sekundärliteratur habe ich mehrfach gelesen, Neidhart hätte in Liedtexten, die eindeutig in Österreich verfaßt sind, seinen Beinamen »Reuental« nicht mehr benutzt. Das stimmt nicht. Wer sich die Mühe macht, alle überlieferten Neidhart-Liedtexte zu lesen, wird sehen: auch in österreichischen Liedtexten nennt sich Neidhart gelegentlich »von Reuental«. Allerdings: seine bewährten Spiele und Spielchen mit dem Namen Reuental hat er aufgegeben, bis auf die eine und andere (knappe) Reminiszenz. Auch daraus läßt sich schließen, daß der Lehnssitz Reuental Realität gewesen ist – sonst hätte Neidhart auch in Österreich ein allegorisches oder symbolisches Jammertal fingieren können, und das Spiel wäre vor neuem Publikum fortgesetzt worden, vielleicht sogar mit Reprisen älterer Lieder. Aber Reuental ist Vergangenheit, geblieben ist nur der Name.
Ich trage hier nicht alle Belege zusammen, bringe nur drei Beispiele, gestaffelt. Als erstes: ein Lied endet mit zwei Spottstrophen, in denen Neidhart sich wieder einmal, in der Rolle eines Bauern, selbst Antwort gibt auf gesungene Klagen am Hof (»das will ich mit gsanck nu den hoffleuten klagen«). In diesen beiden Spottstrophen redet sich Neidhart, das Sänger-Ich, als »der von Reuental« an und zu Beginn der nächsten Strophe als »der Neidhart« – hier werden Name und Beiname also gleichrangig behandelt. Ich übersetzte die beiden grobianischen Strophen, um diese doppelte Anrede nicht bloß zu erwähnen.

Der von Reuental verspottet meine Vögelchen,
die mir liebevolle Frauen auf die Kappe nähten.
Singt er das so laut heraus, daß es bis zum Rhein ertönt,
stürz ich ihn in Schande, unterstützt von Hildemar.
Kommt er hier zu uns nach Zell,
ins Gebiet der Perschling:
von Hildemar und Irenbär
wird ihm übel mitgespielt!

Ah, was stört den Neidhart meine kunterbunte Kappe?
Die soll er mich mit gnädigster Erlaubnis tragen lassen.
Gibt er gegen uns den Hohn und Spott nicht auf,
so stauchen wir ihm seinen ellenhohen Kragen ein.
Seht, er will uns mit dem Singen
einfach nicht in Ruhe lassen!
Treibt er das noch lange so,
brechen wir ihm das Genick.

In einem Liedtext, dessen Spielhandlung eindeutig in Österreich
angesetzt ist (Ortsangabe Atzenbrugg!), heißt es:

> Viele fragen überall in diesem Lande,
> wer er sei, der derart schön
> von den dummen Gigerln sang,
>   die zahlreich sind in dieser Welt.
> Und so will ich ihn benennen:
>   Ich bins, der von Reuental!
> Selig, die mir dafür ihren Dank erweisen.
> Singend stimme ich sie glücklich,
>   daß ihr Kummer ganz vergeht.
> Alle edlen Herren,
> seht, die sollen nicht mehr trauern!

»Der von Reuental«: der Name des Sängers. Er hat sich, so würde
man heute sagen, einen Namen gemacht, bei diesem Namen bleibt
er, diesen Namen hebt er ausdrücklich hervor, mit Selbstbewußtsein.
Das folgende Zitat belegt wieder, wie sehr wichtig die Salzburger
Edition sämtlicher Liedtexte ist, die unter den Namen Neidhart
überliefert sind: hier ist nicht ausgewählt, vorsortiert, redigiert,
hier läßt sich endlich einmal das Repertoire von Zitaten erweitern,

die im interpretatorischen Recycling der Altgermanistik wiederholt wurden.

> Wahrhaftig, mich, den Reuental,
> beschützt der Herzog Friedrich
> gegen ihn und viele Deppen.

137 Ich zeigte bereits im ersten Neidhart-Workshop (Kapitel 40), aus welch heterogenen, ja disparaten Bau-Ele-
menten Neidhart vielfach seine längeren Liedtexte zusammen-
setzte (oder: aus welchen Elementen sie in der Überlieferung
zusammengesetzt sind): ich werde das an einem Winterlied noch
einmal demonstrieren, ohne diesmal die »Sinnabschnitte« ausein-
anderzurücken – die Bruchlinien sind ohnedies unübersehbar.
Als Beispiel das Lied mit der Überschrift »Der augstein« (oder
»agestein«). Dieses Wort taucht im Text nicht auf; gemeint ist der
Magnetstein, der Magnet weiblicher Schönheit.
Die ersten sechs Strophen des vierzehnstrophigen Liedtextes refe-
riere ich nur. Das Lied fängt an mit dem »owe« zahlreicher Winterlieder: Oweh, der Sommer ist vorbei mit all seinen Freuden,
Lüsten, Lustbarkeiten, der böse Winter kommt, feindlich gegenüber Natur und Mensch. Das wird in einer Strophe durchmodu-
liert, und wieder einmal sind Winterleid und Liebeskummer
gekoppelt. Das Sänger-Ich dient der Frau so gut es kann und
schon sehr lange, aber das nützt überhaupt nichts, die Frau läßt
sich nicht beeindrucken, er kommt nicht ans Ziel. Ja, die Dame
erweist sich als sadistisch: wenn sie den Liedsänger gerädert sähe,
würde sie nicht einmal »ach!« rufen, das hat sie selbst zugegeben.
Er vergleicht sie mit dem Fels, dem Magnetberg, der den Schiffen
das Eisen aus dem Holz zieht. In der dritten Strophe werden die
Freunde aufgerufen, ihm mit ihrem Rat zu helfen. Was seine Lage
erschwert: ein bäuerlicher Nebenbuhler. Und zwar ist das Irenbär
aus Pottenbrunn, ein eitler und selbstverständlich dummer Jung-
bauer, der herumstolziert, herumscharwenzelt und mehr Untaten
vollbracht hat, als in ein Buch passen. Dieser Irenbär »let mir nicht
an ir gelingen«, läßt ihn bei ihr nicht zum Zuge und nicht ans Ziel
kommen, der steht zwischen dem Sänger-Ich und der Angesunge-
nen, der sagt ihr, in der sechsten Strophe, was sie offenbar gern
hört, und je länger der so auf sie einredet, desto näher rückt sie

an ihn heran, desto weiter rückt sie vom Sänger-Ich ab. Und das bei seiner so großen Liebe! Denn seit sie ihn bannte mit dem Strahlen ihrer Augen, ist er in Liebe zu ihr verstrickt, kann sich nicht mehr befreien.

Alles recht konventionell, auch für die damalige Zeit, viele literarische Figurationen. Die finden sich auch in den folgenden Strophen, aber hier erscheinen sie nicht so abgenutzt, sind stärker mit originellen, mir originell erscheinenden Formulierungen verbunden.

Herz, du bist zu schnell,
wenn du deinen Augen folgst,
die ein schönes Weib erblicken.
Bist da auf dem Sprung und schnaufst,
denkst dir: »Weia, hätt ich dieses Goldstück
schon im Griff!«
Doch du weißt noch nicht,
ob dein schöner Augenfund
dich nicht in das Unglück stürzt.
Von solchen Skrupeln bist du frei.
Sollte sich dein Wunsch erfüllen –
mag sein, daß du die Hast bereust.
Wo immer Liebe residiert,
ist die Schönheit ihr Gefolge.
Ewig glücklich, wer bei einer Frau
diese beiden findet.
Solchen Wunderfund: bei edlen Frauen
nie gemacht…

Träte es mal trotzdem ein,
so würde ich von Herzen froh:
ich wär befreit vom Widerstreit,
der mir auf dem Herzen liegt.
Sie ist derart voller Güte,
daß sie mein Herz sehr glücklich macht.
Meine liebe Dame:
ich stehe ganz in deinem Dienst.
Mit deinem liebesschönen Körper
schenke mir, du Herrliche, Erfüllung.
Du bist in meinem Herzen
stets ein blumenreicher Ostertag.
Wer sowas von sich weist,

den verläßt mit Recht sein Glück.
Sollte meine Herrin mich nicht endlich
    doch erhören,
so fürcht ich wirklich sehr,
    mein Unglück wird zu schwer.

Der besagte Eberhard
(allerdümmster Bauerndepp,
und er stammt aus Stettenbach!)
hätt er den Sporn daheimgelassen,
der den Mädchen ihre Kleider aufgefetzt!
Eine trat ihm an den Sporn
und ihr schwoll davon der Fuß,
daß sie nicht mehr tanzen konnte.
Ach, daß sie den Tag erleben mußte,
der ihr solches Unglück brachte!
Ach, daß er die Sporen
jemals zu Gesicht bekam!
Wusch er sich mal das Gesicht, die Haare,
    so brauchte er besondre Lauge.
Er hat derart rumgeprügelt,
    daß sie nicht mehr tanzen wollten.

Und noch einmal muß ich klagen,
beides: singend und erzählend,
über einen Tölpel hier
mit dem Namen Wernerchen.
Ganz zu Unrecht heißt er so –
    er gleicht vielmehr einem Bären!
Der machte wirklich zuviel Wirbel!
Heuer, bei dem Palmzweigwinken:
er warf mir einen ins Genick!
Ha, könnt ich noch den Tag erleben,
wo ihn endlich Unglück trifft:
    überglücklich wäre ich!
Würde sich sein Weg
mal mit meiner Straße kreuzen:
seine Grobheit gegen mich,
    die gibt er auf, mit Sicherheit.
Seinen Hohn und Spott
    nehme ich nicht länger hin.

Seine Haare trägt er lang
und darunter – schauts euch an! –
sieht man rund um seinen Hals
einen neuen Polsterkragen,
Ringelpanzerung dazu,
    dies auch am gesteppten Rock,
und die Lederhaut vom Hirsch!
Ja, der ist ganz Vaters Liebling,
der spendiert ihm schöne Rüstung!
Er hält stets in seiner Hand
dies tolle Hackeschwert vom alten Schlag.
Der hat alles, was er braucht –
dennoch trägt er ein Stilett.
Die Sippschaft von ihm wohnt
    am Fuß des Bisambergs.
An Feiertagen fühlt er sich
    dreigroschenstark.

Einen jeden Feiertag
kommt der blöde Kerl vom Dorf
mit vier andren anmarschiert.
Die Frisur: wie Hobelspäne.
Zweie tragen Eisenschwerter,
    die zwei andren weiße Prügel,
und der fünfte spielt sich auf:
er trägt einen hohen Hut,
dem ist ein Kränzlein aufgenäht.
Geht er aus mit Dame Mechthild,
kaut er darum an seinem Riemen,
    der vom Hut herunterhängt.
Wenn er einmal tanzen darf,
so packt ihn gleich der Übermut.
Alle fragen, wer der sei,
    mit dem hohen Hut.
Und ich sage: dieses ist der Feind
    des Herrn Neidhart von Reuental.

Eine Frau (die frei war) schrie:
»Ach, Durkelhard von Grabensee
hat mir Schlimmstes angetan –
der ist kein Mann und wirds auch nie!

Seine Bauerngrobheit hat mir heuer
        sehr geschadet –
er ist in dieser Hinsicht stark!
Er zerbrach mir meinen Krug,
der auf einer Bank gestanden –
Fluch sei seiner Schnibbelschere,
die er da nach hinten schlenkert,
        die an seine Wade schlägt.
Voller Scharten ist sie schon,
ragt ihm unten aus der Scheide:
sie zerbrach den Krug.
        Gott bestrafe ihn!
Meine Hühner sind verdurstet –
        arm bin ich jetzt dran.

Friedrich, Herr und Fürst,
meine Bitte sei gestattet
um ein kleines Häuselein,
das meinen vollen Silberschrein
sicher birgt: ich habe ihn
        von dir geschenkt bekommen.
Ja, ich bitte dich darum,
höre es dir gnädig an.
(Ach, in diesem Bauernland
bin ich Streu für viele Trampel!)
Und so lange ich noch lebe,
        werde ich dir dafür dienen,
hier: mit meiner Faust
und vor Gott: mit meiner Zunge.
Man wird dir im Himmelreich
        dafür auch ein Loblied singen,
und du wirst denn aufgenommen
        in den Chor des Paradieses.

Schauen wir zurück. Zwei Liebesstrophen. Scharfer Einschnitt: es
wird nicht mehr von der schön vergeblichen Liebe zu einer Dame
gesungen, sondern von einem Obergockel, der beim Tanzen mit
seinen Sporen Mädchenkleider zerfetzt. Mit der nächsten Strophe
eine Erweiterung des Bauernaufgebots, eine veränderte Szene:
offenbar Gründonnerstag. Schnitt wiederum zwischen Strophe
sechs und sieben; es werden neue Personen eingeführt, eine andere

Situation wird entworfen, Durkelhard von Grabensee wird herbeizitiert. (Grabensee liegt einige Kilometer nördlich von Neulengbach.) Und plötzlich spielen im Text Hühner eine Rolle, ein Krug, ein zerbrochener. Wie kommt es zu diesem Sprung? Hat hier ein Schreiber eine Strophe angehängt, in der Vorstellung: sie wird schon irgendwie hierher passen? Oder war in den Vorlagen einiges durcheinandergeraten? Sollen wir solch einer möglichen Zufallsentscheidung blindlings folgen?

Die Bittstrophe an den Landesherrn zu Österreich ist ebenfalls unübersehbar angeklebt. Das Bindemittel der Melodie sollte, brauchte nur für eine bestimmte Situation zu halten: in der Neidhart dieses Lied vor einem Publikum sang, zu dem der Herzog von Österreich gehörte. Sang Neidhart dieses Lied noch einmal, und der Landesfürst war nicht anwesend, so wird er diese Strophe ersatzlos gestrichen haben. Wieso sollte solch eine Strophe ausgerechnet für uns unverzichtbar sein? Friedrich der Streitbare sitzt glücklicherweise nicht in unserer Mitte.

Aus solcher lockeren, zum Teil zufälligen Strophenreihung ziehe ich bei einem anderen Liedtext erneut Konsequenzen: ich rücke die Textabschnitte wieder auseinander, spielerisch erprobend – was könnte dabei an Gedichten entstehen, für uns?

Sommer und der Winter: beider Feindschaft
kann in dieser Zeit des Jahres niemand schlichten.
Heuer zog der Winter wieder auf mit seinen Freunden,
ist nun hier in seiner harschen Macht.
Hat dem Wald auch nicht ein Blatt gelassen,
nahm dem offnen Land die Blumen und den lichten Glanz.
Er ist rauh
und will uns nichts als Schaden stiften.
So paßt denn auf: uns allen sagte er den Kampf an.

Und so sagte ich der Herrin meinen Dienst auf:
darf mich nicht mehr zum Gefolge rechnen.
Keinen Tag mehr dien ich ihr aus freien Stücken,
denn sie trieb den edlen Freund in Feindesfallen.
Was ich suche: eine Herrin, die lang Herrin bleibt
und mich sicher zu der Gnade Gottes führt –
der beraubt die mich.
Mein Vertrauen löst sich deshalb auf.
Sie soll wissen, daß ich sie als Herrin gut entbehren kann.

Was ich jetzt noch singe, das sind Klagelieder –
die erfreuen leider kaum noch jemand!
Früher sang ich, was den Edlen gut gefiel.
Seit mich Alter von der Jugend trennte,
werde ich behandelt, wie ichs früher nie gekannt.
Rede sich nur keiner ein, ihm würd es besser gehen.
Wird er grau wie ich,
so wird er schlecht behandelt.
Kommt der Wolf ins Alter, reitet ihn die Krähe.

Mit dem starken Bild von der Krähe und dem Wolf ist für mich
dieses Alterslied zu Ende. Aus den oft groben Klitterungen ver-
schiedenartiger Versgruppen ziehe ich hier eine Konsequenz, für
mich. Der Leser braucht sie nicht zu ziehen, denn es folgen nun
die Strophen, die sich diesem ›Schlußbild‹ anschließen. Als Angebot hier aber auch: ein neues Lied, wenn auch ohne Natureingang
– auf den läßt sich allerdings mal verzichten.

Früher kamen freudenreiche Jahre auf uns zu.
Lob verdienten alle hochgestimmten Menschen –
heute gibts in allen Landen nur noch Trauern, Klagen.
Seit der grobe Tölpel Engelmar
der geliebten Friederun den Spiegel raubte,
hat die Trauer weltweit alle Lust vertrieben,
nichts mehr blieb von ihr.
Mit der Lust verbannte man
Zucht und Ehre. Keiner fand die drei je wieder.

Der mir einst in meinem Garten rumgestampft
und sich darin Rosen pflückte, für den Kranz,
und in höchsten Tönen seine Liebesliedchen sang,
ging mir nicht so sehr auf meine Nerven
wie der Dreh, den ich bei einem Burschen sah:
sprang beim schrägen Tanz an ihrer weißen Hand,
schlenkerte das Bein,
daß mir jeder Spaß verging!
Ihn und Gätzemann, die grüße ich nicht mehr.

Er sprang linksherum an ihrer weißen Hand,
Kopf und Hals, sie wackelten ganz wild –
der hatte sich, so schien es, nicht in der Gewalt.

Ich lernte so den blöden Hund erst richtig kennen...
Ach, wer hat ihn bloß von Atzenbrugg hierher gebracht?!
Vorgesungen hat er dort an vielen Feiertagen:
damit trumpft er auf!
Er nähm es gern mit jenem auf,
der einst meiner lieben Dame in das Kleidchen trat.

Auch hier: ein kleines Lied ist damit beendet. Ein weiteres Lied
schließt sich an, und dieses Lied ist in Ton und Inhalt wiederum
völlig anders. Ich bin nicht der erste, dem das auffällt. In Lomnit-
zers Kommentar zu diesem Lied lese ich von der »charakteristischen Verschiedenheit der einzelnen Bestandteile«, lese, daß
»manche Beurteiler« in den Schlußstrophen ein »selbständiges
Lied« sehen. So trenne ich, diesmal mit wissenschaftlichem Segen,
die Schlußstrophen ab.

Minne, wer gab dir den wahrhaft süßen Namen
und verlieh dir nicht zugleich auch Geisteswitz?
Minne: meine edlen Sinne sollten dich begleiten.
Viel zu oft muß ich mich für dich schämen –
du verlierst das Zeichen deiner Würde.
Daß du niedren Leuten deinen Ring aus Haaren gönnst,
traf sehr deinen Ruf!
Herrin, sei dafür verwünscht.
Seinen Finger stieß ein Knecht
in deinen Ring aus Haaren.

Daß sie ihn nicht einem Ritter auf den Finger schob,
als er neu war und somit noch etwas galt...
Wär dann für den Knecht noch gut genug gewesen.
Ich weiß wirklich nicht, warum sies ihm gewährt.
Sah sie diesen Knecht denn so besonders gern?
Minne ist ganz rücksichtslos, wenn sie etwas will,
Minne, die ist so:
wenn man ausführt, was sie wünscht,
entwickelt sich die Liebe so,
daß sie Ehre auf das Spiel setzt.

Das folgende Lied hat in der Berliner Handschrift sechs Strophen,
in der Manessischen nur drei. Ich stelle sie hier vor.

Viele junge Leute werfen
auf der Straße ihren Ball:
ist das erste Sommerspiel!
Dieses Schreien, überlaut,
meldet einen Störenfried!
Solches Spiel und solchen Kampf
habe ich noch nie vermißt.
Was, wenn mich
dieser Dorfrabauke stößt?
Spielt sich reichlich ruppig auf.
In der Spielschar wieselt er
hin und her.
Er kann stürmen, rennt zurück,
fälscht beim Ballwurf ab.
Um das Gigerl hüpfen da
zwei mal zwei
mit Juchhei –
wollen sie das Fliegen lernen?

Boppe wetzt von drüben her –
hat er wohl ein Wild erspäht?
Auch kommt einer namens Bär,
Haken schlägt er und versucht,
in den Ballbesitz zu kommen.
Kranichsprünge, falsch gestartet,
lassen sich dort sehr bestaunen.
Jeijeijei,
wie die Mädchen jubelnd loben,
wie sie kreischen, wie sie toben,
wenn er seinen Ball abspielt.
Habens gern!
Wenn er schaut, wem er den Ball
durch die Luft zuwirft,
strecken sie zu ihm die Arme:
»Du gehörst zu mir,
mein Lieber,
wirf ihn doch auf diese Seite!«

Unser Vetter Tunzel hat es
äußerst gerne, wenn die Mädchen
Jeutelein und Elsemut

vor ihm auf der Wiese stehn.
»Die den Ball gut schnappen kann,
sie verdient den Ehrenpreis!«
Rannte los von Rumpold, Krumpold
mit Geschrei:
»Wirf mir her, ich werf zurück!«
Rempelte so manches Dirndl,
denn er ist ein Grobian.
Danach stieß er,
Erkenbold, ein Dirndl um,
das dem Ball nachlief,
stieß es über Eppes Bein,
hick und hack:
sah beim Sturz
in die Beuge ihres Knies.

Was wurde hier gekürzt? Eingeleitet wird die längere Version,
»Der pal«, von einer Strophe, die mir als Text gefällt, die als Vor-
spann und Motivation aber etwas umständlich einstimmt.

Es gibt nur noch Klagelieder
seit der Zeit (nicht lange her...)
als viel Freude, Lustgesang
aus den deutschen Landen zogen.
Wird wohl kaum zu ändern sein...
Einer sagt: »Dies ist von mir!«
Fühlt sich wohl in dem Besitz.
»Hört doch auf
mit dem Spiel, es bringt nichts ein!«
Wie – ich hab mein Spiel verspielt?!
Hab ein heiteres Gemüt
und kein Geld.
Wie dem auch sei: ich will trotzdem
über alles, was mich freut,
freche Liedchen singen.
Kommen wird der Tag,
an dem sehr viele
nach den Liedern tanzen.

Und es folgen (mit einigen Textvariationen) die drei Strophen
über das Straßenballspiel. Hier scheint mir alles ausgespielt, im

Text. Der Autor des längeren Liedes aber, wer immer das war, Neidhart persönlich oder ein Neidhartianer persönlich, gab sich damit nicht zufrieden, es mußten zwei Zusatzstrophen her: das Mädchen, das eben noch so plump gelegt wurde, erweist sich als sehr gute Spielerin, es kann mit den Augen und mit der Hand beim Wurf raffiniert täuschen. Und in der letzten Strophe kann der Sänger beim groben Hickhack nicht länger zusehen, er muß sich ins Gewühl stürzen, damit diese rüde Spielerei ein Ende hat, denn, nun kommt es heraus: als man das Mädchen legte, sah man ihre Musch, sah den Bauch bis zum Nabel, er mußte ihre Blöße bedekken – aber dann fing sie den Ball und hatte offenbar alles rasch vergessen.

Sichtlich ein Zusatz: erst die Kniekehle, dann der »fridelnoll«. Für mich ist der Text (komprimiert) präsent in den drei Strophen der Manessischen Handschrift. Die im Sturz entblößte Kniekehle – gibt es einen schöneren Schluß?

138 Neidhart in Österreich: er ließ seine Bauernfiguren agieren auf einem Schauplatz, den er wiederholt als Tullner Feld bezeichnete. Auf meiner Neidhart-Reise schaute ich mir einige der Orte an, die Neidhart in seinen österreichischen Liedern genannt hat. Ein Beispiel:

> Irnwart und der Uge
> wären eigentlich verpflichtet,
> Ackerbau zu treiben –
> beide sah man nun in Wien Panzer, Harnisch kaufen.
> Einen kaufte Uge
> und dazu zwei dicke Leder
> für den Schienbeinschutz.
> Dem muß man in Rust wohl häufiger den Vortanz lassen.
> Einen Neffen hat er
> dort bei sich in Michelhausen.
> Würd der Richter oberhalb von Perschling stöbern –
> da gibt es noch viele, die sich auf der Kirchweih prügeln.

Aus der Wachau ins Tullner Feld fahrend, erlebte ich ein landschaftliches Kontrastprogramm: eine Ebene, deren Weite und Öde mich streckenweise an die Po-Ebene erinnerten. Maisfelder,

Maisfelder, Maisfelder, auch Getreidefelder, kleine Dörfer, und von verschiedenen Punkten aus sieht man in der diesigen Ferne, donauwärts, ein Kernkraftwerk. Leergeräumte Nutzlandschaft. Die Flüsse, die sie durchziehen, sind auf Karten deutlich markiert, wurden von Neidhart wiederholt genannt, aber die Traisen und die Perschling sind enttäuschend klein, die Große Tulln ist nur ein größerer Bach und die Kleine Tulln ein Bächlein.

Ein paar Kilometer südöstlich von St. Pölten liegt das Dorf Pottenbrunn, auf der Höhe von Traismauer. Bei der Einfahrt in dieses Dorf sah ich erst einmal Erwartungen bestätigt, die Neidhart geweckt hatte. Zu meiner Überraschung aber dann: eine Parkanlage, ein Wassergürtel, ein kleines Renaissanceschloß, in dem sich heute das Österreichische Zinnfigurenmuseum befindet. Im Katalog der ständigen Ausstellung ein kurzer Bericht über Geschichte und Baugeschichte des Schlosses Pottenbrunn. Hier lese ich: Pottenbrunn ist sehr alt – bereits 890 wurde es erwähnt; schon in der ersten Hälfte des zwölften Jahrhunderts gab es in diesem Dorf eine Wasserburg, »deren Kern im heutigen Bau des Museumstraktes steckt«.

Pottenbrunn mit einer Wasserburg schon zu Neidharts Zeit: Herausforderung zur Revision von Erwartungen, Vorstellungen? Wenn für Neidhart (und sein Publikum) die Namen aus dem Tullner Becken nicht bloß Spielmaterial waren, so könnte der Schluß gezogen werden, daß Neidhart vor einem Publikum sang, dem ein Name wie Pottenbrunn bekannt, ja geläufig war. Das setzte voraus: der Ort mußte durch repräsentative Bewohner bekannt sein. Herren der Wasserburg waren die von Aspan – erst später benannten sie sich nach Pottenbrunn. Sie waren übrigens verwandt mit den nobiles von Lengenbach. Ich erwähne das, um anzudeuten, wie dicht das Netz verwandtschaftlicher Beziehungen war; in diesem System wurden Empfehlungen weitergereicht, und so hatte Neidhart vielleicht auch mal einen Auftritt in der Wasserburg von Pottenbrunn, auf einer Reise von oder nach Klosterneuburg.

Auftrittsmöglichkeiten auch in Atzenbrugg, Michelhausen oder Zeiselmauer? Ich fahre in einer Diagonalen durch das Tullner Feld, komme dabei durch das Perschling-Tal. Einer der ersten Orte ist Perschling, von Neidhart in der oben zitierten Strophe erwähnt. Südlich des Dorfes beginnt das Land leicht anzusteigen bis hin zu den fernen Mittelgebirgshängen des Wienerwalds.

Das Tal der Perschling – dies klingt weitaus großartiger, als es aussieht: das Tal ist eine nur geringe Einmuldung. Und bezeichnenderweise wird die kleine Perschling begleitet vom Perschling-Hochwasserkanal, und das Stichwort Hochwasser werde ich bald aufgreifen müssen.

Atzenbrugg an der Perschling: auch hier gibt es ein Schloß! Ein vergammeltes kleines Schloß, das renoviert werden soll, und dabei ist wohl weniger die Bausubstanz wichtig als die Erinnerung an Franz Schubert. Eine Schubert-Gedenkstätte in diesem Schloß, die man, laut Pappschild im Doppelfenster, besichtigen kann nach vorheriger telefonischer Absprache mit dem lokalen Gendarmerieposten. Und auf einem kleinen, busch- und baumbewachsenen Hügel am Schloß das »Schuberthäuschen«: zimmergroßer oder zimmerkleiner Pavillon, in dem Schubert zwischen 1820 und 28 jeweils einige Sommermonate verbrachte, auch komponierend. Beispielsweise den Atzenbrugger Tanz.

Unerwartete Begegnung mit Schubert – und was war in Atzenbrugg zu Neidharts Zeit? Schon damals hat es hier eine Burganlage gegeben – den Burghügel hatte man in dieser überaus flachen Region allerdings aufschütten müssen; auf dieser Plattform das Feste Haus. Erst als diese Anlage verfiel, wurde im Späten Mittelalter das kleine Schloß gebaut.

Übrigens: die Hochfreien von Lengenbach besaßen in Atzenbrugg zwei Meierhöfe. Atzenbrugg kann also kein armes Nest gewesen sein: zumindest zwei Meierhöfe und eine – wenn auch kleine – Burg.

Nächste Station: Rust. Hierzu habe ich im *Handbuch der Historischen Stätten Österreichs* folgende Angabe gefunden: dieser Ort muß lange Zeit Verwaltungszentrum der Besitzungen der Regensburger Diözese im Tullner Feld gewesen sein. War das schon so in Neidharts Zeit? Weiter nach Michelhausen, das nur zwei Kilometer von Rust entfernt liegt: Neidhart nennt beide Orte in einem Atemzug. Auch dies könnte den Schluß zulassen: Neidhart hat die Orte gekannt, auf die er in seinen österreichischen Liedtexten anspielt.

Michelhausen: die heutige Namensform wäre »Großhausen«. Bereits Jahrhunderte vor Neidhart war dort ein Großes Haus dokumentiert, also wohl ein Festes Haus. Die Bischöfe von Regensburg besaßen auch hier Grund und Boden. (Ich erinnere daran: Dompröbste von Regensburg waren Herren von Lengenbach.)

Nächste Station auf der Fahrt nach Zeiselmauer: Königstetten. In der Umgebung dieses Ortes hatte die Diözese Passau seit Jahrhunderten großen Eigenbesitz. Verwaltet wurde diese »Passauer

Eigenwirtschaft« freilich nicht hier, sondern im nahen Zeisel-mauer. Zur Zeit des Oswald von Wolkenstein wird Passau übri-gens den Verwaltungssitz nach Königstetten verlegen – allzu häufig die Überschwemmungen, das Donau-Hochwasser. König-stetten liegt an der ersten sanften Steigung Richtung Wienerwald.

Ich setze die Inspektionsfahrt fort, erreiche Zeiselmauer. Auch hier hatten die Römer, wie im nahen Tulln, ein Kastell errichtet: eine strategisch oder zumindest taktisch wichtige Position also. Die Passauer Bischöfe bauten hier später ebenfalls Wehrhaftes: den sogenannten Passauer Schüttkasten. Die Besitzungen Passaus haben in dieser Region eine fast schon übliche Vorgeschichte: un-ter Bischof Pilgrim fälschte man 990 eine Urkunde, datierte sie auf 823 zurück, und so wurde Passauer Besitz dokumentiert. In Zei-selmauer hielten sich wiederholt Passauer Bischöfe auf. Hier ho-norierte Bischof Wolfger den Sänger Walther von der Vogelweide mit den fünf Schillingen.

Ein Blick auf eine Auto- oder Wanderkarte zeigt: die meisten Orte, die Neidhart im Tullner Feld benennt, liegen an der Straßen-diagonalen St. Pölten–Zeiselmauer. Diese Traversale ist mit der Römerstraße identisch, der Limesstraße, die durch das Tullner Becken führte; auf ihrer Trasse auch die Heer- und Handelsstraße des Mittelalters.

Der Straßenverlauf wird in der Forschung als St. Pöltner Straße bezeichnet. Sie ist eine Variante der Donautalstraße. Flußabwärts, talwärts benutzte man am liebsten die Wasserstraße Donau: von Regensburg bis Passau brauchte man im Schnitt drei Tage, von Passau bis Persenbeug ebenfalls, und für die gesamte Strecke zwi-schen Regensburg und Klosterneuburg oder Wien etwa zwei Wo-chen. Westwärts benutzten Reisende die Wasserstraße meist nicht mehr – Waren hatten mehr Zeit, konnten getreidelt werden.

Die Donau macht zwischen Melk und Wien einen weiten Bogen nordwärts, und diesen Bogen versuchte man abzukürzen. Es gibt freilich keine Trasse im Tullner Feld, die gleichsam Königs- und Handelsstraße Nr. 1 gewesen wäre – auch hier ein System von Va-rianten. Die Grundrichtung zeigte die Limesstraße an, aber man konnte auch anderen Trassierungen folgen. Ich werde sie im ein-zelnen nicht skizzieren. Ich weise nur darauf hin, daß St. Pölten Straßenschnittpunkt war zwischen der sehr wichtigen Ost-West-Verbindung und einer Nord-Süd-Verbindung, die weniger fre-quentiert wurde. St. Pölten war Zollstätte. Daß Neidhart in St. Pölten war, läßt sich mit fast völliger Sicherheit sagen: zumindest war diese kleine Stadt eine Reisestation für ihn. Ergab sich hier ein Auftritt für Neidhart? Ulrich von Lichtenstein berichtet, daß in St. Pölten schon mal ein Turnier angesetzt wurde.

Die St.-Pöltner Straße und die Donautalstraße vereinten sich im Gebiet von Zeiselmauer; die gemeinsame Trasse stieg im Kierlingtal zum kleinen Sattel von Klosterneuburg, führte von dort zur Donau hinab. Hier mußten alle Reisenden und sämtliche Waren übergesetzt werden: die »fliegende Brücke« nach Korneuburg. Von dort ging es weiter Richtung Böhmen, Mähren, Ungarn. Erst später wird in Wien eine Donaubrücke gebaut, und dies wird für Klosterneuburg wirtschaftliche Einbußen bedeuten. Zu Neidharts Zeit aber war die »Wiener Pforte« noch markiert vom Bisamberg drüben und vom Leopoldsberg hüben.

Soweit die topographische Skizze des Tullner Felds, in dem Neidhart theaterbunt gekleidete Bauern agieren läßt. Sind sie reine Phantasieprodukte, oder besteht auch hier Sichtverbindung zu damaligen Realitäten?

Es zeigte sich bereits: im statistischen Durchschnitt ging es Bauern des dreizehnten Jahrhunderts besser als ihren Vorfahren im zwölften oder elften Jahrhundert. Das war auch so in Österreich. Was an Informationen zur wirtschaftlichen Lage der Bauern im Herzogtum Österreich der ersten Hälfte des 13. Jahrhunderts gesammelt und zusammengestellt wurde, läßt sich allerdings nicht auf die Lage der Bauern des Tullner Felds übertragen. Ja, es wird sogar innerhalb des Tullner Felds gravierende Unterschiede gegeben haben, im statistischen Durchschnitt.

Die völlig flachen Bereiche des Beckens zwischen Straße und Donau müssen zu Neidharts Zeit sehr feucht gewesen sein. Die Donau hat dort weit mäandert, hat Nebenarme gebildet, und so wurde bei Hochwasser das Gebiet weithin überschwemmt – und es gab häufig Hochwasser, wie Chroniken bezeugen. Diese flache, feuchte, ja sumpfige Region wird eine Brutstätte von Mückenschwärmen gewesen sein, ein Gebiet also, in dem Sumpffieber herrschte; landwirtschaftliche Nutzflächen mußte man hier (immer wieder) durch mühsame Melioration gewinnen; Viehwirtschaft dürfte nur mit Schafen, Ziegen möglich gewesen sein.

Besser, erheblich besser muß die Situation der Bauern auf den sanft ansteigenden Hanglagen nördlich gewesen sein. Hier wurde vor allem Wein angebaut, auch konnte man hier Rinder halten. Die Trennlinie zwischen den Bauern in Hanglage und den Bauern im Schilfgürtel wird ungefähr die St. Pöltner Straße gezogen ha-

ben. Durchreisende werden sich ihre Vorstellungen von Bauern des Tullner Felds also nach Bewohnern dieser Routen-Dörfer gebildet haben – und Neidharts Zuhörer werden mehr als einmal durch das Tullner Feld geritten sein! Selbst am bischöflichen Hof zu Passau hätte man Witze über die Bauern des Tullner Felds verstehen können. Die Witze, die Neidhart vor höheren Herrschaften über Tullner Bauern machte – waren es treffende Witze?
Da diese Straße eher durch die Hanglage als durch den Schilfgürtel führte, standen ihre Anwohner auch ökonomisch auf festerem Boden. Zudem konnte man sich als Anrainer der Handelsstraße (auf der vor allem Salz und Wein transportiert wurden) mehr als ein Zubrot verdienen: Verkauf von Proviant; Dienstleistungen. Und Anwohner der Donau hatten Einkünfte durch das Treideln.

139 Es muß noch ein Faktor hinzugekommen sein, der junge Männer des Tullner Felds sozial aufwertete, und der bei reichen Jungbauern, Meier-Söhnen, Hoferben modische Entfaltung motivierte. Ich zitiere noch einmal aus der Liedstrophe.

> Irnwart und der Uge
> wären eigentlich verpflichtet,
> Ackerbau zu treiben –
> beide sah man nun in Wien Panzer, Harnisch kaufen.
> Einen kaufte Uge
> und dazu zwei dicke Leder
> für den Schienbeinschutz.
> Dem muß man in Rust wohl häufiger den Vortanz lassen.

Bauernsöhne, die in Wien militärische Ausrüstungsstücke kaufen? Dies könnte der zeitgenössische Kontext sein: Herzog Friedrich befehligte in seinen Truppen auch Bauernsöhne.
Das wäre wenige Jahrhunderte zuvor noch selbstverständlich gewesen, inzwischen war es das nicht mehr oder: noch nicht wieder. Das Monopol im Kampf zu Pferd besaßen die Ritter im Ministerialen-Stand; Fußsoldaten wurden angeheuert. Schwere Reiter und Fußsoldaten wurden in den bei Bedarf zusammengestellten Truppen kombiniert, und diese Mischtruppen waren äußerst schwer zu führen. Denn die Panzerreiter waren vor allem im Ein-

zelkampf ausgebildet, wie er bei Kampfspielen vorgeführt wurde; ausgebildet waren sie aber auch im massierten, raschen Angriff eines Pulks. Wenn es zu solch einer Pulk-Attacke kam, wurde fast jede feindliche Linie gesprengt. Aber man gab nach Möglichkeit dem Gegner keine Chance, solch einen massierten Angriff zu reiten, Feldschlachten wurden vermieden. Kam es dennoch dazu und mißlang solch eine Pulk-Attacke, wurden Fußsoldaten vorgeschickt. Die waren nicht gut zu sprechen auf die Herren Ritter, die verächtlich auf sie herabsahen – solange sie hoch zu Roß saßen. Es zeigte sich immer deutlicher, daß mit rasch zusammengestellten Truppen von Panzerreitern und Fußsoldaten durchschlagende Wirkung kaum erzielt werden konnte. Und so setzte Herzog Friedrich auf eine Waffe, die von Rittern nicht benutzt wurde: auf den Bogen. Englische und französische, vor allem burgundische Beispiele zeigten: eine disziplinierte Einheit von Bogenschützen zu Pferd und zu Fuß war kaum zu besiegen. Das wurde auf andere Weise von den Mongolen bestätigt, die damals unaufhaltsam durch Rußland westwärts zogen, Heer um Heer schlagend, Stadt um Stadt erobernd und auslöschend. Friedrich hatte sich also für die durchschlagendste Waffe entschieden. Zu Bogenschützen ließen sich auch Bauernsöhne ausbilden – reiten konnten sie ohnedies. Friedrichs Änderung der üblichen Kampfweise gab Bauernsöhnen die Chance, sich hervorzutun, im Kampf zu bewähren. Und: sie erhielten Sold, konnten Beute machen. Damit hatten sie wiederum Mittel, ihren neuen sozialen Status sichtbar zu machen. Es sollen sogar Bauern an Friedrichs Hof aufgetaucht sein, in seinem Gefolge.

140 Keine Fahrt ins Marchfeld! Zwar wird das Marchfeld von Neidhart mehrfach genannt, als Tummelplatz bäurischer Gecken, die den »newen hoffsyn« zeigen, den neuen Sinn für das Höfische, aber das gleicht Neidhart aus, indem er sie lächerlich macht. In einem der Lieder geschieht das mit virtuoser Klangsprache, wie sie erst wieder der Wolkensteiner entfalten wird.

> ich will auff das Marichfelt
> da die ganczen gendt enczelt
> die wil ich nu leren
> wie sie tanczen

vnd auch swanczen
mit Ir glanczenn
swibelswanczen.

In der Übertragung braucht das Klangbild dieser Strophe nur wenig modifiziert zu werden.

Auf das Marchfeld möchte ich,
wo Ganter wie die Zelter schreiten,
und ich möchte ihnen zeigen,
wie sie tänzeln
und scharwenzeln,
wie sie schwenzeln,
schwenzscharwenzeln.

Zur Abwechslung wird das Neidhartsche Bauerntheater gelegentlich ins Marchfeld verlagert. Selbst der Bauer Engelmar, der in
bayrischen Liedern oft die Hauptrolle spielte unter den Jung-Bauern, er kann schon mal im Marchfeld auftauchen – schließlich war
Engelmar unter Neidharts Zuhörern so bekannt wie Herr Palm-
ström bei Morgensterns Lesern.

Ich sah den Engelmar im offenen Land,
in dem Gebiet, das Marchfeld heißt.

Aber was sich hier rings um Engelmar abspielt, das unterscheidet
sich kaum von seinen fiktiven Aktionen einige hundert Kilometer
weiter westlich. Kurz: auch Neidhart entdeckt im Marchfeld
nichts Neues. Wenn Vorgänge im Tullner Feld karikiert werden,
kann es schon mal heißen, im Marchfeld sei es genauso, im Prinzip. Aber: während das Tullner Feld in Liedtexten Neidharts mit
zahlreichen, heute noch lokalisierbaren Namen besetzt ist, bleibt
das Marchfeld weitflächig abstrakt. Also kann ich mich begnügen
mit einigen Angaben. Diese Ebene erstreckt sich zwischen der
Donau, etwa bei Korneuburg, und der March im Osten – dem
heutigen Grenzfluß zur Tschechoslowakei. Oder, um Rand-Posi-
tionen mit Stadtnamen anzudeuten: zwischen Wien und Brati-
slava, also Preßburg. (Dorthin wird Oswald von Wolkenstein im
Winter reiten, um bei König Sigmund das Jahresgehalt als königlicher Rat abzuholen!) Weite Gebiete des Marchfelds haben zu
Neidharts Zeit dem Hochstift Regensburg gehört – die personel-

len Verflechtungen, die ich ansatzweise zu rekonstruieren versuche in diesem Buch, sie konnten Neidhart auch Auftritte im Marchfeld ermöglichen.

Diese Ebene war schon in Jahrhunderten vor Neidhart, wurde in späteren Jahrhunderten wiederholt Schauplatz von Schlachten. Es gibt ein Buch, das sich allein mit den »Marchfeldschlachten« beschäftigt. Das Hauptkapitel ist hier sicherlich: Napoleon bei Wagram, 1809.

Herzog Friedrich ist auch ins Marchfeld geritten, um dort Hof zu halten. Dabei folgte ihm ein Teil von Neidharts Publikum, vielleicht auch mal er selbst. Die Situation dürfte im Marchfeld ähnlich gewesen sein wie im Tullner Becken: die große Handelsstraße führte von Korneuburg aus weiter nach Osten. Und: auch im Marchfeld wurden Bauern-Soldaten gebraucht, zum Teil als Reiter. Solche Aushebungen ließen sich hier besonders leicht motivieren, denn: diese Ebene war immer schon ungeschützt gegen Angriffe aus dem Osten. Die Verteidigungslinie des Herzogtums lag erst hinter der Donau, etwa in der Linie Klosterneuburg–Wien–Neustadt. So war das Marchfeld auch politisch eine Nebenregion. Und für Neidhart blieb es Nebenschauplatz.

Im topographisch-chronologischen Rückblick nach Westen reihen sich Schauplätze seines Bauerntheaters: Bayern, Hauptschauplatz Nr. eins; die Region südlich von Melk als Nebenschauplatz Nr. eins; das Tullner Feld als Hauptschauplatz Nr. zwei; das Marchfeld als Nebenschauplatz Nr. zwei. Das heißt: Neidhart kann seine Bauernfiguren überall ansiedeln; was er besingt, ist Grundkonstellation in einer Zeit, in der sich die soziale Ordnung zu ändern beginnt.

141 Nach der Exkursion ins Tullner Feld, nach dem Blick hinüber ins Marchfeld, einige Überlegungen zu Neidharts gesellschaftlicher Position als Dichter, zu den Gründen seines Erfolgs, zur Mentalität seines Publikums.

In der Welt- und Rangordnung (die mit Gottes Schöpfung gleichgesetzt wurde) hatte jeder Stand seine festen Aufgaben. Die Bauern mußten Landwirtschaft betreiben und dem Adel (vielfach auch dem Klerus) landwirtschaftliche Produkte abliefern; der Adel war zuständig für den Waffendienst hoch zu Roß. Nun wurde diese Abgrenzung diffus: Bauern auch als berittene Kämpfer, Bauern als soziale Aufsteiger, Bauern zuweilen sogar am Herzogshof: die »neue Ritterschaft«.

Diese Entwicklung dürfte Unruhe, Sorge, ja Angst geweckt haben unter einigen der Herren. Solche Unruhe, Sorge, Angst könnten die Resonanz auf Neidharts Winterlieder verstärkt haben, in denen Bauernparvenus auftreten, als Witzfiguren. Daß hier Absicht sein könnte, läßt sich schließen aus Anmerkungen Neidharts zum Aufstieg von Bauern. »Ja, nun sind sie Höflinge, Bärlapp und der Megenwart!« Und gleich ein weiteres Zitat.

> Früher nannte man sie Gecken,
> heute treten sie am Hofe auf
> als würden sie aus Sachsen stammen.

Die Pseudo-Sachsen fallen auf durch unhöfisches Benehmen, das sie für höfisch halten. Neidhart läßt solche Bauern in seinen Liedern wiederholt antanzen, um diese Diskrepanz genüßlich zu betonen. Eine der Bauernhopsereien heißt »Swingenfuß«.

> Macht hier alle mit: wir treiben diesen Winter aus!
> Der Hoftanz hat den Namen »Schwing-das-Bein«.
> Den brachte uns ein nobler Ritter her vom Rhein.
> Das hört nicht auf, solange nicht die Sonne untergeht.

Es wird nicht nur karikiert, daß Bauern höfische Unterhaltungsformen übernehmen, Aufsteiger werden in ihre Schranken verwiesen.

> Sie solln bei ihren Hoppeltänzen bleiben –
> wer gab ihnen Rang und Würde,
> daß sie in den Spielerstuben
> nach der Art des Hofes tanzen?

Aber solche direkten, scheinbar direkten Aussagen sind selten – Neidhart liegt mehr daran, Situationen auszuspielen. Besonders deutlich wird das im folgenden Beispiel. Neidhart entwirft eine Bauernburleske: eine aufgepustete Blase (wohl Schweinsblase) wird von Jungbauern mit den Klingenflächen ihrer Schwerter im Kreis umhergeschlagen; dieses lärmende Treiben wird in Verbindung gebracht mit dem Wort »hofftancz«; damit entsteht ein maximaler (und für das Vergnügen der Zuhörer optimaler) Kontrast.

Viele eitle Bauerngigerln
sah ich vor dem edlen Mädchen
hin zu ihren Tänzen schreiten.
Wie ich weiß, begann der Tanz
 nach dem Klang der Schweineblase.
Auf die Wiese kamen sie,
bildeten sogleich den Kreis,
trieben mit den flachen Klingen
die Blase immer hin und her,
 genau, wie ich es euch erzähle.
Und der junge Ranz
stolzierte bei dem Tanz
aufgeblasen hin und her.
Kozzel hieß der Spielmann.
 Und dem rief er zu:
»Fiedelt die fidele Hofmusik!«
Er trieb die Blase durch den Kreis,
 daß sie knarzte – und sehr laut!

Hier, wie in zahlreichen anderen Liedern, karikiert Neidhart die Bauern. Seine Witze sind in genauem Wortsinn: gezielte Witze. Oder: tendenziöse Witze. Er gehörte, wie er selbst sagt, zwar nicht zur Herrenschicht, aber er machte ihre Sache zu seiner Sache. Er arbeitete offenbar nach der (von ihm nicht ausgesprochenen, später aber oft genug zitierten) Devise abhängiger Dichter, die beispielsweise Michel Beheim so formulierte: »Ich aß sein Brot und sang sein Lied.«
Dieses Lob sang Neidhart nur indirekt: in der Bauernschelte, der Bauernsatire. Dies ist restaurative Satire, sie will die Wiederherstellung alter, sicherer Ordnung, am besten der Rangordnung, Gesellschaftsordnung, Weltordnung aus der Zeit Karls des Großen. Was Neidhart mit seinen tendenziösen Witzen, mit seinen Satiren auslöste, war wohl »befreiendes Lachen«. Im Englischen gibt es hier die Formulierung »comic relief«: das Komische verschafft Erleichterung, nimmt belastenden Druck weg, setzt frei. Für die kurzen Zeitphasen der Erheiterung mochte die Suggestion entstehen, die alte, gesichert erscheinende Weltordnung, Gesellschaftsordnung sei wiederhergestellt, die Überlegenheit der Herren sei bestätigt, bestärkt.
Dies alles hat gewiß mitgespielt bei Neidharts Wirkung und vor allem bei seiner großen Nachwirkung – die läßt sich dokumentie-

ren bis ins 15. und 16. Jahrhundert. Ein Zitat, das immer wieder angeführt wird in diesem Zusammenhang: Kaiser Maximilian schreibt 1495 seinem Onkel, dem Erzherzog Sigmund von Tirol, man sei diese Fastnacht nicht zum Tanzen gekommen, »wir haben jedoch vier Neidhart-Tänze veranstaltet – das war unsere Kurzweil mit unseren bösen Bauern. Von denen liegen etwa hundert gefangen und begraben.« Neidhart-Tanz: das war also die Umschreibung für Gefechte bei einem Feldzug gegen aufständische Bauern in Geldern. Bald darauf die Bauernkriege...

Neidhart war von diesen Bauernkriegen noch drei Jahrhunderte entfernt – dies sollten wir ihm anrechnen. Was sich im Rückblick als einlinig konsequent erweisen mag, war damals kaum in Andeutungen zu ahnen. Nicht jedes Lachen über Neidhart-Lieder wurde verstärkt durch soziale Resonanz! Neidhart-Lieder, später Neidhart-Schwänke entsprachen offenbar dem spezifischen Sinn für Humor im Hohen und Späten Mittelalter: ein oft naiver Spaß an Situationskomik. Natürlich geht dieser Spaß auf Kosten anderer, hier auf Kosten von Bauern. Aber wenn Neidhart dichtete, tat er das nicht immer mit dem Vorsatz, gesellschaftlich stabilisierend zu wirken im Sinne der Herren und hohen Herren. In erster Linie wollte er unterhalten. Das geschah auf neue und, wie sich zeigte, sehr erfolgreiche Weise. Dieser Erfolg (und nicht ständig nagende, bohrende Angst) führte zu Reproduktionen der Erfolgsmuster, speziell des Winterliedes mit dem obligaten Bauerntreiben.

Wahrscheinlich kann man in der Interpretation nur so weit gehen: Neidhart machte seine Späße auf Kosten der Bauern, die in einer literarischen Tradition bereits seit langem als dumm, geil, dreist dargestellt wurden; in der gesellschaftlich labilen Situation seiner Zeit wurden die Bauern noch drastischer dargestellt.

Die Bauern? Meint Neidhart eigentlich das gesamte ländliche Volk der Untertanen? Vom Hofbesitzer bis zum Leibeigenen? Die ganz armen Landarbeiter beachtete er nicht weiter in seinen Liedtexten. Und vor reichen Bauern, die einen eigenen Hof (Meierhof) besaßen, die Aufgaben übernahmen in der Bauerngemeinde, vor ihnen hatte er wohl eher Respekt. Die er attackierte, dürften vor allem Mitglieder der »familia« eines reichen Bauern gewesen sein, und hier nicht so sehr die Knechte als vielmehr die Hoferben im ›wehrfähigen‹ Alter. Diese in seinen Augen anmaßenden jungen Männer traten auf im Tullner Feld (oder Marchfeld) und zugleich auf einer Bühnen-Spielfläche mit dem Namen Tullner Feld (oder Marchfeld).

Zum Schluß dieses Kapitels ein Neidhart-Lied, in dem von Querelen mit solch eitlen, modisch gekleideten Jung-Bauern erzählt wird.

Ach, du armer Sommer – deine süßen Lustbarkeiten
hat uns dieser Winter mit Gewalt geraubt.
Niemand gibt es, fürcht ich, der uns zwei versöhnen könnte.
Viele Herzen sind jetzt nicht mehr hochgestimmt,
die sich sonst auf dich gefreut,
wenn es auf den Mai zuging.
Freude macht der Winter
nur den Stubenhockern.

Weiß hier einer, wo die Bauerngecken blieben?
Hab den Eindruck, sie sind sämtlich außer Landes.
Viele gabs von denen auf dem Tullner Feld;
wenn man sie vertrieben hätte, wär es mir sehr recht.
Kamen sich wer weiß wie vor
mit dem langen Haar.
Blöder auch von Jahr zu Jahr!
Nehmt als Beispiel Hildemar.

Habt ihr nicht gesehen, wie sich seine Locken kräuseln,
die ihm da herunterhängen, beinah schulterlang?
Die nachts in seiner Haube stecken, eingezwängt?
Die so gelb sind ungefähr wie Krämerseide?
Sind in Lockenform geschnürt
in der Haube. Doch befreit
stehn sie ab von seinem Kopf,
eine Elle weit.

Kann auch diese Bauernburschen nicht vergessen,
die mir an der Friederun so großes Leid getan.
Einer, der gibt mächtig an (eine Kappe trägt auch er),
hört nicht auf, mir übel mitzuspielen:
trägt den Namen »Ungenannt«,
fühlt sich übermäßig stark.
Mit Frau Geppe tanzt er rum –
seht, ein wahrer Eisenfresser!

Und ich dachte schon, ich hätte Ruhe vor dem »Ungenannten«,
der mich aus dem Reuental so ganz und gar vertrieben hat,
doch nun will mich seine Sippschaft auch aus diesen Landen jagen.
Uge, und dann einer, der beim Tanz den Reien führt,
Werenbold wird er genannt.
Ranze, Orgerun.
Kann auch diesen Kerl nicht riechen:
führt den Namen Braun.

Eine Kappe trägt er, die ist innendrin verschnürt;
außendrauf sind seidne Vögelchen genäht;
viele Hände haben ihre Finger regen müssen,
bis das Prachtstück fertig war. Nein, ich lüge nicht.
Und mein Fluch, er treffe jenen,
der auf den Gedanken kam,
diese Seide und den Stoff
aus Italien herzubringen.

Ranggleich will er leben mit der edleren Gefolgschaft,
aufgewachsen und erzogen in der Welt des Hofs.
Wenn die ihn erwischen, reißen die ihm gleich die Kappe runter –
eh er sichs versieht, sind ihm die Vögelchen entflogen!
Und Ersatz, zu gleichem Wert,
darf ihm nicht versprochen werden.
Sonst gibts auf dem Marchfeld kaum
solche zügellosen Burschen!

Dame Frohsinn zieht in tiefer Trauer durch die Lande:
wird sie einen finden, der in Glück und Freude lebt?
Wer ist nun so reich und schickt ihr seinen Boten zu,
der ihr meldet, er sei frei von übler Laune?
Wer ist nun so reich an Glück,
daß sie bei ihm bleiben will,
außer Friederich, dem Fürsten?
Suchen soll sie ihn und finden.

Wenn er sie am Hof aufnimmt, wird sie bei ihm bleiben;
als der Bote von ihr ging, war das ihr Entschluß.
Wird mit ihren Spielgefährten ihre Zeit vertreiben!
Ach, wer singt uns diesen Sommer mal ein neues Liebeslied?

448

Das tut mein Herr Tröstelein
und mein Herr bei Hof.
Der Gehilfe sollt ich sein –
doch ich denke jetzt nicht dran!

Mag jetzt nicht mehr allen Leuten was zum Tanz vorsingen,
wie das früher war, als die große Lust mich noch zu singen zwang.
Wie nur soll ich alle die Bedrückten heiter stimmen,
die seit vielen Jahren schon die Lebenslust verloren haben?
Wo man früher sich vergnügte,
gibt es nur noch Trauerklöße;
viele geben ihren Nachbarn
volle Schüsseln davon ab.

142 Neidhart kritisierte nicht nur Bauernparvenus, er übte in einem seiner Lieder Kritik an höfischen Verhaltensweisen. Auch dieses Lied beginnt mit einem Natureingang.

> Es kam zu uns das Glück, es kam zu uns der Mai,
> es kamen zu uns Blumen von verschiedner Art,
> es kamen zu uns Vögelchen mit ihren Melodien,
> es kamen zu uns helle Sommertage,
> die sehr glücklich stimmen nach den Sehnsuchtsklagen.
> Man vergesse künftig seinen Kummer...

Dennoch, Neidhart sieht Grund zur Klage, gleich in der folgenden Strophe.

> Die den Frauen Hochgefühle schenken
> und in ihre kecken Augen lächeln sollten,
> die verstrickten sich in so Befremdliches,
> wie der Deutsche es zuvor nicht kannte.
> Wer sich selber schlechter macht,
> nein, der ist kein Spiegel für die Frauen...

Eine rätselhafte Strophe. Ist Homosexualität gemeint, die damals zum öffentlichen Problem, wenigstens zum öffentlich erörterten Problem wurde?
Es folgt ein kurzer Sing-Dialog zweier Frauen über gute und

schlechte Männer, über wahre und falsche Liebe. Ich lasse es bei diesem Hinweis, gehe gleich über zu Neidharts Resümee.

Wär es in der Welt noch wie vor dreißig Jahren,
und man sähe mich mit einer Trauermiene,
dürfte man mich häuten, mir das Haar ausreißen –
ja, die große Strafe hätte ich verdient!
Heuer ists noch schlimmer als vergangnes Jahr.
Dieses Leben fällt mir langsam schwer...

Früher, als die Herren Hohe Liebe pflegten
und sie lagen bei der Herrin ohne Lug und Trug,
nahmen sie in ihrem Glück der Liebe nichts.
Heute macht sich falsche Liebe breit,
hat die edle Liebe abgewertet.
Will nicht weiter drüber reden...

Diese beiden Strophen sind in mehrfacher Hinsicht überraschend. Ausgerechnet Neidhart, der in seinen Liedern systematisch und radikal das überlieferte Schema des Minnesangs durchbrochen, travestiert hat, ausgerechnet er beklagt nun den Verlust der Hohen Liebe. Eine Anwandlung? Ein Rückfall in alte, aber immer noch gebräuchliche literarische Muster? Eine Auftragsarbeit, eine Pflichtübung? Daß dies ein Liedtext aus Neidharts späten Jahren ist, zeigt die folgende und letzte Strophe.

Erreichte man bei Deutschen wie bei Böhmen,
daß sie vor der Aussaat nichts verheeren,
und legte jeder Herr die Rüstung ab,
die man vor Damen auch nicht tragen sollte,
so würd ich singen, rezitieren!
Möge doch der Frieden bleiben...

143 Neidharts Bauernsatire, Bauernkarikatur, hat eine sehr lange Vorgeschichte und eine lange Nachgeschichte. Für die untergeordnete Rolle, die dem Bauern in der als göttlich bezeichneten Weltordnung auferlegt wurde, gab es eine scheinbare theologische Begründung: Bauern sind Nachkommen des

Cham, der seinen Vater Loth volltrunken schlafen sah und seinen Brüdern die freiliegenden Genitalien des Alten zeigte. Das wird als Schuld, als Sünde interpretiert und die Folge: die »Knechtschaft der Bauern«, wie dies Bischof Burchard von Worms im 11. Jahrhundert formulierte. Und er schönte auf: die »Barmherzigkeit der Knechtschaft«. Denn: Freiheit wäre für die Bauern nicht gut. Mit solchen Argumentationen wurden Rolle und Funktion der bäuerlichen Untertanen jahrhundertelang festgeschrieben. Der Bauer wurde verächtlich gemacht, der Bauer wurde verachtet. In einem lateinischen Gedicht des 12. Jahrhunderts heißt es, der Bauer arbeite sechs Tage lang, er verzehre sein Brot im Schweiße, seinen Besitz nähmen ihm Ehefrau und Kinder ab, ständig beschimpfe ihn seine Frau, die rot vor Zorn sei, und der Sonntag, den er der Ruhe widmen solle, werde mit Völlerei verbracht... Ein Beispiel für viele; im Oswald-Buch von Okken und Mück finden sich weitere Belege.

Die Bauernsatire, Bauernkarikatur, wurde jahrhundertelang über Neidhart hinaus fortgesetzt. Auch Oswald von Wolkenstein wird dieses literarische Muster aufgreifen und auf seine Weise umsetzen. Ich übertrage den Liedtext Kl. 70, benutze dabei Okkens Kommentar. Ganz im Sinne Neidharts erhält im gesungenen Dialog ein Bauer mit sozialem Ehrgeiz eine erst ironische, dann ruppige Abfuhr durch eine adlige Dame: der Bauer wird in seine Schranken verwiesen. Oder: Bauer bleib bei deiner Sau...

»Ich werde wieder fröhlich singen
für die edle, schöne Herrin!«
»Heinrich, Heinz, wenn du mich weiter ehrst,
könnt es mir kaum besser gehn...«
»Herrin, meint Ihr das auch wirklich ernst?«
»Aber freilich, Heinrich, ganz bestimmt.«
»Heute Leid, morgen Freud... Erhört Ihr mich,
so gäbe ich mein Leben hin.«
»Stehts so schlimm mit dir? Du mußt trotzdem
nicht so leiden, nicht dran sterben.«

»Ich seh Euch gerne, auch die goldnen Spangen
vorne an der hübschen Bluse.«
»Und der Gürtel noch dazu... Ich bin
eine Frau von Adelsstand!«
»Wie Ihr blickt – der wahre Falkenhals!«

451

»Doch ich fliege nicht so schnell…«
»Für ein Busserl gäbe ich zwei Ochsen,
ließ den Acker Acker sein.«
»Gingst du derart weit, mein Heinzerl-Klotz,
was sagte deine Sau dazu?«

»Euer blondes Haar, die weißen Hände
machen mich ganz hochgestimmt.«
»Es kann nicht sein, daß dir sowas gefällt –
da verwett ich deine Zähne!«
»Mit meinen Zähnen fräß ich sowas dreifach!«
»Geh, du spinnst, mein Heinzerl Schmier-den-Brei.«
»Stünde ich nicht hoch darüber, tät ich
wütend in das Wasser springen!«
»Kämst du dann ganz naß zu mir zurück –
ach, wie gerne säh ich das!«

»Wieso verspottet Ihr mich, edles Fräulein?
Gleich werde ich unbandig wild!«
»Ich offerier dir einen Batzen Quark,
und zwar von meiner roten Geiß.«
»Ha, Topfen hab ich selbst genug!«
»Dank und Gruß, mein Heinzerl Richt-den-Pflug!«
»Ich werd es meiner lieben Mutter melden,
daß Ihr mich nicht haben wollt.«
»Geh schon! Schmier den Wagen, drisch den Hafer –
wie deine ganze Sippschaft auch!«

Das negative Rollenbild der Bauern, der Cham-Sippschaft, wurde
vor allem von Schwänken reproduziert, und hier meist von Neidhart-Schwänken: der Ritter Neidhart wird (unter Mitwirkung des
Dichters?) zum komischen Bauernfeind. Neidhart-Schwänke
bleiben bis in Oswalds Zeit populär und darüber hinaus – dies zeigen Aufzeichnungen. Beispielsweise im Sterzinger Liederbuch,
der sogenannten Miszellaneen-Handschrift. Diese Papierhandschrift wurde »in der Hauptsache im ersten Jahrzehnt des 15. Jahrhunderts geschrieben« (Zimmermann), also in einem Zeitraum, in
dem Oswald von Wolkenstein etwa Mitte dreißig war. Weiter: sie
wurden in Sterzing erstellt, und dieser Ort (damals reich durch Sil-
berbergbau) liegt in der Nähe von Brixen, und damit in Oswalds
Region.

Ich übersetze nach dieser Handschrift einen der berühmtesten Neidhart-Schwänke, den Veilchen-Schwank: das üble Benehmen eines Bauern, und wie es gerächt wird. So etwas wie die Urzelle der Neidhart-Schwänke und auch einiger Neidhart-Spiele.

> Der Winter ziehe nun dahin
> und mit ihm der kalte Schnee –
> ein sanfter Sommer kommt zu uns!
> Man sieht die Wiese und die Weide
> sommerlich herausgeputzt.
> Ihr Ritter und ihr edlen Damen,
> haltet auf der Maienwiese
> Ausschau nach dem ersten Veilchen,
> das sich voller Schönheit zeigt.
> Die Jahreszeit, sie paßt zu uns!
> Entbietet euren Gruß dem Sommer
> und seinem ganzen Hofgefolge.
> Allen Kummer macht er wett,
> mild kommt er zu uns daher.
> So will ich auf die Maienwiese
> und das erste Veilchen suchen.
> Gebe Gott mir Finderglück.
> Weil mir die Jahreszeit gefällt,
> wünsche ich sie mir herbei.
>
> Und so ging ich hin und her,
> bis ich dieses Blümlein fand.
> Aller Kummer war vergessen,
> augenblicklich war ich froh,
> begann aus vollem Hals zu singen.
> Über die besagte Blume
> stülpte ich dann meinen Hut,
> denn ich wollte allen Ruhm,
> den verdienten, nur für mich;
> was ich wünschte, war Erfolg.
> All dies sah ein Bauernfilz
> hinter mir, in einer Senke.
> (Später wird der es bereuen,
> daß er es so arg getrieben!)
> Ich bin sicher, dieser Rüpel
> lüftete nun meinen Hut

und sein Bruder Hinkebein
ließ die Jauche unter sich.
So kam das Unglück über mich.

Erhobnen Hauptes schritt ich da
hinauf zur Burg, berichtete:
»Was ich sage, das ist wahr,
ihr sollt alle fröhlich sein –
ich hab den Sommer aufgespürt!«
Und die Herzogin von Bayern
führte ich an meiner Hand;
Pfeifen, Fiedeln, Flöten folgten.
Zu dieser Stunde waren wir
alle noch sehr gut gelaunt.
Zu der Edlen sagte ich:
»Knieet nieder, lüpft den Hut,
deckt für uns den Sommer auf,
denn das haben wir sehr gern!«
Und die liebliche Erscheinung
streckte aus die weiße Hand,
ganz allein hob sie den Hut –
und sah unter ihm die Jauche.
Meine Freude war dahin.

Darauf sprach die Herzogin:
»Neidhart, das habt Ihr gemacht!
Ich weiß genau, was ich hier sage.
Diese Schande muß mich treffen,
und sie wird Euch schwer gereuen!
Nie zuvor in meinem Leben
ist mir solche Schmach geschehen.
Ja, ich kann es nur so sagen:
mir ist alle Lust vergangen,
und mein Leid erneuert sich.«
Weh mir, immerdar oweh!
Ich wünschte mir, ich wäre tot –
nun muß ich den Schmerz erdulden,
war noch nie in solcher Not.
Ihre wunderschönen Lippen,
die ich so gepriesen habe,
muß ich ganz zu Recht bedauern.

Welch ein Leid erfahr ich Armer!
Glaubt mir bitte, auf mein Wort.

Und in einem Freudentanz
sprangen Wildsau, Irrenfried,
trugen einen Kranz aus Rosen.
Roßwein, Rotzwein und der Schmied
sangen da aus voller Kehle,
und dazu der junge Lanze
und sein Bruder Augenspieß,
Fritzenbär und Ranze.
Bruder Plattfuß, komm heran,
laß die neuen Sporen klirren!
Es waren ihrer zweiunddreißig,
sie verlorn ihr linkes Bein.
Einer mit dem Namen Reißig
brüllte über einen Hügel:
»Dieser Sommer sei verwünscht,
den der Neidhart aufgespürt!
Das bringt uns nichts als Elend ein,
dieses Veilchen sei verflucht!
Wir werden nie mehr tanzen können!«

Eine blutige Groteske, präsentiert zur Unterhaltung. In der lateinischen Klerikerliteratur des Späten Mittelalters war der Ton oft
noch erheblich schärfer, waren die Angriffe direkter. Zuerst eine
Gebetsparodie – ich zitiere eine Übersetzung. »Gott, der du die
Menge der Bauern gesät und zwischen uns und ihnen ewige Zwie-
tracht geschaffen hast, laß uns von ihrer Arbeit gut leben, ihre
Frauen und Töchter genießen, an ihrem Tode uns immerdar erfreuen und sie auf Erden quälen. Durch ihren Herrn, nicht Jesus
Christus, sondern ihren betrügerischen Schöpfer, den Teufel, mit
dem sie leben mögen und herrschen auf Stroh!« Ein zweites Zitat,
ebenfalls nach Okken/Mück. »Der Waldmensch und Bauer erscheint als wahres Ungeheuer: Er hat einen breiten, krummen
Rücken, der sich wölbt wie ein Berg, verknöcherte und halb blöd-
sinnige Gesichtszüge, die mehr esels- als menschenähnlich sind,
die schmale Stirn ist von tiefen Runzeln und zahlreichen Furchen
durchzogen, die Augen von borstigen Brauen und Wimpern be-
schattet, der Mund von einem wilden Gewirr zottiger Haare umgeben, und am Hals hängt ein häßlicher, dicker Kropf, der Leib

ist dicht von Haaren bedeckt, wo man dessen Blöße durch die Fetzen des übelriechenden Gewandes herausschauen sieht, die unbedeckte Brust ist von einem Urwald gelblich-rötlicher Haare bewachsen, der ganze Leib unförmlich gedrungen und untersetzt.«
So potthäßlich sind die Bauern bei Neidhart allerdings nicht! In seinen Liedtexten sind Bauernmädchen attraktiv (das entsprach der Sichtweise höherer Herren, die solche Mädchen notorisch beschlafen wollten); die alten Frauen haben viele Runzeln, aber sie werden kaum je herabstilisiert zu Vetteln; die Bauern, meist Bauernburschen, sind deppert, sind anmaßend, arrogant, sind herausfordernd, unverschämt, sie wollen in Frisur und Kleidung die hohen Herren nachahmen, neigen zu Übergriffen... Aber: kein Bauernbursche nimmt bei Neidhart die finsteren Züge eines exemplarischen rusticus an, es werden eher Gigerln geschildert, Gecken, Parvenus. Neidhart macht seine Späße, seine zuweilen düsteren Späße auf Kosten von Bauern, aber es sind (noch) keine höllisch finsteren Späße. Und das muß einmal betont werden!

144 Der Neidhart der Winterlieder lebte nicht nur in den Neidhart-Schwänken fort, er spielte eine große Rolle in den Neidhart-Spielen, aufgeführt als Fastnachtsspiele.
Ich werde nun allerdings nicht nacherzählen, was im sehr kurzen St. Pauler Neidhart-Spiel, im kleinen Neidhart-Spiel, was im umfangreicheren Sterzinger Neidhart-Spiel geschieht, ich berichte nur über das Spiel, in dem die Motive am deutlichsten, am weitesten entfaltet sind.
Das große Neidhart-Spiel (Ende des 14. Jahrhunderts, wohl aus Tirol): etwa siebzig Druckseiten lang, es wird etliche Stunden gedauert haben, mit allen Tanzeinlagen. Nach einer Einführung durch den »Vorläufer«, die mehr als halb so lang ist wie das gesamte St. Pauler Neidhart-Spiel, tanzen die Herzogin und ihr Gefolge, tritt Engelmar auf, er will das erste Veilchen suchen, die Bauern tanzen daraufhin, Engelmar macht sich an eine der Jungfrauen der Herzogin heran, verspricht ihr für die Vermittlung guten Lebkuchen und guten Käse und einen roten Gürtel, aber er blitzt ab. Allerlei Figuren reden nun mit allerlei Figuren, es dauert Seiten, ehe man zur Veilchensuche kommt, diesmal setzt Enzlmann den Haufen; Musik, Festzug; die Herzogin hebt den Hut ab, »und alle sehen den Dreck darunterliegen und haben ein Grau-

sen deshalb und sehen einander an, und die Herzogin spricht zum Neidhart ungnädig«. Noch mehr Ritter künden Rache an; der fünfte Ritter, beispielsweise, will Bauern zusammenschlagen wie Kachelöfen. Bauerntanz; Bauernreden; erneuter Bauerntanz. Der Kampf. »Die Bauern fliehen, ausgenommen 10 oder 12, die gefangen werden.« Es muß also ein großes Statistengerangel gewesen sein! Den Bauern werden Stelzbeine angeschnallt. Neidhart wird vom Herzog mit Landbesitz belohnt.

Das Spiel ist eigentlich zu Ende, aber Neidhart bricht auf, um die Bauern »neue Sprünge zu lehren«, verkleidet sich als Schwertfeger, sammelt alle Bauernschwerter zum Schleifen ein, jagt die Bauern dann in die Flucht, hängt zwei von ihnen auf. Bauern schlagen sich nun gegenseitig. Neidhart tritt wieder auf, diesmal als Mönch verkleidet, damit auch der Kuttenschwank dargestellt werden kann: er läßt sich beichten, daß man Neidhart haßt, ihm Böses will, verteilt einen Schlaftrunk, schert die Bauern, zieht ihnen Mönchskutten an, Verwirrung beim Aufwachen, und so weiter und so weiter, es treten Satan, Luzifer und etliche Teufel auf, und nun kommt es heraus, in einer Predigt Luzifers: die Bauern könnten es nicht ertragen, daß die Ritter und ihre Kinder anders als sie gekleidet seien, »die paurschaft hoch steiget / Und ritterschaft nider steiget«, bis vor wenigen Jahren seien die Bauern nicht so reich gewesen, da mußten sie alle noch die gleichen grauen Umhänge tragen, und graue Kappen und Hanfkittel und Leinenjoppen, und wer beides besaß, war schon ein reicher Mann. Und das Haar war oberhalb der Ohren abgeschnitten, und ihre Sättel waren aus Holz, und die Steigbügel aus Weidengerten, mit Stricken an den Sattel gehängt; seit sich Bauern aber wie Ritter kleiden und benehmen, kann es nicht gut enden. Und Luzifer beschreibt, wie weiland Neidhart, die modischen Exzesse von Bauern, und er ist dafür, daß viele Bauern erschlagen werden, die Seelen würden dann alle ihm gehören. Und Satan spricht, er will Zwiespalt und Streit zwischen Rittern und Bauern schüren, er findet es schon positiv, daß den Bauern die linken Beine abgehackt wurden, er hat sie aufgeklaubt, denn: »Nu uns die fueße worden sein, / Ich hoff, die selen werden alle mein.« Schon laufen die Teufel zu den Bauern und tun, was geplant wurde. Folgt der Faßschwank, et cetera, et cetera. Zum Schluß erklärt der Herzog, »Neidhart, du dienst uns gut auf diese Weise«.

145 Neidhart-Schwänke wurden vorgetragen, Neidhart-Spiele wurden aufgeführt auch in der Zeit, in der Oswald von Wolkenstein lebte, dichtete, komponierte. Nun aber mache ich einen Zeitsprung über Oswald hinaus, mehr als ein Jahrhundert weit – und da werden sich ›Neidhart‹ und Oswald auf überraschende Weise erneut begegnen, zumindest indirekt.

Ort der Begegnung: eine Ausgabe des Schwankzyklus *Neidhart Fuchs,* im Jahre 1566 »gedruckt zu Frankfurt am Mayn«. Der Titel, in heutige Schreibweise übertragen: »Wunderbarliche Gedichte und Historien des edlen Ritters Neidhart Fuchs, gebürtig aus Meißen, Dienstmann der durchlauchtigen, hochgeborenen Fürsten und Herren Otto und Friedrich, der verstorbenen Herzöge zu Österreich, und was er zu seinen Lebzeiten mit den Bauern und anderen angefangen und angestellt hat – sehr kurzweilig zu lesen und zu singen, so daß er mit Recht als der ZWEITE EULENSPIEGEL bezeichnet werden kann.« Ein werbender Hinweis also!

In diesem Zyklus von gereimten Schwank-Erzählungen und von Gedichten wird so etwas wie ein fiktiver Lebenslauf des Neidhart Fuchs collagiert. Gab es für ihn ein Modell, ein Vorbild? Hier bleibt nur eine – vage – Möglichkeit: es hat vielleicht am Hof des Herzogs Otto (1301-1339) einen Unterhaltungskünstler gegeben, der Neidhart-Schwänke vortrug in der Rolle eines »Neidhart«. Und darin könnte er Nachfolger gefunden haben. So legt Eckehard Simon einen Hinweis vor auf eine Zahlung an einen »nythart singer«, und zwar im Jahre 1409. Und ein Jahr zuvor wurde »Nytharde dem naren« ein Honorar gezahlt – derselbe Unterhaltungskünstler?

Wenigstens *ein* Neidhart-Nachfolger, Neidhart-Imitator läßt sich also dokumentarisch nachweisen, aber damit ist Neidhart Fuchs noch nicht zu packen. Was im Neidhart-Fuchs-Büchlein (88 kleinformatige Seiten) über ihn erzählt wird, ist wiederum ein Schwank. Eine Überschrift lautet: »Hier liegt Neidhart begraben, und die Bauern stechen mit Spießen auf ihn ein.« Ich übersetze zwei Kostproben.

> Ein Ritter lebte, und man liest,
> daß er ein Abenteurer war,
> wie er hier auf dieser Erde
> kein zweites Mal zu finden ist;
> der Herzog Otto war sein Herr.

Und es heißt abschließend, die Überschrift einlösend:

> Und wir wissen über ihn,
> daß er in Wien begraben liegt,
> noch heute, im St. Stephansdom.
> Dort sieht man viele Bauersleut,
> die fühlen sich noch heut beleidigt,
> sie stechen in sein Grab mit Spießen.

Also noch mal Fabelstoff, Schwankmaterial. Und es zeigt sich auch hier: die poetische Intensität etlicher Neidhart-Lieder läßt in den Neidhart-Schwänken nach. Es gibt in diesem Schwankzyklus, in der Gedichtfolge *Neidhart Fuchs* allerdings zwei überraschende literarische Texte: der erste ist eine Imitation eines erotischen Liedes Oswalds (ich stelle es im Kapitel 201 meiner Wolkenstein-Biographie vor), der zweite ist ein Liedtext, den Oswald gedichtet hat! Sein überaus virtuoses Lied erhält im Neidhart-Fuchs-Druck die Überschrift: »Hier erzählt Neidhart, wie er mit einer Dame nach Paris kam und ihr zwei Schuhe bestellte.«
Diese Zuweisung mag auf den ersten Blick beliebig erscheinen, aber sie ist es nicht. In einem Lied, das ich bereits vorstellte, preist ein Bauernmädchen den Ritter aus dem Reuental, der ihr ein Rosenkränzchen geschenkt hat. »Auch hat er mir zwei rote Schuhe mitgebracht, von überm Rhein.« Dieses Motiv taucht in der zweiten Strophe des Oswald-Liedes auf, und hier hat man im 16. Jahrhundert mit Recht eine Verbindung hergestellt zwischen Neidhart und Oswald, dies ist zumindest eine Anspielung. Ich zitiere im Folgenden nicht bloß Oswalds Erwähnung der Schuhe, sondern den gesamten Liedtext; es ist höchst aufschlußreich, welchen Text man Neidhart zuschrieb, Jahrhunderte später.

> Ihr alten Frauen, freut euch mit den jungen!
> Was uns der kalte Winter abgetötet,
> das will der Mai mit Feldgeschrei befruchten,
> mit frischer Kraft: gibt allen Wurzeln Saft.
> Den kalten Schnee will er nicht länger dulden.
> Was sich verkrochen hat und eingemummelt,
> das will er wecken, aus der Trübsal lösen:
> Laub, Blumen, Blüten, Gräser, Würmchen, müde Tiere.
> Ihr Vögel, salbt die rauhe Kehle ein,
> schwingt euch empor, singt hell!

Erneuert jetzt das Fell, ihr wilden Tiere,
wälzt euch mit Schwung in gelben Blumen!
Ihr Mädchen, freut euch, seid hübsch locker!
Und Bauer: streu die Saat für neues Mehl,
mit dem du backen kannst im Herbst.
Und Hang und Aue, Tal, Forst, Feld –
dort sprießt es schon in schöner Fülle.
Und alle Tiere, wild wie zahm,
sie haben Lust, sich zu befruchten:
der Nachwuchs soll den Eltern gleichen.
Mein Roß schreit nach der Frühlingsweide,
das läßt den Esel lachen.
Tanzen, springen,
laufen, ringen,
fiedeln, singen,
Freude bringen,
lärmen, klingen,
Kuß erzwingen,
auf Liebe dringen
bei den schönen Mädchen.
Höchst erquicklich
und vergnüglich:
Blätter grünlich,
Blumen fröhlich,
Wangen lieblich,
Arme zärtlich,
Zungen zünglich –
da freut sich die Partnerin!

Und weil der Kuckuck nicht sehr schön in Quinten singt
und der Franzose im Diskant nach Hofmanier,
da hör ich lieber: »Kuckuck, rück an meine Seite!«
Das schätz ich mehr als Giustinianis Saitenspiel.
Und Hetzjagd, Beizen, Pirschen, Taubenschießen,
vor grünem Wald nach Pfifferlingen klauben
bei einem Mädchen, abgeschirmt von Büschen –
den Spaß, den preis ich mehr als höfisches plaisir!
Dein Festzelt, Mai, gefällt mir sehr!
Ganz taufrisch ist da jedes Gras.
Und jedes Tier sucht seine Höhle auf,
dort soll der Nachwuchs sicher sein.

»Trink, sauf, du Spanier, Katalone!«
Gesang der Art, und: »Paga! Geld raus!« –
da ist der Drosselklang doch schöner!
In jenem Land, was ich dort sah,
das hat mir meine Haare grau gemacht,
dran sind die jungen Damen schuld:
die schöngeformten, weißen Beine
verstecken sie in roten Hosen,
und ihre hellen, klaren Augen
ummalen sie mit schwarzer Farbe!
Ach, die eine,
die ich meine,
lieb alleine,
süße Kleine,
Brüste, Beine:
so vereine
dich alleine
doch mit mir!
Wär verschwunden,
was gebunden,
fest gewunden –
würd gesunden
an den Wunden,
hätt's gefunden!
Und bestellte ihr Schuhe
in London, Paris!

Sehr schwungvoll wirbelt sie im Reihentanz,
die hohen Sprünge passen kaum zu einer Frau.
Auch schminkt sie sich gewöhnlich das Gesicht,
dazu trägt sie noch Ringe an den Ohren.
Mein langer Bart, der hat mir dort verdorben
so manchen Kuß von zarten, jungen Mädchen:
wenn zärtlich sie Besuch empfangen,
so reichen sie die Wangen statt der Hände!
Die roten Fingernägel machen mich ganz krank,
und wie sie eingekrümmt sind, viel zu lang!
Die Schleppe reicht ihr bis zum Boden.
Sie rührt sich nicht, wenn sie da sitzt.
Ich preise gern den Bettvorhang –
weit lieber als den Glockenschlag,

der mich von ihr verscheucht!
Ja Spanien, Preußen und Ägypten,
und Estland, Rußland, Dänemark,
und England, Frankreich und Navarra,
und Flandern, Pikardie, Brabant,
und Zypern und Byzanz, Neapel und Toskana,
das Rheinland – wer dies alles sah,
der sieht in dir die Krone aller Schönheit!
Und: Zieselmäuschen,
Fieselfäuschen,
kommt ins Häuschen,
Hennekläuschen,
leckre Mäuschen,
su-sa-säuschen:
gar kein Päuschen
wollen wir da machen!
Klärli, Mätzli,
Elli, Kätzli,
süße Frätzli –
zeigt das Vötzli,
steift das Schwänzli,
tu-la-hätzli!
Faules Säckli,
wer uns das nicht gönnt!

Der Redaktor des Neidhart-Fuchs-Druckes muß von der Vorstellung ausgegangen sein: dieser Liedtext paßt zu ›Neidhart‹! Die alten Frauen! Der Frühling, der endlich den Winter ablöst! Das Tanzen, Springen, Fiedeln, Singen! Das Saufen! Das Reisen! Der Reihentanz! Schwänzli und Vötzli! So hat der Redaktor Oswalds Liedtext auf Neidhart übertragen – ein Transfer, der vielleicht nicht einmal vorsätzlich gemacht wurde, denn möglicherweise war der Text ohne den Namen des Autors überliefert. Oswald von Wolkenstein in der Neidhart-Tradierung: die beiden Dichter und Komponisten werden hier nebeneinander gerückt, es findet so etwas wie eine Doppelbelichtung des Überlieferungsbildes statt. Mit Neidharts literarischem Nachleben entsteht eine Zeitbrücke zu Oswald – und über ihn hinaus. Aber nun ist es an der Zeit, aus ›Neidharts‹ Zukunft in Neidharts Gegenwart zurückzukehren, ins Österreich des dritten Jahrzehnts des dreizehnten Jahrhunderts.

146 Neidhart, beispielsweise von Bauern des Tullner Felds singend: bei welchen Gelegenheiten ist er eigentlich aufgetreten?

Am häufigsten wird er vor kleinem Kreis gesungen haben, vor der »familia« des Herzogs, vor der »familia« eines Burgherren – ich habe dies bereits skizziert. Und dann gab es die Veranstaltungen im Palas, im Saal, und hier wird Neidhart seine großen Auftritte jeweils nach dem Festbankett gehabt haben, also mittags oder am frühen Nachmittag.

Solch ein Festbankett hatte, zumindest im äußeren Arrangement, einen weithin ritualisierten Ablauf. Beliebt war, das zeigen zahlreiche Abbildungen mittelalterlicher Handschriften, die lange Tafel im Palas. Der wurde zu festlichen Anlässen geschmückt – der Boden wurde bestreut, vor allem mit Blumen, die Wände wurden mit kleinen Gobelins behängt. Ein Truchseß sorgte nun dafür – mit dem Stab anweisend – daß die rechte Sitzordnung eingenommen wurde. Als erstes geleitete er den Hausherrn, Hofherrn und dessen Gemahlin zur Tafel; meist nahm der hohe Herr am Kopfende Platz. In der Reihenfolge, die sich anschloß, wurde Hierarchie sichtbar. Der begehrteste Platz war rechts neben dem Landesherrn (oder König oder Kaiser). Es fühlte sich ausgezeichnet, wer diesen Ehrenplatz erhielt; es konnte sich zurückgesetzt fühlen, wer einen Platz weiter entfernt einnehmen mußte. Dokumentiert ist ein heftiger Streit zwischen dem Kardinal-Erzbischof von Mainz und dem Erzbischof von Köln um den Ehrenplatz – dieser Streit findet zwar erst Ende des dreizehnten Jahrhunderts statt, wird dennoch symptomatische, auch für Neidharts Zeit bezeichnende Vorgänge belegen. Der Erzbischof von Köln wollte rechts vom König sitzen, auch der Erzbischof von Mainz beanspruchte diesen Platz, es kam zu einer lautstarken Auseinandersetzung, der Erzbischof von Köln wies auf Vorrechte hin, der Mainzer Kollege machte Privilegien geltend, es kam offenbar zu einem Gerangel, der Mainzer Erzbischof setzte sich durch, nahm den Ehrenplatz ein, der Kölner Erzbischof zog ab, forderte den Kollegen zu einem gerichtlichen Zweikampf heraus. Bei so vielen Eifersüchteleien, Spannungen hatte es der Truchseß nicht immer leicht, denn es wird auch weiter unten an der Tafel wichtig gewesen sein, ob man beispielsweise als sechzehnter oder als siebzehnter plaziert wurde. Wenn die Hauptperson in der Mitte der Tafel saß, konnte man eher ausgleichen. Auf jeden Fall aber: je weiter vom Hausherrn entfernt, desto geringer der Rang.

Selbstverständlich werden die Unterhaltungskünstler möglichst nah beim Hausherrn aufgetreten sein. Und das konnte ihm gegenüber geschehen. Denn bei Festbanketts war vielfach nur eine Seite der Tafel besetzt, die andere Seite wurde freigehalten, hier wurde bedient – es waren meist junge Damen und Herren, die Tafeldienste übernahmen, aber auch Diener. Es gab nun, das muß erwähnt werden, diese (seltenere) Möglichkeit: statt einer großen Tafel wurden viele kleine Tische im Saal aufgestellt, an denen je zwei oder vier Personen saßen. Aber bleiben wir beim ersten Beispiel: eine lange Tafel, und man sitzt nur an einer Längsseite.

Was auch immer während des Banketts und anschließend vorgeführt wurde: Musik gehörte ganz selbstverständlich zu einem Hoffest. Das war wohl auch so in kleinerem Rahmen: »Ohne Harfe oder Organistrum werden die Mahlzeiten bei vornehmen Leuten nicht gefeiert« (Bumke). Bei einem Hofbankett wurde nicht nur die Harfe geschlagen – festliche Intrada, schmetternde Zwischenspiele mit Trommeln und Businen. Wurde ein neuer Gang aufgetragen, so konnte das lautstark akzentuiert werden. Die eigentliche Musik bei Tisch aber wurde von leiseren Instrumenten gespielt: von Flöten und Saiteninstrumenten – immer wieder werden die Fiedler genannt; sie traten oft gemeinsam mit Sängern auf. Und es gab Schautänze junger Damen, vor dem Tisch; die Tänzerinnen (und Tänzer) sangen vielfach während ihrer Vorführungen.

Und an der Tafel wurde das Bankett fortgesetzt. Gegessen wurde zu Neidharts (und Wolframs) Zeit grundsätzlich mit den Fingern. Die freiwilligen oder angestellten Dienerinnen und Diener mußten Fisch, Fleisch, Geflügel in mundgerechte Portionen vorschneiden – ähnlich wie in der chinesischen Küche. Löffel gab es nur für Suppen; die Gabel war eine Seltenheit, ein Kuriosum, sie wurde nur zum Servieren benutzt; mit den Messern schnitt man zurecht; Teller wurden an einer Festtafel nicht benutzt, man hatte eine Scheibe Brot vor sich liegen, auf der konnte man seine Brokken deponieren, konnte man Soße abtropfen lassen; dieses Brot war bei vornehmen Gastgebern weiß und wurde als gâteau bezeichnet. Man hatte übrigens auch kein eigenes Trinkgefäß – es wurde jeweils unter Tischnachbarn herumgereicht. Und man griff wieder in die nächste Schüssel, tunkte Fleisch oder Fisch oder Geflügelstücke in Behälter mit Soßen, die meist süßsauer waren. Wollte man an weiter entfernt stehende Schüsseln heran, mußte man sich entsprechend weit vorbeugen – um so länger konnte die

Kleckerspur werden. Die fettigen Finger wischte man schon mal am Tischtuch ab, denn Servietten gab es nur als Unterlagen, beispielsweise für Brot. Man wischte sich den Mund auch am Ärmel ab. Die Knochen wurden auf dem Tisch deponiert oder Hunden zugeworfen.

Wie es selbst in vornehmen Häusern zuging, darauf lassen »Tischzuchten« schließen; was hier getadelt wurde, dürfte Realität gewesen sein. Kurioserweise gibt es zum Beispiel eine »Tischzucht«, die dem Tannhäuser zugeschrieben wird: »Daz ist des tanhausers getiht und ist guot hofzuht.« In der überlieferten späten Version wird dieser Tisch-Knigge kaum vom Tannhäuser verfaßt worden sein, aber falls eine Vorlage von ihm stammt, könnte man voraussetzen: als Fahrender wird er Gelegenheiten genug gehabt haben, das Benehmen der Herrschaften bei Tisch beobachten zu können. Einleitend wird in dieser Tischzucht der edle und anständige Mann ermahnt, vor dem Essen zu beten, und er soll die Armen nicht vergessen, soll nicht aus dem Löffel schlürfen, soll nicht aus Schüsseln saufen, nicht in sich hineinkippen wie ein Verrückter (»als er tobe«), er soll nicht schniefen und schmatzen, soll Angenagtes oder Abgeknabbertes nicht in die Schüssel zurückwerfen, und mit vollem Mund säuft man nicht, und bevor man trinkt, soll man sich den Mund abwischen, und man soll sich beim Essen nicht am Hals kratzen, soll nicht zwischen den Zähnen stochern, soll nicht mit der Hand schneuzen, soll sich nicht vor Gier in die Finger beißen oder in die Zunge, soll sich nicht überfressen, Tausende seien nach dem Essen fix und fertig gewesen, hätten sich den Magen verdorben, und man solle einen guten Wein trinken, das sagte schon Freidank, und das bestätigt nun auch dieser Autor, der seinen Namen nennt: »der Tanhusaere« habe dieses Gedicht gemacht; es endet mit Gebetsformel und Amen.

147 Gleich wird Neidhart an der Tafel Platz nehmen – aber zuvor ein kurzes Kapitel über Getränke bei Tisch. Neidhart war, wie sein Publikum, wohl vor allem Weintrinker. Bier war noch längst kein Volksgetränk. Es muß dünn und ziemlich bitter gewesen sein. Eine damals gern wiederholte Äußerung: ein Becher Wein »stärke« mehr als vierundzwanzig Becher Bier. So trank man lieber Met: Wasser mit Honig (im Verhältnis zwölf zu eins); diese Mischung ließ man gären. Und es gab Beerenwein, auch Apfelwein, Birnenwein; Most wurde getrunken, und am liebsten Weißwein, Rotwein.

Ich habe keine Aussagen über die Qualität deutscher Weine der ersten Jahrzehnte des dreizehnten Jahrhunderts gefunden, doch aus der Zeit ein, zwei Jahrhunderte später. Weil sich im Mittelalter vieles nur langsam verändert hat, lassen sich auch hier Rückschlüsse ziehen. Der Italiener Enea Silvio Piccolomini kam in Deutschland nicht auf seinen Weingeschmack, nicht einmal an Höfen. »Wein, den selbst schmerige Wolle nicht annähme, wie Juvenal sagt, wird aufgetragen, dir wird unwohl, wenn du davon trinkst, er ist scharf wie Essig oder ist verwässert, verderbt, flokkig, sauer, entweder zu kalt oder zu lau, von ebenso schlechtem Aussehen wie Geschmack.« Ein anderer enttäuschter Weintrinker, Petrus Blesensis: »Ich habe zuweilen gesehen, daß den Großen derart trüber Wein vorgesetzt wurde, daß er nur mit geschlossenen Augen und zusammengebissenen Zähnen, mit Schauder und Widerwillen eher geseiht als getrunken werden mußte.«

Das waren offenbar deutsche Weine. Den schlechtesten Ruf hatten dabei bayrische Weine. Gepriesen wurden schon damals die Elsässer Weine und Weine aus Nußdorf bei Wien, gepriesen wurden weiße und rote Weine aus den Regionen Auxerre und Beaune, gepriesen wurden Südweine aus Zypern, gepriesen wurden vor allem Malvasier und Muskateller. Aber solche Importweine waren sehr teuer, wurden entsprechend selten ausgeschenkt. Wieder Piccolomini: »Bisweilen wird in deiner Gegenwart dem König alter Wein vorgesetzt, dessen lieblicher Duft das ganze Haus erfüllt. Denn er trinkt Muskateller und Malvasier, läßt sich die Weine aus Frankreich, aus Malaga, aus Genua, aus Ungarn oder sogar aus Griechenland beschaffen; und niemals gönnt er dir den kleinsten Schluck davon, obwohl dir das Herz wehtut.«

Um mit milden, süßen Weinen aus dem Süden konkurrieren zu können, wurden deutsche Weine aufgeschönt. Eine der Behandlungsmethoden ist heute noch üblich: das zeitweilige Versetzen mit Kalkmilch, um Säure zu neutralisieren. Offenbar wurde der Kalk danach nicht immer ausgefiltert – es gab ein Verbot der Stadt Straßburg, Wein zu kalken.

Weine wurden nicht nur gekalkt und mit Eiweiß geklärt, sie wurden mit Kräutern konserviert, wurden mit dem damals üblichen Rohrzucker und mit Honig gesüßt, wurden vielfach mit Ingwer, Muskat und Nelke gewürzt. Man nannte solch einen Wein »piment«, also: Gewürzpigmentwein.

Beliebt war auch der »lûtertrank«, der »clâret«: der wurde mit Gewürzen nicht versetzt, sondern nur behandelt. Man ließ den Wein so oft durch ein Säckchen mit Gewürzen, Zucker und Honig laufen, bis er die gewünschte Süße und Würze hatte.
Ob Würzwein oder Aromawein – diese Getränke stiegen rasch in den Kopf. Wirkten sie mit Kopfschmerzen nach?

148 Wie hielt es Neidhart mit dem Alkohol? Die Zusatzstrophe des großen Kreuzliedes berichtet, wie das lyrische Ich »so trunkenlichen«, also »sternhagelvoll« beim Würfelspiel Reitpferde verlor...
Heute hat das Trinken, hat der Rausch (auch) kompensierende Funktion: in unserer Gesellschaft, die sich unter der Schirmherrschaft (weithin auch Scheinherrschaft) des klaren Verstandes, der souveränen Vernunft formiert hat, wird strenge Kontrolle der Affekte, wird distanziertes Verhalten erwartet, ein nüchternes Anpassen an komplexe gesellschaftliche Strukturen. Und hier nun versetzt der Rausch in einen Zustand, in dem solche Zwänge an Bedeutung verlieren. Aufgehoben wird vor allem kühles, distanziertes, funktionales Verhalten: Alkohol ermöglicht leichtere Kommunikation, die körperliche Distanz wird nicht mehr streng gewahrt, Männer können sich, ohne verdächtig zu wirken, umarmen, legen am Tresen den Arm um die Schultern des Nebenmannes. Und man kann aus sich herausgehen, darf sich groß fühlen, darf Überschwang entfalten: auffälliges Verhalten, das sonst in der Gesellschaft der gedämpften Affekte verpönt ist. Die Rechnung wird im Katzenjammer präsentiert: da herrscht weithin das Gefühl vor, man habe sich gehen lassen, habe über die Stränge geschlagen. Und man muß wieder in die gewohnten, die sanktionierten Lebensformen zurückkehren, muß sich wieder ›zivilisiert‹ benehmen, selbstbeherrscht, kühl, nüchtern, vernünftig in jeder Hinsicht.
In einem Aufsatz von Aldo Legnaro lese ich, daß vor allem im 17. Jahrhundert die »Selbstbeherrschung zur Kunst« wurde, die man feierte. Es wird hier Baltasar Gracián zitiert: »Keine höhere Herrschaft, als die über sich selbst und seine Affekte, sie wird zum Triumph des freien Willens.« Das freie Entfalten von Affekten wird einer immer strengeren (Selbst)Kontrolle unterworfen, im Namen der Gesellschaft, die eine von Affekten ungetrübte Rationalität

zum Richtwert setzt. »Die Welt ist nüchterner geworden.« Und Legnaro schreibt von einer »als rational konzipierten Welt«. Wer in diese Welt passen will, muß in seinem Verhalten berechenbar sein. Gefeiert wird das Hilfsmittel Kaffee, er fördert die Nüchternheit, die Selbstkontrolle, das umsichtige Funktionieren.

Neidhart lebte in einer Welt, in der das Trinken, das Saufen, der Rausch andere Vorzeichen hatte. Legnaro bietet hier die Faustformel an: »Trinkt man im Mittelalter, weil die Affekte ungehemmt sind, so in der Neuzeit, um sie zu enthemmen.« Und er führt aus: »Insgesamt läßt sich im Mittelalter eine Einstellung zur Trunkenheit annehmen, die ungezwungen und von psychisch internalisierten Hemmungen nicht belastet den Rausch schätzt und um seiner selbst willen sucht. Die relativ geringe Affektkontrolle, die den Individuen auferlegt ist, bewirkt eine ebenfalls geringe Rauschkontrolle.«

Im Lebensgefühl, im Lebensbewußtsein jener Zeit war offenbar auch der Zustand der Trunkenheit etwas ›Natürliches‹. Der arabische Arzt Avicenna, eine der Autoritäten der Medizin des Hochmittelalters, hatte den täglichen Genuß von Wein empfohlen und ein bis zwei Räusche pro Monat. Nun wird freilich kein Trinker des Mittelalters proklamiert haben, er tue etwas für seine Gesundheit – solch eine Behauptung hätte kaum in eine Welt gepaßt, in der rationales Verhalten noch nicht dominierte.

Dies alles ist mir zu abstrakt, zu nüchtern formuliert, auch hier brauche ich Details, die anschaulich machen. Bei Legnaro finde ich das Modell der »Glutton Masses«, der »Schlemmer-Messen« im englischen Mittelalter. »Des Morgens versammelt sich die Gemeinde in der Kirche, bringt Essen und Trinken mit, hört die Messe und feiert im Anschluß ein Fest, das offensichtlich in der völligen Betrunkenheit aller Beteiligten (auch der Priester) endet. Zwischen den Angehörigen verschiedener Gemeinden gibt es dabei regelrechte Wettbewerbe, wer zu Ehren der Heiligen Jungfrau am meisten Fleisch vertilgen und den meisten Alkohol trinken kann.« Dieses England war zu jener Zeit nicht out of the world, englische Lebensformen werden Entsprechungen gefunden haben auf dem Kontinent. Aber selbst, wenn es im Alpenraum, im Donauraum keine Entsprechung zu den Schlemmer-Messen gegeben haben sollte – auch das Stichwort »Alkohol« zeigt, wie deutlich sich das Lebensgefühl im Europa des dreizehnten Jahrhunderts unterschied vom Lebensgefühl im Europa des zwanzigsten Jahrhunderts. Und damit: Prost, Neidhart!

149 Neidhart wird auf dem Festbankett bald seinen Auftritt haben. Zuvor, so setze ich voraus, darf er mitessen. Hier werden von Norbert Elias gesammelte Informationen auf ihn koordiniert: indem ich Verhaltensweisen anschaulich zu machen versuche, die für Neidharts Zeit typisch waren, typisch gewesen sein dürften, ziehe ich Schlüsse auf Neidharts Verhalten bei Tisch.

So wird auch er mit Vergnügen, wohl auch laut geäußertem Vergnügen zuschauen, wenn Diener das übliche Riesenfleischstück auf die Tafel wuchten, den Rehbock, das Schwein, das Kalb. Es wird von einem Vorschneider tranchiert. Neidhart hat zu dieser Zeit schon so einiges verzehrt: die Scheibe Brot vor ihm ist von Soßen durchtränkt. Nun aber, da er den Fleischberg sieht, wird auch ihm das Wasser im Mund zusammenlaufen, er spuckt kräftig aus – über den Tisch hinweg? Auf den Tisch? Oder bereits unter den Tisch? Das wäre schon der elegantere Stil. Und Neidhart tunkt wieder ein Stück Brot in den Holznapf mit Brühe, der an ihm vorbeigereicht wird, es tropft. Er schnieft, wischt mit dem Ärmel an der Nase entlang, schneuzt sich vielleicht auch, in die linke Hand, und auch das wäre schon die feinere Art: man soll nicht in die rechte Hand schneuzen, mit der man Speisen anfaßt, mit der man Brocken tunkt, mit der man den gemeinsamen Trinkbecher packt. Zwischendurch mal nach einem der Hunde getreten, die sich um Knochen balgen. Neidhart holt sich einen Batzen Fleisch heran, zerteilt ihn mit dem Messer, auf der durchtränkten Brotscheibe, schiebt sich ein Fleischstück in den Mund. In der besseren Gesellschaft wurde viel Fleisch verzehrt; wo Fleisch aufgetragen ist, wird auch Neidhart mit dem Oberkörper über der Tischplatte hängen, und er schiebt, stopft in sich hinein; wie Wolfram hat er mindestens eine große Hungersnot miterlebt, auch er weiß, daß Fleisch auf dem Tisch nicht selbstverständlich ist, selbst Fleisch auf der Tafel nicht, jedenfalls nicht in großen Mengen, und wenn er wieder unterwegs ist, wird er meist Roggenbrot, Roggenschrot essen, also her mit dem nächsten Batzen und in den Mund gestopft. Wenn die Finger allzu fettig sind, wischt er sie am Tischtuch ab, die Lippen auch schon mal, obwohl der kreisende Becher am Rand bereits eingeschmälzt ist. Und Neidhart tunkt ein Fleischstück in einen Holznapf mit Gewürzbrühe, fischt vielleicht ein Obststück aus der Soße oder eine Kirsche, spuckt den Kern über den Tisch – auf dem Boden liegen schon viele Kerne, liegen Knochen.

Nachschlag. Damit nicht der Eindruck entsteht, ich hätte bei dieser Skizze übertrieben, lege ich ein Zitat vor, das zeigt, daß die Tischzucht eines Tannhäusers und anderer nur wenig Wirkung hatte in höfischen Kreisen, daß man drei, vier Jahrhunderte nach Neidhart immer noch Anlaß genug sah, höfische Eßsitten anzuprangern – in einer Zeit, in der immerhin schon Servietten eingeführt waren. Wie ›mittelalterlich‹ es da noch zuging an einer Tafel, beweist ein Text des Giovanni della Casa, des Erzbischofs von Beneventum, Benevento, Benevent. Sein Bericht ist Anfang des 17. Jahrhunderts ins Deutsche übertragen worden; ich modernisiere hier nur die Schreibweise.

»Was meinst du, würde dieser Bischof und seine edle Gesellschaft denen gesagt haben, die wir bisweilen sehen wie die Säue mit dem Rüssel in der Suppe liegen und ihr Gesicht nicht einmal anheben und ihre Augen, viel weniger die Hände nimmermehr von der Speise abwenden, die alle beiden Backen aufblasen gleich als ob sie eine Trompete bliesen oder ein Feuer anfachen wollten, die nicht essen sondern fressen und die Kost einschlingen, die ihre Hände beinah bis an die Ellbogen beschmutzen und dementsprechend die Servietten so zurichten, daß unflätige Küchen- oder Wischlumpen viel reiner sein möchten. Dennoch schämen sich diese Unfläter nicht, mit solchen besudelten Servietten ohne Unterlaß den Schweiß abzuwischen (der dann wegen ihres eiligen und übermäßigen Fressens von ihrem Haupt über die Stirn und das Angesicht bis auf den Hals häufig heruntertropft), ja auch wohl die Nase, so oft es ihnen beliebt, darin zu schneuzen.« Mahlzeit!

150 Im Sterzinger Liederbuch, das ich bereits vorstellte, ist ein Trink- und Freßlied überliefert, das in der Tradition Neidhart zugeschrieben wurde: »Neidharts gefräß«.

> Preisen wir den Herbst! Gute Laune,
> Lust wird uns das Essen machen. Blaß
> bleiben wir da nicht...
> Hierher, liebe Freunde, die ihr euch was
> Gutes gönnen wollt. Sind schon gierig
> auf was Leckres. Das Vergnügen
> läßt nicht nach;

alle nehmen wir dran teil. Großes Lärmen
fängt am Feuer an. Dieses Jahr
werden etliche besoffen sein.
Wirt, serviere uns ein großes Frühstück,
daß wir uns (so muß es sein)
unsre Mägen füllen. Ohne nachzubitten
müssen wir genug bekommen.
Jedem gib Kapaune
…
und vier Trappen,
gut gebraten, in der großen Schüssel,
fette Gänse,
schön begossen,
daß die Schnäbel
fettig sind bis in den Schlund.

Und ich fang jetzt an zu saufen! Klaren
Most aus Riesenkrügen eingegossen!
Denn es ist nun an der Zeit,
daß wir, bei der Fresserei, mächtig,
maßlos saufen, bis wir zu den Bänken
torkeln. Eingeschenkt, nun los,
wollen doch nicht durstig bleiben!
Nach dem Frühstück gehn wir dann
von dem Most zum Bad, laden
schöne Mädchen zu uns ein,
sollen uns denn streicheln, uns die Zeit
vertreiben. Keiner solls da
eilig haben. Soll dann
ausruhn wie ein Fürst.
Bademädchen,
fang schon an
und bereite
jedem nach dem Bad ein hübsches Bett.
Denk nicht weiter
an die Schulden.
Nur bis morgen…
Gib nichts drauf, wird alles gut bezahlt.

Und jetzt auf und wieder ran! Freßgemeinde,
ziehe los, zum Most. Essen

hat der Wirt uns reichlich vorbereitet.
Geht nun alle, animiert,
auf die Straßen, tobt dann
durch die Gassen. Keiner soll
euch übertönen.
Setzen wir uns an den Tisch! Frische Fische,
Schleien, Karpfen, Hechte, Hausen schlemmen
wir aus heißer Pfeffersoße.
Seh in Massen gutes Wildbret:
wir verschlingen Hirsch und Hirschkuh,
Schweine, Bären lassen wir
uns dann mit Vergnügen schmecken.
Hase, Fuchs,
Reh und Luchs:
unser Bauch
nehm geweitet alles in sich auf.
Schafe, Rinder
und ihr Nachwuchs –
nirgendwo
können sie sich vor uns schützen, retten.

Feiste Kälber, Ochsen, Stiere: wir verschlingen
die sofort! Und vier Schinken. Reichlich
Rüben soll man für uns kochen!
Und ein jeder wünsche sich
Hammel, zwei, Kapaune, vierzehn,
fette Braten, wohlgewürzt,
eine Elle lang,
Würste länger als ein Speer. Und noch mehr
wollen wir: Schultern, Schinken, Schenkel, riesengroß,
Reiher, Rebhuhn und Fasan,
Ferkel, Hahn und Hühner – von der Tenne
hin zum Spieß! Wisse, Wirt,
daß wir ohne Umstand zahlen,
ich und meine Freunde.
Dafür gib auch
jedermann
aus der Pfanne
hundert Eier, schmalzgebraten!
Großpasteten
– mach schon voran! –

schnell bereitet:
lasse sie aus Fleisch und Käse machen.

Bring uns dann in Schüsseln, Trögen reichlich
Sülze, Kalbshax. Um so besser
werden wir den Hunger stillen.
Hackfleisch, Bauchfleisch gibts dazu.
Und dann Zunge, Leber, Lunge,
Euter, Magen: ungefordert
soll das alles kommen.
Ja, so werden wir erst satt! Schaffen noch
tausend Birnen, herbstreif – Mädchen
kochen sie schön auf!
Solch ein Essen wird uns allen schmecken!
Diesen Winter wollen wir von dir
keine Rechnung sehen! Achte drauf,
daß wir bloß nicht sparen!
Essen wollen wir
und fressen,
auch das Saufen
nicht vergessen, jetzt und immerdar.
Hoch den Wein,
(gute Stimmung!)
und den großen Krug
in der Runde kreisen lassen!

Wirt, du hast ein volles Faß! Also rasch,
schlag den Zapfhahn rein. Zechen
wollen wir noch an der letzten Glut.
Gute Kutteln und Kastanien setze deinen
Gästen vor. Wollen dann zum Schlafen
schlurfen. Lege jeden
in ein Einzelbett.
Jeder soll mit einem schönen Mädchen
sich vergnügen, mit ihm spielen
in der Nacht, das ist mein Rat.
Hat der Mai auch schöne, süße Klänge,
Blumenflor – gegen diesen Durst
kommt er heuer wohl kaum an. Kein Wunder,
daß wir ihn nicht mögen.
Lieber Herbst:

473

erntest Lust
und ersetzt
Maienluft durch Mostgeschäume.
Deinen Ruhm zu steigern,
dich zu preisen,
hab ich gerne
öffentlich dies Freßlied vorgesungen.

151 Neidhart würde nicht aufatmen, wenn er – von einer himmlischen Agentur vermittelt – zu uns käme und nach einem Konzert in ein teures Restaurant geführt würde, in dem an jedem Platz reich sortiertes, beinah sterilisiertes Besteck liegt. Beispielsweise die Gabel, an deren Gebrauch sich Europäer jahrhundertelang gewöhnen mußten: ein Metallstück zwischen Hand und Happen, ein Gerät der sichtbaren, fühlbaren Distanzierung. Und daß für ihn ein eigenes Glas bereitgestellt ist und daß ihm auf einem Teller vorgelegt wird, von dem er ganz alleine essen muß, dies könnte er schon gar nicht verstehen. Selbst wenn zu seiner Zeit nur zwei, drei Menschen an einem Tisch saßen, sie speisten stets aus gemeinsamer Schüssel, tranken aus gemeinsamem Becher, auch in höchsten Häusern. Ja, es war eine Ehre, mit einem Fürsten oder König aus gemeinsamer Schüssel essen zu dürfen, mit den Händen. Neidhart könnte am Tisch des feinen Restaurants den Eindruck haben, man rücke von ihm ab, ja, es wäre eine Glasglocke über ihn gestülpt. Dieser Neidhart würde nicht seufzen: Endlich unter zivilisierten Menschen! Er müßte sich (in unseren Augen) zurücknehmen, zusammennehmen, müßte sich (in seinen Augen) das Verhalten von Antipoden aufzwingen, die bekanntlich alles falsch machen.

Ich bleibe hier bei einer von vielen Lebensäußerungen: dem Spukken. Äußerst befremdet würde Neidhart feststellen, daß in diesem Raum nicht gespuckt wird. Man scheint im Mittelalter viel gespuckt zu haben beim Essen. In Tischregeln wurde das Spucken nicht untersagt, es wurde nur gelenkt: der Mensch der höfischen Gesellschaft spuckt nicht auf und nicht über den Tisch, sondern unter den Tisch. Erst viel später kommen, wie Norbert Elias zeigt, weitere Modifikationen hinzu: wenn man in Gegenwart eines anderen ausspuckt, setze man den Fuß auf den Speichel. Noch später: wenn es unbedingt sein muß, so spucke man in ein Taschentuch. Aber schau dir die Spucke dann nicht genüßlich an, das gehört sich nicht! Am besten: unterlaß das öffentliche Spucken. Mit dieser »Zivilisierung« ist die Speichel-Sekretion entschieden zurückgegangen – es wurde rigoros verinnerlicht! Aber dies brauchte viel Zeit. Im bayrischen Dorf, in dem ich heranwuchs, habe ich als Kind im Postamt auf einem Schild gelesen, daß Spukken verboten war. Wie selbstverständlich das öffentliche Spucken sein kann, habe ich in China erlebt. Dort wurde und wird auf den Straßen nicht nur Speichel abgesondert, es wurde und wird, vor allem von älteren Menschen, der Speichel geräuschvoll gesammelt, geräuschvoll ausgeworfen. Die ersten paarmal erschrak ich, wenn das neben mir losging; nach einigen Tagen achtete ich nicht weiter darauf, es schien mir selbstverständlich als Lebensäußerung in dieser Umwelt. Den Chinesen beginnt das Spucken neuerdings jedoch peinlich zu werden: in dieser Hinsicht hat man noch nicht den westlichen Standard erreicht, den man bewundert und anstrebt. Erste sichtbare Veränderung: jeder der auf dem Boden öffentlicher Gebäude stehenden Spucknäpfe hat einen Deckel mit senkrecht angebrachtem Stab: so kann man den Deckel abheben ohne sich zu bücken. Das setzt dann voraus: man zielt. Dies wiederum setzt voraus: man schaut in den Speichel, der sich im Spucknapf gesammelt hat.

Wer an einer mittelalterlichen Tafel neben einem spuckenden Mann (oder einer spuckenden Frau) saß, rückte nicht ab. Wohl auch nicht, wenn der andere schwitze, schmatzte, rülpste. Um es salopp rheinisch zu sagen: Menschen des Mittelalters waren nicht »fies« voreinander. Beste ze fies, för minge Leffel ze nemme? He, drink allt us mingem Jlas, wannste nit fies bes. Solche Aufforderungen waren zu Neidharts Zeit nicht notwendig. Es war selbstverständlich, daß man dicht beisammen lebte, sich nah auf den Leib rückte. Eine Nähe, vor der wir zurückschrecken, ja zurückschaudern würden. Wer sich in damaligen Formen der Gemeinsamkeit wohlfühlte, mußte die Mitmenschen anders wahrnehmen – sich selbst ebenfalls. Der schloß sich nicht aus, betonte sich nicht im Distanzieren. Norbert Elias: »Menschen, die so miteinander essen, wie es im Mittelalter Brauch ist, Fleisch mit den Fingern, aus der gleichen Schüssel, Wein aus dem gleichen Becher, Suppe aus dem gleichen Topf oder dem gleichen Teller (...) standen in einer anderen Beziehung zueinander als wir; und zwar nicht nur in der Schicht ihres klar und präzise begründeten Bewußtseins, sondern offenbar hatte ihr emotionales Leben eine andere Struktur und einen anderen Charakter. (...) Was in dieser courtoisen

Welt fehlte oder sich jedenfalls nicht in der gleichen Stärke ausgebildet hatte, war jene unsichtbare Mauer von Affekten, die sich gegenwärtig zwischen Körper und Körper der Menschen, zurückdrängend und trennend, zu erheben scheint, der Wall, der heute oft bereits bei der bloßen Annäherung an etwas spürbar ist, das mit Mund oder Händen eines anderen in Berührung gekommen ist, und das als Peinlichkeitsgefühl bei dem bloßen Anblick vieler körperlicher Verrichtungen eines anderen in Erscheinung tritt, oft auch nur bei deren bloßer Erwähnung, oder als Schamgefühl, wenn eigene Verrichtungen dem Anblick anderer ausgesetzt sind, und gewiß nicht nur dann.«

152 Unterwegs, auf Lesereise. Ein Ritual: nach der Lesung das Gespräch mit dem Publikum. Es werden Meinungen geäußert, Fragen gestellt – etwa zu meiner Schreibmethode. Zuweilen höre ich Formulierungen, die ich zitierend übernehme. Zum Beispiel: meine Methode des »erlebenden Entdeckens«.
Eine der Fragen, die sich wiederholen: warum ich mich derart intensiv und extensiv mit dem Mittelalter beschäftige. Ja, sage ich darauf, diese Frage habe ich mir auch gestellt, ich will versuchen, sie zu beantworten.
Beispielsweise wie folgt: ich fände Expeditionen langweilig, ja überflüssig, wenn sie in vertraute Regionen führten. Denn ich stelle mich nicht in Frage, wenn ich ins Geläufige laufe. Ich möchte überrascht werden in Konfrontationen mit dem anderen. Ich möchte erfahren, indirekt oder direkt, was mich befremdet, was ich mir nicht an-gleichen, an-eignen kann. Wenn ich über mich, über meine Situation schreiben will, so tue ich das direkt oder erfinde eine zeitgenössische Spielfigur in einem zeitgenössischen Umfeld, das ich aus Anschauung und Erfahrung kenne. Ich kehre nicht sieben, acht Jahrhunderte weit in die Vergangenheit zurück, um mich so wiederzufinden, wie ich mich bereits kenne oder zu kennen glaube. Wozu solch ein Umweg? Und: mit welchem Recht würde ich Fremdes sich selber fremd machen, indem ich es mir angleiche? Das Vergangene nicht als Ferment der Selbstbestätigung! Mich mit dem Vergangenen beschäftigen heißt: ich will aus mir herausgehen, will mich dem Fremden aussetzen – das könnte meine Erfahrungen mit mir erweitern, indirekt wenigstens.

So ungefähr beantworte ich nach Lesungen die Frage, die ich mir selbst oft stellte. Und ich zitiere zuweilen mein Kontrastmittel-Theorem: die injizierte Kontrastlösung, die bei einer Röntgenaufnahme die Form eines Organs hervorhebt. Also: wie ich lebe, denke, fühle, das wird mir deutlicher, wenn ich mich auf Lebensformen des Mittelalters einlasse, da erfahre ich, was uns heute fehlt und auch, was wir hinzugewonnen haben. Anders gesagt: das Vergangene betont in Kontrastlinien und Kontrastfarben meine Situation, gibt ihr schärfere Konturen.

153 Zurück zum Festbankett: es geht inzwischen dem Ende entgegen mit Früchten, Nüssen, Süßigkeiten. In großer Zahl laufen Mädchen und Pagen umher, Dienerinnen und Diener, tragen ab, bringen Wein, schenken ein, und es wird gelacht, erzählt, es wird gefiedelt, geflötet, Businen setzen schmetternd eine Zäsur, das Unterhaltungsprogramm wird fortgesetzt. Tänzerinnen zeigen, wie biegsam-elastisch ihre Körper sind, ein Tierbändiger läßt einen Hund auf den Hinterläufen gehen oder einen Bären tanzen, Akrobaten versuchen, die Schwerkraft zu überwinden. Dies also ist die Zeit, in der – auch – Lieder gesungen, Ausschnitte aus epischen Texten vorgetragen werden.
Damit nicht der Eindruck entsteht, ich entwerfe eine Filmszene, möglichst bunt, figurenreich, lege ich Zitate vor. Die ersten beiden aus dem Aeneas-Roman des Heinrich von Veldeke, Ende des zwölften Jahrhunderts: die höfische Rittergesellschaft wird römisch kostümiert.

> Als sie übermäßig viel   6209
> getrunken und gegessen hatten,
> alles, was sie sich gewünscht,
> ließ Aeneas gleich darauf
> seinen Spielmann zu sich kommen.
> Und der führte ihnen vor,
> was ihm angewiesen wurde:
> er befahl, man solle viele
> kuriose Gauklerstücke
> zeigen, wie in Troja üblich,
> die man hier noch gar nicht kannte.

Heinrich von Veldeke rückt in einer Beschreibung höfischer Unterhaltung noch näher, noch direkter an seine Gegenwart heran.

> Als sie sich dorthin gesetzt 13153
> und vergnügt gegessen hatten,
> wie der Appetit es wollte,
> wurde es nicht grade still:
> das Spektakel war so groß,
> daß nur der Adel es genoß.
> Gauklerstücke und Gesänge,
> Attacken dichter Reiterpulks,
> Pfeiferei und Tanz mit Sprüngen,
> Fiedelspiel und Dichterkunst,
> Örgelchen- und Saitenklänge:
> breitgestreute Unterhaltung!

Es deutet sich an: nicht alle ließen sich unterhalten, verschiedene
Herren trieben lieber Sport. In Hartmanns *Iwein* bestätigt sich
das.

> Nach Beendigung des Pfingstmahls 62
> unterhielt sich jedermann,
> wie es ihm am liebsten war:
> manche wollten sich mouvieren,
> manche tanzten, manche sangen,
> manche liefen, manche sprangen,
> manche lauschten Saitenklängen,
> manche sprachen ein auf Frauen,
> manche schossen auf die Scheibe,
> manche sangen von der Liebe,
> manche von den Heldentaten.

Auch hier: das große Mischprogramm! Es war also nicht so, als
hätte nach dem Essen ein Herold ausgerufen, dies sei die Stunde
der Literatur, sondern: Präsentationen literarischer Texte waren
ein Programmpunkt unter vielen. Das Wort »Programm« müßte
ich eigentlich gleich wieder streichen, denn es setzt Planung, Ter-
minierung voraus; es war aber eher so: man tat, was sich ergab,
man hörte sich an, worauf man Lust hatte – Tanzlieder, Liebeslieder, Heldenepen. Wahrscheinlich fluktuierte das Publikum auch:
man setzte sich kaum zu Beginn der Präsentation hin und stand
erst wieder auf, wenn unüberhörbar Schluß war.

Ein Modell, mehr nicht, aber es ist nicht unwahrscheinlich, daß es damaliger Realität entspricht. Literatur wurde demnach in einem vielstimmigen, fluktuierenden Kontinuum präsentiert – zumindest auf einem höfischen Fest.

Das bestätigt ein weiterer Text – ich zitiere Bumkes Übersetzung aus dem Lateinischen: »Als die Mahlzeit beendet ist, fängt die Schar der Fahrenden wieder mit ihren Kunststücken an. Jeder macht, was er kann, und müht sich zu gefallen. Der eine singt und erfreut die Zuhörer durch die Lieblichkeit seiner Stimme; der andere trägt Lieder von den Taten der Helden vor. Dieser hier schlägt mit den Fingern nach der Regel die verschiedenen Saiten; dieser da läßt mit seiner Kunst die Leier süß ertönen. Die Flöte macht aus tausend Löchern Töne verschiedener Art, der Schlag der Pauken erzeugt schrecklichen Lärm. Der eine springt und vollführt mit seinen Gliedern verschiedene Bewegungen, beugt sich vor und zurück, bewegt sich im Zurückbeugen nach vorn, läßt die Hände anstelle der Füße gehen, streckt die Füße in die Höhe und heißt den Kopf, unten zu sein, wie eine Chimäre. Der andere läßt durch Zauberkunst verschiedene Trugbilder erscheinen und täuscht durch die Geschicklichkeit der Hand die Augen. Dieser führt den Leuten einen jungen Hund oder ein Pferd vor, die er auffordert, sich wie Menschen zu gebärden; dieser dort wirft die Scheibe in hohem Bogen durch die Luft, fängt sie im Fallen auf und wirft sie wieder empor. Solche Spiele und andere mehr gibt es an diesem festlichen Tag.«

Neidhart tritt also auf im bunten Programm eines höfischen Festes. Sein Auftritt findet vielleicht erst statt, wenn die Herrschaften nach einer ersten Erschöpfungs- und Verdauungspause wieder aktiver werden und tanzen wollen: nun singt Neidhart seine beliebten, zündenden Tanzlieder, macht wohl auch den Vortänzer. Dessen Wahrzeichen ist der »leitestap«, den Neidhart selbst erwähnt, und diesen Stab stelle ich mir vor wie die einfachere Ausführung eines Tambourstocks; hinter dem Vortänzer bilden die Tänzer eine Art Polonaise, damals »reien« genannt, und tanzend wird Neidhart die Schritte vormachen, die von Tänzerinnen und Tänzern imitiert werden. Denkbar, daß ein Vortänzer wie Neidhart auf den Leitstab verzichtet und sich mit einem Instrument beim Singen begleitet, etwa auf einer Fiedel. Tanzen, spielen, singen: zuviele simultane Tätigkeiten? Aber warum sollte Neidhart nicht schon gekonnt haben, was heute bei jedem guten amerikanischen Entertainer vorausgesetzt wird: daß er plaudern (moderieren), singen und tanzen (oder steppen) kann und all dies virtuos? Virtuosität brauchte ein Vortänzer bei einem höfischen Fest kaum zu zeigen, er agierte nicht exponiert auf einer Bühne, und wenn er ein Saiteninstrument strich oder zupfte, wird das im Festestrubel kaum gehört worden sein, und was er sang, das wurde zum Teil wohl mitgesungen, soweit die Lieder bekannt waren, zumindest sang das höfische Publikum die Refrains. Und zahlreich die Zwischenrufe.

Es gibt allerlei Tanznamen, die Neidhart selbst erwähnt, aber es läßt sich nicht zuverlässig sagen, ob diese »dancie et springaciones« (wie es im vielfach unnachahmlichen Latein des Mittelalters heißt) gemessene Schreittänze oder temperamentvolle Sprungtänze waren, ob sie bei Bauern üblich waren oder zum höfischen Kanon gehörten. Gewiß haben die Damen und Herren der höfischen Kreise im Palas der Burg von Kelheim oder Wartenberg oder Trausnitz, von Klosterneuburg oder Wien oder Mödling rituell, formalisiert getanzt, beispielsweise zur Musik eines Minnesängers, aber wenn Neidhart seine Tanzlieder sang, wird es hoch und heiß hergegangen sein.

In jener Gesellschaft der jähen, oft fieberhaften Bewegungen, der Übergriffe, der plötzlichen Ausschreitungen kann ich mir nicht vorstellen, daß die Vitalität beim Tanzen gebremst wurde durch ständig beachtete Formalisierungen der Bewegungen. Unablässig wurde von Epikern (beispielsweise von Wolfram) betont, daß sich die Figuren (seiner utopischen Welt der Artusritter) formbewußt, formbetont, formvollendet verhalten, aber damit wurde ein Gegenbild entworfen zu Repräsentanten einer Gesellschaft, die *nicht* die Form wahrte, die *nicht* Maß hielt, sondern vielfach explosiv reagierte und agierte. Aber das war noch kein psychologisch motivierter, stimulierter »Urschrei«, das war noch keine bioenergetisch geweckte Intensität der Körperbewegungen, das war unreflektierte Selbstverständlichkeit.

Nein, ich kann mir nicht vorstellen, daß die Damen und Herren in Bayern, in Österreich rituell, höchst formalisiert tanzen, wenn Neidhart singt, aufspielt, es könnte vielmehr ähnlich zugehen, wie das Neidhart in vielen Liedtexten über bäuerliche Tanzvergnügungen schildert, und wie das kritische klerikale Zeitgenossen bestätigen: Frauen, die beim Tanzen »wie Hirschkühe die Hinterkeulen grob und unanständig bewegen«, die sich beim Springen teilweise entblößen – es läßt sich also trotz aller Stilisierung Neidharts annehmen, daß seine Beschreibungen von Tänzen und Tanzexzessen im Sichtkontakt zu einer Realität vorgetragen wurden, die in Burgen oder auf Wiesen üblich sein mochte. Und wenn Neidhart Tanzlieder mit sieben, mit neun, mit dreizehn, mit fünfzehn, mit achtzehn oder womöglich zwanzig Strophen sang, so muß das bei seiner wohl rhythmisch akzentuierten, meist eingängig simplen Musik zu beinah tranceartigen Zuständen geführt haben, zu einer kollektiven Tanzwut, in der sich so mancher der Herren benahm wie ein Veitstänzer.

Nach einer längeren Tanzsequenz wird man wohl keuchend, lachend wieder Platz nehmen, und Neidhart wird, so nehme ich an, erst mal ein Holzbecher Wein zugeschoben. Auch die Damen und Herren erfrischen sich, man ruft sich zu, was man an lustigen Einzelheiten aus Neidharts Liedern aufgeschnappt hat, setzt das vielleicht mosaikförmig zusammen in den vorgegebenen, längst bekannten Mustern. Und dann tritt eventuell ein Feuerschlucker auf oder ein hochdotierter Messerwerfer oder eine junge Akrobatin rollt barfuß auf zwei Kugeln heran, schlägt dabei Tamburin, springt von den Kugeln herab in ihrem kurzen Kleid, läßt das Tamburin zur Decke hochrotieren, fängt es, nach überaus graziöser Körperbewegung, mit hochgestrecktem Zeigefinger wieder auf. Applaus!

154 Kunst, dargeboten in einer Atmosphäre, die bei uns Assoziationen an den Zirkus weckt: das blieb nach Neidhart jahrhundertelang so. Ich kann hier keine Geschichte der Rezeption von Literatur einbringen, nur zwei Hinweise.

Der erste auf Grillparzers Erfahrungen bei seiner Reise nach London, mitgeteilt in seiner *Selbstbiographie*. So hat er Shakespeares Richard III. »hinter einem eisernen Zaun« gesehen, der Bühne und Zuschauerraum trennte, weil nach dem Shakespeare-Drama eine Oper aufgeführt wurde, »in der ganze Schwadronen von Pferden mitspielten«.

Auch bei seinem zweiten Londoner Theaterbesuch ein Kontrastprogramm: »Man gab auch diesmal ein Shakespearesches Stück und eine elende Posse mit Musik.« Grillparzer berichtet weiter: »Das wegen des arbeitslosen halben Feiertages massenhaft versammelte Volk machte nun während des Shakespeareschen Trauerspieles einen solchen Lärm, daß man nicht etwa nur die Schauspieler nicht verstand, sondern auch nicht hören konnte, ob sie überhaupt sprächen oder nicht. Die entgegengesetzten Seiten der Galerie führten über das Parterre weg Gespräche untereinander, zankten, schrien, begehrten, daß dieser oder jener hinausgeworfen werde. In einem Branntweinhaus voll Betrunkener kann es nicht anders hergehen. Kaum ließ sich aber der erste Ton der Musik zur zweiten elenden Posse hören, als eine Totenstille eintrat, die nur von Zeit zu Zeit durch Ausbrüche des lebhaftesten Beifalls unterbrochen wurde.«

Der zweite Hinweis: Goethe und die Weimarer Bühne. Für uns sind es, in bewunderndem Rückblick, beinah geheiligte Bretter, aber noch unter Goethes Intendanz ging es dort bunt und ›gemischt‹ zu. Der besondere Liebling des Weimarer Publikums war ein dressierter Pudel, der zwischen Akten auch ernster Schauspiele seine Männchen und Mätzchen machte – Goethe kämpfte lange gegen diese Pudel-Intermezzi an; als während einer seiner Fahrten nach Jena gegen sein ausdrückliches Verbot der Pudel doch wieder auftrat, nahm er dies zum Anlaß, sein schon lange belastetes Verhältnis zu dieser Bühne zu beenden.

Angesichts solcher Gäule und Pudel: soll ich puristisch voraussetzen, auf einer Festveranstaltung, zu der Neidhart sang, wäre nicht beispielsweise ein Tanzbär vorgeführt worden? Der Intermezzo-Pudel von Weimar, ein tanzender Bär in einem Programm, in dem auch Neidhart auftrat, vielleicht nähere ich mich mit solchen Analogien damaliger Realität. Ja, ich bin fast sicher, daß ich dem Leser damit keinen Bären aufbinde. Und rhetorisch pointierend spiele ich diese Aufführungs-Situation ein wenig aus: vor oder nach exakt geworfenen Messern einige ziselierte Verse... vor oder nach dem Feuerspucker ein zündendes Lied... vor oder nach dem Jongleur ein equilibristischer Liedtext... vor oder nach dem Pantomimen ein literarisches Rollenspiel... vor oder nach dem Akrobaten ein temperamentvolles Tanzlied...

Ich muß betonen: ich entwerfe ein höfisches Fest, nach überlieferten Informationen, und weise zurück auf das Gegenbeispiel des Auftritts eines Dichterkomponisten vor kleinem Kreis, in dem man mit Kennerschaft auf literarische und musikalische Nuancen achtet, vielleicht sogar auf literarische und musikalische Formen. Neidhart hatte auch für solche ›kammermusikalischen‹ Veranstaltungen Lieder in seinem Programm, aber vielleicht war er besonders begehrt bei Festveranstaltungen. Ich bin ziemlich sicher, daß Neidhart sich hier zuweilen lautstark, ja rabiat durchsetzen mußte gegen ein Publikum, das von weit her zusammengekommen war, und man hatte sich in dieser nachrichtenarmen Welt viel, sehr viel mitzuteilen, das erheblich wichtiger war als musikalische Darbietungen. Die äußeren Bedingungen dürften zu Neidharts Zeit hart gewesen sein: er sang bei hohem Geräuschpegel.

Das blieb so bis in die Barockzeit: während der Konzerte und vor allem während der Opernaufführungen unterhielt man sich ungeniert, in gewohnter Lautstärke. Im Zuschauerraum wurde nicht einmal ein Teil der Kerzen gelöscht, er blieb in festlichem Glanz, denn es war vor allem wichtig, daß man als Zuschauer gesehen wurde; die Darbietungen auf der Bühne waren akustisches und optisches Dekor, man schaute und hörte nur bei besonders auffälligen Darbietungen hin, und wichtiger als manche Kantilene war für einige Herren die Frage, wie hoch der Preis der dritten Tänzerin von links sein mochte.

Auch in der Zeit der Klassik kuschte das Publikum noch nicht! Selbst bei Uraufführungen von Sinfonien eines Mozart, sogar von (späten!) Streichquartetten eines Beethoven riefen Zuhörer, was ihnen gefiel, einfiel, auffiel. Das ist vielfach bezeugt, daran waren Mithörende, Musiker, Komponisten gewöhnt, und Mozart zum Beispiel hat es (beispielsweise in seiner Pariser Sinfonie) darauf angelegt, daß Ah und Oh gerufen wurde. Heute dagegen ist es ›normal‹, daß (wie ich es erlebt habe) etwa tausend Zuhörer mucksmäuschenstill im Saal sitzen und einem so hochartifiziellen Werk wie Beethovens cis-Moll-Quartett lauschen, eher schläfrig als in atemloser Spannung. Wie würde man zusammenzucken, und wie viele strafende Blicke, wenn jemand über mehrere Reihen hinweg zur Bühne riefe: Phantastisches Seitenthema! oder: Großartige Coda! oder: Den Satz da capo!

Nur in Spielfilmszenen lauschen die Zuhörer-Statisten lautlos, ja atemlos, wenn beispielsweise ein kleiner Mozart an einem Fürstenhof vorspielt – die Aufmerksamkeit seiner Zeitgenossen dagegen löste sich nach der ersten Überraschung wohl schnell wieder von ihm ab: Das ist ja ein sehr kleiner Bub, aber der spielt sehr schön, übrigens, gestern war ich bei der Comtesse, und die hat ein außerordentlich... Und so schwatzte das dahin, generationenlang, noch Clara Schumann hatte Probleme mit dem Publikum, vor allem in Salons, in denen Livrierte Tee und Gebäck servierten, während sie spielte, in denen man ungeniert plauderte. Erst in der Zeit der Spätromantik wurde Kunst zu etwas Sakralem, und das dämpfte den Lautstärkepegel und die Motorik des Publikums rigoros.

155 Noch einmal Jean Renart und sein *Roman von der Rose.*
Hier wird viel erzählt von höfischen Festen, vom Tanz im Saal und im Grünen, von Einzelliedern, nie aber lese ich, daß ein Spielmann ein zusammenhängendes Programm vorträgt, nach dem Festbankett am Mittag oder zur Abendunterhaltung. Vielmehr: nachdem man »genug gegessen« hat, stehen Ritter auf, um an kleinen Tischen zu spielen, vor allem mit Würfeln (um Geld, versteht sich) oder man setzt sich nieder zum Schachspiel (auch hier geht es meist um Geld). Währenddessen ziehen Fiedler durch die Räumlichkeiten (in diesem Fall: durch die Zelte), viele folgen ihnen hinaus ins Freie, und es werden »auf der grünen Wiese« die Reien getanzt, zu denen auch gesungen wird. Aber nicht von einem engagierten Künstler, sondern: es tritt eine Dame vor und singt ein Lied, und es folgt ein Knappe des Vogtes von Speyer, und nach »drei Reigenumläufen« singt der Sohn des Grafen von Aubourc, ihm schließt sich die Herzogin von Österreich an, und die Spielleute musizieren auf ihren Fiedeln. Von solch einem Tanzfest wird mindestens noch einmal erzählt in diesem *Roman von der Rose,* und wieder lese ich: ein Galeran von Limburg tritt vor, beginnt ein Lied, und »bevor das Lied noch drei Tanzumläufe gedauert« hat, beginnt der Sohn eines Grafen von Maastricht, ihm schließt sich ein Knappe des Grafen von Loos an, anschließend wiederum »ein Spielmann aus dem Reich«. Also: ein Spielmann sang unter anderen, die keine Berufsmusiker, Berufssänger waren.

Selbst die Vorstellung von einem Programmblock »Neidhart singt« – sie löst sich auf nach diesem Blick über die Grenze. Vielleicht ließ man einen Spielmann, wenn er mitreißend in Fahrt kam, mehrere Tanzrunden lang singen, aber: wenn ein Spielmann auftrat, als Instrumentalist, als Sänger, so hieß das offenbar nicht, daß alle anderen nun nicht mehr vorsangen, daß sie nur noch tanzten, sondern es konnte eine Art Wettstreit im Singen entstehen.

Man sang viel zu gerne, um professionellen Sängern ohne weiteres den Vortritt zu lassen, um ihnen allzu große Zeiträume zu gewähren, in denen sie ausschließlich selbst singen konnten. Wenn ich den *Roman von der Rose* durchblättre, entsteht ein Mosaik höfischer Sing-Situationen. Die Tafel ist gedeckt, man ißt noch nicht, Ritter singen ein Liedchen; bevor sie ganz fertig sind, stimmt eine blonde junge Dame ein Lied an, und ihr folgt, sie unterbrechend, die Schwester des Herzogs von Mainz – man kann es also kaum erwarten, selber singen zu dürfen! Weitere Situationen: der Kaiser und sein Spielmann singen gemeinsam ein Lied; der Kaiser liegt auf dem Bett und stimmt, um sich mit Gesang zu trösten, ein Lied an; eine höfische Dame wird aufgefordert, ein Lied zu singen; weil die Vögel so schön singen, stimmt ein Reitertrupp ein Freudenlied an; es singt die Schwester eines Spielmanns; ein König ist so überdreht in seinem Glücksgefühl, daß er singen muß; man reitet querfeldein und fragt einander, ob dieses oder jenes Lied bekannt sei; der Kaiser dichtet Strophen; der König hört ein Lied und sagt dem Spielmann: »Wie treffend sind gerade diese Strophen auf mich zugeschnitten«; während eines Rittes singt ein Neffe des Bischofs von Lüttich; singend zieht man von einem Raum der Burg in den anderen – und so weiter. Alles nur literarische Fiktionen, nur Topoi? Renart hätte dies nicht erzählt, wenn sein Publikum sich hier überhaupt nicht wiedererkannt hätte.

Abschließender Zusatz: was an französischen Höfen geschah, das war für Herrschaften im deutschen Bereich vorbildhaft.

156 Neidharts Tanzlieder, die Tänze seines Publikums – keiner dieser Tänze läßt sich so beschreiben, wie man höfische Tänze des 17. und des 18. Jahrhunderts beschreiben kann: Grundschritt links, Grundschritt rechts, in Takt vier großer Sprung mit halber Drehung um die rechte Schulter... Vielleicht aber lassen sich einige Rückschlüsse ziehen aus Tanzformen der höfischen Zeit vier und fünf Jahrhunderte nach Neidhart. Denn auch diese Tänze hatten oft alte Traditionen.

Für die Tänze an französischen und englischen Höfen des 17. und 18. Jahrhunderts gilt eine Grund-Unterscheidung, die auch für Tänze an deutschen Höfen des 12. und 13. Jahrhunderts zutraf: der Schreit-Tanz und der Sprung-Tanz. Die »danse basse« als Tanz der meist gemessen schreitenden Bewegungen, der sogenannte »geschrittene Tanz«, und das ist eine Formulierung, die wir schon bei Neidhart finden; die »danse haute« als rascher Tanz mit verschiedenartigen Sprüngen. Beides war offizieller höfischer Tanz! Es läßt sich also nicht vereinfachend kontrastieren: die höfischen Damen und Herren bewegten sich mit gemessenen Schritten, die Bauern sprangen beim Tanz wild in die Höhe... Auch an den feinsten Höfen des Barock sprang man wild in die Höhe. Also dürfte man auch am Hof eines Herzogs Friedrich von Österreich gemessen geschritten und wild in die Höhe gesprungen sein.

Kleine Tanzsuite in diesem Kapitel, alles mit Blick auf Neidhart und sein Publikum. Der berühmteste aller Schreit-Tänze ist das Menuett – diesen »schönen und galanten Tanz« beschreibe ich hier nicht näher, ich weise nur auf zwei Randerscheinungen hin, die für uns aufschlußreich sein könnten. Das erste Phänomen, Grundschritt links: Menuette wurden nicht allein zur Musik von Instrumental-Ensembles getanzt, es wurden auch Tanz-Strophen gesungen. Das zweite Phänomen, Grundschritt rechts: dieser höfisch formalisierte Schreit-Tanz wurde rasch auch in nicht-höfischer Bevölkerung beliebt, »bis in die dörflichen Winkel Europas hinein«. Und in einer Fußnote des Buches von Karl Heinz Taubert wird auf eine historische Entsprechung hingewiesen: schon im 13. Jahrhundert hätten Bauern den »hovetanz« imitiert. Und es fällt der Name Neidhart.

Nun wissen wir, Neidhart hat stilisiert. Aber, so habe ich schon mehrfach geschrieben: mit Sichtkontakt zur Realität. Daß in Dörfern des 18. Jahrhunderts Menuette getanzt wurden, dies könnte vielleicht auch Schlüsse zulassen auf Neidharts Zeit. Dann wären die höfischen Tänze aber wohl kaum auf dem vielzitierten Dorfplatz mit der Linde nachgeahmt worden, sondern eher bei Festen reicher Bauern. Denn um höfische Tänze nachahmen zu können, brauchte man Spielleute, die sie im Programm hatten, also: Spielleute von gehobenem Niveau, also: Spielleute, die mehr kosteten als die üblichen Fiedler, Sackpfeifer, Trommelschläger.

Zu den Tänzen der langsamen Tempi und der schreitenden Bewegungen gehörte in höfischer Zeit auch die Allemande. Es gab hier freilich Taktwechsel: aus dem Viervierteltakt des »geschrittenen« Tanzes konnte man rasch übergehen in den Dreivierteltakt des »Hupfauf« – »der uralte, belebend wirkende Gegensatz binär-ternär als gemessen schreitend und bewegt springend in Zeitmaß, Rhythmus und tänzerischer Bewegung«. Weitere Namen für diesen »Nachtanz«: Sprunck, Hopeldantz, Saltarello – Italiener sprachen und schrieben von Saltarello tedesco. Hier ging es hoch her, »Tanz in größter Bewegung und heftigem Durcheinander« – vielfach raubte man sich in dieser Phase die Tänzerinnen.

Ein weiterer Tanz mit Tempo: die Gigue. So wie das Menuett von Bauern nachgeahmt wurde, so ist die Gigue eine Nachahmung bäuerlicher Tänze. Am Hof der Queen Elizabeth waren Gigues nach dem offiziellen Teil des Hofballs beliebt: als Country Dances. Und die feinen Herrschaften stampften mit den Hacken, klatschten in die Hände. Und es geschah, was von Tugendwächtern gerügt wurde: auch Damen sprangen hoch, machten wilde Kapriolen. Wenn man am Hof der Queen Elizabeth mit den Hakken stampfte, in die Hände klatschte, wilde Kapriolen und Sprünge machte, so schließe ich jede englische Wette ab, daß dies Entsprechungen fand bei höfischen Tanzveranstaltungen zu Neidharts Zeit. Gemessenes Schreiten, wildes Springen – beides typisch für die Tänzer, denen er vorsang und vorspielte und wohl auch vortanzte.

157 Nach so viel Festlichkeit, Tanz, Musik, Rhythmus nun wieder zwei Liedtexte: über Neidhart als bäuerlichen Widersacher. Diesmal übersetze ich wieder nach dem Sterzinger Liederbuch – dies auch, um eine der doppelten Überlieferungen zu dokumentieren.

Sommer, deine sanften Wonnen müssen wir entbehren,
weil der böse Winter nichts als Trauern, Sehnen läßt.
Und meine Lust erfüllt sich nicht bei meiner Lieben, Schönen.
Wie soll ich diese schwere, lange Zeit bloß überstehen,
die die Wiesen fahl macht und so viele hübsche Blümlein?
All dies hat die Vöglein so bedrückt, im offenen Land,
    daß sie nicht mehr singen können.

Und genauso hat die Liebe mir das Herz bedrückt,
daß ich ohne Freude meine Tage hier vergeude.
Daß ich so lange für sie sang, das hilft mir nichts –
wenn ich schweige, komme ich bei ihr genauso weit.
Daß sie für Männer etwas übrig hat, das glaub ich nicht.
Es bringt uns gar nichts, was wir ihr gesungen, zugeflüstert,
    ich und jener Hildebold.

Der ist der Dümmste unter all den dreisten Bauerngigerln:
er heißt der »junge Hildeger«. Ich kriegte sie
den ganzen Sommer über nicht von ihrer Seite weg,
als man abends auf der Straße hin und her getanzt.
Deppert, drohend haben sie mich öfters angestarrt,
und so mußte ich denn, gegen meine feste Absicht,
    vor den Dörflern Leine ziehen.

Um mich zu ärgern, haben sie mit ihr wie wild getanzt –
diese Frechheit macht mir grauen Schläfenhaare.
Ach, so viele haben mich vom schönen Fleck verdrängt,
jetzt bei meiner Liebsten, früher auch in andren Fällen –
über ihren Schildrand funkelt mich die Schöne an!
Gerne sollt ihr hören, wie die Dörfler sich bekleiden:
    mächtig sind sie aufgeputzt!

Sie trugen enge Röcke unter kleinen, kurzen Mänteln,
rote Hüte, Schnallenschuhe, schwarze Hosen.
Wie Engelmar, der Friederun und mir das Leid getan,
so führten sich die beiden auf mit ihren Seidensäckchen,
die sie trugen; drinnen steckte eine Ingwerwurzel.
Eine gab der Hildebold der Schönen bei dem Tanz –
    Willeger entriß sie ihr.

Wollt ihr wissen, wie sie miteinander umgesprungen?
Ich weiß es nicht – ich hab mich gleich von dort verdrückt.
Ich hörte unter ihnen viele nach den Freunden rufen!
Und hörte einen schreien: »Onkel Weigend, hilf mir doch!«
Als der so laut um Hilfe schrie, war er sicher in der Klemme.
Lauthals schreien hörte ich die Schwester Hildebolds:
    »Ach, mein armer Bruder, ach!«

Ein dreistes Bauerngigerl kam vom Streit dahergerannt –
da fragte ich denn, wer sich dort mit wem geprügelt.
Das Mäntelchen des Hildebold, es wurde aufgefetzt
und auch sein enger Rock – einen halben Meter weit!
Der Grund: die Ingwerwurzel, die ihm die Schöne raubte.
Dafür mußte dann so manche schöne Kappe büßen –
    sie lagen nach dem Tanz zerfetzt.

Was mich ärgert, ist: der Friedebrecht trägt Schellensporen,
und mehr als eine Hand breit ist sein Gürtel mit den Spangen;
am Schwertring, unten an der Scheide, trägt er Bänder.
Glaubt mir, liebe Freunde, daß ich schwer darunter leide:
er zieht die Handschuh bis an seine Ellenbogen hoch!
Gerne sollt ihr hören, wie dann dieser Bauerndepp
    von dem Gassenkampf entfloh.

Woran soll man jetzt künftig mein Gesings erkennen?
Früher hat man mich so gut erkannt am »Reuental«.
Nach dem Rechtsbrauch müßte man mich heute noch so nennen.
Mein eigner Grund und Boden sind zu klein bemessen.
Leute, laßt den für euch singen, der dies nun besitzt.
Man trieb mich fort, ich hatte keine Schuld! Liebe Freunde,
    sprecht mich von dem Namen frei.

Was mir meine Feinde wünschten, hat sich nicht erfüllt.
Will es Gott, so finde ich in meiner Not schon Hilfe.
Ich kam nach Österreich gereist, dort ward ich gut empfangen.
Gottes Lohn dem Fürsten, der mir dieses schöne Haus gab.
Dort in Mödling wohn ich fest – zum Ärger meiner Feinde.
Mir tut es leid, daß ich im Reuental so viel
    von Eppe und von Gumpe sang.

»Neidhart hat uns hier verlassen – wie die Krähe,
die vom dürren Aste fliegt und sich ins Saatfeld setzt.
Keiner mache sich an seine schöne Frau heran,
wenn sie ihm auch nicht den kleinsten Anlaß dazu gibt.
Schaden hat sie sowieso genug, wie jeder weiß.
Laßt Hildebold in Ruhe, denn es war nur eine Eichel,
    die er in dem Säckchen trug.«

Und wieder Neidhart als Schwankfigur. Fünf Schwänke waren es
vor allem, die über Neidhart gedichtet wurden: der Veilchen-, der
Kutten-, der Faß-, der Stinksalben-, der Bilderschwank. Ich stelle
den Stinksalbenschwank vor, hier kombiniert mit einem Pilz-, einem Schwammerlschwank.

        Wollt ihr etwas Neues hören,
        das sich Neidhart ausgeheckt?
        Sehr gerissen war der Mann,
        tolle Streiche machte er!

        Nahm nen Korb auf seine Schulter,
        wollte in die Pilze gehn.
        Seine hübsche Frau, die fragte:
        »Guter Mann, wo willst du hin?«

»Wirst du dir wohl denken können.
In den Wald, zum Pilzesuchen.
Pfifferlinge nennt man sie.
Bauern sind sie gut bekannt.«

Kam denn unter große Buchen,
gute Schwammerln suchte er,
füllte seinen Korb mit ihnen,
freute sich schon auf den Streich!

Nahm den Korb auf seine Schulter,
wollte ihn von dannen tragen.
Trug ihn hin nach Zeiselmauer,
dort fand er das Bauernpack.

Setzte sich dort vor die Kirchtür,
stellte seine Pilze aus.
Eine Frau kam her, hieß Diemut.
»Diese Pilze sind vorzüglich!«

Bald kam auch Herr Engelmar,
nahm ihm alle Pilze weg,
trug sie fort, als Wein-Beilage,
denn sie wollten lustig sein.

»Lieber Mann, was fällt dir ein?
Willst nicht für die Pilze zahlen?
Ah, ihr übles Bauernpack –
wohl bekomms, das Pilzgericht!«

Fraßen sich an Schwammerln satt,
wollten es nicht anders haben!
War ein ganzer Haufen Bauern.
Bald beklagten sie ihr Bauchweh!

Suhlsau sagte da zu sich:
»Diese Pilze sind wohl giftig,
weil ich Bauchweh haben tu;
gar nicht gut sind diese Schwammerln!«

Rotteten sich groß zusammen,
(Neidhart lief zum Dorf hinaus)
mit den Stangen, Ofenschiebern;
Neidhart unter einer Brücke.

Liefen los voll Überschwang.
Neidhart schien die Brücke gut.
»Ah, du blödes Bauernpack,
dieser Diebstahl rächt sich noch!«

Doch da sprach »Guck-in-die-Luft«:
»Unrecht haben wir getan,
als wir ihm die Pilze nahmen.
Dieses könnte uns mal schaden.

Besser ists, wir geben nach.
Einen Boten schickt zu ihm:
soll auf uns nicht böse sein,
werden für die Pilze zahlen.«

Als der Neidhart das erfuhr,
von dem Boten übermittelt,
sagte er: »Ich war es, Neidhart;
will mich an den Bauern rächen!«

Und am dritten Tag, tatsächlich,
war der Neidhart wieder dort,
bot am Kirchplatz Salbe an,
hatte einen Streich geplant.

Und es kam daher der Richter,
fragte, was er nun verkaufe.
»Gute Salbe habe ich,
klagt Euch jemand, schickt ihn her!

Wenn jemand der Bauch weh tut,
dazu ist die Salbe gut!«
Kauften denn in kurzer Zeit
Salbe ein für hundert Mark.

Schrieen fröhlich durcheinander,
wollten sich den Bauch einschmieren!
Schmierten sich die Bäuche ein,
stanken gut ein halbes Jahr!

Liefen weg von Frauen, Kindern,
konnten nirgendwo mehr bleiben,
mußten auch das Land verlassen,
ihr Gestank vergraulte jeden!

158 Und was gibts Neues in der Nordeifel, in der Region des Wehebachtals? Sing uns noch ein paar Strophen! Ja, stellt euch vor: einen Steinwurf weit (und ich denke hier nur noch an Steinwürfe, Steinwürfe!) also einen guten Steinwurf vom alten Forsthaus entfernt liegt, in einem Geviert von Gebüsch, Gestrüpp, Niederwald ein »aufgelassener« Steinbruch, und den benutzen Bauernburschen neuerdings als Motocross-Übungsgelände. Davon will ich, muß ich euch ein Lied singen!
Strophe eins: sie haben sich kostspielige Maschinen gekauft, Motorräder wie auf schrägen Stelzen, spannenlanger Abstand jeweils zwischen den genoppten Reifen und den Schmutzblechen, und auf diesen Spezial-Motorrädern fahren die beiden Hauptrüpel – (Uli heißt der eine, Mike der andere) am liebsten zu der Zeit, in der ich im Forsthaus bin, also freitags am frühen Abend und samstags vormittags oder nachmittags und sonntags auf jeden Fall vormittags, fahren in ihren Ledermonturen und mit ihren Motocross-Helmen wie im Sturzflug in die Grube hinunter, in der sie gleich bleiben sollten, schnellen auf steiler Rampe wieder heraus, fahren sandschleudernd, steineschleudernd in eine schon erheblich ausgefahrene Kurve, aus der sie noch immer nicht geflogen sind, stürzen sich wieder – leider, ohne zu stürzen – in die Grube hinunter, um gleich darauf – leider – wieder herauszuschnellen, fast im Sprung an der oberen Kante, und gleich in die Kurve. Ende der ersten Strophe.
Und Strophe zwei des zweiten Liedes oder Strophe fünf des fortgesetzten Liedes über Erfahrungen eines Dünnhäuters unter Dickfellern, und diese Dickfeller sind so dumm wie dreist, das hat schon Neidhart treffend beschrieben. Stellt euch vor, dieser Uli hat (wenn er nicht gerade auf dem Motorrad seinen Lärmausstoß

potenziert) kleine Kopfhörer auf, und er speist aus einer Art Schrittmacherkästchen unablässig Musik in sich ein. Latscht so herum und powert seine Gehörgänge voll mit Musik, und die muß mit wahrscheinlich kontinuierlich wachsender Lautstärke einwirken auf seine verhärteten Trommelfelle. Und Mike, dieser Maik, fährt gelegentlich mit einem Riesentraktor auf einem der Felder hier oben vor dem Wehebachtal, zieht mit möglichst großer Geschwindigkeit eine Egge oder sonst ein Gerät hinter sich her, hat dabei die Stereo-Lautsprecher über dem Kopf voll aufgedreht: ein halb offenes Gehäuse mit Discomusik hin und her auf den Feldern. Wie soll ich diesen Burschen mit ihren dauerbeschallten Ohren verständlich machen, daß Stille für mich etwas ist, wovor ich mich nicht unablässig abschirmen muß mit lärmender Geschäftigkeit, und die ich nicht augenblicklich zerstören will? In ihren versaubeutelten Ohren ist der Lärm ihrer gedopten Motorräder Musik, und mein überreiztes Hirn reproduziert zuweilen nur noch diese beiden Wörter: Krähenfüße, Steinwürfe, Krähenfüße, Steinwürfe – und so weiter, ad libitum.

Strophe drei dieses Lamentos für Freunde, die meine Situation am Wehebachtal ernst nehmen und zugleich belachen sollen. Zu Uli und Maik sind ein paar Spezis hinzugekommen, die ebenfalls auf die hochrädrigen, hochtourigen Motocross-Maschinen »umgestiegen« sind, seit es da – fern vom Dorf, fern von den Höfen, den Häusern ihrer Eltern – eine Grube gibt, in der sie das Motocrossfahren üben können, das sie so sehr bewundern bei den professionellen Motocrossfahrern, die einmal im Jahr ein regional bekanntes Rennen fahren, am Rand des Nachbardorfs Kleinhau. Zuweilen ist es ein halbes Dutzend dieser Spezialmotorräder, die an einem Sonntagvormittag in Steinwurfnähe zusammenkommen, und da lassen diese Burschen ihre fast ungedämpften Motore erst einmal hochjaulen – immer ist etwas zu prüfen, zu »checken« an ihren Maschinen, ständig ist das verbunden mit Lärm im Leerlauf: hochtreiben, hochtreiben das Geräusch und meinen Herzschlag und meinen Blutdruck – wobei hier der Ärger über mich selbst hinzukommt, weil ich mich angesichts weltweiter endzeitlicher Probleme derart über ein lokal begrenztes Phänomen ärgere! Ja, und schon geht es los, Runde um Runde um Runde um Runde, in die Grube hinab, um die Grube herum, und in den Fugen des Bruchsteingemäuers, so habe ich den Eindruck, zerbröckelt, versandet der Mörtel unter dieser Lärmeinwirkung – warum, in Neidharts Namen, muß sich aller Lärm auf mich zusammenzie-

hen, unter diesem Himmel, der die Woche über auch noch Übungsraum für Militärflieger ist?! Wenn ich diese Uli, Mike und Konsorten einmal zur Rede stellte, was würden sie sagen, zumindest denken, in einem bösen Refrain, in einer Strophe des Widerspruchs, des Spotts und Hohns? Dieser Pimock, würden sie sagen oder singen, neben ihren Maschinen oder auf ihren Maschinen, dä Pimock, was glaubt der eigentlich, wer der ist, dä Pimock, dem werden wir mal zeigen, was ein richtiger, motorisierter, ständig musikbeschallter nordeifeler Bauernbursche ist, dä Pimock, wenn der zu arg protestiert, da soll der mal an unserem Festzelt vorbeikommen bei der Kirmes, da werden wir dä Pimock auf die Zehen steigen, da knöpfen wir uns dä Pimock mal vor, da zeigen wir dä Pimock mal, was wir drauf haben, da zeigen wir es dä Pimock mal so richtig, dä Pimock soll sich verpissen aus der Gegend, dä Pimock hat hier nichts verloren. Und was geschieht, ihr Burschen, wenn mich mein alter Jähzorn packt?
Ende des Lieds, meine Freunde, oder noch eine Strophe? Ja, wenn ihr wollt, erfinde ich hier noch mehr, hautnah an der Realität.

159 Und gleich weiter mit dem Thema Bauern. Wie Spott und Hohn umschlagen in die Fiktion von Gewalt, zeigt das folgende Lied. Vor allem mit solchen Texten über Rüpeleien, Rempeleien, Prügeleien hat Neidhart ein Muster geschaffen, das ihm gleichsam über den Kopf wachsen wird.

> Als der liebe Sommer
> Abschied nahm,
> war es mit dem Tanzen
> auf der Wiese aus.
> Seither ist er traurig,
> der Herr Gunderam,
> tut jetzt nicht mehr dicke,
> damit ists vorbei.
> Überwacht das Würfelspiel in diesem Winter.
> Ist der landesgrößte Bauerndepp.
> Ständig schwenkt sein ›Gassen-Hauer‹
>   weit nach hinten aus.

Nahm sich bei den Mädchen
reichlich viel heraus,
bis ihn schließlich meine
Watschen-Dame traf.
Treibt es wirklich bunt.
Wenn er eine rügt:
haut sie, daß sie heult!
Machen keine Späßchen mehr,
unterlassen auch das Kichern –
sichs verkneifen, fiel den Mädchen schwer.
Ihre Hände kriegten oft zu spüren,
     wer das Sagen hatte.

Jeden Feiertag
ziehn sie alle los,
in der großen Horde.
Wünsche ihnen: Pech!
Ermbrecht an der Leier,
an der Trommel Sigemar.
Hätten sie nur Mißerfolg,
wäre alles wieder gut.
Doch die Sache könnte leicht auch anders laufen:
hören sie mit dem Klamauk nicht auf,
könnten zweie sich an meinem Richtschwert
     heftig schneiden.

Käme ich dorthin,
wo sie alle tanzen,
ginge gleich ein Spielchen los
auf des Schwertes Schneide;
hätt ich eine gute Chance,
lägen drei vor mir;
würd ich morgens früh gefordert,
hielt ich ohne Wanken durch;
ließe mich das Siegesglück gewinnen,
müßte glatt die Hälfte vor mir fliehn.
Auf gehts! Denen treiben wir
     den Übermut schon aus!

Schaut mal, wie der pirscht...
Das macht mir graue Haare:

hochgereckt sein Kopf
auf dem Weg zu meiner Dame.
Treibt ers immer weiter,
gibt er das nicht auf,
bringt man ihn bald außer Puste –
seine Reue wird sehr groß!
Pack ich den und seine Kumpanei,
wenn sie mit ihr tanzen, Hand in Hand,
steht dies fest: ich schlag
    ein ellengroßes Loch in ihn!

Den beschützt kein Wams
und kein Haubenhelm,
wenn er Prügel kriegt.
Nahm ihr einen Ball –
dummdreist ist der Kerl!
Dem beschränkten Erdenkloß
tränk ich seine Dummheit ein!
Wenn er weiterhin
vor dem Reuental herumscharwenzelt,
muß er, wie die andren viere, Federn lassen.
Was kann ich denn dafür,
    wenn Wermbrecht einen drüberkriegt?!

Solange ich die Klinge
an meiner Seite trage,
schlägt durch meine Trommel
keiner mir ein Loch.
Der müßt schon mächtig springen!
Kommt der mir vor die Fäuste –
ich schlag ihn, daß der Depp
die Sonne nicht mehr sieht.
Paniere seinen Körper dann mit Asche,
hau ihm lustvoll in die Fresse,
daß die Köter auf dem Boden
    sein Gehirn vernaschen.

160 Die hämischen, die rüden, die groben, die grausamen, die brutalen Scherze Neidharts und seiner späteren Nachahmer: ich will hier keine Psychologie des sadistischen Scherzes entwickeln und damit der grotesken oder grobianischen Literatur, ich bringe einige Hinweise zum Kontext von Liedern, die mit Grobianismen und Grausamkeiten der Unterhaltung dienten.

Zu diesem Kontext gehören vor allem Grausamkeiten der »öffentlichen Hand«, in der Ausübung damaligen Strafrechts. Bereits Diebstähle wurden mit Verstümmelung bestraft: dem Dieb wurde öffentlich die Hand abgehauen. Auch Falschmünzern. Und wer als Aufrührer galt, dem konnte der rechte Fuß abgehackt werden. Viele Vergehen wurden durch Blenden bestraft, mit spitzem oder glühendem Metall. Bei übler Nachrede, erst recht bei Meineid und Gotteslästerung wurde die Zunge abgeschnitten oder herausgerissen, und zwar so: dem Delinquenten wurde ein Haken durch die Zunge gestoßen, der Haken wurde hochgezogen, der Delinquent mußte sich auf einen Schemel stellen, der wurde unter ihm weggerissen. Oder: der Delinquent wurde mit der Zunge an einem Haken befestigt, ein Messer wurde ihm überreicht: wollte er vom Haken loskommen, mußte er sich selbst die Zunge abschneiden. Gab es Zuschauer, die dabei lachten?

Strafe hatte vielfach »spiegelnden Charakter«, lese ich bei Rudolf His. Der Mordbrenner wurde verbrannt, lebendigen Leibes; der Sodomit wurde, wenn der Richter streng war, auf das bestiegene Tier gebunden und mit ihm verbrannt; wer einen Grenzstein auspflügte, dem pflügte man den Hals durch; Ehebruch konnte so bestraft werden: die Partner wurden aufeinandergelegt, ein Pflock wurde durch sie hindurchgehämmert.

Freilich, dies waren keine von der Nordsee bis zu den Alpen verbindlichen Strafen – Rechtsprechung war regional sehr unterschiedlich. Aber es zeigt sich an diesen Beispielen, wieviel Grausamkeit im Namen des Rechtes selbstverständlich war. Bei der folgenden Strafe hat Rudolf His allerdings Zweifel, ob sie jemals so exekutiert worden ist: einem Baumfrevler den Bauch aufschneiden, ein Darmende am Baum befestigen, den Täter um den Baum herumführen, bis alle sechs Meter Darm um den Baum gewickelt sind – die »Entdärmung«. Ob so ausgeführt oder nicht – solche Strafen waren formuliert in Rechtsbüchern des Frühen und Hohen Mittelalters.

Eine ausgeführte exemplarische Bestrafung sah so aus: einer der

Mörder des Bischofs Engelbert von Köln wurde mit den Füßen an ein Pferd gebunden, durch die Stadt Köln geschleift, dann zerschlug man ihm, wie Caesarius von Heisterbach berichtet, »mit dem Beil alle Glieder und spannte ihn außerhalb der Stadtmauern aufs Rad«.

Eine durchweg blutige Rechtsprechung. Und weiter: was hatte man sich nicht alles ausgedacht an Spielregeln für das sogenannte Gottesurteil! Im Rückblick erscheint ein damaliges »Gottesurteil« als zynisches oder sadistisches Arrangement. Ein Fluß oder Teich oder See wurde geweiht, der Angeklagte (aber noch nicht Überführte) wurde gefesselt ins Wasser geworfen: blieb er schwimmend oben, war er »schuldig«; ging er unter, so war er »unschuldig«. Offenbar so etwas wie der Auftrieb des Bösen... Um das »Gottesurteil« sichtbar zu machen, mußte man in einen Kessel mit kochendem Wasser oder Öl greifen, einen Stein oder eine Münze herausfischen; zeigte die verbrühte Haut drei Tage später noch keine Ansätze beginnender Heilung, so galt man als überführt. Ähnlich: die Probe mit dem glühenden Eisen auf der Handfläche. Oder: der Gang über glühende Pflugscharen. Oder diese Probe: dem oder der Angeklagten wurde ein wachsdurchtränktes Hemd übergezogen, es wurde angezündet. Mit den großflächigen Verbrennungen war freilich in jedem Fall das Todesurteil gesprochen, beim damaligen Stand der Medizin.

Alle Strafen wurden öffentlich vollzogen, als Schaustellungen an vorgegebenen Schauplätzen. Als Beispiel Worms; ich zitiere aus einer mittelalterlichen Durchführungsbestimmung. »Die Stätten für die Vollstreckung der gerichtlichen Leibesstrafen sind folgende: für die Diebe am Galgen, für die Mörder auf dem Rad an der Mainzer Straße, oberhalb des äußeren Walles. Die Enthauptung findet statt vor dem St. Andreastor, am Aasgraben beim Judenkirchhof. Die Hände werden abgehauen am St. Martinstor, das Abhauen der Füße und das Schinden findet statt am St. Andreastor.«

161 Gelnhausen: der Mann, der sich nicht mehr bewegen kann, wird von seiner Familie täglich an die Fensteröffnung gesetzt, er sieht Könige und Kaiser bei ihren Auftritten drüben am Palas.

Vierter Auftritt: Kaiser Friedrich der Zweite. Alles, was laufen kann, eilt im Hof zusammen, denn schon stapft ein Elefant durchs Tor, auf dem Rücken ein Podest, auf dem fünf Musiker Blechklänge und Trommelwirbel erzeugen, und es kommen zwei riesige Nubier in den Hof, sie führen Leoparden an Lederbändern, es folgen sarazenische Bogenschützen in Rüstungen, wie sie der Mann im Fachwerkhaus noch nie gesehen hat, und weiter drängt es sich auf den Hof, der bald zu klein wird: der große, viel bestaunte, oft gerühmte Festzug, mit dem Friedrich sein öffentliches Erscheinen in jenen Jahren zu einem Schauspiel gestaltete, mit dem er Eindruck machte, Unterwerfung förderte, beispielsweise in diesem Jahr 1235. Ein großer Teil seines Tierparks wird mitgeführt: sarazenische Tierpfleger in morgenländischen Gewändern mit Falken, Bussarden, Adlern, auch mit Schleiereulen und Uhus, mit Pfauen und Straußen. Und Sarazenen und Mohren führen an Ketten Luchse und Affen, Bären und Löwen. Und Kamele tragen Lasten, die Reichtum demonstrieren. In diesem Festzug auch eine Gruppe von Mohrenknaben in prächtigen Gewändern, die silberne Businen blasen. Und es ziehen Eunuchen mit, zahlreiche schöne arabische Mädchen, von denen viel gemunkelt wird mit Blick auf den Kaiser. Es folgen Akrobaten, Seiltänzer, Gaukler, die zum festlichen Gefolge gehören, Beamte in repräsentativer Kleidung und schließlich, auf besonders lebhaftem Pferd: Kaiser Friedrich. Ein Page packt die Zügel, er springt ab. Friedrich ist im Vergleich zu den Umstehenden mittelgroß, sein Haar rotblond, freilich lichtet es sich, und ein wenig aufgeschwemmt scheint er zu sein. Aber er wirkt rasch, temperamentvoll, seine Gestik ist entschieden. Offenbar etwas kurzsichtig, winkt er einen Hofmann näher zu sich heran – der scheint etwas zu berichten. Kurzes, heftiges Kopfschütteln, eine jähe Gebärde des Kaisers – Genaueres kann der Mann im Fachwerkhaus nicht sehen, dauernd schieben sich Köpfe, Schultern zwischen ihn und den Kaiser, vor allem Helme und Helmaufsätze – ein Wirbel im Kopf des Betrachters, farbiges Flimmern. Auf dem Elefanten lärmen weiterhin die Musiker, ergeben läßt der Dickhäuter die Ohren hängen, den Kopf. Der Kaiser schwingt seinen weiten, seidenen Umhang zurecht, eine theatralische Geste, er schreitet rasch die Treppe hinauf, betritt den Palas, es folgen junge Frauen, Herren des Hofes, zuletzt die beiden Nubier mit den Leoparden.

162 Fortsetzung der Skizze Friedrichs des Streitbaren, der Neidharts Förderer wurde.

Im Verhalten des Herzogs prägte sich eine Tendenz, eine Entwicklung im römischen Reich nördlich der Alpen besonders deutlich aus: möglichst selbständig zu werden, das heißt: unabhängig vom König, vom Kaiser.

Es kam hier rasch zur Herausforderung. Wenn Kaiser Friedrich einen Hoftag einberief, mußten die geladenen Fürsten kommen – die sogenannte Hoffahrtspflicht. Nun hatte Österreich ein Sonderprivileg, das hier einen gewissen Freiraum schuf, aber dies nutzte Friedrich allzu entschieden aus: er erschien nicht auf dem Reichstag zu Ravenna, erschien nicht in Cividale. Erst 1235, als Kaiser Friedrich mit pompösem Gefolge durch Kärnten und die Steiermark nordwestwärts zog, um seinen Sohn, König Heinrich, abzusetzen, da trafen sich Kaiser Friedrich und Herzog Friedrich. Der Herzog stellte gleich eine Forderung: der Kaiser solle ihn im Kampf gegen Böhmen und Ungarn unterstützen. Das lehnte der Kaiser entschieden ab, er wollte keinen Krieg im Reich. So führte der junge Herzog diesen Krieg auf eigene Faust weiter. Im Sommer 1235 stieß er in Ungarn auf ein riesiges Heer, es kam gar nicht erst zur Schlacht, eine Massenflucht der Österreicher. Raubend und tötend konnten die Ungarn bis nach Wien ausschwärmen. Friedrich mußte mit den Ungarn verhandeln: sie ließen sich den Abzug teuer bezahlen.

Viele Feinde, wenig Ehre: Ungarn, Böhmen, Mähren, Bayern und hier besonders die Bischöfe von Freising, Passau, Regensburg. Denn vor allem diese geistlichen Herren hatten Klage zu führen gegen Friedrich: er hatte mittlerweile eine Grenzsperrung durchgeführt, zog Abgaben bayrischer Klöster ein. Ja, es wird ihm sogar vorgeworfen, er habe in einer organisierten Aktion alle Klöster in seinem Land überfallen und ausgeraubt. Selbst seine Mutter Theodora plünderte er aus – sie floh daraufhin zu König Wenzel nach Böhmen.

Die Vorwürfe, die Anklagen gegen Friedrich wurden so zahlreich, so dringlich, daß der Kaiser etwas unternehmen mußte: er lud ihn erneut zu einem Hoftag. Oder war das schon eine Vorladung? Der Hoftag von Mainz – aber Herzog Friedrich kam nicht. Der Hoftag von Augsburg – Friedrich kam nicht. Der Hoftag von Hagenau – der Herzog kam nicht. Kaiser Friedrich ließ eine Art Anklageschrift gegen ihn erstellen, sie zeigte ein düsteres Bild des jungen Landesherrn, der rücksichtslos, hart, brutal nur tat, was ihm nützte. Nicht allein die Nachbarländer beklagten sich über ihn, auch Untertanen. Das Stichwort war hier: die »stiure«. Dieses Wort läßt sich, wie ich schon zeigte, nicht einfach mit »Steuer« übersetzen, so verlockend nah das liegt, zu liegen scheint. Der Landesherr hatte feste Einkünfte aus seinen Gütern, aus Zollstätten und so weiter. Zusätzlich konnte er die Großen seines Landes bitten oder auffordern, eine »stiure« zu beschließen, eine Unterstützung oder Beihilfe durch die Bevölkerung – beispielsweise nach Naturkatastrophen, nach Hungersnöten und selbstverständlich auch bei Kriegen. Dieser letzte Babenberger, in lateinischen Chroniken als »bellicosus« bezeichnet (was sich mit »kriegssüchtig« übersetzen ließe), dieser Friedrich »der Streitbare« führte fast permanent Krieg, also wurde die »stiure« zur beinah ständigen Zusatzzahlung. Die Verbitterung in der Bevölkerung wuchs. Beschwerden beim Kaiser, Hilferufe.

Kaiser Friedrich machte Ernst: Juni 1236 wurde Herzog Friedrich auf dem Hoftag zu Augsburg verurteilt, geächtet, die Reichslehen wurden eingezogen. Und die Reichsexekution wurde angeordnet. Der Kaiser konnte sie nicht persönlich durchführen, er wollte endlich Oberitalien unterwerfen, so übernahmen Nachbarländer die Reichsexekution: Bayern, Böhmen und mehrere Herren. Noch im Sommer 1236 marschierten Truppen in Österreich ein. Alle Burgen und Städte wurden ihnen sofort geöffnet, auch Wien. Der Herzog mußte sich immer weiter zurückziehen, seine letzten Bastionen waren schließlich Neustadt und die Burg Starhemberg. Friedrich dachte auch jetzt nicht daran, sich dem Urteilsspruch von Augsburg zu unterwerfen. Kaiser Friedrich kam Ende 1236 nach Österreich, zog Januar 1237 in Wien ein, blieb hier ein Vierteljahr. Der glanzvolle Hoftag zu Wien, Selbstdarstellung kaiserlicher Macht; Friedrich ließ seinen neunjährigen Sohn Konrad zum neuen deutschen König wählen – wieder ein »Unterkönig«. Um Friedrich in Neustadt kümmerte man sich nicht weiter, der schien endgültig erledigt.

Was sollte mit dem Herzogtum geschehen? Der Kaiser vergab dieses Lehen nicht an einen Nachfolger, er zog es ein. Das heißt: Österreich wurde reichsunmittelbar, wurde Kron- und Reichsgut. Damit tat Kaiser Friedrich, in einem Ansatz, was er im Königreich Sizilien konsequent und rigoros durchgeführt hatte: Macht direkt zu übernehmen, sie nicht mit Lehnsträgern zu teilen. Er setzte einen Statthalter ein, verließ Wien und das Land – wieder mußte er nach Italien, Krieg führen in der Lombardei.

Er hatte Herzog Friedrich falsch eingeschätzt. Nach einer Art Winterschlaf in Neustadt brach der im Frühjahr hervor und eroberte als erstes fünf Burgen. Um bei der Rückeroberung seines Landes freie Bahn zu haben, schloß er mit Bayern und Böhmen einen Ausgleich ab. Und mit Geschick, Energie, Härte breitete sich Friedrich immer weiter aus in Österreich, das dem Kaiser gehörte. Der schickte einen Bannspruch los gegen den Herzog, entband seine Untertanen der Treuepflicht, aber das änderte nichts: der Herzog kämpfte immer erfolgreicher. Adlige unterwarfen sich wieder, großzügig wurde Amnestie gewährt. Ein Gefecht bei Tulln, aber keine Entscheidung, der Herzog setzte sich dennoch durch: gefürchtet, nicht geliebt. 1238 war er wieder Herr im Land – bis auf Wien. Er belagerte die Stadt. Ende Dezember 1239 zog Friedrich auch in die Reichsstadt als Landesherr ein. Von der Goldenen Bulle wurde das kaiserliche Siegel abgeschnitten, damit war der Reichsstatus von Wien rückgängig gemacht. Und der Kaiser? Er konnte sich einen Krieg mit dem Herzog nicht leisten, er ging auf Vermittlungsvorschläge ein, es wurde verhandelt: das Kron- und Reichsgut sollte wieder als Territorium des Herzogs anerkannt werden. Dagegen opponierte mit Entschiedenheit der Papst, der den Kaiser mit allen Mitteln bekämpfte; durch seinen Legaten forderte er die geistlichen Fürsten Bayerns auf, Widerstand zu leisten gegen die drohende Aussöhnung. Als sie aber nichts weiter unternahmen, exkommunizierte der Papst die Erzbischöfe von Mainz und Salzburg, die Bischöfe von Freising, Passau, Regensburg. Und was geschah daraufhin? »Der Erzbischof von Salzburg und der Bischof von Passau erklärten die Verfügungen des Legaten als ungültig und hoben das Interdikt auf« (Lechner).

Kaiser Friedrich, sonst unbeirrbar in seinem Kurs, schwenkte ein, paßte sich den Fakten an, die Herzog Friedrich geschaffen hatte: Mitte 1240 fand die Versöhnung statt. Kaiser Friedrich bestätigte Herzog Friedrich schriftlich, daß er stets treu und ergeben gehandelt habe, bezeichnete alle Vorwürfe gegen ihn als übertrieben, ja böswillig. Damit war der Schlußpunkt gesetzt. Er soll auch Schlußpunkt dieses Kapitels sein.

163 Es gibt einige Liedstrophen, in denen Neidhart auf politische Zustände und Entwicklungen der dreißiger Jahre des dreizehnten Jahrhunderts reagiert. Um es gleich zu sagen, vorwarnend: es ist schwierig, den Stellenwert solcher poetischen Stellungnahmen abzuschätzen. Dieses Problem stellt sich schon bei den folgenden drei Strophen, zwei Eröffnungs- und einer Schlußstrophe eines Liedes, das die Überschrift trägt »Des kaisers kunft«.

> Wunderschöner Mai wird zu uns kommen,
> leider können Klerus, Laien
>   sich nicht dran erfreuen,
> denn uns freut mehr, daß der Kaiser kommt.
> Kommt er, wie ich das so hörte,
> bringt er das Geschrei zum Schweigen.

> Österreich ist voller Leid und Jammer –
> ja, der würde sündenfrei,
>   der dies Elend von uns nähme,
> dies wär seine beste Tat.
> Keiner sorgt für Recht und Frieden.
> Zu der Sünde kommt die Schande.

Es folgen aber keine weiteren Ausführungen zur Lage, es werden nun Mädchen angesungen, die schöne Sommerszeit naht mal wieder, die Vöglein und so weiter, die Nachtigall wie immer, und Mädchen, namentlich aufgezählt, bilden einen Reihen, einige junge Männer, namentlich aufgezählt, führen ihn an, aber trotz aller Tanz- und Lust- und Liebessprünge, Frohsinn ist nicht mehr in Österreich, Friederun ist der Spiegel geraubt worden, das ist schlimm, noch schlimmer aber ist, daß Frohsinn das Land verlassen hat und nun, abschließend, diese Spottstrophe:

> »Herr Neidhart, Euer Kaiser braucht zu lang!
> Den kündet Ihr uns jedes Jahr
>   mit Euren neuen Liedern an.
> Es wär auch für die Bauern gut:
> die sind dem Hungertod sehr nah,
> und ihre Wangen werden hohl.«

Auch wenn hier nicht das Rollen-Ich des Sängers spricht, sondern das Rollen-Ich eines bäuerlichen Gegenspielers: nichts mehr von der theaterbunten Bauernwelt des Tullner Felds; den Bauern geht es miserabel, das wird gesagt, und das entspricht für diese Zeitphase den historischen Fakten. Das wußte Neidhart, das wußten die Zuhörer. Und Neidhart dürfte auch diese Strophe geschrieben haben: ein Lied zum Tage – wer sollte später noch an Ergänzungen interessiert gewesen sein? Also: ein punktueller, wenn auch indirekter Widerruf der bisherigen Einstellung?

Wüßten wir nur, wann Neidhart dieses Lied geschrieben hat! Sollte es Neidhart in der Zeit geschrieben haben, in der Kaiser Friedrich nach Österreich marschierte, um Ruhe und Ordnung wiederherzustellen? Dann wären das Strophen gegen Herzog Friedrich. Indirekte Kritik ist hier sowieso eingeschlossen: keiner mehr im Land, der für Recht und Frieden sorgt – und das wären ja nun primär Aufgaben des Landesherrn. Zeigt sich hier, daß Neidhart sich nicht völlig verkaufte, daß er es sich vorbehielt, eine eigene Meinung zu haben und zu vertreten? Oder verhielt er sich hier in einer kritischen Situation opportunistisch, formulierte allgemeine Meinung: So geht es nicht weiter, der Kaiser muß eingreifen!?

Der Kaiser kommt und sorgt für Ordnung: das läßt sich auch aus den ersten zwei der folgenden fünf Strophen herauslesen. Wieder ein Lied, das nicht als politisches Lied angelegt ist. Eine Winterklage, die mit ihr gekoppelte Klage über die Herrin, auf die das Sänger-Ich fixiert ist, die er in die Arme nehmen will, aber nicht in die Arme nehmen kann und darf, und ein Freund wird gefragt, ob es kein Zaubermittel gibt, das hier weiterhilft, und wieder eine Klage über die Frau, die seine Liebe nicht erwidert, und nun angehängt: ein fünf Strophen langes politisches Lied.

> Ach, wer singt zum Tanzen auf
> den jungen Mädchen unter Rosenkränzen,
> Goßbrecht, wenn man dich ersetzt?
> Lutold, Luppsun, Hildolf, Utz,
> Wigolt, Wildling, Rog und Tutz –
> eure Gaudi setzt man matt!
> Euch verhagelts, denn der Kaiser kommt.
> Eure Haare wird man stutzen,
> oberhalb der Ohrenlocke.
> Ihr Pfauen büßt die Schweife ein.

Dies Dekret könnt ich verkraften:
wenn man Goßmann rings beschneidet
im langgelockten blonden Haar.
Ihm und seinen Tanzgenossen
stutze man das Haar, die Kleidung
(streng nach guter alter Sitte)
wie man sie bei König Karl getragen.
Wer sich da nicht fügen will,
soll mit Haft und Strafgeld büßen,
daß es für sein Leben reicht!

Hirschbär sagt, wie seine Spezis:
er und acht von seinen Neffen
wollen dieses Land verlassen,
dazu hundert Anverwandte:
sie riskieren Kopf und Habe!
Ha, sie wolln sich davor drücken,
daß sie zu den ersten zählen,
die das neue Pensum lernen.
Und wenn der Lehrer sie erwischt,
mit der scharfen Schnibbelschere?

Schart euch alle, arm und reich,
um den Fürsten Friederich!
Der wird wieder Ordnung schaffen,
er und alle andren Fürsten.
Ihn bewundern wir am meisten:
seine Würde, seine Taten;
er zeigt Urteilskraft und Mut.
Wo die gute Tat ihr Echo findet,
ist er unermüdlich generös.
Sagt, wer schwingt sich höher auf?

Laßt es mich verdeutlichen:
er will neue Grenzen setzen –
Frieden in dem Land der Ungarn,
ebenso dann in Bulgarien,
auf dem Rückmarsch in Rumänien
mit Entschiedenheit und Kraft,
er und alle, die da Mut besitzen,
Deutsche, Welsche und Walachen.

Will er dann noch weiter – schafft er!
Kaiser, schließe Frieden an dem Rhein!

Neidhart will die Restauration, und die soll der Kaiser durchführen: per Dekret, mit Zwang soll die herkömmliche Kleider- und Haarordnung für Bauern wieder aktiviert werden, die sichtbare Subordination. In der dritten Strophe wird angespielt auf die Auswanderung von Bauern aus dem Österreich dieser Kriegsjahre mit ihrer großen Not, ihrer verschärften Unterdrückung – Neidhart äußert sich über diese Emigration höhnisch und sarkastisch. Und wieder ein Sprung: nach dem Kaiser wird der Herzog gefeiert – wie ›reimt‹ sich das bei den damaligen Konfrontationen?

Herzog Friedrichs militärische Expansionspolitik wird gerechtfertigt, das Chaos, das er auslöste, wird als neue Ordnung ausgegeben, und der Kaiser, eben noch herbeigesehnt, erhält – indirekt – den Rat, im aufsässigen Rheinland die Ordnung wiederherzustellen.

Es ist mehrfach erörtert worden, zu welcher Zeitsituation die Strophen passen könnten. Wichtig ist hier auch, wie man diesen Hinweis auf Kaiser Friedrich interpretiert. Ich führe die Erörterung nicht weiter, registriere nur: Frühdatierung setzt diese Strophen an auf das Jahr 1235, Spätdatierung auf 1241 (Helmut Birkhan).

164 Neidhart im Österreich des streitbaren Friedrich: hatte in diesen unruhigen Jahren der Kampfhandlungen und Feldzüge ein Dichterkomponist überhaupt Chancen, die gewogene Aufmerksamkeit des hohen Herrn zu finden, und er wurde von ihm vielleicht sogar unterstützt, wurde, wenn er ganz großes Glück hatte, als Hofsänger fest angestellt?

Wir müssen uns noch einmal bewußtmachen, was Feldzüge im Hohen Mittelalter bedeuteten: punktuelle Aktionen und weitflächige Verwüstungen. Das heißt: es wurden Burgen und gelegentlich auch Städte belagert; man zog umher, um möglichst große Gebiete des Gegners zu verheeren; Feldschlachten fanden nur selten statt. Und: der Krieg hatte seine Saison, den Sommer. Da waren die Wege fest, da konnte man ernten, was man nicht gesät hatte. Die Truppen wurden, weil es ja noch keine stehenden Heere gab, für die jeweilige Saison zusammengekauft, wurden danach umgehend wieder entlassen. Wer, wie Friedrich, Bauern mobilisierte, der schickte sie im Spätherbst nach Hause. Allzu viele Bauern konnte Friedrich ohnehin nicht einziehen, die Arbeit mußte getan werden, auch im Tullner Feld, im Marchfeld.

Üblich war dann, auch in Kriegsjahren: ein Landesherr machte eine seiner Burgen zur Winterresidenz, rührte sich kaum noch vom Fleck. Und weil ein Landesfürst wie Friedrich in den Wintermonaten nicht unablässig mit dem Verwalten, Regieren beschäftigt war, hatten Spielleute in dieser Zeit durchaus Chancen, vor dem Landesherrn aufzutreten.

Es ist von Mediävisten wiederholt darauf hingewiesen worden, daß Neidhart in Österreich vor allem Winterlieder verfaßt habe: soweit ich sehe, ist noch keiner auf den Gedanken gekommen, dies in Zusammenhang zu bringen mit damaligen Usancen der Kriegführung. Phasen äußerer Aktivitäten eines Landesherrn, Phasen des Verweilens: das konnte durchaus rückwirken auf innere und äußere Aktivitäten eines Dichterkomponisten wie Neidhart.

Freilich, wir müssen auch diese Möglichkeit mitdenken: daß Neidhart seinen Landesherrn »ins Feld« begleitete – da hätte er auch Gelegenheiten gehabt, Frühlingslieder, Sommerlieder vorzutragen. Die literarische und musikalische Hauptsaison aber wird in jenen Jahren der Winter gewesen sein.

165 Auch diesen dritten und letzten Teil der Neidhart-Anthologie leite ich ein mit einem Frühlingslied, in dem wieder ein eifersüchtiger Streit entbrennt zwischen Mutter und Tochter.

> Freut euch, jung und alt,
> der Mai, er hat mit Macht
> den Winter fortgejagt,
> die Blumen sind erblüht.
> Wie schön die Nachtigallen
> auf grünen Ästen
> viele Melodien
> erklingen lassen, jubilierend!
>
> »Der Wald ist frisch belaubt.
> Wer mich an die Kette
> legt, mit einem Fuß«,

so rief ein muntres Kind,
»den würde meine Mutter preisen!
Mit den Mädchen
zu der Linde
auf der Wiese muß ich doch!«

Dies hörte ihre Mutter.
»Ich zieh dein Rückenfell
mit einem Prügel stramm!
Du Grasmück, winzigklein –
wohin willst du bloß hüpfen,
aus dem Nest?
Setz dich, näh
mir den Ärmel wieder an!«

»Mutter, mit dem Prügel
soll man Alters-Runzeln
strecken, trommelfest!
Noch heute seid Ihr blöder
als in Eurer Kindheit!
Bringt Euch um
wegen nichts:
weil Euch der Ärmel abgerangelt...«

Die Alte schnellte hoch.
»Der Teufel spricht aus dir!
Ich sag mich von dir los,
du nimmst ein böses Ende!«
»Mütterlein, ich leb! Doch Ihr
phantasiert.
Den Ärmel ab,
am Saum entlang: ins Loch!«

Auch in diesem Kapitel als zweites ein erotischer Liedtext.

Wie soll ich die Blumen nur verschmerzen –
alle sind sie ganz verwelkt!
Ich find sie nirgends,
        wie ich sie im Mai gesehn.
Vergeßt nur ja die grüne Linde nicht,
(ach, wo tanzt die Jugend jetzt?),

die uns heuer vor der heißen Sonne
    gut beschirmte.
Doch nun blieb ihr nicht ein Blatt.
Drum bin ich auf den Winter böse,
der den Wiesen viele helle Blumen raubte,
die dort heuer herrlich standen.

Ich brauch jetzt, Freunde, euren Rat:
eine Frau stieß mich zurück!
Ich packte sie
    (da schwang sie Flachs für ihre Bäuerin);
sie hat sich erst nur schwach gewehrt,
jedoch dann zeigte sie mir klar,
daß sie mir zu stark war
    und ich ihr zu schlapp.
Herzlich wenig half hier all mein Ringen,
(ich gab mir wirklich große Mühe),
sie verpaßte mir so manchen harten Stoß.
Und sagte: »Setzt Euch, Bester, laßt mich schwingen!«

Ich begann zu schäkern mit der Guten
(denn ich weiß, was sich gehört),
griff sanft dorthin
    wo Frauen lieblich sind.
Doch sie tat mir ihr Mißfallen kund:
mit den Füßen stieß sie mich
wuchtig gegen meine Brust –
    mir stand der Mund weit offen!
»Alter Wichser, stört nicht bei der Arbeit!
Ihr seid ja ein verfluchter Kerl!
Kriegt es meine Tante spitz, bestraft sie mich,
weil ich so lange mit Euch streite.«

Wir hatten kaum noch Kraftreserven
nach dem Ringkampf, den wir dort
um die Bagatelle führten,
    die heuer in der Mode ist.
Sechs Birnen brieten wir am Feuer;
zwei gab mir die Gute ab,
selber aß sie viere;
    damit stärkten wir uns beide.

Hätten wir nicht dieses Obst gegessen,
ich wär – in meinen Augen – tot.
Ach, warum nur hab ich es so furchtbar schwer?
Worauf hab ich Ärmster mich da wieder eingelassen?

Ich will euch jetzt noch kurz erzählen,
wie der Spaß dann weiterging.
Nie zuvor sah ich ein junges Weib
    so wütend prügeln –
ich mußte über ihre Wildheit lachen.
Was mir dort an Leid geschehen,
machte ich mit ihr dann wett
    auf dem Flachsdörr-Laken.
Hinter ihrer Mutter Haus, unter einer Hecke,
stieß ich zu ihr – scharf war sie darauf!
Ja, dort kriegte sie mein bestes Körperteil,
ich lieh der Schönen meinen Saftigen.

Und noch einmal ein Mutter-Tochter-Dialog. Sonst fällt in dieser
Konstellation der Name Reuental, hier wird Herr Neidhart benannt.

Beim Reihen tanzte eine Alte vor,
die mehr als tausend Runzeln hatte.
Sie sagte: »Tochter, hüte schön das Haus,
ich fühl mich voller Lebenslust!«

»Mutter, was ist mit Euch los?!
Was stach Euch heuer in die Augen?
Nun sind es mehr als fünfzig Jahre,
seit Ihr graue Haare habt!«

Sie schwang sich hoch, dem Vogel gleich.
»Ha, wie narrisch will ich heuer sein!
Seht nur meine schlanke Hüfte –
sowas springt ganz wild beim Tanz!

Tochter, laß die Tür nicht aus den Augen.
Ich will tanzen, kreuz und quer!
Und schau diskret den Knappen an,
den dort, mit dem blonden Haar…«

»Ich werde Euch verstoßen Mutter!
Ein Herr vom Hofe lud mich ein.
Der macht die lange Weile kurz.«
Diesen Reihen sang Herr Neidhart.

Im – mittlerweile gewohnten – Kontrast ein Winterlied. Das Sänger-Ich diesmal als Opfer, als Mitopfer eines Bauerngockels.

Ach, du liebe Sommerszeit,
ach, ihr Blumen, auch der Klee,
ach, so mancher Spaß, der uns nun fehlen wird:
was den Frohsinn uns verdirbt,
das sind Reif und kalter Schnee –
sieht wahrhaftig anders aus als Rosenrot!
Wenig gleicht sich auch
mein und Amelungens Leid.
Wenn mir etwas schiefgeht, freut er sich, mit Amelreich.
Nur auf meinen Nachteil sind die beiden aus,
er und Eberolf, ein ungestümer Wüterich.

Eberolf und Amelung,
Amelreich und Udelhart
haben einen Bund geschlossen, gegen mich.
Aufgeblasen sprangen sie
mehrfach in die Luft,
als sie prahlten, was sie mir mal antun würden.
Heimlich und ganz offen
haben sies auch ausgeführt!
Wünsche denen, daß es ihnen immer dreckig geht.
Einer unter diesen vieren hat mir derart zugesetzt,
wie das nie so schlimm durch Euch geschah, Herr Engelmar!

Wenn ich wüßte, wem ich bloß
all mein Unglück klagen soll,
das ich durch sie leiden muß, lange schon erlitten habe.
Was sie mir in meinem Alter
angetan an Biestereien,
zählt fast nichts vor dem, was mir der eine jetzt getan!
Ach, nun muß ich wohl
meine Schande eingestehn:
meiner Augenweide griff er an die Musch.

Blöder Hund! Selbst Kaiser Friedrich wäre das zuviel!
Die Unverschämtheit finden edle Frauen niemals schön!

»Herr Neidhart, regt Euch nicht so auf,
es ist doch alles gut gegangen...
Seine Hand berührte nur die Musch von außen.
Eure Schande wäre unerträglich,
hätt ers richtig angestellt:
mit dem Finger reingeschnellt, wo die Lust beginnt.
Euer großes Leid
legen wir nur günstig aus:
Euer Schaden, Eure Schmach, sie wären allzu groß,
wäre es gelaufen, wie der Wilde sich das dachte.
Ja, war höchste Zeit, daß sie ihm die Faust gezeigt!«

Jei, was war der unverschämt,
daß er sich erdreistete,
dieser Schönen an den kleinen Spalt zu greifen.
Der sich diesen Spaß erlaubte,
er darf nicht mehr lange leben,
deshalb: einen Strick um seinen Hals!
Solchem Spaß hab ich noch nie
derart ungern zugesehen:
warf die Kleider dieser Schönen auf ein Häufchen,
konnte auf sein rüdes Schäkern nicht verzichten.
Nie zuvor geschah mir an der Liebsten solches Leid!

Früher schon erlebten Frauen
(nur durch Zwang und nie aus Neigung!)
was der Lieben, Schönen da durch ihn geschah.
Hätte sie jedoch den Griff gesehen,
(und sie war ja nie sehr schwach!)
hätte er das büßen müssen – wie sie später sagte.
Schneller als ein Bolzenschuß
war ihm Lust zu Leid geworden.
Immer stärker schwoll dem Bauernkerl der Kamm,
dennoch kam er bei der Edlen nicht ans Ziel.
Diesen Vorfall kläre zwischen uns Herr Knüppelholz.

Und wieder eine Klage, diesmal freilich über den vergeblichen,
sinnlosen, unheilstiftenden Dienst für eine Dame mit offenbar al-

legorischer Bedeutung – Neidhart zu einer entsprechenden Figur
in einer anderen Überlieferung: »sie heisset werlt svesse«. Also:
die schöne, verlockend schöne Frau Welt.

Alle klagen, dieser Winter
sei so hart und derart grimmig
        wie seit vielen Jahren nicht.
So klag ich über meine Herrin:
        ihr Wesen ist nur eitel, nichtig.
Und: sie ist mir viel zu schroff.
Gott behüte mich
        vor ihrem bösen Einfluß.
Daß sie mich beherrscht,
        dies ist eher schlimm als gut.
Ich hatte ihr mein Leben
rückhaltlos geweiht.
Niemand mach es mir zum Vorwurf,
        daß ich die Herrin nun verlasse;
gerechten Lohn gewährt sie nicht –
        er sei denn wie ein Haar so klein.

Du unverschämte Betrügerin,
Sündenköder, Lasterfalle,
        lose Courtisane –
auch wenn dir einer ständig dient,
        er kriegt nicht den gerechten Lohn,
ja eigentlich belohnst du nie.
Ihr Mädchen und ihr Frauen,
        fühlt euch damit nicht getadelt:
die Strophen über meine Herrin
        trag ich sehr berechtigt vor.
Ihr ganzer Anstand siecht dahin –
alles, was sie tut, beweist dies.
Als sie mir einst die Hohe Liebe bot,
        da war sie noch vollkommen,
und so sang ich ihr zu Diensten
        gerne meine Liedchen.

Völlig anders ist sie jetzt!
Fahrendes Gesindel
        macht sich breit an ihrem Hof.

Treue, Formvollendung, Ehre findet
    keiner mehr bei ihr;
sie waren früher ihr Gefolge,
doch dies liegt schon weit zurück –
    ich war noch jung.
Wer die drei jetzt finden will,
    der suche sie nun anderswo –
mit allem Nachdruck hat man sie
von ihrem Platz verdrängt.
Eine Zunge gab es früher nur
    in *einem* Mund,
doppelzüngig spricht man jetzt –
    an ihrem Hof so üblich.

Achtzig neue Lieder
ziehen herrenlos umher,
    die ich im Dienste
meiner Herrin sang,
    als hohes Lob.
Dieses ist das letzte,
das ich nochmal singen werde;
    es ist nicht grade hochgestimmt,
ihr hört es schon
    am wunderlichen Klang.
Es ist derart anspruchslos
in der Wortwahl, in den Reimen,
daß man es nicht singen soll,
    nicht zur Prim und nicht zur Terz.
Ich beklage, daß ich diese Herrin
    je zu meinem Dienst erkor.

Ich bitte Euch, Herr Kleriker:
wünscht Ihr, daß ich Gott
    mit meinem Pater noster diene,
sorgt dafür, daß Damen nicht
    mit spitzen Schuhen
an die Pforten treten.
Ihre hübschen Händchen
    muß ich einfach sehen!
Ja, so denke ich
    an den langen Dienst zurück.

Wollen Frauen zu mir schleichen,
lasse ich die Kutte fallen:
ihre Schönheit jagt
    mein Pater noster fort.
Wollt ihr, daß ich in den Himmel komme,
    so sagt, sie sollen draußen bleiben.

Aber das scheint schwierig zu sein... ich bin fast sicher, daß der
alte Neidhart nicht bloß Entsagungslieder anstimmte, vorbildlich,
sondern immer wieder ›rückfällig‹ wurde. Repräsentativ könnte
hier beispielsweise das folgende Lied sein, das vor mir noch keiner
übertragen hat – aber wann wurden je zuvor (und danach) Hallu-
zinationen bei einem Orgasmus so poetisch formuliert?

Bei meiner Six, bei meiner Wahrheit,
singen werde ich
von einem Mädchen namens Res.
Das sah ich beim Ringelreien
niedlich tanzen.
Sie spielte mit den Gören gerne
»Zwickezwacke«.
Und sie war auch gut im Spiel,
das, wenn ich nicht irre, so heißt:
»Pümpel stecken«.
Als sie dort vor dieser Göre saßen,
sagte sie: »Ich geh jetzt mit dem Pümpel rum.«
Und es schwollen ihre Händchen,
trotzdem gab sie es nicht auf,
ging zu einer jeden hin:
zwischen Knieen, weiter oben
schob sie fest den Pümpel rein.

Ich ging, als wäre ich dort fremd,
zu der Aue,
durch die Wiese zu dem Grasstück,
wo man Veilchenblumen pflückte:
junge Röslein sehen...
Es war an einem frühen Morgen;
sie war allein...
Ich schlich mich ran und fragte, was die Liebe tue.
Sie erschrickt,

die hübsche Süße, hofgerecht.
»Fräulein, sagt, was tut Ihr da?«
Sie darauf: »Ich binde mir ein Rosenkränzchen,
für den Kopf, als Schmuck.«
»Fräulein, so erlaubt es mir,
daß ich dir die Rosen reiche
zu diesem Kranz, wie mirs gefällt.«
Die Edle hat es mir gestattet.

Rasch band sie für uns zwei Kränzchen.
Auf der Wiese
hab ich ihre weiße Hand getätschelt,
und begann mit diesem Mädchen
so zu scherzen…
Ich warf ihr meinen Maienzweig
bald schon zu,
sie fing ihn auf, sie zwickte mich
und sprach: »Ich möchte gern poussieren,
am Waldesrand.«
Ich begann, nicht schlecht, das »Zwickezwacke«.
»Könnt Ihr, Herr, das Spielchen ›Pümpel stecken‹?«
»Ja, das kann ich! Legt Euch drunter.«
Seht, ich brachte es sogleich,
schob ihr, ganz nach ihrem Wunsch,
meinen Pümpel zwischen ihre Beine.
Als sie das so spürte, staunte sie!

Dieser Spaß wurd ihr zu dick,
sie rief: »Hört auf!
Euer Spiel ist mir zu grob!
Warum entblößt Ihr mich?
Stößt mir etwas Schlimmes zu?«
»Daß ich, Herrin, meinen Pümpel
fester reinschieb:
danach steht mir grad der Sinn!
Ich bring dir etwas Neues bei.«
Und die Liebste
sagte: »Nie kam mir ein Pümpel unters Hemd.«
»Hohe Frau, ich zeig dir jetzt zwei neue Nummern«,
sagte ich der Schönen, »aufgepaßt!«
Ich steckte ihr den Pümpel rein,

und der schien ihr gar nicht schlecht.
Meine Schöne, gar nicht faul,
bat mich nochmals um den Pümpel.

Als das Spiel ein Ende nahm,
sprach die Edle:
»Herr, Ihr seid mir wohl nicht böse
(ich schäme mich dabei auch etwas) –
bei Eurer Ehre,
stellt mir Euren Pümpel vor,
ich will sehen,
wie es um denselben steht.«
Ich gab ihn ihr da in die Hand...
Vor der Aue
bat sie mich um weitres Pümpel-Stecken,
sprach: »Mein Herr, an Euer Spiel reicht nichts heran.
Mir ists, als würde sich die Erde drehn...
Das bringt mich noch um den Verstand!
Der Himmel scheint mir kupferrot,
und die Sonne seh ich dreifach!
Das kann ich beschwören!« sprach das Gör.

Zum Abschluß dieses Kapitels ein (zweiter) Abgesang, herausge-
löst aus dem Strophenkonvolut »der werlt vrlaub« – Neidharts
»Abschied von der Welt«.

Alles, was den Sommer über heiter war,
traurig wird es, weil die schwere, winterlange Zeit beginnt.
Überall ist der Gesang der Vögelchen verstummt.
Abgestorben sind die Blumen und das grüne Gras.
Seht nur, wieviel kalter Reif dort oben auf dem Walde liegt –
nicht grundlos ist die grüne Wiese fahl, das offne Land.
Ich allein muß obendrein
beklagen, was mich traurig stimmt –
das Klagen wird kein Ende finden
bis an meinen letzten Tag.

Wenn ich Sünder tief bereuen müßte,
verlangt die Herrin, daß ich ihren Kindern neue Lieder singe.
Ah, wenn sie mich *so* bedrängt, muß ich mich verweigern!
Sie soll mich nie mehr zu sich kommen lassen.

Was sie fordert, scheint mir ungehörig.
Ich bin fest entschlossen, meine Seele zu erretten,
habe sie von Gott entfernt,
weil ich freche Lieder sang.
Stehe ihr der Engel bei
und beschütze sie vor Not.

Ihr, die Herrin ohne Ehre: ach, was wollt Ihr denn von mir?
Laßt statt meiner tausend junge Leute künftig für Euch dienen!
Ich will einem HERREN dienen, dem ich ganz gehöre,
will nicht weiter Euer Sänger sein.
Ach, daß ich in Euren Diensten je so viele wilde Tänze sprang,
ist für meine Seele und mein Heil nicht gut.
Dies belastet mich am meisten:
daß ich Euch nicht schon entfloh
und mich nicht zum HERRN begab,
dessen Lohn mir schwerer wöge.

Meine Herrin: mehr als ein Jahrtausend alt
und noch dümmer als ein kleines Kind von sieben Jahren.
Ich kenne keine Herrin mit so üblem Lebensstil.
In die Irre führte sie mich bis zuletzt
und hofft noch heut, ich würd ihr ständig dienen.
So sagte mir ein Bote, den sie mir geschickt;
und sie bot mir unverblümt
den Dienst und ihre Liebe an.
Da sagte ich mich völlig los
von ihr, die falsch ist und betrügt.

Nun nehm ich Abschied von den dreisten Tölpeln,
die in ihren dicken Jacken tanzen wie im letzten Jahr...
Ich will nicht mehr verspotten, wenn sie nobel tun.
Ich strebe jetzt nach einem andren Leben.
Deshalb hängen sie die langen Schwerter um;
ihre Riemen sind weit mehr als spannenweit!
Dies sei überall gestattet –
sie sollen mich nicht mehr verfluchen.
Sie brauchen mich im Reuental
niemals mehr zu suchen.

Einhundertundvier Lieder, die ich gesungen habe,
und neun, für öffentlichen Vortrag noch nicht fertig,
dazu ein Tagelied – weitere Lieder hab ich nicht.
Soweit ich darin eitel war, vergänglich,
sind dies die Welt und ihre dummen, dreisten Kinder schuld.
Ich bitte dich, vergib es mir, Gott Vater. Jesus Christus:
weil ich Deine Gnade suche,
lasse mich hier Buße leisten
zur Ehre Deines großen Leidens –
lieber Gott, ich bitt dich drum!

166 Noch einmal rufe ich als Zeugen Meinhard Tröstel von Zierberg auf. Damit die Leser nicht lange blättern müssen, rücke ich erneut die Zeilen ein, in denen Tröstel oder Tröstelein erwähnt wird.

> Ach, wer singt uns diesen Sommer
>   mal ein neues Liebeslied?
> Das tut mein Herr Tröstelein
> und mein Herr des Hofes.
> Der Gehilfe sollt ich sein,
> doch ich denke jetzt nicht dran!

Dieser Herr Tröstel, der (zumindest zeitweise) mit Neidhart zum Gefolge des Landesfürsten gehört, dieser Herr Tröstel, der wie Neidhart am Hofe Lieder vorsingt, dieser Herr Tröstel könnte wichtig sein für die biographische Chronologie. Ich erinnere daran: für das Jahr 1239 ist Tröstel zum ersten Mal nachgewiesen. Vielleicht tauchte sein Name schon früher in einer Urkunde auf, aber die könnte verlorengegangen sein. Oder: er konnte bereits einige Zeit am Hof des Herzogs tätig sein, bevor er zum ersten Mal als Zeuge eines juristischen Aktes benannt wird. Schließlich besteht auch die Möglichkeit, daß Herr Tröstel erst um 1239 an den Hof des Babenbergers kommt. Dann ließe das auf den Zeitpunkt schließen, an dem Neidhart zum ersten Mal diesen Liedtext (oder den Liedtext mit dieser Strophe) singt. Vorausgesetzt, daß Neidhart nach dem Verfassen dieser Strophe nicht sofort stirbt, läßt sich annehmen, daß er das Jahr 1240 erreicht, womöglich überlebt, oder die Jahre 1241, 1242...

Noch etwas: diese fünf Zeilen hatten einen Kontext, den Neidharts Zuhörer kannten, über den wir nur spekulieren können. Vielleicht lassen sich die Andeutungen so paraphrasieren: Dieser liebe, dieser gehätschelte Herr Tröstel, dieser neue Mann am Hofe, macht Musik mit meinem Herrn, dem Fürsten, ich sollte sie eigentlich begleiten, doch ich habe dazu keine Lust, die beiden jüngeren Herren sollen ihre Lieder selber singen! Neidhart, so höre ich heraus, fühlt sich beiseitegeschoben, überholt, abgehängt; der alte Sänger ist verstimmt; er grantelt.

167 Wir kommen ans Ende dieses Buchs, dieser langen Lebensreise. Neidhart spielt in einigen Strophenzeilen auf sein hohes Alter an.

> Bin ich im Begriff, so richtig zu bereuen,
> und mein Sinnen und mein Trachten
> richten sich aufs Seelenheil,
> das ich ganz verhagelt habe
> mit Gesang (bisher schon fünfzig Jahre lang!),
> so sehe ich: sie hecken etwas Neues aus.

Aber er selbst heckte offenbar auch immer wieder etwas Neues aus! Dieser Neidhart ist nun ein Mann über Sechzig, vielleicht sogar um die Siebzig. Damit hat er zähe Lebenskraft, eine starke Konstitution bewiesen in einer Zeit, in der die durchschnittliche Lebenserwartung bei Dreißig oder Vierzig lag (je nach Ausgangspunkt der Berechnung). Neidhart wird also viele seiner Altersgenossen überlebt haben: hat er schmerzhafte Abschiede nehmen müssen? Von Freunden? Von befreundeten Kollegen? Von Herren und vielleicht auch Damen, die ihn gefördert haben, zumindest eine Zeitlang? Begann er, sich nun als Relikt, als Fossil zu fühlen – nur er ist noch nicht abberufen?
Neidhart scheint als Dichter seine Vitalität bewahrt zu haben. Zwar wurden mehr Abschieds- als Aufbruchslieder angestimmt, aber zu einem weise gewordenen Mann der Entsagung wird man ihn kaum stilisieren können: in raschen Tonwechseln stimmt er wieder freche Weisen an. Er wird einer der alten Männer sein, die jünger erscheinen, als sie sind.
Dieser Mann um die Sechzig oder Siebzig, wahrscheinlich in

Mödling lebend, scheint stolz zu sein auf die große Zahl der Lieder, die er in einem langen Wanderleben gedichtet, komponiert (oder adaptiert) und vorgetragen hat. Mit einigen seiner Liedmuster hat er großen Erfolg gehabt, das zeigen die Varianten, die keine bloßen Wiederholungen sind: Dialoge zwischen Müttern und Töchtern, erotische Lieder, Winterlieder, Sommerlieder. Trotz solcher Standard-Nummern zeigt sich eine erstaunliche Breite des Spektrums dichterischer Artikulation: einige politische Strophen; Strophen in der Nähe des geistlichen Liedes; erratisch wirkende Liedtexte. Daß Wolfram von Eschenbach diesem Dichter eine kleine Reverenz erwies, habe ich mit besonderem Vergnügen registriert. Auch Dichter der jüngeren Generationen werden auf Neidhart hinweisen, rühmend. So wird um 1250 Wernher der Gärtner in seinem *Helmbrecht* einen bunt aufgeputzten Jungbauern beschreiben, wird konstatieren:

> Herr Neidhart, würde er noch leben,
> dem hätte Gott den Sinn gegeben,
> er könnte das viel besser singen
> als ichs erzählen kann.

Ein großes Kollegenkompliment also und zugleich ein Hinweis darauf, was an Neidharts Liedern charakteristisch ist. Dazu gehören auch die erotischen Lieder – wie sich im *Tristan* des Heinrich von Freiberg lesen läßt. Aber ich will hier nicht Stimmen sammeln in einem Chor des Nachrufs, denn Neidhart wird präsent bleiben: Liedtexte Neidharts werden aufgezeichnet bis in die Zeit des großen Oswald von Wolkenstein; Neidhart wird sich verwandeln in die Schwankfigur Neidhart; Neidhart wird zur Hauptfigur der Neidhart-Spiele; Neidhart wird seine Metamorphose, seine Wiederverkörperung erleben im Neidhart Fuchs. Hätte Neidhart dieses lange und intensive Nachleben voraussehen können, er wäre wahrscheinlich erstaunt gewesen. Und wohl auch stolz.

168 Auch beim zweiten Spaziergang hinauf zum Kirchhügel von Mödling ist die Eingangstüre des Karner verschlossen. Ich will nun allerdings nicht, bei beginnender Dämmerung, das weithin restaurierte, ja rekonstruierte frühromanische Portal dieses Kapellen-Rundbaus besichtigen, ich will diesen Raum betreten, denn: der Karner hat, so zeigen neueste Forschungsergebnisse, schon zu Neidharts Zeiten gestanden, selbstverständlich ohne den Glockenturm-Aufsatz; errichtet hat diesen Bau wahrscheinlich Heinrich der Ältere von Mödling.

Dies rekapitulierend lehne ich mich an die Türe und plötzlich gibt sie nach – als hätte sie mir Pseudo-Albertus persönlich geöffnet. Ich trete in den kleinen halligen Raum – Dämmerlicht. Hinter mir wird die Türe sanft ins Schloß gedrückt, als dürfe es jetzt keine Zeugen geben.

Ich stehe mitten im Raum, auf den polygonalen Steinplatten des Jahres 1897, unter denen, etwa fünfzehn Zentimeter tiefer, der alte Boden liegt mit den »abgetretenen, unregelmäßigen Sandsteinplatten«, die auch Neidhart betreten haben könnte. Und wie auf dieses Stichwort hin wird mir aus der Apsis etwas vor die Füße geworfen: ein kleiner Strauß Blumen und Kräuter. Ohne mich zu bücken, weiß ich sofort: Fenchel, Liebstöckel, Gartenkerbel, Pfingstrose, Bauernrose, Lilie, Salbei, Eberraute, Zitronenmelisse, Andorn, Wermut, Muskateller-Salbei und Betonie. Ich habe gelernt, daß man im Märchen nicht immer das Selbstverständliche tun darf, nicht einmal im Reflex, und so stelle ich keine Frage, gehe ein paar Schritte seitwärts, von der Mittelachse weg: er muß hinter dem (rechten) Mauereinzug zwischen dem Rundbau und der Apsis stehen, drei Stufen höher. Ich lehne mich an diesen Mauervorsprung: dahinter scheint sich nichts zu rühren, aber ich warte, lausche. Glaube bald tonloses Wispern zu hören. Und rasch lösen sich aus dem Sprechgeräusch Wörter heraus, bayrisch eingefärbt: Auf der Spur... sogar Passau... Lieder... viele Kapitel... den Schritt machen... Ich blicke auf das Sträußchen. Und glaube zu hören: er werde mir nicht erzählen, was ›wirklich‹ geschehen sei in seinem langen Leben, werde mir auch nicht sagen, wo das Reuental gewesen sei. Warum, so fragt er nach einer minutenlangen Pause, die für ihn wohl kurz ist wie ein Lidschlag, warum auch sollte ich so etwas wissen wollen? Könnte es mir nicht eigentlich gleichgültig sein, ob er aus der Gegend von Gesseltshausen oder Wartenberg komme oder woanders her, ob er jetzt in Wien oder hier in Mödling wohne? Würden mit solchen Lokalisierungen seine Konturen deutlicher? Würde er damit größere Präsenz gewinnen? Er habe sich hier auf dem Kirchhügel von Mödling eingefunden, um mich, nachdem ich ihm so lange auf echten und vermeintlichen Spuren gefolgt sei, zu ermuntern, ja zu ermutigen, den einen naheliegenden, entscheidenden Schritt zu machen. Und er schweigt. Ich tue so, als verstände ich nichts, als ahnte ich nicht einmal, worauf er hinauswill. Depp, damischer! sagt er, und es folgt tonloses Lachen. Wir schweigen wieder, aber nur kurz, denn diese Minuten sind kostbar. In der Othmar-Kirche nebenan Orgelspiel: sanfte Klanggrundierung. Also?! Eine kurze, von mir als lauernd empfundene Pause. Und dann sagt er, zitierend: »Stellt euch vor, liebe Leute, was ich neulich erlebt habe! Da kommt mir doch Neidhart entgegengeritten, auf seinem kleinen, zähen Pferd, und er trägt einen feuerroten, weithin leuchtenden Umhang über dem Schlupfgewand, ich bleibe stehen am Wegrand und frage: Herr Neidhart, wie kommt Ihr an diesen wunderschönen roten, und, wie ich sehe, seidenen Umhang? Und Neidhart lacht auf, zeigt die braunen, verkürzten, auf Lücke stehenden Zähne und erzählt«... Hier müßte ich einen winzigen Schritt machen, einen Doppelpunkt setzen und ihn sprechen lassen in direkter Rede. Das wiederholt er: in direkter Rede! So etwas sei nur möglich, wende ich ein, wenn ich ein genaues Bild von ihm hätte. Das hätte ich mir inzwischen doch gemacht, sagt er, ich sollte das nur zugeben! Und mahnend, soufflierend: der quecksilbrige, quicklebendige, auch querköpfige Mann... Und weil ich schweige, als könnte ich damit die Festlegung wieder in die Schwebe bringen, kommt es zu einer lautlosen Explosion von Bewegungen in der Apsis, im Dämmerlicht, als liefen Dutzende von Bewegungen und Bewegungsabläufen in ungeheurer Zeitverkürzung oder Zeitraffung ab, Bewegungen eines kleinen, offenbar sehr gelenkigen, mit den Extremitäten gleichsam um sich werfenden, in der Tat quecksilbrigen, quicklebendigen Mannes. Aber auch jetzt halte ich mich an die Spielregeln eines Märchens, schaue nicht genau hin, lasse diesen Bewegungswirbel an der Grenze meines Blickfelds ablaufen, im Dämmer, der sich verdichtet. Und wie abgerissen, ja abgeschnitten die Bewegungen. Am Atem glaube ich zu hören: ein älterer Mann. Ich lasse ihn ein wenig verschnaufen, damit er mir besser zuhören kann. Ich hätte mir nicht, sage ich, kritischen Abstand erarbeitet, um schließlich distanzlos einen historischen Roman über ihn zu schreiben! Wieder schweigen wir. Die gedämpfte Orgelmusik von St. Othmar – weder Beethoven noch Schönberg noch Webern. Und keine freien Improvisationen über ein Thema Neidharts. Schon daran merke ich, daß die Realität nicht mitspielt. Erneut eine Pause, die für mich minutenlang, für ihn lidschlagkurz ist. Und er spricht weiter, als würde er den Text ablesen: »Und Neidhart lacht auf, zeigt die braunen, verkürzten, auf Lücke stehenden Zähne und erzählt, daß er am Hof des Bischofs zu Passau aufgetreten sei, bei dem auch einige andere Spielleute waren, unter ihnen ein Feuerschlucker oder Feuerspucker, mit dem er sich sofort verstand, vielleicht auch deshalb, weil sich herausstellte, daß sie einen gemeinsamen Bekannten haben, einen virtuosen Messerwerfer, der zu dieser Zeit weiter südlich unterwegs war, Richtung Brixen; mit diesem Feuerschlucker sei er, auf Wunsch des hohen geistlichen Herrn, gemeinsam aufgetreten, das Wort als Feuer, das Wort als Flamme, und so hatten sie gemeinsam das Lied vom brennenden See vorgetragen, abwechselnd jeweils er mit einer Singstrophe und der andere mit einer Feuerstrophe. Und nach dieser gemeinsamen Darbietung sagte der Bischof: Neidhart«... Ja, wenn ich schon Bischof Wolfger von Passau die direkte Rede zugestanden hätte, so sei es nur ein kleiner, ein winziger Schritt, auch ihm, Neidhart, die direkte Rede zu gönnen. Daraus würde sich alles weitere wie von selbst ergeben: wenn er schon mal in Passau sei, so könnte er ein Floß oder einen Flußkahn oder ein Schiff betreten, das ihn mitnimmt nach Klosterneuburg oder nach Wien. Und mit verstärktem Echo ruft er: Wien! Ich sage ihm, das Reisekapitel, in dem er von Bischof Wolfger an Herzog Leopold in Klosterneuburg weiterempfohlen wurde und von dort wiederum an Herzog Heinrich in Mödling, dieses Reisekapitel hätte ich bewußt und betont ausgewiesen als Planspiel, das sei, mit einem anderen Wort, für mich ein Modell, und zwar für eine mögliche und wahrscheinliche Realität. Schmarrn, sagt er, Schmarrn. Ob ich denn keine Lust hätte, mir so etwas vorzustellen, auszumalen: wenn er, Neidhart, schon einmal in Passau ist, reist er weiter, auf einem Floß oder Flußkahn oder Schiff donauabwärts, und da könnte das Floß oder Schiff zumindest eine halbe Buchseite lang am Ufer des Tullner Felds entlanggleiten, vorbei am Städtchen Tulln, an Zeiselmauer, und dann die lange, weite Donaukrümmung südwärts, die er sehr gut kenne, und mit der Ankunft in Klosterneuburg oder in Wien könnte ein neues Romankapitel eröffnet werden. Ich sage ihm, ich sei hier bereits in der Schlußphase des Buchs über den Neidhart, wie ich ihn sehe, also über *meinen* Neidhart, hier sei kein Platz mehr für Werkreflexionen, also könnte ich ihm nur noch Stichworte zuwerfen: das Mögliche und das Wahrscheinliche als Kategorien des Ästhetischen, und kein Schritt darüber hinaus! Denn dieser Schritt wäre zwangsläufig – in ästhetischer Hinsicht, in der Schreibmethode – ein Schritt zurück. Weida, gemma! ruft er und lacht. Und er sagt, körperlos an mich herantretend, tonlos auf mich einsprechend, ich sollte doch zugeben, trotz meiner Vorbehalte, daß ich durchaus schon wüßte, was ich erzählen könnte, wenn ich mich nur ernstlich über meine Bedenken hinwegsetzen würde. Und hier gibt sich meine Antwort fast von selbst, ich muß ihr nur zuhören: Ich weiß, was ich *nicht* erzählen würde! Was dies wäre, zum Beispiel, will er wissen, und er fragt das ganz gierig. Da kann ich nicht widerstehen, erzähle ihm, was man in einem historischen Roman erzählen könnte, was *ich* aber um keinen Preis erzählen würde! Es ist erwartungsvoll still neben mir, sogar die Orgel wird nicht mehr gespielt: sitzt der hellhörige Organist vorgebeugt? Nehmen wir also nur mal, sage ich, dein Ende vorweg – hier könnte sich der Verfasser eines historischen Romans ja das Tollste ausdenken, ausmalen! Zum Beispiel: die Mongolen, die sich genauer beschreiben ließen mit ihren Schuppenpanzern, mit ihren Bögen, mit ihren kleinen, zähen, schnellen Pferden, diese Mongolen also tauchen an der Donau auf, von Ungarn her, wo sie allen Widerstand weggefegt haben, und sie überqueren die zugefrorene Donau, schwärmen aus bis Neustadt, und von dort ist es für sie nicht mal mehr ein Tagesritt bis Mödling, vielleicht erscheint auch schon ein erstes Mongolentrüpplein, kognoszierend, in der Klause von Mödling; als der alte Neidhart im Krankenbett, im Sterbebett auf der Straße vor seinem Haus die ersten Laute der Mongolen hört, da schließt er für immer die Augen, oder: da wird sein Blick starr. Eine nicht ganz so melodramatische Variante: er stirbt mit einem Seufzer, der wie ein Seufzer der Erleichterung klingt, als er hört, was keiner so recht fassen kann: daß die Mongolen, die bereits die Donau überquert haben, die schon bei Neustadt gesehen wurden, sich plötzlich zurückziehen. Ja, nun könnte in einem zünftigen historischen Roman Neidhart die Augen für immer schließen, oder sie werden ihm geschlossen, von seiner Frau, die unangefochten Mechthild heißt, Mechthild hieße, und es stehen auch Kinder am Bett, und diese Kinder zittern nicht mehr. Siehst du, rufe ich, das Gesicht zur rechten Schulter gedreht, auch so etwas könnte ich erfinden, aber damit würde ich meine notwendigen kritischen Bedenken annullieren, die sich ausprägen, ausformen in der Struktur dieses Buchs. Und ich füge begründend hinzu: das sogenannte souveräne Verknüpfen von Fäden zu auffällig geschürzten Knoten geschieht ja immer nachträglich, die Geschichte, the history, la histoire selbst schafft so etwas höchst selten, das muß ihr der Verfasser historischer Romane aus den Händen nehmen, aber dabei geschieht notwendigerweise dies: störende Faktoren werden ausgeklammert. Und ein überaus störender Faktor wäre hier beispielsweise, daß ich nicht weiß, wann Neidhart gestorben ist. Fest steht aber: im Jahre 1241 zogen sich die Mongolen zurück, weil ein »Pfeilreiter« eintraf mit der Meldung, der Herrscher, der Khan Ogideus, Sohn des Dschingis Khan, sei gestorben; weil damit Kämpfe um seine Nachfolge drohten, eilte alles zurück. Möglicherweise, ja wahrscheinlich müßte der Autor eines historischen Romans die Lebensspanne des Neidhart ein bißchen verlängern, um diesen Schnittpunkt zu erreichen: zwischen Neidharts Lebenslauf und der Marschroute der südlichen Heereseinheit der Mongolen, über die Donau hinweg Richtung Neustadt. Nein, sage ich mit Entschiedenheit, weil hinter mir herausfordernd geschwiegen wird, nein, ich werde dich nicht direkt agieren lassen, ich könnte sonst allzu leicht Erzählmustern verfallen, die nicht meinen Denkmustern entsprechen. Fiktion soll nicht ersetzen, was uns an Fakten fehlt! Wenn ich als Erzähler erfinden will, schreibe ich lieber gleich einen fiktionalen Text, verstehst du? Einen Text, in dem ich mich frei bewegen kann. Hier bleibe ich ja doch an dich gebunden. Da will ich mich nicht auch noch an bewährte Erzählmuster binden. Ich entwickle lieber meine eigenen Textstrukturen – du verstehst? Ich nehme das Schweigen als Zustimmung. Die Dämmerung schwärzt sich unaufhaltsam ein. Aber ich sehe das Sträußlein auf dem Boden, als wäre es von einem Spotlight hervorgehoben: Liebstöckel und Fenchel, Pfingstrose und Gartenkerbel, Lilie und Bauernrose, Eberraute und Salbei, Andorn und Zitronenmelisse, Betonie, Muskateller-Salbei, Wermut. Zwei, drei Lidschläge kurz, wenigstens zwei, drei Minuten lang kein Wort, keine Regung. Und plötzlich wieder eine Explosion wild auszackender Bewegungen – eine Hand über dem Kopf, eine Hand in die Hüfte gestemmt, ein Knie weit ausgewinkelt, so könnte das auf einer Momentaufnahme aussehen. Weiter die betäubend rasche Folge von Bewegungen im Zeitraffer, vielleicht werden hier alle Bewegungen gebündelt, in denen ich ihn vor mir, in mir gesehen habe, aber nun sind die Bewegungen so sehr verdichtet, daß ich, obwohl ich diese rasende Pirouette nur an der Grenze meines Blickfelds sehe, die Augen schließen muß. Ich öffne sie erst wieder, als ich spüre, daß sich nichts mehr rührt im kleinen romanischen Raum. Ich taste hinter den Mauervorsprung: kein Körperwiderstand. Und das Sträußchen ist von der Finsternis wie verschluckt. Ich gehe zur Türe zurück, die sich öffnet wie auf ein Zauberwort.

Anhang

Mein erstes Buch über Neidhart erschien 1981: *Herr Neidhart*. Eine gekürzte Version dieser Fassung war das *Liederbuch für Neidhart* (1983). Ich habe das Neidhart-Buch neu geschrieben: aus 17 Kapiteln wurden 168 Kapitel oder Textabschnitte.

Im ersten Neidhart-Buch dominierte der philologische Diskurs. Und: ich suchte damals zu sehr den Konsens mit der Hochschul-Philologie. Auch in diesem neuen Buch ist über Neidharts Zeit nichts geschrieben, das nicht auf wissenschaftlichen Publikationen basierte, auch diesmal war mir die Kooperation mit Philologen wichtig, doch jetzt entwickelte ich eine andere Arbeitsmethode, Schreibmethode.

Weiter: der Gedanke an die Konzeption einer »Trilogie des Mittelalters« entstand erst während der langen Arbeitszeit und wollte eingelöst werden. Der Begriff Trilogie wurde zur Verpflichtung: sie durfte nicht bloß eine Folge von drei Büchern über drei Dichterkomponisten des Mittelalters sein. Abstimmungen wurden notwendig, Bezüge mußten hergestellt werden in diesem Mittelstück der Trilogie.

Während ich das Neidhart-Buch neu schrieb, dachte ich zuweilen an einen Satz von Jean Paul, den ich nur sinngemäß zitiere, ich fand ihn nicht wieder: es sei nicht einzusehen, weshalb Inspiration nur bei der Erstfassung walten solle und nicht auch bei der Überarbeitung. Der zündende Einfall kam erst vor dieser Neufassung.

Ermutigung brachte mir bei dieser Arbeit auch der souveräne Umgang eines Michel Foucault mit früheren Büchern, dokumentiert in seiner Einleitung der *Archäologie des Wissens*. Man denke: ein Wissenschaftler, der eigene Arbeiten (sogar berühmt gewordene) selbstkritisch einschätzt! »Es bedrückt mich, daß ich nicht in der Lage war, diese Gefahren zu vermeiden, ich tröste mich jedoch damit, daß ich« – auf Einzelheiten seiner Argumentation muß ich hier nicht eingehen. Ich adaptiere und adoptiere statt dessen einen weiteren Satz. »Man sage mir nicht, ich solle der gleiche bleiben: das ist eine Moral des Personenstandes; sie beherrscht unsere Papiere.« Diese Moral also der unveränderlichen Kennzeichen »soll uns frei lassen, wenn es sich darum handelt, zu schreiben«.

Anmerkungen

Zu Kapitel 3
Am Beispiel Neidhart führen verschiedene Philologen vor, was umfassender Skeptizismus ist. Befragt nach Neidharts Biographie, werden sie höchstens die Schultern zucken: Wir wissen nichts Sicheres. Im ersten Neidhart-Buch hatte ich mich zu ihnen gesellt, ebenfalls achselzuckend. In diesem Buch nun versuche ich es mit einer Methode, die über die scheinbar unanfechtbare Position eines grundsätzlichen Kannitverstan hinausführt. Das wird methodische Puristen stören. Sie bleiben lieber in den gewohnten Kreisen; wie in Göpelmühlen produzieren sie vorwiegend das Weizenauszugsmehl der Textinterpretation. Alles außerhalb: nicht relevant, weil nicht dokumentierbar. Vor allem Aussagen, lyrische Anmerkungen des Dichters (des lyrischen Ich) zur Biographie werden grundsätzlich in Frage gestellt, ja meist verworfen.
Wissenschaftliche Spekulation beginnt zuweilen schon beim Vornamen: ist auch »Neidhart« fiktiv? Der Name hätte dann freilich nicht bedeutet, daß dieser Mann hart im Neiden war, das wäre Volksetymologie. Nît war zu Neidharts Zeit weniger der Neid als der Streit, der Groll, der Kampf, und ein »Nîthart« wäre jemand, der hart im Streiten ist, ein harter Kämpfer. Neidhart von Reuental: der Streithansl aus dem Jammertal? Ein von vorn bis hinten erfundener Künstlername also? Neidhart als Bedeutungsträger, mit Chiffren über den Topp beflaggt? Glücklicherweise ist der Name Neidhart nachweisbar, schon für das Frühe Mittelalter. Beispielsweise trug diesen Namen ein Gefolgsmann und Chronist Karls des Kahlen. Dieser Name ist also eingeführt.
Und das Reuental? Neidhart nennt sich in seinen Liedtexten meistens »Neidhart« oder »Herr Neidhart«, aber es heißt auch mal »Herr Neidhart von Reuental« oder »Ich, der Reuental«. Dennoch: ist Reuental rein fiktional?
Ich habe mehrere Gründe aufgeführt, die gegen solch eine Interpretation sprechen, ich nenne einen weiteren: ein Dichter, dessen Hinweise auf das Tullner Feld so exakt mit dem damaligen Kontext übereinstimmen, wird im Falle Reuental wohl kaum eine schiere topographische Fiktion präsentieren. Ja, dreimal ja: hier sind Topoi, jedoch: Topoi, die mit Realitäten korrelieren. Also korrelierende Topoi. Als ich den Text dieses Buches erneut überarbeitete, machte ich längeren Halt bei R 2, VII.

> Wa von sol man hine vur min geplaetz erchennen
> hie enphor do chande man iz wol be Riwental
> da von solt man mich noch von allem rehte nennen
> aigen vnde lehen sint mir da gemezzen smal
> chint ir heizzet iv den singen der sin nv gewaltich si
> ich bin sin verstozzen ane schulde
> mine vrivnt nv lazzet mich des namen vri

Werte Damen und Herren, so schreibt man nicht über eine Allegorie! Hier muß, trotz zeittypischer Stilisierungen, ein Kern biographischer Realität vorhanden sein! Wenn wir weiterkommen wollen in der Rekonstruktion der Biographie eines Dichters, der leider keine justiziablen Dokumente hinterlassen hat, müssen wir solchen Hinweisen nachgehen, müssen wir seine mehr oder weniger verschlüsselten Informationen mit dem Kontext der Zeit vergleichen, müssen wir erwägen und abwägen, was biographisch möglich und was sogar wahrscheinlich gewesen sein dürfte.

Um eine Formulierung von Karl Kraus zu adaptieren: Neidhart hat keine Locken auf einer Glatze gedreht. Oder, um meine Formulierung hier vorwegzunehmen: er hat stilisiert mit Sichtkontakt zur Realität. Nur durch kombinatorische Verfahrensweisen läßt sich hier das Mögliche und das Wahrscheinliche erschließen. Mehr ist nicht zu leisten, mehr wird aber auch nicht vorgegeben oder vorgetäuscht. Nie sage ich: So war es – außer in betont fiktiven Einschüben. In der Rekonstruktion der Biographie heißt es oft genug: So ähnlich könnte es gewesen sein. Möglichst genau, in möglichst vielen Einzelheiten will ich mir bewußt machen, vor Augen führen, was gewesen sein könnte. Gedichtetes wird nicht im Verhältnis eins zu eins in Realität zurückübersetzt, ständig wird hingewiesen auf Topoi, die ich jedoch vielfach als korrelierende Topoi sehe.

Der puristische Skeptizismus (der mich oft schon bei der Wolfram-Sekundärliteratur geärgert und zugleich herausgefordert hat) ist offenbar ein zeitgebundenes Phänomen (gewesen). Es ist nicht nur charakteristisch für Wolfram- und für Neidhart-Philologie, für die Exegese mittelhochdeutscher Literatur, es war (ist) offenbar grenzüberschreitend. In der Vergil-Biographie des französischen Altphilologen Pierre Grimal lese ich einige Anmerkungen, die ich mit Vergnügen hervorhebe. »Auf diesem Felde tummelten sich wie auch anderwärts die hyperkritischen Geister, weil sie der eigenen Urteilskraft mehr vertrauten als den Aussagen der Überlieferung und weil sie froh darüber waren, daß es ihnen allein mit ihrem Scharfsinn gelang, wenn schon nicht alle Probleme zu lösen, so doch wenigstens eine Beweisführung zu ersinnen, die alle Gewißheit ins Wanken zu bringen vermochte. (...) Das Verfahren besteht darin, systematisch die sachliche Richtigkeit der in der Überlieferung enthaltenen Nachrichten anzuzweifeln.«

Charakteristisch für die Arbeitsweise von Grimal (die ich erst am Ende der Arbeit an diesem Buch kennenlernte) sind Formulierungen folgender Art: »Dennoch läßt sich in dieser ganzen diskordanten Ablagerung eine Reihe von gesicherten oder wahrscheinlichen oder auch in hohem Maße glaubhaften Elementen erahnen... Unsere dergestalt gewonnenen Erkenntnisse sind das Ergebnis einer Rekonstruktion... Die Beispiele lassen sich unschwer auf die Realität beziehen... All diese Einzelheiten sind gewiß nicht gesicherte Überlieferung. Doch ist nicht einzusehen, weshalb sie hätten erfunden werden sollen.« Genau das habe ich mir zuweilen auch gesagt: es »ist nicht einzusehen, weshalb sie hätten erfunden werden sollen«! Ich stehe also nicht ganz allein mit meiner kombinatorischen Methode – zumindest in Frankreich finde ich (indirekte, nachträgliche) Bestätigung.

Zu Kapitel 4
Erwähnen muß ich hier zumindest, daß Karl Bertau eine These entwickelt hat, die in der Fachliteratur gern aufgegriffen wird: Neidhart stamme aus der Gegend von Reichenhall. Bertau leitet dies ab von einem Ausruf in einer der Spottstrophen: »Her Nîthart daz iv sand zene lone« (R 42, VI), also sinngemäß: »Herr Neidhart, das zahle Euch der heilige Zeno heim!« Der hl. Zeno ist der Schutzheilige des Augustinerstifts Reichenhall. Der hl. Zeno taucht aber auch in mittelhochdeutscher Epik auf, im Sagenkreis um Dietrich von Bern, der beispielsweise in der Schlacht bei Ravenna die Ostgoten besiegte – und aus Ravenna stammt der heilige Zeno. Daß Beziehungen bestehen zwischen Neidhart-Liedern und Heldenepen, hat beispielsweise George T. Gillespie nachgewiesen: insgesamt 52 Namen hat Neidhart aus Heldenepen übernommen und auf Bauern übertragen. Da kann auch der hl. Zeno von Ravenna transferiert worden sein.
Zuweilen werden auch Neidharts Hinweise auf Salzsäcke (die man anmaßenden, aufmüpfigen Bauern auf die Rücken wuchten sollte!) interpretiert als regionale Anspielungen. Salzsäcke sind allerdings durch ganz Bayern transportiert worden; mitten durch Landshut, zum Beispiel, führte die Salzstraße. So sind diese Salzsäcke kein gewichtiges Argument für Reichenhall oder die Salzburger Region.

Zu Kapitel 13
Würde ich die rekonstruierte Figur des Neidhart auf einen Sockel von Fußnoten stellen, so wäre hier ein ausführlicher Hinweis fällig auf Karl Bertau, denn auch er sieht in Neidhart beides: den Mann im Waffendienst und den Dichter. Bertau aber geht noch entschieden weiter. In seinem Aufsatz über Wolfram und Neidhart lese ich: »Spielmannsleben mit einem Anflug von ›Ritter‹-Existenz, das ist vielleicht der Realitätskern von Neidharts Situation. Möglicherweise hat er zunächst im Bayrischen als lehnloser, jüngerer Sohn eine *arme-rîter*-Existenz geführt, als Turnierausrufer, Gelegenheitssoldat und zeitweiliger Hofpoet.« Turnierausrufer! Da hätte er die Namen junger Herren hinter Eisenmasken ausgerufen, hätte preisende Beiwörter verwendet – zum Rufen bestellt und bezahlt. So etwas würde ich gern übernehmen und ausspielen, aber ich finde in der Neidhart-Überlieferung nicht den geringsten Hinweis auf diese Tätigkeit. Also bleibe ich hier vorsichtiger als ein Wissenschaftler.

Zu Kapitel 36
Stichwort »Strophenfluktuation«. Dieses Phänomen hat Günther Schweikle am Beispiel Reinmars des Alten untersucht. Sein Werk ist in

vier Handschriften überliefert. In der ersten sind 12 Strophen Reinmars (das heißt: 17 Prozent) anderen Autoren zugeschrieben: eine Walther von der Vogelweide, vier Friedrich von Hausen, sieben Heinrich von Rugge. In einer zweiten sind es 14 Strophen (11 Prozent) – unter ihnen wieder Walther. In einer dritten Handschrift sind 14 Strophen (18 Prozent) Autorenkollegen zugeschrieben: Friedrich von Hausen, Walther, fünf weitere Autoren. Und in der vierten Handschrift sind 23 Strophen (14 Prozent) anderen Autoren zugeschrieben: acht Strophen Walther, vier Hartmann von Aue, drei Friedrich von Hausen – und so weiter.

Eine starke Strophenfluktuation also. Es läßt sich hier erst einmal dieser Schluß ziehen: bekannte Dichterkomponisten/Liedermacher nahmen Werke anderer, bekannter Dichterkomponisten/Liedermacher in ihr Programm auf. Für Reinmars Zeit läßt sich weiter schließen: er war ein sehr beliebter, von verschiedenen Kollegen gesungener Schreiber von Texten, Komponist von Liedmelodien. Und vorstellbar ist: daß ein Reinmar-Lied, von Walther von der Vogelweide gesungen, wie ein ›echter Walther‹ klang, und so wurde ihm dieses Lied denn auch zugeschrieben. Dem Publikum war es letztlich wohl gleichgültig, ob ein Original-Reinmar oder ein Original-Walther gesungen wurde, so was ist auch dem heutigen Publikum unwichtig. Amerikanische Sänger wie Dylan oder Donovan sangen und singen vorwiegend eigene Songs, aber sie übernehmen auch ältere Songs und Songs von Kollegen, und die klingen dann wie ›typischer Dylan‹ oder ›echter Donovan‹. Fragen der Urheberschaft interessieren hier nur Urheberrechtsgesellschaften.

Erstaunlich nun: selbst bei einem (auch für uns) so unverwechselbaren, unübersehbar und unüberhörbar originalen Autor wie Neidhart gab es solche »Zuschreibungsdiskrepanzen«. In der Kleinen Heidelberger Liederhandschrift, die etwa Ende des 13. Jahrhunderts geschrieben wurde, sind 39 Neidhart-Strophen überliefert (ausschließlich Winterlieder!), und von denen sind nur 17, also knapp die Hälfte, Neidhart zugeschrieben, alle anderen Strophen wurden auf Kollegen und Nachfolger verteilt, die Neidhart in ihr Programm aufgenommen hatten. Die Namen dieser Neidhart-Sänger sollen hier genannt werden: Gedrut (7 Strophen), Leuthold von Seven (2 Strophen), Niune (8 Strophen), Spervogel junior (5 Strophen). Auch hier läßt sich schließen: Neidhart-Lieder wurden gern und viel gesungen, besonders die Winterlieder. Sie boten und bieten den Entfaltungs- und Gestaltungsmöglichkeiten der Sänger ein breites Spektrum.

Zu Kapitel 55

Die Strophen dieses Kapitels machen deutlich, daß Neidhart noch keine Erlebnislyrik verfaßt hat. Die verschiedenen Fassungen zeigen vielmehr: er hat mit Formen eines literarischen Fundus gespielt, dessen Motive und Sujets er zum großen Teil selbst entwickelt hat. Reuental ist für Neidhart – auch – Spielmaterial, mit dem er frei variierend umgeht. Wenn er von

>sich< im Reuental dichtet, singt, so ist das keine direkte Darstellung seiner persönlichen Situation, sondern – auch – Arrangement literarischer Versatzstücke. Neidhart darf also nicht unreflektiert wörtlich genommen werden: wir finden in solchen Strophen keine verläßlichen Bauelemente einer Künstler-Autobiographie.

Im vorigen Jahrhundert hat man noch wortwörtlich genommen, was ein Dichter des Mittelalters über sich selbst aussagte, auszusagen schien. In der Gegenbewegung der Entmythologisierung ist man in diesem Jahrhundert zur Überzeugung gekommen, daß sich von Dichter-Texten des Mittelalters nichts, aber auch gar nichts ableiten läßt an biographischen Fakten: alles sind literarische Figuren, Figurationen, sind Muster, Topoi. Ich vermute, auch hier wird verabsolutiert.

Ein Beispiel: eins der bekanntesten literarischen Muster ist der Armuts-Topos mittelhochdeutscher Dichter. Ich habe im Wolfram-Buch einiges über Armut und Hunger bei Dichtern des Mittelalters geschrieben, kann in dieser Anmerkung resümierend allgemein bleiben. Die oft stereotypen Wiederholungen der Armuts-Beteuerungen sind charakteristisch gerade für diesen Topos; die wiederholten Hinweise auf Armut dürften aber auch einer fortgesetzten Misere entsprechen. Der literarische Topos könnte also mit biographischer Realität korrelieren, kommunizieren. Also: korrelierender Topos. Oder: kommunizierender Topos.

Die Bezüge aus einem ländlichen Lehen waren meist gering, reichten nicht aus, man mußte zusätzliche Einkünfte suchen. Neidhart war also nicht ein reicher Lehnsträger, der literarische Späße über die Armut machte. Literarische Fiktionen und biographische Fakten könnten korrelieren.

Zu Kapitel 61
Stichwort Ikonographie. Wenn Dichter oder Schreiber oder Maler des Mittelalters ihre Namen nennen, lassen sich daraus Rückschlüsse ziehen auf ihr Selbstbewußtsein?

Lehrsatz: Der Künstler des Mittelalters tritt bescheiden, anonym hinter seinem Werk zurück; erst mit Beginn der Renaissance tritt der selbstbewußt gewordene Künstler als Individuum hervor in seinem Werk. Der Schluß, der sich aus dem zweiten Teil dieses Satzes ziehen läßt: tritt ein Künstler des Hohen Mittelalters selbstbewußt hervor in seinem Werk, so ist das Rollenspiel; Individuelles kann sich hier nicht zeigen – denn siehe oben.

Das Bild des Mittelalters wird zur Zeit in mehrfacher Hinsicht erheblich revidiert. Die Impulse dazu gehen kaum von der Philologie aus, sondern vor allem von der Mittelalter-Archäologie und von der Kunstgeschichte. Hier wird in Frage gestellt, was bisher selbstverständlich schien.

Wie, so fragt man beispielsweise, war das Bewußtsein, das Selbstbewußtsein, das Selbst-Verständnis von Kalligraphen, Buchillustratoren, Malern, von Goldschmieden, Steinmetzen, Baumeistern? Was man bisher nicht oder so gut wie gar nicht beachtet hat (weil der Demonstration des Selbstbewußtseins eines Künstlers eine strenge Zeitgrenze gesetzt schien), das rückt in den Fokus von Untersuchungen, und schon sieht man überall Zeichen für ein starkes Selbstbewußtsein der Künstler im Mittelalter! Sie nennen ihre Namen, ja, sie stellen sich sogar selbst dar. Bei Buchminiaturen ist das besonders auffällig: Illustratoren, Illuminatoren bringen sich selbst mit ins Bild. Selbstverständlich an bescheidener Stelle, manchmal auch versteckt, weil betontes Selbstbewußtsein mit Hochmut verwandt ist, der wiederum in Hoffart übergehen kann, und die gilt als Sünde; mit künstlerischer Arbeit aber will man auch etwas für sein Seelenheil tun, will man weiterkommen auf dem Weg der Erlösung – dies könnte betonte Künstlereitelkeit nur erschweren. Dennoch: dutzendfach Handschriften des Hohen Mittelalters, in denen Schreiber sich nicht nur beim Namen nennen, meist am Schluß, sondern in denen sie sich darstellen oder darstellen lassen bei ihrer Arbeit. Da schneiden sie den Federkiel zurecht mit dem Federmesser, da halten sie die geschnittene Feder prüfend hoch, da tunken sie die Feder ins Tintenhorn, da schreiben sie. In diesen Darstellungen zeigt sich Selbstbewußtsein – auch wenn sich ein Schreiber meist erheblich kleiner darstellen läßt als beispielsweise den großen Evangelisten-Kollegen. Aber es gibt einige Buchillustrationen, in denen man sich optisch entfaltet. Der pictor und scriptor Hildebert, ein nicht-klerikaler Künstler, stellt sich dar in seinem Arbeitsambiente, und er hat eine Schreibfeder hinters rechte Ohr geklemmt, hält eine zweite in der linken Hand, hat zwei weitere Schreibfedern neben Tintenhörnern im Schreibpult stecken; dieses Pult wird (immerhin!) von einer Löwenplastik getragen; vor Hildebert sein Gehilfe, auch dessen Name ist angegeben: Ewerwin, er hockt auf einem Schemel, pinselt eine Arabeske; der Eßtisch des Meisters (mensa hildeberti) ist ebenfalls gezeichnet, mit einem Tischtuch, aber es steht nur ein Napf darauf, daneben ein Essensrest, an den sich eine rattengroße Maus heranmacht. Meister Hildebert hat die rechte Hand hochgerissen, will einen Stein auf die Maus schleudern; vom Buch, das auf dem Löwenpult aufgeschlagen liegt, ist abzulesen: Pessime mus saepius me provocas ad iram ut te deus perdat – das läßt sich etwa so übersetzen: Schlimmste aller Mäuse, viel zu oft reizt du meinen Zorn, Gott verdamme dich!

Nach diesem Beispiel gleich ein Ergebnis kunsthistorischer Untersuchungen: während in mittelalterlichen Buchminiaturen stilisierte, ja vielfach stereotype Darstellungen vorherrschen, zeigen sich individuelle Züge, wo scriptores und pictores sich selbst zeichnen.

Auch in Texten weist man zuweilen mit Nachdruck auf sich persönlich hin. Nur ein Beispiel von vielen. »Scriptor: Ich bin der Erste unter den Schreibern, und weder mein Lob noch mein Ruhm wird danach untergehen. Sage du, mein Buchstabe, wer ich bin! Littera: Dich, Eadwin, den eine gemalte Figur bezeichnet, preist dein Ruhm als einen, der durch die Jahrhunderte hin leben wird und dessen Begabung der Schmuck dieses

Buches anzeigt. Dieses (Buch) und ihn selbst nimm, o Gott, als ein ange-
nehmes Geschenk, das er dir gegeben hat.«
Selbstbewußt durchbrochene Anonymität! Und es gibt dafür Entsprechungen in anderen Kunstsparten. An den Bronzetüren der Sophienka-
thedrale zu Nowgorod (sie wurden in Magdeburg gegossen) sind drei
Gießer dargestellt, selbstbewußt lässig mit Gießerzange, Tiegel, Ham-
mer, und diese drei Bronzegießer haben sich sogar namentlich nennen lassen: Riquin, Waismuth, Abraham. Und Steinmetze stellen sich dar in
Kapitellen, und Goldschmiede gravieren ihre Namen ein, und Baumeister
fixieren ihre Namen in Stein. Resümierend hebt Anton Legner hervor,
»wie wenig anonym der Künstler im Mittelalter gewesen ist«.
In einer Zeit, in der Künstler so häufig und mit solchem Nachdruck auf
sich hinweisen, wäre es mehr als verwunderlich, wenn sich ein Liederdichter lebenslang hinter einem symbolischen Namen, einem Künstlernamen, versteckt hätte. So bekräftigt sich: Neidhart von Reuental hieß
Neidhart von Reuental. Und es bestätigt sich: wenn Neidhart von Neidhart erzählt, so ist das Rollenspiel, kann zugleich aber (stilisierte) Selbstdarstellung sein. Flankiert von Kunsthistorikern, wage ich es, Aussagen
von Neidhart über Neidhart ernster, direkter zu nehmen, als es in den
letzten Jahren zum allzu feinen Ton der Philologie gehörte.

Zu Kapitel 78
Auch nach dieser Austreibung des Pseudo-Neidhart: ich will auf diese
Weise nicht ein Problem wegeskamotieren. Das lange Nachleben des
Dichters brachte es mit sich, daß posthum Strophen verfaßt und in Lieder
eingeschoben oder an Lieder angehängt wurden. Wahrscheinlich sind sogar ganze Lieder nachträglich entstanden. Zu ihnen dürften mit ziemlicher Sicherheit die Neidhart-Schwänke gehören. Posthum wurden wohl
auch etliche der grobianischen Strophen verfaßt; wenn zwei, drei, vier
Dutzend Bauern als Strafe für kleine Übergriffe jeweils das linke Bein mit
Schwertern abgehauen wird, so bin ich sicher: damit wollten Nachahmer
das Vorbild übertrumpfen. Und stillschweigend habe ich jeweils meine
Entscheidung getroffen: solche Strophen und Lieder habe ich nicht übersetzt. Ich habe nur übertragen, was (zumindest mit einiger Wahrscheinlichkeit) Neidhart verfaßt und hinterlassen haben dürfte. Vielleicht bin
ich hier (im Reflex auf bisherige Zensur) recht großzügig gewesen. Doch
selbst wenn die eine oder andere Strophe gestrichen werden müßte – es
wird in diesem Buch deutlich, daß Neidharts Spektrum sehr viel weiter
ist, als dies Haupt, Wießner und Nachfolger kanonisieren wollten. Nicht
nur die (oft sehr einfallsreich variierten) Repliken erfolgsbewährter Textmuster sind für Neidhart bezeichnend, auch Liedtexte, zu denen sich
keine Pendants finden. Bei Walther von der Vogelweide, das muß ich
gleich zugeben, ist das Spektrum noch weiter. Bei den meisten seiner Zeitgenossen hingegen ist es erheblich schmaler. Am schmalsten ist es bei
hochhöfischen Minnesängern. Verglichen mit solchen Dichtern ist Neid-

hart originell bis zur Radikalität. – Ich schrieb: »stillschweigende Entscheidungen« – eine von ihnen will ich hier begründen. Ich übersetze eine Beispiel-Strophe.

> Vor euch beklagen will ich meine défaitage
> mit einem Bauerngecken –
> der brachte mich um den Verstand!
> So blonde Locken sah ich nie.
> Das besagte Bauerngigerl
> erkennt ihr an der Löwenmähne.
> Er ist zur Hälfte ein Franzos,
> ein rechter Weiberheld.
> Mit seiner Burg wirkt er courtois,
> sein surtout ist champagnois.
> Ha, den darf er nicht behalten!

Zu dieser auffälligen Häufung französischer Lehnwörter habe ich keine Entsprechung gefunden in der Neidhart-Überlieferung. Das Stichwort »Franzose« könnte dieses Spiel mit Lehnwörtern ausgelöst haben. Oder: das Stichwort »Franzose« wurde eingebracht, um solch ein Sprachspiel zu legitimieren. Hier wurde ein Hase gespickt – ein falscher Hase? Ein paarmal nennt Neidhart in seinen Lieder den Rhein. Und weist darauf hin, daß ihn seine Reisen auch bis zum Rhein geführt hätten. Vielleicht war Neidhart in die Nähe des Königreichs Burgund gekommen, vielleicht war er auch einmal im französischen (normannischen) Sprachraum. Das wäre freilich nicht Voraussetzung dafür, solche Sprachbrocken einzubringen – die könnte er aufgeschnappt haben bei Auftritten von Kollegen, solche Wörter waren üblich in der höfischen Dichtersprache. Ein besonders deutliches Beispiel ist hier Wolfram von Eschenbach. Er hat nicht nur französische Wörter übernommen, er hat Wortformen entwickelt, die speziell für ihn typisch sind. Dazu gehört die »schumpfeteure« (so wird dieses Wort hier in c 42 geschrieben); ich übersetze es mit der Nachbildung »défaitage«. Wenn wir nicht annehmen wollen, daß Neidhart mit diesem Kennwort eine Hommage an Wolfram in den Text einschmuggeln wollte, so bleibt nur die Frage: ist diese Strophe erst nach Neidharts Tod verfaßt worden? Ich habe die Frage für mich bejaht, habe dieses Lied nicht übersetzt.
Daß mir diese Strophe im Klang ›verdächtig‹ vorkam, war nicht nur subjektive Reaktion. Als ich noch einmal die Transkription der Handschrift R durchblätterte, fand ich zum Schluß diese Strophe wieder, und zwar im Anhang unter der Rubrik »Göli-Lieder«. Beim ersten dieser Lieder ist über der Anfangs-Zeile am Rand vermerkt: »Her Goli«. Das war keine Philologenhand!
Dieser Herr Göli läßt sich höchstwahrscheinlich identifizieren: er könnte Diethelmus Goli de Baden sein, ein civis Basiliensis, urkundlich nachge-

wiesen 1254 bis 1276 (Beyschlag). Er also könnte einer der Sänger gewesen sein, die Neidhart-Lieder vortrugen, als der Dichter längst tot war. Und er könnte sein Repertoire an Neidhart-Liedern (sicher nur eine Auswahl, vielleicht sogar eine zufällige) erweitert haben durch Liedtexte in der Manier Neidharts. Wobei denkbar bliebe: eine authentische Strophe wurde erweitert zu einem Lied in Neidharts Manier. Gleichsam ein Neidhart-Nucleus.

Herr Göli dürfte nicht der einzige gewesen sein, der Neidhart nachgeahmt, der seine Lieder nachträglich vermehrt hat. Es entstand so etwas wie eine Neidhart-Schule.

Hier übernehme ich bewußt einen Begriff aus der Kunstgeschichte. Wie ungeheuer schwierig es ist, allein nach Stilkriterien zu entscheiden, ob ein Werk echt oder unecht ist, zeigte in den letzten Jahren vor allem das Beispiel Rembrandt. Etliche Bilder, die bis vor wenigen Jahren fraglos zum Werk des Malers gerechnet wurden (etwa der Mann mit dem Goldhelm), sie mußten (nach kombiniert kunstgeschichtlich-naturwissenschaftlichen Untersuchungen) der Rembrandt-Schule zugewiesen werden, den Rembrandt-Nachfolgern. (Das müssen freilich hervorragende Maler gewesen sein!)

Neidhart-Strophen kann man leider nicht röntgen, Neidhart-Wörter kann man nicht im Farbpigment analysieren, und so ist es erheblich schwerer, zu entscheiden, was von Neidhart gedichtet wurde und was von einem Neidhartianer. Ich habe mich von keinem nachträglich entwickelten poetischen Neidhart-Programm leiten lassen, habe von Fall zu Fall entschieden. Aber ich hoffe, daß Neidhart mit meinen Entscheidungen zum größten Teil einverstanden wäre, posthum.

Zu Kapitel 79

Es ist nicht mehr zu übersehen nach dieser zweiten Anthologie: Liedmuster wiederholen sich bei Neidhart. Ich will hier im Anhang Neidharts Verfahren noch deutlicher herausarbeiten, stelle dazu drei Frühlingsliedtexte vor. (Mit diesen kompletten Liedtexten zeige ich zugleich, daß Neidhart die Konzentration auf eine knappe Strophenfolge nicht fremd ist.)

Im ersten Buch über Neidhart hatte ich in spaßhaftem Vergleich geschrieben, er würde heute wahrscheinlich – bei ähnlichem Erfolg – Neidhart Productions gründen oder durch Freunde gründen lassen, eine Neidhart Productions Inc., und hier würde ein kleines Team die erfolgreichen Muster reproduzieren und variieren, wie das heute bei erfolgreichen Entertainern üblich scheint. Neidhart Productions Incorporated beehrt sich, ein erstes Frühlingslied zu präsentieren.

> Der Mai hat alles wunderschön geschmückt,
> in Berg und Tal.
> Und überall

sieht man zahllos bunte Blumen.
Den meisten Vögeln bleibt nur eins:
mit Gesang den Mai zu feiern.

Zu all dem ist der Wald mit Laub gekrönt.
Die Nachtigall
läßt süßen Schall
laut, ja überlaut erklingen.
Das war noch nie so schön zu hören,
dies mag so tausend Stunden weitergehn...

Lieber nicht. Nach diesem zweistrophigen Lied mit der Werknummer
c 15 bringe ich ein kurzes Gegenbeispiel: die folgenden Zeilen aus c 2 sind
keine Aufreihung von Formeln oder Floskeln, hier sind Funde oder Erfindungen, hier ist Poesie.

Blüten sieht man hartem Holz entsprießen,
feine Beeren ausgestreut in Auen,
man sieht, wie sich Kamillenblüten öffnen.

Mit diesen beiden ersten Beispielen ist bereits die Distanz zwischen inten-
siven und formelhaften Liedtexten ausgemessen. Und hier gleich ein
zweites Frühlingslied, »Am Hof gesungen«, Archivnummer c 53 der
Neidhart Productions Inc.

Der Wald war völlig fahl
vom Schnee und auch vom Eis,
nun ist er wieder bunt gefärbt;
dieses Jahr
tanzen Mädchen
Reihen, wo die Blumen stehn.

Auf vielen grünen Zweigen
hört man kleine Vögelchen
schöne Melodien singen.
Und ich fand
Blumenglanz.
Das offene Land ist licht geworden.

Ich bin dem Mai gewogen,
denn ich seh im Reihen
meine Liebste tanzen
im Lindenschatten;
viele Blätter
schützen sie vor heißer Sonne.

Hier ist Neidhart zum Thema Frühling nichts Neues, nichts Originelles eingefallen, hier hat er Versatzstücke und Sprachfloskeln montiert nach der Formel N.

Allerdings: Neidhart hat wohl kaum daran gedacht, sämtliche Liedtexte zu sammeln, und so hätte er wohl auch entschieden von der kontinuierlichen Lektüre einer Sammelhandschrift abgeraten. Schließlich hat er bei seinen Auftritten jeweils nur eine Auswahl eigener (und wohl auch fremder) Lieder vorgetragen – damit erhielt ein Liedtext größere Eigenständigkeit. Zwar kannten Zuhörer Neidharts wahrscheinlich auch Lieder, die er nicht gerade vortrug (im Laufe der Jahre, Jahrzehnte, in denen er umherzog, wird er an verschiedenen Orten mehrfach aufgetreten sein), aber: keiner seiner Zuhörer, auch kein Neidhart-Enthusiast, hatte zehn Dutzend Neidhart-Lieder im Kopf!

Im folgenden dritten Liedtext (c 60) zeigt sich dem vergleichenden Blick des Lesers von Sammelhandschriften noch einmal das offenbar bewährte Muster des Frühlingsliedes, zeigt sich Reproduktion nach Schema oder Formel N.

> Auf dem Berg und in dem Tal
> hört man viele Vöglein singen;
> heuer wie eh
> sieht man Klee.
> Verschwinde, Winter, du tust weh.
>
> Die Bäume, die dort kahl gestanden,
> zeigen alle grünes Laub.
> Viele Vöglein:
> welche Wohltat!
> Hier erhebt der Mai den Zoll.
>
> Eine Alte tanzte vor –
> sie hatte mehr als tausend Runzeln.
> Doch sie sprang
> wie ein Widder,
> stieß die Jungen alle nieder.

Worauf die Wiederholungen schließen lassen: Neidharts literarisch-musikalische ›Artikel‹ waren erfolgreich, hier bestand rege Nachfrage. Oder: hier hat Neidhart rege Nachfrage geweckt. Und wiederum: die Nachfrage konnte nicht befriedigt werden durch Wiederholungen älterer Lieder, er mußte jeweils neue Lieder vortragen.

Um Neidhart nicht zu isolieren: ein Joseph Haydn konnte am Hof eines Fürsten von Esterházy auch nicht eine Sinfonie wiederholen, die er bereits aufgeführt hatte, es wurde von ihm erwartet, daß er die jeweils neueste Sinfonie dirigierte, am Konzertmeisterpult. Und Mozart konnte nicht ohne weiteres mit einem Klavierkonzert auftreten, das er zwei oder fünf

Jahre zuvor gespielt hatte – man verlangte Musik, die man noch nie gehört hatte. Auch solche Zwänge potenzierten die Opuszahlen bei einem Haydn wie bei einem Mozart.

Ein dritter Vergleich: wer sich in Galerien und Museen über Entwicklungen zeitgenössischer Kunst informiert, wird feststellen, daß die Formel N durchaus aktuelle Entsprechungen findet: was im Werk eines Malers von Galeristen, Museen, Mäzenen, Käufern als typisch akzeptiert wurde, das wird von vielen Künstlern in Varianten reproduziert.

Zu Kapitel 123

Johannes Aventinus, der große bayrische Geschichtschreiber des 16. Jahrhunderts, äußerte sich in einem lateinischen (hier in einer Übersetzung zitierten) Brief an Beatus Rhenanus über den Sinn der Geschichtsschreibung: Sätze, die fast als Motto dieses Buchs geeignet wären, neben einem Motto des Bischofs von Freising. Für ein Motto ist das folgende Zitat allerdings zu umfangreich. Außerdem: in jedem Punkt kann ich Johannes Aventinus nicht beipflichten. Dennoch trage ich einen längeren Auszug nach.

»Ich habe vor allem eines gelernt: daß Geschichtsbewußtsein unerläßlich ist für die Politik und daß aus Unkenntnis der Vergangenheit in geistlichen und weltlichen Angelegenheiten täglich Fehler begangen werden, ja eigentlich das meiste verkehrt gemacht wird. Ich sehe, wie Theologen, Rechtsgelehrte, Männer in höchster Verantwortung aus Unerfahrenheit und Unkenntnis der alten Überlieferungen im Dienste des Staates schlimme Mißgriffe tun, schändlich versagen und Riesenirrtümer begehen, weil sie wie Kinder und Säuglinge keine Ahnung davon haben, was sich vor ihrer eigenen Zeit abgespielt hat. Nach dem Ausspruch eines zu seiner Zeit sehr bedeutenden Theologen und Astrologen kann man aus der Geschichte sehr viel sicherer als aus der Beobachtung der Gestirne die Zukunft erkennen, wonach das Menschengeschlecht so begierig ist; denn aus dem Vergangenen läßt sich das Künftige erschließen.

Außerdem bietet die Geschichte in jedem Alter und in jeder Lebenslage angenehme Beschäftigung und unterhaltsame Lektüre; ihr Stoff ist nämlich die bunte Vielfalt des menschlichen Lebens und seiner Wechselfälle, wo man wie in einem Spiegel oder Gemälde das Auf und Ab der menschlichen Geschicke, Sittenverfall und Aufruhr, Mord und Krieg, Betrug und Arglist, die Zerstörung von Städten, die Ausrottung von Völkern, den Untergang von Königreichen, die Unbeständigkeit der Herrschaften und große Völkerwanderungen wie das blinde Wüten des sturmgepeitschten Meeres gefahrlos betrachten kann.«

Zu Kapitel 124

Anmerkung zu den Strophen über den Entzug des Lehens Reuental. Sobald Neidhart konkret wird, oder: sobald der Anteil an eingeschmolzenem Realitäts-Granulat ein hohes, ein störend hohes spezifisches Gewicht erhält, wird, wie in einem pawlowschen Reflex, der Verdacht geäußert, solch eine Strophe sei unecht, wäre also erst nach Neidharts Tod verfaßt worden. So hielt Wießner die sehr wichtige Strophe c 80, XIII für einen »unechten Einschub« (Ingrid Bennewitz: »wie mir scheint, mit einigem Recht«). Aber ich frage: welcher Sänger hätte, Jahre oder Jahrzehnte nach den Ereignissen, mit solchen Anspielungen noch Resonanz finden können? Anspielungen sind nur sinnvoll, wenn sie Gegenwärtiges treffen – man sang nicht Anspielungen, die Fußnoten brauchten, ergänzende Kommentare, Hintergrund-Informationen. Um es zu pointieren: gerade, wo konkrete Hinweise in Liedstrophen aufgenommen werden, können wir sicher sein, daß sie von Neidhart stammen. Nachgeholte, nachgetragene Anmerkungen gehen ins Leere, verspätete Witze zünden nicht mehr. Grundsätzlich: wir müssen nicht bei jedem Text, der im Neidhart-Corpus überliefert ist, beweisen, daß er von Neidhart ist oder sein könnte, sondern: wer aus der Neidhart-Überlieferung Strophen und Lieder ausklammern möchte, der steht unter Beweiszwang – und wird bald in Beweisnot geraten.

Zu Kapitel 132

Stichwort Mödling: in der Handschrift c heißt es Medlicke. Einige Autoren sehen darin die mittelhochdeutsche Form des Namens Melk. In der Tat ist einmal die Form Medlich überliefert für Melk; meist aber heißt Melk im Mittelhochdeutschen Melch. Weil dieser Punkt wichtig ist, trage ich hier zwei Zitate von Ursula Schulze nach. Sie schreibt *Zur Frage des Realitätsbezuges bei Neidhart:* »Die Varianten Medelich, Medlich, Medelinch, Medlic sind wie die lateinische Version Medlicum auch die geläufige Form für Mödling bei Wien.« Und resümierend: »Im Zusammenhang mit der angenommenen Position Neidharts als herzoglicher Hofsänger wäre ein Hausbesitz in Mödling übrigens die passendere Vorstellung als eine Wohnung in Melk.« Auch weitere Autoren, wie Oebbecke, entschieden sich auf Grund der Überlieferungen für Mödling.

Zu den Übertragungen

Wichtiger als die Frage nach der Methode des Übersetzens ist für dieses Buch die Frage nach den Textgrundlagen, den literarischen Quellen: ältere Editionen, die früher kanonisiert waren, sie werden heute von immer mehr Forschern kritisch beurteilt.

Bei den meisten Liedtexten von Neidharts Zeitgenossen, die ich in dieses Buch aufgenommen habe, verließ ich mich auf die neue Edition durch Werner Höver und Eva Kiepe. Sie haben ihre Sammlung *Gedichte von den Anfängen bis 1300* nach Handschriften ediert. Zudem haben sie, im Fußnotensockel, zu jedem Liedtext eine Prosa-Übersetzung vorgelegt – selbstverständlich habe ich sie nicht ignoriert.

Jürgen Kühnel stellte mir seine Transkriptionen der Tanhuser-Texte zur Verfügung, auch seine Prosa-Übertragungen. Edition, Übersetzungen, Kommentare sollen zu späterem Zeitpunkt veröffentlicht werden.

Für die Übertragung der Erzählsequenz aus Gottfrieds Tristan-Roman habe ich die Edition von Ranke benutzt. Wichtig war bei dieser Arbeit vor allem der neue Stellenkommentar von Lambertus Okken, ohne den Textarbeit an Gottfried künftig nicht mehr auskommen wird.

Und nun zu den Übertragungen von Neidhart-Liedtexten. Hier mußte ich eine grundsätzliche Entscheidung treffen: ich habe nicht übersetzt nach wissenschaftlichen Ausgaben (hier bietet sich vor allem Wießner an, in der ATB), sondern nach Handschriften, die transkribiert wurden von Ingrid Bennewitz-Behr. Um meine Entscheidung verständlich zu machen, einige Informationen.

Die Überlieferung zeigt, wie außerordentlich groß und anhaltend der Erfolg von Neidhart-Liedern war: sie sind in 22 Handschriften tradiert – meist sind es freilich nur jeweils einige Lieder und Strophen. Aber in immerhin drei großen Handschriften ist ein umfangreiches Neidhart-Œuvre überliefert.

Handschrift R: der »zweiteilige Pergamentkodex aus der Schloßbibliothek der Starhemberger Grafen zu Riedegg« ist wahrscheinlich »um 1280 in Niederösterreich geschrieben« worden (Simon). In dieser Handschrift sind noch drei Minnelieder von Kollegen, vier Versepen veröffentlicht, sonst nur Neidhart – also ein spezielles Interesse des österreichischen Adligen, der diese Handschrift erstellen ließ. 56 Lieder, 383 Strophen.

Handschrift C: die Große Heidelberger Liederhandschrift, auch Manessische Handschrift genannt. Rüdiger Manesse, ein Zürcher Patrizier, war einer der Bürger, die sammeln und aufzeichnen ließen, was für Adlige gedichtet und komponiert worden war; vor allem mit seinem Namen ist die wichtige Rolle des Bürgertums bei der Überlieferung mittelalterlicher Dichtung dokumentiert – ohne ihr Interesse, ihr Engagement wäre wohl der größte Teil mittelalterlicher Dichtung verlorengegangen. In dieser Prachtanthologie aus dem ersten Drittel des 14. Jahrhunderts ist Neidhart

mit 215 Strophen repräsentiert – dabei fehlen noch drei Blätter, ausgerechnet in den Neidhart-Lagen, sie waren im 16. Jahrhundert herausgetrennt worden. Wahrscheinlich lag die Gesamtzahl der Strophen bei 295.
Handschrift c: eine Papierhandschrift, um 1450 in (oder bei) Nürnberg geschrieben, später in der Bibliothek des Kaufmanns Spengler. In dieser Handschrift sollte offenbar die gesamte Neidhart-Überlieferung zusammengefaßt werden – an zwei Stellen notierte der Schreiber: »Nichil deficit«, nichts mehr fehlt. 133 Lieder, 1098 Strophen. Diese Handschrift liegt heute in der Staatsbibliothek Preußischer Kulturbesitz Berlin – deshalb wird sie auch als Berliner Handschrift c bezeichnet.
Doch ist nicht diese ›Gesamtausgabe‹, sondern die Riedegger Handschrift von Neidhart-Philologen des vorigen Jahrhunderts, vor allem von Moriz Haupt, kanonisiert worden: als »Leithandschrift«. Das heißt: man richtete sich bei der Herausgabe der Liedtexte primär nach dieser Handschrift. Was vor allem für R spricht: hier ist die früheste Überlieferung von Neidhart-Liedern.
Dennoch: 56 Lieder in der Handschrift R, dagegen 133 Lieder in c, durchnumeriert, mit Überschriften versehen, vielfach mit vorangestellten Noten: ein schon durch den Umfang beeindruckend reiches Angebot. Jedoch: auf Papier. Schon das setzte offenbar für viele Philologen den Wert dieser Neidhart-Überlieferung herab. Und diese auf Papier statt auf Pergament geschriebenen Neidhart-Lieder sind zum großen Teil länger als in R – ebenfalls verdächtig. Am verdächtigsten: die Handschrift wurde mehr als zwei Jahrhunderte nach Neidhart geschrieben. Damit schien alles einfach, klar: die Handschrift c ist weniger vertrauenswürdig in Sachen Neidhart. Und das schien sich zu bestätigen mit etlichen Liedern, die älteren Philologen nicht ins Neidhart-Programm, ins Neidhart-Schema zu passen schienen.
Zugegeben: in diese Handschrift wurden beispielsweise auch Neidhart-Schwänke aufgenommen, Texte, die gewiß erst nach Neidharts Tod geschrieben wurden. Hier ist also kritische Auswahl notwendig. Nicht aber: dogmatische Ausgrenzung. Es gibt einen Satz von Haupt, der in jedem Beitrag zu dieser Frage zitiert wird: »Was in R nicht steht das hat keine äussere gewähr der echtheit.« Also nur 56 Lieder? Haupts Diktum wirkte ein Jahrhundert nach. Edmund Wießner hat in der heutigen wissenschaftlichen Neidhart-Ausgabe die schwarzen und die weißen Schafe genau getrennt: 395 echte Neidhart-Strophen in der Handschrift c und 703 unechte. Sollte dies das letzte Wort sein?
Neidhart hat in zwei Liedstrophen die Zahl seiner Lieder genannt – in beiden Fällen liegt sie deutlich höher als das Limit dieser Wissenschaftler. So heißt es in c 88, V – ich hebe es noch einmal hervor:

Achczig newer weis
da lauffent nu ledig bej die ich zu hohem preis
meiner frawen zu dinste gesungen han.

Achtzig Lieder, und zwar neue, und er scheint hier allein die Liebeslieder zu zählen. Eine sehr hoch, zu hoch gegriffene Zahl? Ich weise noch einmal hin auf die Angabe in c 90, XII.

> vier vnd hundert weis die ich gesungen han
> von newn die der werlt noch nicht volkumen sein
> vnd ein tagweis nicht mer meins gesanges ist

Das macht zusammen 114. Auffällig genau steht nun an 114. Stelle der Handschrift c ein Tagelied. Aber hier hat der Schreiber, hat der Redaktor offensichtlich gemogelt: das nur ansatzweise tageliedähnliche Lied hat Neidhart wohl kaum geschrieben. Es wurden auch Texte anderer Autoren (Göli, zum Beispiel, oder Stamheim) herangezogen, um auf 114 Lieder zu kommen, und sogar darüber hinaus: Neidharts Zahlenangaben mußten ja nicht im jeweils chronologisch letzten Lied gestanden haben... Allerdings: wir haben keine Echtheits-Zertifikate für diese beiden Textstellen. Aber hätte ein Neidhart-Imitator aus Angst vor Philologen späterer Jahrhunderte solche Zahlen erfinden sollen, um Raum zu schaffen für täuschend ähnliche Nachahmungen, für neue Erfindungen im bewährten Stil Neidharts? Ich zweifle nicht: hier hat der Liederdichter Neidhart seine jeweilige Opuszahl genannt. So wird man sich entschiedener als früher mit den Werküberlieferungen befassen müssen.

Allerdings, die technischen Voraussetzungen dazu sind noch eingeschränkt. Es gibt heute, Anfang 1987, im Buchhandel nur fotografische Repro-Drucke der Handschriften R und C, und es gibt die grundlegende Edition der Handschrift c. Eine verläßliche Transkription der Neidhart-Texte aus der Manessischen Handschrift liegt in Buchform also noch nicht vor, die Transkription der Handschrift R wird demnächst publiziert. (*Die Berliner Neidhart-Handschrift R*. Hrsg. von Ingrid Bennewitz-Behr, unter Mitwirkung von Ulrich Müller. Voraussichtlich 1987 in der Reihe Göppinger Arbeiten zur Germanistik.)

Das heißt: wer bisher mit C und R arbeiten wollte, war angewiesen auf die Auswahl beispielsweise von Wießner; dessen Ausgabe ist allerdings für exakte, quellennahe Arbeit nicht mehr brauchbar. Es gibt zwar die deutlich überlegene Ausgabe von Beyschlag, aber auch er hat viel, zu viel an den überlieferten Texten verändert.

Dies sind Nachwirkungen, Folgen einer wissenschaftlichen Methode des vorigen Jahrhunderts. Großphilologen jener Zeit waren vielfach unzufrieden mit der Sprachform von Liedtexten, wie sie in Handschriften überliefert sind, sie fanden zu viele metrische Unregelmäßigkeiten, Fehler und Schwächen. Schuld daran konnten ihrer Meinung nach allein die Schreiber sein. Dies waren zwar gebildete, zuweilen hochgebildete Mönche, aber sie hatten – in den Augen späterer Philologen – die ihnen vorliegenden Texte (Einzelblatt-Aufzeichnungen? Schreibrollen?) immer wieder mißverstanden, entstellt, verballhornt, haben also den Dichtern (nachträglich) ins Handwerk gepfuscht. Und so griffen, zum gerechten Ausgleich, die Großmeister damaliger Philologie in die Texte ein, um sie – nach ihrer Überzeugung – wieder zu verbessern. Einige unter diesen Wissenschaftlern (wie vor allem Karl Lachmann) haben das mit Fingerspitzengefühl, mit großem Können gemacht, ohne Zweifel, im Fall Neidhart aber sind die Änderungen durch Philologen so zahlreich, daß man, mit einem Vergleich, von einer Neu-Orchestrierung der überlieferten Partitur sprechen könnte. Die Großmeister haben die kritisch-produktive Arbeit von Lektoren geleistet, traten auf Buchumschlägen und Titelseiten aber fast als Co-Autoren auf. Und so dokumentierten sie selbstbewußt: sie wußten es besser als alle, die vor ihnen mit diesen Liedtexten zu tun hatten.

Moriz Haupt und Edmund Wießner vor allem gingen davon aus, daß es jeweils ein Original eines mittelhochdeutschen Gedichtes gegeben haben muß, so wie es in Goethes Zeit in einem Autographen dokumentiert oder in einem Druck letzter Hand sanktioniert ist. Und die Philologen versuchten, dieses fiktive Original zu rekonstruieren, anhand des überlieferten Sprachmaterials. Haupt: »Mir lag zunächst daran, die echte gestalt der neidhartischen lieder nach kräften herzustellen.« So überarbeitete man die Liedtexte (geleitet vom Zeitgeschmack, vom eigenen Geschmack), wollte die unvollkommenen Texte der Überlieferung zu möglichst vollkommenen Gedichten der wissenschaftlichen Edition läutern.

Wie weit man dabei gehen konnte, zeigt ein besonders abstruses Beispiel. Heinrich von Veldeke oder Heindric beziehungsweise Henric van Veldeke dichtete in der Regionalsprache seiner Limburger Region, bei Maastricht. Es sind Textfragmente in dieser Sprache überliefert. Theodor Frings ging nun daran, alle Liedtexte dieses Dichters in das Alt-Limburgische zurückzuübersetzen, um so die ›Originale‹ zu rekonstruieren. Für das Alt-Limburgische brauchte er zum Teil neue Reimwörter, und das hatte zur Folge: er konnte das vorgegebene Reimschema nicht einhalten in seiner Reimnot, und dies wiederum hatte zur Folge, daß er ein anderes Reimschema entwickelte, und dies hatte wiederum zur Folge, daß er neue Zeilen hinzudichtete. Aus einem einstrophigen Liedtext von sieben Zeilen konnte so ein altlimburgisches Gedicht von neun gleich langen Zeilen entstehen. Natürlich konnte Frings das Gedicht nur mit redundanten Sprachmaterialien ausstopfen, mit Floskelkram. Die wahren dichterischen Freiheiten im Umgang mit Texten von Dichtern haben also Philologen entwickelt; unsereins hält sich an das Wort von Dichtern. Die altlimburgische Chimäre ist auf Seite 131 der neuen(!) Ausgabe von *Minnesangs Frühling* zu besichtigen.

Und wieder zu Neidhart. Selbstverständlich gibt es auch in den handschriftlichen Überlieferungen seiner Liedtexte zahlreiche »verderbte Stellen«: Beschädigungen des Pergaments, Verschreibungen, Verständnisfehler. An solchen Stellen lassen sich Parallel-Überlieferungen heranziehen: sie können zeigen, was gemeint war. Ich muß bei dieser Gelegenheit darauf hinweisen, daß ich in einigen Fällen ein Wort der Überlieferung gegen ein Wort einer anderen Überlieferung austauschen mußte. Aber solche kleinen Korrekturen sind seltene Ausnahmen.

Derart zurückhaltend waren Philologen früher kaum: sie wählten eine Leithandschrift aus, machten Anleihen in anderen Handschriften, führten sprachliche Transfusionen durch. Was Neidharts Werk in dieser Hinsicht angetan wurde, ist höchst erstaunlich. Zwar wurde die Handschrift R heiliggesprochen als Leithandschrift, aber die sündige Schwester c wurde fleißig benutzt: man holte sich bei ihr, was man bei der gestrengeren Schwester nicht bekam – Wörter, Zeilen, Strophen. Ich übertreibe nicht: kaum ein Liedtext der kanonisierten Handschrift R steht so in den wissenschaftlichen Ausgaben, wie sie in R überliefert ist. Haupt schrieb von einer »langen Pflege« der Texte. Die wurde nach seinem Tod fortgesetzt, vor allem von Wießner. Und es entstand, mit Verlaub, ein derartiges Kuddelmuddel, daß mir nur eines blieb: jeweils Transkriptionen der Liedtexte aus R und c und C nebeneinander legen, sie vergleichen, mich für eine Fassung entscheiden, sie übersetzen ohne Anleihen bei der Parallelüberlieferung. Das Herumjonglieren mit Wörtern, Zeilen, Strophen, wollte ich nicht mitmachen.

Beim Vergleich der beiden wichtigsten Neidhart-Überlieferungen hatte ich keine Vorliebe, auch keine geheime oder insgeheime; die Entscheidung fiel jeweils nach dem Text. Mal prägnantere Formulierungen in R, mal in c. Mal ein Strophendurcheinander (in unseren Augen!) in R, mal in c. Mal eine (mich) überzeugende Strophenfolge in R, mal in c. Wie man R zur Leithandschrift erheben konnte, ist mir unklar. Wer Augen und Ohren für Texte hat, wird in den Texten allein die Antwort nicht finden. Nur auf dem doppelten ›Leitstrahl‹ dieser *beiden* Handschriften kommen wir Neidhart näher.

Aber welchem Neidhart? Es sind keine Gedicht-Autographen von Neidhart überliefert, es gibt keine Ausgabe erster oder letzter Hand, es gibt nur überlieferte Neidhart-Texte. Und diese Texte nicht in autorisierten Fassungen, sondern in wechselnden Zustandsformen. Für diese Bearbeitungen sind nicht nur Nachfolger verantwortlich, sehr wahrscheinlich hat Neidhart selbst verschiedene Vortragsfassungen erstellt.

Dies ist ein sehr wichtiger Punkt. ›Gedichte‹ des Mittelalters sind nicht immer in eindeutig fixierter Version überliefert. So schreiben Werner Höver und Eva Kiepe im Nachwort ihrer Anthologie, jüngste Untersuchungen ließen es »als möglich erscheinen, daß auch in diesem Textbereich mit freier Strophenkombination und Textbearbeitungen durch den Verfasser selbst, mit Aufführungsvarianten, also einem unfesten Original, zu rechnen ist«. In gleichem Sinne äußern sich die Herausgeber der neuen Edition *Des Minnesangs Frühling*: »Der neuen Forschung ist es zweifelhaft, ob bei mittelalterlichen Liedern prinzipiell eine endgültige Fassung, eine ›Fassung letzter Hand‹ erwartet werden darf. Gerade bei der Lyrik liegt es doch nahe zu vermuten, daß nicht nur während des Überlieferungsvorganges, sondern auch schon beim Vortrag durch den Dichter selbst Umformungsprozesse stattfanden, so daß mehrere ›originale‹ Fassungen eines Liedes kursieren konnten.« So Hugo Moser und Helmut Tervooren. Und weiter: »Die Überlieferung kennt zwar das Lied, jedoch in unfesten Formen, vor allem auch was Zahl und Auswahl der Strophen anbelangt.« Und so schreiben die Herausgeber, die Editoren, in ihren »Bemerkungen zu den Texten« von einer »Instabilität (und Variabilität) der Lieder, mag sie nun auf dem improvisierenden Vortrag des Sängers selbst oder eines späteren Rezitators, auf mehr oder minder planvoller Redaktionstätigkeit eines Sammlers oder auf gewollten oder ungewollten Eingriffen eines Schreibers beruhen.« Und die editorischen Konsequenzen: »Unser Text (…) bietet nicht das authentische Dichterwort, sondern höchstens Bausteine dazu, historische Existenzformen. Will man diesen Text mit einem Prädikat versehen, kann man ihn als vorläufig beschreiben, als offen, insofern, als er nicht auf ein künstlerisches, ästhetisches oder wissenschaftliches Ideal hin ›gebessert‹ ist. Freilich wird auch der Benutzer sich zu einem solchen Text anders verhalten müssen. Unser Text ist ein *Arbeitstext*, der ihm durch die Aufbereitung des handschriftlichen und kritischen Materials die Möglichkeit an die Hand gibt, *selbst* textkritisch tätig zu werden und *seinen* Text aufzubauen.« Das habe ich praktiziert, allerdings nicht durch Überarbeiten der Texte, auch nicht durch Umstellen von Strophen, sondern allein durch Kürzen.

Joachim Bumke, der sich im Doppelbuch *Höfisches Leben* auch mit verschiedenen Formen mittelalterlicher Aufführungspraxis befaßt, kommt zum herausfordernden Ergebnis, »daß für das Literaturverständnis im Mittelalter offenbar andere Kategorien gelten als die uns vertraute Methode der literarischen Interpretation, die ein Kunstwerk ›als Ganzes‹ zu erfassen sucht.«

Verschiedene Fassungen, verschiedene Vortragsversionen also, auch in unterschiedlicher Textlänge. Solche Varianten können im Fall Neidhart auch von anderen Dichterkomponisten, Vortragskünstlern erstellt worden sein. Neidhart-Lieder waren derart populär, daß sie zur Gattungsbezeichnung wurden: »Ain neidhart«. Wurde »ein Neidhart« angekündigt, so wußte das Publikum sofort: nun wird es vor allem um Tanz, um Liebe, um Bauern gehen. Die Textprodukte waren sofort identifizierbar, wurden reproduzierbar.

Bei manchen der im Neidhart-Corpus überlieferten Liedtexte frage ich mich also durchaus, ob sie vom Dichterkomponisten Neidhart verfaßt wurden, verfaßt worden sein konnten. Aber welche Kategorien hätte ich zur Antwort auf die Frage »echt oder unecht«? Und wohin führt solch ein Sortieren, Aussortieren? Der Erfinder des Pseudo-Neidhart zeigt es deutlich genug: Neidhart wird nachträglich ein ästhetisches Programm vorgeschrieben. Demnach gehören sich vor allem erotische Liedtexte nicht für einen höfischen Dichter! Sie werden ihm entzogen! Andere Texte ebenfalls! Von diesem Beispiel habe ich mich warnen lassen. Ich habe nicht zu entscheiden versucht, was echt oder unecht sein könnte, ich hatte nur *ein* Kriterium: die literarische Qualität. Nur sie hat mich (bis auf ein paar notwendige Ausnahmen, als Gegenbeispiele) zum Übersetzen motiviert. Wenn ich dabei den einen oder anderen Liedtext eines Neidhartianers übersetzt haben sollte, so wäre vielleicht Neidhart der letzte, der mir das vorwerfen würde.

Zusammenfassend: ich habe übersetzt nach unbearbeiteten, unredigierten Zeugnissen der Überlieferung. Das machte die Arbeit schwieriger: es sind Texte ohne Kommas, Strichpunkte, Doppelpunkte, Fragezeichen, Ausrufezeichen, Anführungsstriche, Punkte; die Schreibweise ist noch nicht purgiert, normiert; bei etlichen Wörtern mußte ich rätseln, unter welcher Lautform sie eventuell im Lexer stehen könnten. Zuweilen kam es mir so vor, als hätte ich Trockengemüse vor mir, das erst wieder Feuchtigkeit ziehen muß. Andererseits: da war beflügelnd das Bewußtsein, an einer Pionierarbeit teilzunehmen.

Und so bedanke ich mich bei Ingrid Bennewitz-Behr und Ulrich Müller, weil ich die noch unveröffentlichten Transkriptionen von R und C benutzen durfte. Ein zusätzlicher Dank an Frau Bennewitz-Behr: sie hatte für das *Liederbuch* einen guten Teil meiner Neidhart-Übertragungen kritisch durchgesehen, ich habe ihr zu danken für viele Hinweise. Sie hat mir auch während der Arbeit an den Übertragungen dieses Buches geholfen mit Vorschlägen für einige besonders harte Textnüsse. Denn ich habe noch einmal meine sämtlichen Neidhart-Übertragungen kritisch revidiert, sie mit den Transkriptionen vergleichend, habe umformuliert, habe etliche Strophen und mehrere Lieder neu übersetzt. Ingrid Bennewitz-Behr hat auch diese Übertragungen gegengelesen, mit kritischen Hinweisen.

Und gleich eine weitere Danksagung: Lambertus Okken hat das Typoskript dieses Buches gelesen und mit kritischen Randnotizen versehen, die mir halfen.

I. Literarische Quellen

Die Berliner Neidhart-Handschrift c (mgf 779). Transkriptionen der Texte und Melodien von Ingrid Bennewitz-Behr unter Mitwirkung von Ulrich Müller. Göppingen 1981 (= Göppinger Arbeiten zur Germanistik, Nr. 356. Neidhart-Materialien hrsg. von Ulrich Müller und Franz Viktor Spechtler. Bd. 1).

Beyschlag, Siegfried: Die Lieder Neidharts. Der Textbestand der Pergament-Handschriften und die Melodien. Text und Übertragung, Einführung und Worterklärungen, Konkordanz. Darmstadt 1975.

Carmina Burana. Texte und Übersetzungen. Hrsg. von Benedikt Konrad Vollmann. Frankfurt 1987 (= Bibliothek des Mittelalters Band 13).

Carmina Burana. Die Lieder der Benediktbeurer Handschrift. Zweisprachige Ausgabe. München 1979.

Deutsche Spielmannserzählungen des Mittelalters. Nacherzählt und hrsg. von Gretel und Wolfgang Hecht. Frankfurt 1983.

Dichter über Dichter in mittelhochdeutscher Literatur. Hrsg. von Günther Schweikle. Tübingen 1970 (= Deutsche Texte Band 12).

Dörrer, Anton: Sterzinger Neidhartspiel aus dem 15. Jahrhundert. In: Der Schlern 25. 1951. S. 103-125.

Gedichte von den Anfängen bis 1300. Nach den Handschriften in zeitlicher Folge hrsg. von Werner Höver und Eva Kiepe. München 1978 (= Epochen der deutschen Lyrik Bd. I).

Gottfried von Straßburg: Tristan und Isold. Hrsg. von Friedrich Ranke. 7. Auflage. Berlin 1963.

Hartmann von Aue, Iwein. Hrsg. von G. F. Benecke und K. Lachmann. Neu bearbeitet von Ludwig Wolff. Berlin 1968.

Heinrich von Veldeke, Eneasroman. Mit einem Stellenkommentar und einem Nachwort von Dieter Kartschoke. Stuttgart 1986.

Heinrich Wittenwilers Ring. Hrsg. von Edmund Wießner. Leipzig 1931 (= Deutsche Literatur in Entwicklungsreihen. Reihe IV: Realistik des Spätmittelalters Bd. 3). Nachdruck Darmstadt 1973.

Hie hebt sich an das Neithartspil. In: Fastnachtspiele aus dem fünfzehnten Jahrhundert. Gesammelt von Adelbert von Keller. Teil I. Stuttgart 1853 (= Bibliothek des Litterarischen Vereins in Stuttgart Bd. 28). S. 383-467.

Die Historien des Neidhart Fuchs. Nach dem Frankfurter Druck von 1566. In Abbildung hrsg. von Erhard Jöst. Göppingen 1980 (= Litterae. Göppinger Beiträge zur Textgeschichte Nr. 49).

Die Limburger Chronik des Tilemann Elhen von Wolfhagen. Hrsg. von Arthur Wyss. In: Deutsche Chroniken und andere Geschichtsbücher des Mittelalters. Bd. 4. Teil 1. Hannover 1883 (= Monumenta Germaniae historica. Abt. Deutsche Chroniken. 4, 1).

Neidharts Lieder. Unveränderte Nachdrucke der Ausgaben von 1858 und 1923. Bd. I. Moriz Haupts Ausgabe von 1858. Bd. II. Edmund Wießners Ausgabe von 1923. Hrsg. von Ulrich Müller, Ingrid Bennewitz-Behr und Franz Viktor Spechtler. Stuttgart 1986.

Renart, Jean: Der Roman von der Rose oder Wilhelm von Dole. Aus dem Altfranzösischen übers. von Helmut Birkhan. Wien 1982 (= Fabulae medievales 1).

Ulrich von Liechtenstein, Frauendienst. Hrsg. von Reinhold Bechstein. Leipzig 1888.

Usama ibn Munqid, Buch der Belehrung durch Beispiele (= Die Erlebnisse des syrischen Ritters Usama ibn Munqid). München 1985.

Walther von der Vogelweide, Gedichte. Mittelhochdeutscher Text und Übertragung. Ausgewählt, übersetzt und mit einem Kommentar versehen von Peter Wapnewski. Frankfurt 1962.

Zimmermann, Manfred: Die Sterzinger Miszellaneen-Handschrift. Kommentierte Edition der deutschen Dichtungen. Innsbruck 1980 (= Innsbrucker Beiträge zur Kulturwissenschaft. Germanistische Reihe Bd. 8).

II. Sekundärliteratur

Albertus Magnus: Ausgewählte Texte, lateinisch-deutsch. Hrsg. und übersetzt von Albert Fries. Mit einer Kurzbiographie von Willehad Paul Eckert. Darmstadt 1981.

Barthel, Thomas S.: Maya-Hieroglyphen. Eine Schrift im alten Amerika. In: Kunst der Maya. Ausstellungskatalog. Köln 1966.

Bäuerliche Sachkultur des Mittelalters. Veröffentlichungen des Instituts für Mittelalterliche Realienkunde Österreichs Nr. 7. Österreichische Akademie der Wissenschaften, Philosophisch-historische Klasse, Sitzungsberichte, 439. Bd. Wien 1984.

Bauer, Veit Harold: Das Antonius-Feuer in Kunst und Medizin. Berlin, Heidelberg, New York 1973.

Bertau, Karl: Neidharts ›Bayerische Lieder‹ und Wolframs ›Willehalm‹. In: ZfdA 100, 1971.

Beiträge zur Geschichte des Klosters Lorsch. Lorsch 1980.

Bennewitz-Behr, Ingrid: Original und Rezeption. Funktions- und überlieferungsgeschichtliche Studien zur Neidhart-Sammlung R. Göppingen 1987 (= Göppinger Arbeiten zur Germanistik Nr. 437).

Birkhan, Helmut: Zur Datierung, Deutung und Gliederung einiger Lieder Neidharts von Reuental. Wien 1971. (Österreichische Akademie der Wissenschaften. Philosophisch-historische Klasse. Sitzungsberichte, 273. Band, 1. Abhandlung.)

Borger, Hugo und Zehnder, Frank Günter: Köln. Die Stadt als Kunstwerk. Stadtansichten vom 15. bis 20. Jahrhundert. Köln 1982.

Brunner, Herbert und Schmid, Elmar D.: Landshut. Burg Trausnitz. München 1981.

Bullock-Davies, Constance: Menestrellorum Multitudo. Minstrels at a Royal Feast. Cardiff 1978.

Bumke, Joachim: Höfische Kultur. Literatur und Gesellschaft im hohen Mittelalter. 2 Bde. München 1986.

Bumke, Oswald: Lehrbuch der Geisteskrankheiten. Berlin, Göttingen, Heidelberg 1948.

Caesarius von Heisterbach: Leben, Leiden und Wunder des heiligen Erzbischofs Engelbert von Köln. Übersetzt von Karl Langosch. Münster, Köln 1955.

Caesarius von Heisterbach: Wunderbare und denkwürdige Geschichten. Köln 1968.

Claussen, Peter Cornelius: Künstlerinschriften. In: Ornamenta Ecclesiae. Köln 1985.

Csendes, Peter: Die Straßen Niederösterreichs im Früh- und Hochmittelalter. Wien 1969 (= Dissertationen der Universität Wien, 33).

Denecke, Dietrich: Straße und Weg im Mittelalter als Lebensraum und Vermittler zwischen entfernten Orten. In: Mensch und Umwelt im Mittelalter. Hrsg. von Bernd Herrmann. Stuttgart 1986.

Diry, Alfred und Öllerer, Anton: Die Herren von Lengenbach. Neulengbach 1949.

Dopsch, Alfred: Die ältere Wirtschafts- und Socialgeschichte der Bauern in den Alpenländern Österreichs. Oslo 1930.

Douglas, Norman: Reisen in Süditalien. München 1969.

Dünnbeinig mit krummem Horn. Die Geschichte der Eifeler Kuh. Hrsg. Arbeitskreis Eifeler Museen (AEM). Meckenheim 1986.

Dünninger, Eberhard: Johannes Aventinus. Leben und Werk des bayerischen Geschichtsschreibers. Rosenheim 1977.

Eisingbach, Wolfgang: Gelnhausen, Kaiserpfalz. Bad Homburg 1980.

Elias, Norbert: Über den Prozeß der Zivilisation. Soziogenetische und psychogenetische Untersuchungen. Erster Band: Wandlungen des Verhaltens in den weltlichen Oberschichten des Abendlandes. Zweiter Band: Wandlungen der Gesellschaft. Entwurf zu einer Theorie der Zivilisation. Frankfurt 1976 (= suhrkamp taschenbuch wissenschaft 158, 159).

Ennen, Edith: Frauen im Mittelalter. München 1985.

Die Erforschung von Alltag und Sachkultur des Mittelalters. Methode – Ziel – Verwirklichung. Internationales Round-Table-Gespräch Krems an der Donau. Veröffentlichungen des Instituts für Mittelalterliche Realienkunde Österreichs Nr. 6. Österreichische Akademie der Wissenschaften, Philosophisch-historische Klasse, Sitzungsberichte, 433. Band. Wien 1984.

Das Falkenbuch Kaiser Friedrichs II. Einführung und Erläuterungen von Carl Arnold Willemsen. Dortmund 1980.

Foucault, Michel: Archäologie des Wissens. Frankfurt 1981 (= suhrkamp taschenbuch wissenschaft 356).

Foucault, Michel: Wahnsinn und Gesellschaft. Frankfurt 1973 (= suhrkamp taschenbuch wissenschaft 39).

Frommlet, Wolfgang: Erzählkulturen Afrikas. In: Network Medien Magazin. Heft 10/11, 6. Jahrgang. Frankfurt 1986.

Führkötter, Adelgundis: Hildegard von Bingen. Leben und Werk. In: Hildegard von Bingen 1179-1979. Festschrift zum 800. Todestag der Heiligen. Hrsg. von Anton Ph. Brück. Mainz 1979.

Goepper, Roger: Die Seele des Jizô. Weihegaben im Inneren einer buddhistischen Statue. Museum für Ostasiatische Kunst, Kleine Monographien 3. Köln 1984.

Götze, Heinz: Castel del Monte. Gestalt und Symbol der Architektur Friedrichs II. München 1984.

Goez, Werner: Von Pavia über Parma – Lucca – San Gimignano – Siena – Viterbo – nach Rom. Ein Reisebegleiter entlang der mittelalterlichen Kaiserstraße Italiens. Köln 1972.

le Goff, Jacques: Das Hochmittelalter. Frankfurt 1965 (= Fischer Weltgeschichte Bd. 11).

Grimal, Pierre: Vergil. Biographie. Zürich und München 1987.

Handbuch der bayerischen Geschichte. Zweiter Band: Das alte Bayern. Der Territorialstaat vom Ausgang des 12. Jahrhunderts bis zum Ausgang des 18. Jahrhunderts. Hrsg. von Max Spindler. München 1966.

Handbuch der historischen Stätten Österreich (!). Erster Band: Donauländer und Burgenland, hrsg. von Karl Lechner. Stuttgart 1970. Zweiter Band: Alpenländer mit Südtirol, hrsg. von Franz Huter. Stuttgart 1978.

Haug, Walter: Das Mosaik von Otranto. Darstellung, Deutung und Bilddokumentation. Wiesbaden 1977.

Heizer, Wilhelm: Landshut. Geschichte und Kunst. Landshut o. J.

Hell, Vera und Helmut: Die große Wallfahrt des Mittelalters. Kunst an den romanischen Pilgerstraßen durch Frankreich und Spanien nach Santiago de Compostela. Tübingen 1964.

Hildegard von Bingen: Naturkunde. Das Buch von dem inneren Wesen der verschiedenen Naturen in der Schöpfung. Salzburg 1959.

Hildegard von Bingen: Heilkunde. Das Buch von dem Grund und Wesen und der Heilung von Krankheiten. Nach den Quellen übersetzt und erläutert von Heinrich Schipperges. Salzburg 1957.

His, Rudolf: Das Strafrecht des deutschen Mittelalters. Erster Teil: Die Verbrechen und ihre Folgen im allgemeinen. Leipzig 1920.

Historischer Atlas von Bayern. Teil Altbayern. Heft 33. Hochstift von Freising, bearbeitet von Helmuth Stahleder. München 1974. Heft 35. Passau. Das Hochstift. Von Ludwig Veit. München 1978. Regensburg I. Bearbeitet von Diethard Schmid. München 1976. Heft 41.

Hofmann, C.: Ueber die Heimath des Neidhart von Reuenthal. In: Sitzungsbericht der königl. bayer. Akademie der Wissenschaften zu München. Jahrgang 1865. Bd. II. München 1865.

Der Jakobsweg. Mit einem mittelalterlichen Pilgerführer unterwegs nach Santiago de Compostela. Ausgewählt, eingeleitet, übersetzt und kommentiert von Klaus Herbers. Tübingen 1986.

Jöst, Erhard: Bauernfeindlichkeit. Die Historien des Ritters Neithart Fuchs. Göppingen 1976 (= Göppinger Arbeiten zur Germanistik Bd. 192).

Jöst, Erhard: Die österreichischen Schwankbücher des späten Mittelalters. In: Die österreichische Literatur. Ihr Profil von den Anfängen im Mittelalter bis ins 18. Jahrhundert. Graz 1986.

Kantorowicz, Ernst: Kaiser Friedrich der Zweite. Stuttgart 1985.

Kerntke, Wilfried H.: Taberna, Ortsherrschaft und Marktentwicklung in Bayern. In: Gastfreundschaft, Taverne und Gasthaus im Mittelalter. Hrsg. von Hans Conrad Peyer unter Mitarbeit von Elisabeth Müller-Luckner. München, Wien 1983 (= Schriften des Historischen Kolleges 3).

Ketsch, Peter: Frauen im Mittelalter. Hrsg. von Annette Kuhn. 2 Bde. Düsseldorf 1983.

Kirsten, Ernst: Süditalienkunde. Ein Führer zu klassischen Stätten. Heidelberg 1975.

Körber-Grohne, Udelgard: Pflanzliche und tierische Reste aus dem Fürstengrab von Hochdorf. Die Biologie als Hilfswissenschaft der Archäologie. In: Der Keltenfürst von Hochdorf. Stuttgart 1985.

Krankheit und Heilung. Armut und Hilfe. Krankheitssymptome an Skeletten. Villingen 1983.

Die Kreuzzüge aus arabischer Sicht. Aus den arabischen Quellen ausgewählt und übersetzt von Francesco Gabrieli. Zürich und München 1973.

Kroos, Renate: Vom Umgang mit Reliquien. In: Ornamenta Ecclesiae. Köln 1985.

Kurth, Friedrich: Der Anteil niederdeutscher Kreuzfahrer an den Kämpfen der Portugiesen gegen die Mauren. In: Mitteilungen des Instituts für österreichische Geschichtsforschung. VIII. Ergänzungsband, 1. Heft. Innsbruck 1909.

Lechner, Karl: Die Babenberger. Markgrafen und Herzoge von Österreich 976-1246. Wien, Köln, Graz 1976 (= Veröffentlichungen des Instituts für österreichische Geschichtsforschung Band XXIII).

Legnaro, Aldo: Alkoholkonsum und Verhaltenskontrolle – Bedeutungs-
wandlungen zwischen Mittelalter und Neuzeit in Europa. In:
Rausch und Realität. Drogen im Kulturvergleich. Hrsg. von Gisela
Völger. Köln 1981.

Legner, Anton: Illustres manus. In: Ornamenta Ecclesiae. Köln 1985.

Lomnitzer, Helmut, Hrsg.: Neidhart von Reuental. Lieder. Stuttgart
1966.

Lütge, Friedrich: Die Bayerische Grundherrschaft. Stuttgart 1949.

Margetts, John: Das Bauerntum in der Literatur und in der Wirklichkeit
bei Neidhart und in den Neidhart-Spielen. In: Deutsche Literatur
des späten Mittelalters. Hamburger Colloquium 1973. Hrsg. von
Wolfgang Harms und L. Peter Johnson. Berlin 1975.

Mayer, Hans Eberhard: Geschichte der Kreuzzüge. Stuttgart, Berlin,
Köln, Mainz 1965.

Menschen des Frühen Mittelalters im Spiegel der Anthropologie und Medizin. Eine Ausstellung des Württembergischen Landesmuseums
Stuttgart. Stuttgart 1983.

Des Minnesangs Frühling. Unter Benutzung der Ausgaben von Karl
Lachmann und Moriz Haupt, Friedrich Vogt und Carl von Kraus
bearbeitet von Hugo Moser und Helmut Tervooren. 2 Bde. Stuttgart
1977.

Mohr, Wolfgang: Tanhusers Kreuzlied. In: DVjs 34. 1960.

Mollat, Michel: Die Armen im Mittelalter. München 1984.

Mück, Hans-Dieter: Walthers Propaganda gegen Neidharts Publikum.
In: Zur gesellschaftlichen Funktionalität mittelalterlicher deutscher
Literatur. Greifswald 1984 (= Deutsche Literatur des Mittelal-
ters 1).

Müller, Ulrich: Die Ideologie der Hohen Minne: eine ekklesiogene Kollektivneurose? Überlegungen und Thesen zum Minnesang. In:
Minne ist ein swaeres spil. Neue Untersuchungen zum Minnesang
und zur Geschichte der Liebe im Mittelalter. Göppingen 1986 (=
Göppinger Arbeiten zur Germanistik Nr. 440).

Müller, Ulrich: Eulenspiegel und seine historischen Vorfahren in Österreich oder: Till und Neidhart. In: Eulenspiegel-Jahrbuch 1986,
Bd. 26. Frankfurt, Bern, New York 1986.

Müller, Ulrich: Überlegungen zu einer neuen Neidhart-Ausgabe. In:
Österreichische Literatur zur Zeit der Babenberger. Vorträge der
Lilienfelder Tagung 1976. Hrsg. von Alfred Ebenbauer, Fritz Peter
Knapp und Ingrid Strasser. Wien 1977.

Nelson, Benjamin: Der Ursprung der Moderne. Vergleichende Studien
zum Zivilisationsprozeß. Frankfurt 1986 (= suhrkamp taschenbuch
wissenschaft 641).

Ohler, Norbert: Reisen im Mittelalter. München 1986.

Okken, Lambertus: Kommentar zum Tristan-Roman Gottfrieds von Straßburg. 2 Bde. Amsterdam 1985 (= Amsterdamer Publikationen zur Sprache und Literatur, 57. und 58. Band).

Okken, Lambertus: Das Goldene Haus und die Goldene Laube. Wie die Poesie ihren Herren das Paradies einrichtete. Amsterdam 1987 (= Amsterdamer Publikationen zur Sprache und Literatur, 72. Band).

Okken, Lambertus und Mück, Hans-Dieter: Die satirischen Lieder Oswalds von Wolkenstein wider die Bauern. Untersuchungen zum Wortschatz und zur literaturhistorischen Einordnung. Göppingen 1981 (= Göppinger Arbeiten zur Germanistik Nr. 316).

Otto, Bischof von Freising und Rahewin: Die Taten Friedrichs oder richtiger Chronika. Übersetzt von Adolf Schmidt. Hrsg. von Franzjosef Schmale. Darmstadt 1974.

Otto, Bischof von Freising: Chronik oder Die Geschichte der zwei Staaten. Übersetzt von Adolf Schmidt. Hrsg. von Walther Jammers. Darmstadt 1974.

Österreichisches Zinnfigurenmuseum im Schloß Pottenbrunn. Katalog der ständigen Ausstellung. Pottenbrunn 1984.

Pöchhacker, Herbert: Burgen und Herrensitze im Bezirk Scheibbs in der Zeit von 1000 bis 1500. Scheibbs 1986 (= Heimatkunde des Bezirkes Scheibbs, Band V).

Prawer, Joshua: Die Welt der Kreuzfahrer. Wiesbaden 1974.

Pryor, John H.: The Naval Architecture of Crusader Transport Ships. In: The Mariner's Mirror 70 (1984).

Riezler: Ludwig I., Herzog von Bayern. In: Allgemeine Deutsche Biographie. Leipzig 1885.

Ritscher, Immaculata: Zur Musik der hl. Hildegard von Bingen. In: Hildegard von Bingen 1179-1979.

Röhrig, Floridus: Klosterneuburg. Wien, Hamburg 1972 (= Wiener Geschichtsbücher Bd. 11).

Rösener, Werner: Zur sozialökonomischen Lage der bäuerlichen Bevölkerung im Spätmittelalter. In: Bäuerliche Sachkultur des Mittelalters.

Runciman, Steven: Geschichte der Kreuzzüge. 3. Bd. München 1960.

Schäffer, Gottfried: Passau. Die alte Bischofsstadt an den drei Flüssen. München, Zürich 1982.

van Schaik, Martin: Musik, Aufführungspraxis und Instrumente im Tristan-Roman Gottfrieds von Straßburg. In: Kommentar zum Tristan-Roman Gottfrieds von Straßburg, von Lambertus Okken.

Schipperges, Heinrich: Der Garten der Gesundheit. München 1985.

Schmugge, Ludwig: Zu den Anfängen des organisierten Pilgerverkehrs und zur Unterbringung und Verpflegung von Pilgern im Mittelalter. In: Gastfreundschaft, Taverne und Gasthaus im Mittelalter.

Schneider, Wolfgang Christian: Semantische Symmetrien in mittelalterlichen Handschriften und Beinschnitzwerken. In: Symmetrie in Kunst, Natur und Wissenschaft. Bd. 1. Darmstadt 1986.

Schreier-Hornung, Antonie: Spielleute, Fahrende, Außenseiter. Künstler der mittelalterlichen Welt. Göppingen 1981.

Schubert, Ernst: Der Wald: wirtschaftliche Grundlage der spätmittelalterlichen Stadt. In: Mensch und Umwelt im Mittelalter.

Schüppert, Helga: Der Bauer in der deutschen Literatur des Spätmittelalters – Topik und Realitätsbezug. In: Bäuerliche Sachkultur des Mittelalters.

Schuler, Thomas: Gastlichkeit in karolingischen Benediktinerklöstern. Anspruch und Wirklichkeit. In: Gastfreundschaft, Taverne und Gasthaus im Mittelalter.

Schulze, Ursula: Zur Frage des Realitätsbezuges bei Neidhart. In: Österreichische Literatur zur Zeit der Babenberger. Vorträge der Lilienfelder Tagung 1976. Wien 1977.

Schumacher, Theo: Riuwental. In: Beiträge zur Namensforschung. Hrsg. von Hans Krahe. Bd. 11. Heidelberg 1960.

Schweikle, Günther: Reinmar der Alte. Grenzen und Möglichkeiten einer Minnesangphilologie. Teil 1: Handschriftliche und überlieferungsgeschichtliche Grundlagen. Habil.-Schrift (masch.-schriftl.). Tübingen 1965.

Simon, Eckehard: Neidhart von Reuental. Geschichte der Forschung und Bibliographie. Cambridge, Massachusetts 1968 (= Harvard Germanic Studies IV).

Steuer, Heiko: Zur Erforschung des Alltagslebens im mittelalterlichen Köln. In: Köln, Die Romanischen Kirchen. Bd. 1. Köln 1984.

Störmer, Wilhelm: Fernstraße und Kloster. Zur Verkehrs- und Herrschaftsstruktur des westlichen Altbayern im frühen Mittelalter. In: Zeitschrift für bayerische Landesgeschichte, 29. München 1966.

Taubert, Karl Heinz: Höfische Tänze. Ihre Geschichte und Choreographie. Mainz 1968.

Wahl, Joachim: Archäologie und Anthropologie. In: Der Keltenfürst von Hochdorf. Methoden und Ergebnisse der Landesarchäologie in Baden-Württemberg. Stuttgart 1986.

Wallfahrten im Bistum Passau. Passau 1986.

Wallner, Anton: Ein Hampfel Grübelnüsse. In: Tannhäusers Rätselspruch und Totenklage. In: ZfdA 64. 1927.

Wartenberg und die Wittelsbacher. Festschrift aus Anlaß des Festjahres 1980 im Markt Wartenberg. Wartenberg 1980.

Weichslgartner, Alois J. und Herzig, Josef: Kelheim. Freilassing 1976.

Weiss, Alfred: Burg Mödling. Hausberg Mödling. Besitzgeschichte. Mödling o. J.

Weiss, Alfred: Karner. Spitalskirche/Toppelhof. Herzoge von Mödling. Mödling o. J.

Wießner, Edmund: Die Preislieder Neidharts und des Tannhäusers auf Herzog Friedrich II. von Babenberg. In: ZfdA 73. 1936.

Wilhelm, Friedrich: Neidhart von Reuenthal ein Oberbayer. In: Münchener Museum für Philologie des Mittelalters und der Renaissance. Hrsg. von Friedrich Wilhelm. Vierter Bd. München 1924.

Willerding, Ulrich: Landwirtschaftliche Produktionsstrukturen im Mittelalter. In: Mensch und Umwelt im Mittelalter.

Zumthor, Paul: Mittelalterlicher ›Stil‹. Plädoyer für eine ›anthropologische‹ Konzeption. In: Stil. Geschichte und Funktionen eines kulturhistorischen Diskurselementes.

Fortlaufendes Verzeichnis

der Lieder, Strophen und Zitate, übersetzt nach Transkriptionen der
Neidhart-Handschriften C, c, R, s.

Ach, wer singt uns diesen Sommer: C 128
Im offnen Lande wird es grün: c 27. 12 Strophen. (I-XII. Konjektur Stro-
    phe II: Freunden statt Freuden.)

Zweite Anthologie von Neidhart-Texten:

Weit umher wächst Freude, Lust heran: R 58. 5 Strophen. (I-V)
Der Mai läßt viele Herzen höher schlagen: c 30. 13 Strophen. (I-III, VIII-
    XIII)
Ich gebe niemals auf: C 201-205. 5 Strophen. (I-V)
Stumm geworden ist nun alles Vogelsingen: c 84. 7 Strophen. (I-V, VII.
    Konjektur Strophe I: Freuden statt Freunden. Strophe IV: Kragen
    statt Klagen)
Der Tau, er fällt auf der Wiese: c 25, V-VII
Die Linden möchten ihre Wipfel: R 52. 10 Strophen. (I-X)
Winter – mach dich schleunigst: c 51. 6 Strophen. (I-VI)
Alles, was den Sommer über: R 20. 7 Strophen. (I-VII)

Nun versinke, Steiermark: c 54. 5 Strophen. (I-V. Konjektur Strophe III:
    streben statt sterben.)
Wäre es mein Wunsch, daß sie: R 14, IV
Du Steiermark, versinke: C 192
All der Unfug, den er trieb: C 3
Ich kriegte dies in einem Buch: R 44, IV
Solang mein Bügel hofwärts pendelte: R 47, V
Ich denke wie ein Herr von Adel: c 12, V
Los, Herr Spielmann: c 72, II
Ich ging und lugte um das Haus: c 73. 9 Strophen. (I, II, IV-VIII)
Töchterlein, du darfst nicht lieben: C 206-209. 4 Strophen. (I-IV. Kleine
    Modifikation im Refrain)
Von der Elbe bis zum Rhein: c 101, VII
Ich wär gern froh, doch Leid: R 13, II-IV
Gott schenk der Lieben: c 114. 3 Strophen. (I-III)
Spinne auf dem Rocken, Tochter: c 38. 9 Strophen. (I-IX)
Wo man die Pimmel-Polka sang: s 23, I-IV
Lieben Boten schick ich: R 19. 7 Strophen. (V-VII)
Woran soll man künftig mein Gesings erkennen: c 80, XII
Woran soll man mein Gesinge: R 2, VII
Wer sich einen Vogel hält: c 88, IX
Und hab ich irgendwo ein Heim: R 54, VII
Sie fragen, wer sie sei: C 24
Friedrich, Herr und Fürst: c 93, XIV
Was mir meine Feinde wünschten: R 2, VIII
Was mir meine Feinde wünschten: c 80, XIV
Sie haben mich herausgefordert: c 43, V

Fürst Friedrich, generös: d 3
Friedrich, Herr und Fürst: c 89, IX
Der von Reuental verspottet: c 113, XIII, XIV
Viele fragen überall in diesem Land: c 91, VIII
Wahrhaftig, mich, den Reuental: c 121, VII
Herz, du bist zu schnell: c 93. 14 Strophen. (VII-XIV)
Sommer und der Winter: R 40. 9 Strophen. (I-IX)
Viele junge Leute werfen: C 189-191. 3 Strophen. (I-III)
Es gibt nur noch Klagelieder: c 3, I
Irnwart und der Uoge: R 13, V
Auf das Marchfeld möchte ich: c 12, III
Ich seh den Engelmar: c 129, VII
Ja, nun sind sie Höflinge: c 88, VII
Früher nannte man sie Gecken: c 100, V
Macht hier alle mit: c 100, VIII
Sie solln bei ihren Hoppeltänzen bleiben: c 121, IX
Viele eitle Bauerngigerln: c 101, IX
Ach, du armer Sommer: C 117-131. 13 Strophen. (I-XI)
Es kam zu uns das Glück: c 46. 8 Strophen. (II, III, VI-VIII)
Der Winter ziehe nun dahin: s 34. 5 Strophen. (I-V)
Preisen wir den Herbst: s 46. 7 Strophen. (II-VII)
Sommer, deine sanften Wonnen: s 38. 11 Strophen. (I-XI)
Wollt Ihr etwas Neues hören: s 40. 23 Strophen. (I-XX)
Als der liebe Sommer: R 16. 7 Strophen. (I-VII)
Wunderschöner Mai: c 39, I, II, XV
Ach, wer singt zum Tanzen auf: c 112. 10 Strophen. (V-IX)

Dritte Anthologie von Neidhart-Texten:

Freut euch, jung und alt: c 67. 5 Strophen. (I-V)
Wie soll ich die Blumen nur verschmerzen: c 82. 6 Strophen. (I-V)
Beim Reihen tanzte eine Alte vor: C 232-236. 5 Strophen. (I-V)
Ach, du liebe Sommerszeit: c 111. 7 Strophen. (I, II, IV-VII. Konjektur
    V. Strophe: vûst statt funfft.)
Alle klagen, dieser Winter: c 88. 9 Strophen. (I-III, V, VI. Konjektur
    II. Strophe: bot statt bat.)
Bei meiner Six, bei meiner Wahrheit: c 7. 5 Strophen (I-V)
Alles, was den Sommer über heiter war: c 90. 12 Strophen. (I, III-V, XI,
    XII. Interpolation III. Strophe: Gott.)
Bin ich im Begriff, so richtig zu bereuen: c 16, VII.

Stichwortverzeichnis

Dieter Kühn
Trilogie des Mittelalters
im Insel Verlag:

Der Parzival
des Wolfram von Eschenbach
1986

Neidhart aus dem Reuental
1988

Ich Wolkenstein
Eine Biographie
Erweiterte Neuauflage
1988